HISTOIRE
DU
SECOND EMPIRE

VI

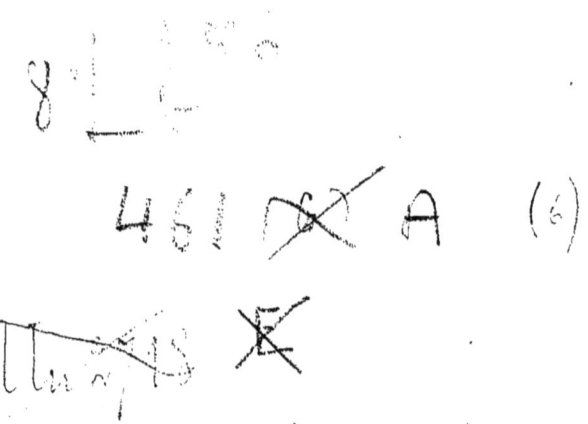

SAINT-DENIS. — IMPRIMERIE CH. LAMBERT, 17, RUE DE PARIS.

HISTOIRE

DU

SECOND EMPIRE

PAR

TAXILE DELORD

MEMBRE DE L'ASSEMBLÉE NATIONALE

 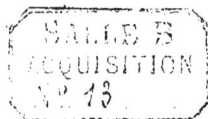

TOME SIXIÈME

DEUXIÈME ÉDITION

PARIS

LIBRAIRIE GERMER BAILLIÈRE ET Cie

108, BOULEVARD SAINT-GERMAIN, 108

Au coin de la rue Hautefeuille

1876

HISTOIRE
DU
SECOND EMPIRE
1848 — 1870

L'EMPIRE
(SUITE)

CHAPITRE PREMIER

1853-1870

LES LETTRES, LES ARTS, LES SCIENCES ET LA PRESSE
SOUS LE SECOND EMPIRE

SOMMAIRE. — LES LETTRES. — Le siècle de Napoléon III. — Les Mécènes du nouvel Auguste. — MM. le docteur Véron, Sainte-Beuve et Mérimée. — M. Sainte-Beuve et la démocratie des lettres. — Inutilité de ses efforts pour la rattacher à l'Empire. — Cause du divorce entre l'Empire et la littérature. — Les académies. — Leur lutte avec l'Empire. — Nullité de l'action des gouvernements sur le progrès littéraire. — Influence que l'Empire exerce indirectement sur certains genres de littérature. — La satire. — MM. Victor Hugo, Rogeard, Henri de Rochefort, Saint-Marc Girardin, Beulé. — Le roman. — Le théâtre. — L'histoire. — L'éloquence du barreau et de la chaire. — Les conférences. — LES ARTS. — La peinture et la sculpture depuis 1848.— Tentative pour républicaniser l'art français. — La réaction de 1852 la fait échouer. — Infériorité de la peinture sous le second Empire. — La sculpture se maintient à un niveau plus élevé. — La musique : Décadence de l'art musical. — LES SCIENCES. — Abandon dans lequel l'Empire les laisse. — LA PRESSE. — Sa situation. — La presse sous l'ancienne législation. — La législation de 1868. — La nouvelle presse.

Le moment où l'Empire se transforme nous semble propice à l'étude de l'influence qu'il a exercée sur la littérature, les arts, les sciences, ainsi que sur la presse, dont les rapports avec toutes les manifestations de l'intelligence nationale sont si intimes et si fréquents.

Les journaux de l'Empire ressuscité le saluèrent, on s'en souvient, comme l'aurore d'une ère de splendeur et de fécondité pour toutes les branches de l'esprit humain ; un nouvel Auguste, mettant fin aux révolutions et aux guerres civiles, allait rendre à la France le siècle de Virgile et d'Horace. Les dix-sept ans du règne de l'Empereur avaient-ils tenu ces promesses? C'est ce que nous allons examiner en commençant notre revue par les lettres.

L'Empereur, ami médiocre de la littérature comme son oncle, n'ignorait cependant pas plus que lui qu'un gouvernement peut en tirer d'utiles services ; il chercha donc d'abord à placer sous sa main les académies et les sociétés littéraires. Le docteur Véron, M. Sainte-Beuve et M. Mérimée s'offrirent à lui comme auxiliaires dans cette entreprise. Le premier ne fut jamais bien pris au sérieux, quoiqu'en sa qualité de propriétaire du *Constitutionnel* il comptât parmi les hommes qui avaient le plus contribué à la fondation de l'Empire ; le second s'offrit longtemps pour conseiller ; on ne l'accepta qu'après avoir reçu de lui des gages ; le troisième, ami de la maison, inspira seul toute confiance et fut presque toujours écouté.

Le docteur Véron s'occupa d'abord de rattacher au gouvernement la société fondée depuis plusieurs années par les gens de lettres sur le modèle de la Société des auteurs dramatiques ; un des moyens employés par lui fut d'instituer des concours dont le comité de cette société décernerait les prix. M. Sainte-Beuve, à sa demande, se chargea du rapport du premier de ces concours dont les lauréats furent proclamés dans la salle des concerts du Conservatoire. M. Sainte-Beuve ne devait pas s'en tenir là. Se rappelant que M. Guizot, habile à dissimuler de très-vilaines choses sous de fort beaux noms, avait décoré du titre de « gouvernement des esprits » le recrutement et l'emploi des plumes vénales, il se mit à son tour à chercher un nom nouveau pour le donner à la même institution. L'embauchage des écrivains qui, pour n'être ni de l'Université ni des académies, n'en représentent pas moins une grande force et qui forment la foule des collaborateurs de la presse littéraire, chroniqueurs, reporters, critiques et nouvellistes dramatiques, fut pompeusement appelé par lui « organisation de la démocratie des lettres », fausse démocratie et plutôt bohème des lettres avec laquelle il s'était mis en coquetterie réglée depuis longtemps, et qu'il s'agissait de racoler. Préoccupé à la fois de la difficulté de la discipliner et du danger de la laisser livrée à elle-même, il voulait qu'on exerçât sur elle une influence au plus haut point nécessaire, selon lui, au moyen d'encouragements pécuniaires dont l'origine remonterait à l'Empereur. M. Sainte-Beuve, partant de ce principe qu'un bienfait du prince honore et relève l'écrivain qui en est l'objet et inspire aux autres un sentiment de reconnaissance, exhortait le gouvernement à prendre comme points d'appui de son action sur la bohème littéraire la Société des gens de lettres et la Société des auteurs dramatiques, représentant la presque totalité des gens de lettres en activité. Il proposa d'établir ces deux sociétés dans un des palais de l'État : « Louis XIV, disait-il, logeait son académie au Louvre, pourquoi la nouvelle représentation de la littérature n'aurait-elle pas l'honneur d'une pareille hospitalité? Rien n'avertit une littérature d'être digne, sérieuse, honnête, comme de sentir qu'on a les yeux sur elle et qu'elle est l'objet d'une haute attention (1). » C'est « au

---

(1) Note de M. Sainte-Beuve au sujet des encouragements à donner aux gens de lettres (Papiers des Tuileries)

moment où vient de naître un enfant désiré par la France, où une paix glorieuse couronne tous les souhaits, où le pays entre dans une nouvelle voie de prospérité et de grandeur », que M. Sainte-Beuve demanda « pour les gens de lettres ce que l'armée, ce que l'industrie, ce que les travailleurs et les serviteurs de la France ont obtenu de l'attention magnanime du Prince (1) ».

Distribuer aux chroniqueurs des pensions au nom de l'Empereur, fonder des prix annuels, installer le comité de la Société des gens de lettres et le comité de la Société des auteurs dramatiques au Louvre, les subventionner largement et s'imaginer que le gouvernement parviendrait par de tels moyens à leur donner la force morale nécessaire pour remplir un rôle analogue à celui des anciens corps académiques, c'était se tromper bien étrangement pour un homme aussi fin que M. Sainte-Beuve. La presse à chronique, pour englober sous le même titre les diverses tribus de la bohème dont M. Sainte-Beuve voulait faire en quelque sorte la garde littéraire de l'Empereur, n'avait pas besoin d'encouragements pour le soutenir; née sous l'Empire, favorisée par l'Empire, elle le défendait d'elle-même. « Sire, dit un jour le directeur du *Figaro* à l'Empereur, mon journal n'était possible que sous votre règne. » Les mœurs de l'Empire expliquent seules en effet le succès d'un journalisme dévot et sans croyance, conservateur en politique et destructeur de la morale dans la vie privée, tour à tour et à la fois impérialiste, orléaniste et légitimiste, honteux témoignage de l'affaiblissement de l'esprit public, ivraie d'un genre particulier qui ne fleurit qu'au milieu des journaux français et qui ne se reproduit dans aucun autre pays. La littérature que M. Sainte-Beuve s'efforçait

---

(1) Papiers des Tuileries.

d'amener à l'Empire n'avait jamais cessé de faire corps avec lui, et les écrivains qui la composaient savaient fort bien, quand ils éprouvaient le besoin d'être encouragés, s'adresser directement à la bourse de l'Empereur qui ne leur fut jamais fermée.

M. Sainte-Beuve, indifférent en politique, croyait à l'indifférence des autres en cette matière; l'expérience lui fit bientôt voir combien il se trompait. Le gouvernement, suivant ses conseils, voulut créer une revue pour faire concurrence à la *Revue des deux mondes*, mais où prendre des rédacteurs? Le ministre de l'instruction publique se vit obligé d'exercer une espèce de pression sur les professeurs de l'Université et d'enlever par force des collaborateurs pour compléter l'équipage de sa revue; il n'en échoua pas moins dans sa tentative. Le divorce entre le gouvernement et les écrivains tenait à une cause profonde que M. Sainte-Beuve n'apercevait pas : l'Empire, ennemi de la vie politique, ne pouvait se concilier les lettres qui, en France, se sont toujours mêlées à la politique. Il ne pouvait en fait de plumes célèbres compter que sur « celles qu'il vaut mieux avoir contre soi que pour soi », selon les propres expressions de M. Sainte-Beuve. L'Empire, à vrai dire, en paraissait peu touché. Que lui importait d'avoir contre lui ceux qui lisent, s'il avait pour lui ceux qui ne lisent pas.

Le gouvernement souffrait cependant dans son amour-propre de l'opposition des académies. Le nombre considérable de leurs détracteurs et de leurs partisans prouve, en effet, leur importance. Les uns les accusent d'immobiliser la pensée, de l'asservir à la tradition, d'entraver le progrès; les autres les approuvent au contraire de maintenir la tradition sans laquelle les lettres et les arts périssent. Les deux partis s exagèrent les inconvénients et les avantages des académies. L'esprit et le goût de la littérature d'une époque se continuent dans la littérature et dans le goût de l'époque suivante pendant un temps qu'il n'est donné ni aux académies ni à aucune institution humaine d'abréger ou de prolonger. La tragédie a reparu avec éclat sur la scène toutes les fois que le talent d'un acteur ou d'un écrivain a ranimé la curiosité du public pour cette noble forme de l'art dramatique; mais toutes les louanges prodiguées par l'Académie française aux productions théâtrales des deux derniers siècles n'ont pu les maintenir au répertoire. Le public seul garde la tradition ou l'abandonne par instinct quand le moment est venu. Les académies en réalité ne l'imposent pas plus qu'elles n'entravent le progrès. L'Académie française, en prenant fait et cause sous la Restauration pour l'école classique, et en faisant même des démarches pressantes pour interdire à l'école romantique la scène du Théâtre-Français, n'obéit qu'à un mouvement de colère passager; on la vit, en effet, peu à peu ouvrir ses portes aux écrivains romantiques, car le succès s'impose à elle, et sous peine de perdre son prestige, elle est bien obligée de faire dans ses choix une part, non-seulement à la renommée, mais encore à la popularité. Quoi qu'il en soit de l'influence bonne ou mauvaise des académies sur la littérature, il est certain que la lutte engagée entre l'Empire et l'Académie française passionna le public; elle était chose nouvelle en France, car la séparation entre les académies et l'État ne fut pas comprise de l'ancien régime; la Révolution les supprima d'abord et finit par les rétablir sous un nom différent; l'Empire leur rendit leurs anciennes dénominations et conclut avec elles une sorte de concordat qui dure encore et qui permet aux académies d'emprunter à l'État quelque chose de sa force et de son éclat sans lui aliéner leur indépendance, et à l'état de se parer du prestige et de la considération que donnent les lettres. Le second Empire, mécontent de la froideur de l'Académie française à son égard, parut un moment décidé à dénoncer le concordat; il la menaça même d'une absorption ou d'une sécularisation complète; plus d'une fois, il parla de mettre la main sur son budget, et de s'en faire le dispensateur (1). Les journaux officieux servirent souvent d'écho de ces menaces, mais le gouvernement n'osa pas les mettre à exécution, tout se borna de sa part au décret du 13 juillet 1855. La lutte entre l'Académie et l'Empire figura au nombre des distractions de la société française, dans la première partie du règne de Napoléon III. L'Empire libéral y mit fin. L'Académie française scella sa réconciliation avec lui par l'élection de M. Émile Ollivier.

Les gouvernements n'exercent en réalité aucune influence sur la littérature, mais il existe à chaque époque un milieu plus ou moins favorable au talent de tels ou tels écrivains et au développement de certaines branches de la littérature. La méthode critique appliquée par M. Sainte-Beuve devait par exemple obtenir sous l'Empire un succès beaucoup plus grand que dans aucun autre temps. Demander comme l'auteur des *Lundis*, pour juger un livre, à être édifié sur les questions suivantes relatives à l'auteur : — Que pensait-il en religion ? — Comment était-il affecté du spectacle de la nature ? — Comment se comportait-il sur l'article des femmes et sur l'article de l'argent ? — Était-il riche, était-il pauvre ? — Quel était son régime, quelle

---

(1) Voyez 2º volume, chapitre VI.

était sa manière journalière de vivre ? — Enfin, quel était son vice ou son faible ? — n'était-ce pas introduire la critique dans la vie privée et la confondre un peu avec la chronique ? M. Sainte-Beuve se promettait de n'appliquer sa méthode qu'aux morts, mais cette curiosité qui, même à l'endroit des morts, eût paru suspecte aux lecteurs des deux derniers siècles, se rapproche beaucoup de celle de ces écrivains dont le rôle consiste à s'introduire chez les vivants illustres et à provoquer de leur part des confidences qu'ils s'empressent bientôt de trahir. Cette affinité entre la méthode de M. Sainte-Beuve et celle des chroniqueurs ne contribua pas médiocrement à la vogue de ses portraits, ils vinrent au bon moment. Si l'Empire ne fit pas le talent de M. Sainte-Beuve, il lui fournit le public le plus disposé à le goûter. Le pressentiment de cet appui est peut-être ce qui le rattacha dès le début à un gouvernement avec lequel cependant il mourut brouillé.

L'Empire ne contribua pas seulement au développement de ce qu'on pourrait appeler la critique réaliste, il exerça encore sur la satire une influence aussi considérable qu'involontaire. Les *Châtiments*, *Napoléon le Petit*, les *Propos de Labiénus*, la *Lanterne*, lui doivent leur naissance. La littérature française manque toujours d'un monument semblable à celui que Juvénal a légué à la littérature latine. Les historiens romains eussent-ils tous disparu, ne nous restât-il sur la société romaine d'autre livre que ses satires, il nous serait facile avec elles de la reconstituer avec ses mœurs et ses vices. Si les *Châtiments* de Victor Hugo ne peuvent pas rendre le même service à la société française future, s'ils ne sauraient, comme tableau des mœurs d'une époque, être comparés à l'œuvre de Juvénal, ils forment comme explosion de colère individuelle une œuvre qui n'a d'analogue dans aucune autre langue et qui est comme un point d'étiage destiné à marquer le degré où peuvent s'élever la haine et le mépris d'un homme contre un homme. Les *Propos de Labiénus*, protestation d'un généreux et vigoureux esprit, méritent d'être placés au premier rang des écrits satiriques de ce temps. M. Rogeard a fait suivre ce morceau éloquent de beaucoup d'autres pamphlets, mais l'ardente abeille avait laissé son dard dans la blessure de l'ennemi, et elle ne l'a pas retrouvé depuis. L'apparition de la *Lanterne*, son prodigieux succès, marquent une date sous l'existence du second Empire. « On n'a jamais rien fait contre les opinions, a dit M. de Maistre, tant qu'on n'a pas attaqué les personnes. » M. Henri de Rochefort mit ce précepte en pratique avec une témérité qui, sans élever son pamphlet hebdomadaire à la hauteur d'une œuvre littéraire, l'impose néanmoins à l'histoire de la littérature de notre époque.

La satire se glissait partout, même à la Sorbonne. M. Saint-Marc Girardin la fit monter, dès les premières années de l'Empire, dans la chaire de littérature française. Boileau, La Bruyère, La Fontaine lui fournirent contre le gouvernement ces armes de l'allusion, d'autant plus redoutables pour celui qui en est atteint qu'il est obligé de faire semblant de ne pas en sentir les blessures. La satire pénétra dans l'archéologie elle-même. M. Beulé, élève de l'École normale et de l'École d'Athènes, avait eu la bonne fortune de découvrir ou de déblayer un escalier de l'Acropole. Porté bientôt par ce hasard heureux au faîte des honneurs académiques, secrétaire perpétuel de l'Académie des beaux-arts, rédacteur du *Journal des savants*, titulaire de la chaire d'archéologie à la Bibliothèque impériale, jouissant de tous les avantages d'une grande position officielle, il brûlait d'y joindre les douceurs de la popularité. On le vit donc tout à coup aiguiser l'allusion archéologique dans sa chaire, et, sous le masque des Césars et des césariens de Rome, faire leur procès au César et aux césariens de Paris. M. Félix Pyat avait eu l'idée, dans les premiers temps de la monarchie de Juillet, de transporter sur la scène de l'Odéon les hommes de son temps déguisés sous des noms et des costumes romains. M. Beulé, usant d'un procédé contraire, changea les Romains du Palatin en Français des Tuileries. Le public nommait de leurs vrais noms Auguste et Tibère, Agrippine et Julie, Agrippa et Mécène, Narcisse et Séjan, tous les personnages livrés à sa malice par le spirituel professeur. M. Beulé parvint à son but, il fut un moment populaire, mais on sait aujourd'hui que le Juvénal de la Bibliothèque impériale, descendu de sa chaire, redevenu courtisan dans son cabinet, s'empressait d'écrire à César qu'il n'attaquait que ses ministres et qu'il lui gardait un dévouement et une reconnaissance inaltérables.

Le roman avait jeté tout son éclat pendant le règne de Louis-Philippe. L'Empire activa sa décadence en le poussant de plus en plus dans la voie réaliste. L'Empire sans doute n'avait pas créé le réalisme, mais ses mœurs en favorisèrent singulièrement le développement; aussi vit-on le roman glisser dans un réalisme de plus en plus plat. Quant au théâtre, l'Empire, il faut le reconnaître, le trouva bien tombé de la hauteur où il avait été placé par le mouvement romantique. Le théâtre préférait depuis longtemps à la peinture des caractères et des passions celle des mœurs et des modes, lorsque Victor Hugo, Alexandre Dumas, Alfred de Vigny, Casimir Delavigne, tentèrent de l'arracher à cette condition inférieure et de l'élever à la hauteur du drame de passion et d'histoire, tel que l'avaient compris les

Anglais, les Espagnols et les Allemands. Scribe lui-même, cherchant à s'élever au-dessus de ses succès de vaudeville, trouva dans l'anecdote historique, plutôt que dans l'histoire, un genre nouveau de comédie qui sembla aux yeux du public toucher à la politique sans cesser d'être innocent aux yeux de la censure. L'élan des auteurs dramatiques tomba bientôt, et vers la fin du règne de Louis-Philippe le théâtre était déjà bien revenu de ces hautes visées. Le second Empire ne pouvait guère l'y ramener ; il exila Victor Hugo, mit son répertoire en interdit et lui ferma la scène; Alfred de Vigny cessait de travailler pour le théâtre ; Alexandre Dumas, se désintéressant peu à peu de l'art, se livra entièrement à l'industrie dramatique; Casimir Delavigne n'était plus. Scribe avait déposé sa plume d'Aristophane bourgeois devant la censure impériale. La comédie politique, même à la façon de Scribe, devenait impossible. On vit, il est vrai, se glisser sur la scène du Théâtre-Français des pièces d'où la politique n'était pas entièrement bannie, et qui offraient, comme le *Fils de Giboyer*, des rôles dans lesquels le public devinait la caricature de certains journalistes cléricaux, ou bien dans lesquelles le parterre pouvait, comme dans le *Lion amoureux*, applaudir l'éloge de la Convention ; mais ce n'était là que des exceptions prouvant seulement que les auteurs avaient su profiter habilement d'un moment où l'Empereur croyait utile à ses intérêts de donner un petit avertissement au parti clérical ou de faire de légères avances au parti démocratique. Les auteurs dramatiques, en dehors de ces occasions fort rares où la censure s'effaçait par ordre supérieur, se voyaient renfermés par elle dans un cercle de plus en plus étroit, et ils se demandaient parfois où ils puiseraient désormais les sujets de leurs pièces.

Le théâtre, sous la Restauration, avait pu, en ressuscitant l'Empire avec ses soldats héroïques, produire des œuvres auxquelles le romanesque et la politique prêtaient un double attrait; libre un moment après la chute des Bourbons de puiser dans l'histoire de la Révolution, il vit en outre par la grâce du romantisme s'ouvrir devant lui les horizons du moyen âge. Que faire quand tout cela fut interdit ou usé? Deux types se détachent sur le fond banal de la société du temps de Louis-Philippe : l'homme d'affaires et la courtisane. Le théâtre se jeta sur cette proie, et ne vit plus autre chose; de là une monotonie qui aurait fatigué le public d'autrefois, mais à laquelle échappait sans peine le public du jour, si l'on peut donner le nom de public à cette foule d'étrangers et de provinciaux accourant à Paris pour leurs plaisirs ou pour leurs affaires, et se renouvelant sans cesse grâce à la facilité des communications depuis la création des chemins de fer. Ces spectateurs de passage, n'apportant au théâtre aucune préoccupation littéraire, regardaient les pièces sans les juger. La critique dramatique, autrefois si vigilante, se laissait peu à peu aller à partager l'indifférence du public. La présence de tant d'étrangers à Paris multipliait le nombre des représentations et élevait les recettes d'une pièce à des chiffres fabuleux. La critique, éblouie par ces succès d'argent, perdait la force de les discuter; les lutteurs courageux capables, comme Gustave Planche, de remonter le courant public, avaient disparu; la critique laissait la parole à la réclame. La fortune des auteurs dramatiques croissait à mesure que le théâtre s'abaissait, car rien ne présage mieux la décadence d'un art que le silence des passions en présence des œuvres littéraires. Les pièces de Victor Hugo, d'Alexandre Dumas, de Casimir Delavigne, d'Alfred de Vigny, de Scribe, avaient été, à des points de vue différents, l'objet d'attaques ardentes et passionnées. Les auteurs modernes n'avaient rien de pareil à craindre. Le feuilleton, autrefois si ardent à se mêler à toutes les querelles d'école, et même à en faire naître, las, sceptique, blasé, constatait le succès des œuvres dramatiques, sans avoir la force de les discuter.

La lutte pour l'existence est une loi fatale non-seulement dans la nature, mais encore dans la littérature et dans les arts. La vigueur d'une œuvre intellectuelle se constate comme la vigueur de l'homme, des animaux, des plantes, par celle qu'elle déploie à se frayer une route au milieu des obstacles que lui opposent les œuvres rivales. Rien ne s'est mis en travers des œuvres dramatiques de ce temps-ci ; la lutte des écoles étant finie, elles n'ont pas eu à se faire jour au milieu d'obstacles permanents ; elles n'ont pas été discutées. Grand malheur pour elles ! Ce qui est accepté d'emblée par tout le monde ne l'est pas pour longtemps. Rien de fort, d'original, de passionné, ne pénètre que par force dans le cœur des hommes.

Nous n'avons point encore parlé de l'histoire. Si l'Empire n'arrêta pas les grands travaux historiques commencés dans un autre temps, il n'en suscita pas de nouveaux à moins que ce ne soit en ramenant à la vie privée et à l'étude les historiens absorbés autrefois par la politique, comme M. Thiers. Les travaux originaux de cette époque, comme la *Vie de Jésus*, sortent d'un courant opposé à celui de l'Empire ; il est vrai de dire que, sans l'importance prise par les questions religieuses à cette époque, ce livre n'aurait peut-être pas eu un si prodigieux retentissement.

Si de la littérature proprement dite nous passons à l'éloquence, il nous sera facile de reconnaître que l'Empire fut loin de lui être favorable ; la juridiction administrative à laquelle la presse était soumise, en supprimant les procès politiques, avait porté un coup sensible à l'éloquence du barreau. La courageuse mais vaine tentative du père Lacordaire, au lendemain du coup d'État, pour retremper l'éloquence sacrée à la source de l'histoire et de la politique, avait rejeté les orateurs de la chaire religieuse dans la prédication confuse des dogmes abstraits ou d'une morale sans élévation et sans profondeur.

Le second Empire, si peu favorable à l'éloquence du barreau et de la chaire, favorisa cependant, il faut le reconnaître, le développement d'un genre d'éloquence à peu près inconnu en France, l'éloquence de la conférence. Un des plus jeunes et des plus brillants professeurs de l'Université (1), exilé de France le 2 décembre et réfugié à Bruxelles, eut l'idée d'ouvrir dans cette ville des réunions littéraires auxquelles les hommes et les femmes seraient admis. Le succès le plus complet couronna cette tentative. L'année suivante d'autres exilés français (2) suivirent cet exemple, et bientôt à Paris un professeur de l'Université, démissionnaire par refus de serment à l'Empire (3), eut l'idée d'ouvrir, à l'imitation des conférences de Bruxelles, les conférences de la rue de la Paix, qui comptèrent bientôt parmi leurs orateurs un grand nombre d'hommes remarquables (4). Le succès des conférences de la rue de la Paix éveilla la concurrence et l'imitation. De toutes parts on fit des conférences, quand on en obtint

---

(1) M. Deschanel.
(2) Madier de Montjau, Bancel, Laussedat, Versigny, Challemel-Lacour, A. Meunier, Agricol Perdiguier.
(3) M. Albert Le Roy, d'abord en association avec M. Juette, et ensuite avec M. Lissagaray.
(4) Ferdinand de Lasteyrie, Laurent-Pichat, Henri Brisson, Louis Jourdan, Ferdinand de Lesseps, W. de Fonvielle, Jules Favre, Jules Simon, Eugène Pelletan, Crémieux, Bancel, Saint-Marc Girardin, Laboulaye, E. Renan, Legouvé, A. Cochin, A. Coquerel, L. Ratisbonne. F. Sarcey.

l'autorisation aussi capricieusement accordée que refusée par le gouvernement. Des professeurs, des députés, des académiciens, des journalistes, se firent conférenciers. La prédication laïque, comme on appelait les discours prononcés dans les conférences, commencée en 1860, avait encore en 1869 gardé toute sa vogue, elle remplissait tous les dimanches le théâtre du Cirque impérial et le théâtre de la Gaîté, et elle contribua pour une bonne part au réveil de l'opinion publique.

Les partisans de l'Empire, sans nier précisément que l'état des lettres en général ait été quelque peu languissant sous le règne de Napoléon III, ajoutent que personne du moins ne saurait nier la prospérité et la splendeur de la peinture. Qu'y a-t-il de vrai dans cette assertion?

L'art français n'a jamais été complétement original, il s'est toujours ressenti de l'influence du Nord et du Midi qui lui venaient, l'une, des Flandres au temps des ducs de Bourgogne, l'autre de l'Italie par l'intermédiaire des papes d'Avignon. Son histoire peut se diviser en trois périodes : la période religieuse et gothique du moyen âge, la période royaliste de la Renaissance, la période républicaine. La première finit à François Ier ; la seconde se prolonge jusqu'en 89 ; la troisième date de la Révolution française. La période gothique est celle où l'on bâtit la plupart des églises qui s'élèvent encore aujourd'hui en France ; pendant la période royaliste on ne construit guère que des palais et des châteaux : les Tuileries, le Louvre, Fontainebleau, Versailles, types divers de construction, mais uniformes par leur décoration, dont l'Olympe et ses allégories forment l'éternel sujet ; la période républicaine imprime aux arts du dessin des tendances plus politiques et plus utilitaires, c'est l'époque des fêtes populaires et des plans de la Convention pour la construction d'hospices, d'abattoirs, de ports, de routes, de ponts, etc.

David retrempa la peinture aux sources de l'antiquité; Gros, son meilleur élève, lui donna l'allure héroïque ; Gérard la réduisit aux proportions d'un art officiel. La Restauration donna le signal d'une réaction un peu anarchique en apparence, mais qui, en poussant à l'étude des maîtres de Flandres et d'Italie et en restituant son importance à l'exécution trop négligée par les maîtres modernes, rendit de vrais services à l'art : Prudhon, Ingres, Géricault, Delacroix, les chefs de ce mouvement, n'en avaient certainement pas prévu les conséquences; ils ne se doutaient guère que les peintres, devenant de jour en jour des exécutants plus habiles et de plus parfaits imitateurs des procédés de la peinture flamande, ils en donneraient le goût au public, que les amateurs se dégoûteraient de la grande peinture et finiraient par ne plus demander que des tableaux de petite dimension. Le temps des peintres comme Decamps, Meissonier, des paysagistes comme Corot et Rousseau, des portraitistes comme Ricard, n'était pas loin.

Le règne du petit tableau commençait d'une façon brillante au moment de la chute de la monarchie de Juillet. Un artiste éminent, M. Paul Chenavard, profitant de l'élan qu'une révolution communique toujours aux esprits, tenta de ramener la peinture à la tradition républicaine toute morale, philosophique et politique. Présenté par M. Charles Blanc, alors directeur des beaux-arts, au ministre de l'intérieur, M. Ledru-Rollin, M. Paul Chenavard lui soumit un plan de décoration complet du Panthéon. M. Ledru-Rollin, après avoir examiné ce travail considérable, n'hésita pas à mettre à la disposition de l'auteur 30 000 francs, avec lesquels il devait payer les dépenses matérielles de son œuvre (1).

Le Panthéon serait devenu un temple dont les entre-colonnements devaient être occupés par les fragments d'une sorte de discours pictural sur l'histoire universelle ; il commençait au déluge, représenté près de la porte d'entrée à gauche, et allait chronologiquement jusqu'à l'abside où figuraient la naissance, la prédication et la mort de Jésus-Christ. Une suite de tableaux, dont le dernier était la Révolution française, conduisait à la porte de droite. Une longue frise sur laquelle était peinte une immense procession ayant le caractère des sujets représentés au-dessous faisait le tour des murs : Patriarcale, religieuse, triomphale, barbare, cette procession se terminait par les états généraux de 1789. Les statues d'Alexandre et de Charlemagne remplaçaient, dans les deux bras de la croix qui se font face, celles de saint Pierre et de saint Paul. Les statues de Moïse, d'Homère, d'Aristote, de Galilée, exprimant les quatre âges de l'histoire, étaient adossées aux quatre piliers qui supportent la coupole. Chacun des pendentifs placés au-dessous d'elles symbolisait la religion, la poésie, la philosophie et la science. Un monument en basalte ou en marbre de diverses couleurs, entouré d'un baldaquin constellé, de forme elliptique, supporté par douze colonnettes correspondant aux douze signes du zodiaque,

---

(1) Une allocation de 10 francs par jour fut offerte par M. P. Chenavard aux artistes qui voudraient bien lui prêter leur concours. Une foule de peintres se présentèrent, croyant trouver là des ateliers nationaux de la peinture. Leur aide ayant été refusée, ils colportèrent dans les clubs, alors nombreux, une sorte de protestation contre le mode d'exécution du grand travail qu'on allait entreprendre au Panthéon. Le salaire de 10 francs par jour accordé à chacun des artistes était, selon les pétitionnaires, avilissant pour l'art. La protestation était suivie de plus de 3000 signatures. Le ministre et le directeur des beaux-arts tinrent bon malgré cela, et M. P. Chavanard continua son ouvrage avec l'aide de MM. Papety, Comairas et Bezard, grands prix et pensionnaires de Rome, gens ayant autant de talent et de respect pour l'art que les signataires de la pétition.

un peu à l'imitation du maître-autel de Saint-Pierre de Rome, remplaçait le maître-autel. L'éléphant, le bœuf, la licorne et le sphynx, symboles primitifs du plus ancien Orient, formaient la base de ce monument sur laquelle se superposaient la barque égyptienne, puis l'arche de Moïse surmontée elle-même du calice de la communion chrétienne, de façon à offrir ainsi la réunion de tous les symboles.

Le pavé de cette nécropole, destinée à devenir le Westminster français, devait être couvert de mosaïques ou de peintures sur lave représentant quatre sujets de forme circulaire : la résurrection, l'enfer, le purgatoire et le paradis, placés sur les quatre bras du sol à l'exemple du pavé de la cathédrale de Sienne. Enfin, au milieu et sous la coupole, une autre immense mosaïque, également de forme ronde, résumait la philosophie de l'histoire. Le temple eût été colorié et doré à l'intérieur à la façon des temples antiques (1).

Le coup d'État du 2 décembre et la restitution du Panthéon au culte catholique comme payement de l'appui que le clergé donnait à l'auteur de ce crime interrompirent le travail de M. P. Chenavard ; était-il condamné à y renoncer ? Cela dépendait de l'archevêque de Paris, Mgr Sibour. M. P. Chenavard alla le voir : « Monseigneur, lui dit-il, il ne tient qu'à vous de vous assurer que dans une œuvre destinée à présenter l'histoire abrégée de toutes les religions, le christianisme tient la place qui lui est due et que la main respectueuse de l'artiste a tenu à lui laisser. »

---

(1) La coloration eût été surtout architecturale. Les compositions exposées et improprement appelées *cartons* étaient les originaux dessinés sur toiles qui, après avoir été marouflés sur les murs, auraient subi un léger coloriage sur place, afin de les harmoniser avec l'ensemble de l'architecture et enfin revêtus d'un enduit ou vernis pour les préserver de l'humidité.

Mᵍʳ Sibour ne montra aucune répugnance à accepter cette invitation; au bout de quelques jours il se rendit, accompagné de quelques ecclésiastiques et laïques lettrés, au Louvre dans l'atelier de M. P. Chenavard où se trouvaient déjà divers personnages de la cour du prince Louis-Napoléon, des officiers attachés à sa personne, des généraux et des inspecteurs du ministère des beaux-arts (1). L'archevêque examina avec attention les compositions exposées et, frappé de la grandeur de l'œuvre qu'il avait sous les yeux, il exprima ses regrets à l'auteur d'être obligé de s'opposer à son exécution à moins qu'il ne consentît à en modifier le plan trop peu religieux pour l'adapter à une église. « Peut-être, continua-t-il, peu de chose suffirait pour cela. » « Je le crois, Monseigneur, répondit M. P. Chenavard, mais au lieu d'une église chrétienne, j'ai voulu faire une église en quelque sorte philosophique où le christianisme n'occupe que la place qui lui revient dans l'histoire des doctrines humaines, et je ne saurais me prêter à rien de contraire à ma pensée (2). » Une des personnes qui faisaient

---

(1) M. Romieu entre autres : ce célèbre farceur taxa de panthéisme une œuvre où l'on ne met en scène que des dieux personnels.

(2) Les restes des grands hommes ne devaient être admis dans le Westminster français qu'un siècle après leur mort. La liste en aurait été dressée par les membres de l'Institut et approuvée par le gouvernement de la République. Les restes mortels désignés aux honneurs du Panthéon, auraient eu souvent à traverser la France entière sous la surveillance d'une commission chargée de leur transport et de leur remise. Les communes, les villes, se seraient portées sur le passage de ces glorieux cercueils qui auraient appris ainsi aux spectateurs les plus illettrés que la France n'oublie pas la mémoire des grands hommes, si lointaine qu'elle soit. Sur ces cercueils, reçus par les membres du gouvernement et de l'Institut réunis, conduits processionnellement jusqu'au Panthéon, auraient été prononcées des oraisons funèbres au milieu d'une cérémonie propre à frapper l'imagination populaire. Le peintre se flattait que ces reliques, descendues dans de magnifiques caveaux nuit et jour éclairés, deviendraient bientôt le but de visites plus nombreuses et plus respectueuses que celles qui s'adressent aux saints. Il lui semblait naturel de croire qu'une grande impression morale pouvait résulter d'un monument comme le sien, qui, si la France substituait un jour sur son calendrier les noms des grands hommes à ceux des saints, pourrait servir à la célébration d'un culte en harmonie avec les idées du rationalisme moderne.

partie de la suite de l'archevêque s'empressa d'ajouter : « Votre pensée en effet est trop claire pour qu'on puisse s'y méprendre, vous n'êtes pas cet athée, cet hébertiste dont on nous avait parlé, vous ne nous injuriez pas, vous nous mettez à la porte le chapeau à la main. »

M. P. Chenavard ne crut pas devoir, au prix de quelques concessions, acheter une commande aussi considérable (1), non qu'il ne fût touché de la flatteuse générosité de l'archevêque, mais le désir d'atteindre un grand but n'existant plus pour lui, et la foi dans son œuvre venant à lui manquer, il sentit qu'il n'aurait plus la force nécessaire pour la mener à bonne fin (2).

Le coup d'État fit avorter la tentative de M. P. Chenavard pour rattacher l'art à la tradition républicaine. M. Frédéric Mercey, successeur de M. Charles Blanc, s'empressa de ramener les beaux-arts dans la voie monarchique. M. de Niewerkerke, qui remplaça M. Frédéric Mercey, commença par rétablir à son profit le titre de surintendant des beaux-arts emprunté à l'ancien régime, en attendant d'en ressusciter les traditions. Il engagea avec l'Académie des beaux-arts une lutte d'où elle sortit humiliée, amoindrie, ayant perdu quelques-unes de ses plus vieilles prérogatives, celle entre autres de juger et de décerner les prix de Rome. M. de Niewerkerke administra les beaux-arts en favori de cour et en amateur, car quoi-

---

(1) M. P. Chenavard a refusé également une part importante dans l'exécution des travaux de peinture commandés dernièrement par le gouvernement pour la décoration de l'église Sainte-Geneviève. Le prix de la commande s'élevait à 50 000 francs.

(2) On avait, en trois ans de travail, dépensé à peine la moitié des 30 000 francs alloués à la décoration du Panthéon. Le ministre des beaux-arts écrivit à M. P. Chenavard de venir toucher le restant de cette somme. Il crut devoir refuser. Les 15 000 francs sont restés dans les coffres de l'État. Un million neuf cent mille francs de crédit ont été affectés dernièrement à la décoration de l'église Sainte-Geneviève.

qu'il eût fait des statues, il fut toujours un amateur plus qu'un artiste. Le principal mérite de la peinture à ses yeux était de contribuer à l'ornementation, et il la fit servir en grand à cet usage. Les tableaux des musées ornèrent par ses ordres non-seulement les appartements particuliers de l'Empereur et de l'Impératrice, mais encore les salons de jeu du cercle impérial.

L'Empire fit sans doute des commandes et acheta comme tous les autres gouvernements des tableaux d'histoire ; il eut des monuments à faire décorer ; désireux de plaire au clergé, il multiplia les décorations d'églises, mais les peintres chargés de ces travaux avaient depuis longtemps leur réputation faite, et ils sont morts sans laisser de successeurs (1).

Le nombre des peintres de genre ne fit au contraire que s'accroître; leur art devint celui de l'époque parce qu'il se prête le mieux aux combinaisons du réalisme. Ce n'est pas que le second Empire puisse être considéré comme le créateur du réalisme dans la peinture, pas plus que dans le roman, mais si la Restauration avait déjà préparé son avénement, si sous la monarchie de Juillet on vit se former des talents faciles, élégants, souples à s'accommoder aux goûts, aux fantaisies, aux caprices, aux modes de leur temps, résignés à faire de l'art une sorte d'annexe du luxe de l'ameublement, et par conséquent à se prêter aux fâcheuses concessions que ce rôle réclame, l'Empire facilita merveilleusement le développement de cette tendance. La reconstruction de Paris dans un moment où,

---

1) M. le directeur des beaux-arts voulait, en effet, distribuer il y a quelques mois les travaux de la décoration de Sainte-Geneviève, et ne trouvant pas un nombre suffisant d'artistes capables d'entreprendre une pareille besogne, s'est vu obligé de recourir à deux peintres éminents, mais connus jusqu'ici pour leurs succès dans la peinture de genre, MM. Meissonier et feu Millet.

pour des causes auxquelles l'Empire était à peu près étranger, la fortune publique et la fortune privée recevaient un accroissement considérable, permit aux nouveaux enrichis non-seulement de bâtir des demeures somptueuses, mais encore de déployer pour les meubler un luxe princier; de nombreux hôtels furent construits et ornés de peintures et de fresques comme ceux de la Renaissance et des deux siècles suivants; les tableaux devinrent un luxe à la mode, à la condition cependant de se plier aux exigences du tapissier. Le luxe improvisé par la fortune aime à s'étaler tout de suite. L'amateur d'autrefois, assistant au long enfantement d'un tableau, trouvait dans le plaisir de le voir naître la récompense de sa patience. Le parvenu du second Empire, impatient d'étaler sa richesse, n'eut pas d'autre pensée que de pousser les artistes à redoubler leur rapidité de main, déjà fort surexcitée par la cupidité des marchands. En vain le peintre voudrait-il caresser, finir son esquisse, la transformer en tableau. « A quoi bon ? s'écrie derrière lui le marchand impatient. une esquisse bien enlevée c'est ce qu'on demande aujourd'hui, celle-ci l'est admirablement, prenez ces 10 000 francs et je l'emporte ! » Le peintre cède à l'appât du gain, et il recommence un autre tableau qui lui sera enlevé de la même façon; on s'enrichit bientôt à ce métier, mais on ne laisse rien de durable (1).

Si la sculpture sous le second Empire n'a point participé, autant qu'on pouvait le craindre, à la décadence de la peinture, c'est que le sculpteur est garanti par son art

---

(1) Trois ou quatre marchands ont aujourd'hui le monopole de la vente des tableaux; loin de se faire concurrence, chacun d'eux a une clientèle différente; l'encombrement n'est pas non plus à craindre pour eux, l'Amérique, qui s'est éprise tout à coup pour la peinture d'une passion qu'elle satisfait sans marchander, est là pour épuiser leur stock. Le peintre est donc poussé à produire.

même contre le danger de le rabaisser. La sculpture devient moins aisément un objet de commerce que la peinture ; la mode n'a pas la même prise sur elle, la tradition la trouve plus obéissante. Quant à l'architecture, la transformation de Paris nous a déjà fourni l'occasion d'exprimer notre avis sur cette école dont le théâtre de l'Opéra est le chef-d'œuvre ; un pareil édifice, pompeux jusqu'à l'emphase, né d'une inspiration composite où se heurtent tous les genres, où le goût disparaît sous la profusion des ornements, où le luxe se transforme en faste, où la magnificence n'est que le reflet d'une gigantesque ostentation, est bien le modèle accablant de l'art architectural, fastueux, éblouissant et sans charme du second Empire.

La musique, le plus jeune de tous les arts, est celui qui a vieilli le plus vite. Né au début du siècle dernier, il avait déjà produit à sa fin la plupart de ses chefs-d'œuvre, et parvenu au milieu de notre siècle il semble déjà, après les œuvres de Beethoven, de Rossini, de Weber, de Meyerbeer, n'avoir plus rien à nous dire. L'épuisement de l'art musical, visible en Europe, se trahissait en France à des signes certains, au moment de la fondation du second Empire. Les jeunes compositeurs devenaient de plus en plus rares, et les noms de ceux-là même dont les pièces paraissaient, si l'on s'en tient au chiffre des représentations, obtenir des succès égaux aux succès des œuvres de Boïeldieu, Auber, Hérold, Halévy, étaient à peine plus connus le lendemain de ces brillants triomphes que la veille. Quel est le compositeur qui depuis vingt ans puisse se flatter d'être devenu populaire? C'est que dans le drame et dans la comédie lyriques, comme dans le drame et dans la comédie ordinaires, ce public blasé qui remplit les salles de spectacle peut faire des recettes mais non des renommées. Les chanteurs n'étaient pas plus connus que les auteurs. Le Conservatoire, sous la direction d'un vieillard spirituel, insouciant et libertin, ne donnait à ses élèves qu'un enseignement superficiel et expéditif, suffisant à leur faire gagner une fortune en quelques années sur les théâtres du nouveau monde ou sur les scènes de l'ancien, livrées à ces œuvres marquées au sceau d'une verve fade, d'un esprit cosmopolite, qui conviennent à tous les pays et à tous les temps. La musique française, oubliant sa grâce élégante et spirituelle, et la scène où elle a charmé tant de générations par sa verve aimable et l'on peut dire nationale, se parodiait elle-même et s'égarait sur les théâtres de farce, fière d'avoir transformé l'opéra-comique en opérette, fille préférée du second Empire, véritable produit d'une époque où les hommes étaient trop voluptueux, trop désenchantés pour goûter le charme de la finesse et de la distinction dans un art quelconque, et où ils ne comprenaient l'art lui-même que s'il s'y joignait une pointe de moquerie et de dépravation.

L'Empereur préférait les sciences aux lettres, bien qu'il ait créé, d'après les conseils de M. Mérimée, au profit des lettrés, des concours dont l'Institut devait désigner les lauréats (1); on a trouvé dans les papiers des Tuileries une espèce de plan de roman tracé de sa main, et il paraît qu'il se vantait parfois dans l'intimité de n'être pas étranger à quelques mélodrames que son chef de cabinet avait fait représenter sous le nom et avec la collaboration d'un dramaturge de profession; les arts mécaniques étaient sa principale distraction; très-adroit de ses mains, habile à confectionner des modèles de machines avec des cartes, des

---

(1) Lettre de M. Prosper Mérimée sur les attributions du ministre de l'instruction publique, du 11 juillet 1856 (Papiers des Tuileries).

tuyaux de plume, des allumettes même, il s'intéressait aux inventeurs, aux chercheurs, et montrait plus de goût pour les inventions mécaniques que pour les grandes recherches scientifiques. Il aida cependant, de sa cassette particulière, des voyageurs, des explorateurs ; il voulut même, toujours d'après les conseils de M. Mérimée, exercer sur les savants un patronage analogue à celui que le docteur Véron et M. Sainte-Beuve organisaient pour lui sur les gens de lettres. Les allocations destinées aux missions, voyages et souscriptions, figurant par moitié au budget du ministère de l'instruction publique et au budget du ministère d'État, ne semblaient plus que le prix d'une espèce de concours littéraire ; M. Mérimée, choqué d'un arrangement qui enlevait à ces encouragements leur véritable caractère, consistant, selon lui, à être véritablement des grâces du souverain, rappela à l'Empereur que la vieille monarchie voulut que tous les établissements scientifiques et littéraires relevassent d'elle : *jardin du roi, lecteurs du roi,* disait-on, en parlant du Muséum d'histoire naturelle et des professeurs du Collège de France. M. Mérimée était convaincu non-seulement que « les missions scientifiques en paraîtraient plus belles aux savants, que leur zèle en serait stimulé, si elles étaient directement données par l'Empereur, et que l'accueil même qu'on leur ferait à l'étranger s'en ressentirait de la façon la plus heureuse, mais encore que les souscriptions aux publications nouvelles, les encouragements aux savants, les subventions aux sociétés scientifiques acquerreraient plus de prix si elles émanaient de l'Empereur » ; il travailla donc à lui en assurer la distribution. L'Institut était un obstacle à cet accaparement : pensant « que l'Institut, toujours difficile à conduire, deviendrait plus docile s'il dépendait d'un ministère plus voisin des

Tuileries », il fit signer à l'Empereur le décret du 5 novembre 1860, qui enlevait l'Institut et les bibliothèques au ministre de l'instruction publique pour les donner au ministre d'État. Le gouvernement eut dès alors la haute main sur tous les établissements scientifiques, mais déjà l'Empereur, par son empressement à détruire les créations du gouvernement précédent, avait prouvé qu'il comprenait, sans avoir besoin de M. Mérimée, qu'il était bon que tout parût dater de son règne et émaner de lui. La République de 1848 avait créé, à Versailles, un institut agronomique dont les maîtres, presque aussitôt dispersés que réunis, se sont presque tous fait un nom dans des sciences diverses. L'institut agronomique de Versailles disparut, et l'Empire, qui faisait sonner si haut son zèle pour les progrès de l'agriculture ne sut pendant vingt ans de calme intérieur organiser rien de sérieux au profit des études et de l'enseignement agricoles. Les comices eux-mêmes ne furent plus entre les mains de ses préfets que des réunions politiques au profit des candidats officiels. Les établissements créés par la première république ne furent pas même épargnés, comme on l'a vu par le décret qui changea la constitution du Jardin des plantes.

Le règne de Napoléon III ne fut signalé par aucune de ces expéditions maritimes entreprises dans l'intérêt seul de la science qui honorent une nation. Les prix de 100 000 francs ne suscitèrent aucune grande découverte. Pendant que l'Allemagne se couvrait d'admirables laboratoires, en France on donnait ce nom à des locaux humides, malsains, mal aérés, « tombeaux des savants (1) ». Parmi les établissements scientifiques relevant du ministère de

---

(1) *Le Budget de la science*, par M. Pasteur, membre de l'Académie des sciences. Paris, 1868, Gauthier-Villars, imprimeur-libraire.

l'instruction publique, deux ou trois avaient des laboratoires méritant ce nom; la chimie organique attendait des locaux pour l'étude dignes de ses progrès. Un membre de l'Académie des sciences pendant dix ans nettoya de ses mains tous les ustensiles dont il se servait. Le budget n'avait aucune rubrique à laquelle on pût rattacher « la création » d'un garçon de laboratoire. Les Facultés de province étaient aussi déshéritées que celles de Paris. Ce n'était un secret pour personne dans le monde savant, que la vie du professeur de chimie de la Faculté de Lyon avait été abrégée par un séjour assidu dans la cave qui lui servait de laboratoire (1).

La presse n'a plus attiré notre attention depuis 1866, date à laquelle MM. E. Ollivier, C.-L. Chassin, L. Veuillot, sollicitaient vainement l'autorisation de fonder chacun un journal. M. L. Veuillot, plus heureux l'année suivante, put remercier dans le premier numéro de l'*Univers* le ministre de l'intérieur de la « bonne grâce extrême » avec laquelle il lui avait permis de publier une nouvelle feuille. Sa gratitude aurait dû s'adresser également à l'Impératrice, qui plaida chaleureusement sa cause dans le conseil des ministres.

Le régime dictatorial auquel la presse était soumise avait pu lui enlever toutes les libertés, hormis celle de se plaindre et de réclamer ses droits. Elle les revendiqua dès qu'elle put ouvrir la bouche, et le gouvernement, son maître tout-puissant, fut obligé de les discuter avec elle. C'était déjà les reconnaître en quelque sorte : « Qu'est-ce que la liberté d'écrire dans un journal ? » demandait un jour M. Rouher à la tribune, « est-ce une liberté légitime, est-ce un droit réel ? » L'impossibilité de la supprimer attestait seule la

(1) *Le Budget de la science.*

légitimité de cette liberté mieux que tous les raisonnements. La législation de 1852 était usée au bout de six ans à ce point que M. E. Picard pouvait dire à M. Rouher : « Si vous ne voulez pas la voir finir, changez-la. »

Le gouvernement allait être obligé de suivre ce conseil; résigné d'avance à supprimer l'autorisation préalable pour les journaux, il crut pouvoir se montrer plus généreux dans le courant de l'année 1867, et soixante-sept nouvelles feuilles politiques reçurent la permission de paraître : vingt-neuf à Paris, trente-huit dans les départements. Mais après l'avoir sollicitée, toutes n'en usèrent pas; à Paris on vit naître ou se transformer seulement le *Journal de Paris*, le *Figaro*, l'*Intérêt public*, le *Journal des villes et campagnes*, le *Courrier français*, l'*Univers*, la *Situation*, en tout sept journaux; qu'étaient devenues les vingt-deux autres autorisations? les adversaires de la politique du 19 janvier avaient-ils raison de soutenir que le pays se souciait médiocrement des libertés qu'on lui offrait? Non, mais les lois fiscales sur la presse, qui ne sont au fond que des lois préventives contre la presse, exigeaient pour la fondation d'un journal des capitaux trop considérables pour qu'il fût aisé de les trouver.

La presse touchait-elle à la fin de la longue période pendant laquelle, soumise au régime administratif, elle n'était qu'un monopole aux mains de quelques propriétaires de journaux? On en doute jusqu'au dernier moment; la loi de 1868 qui changeait complétement sa situation, fut même sur le point d'être repoussée. L'ancien parti bonapartiste, soutenu par l'Impératrice, lui faisait une opposition acharnée; le gouvernement la défendait avec une mollesse voisine de l'hostilité. Deux ministres, MM. Pinard et Baroche, prirent d'abord la parole dans la discussion : M. Pinard soutint la loi tant bien que mal, M. Baroche mit en balance ses inconvénients et ceux de la loi ancienne, en laissant chacun libre de choisir; M. Rouher agissait pendant ce temps-là auprès de l'Empereur pour obtenir le retrait de la loi; Napoléon III paraissait hésitant; M. Rouher, qui ne désespérait pas du succès de ses démarches, fut désagréablement surpris de recevoir l'ordre de la soutenir le matin même du jour où l'on allait passer à la discussion des articles. Il engagea donc mélancoliquement la Chambre à voter une loi qu'elle n'avait pas plus désirée que lui; la majorité se résigna, et la liberté de la presse fut rétablie.

Le régime qui venait de succomber facilitait sans doute au gouvernement la surveillance de la presse, mais à l'inconvénient de lui laisser la responsabilité de tout ce qu'elle imprimait, il joignait celui de rendre la répression des délits de presse beaucoup plus difficile; si un avertissement donné dans certaines circonstances à un journal comptant, comme le *Siècle*, plus de cinquante mille abonnés, était déjà une mesure grave, que dire de sa suspension ou de sa suppression? Les actes répressifs contre les journaux offraient, en outre, dans certains cas, le danger de déceler la politique du gouvernement. L'avertissement oral, la menace secrète, moyens auxquels le pouvoir ne se faisait pas scrupule de recourir, ne produisaient pas toujours l'effet qu'il en attendait et leur emploi n'était pas d'ailleurs toujours très-facile. Prétendre cependant que les journaux ne faiblirent jamais devant ces moyens d'intimidation serait une assertion téméraire, mais on peut dire cependant que dans les grandes circonstances ils n'hésitèrent point à exposer leur existence dans l'intérêt de leur parti. Le *Siècle* fit vraiment un acte de courage en 1857, en plaçant le nom du général Cavaignac en tête d'une liste de candidats sur laquelle figuraient ceux de MM. Carnot et Goudchaux. Cette initiative hardie donna le signal du réveil de l'opinion publique. Ce fut là le grand service rendu au pays par ce journal, qui en faisant d'inévitables concessions de forme, resta ferme sur les principes tant qu'il fut seul à tenir le drapeau du parti républicain, honorable et périlleuse mission que l'*Avenir national* vint plus tard partager avec lui. L'*Opinion nationale*, moins exposée que ces deux journaux par suite de son adhésion formelle à la dynastie, et non moins ardente qu'eux dans sa lutte contre le clergé, eut, elle aussi, ses heures de péril.

Le second Bonaparte inaugura son avénement, comme le premier, par la suppression d'un grand nombre de journaux. Maître de tout après le succès du coup d'État du 2 décembre, il crut pouvoir laisser aux partis une apparence de représentation dans la presse qu'il tenait d'ailleurs entre ses mains. Le parti libéral orléaniste eut pour organes le *Journal des Débats*, la *Revue des deux mondes* et le *Courrier du dimanche*, qui mourut au champ d'honneur, frappé d'une suppression à la suite d'un article de M. Prévost-Paradol contre la personne de l'Empereur. Le *Temps* vint plus tard grossir les rangs de l'opposition libérale. Les *courriers* de M. Prévost-Paradol auraient souvent, dans le *Journal des Débats*, fait craindre pour cette feuille le sort du *Courrier du dimanche*, si la raillerie heureuse n'obgeait pas en quelque sorte ceux qu'elle atteint à point paraître sentir ses blessures. Quant aux journaux légitimistes *l'Union*, *la Gazette de France*, ils prirent part à la lutte des journaux démocratiques et des journaux libéraux contre l'Empire, mais avec une ardeur intermittente, contenue et réglée par l'intérêt du Vatican.

L'Empire, qui supprimait la presse, avait cependant plus

besoin des journaux que tout autre gouvernement. Le *Constitutionnel* et le *Pays*, devenus la propriété du célèbre banquier Mirès, et mis par lui à la disposition du gouvernement, en devinrent les organes officieux. M. de la Guéronnière et un groupe de sénateurs fondèrent plus tard la *France*. M. Dusautoy, tailleur de l'Empereur, ne tarda pas à fournir les fonds nécessaires à la création d'un autre journal impérialiste qui s'intitula *l'Époque*. Les idées de transformation de l'Empire commençaient à se faire jour. Le programme de l'*Époque*, rédigé par un transfuge de la presse démocratique, M. Clément Duvernois, dans un sens très-libéral, fut porté aux Tuileries d'où il revint avec des annotations non moins libérales de la main même de l'Empereur, qui, par l'intermédiaire de son aide de camp et écuyer le général Fleury, devint en quelque sorte le directeur politique de l'*Époque;* M. Clément Duvernois se rendait tous les matins au Louvre pour prendre le mot d'ordre. Le général Fleury, très-favorable à un changement dans le sens libéral, n'y mettait pour condition que la présence au ministère de l'intérieur au moment d'opérer la transition d'un homme avec « une main de fer », et naturellement il se croyait cet homme.

La conquête de M. Clément Duvernois ne suffisait pas à renouveler le personnel des journaux bonapartistes, usé jusqu'à la corde. M. Paulin Limayrac, fatigué de manier depuis quinze ans l'encensoir officieux, en qualité de rédacteur en chef du *Constitutionnel*, avait obtenu comme une sorte de retraite l'administration d'une préfecture de deuxième ou de troisième classe. La *France* annonça que M. Paulin Limayrac était promu à d'autres « fonctions administratives ». Ces mots firent rire; M. Mirès n'avait-il pas pourtant déjà écrit : « J'ai acheté en 1852 le *Constitu-*

tionnel sous les auspices de M. de Maupas et de M. Latour-Dumoulin *pour être agréable au gouvernement*. Ce journal et le *Pays* sont restés fidèles à la politique impériale. Mon dévouement était si absolu qu'on sollicitait auprès du gouvernement la rédaction en chef de mes propres journaux *comme une place*. »

La loi de 1868 donna le signal du renouvellement à la presse bonapartiste : La *Situation*, l'*Étendard*, le *Public*, le *Parlement*, le *Peuple*, qui coûta plus d'un million à l'Empereur, parurent à peu de distance l'un de l'autre. Ces journaux, organes des divers personnages qui se disputaient l'influence à la cour, firent du bruit sans ajouter grand'chose à la force du gouvernement.

La popularité des journalistes sous les régimes précédents se formait avec une grande lenteur, suite inévitable de l'anonymat auquel ils étaient voués, mais elle était solide et mesurée aux divers genres de talent. La signature, sous l'Empire, créa presque instantanément aux journalistes une notoriété banale, image menteuse de la popularité, trompe-l'œil de la renommée. Les journalistes ne grandissaient pas devant l'opinion en proportion des difficultés qu'ils avaient à combattre. L'habileté, telle était, il est vrai, la qualité principale du journaliste sous l'Empire, et l'habileté ne frappe pas le public, en général, qui la confond avec la timidité. La persécution ouverte, le combat corps à corps, voilà ce qui rehausse les hommes ; l'Empire ne persécutai pas, il ne luttait pas, il étouffait. Lorsque la liberté revint, lorsque de nouveaux journalistes, plus libres que leurs devanciers, eurent porté pour ainsi dire la discussion dans la rue, la foule ne rendit pas toujours justice aux journalistes dont tout le mérite, aux yeux de bien des gens, consistait à avoir vécu. L'ancienne presse, malgré cela, n'en eut pas moins le droit, en ouvrant ses rangs à la nouvelle, de lui dire : J'ai fait mon devoir, faites le vôtre.

Le gouvernement impérial, un des plus forts en apparence qui aient jamais existé, avait donc été obligé de se reconnaître impuissant à tenir la presse enchaînée. S'était-il fortifié pendant le silence forcé des journaux, avait-il commis moins de fautes, était-il parvenu à dissimuler celles du Mexique et de Sadowa? Les fondateurs de l'Empire répondront à cette question; ceux-là même qui avaient du sang des victimes du 2 décembre sur leurs mains, ne croyaient pas à la durée du gouvernement créé par eux. M. de Morny le premier l'ébranla doucement sous prétexte de préparer sa transformation. M. Walewski continua son œuvre. L'Empire existait à peine depuis dix ans, et ses rouages fonctionnaient mal; l'impérialisme déclinait d'une façon alarmante. « L'esprit d'indiscipline se répand dans le gouvernement », écrit M. de Persigny à l'Empereur en 1865, « le ministre de l'intérieur constate que beaucoup de fonctionnaires ont trahi dans les élections, l'opposition a recruté plus de quatorze cent mille voix. L'Empire a perdu cinq mille de ses meilleurs maires qui n'ont pas été réélus.» Le même personnage reprend la plume deux ans après : « Sire, je n'ai plus le courage de me livrer à mes études, je n'ai plus la liberté d'esprit nécessaire... Sire, l'Empire croule de toutes parts... à quoi bon faire des plans d'amélioration pour une maison qui brûle?... » Les rapports de M. Piétri servent de commentaire à ces lettres dont ils portent presque la date : « Partout c'est un débordement d'amères critiques, de défiances injustes, d'appréciations inquiètes. Les classes dirigeantes font à l'Empereur une guerre acharnée... le ressort de l'autorité est affaibli... la calomnie s'attaque à tout. » Il faudrait des hommes pour arrêter la décadence. Des hommes, il n'y en a pas. On a lu dans le précédent volume le rapport de M. Rouher sur le personnel des hommes « plausibles » comme ministres, et il n'en trouve pas un seul. L'Empire n'a plus que lui, l'homme du Mexique, l'homme des trois tronçons, l'homme de Mentana.

La liberté de la presse n'avait contribué en rien à la situation déplorable de l'Empire puisqu'elle n'existait pas. Quel usage en ferait-elle maintenant qu'elle venait de la conquérir et de la mériter? Personne qui ne reconnût le danger qu'il y a pour un peuple à la perdre. La presse avait là une occasion unique de triompher des préjugés qui existent contre elle, de se faire accepter par l'opinion, d'entrer dans les mœurs comme elle y est entrée en Angleterre. Elle ne l'a pas saisie; à côté des journaux les plus avancés, mais qui s'adressaient encore à des lecteurs politiques, la loi nouvelle permit la création de feuilles trop disposées à exploiter les passions et l'ignorance populaire; on peut leur reprocher d'avoir abusé de la liberté, d'avoir effrayé une certaine classe de la société, d'avoir ravivé ses préjugés à demi effacés à l'endroit de la presse, et rendu possibles de nouveaux attentats contre elle; mais enfin ces feuilles n'ont pas détruit l'Empire en deux ans.

Le journal paru le premier depuis la nouvelle loi fut un organe de la gauche, *l'Électeur libre*, dirigé par M. Ernest Picard. Le député de l'Hérault, convaincu depuis longtemps que l'opposition puiserait une nouvelle force dans la création d'un journal, et que le journal lui-même pouvait compter sur un succès certain, pressait MM. Jules Favre et Hénon de s'associer à son projet; ils se montrèrent non-seulement beaucoup moins confiants que lui dans le résultat matériel de l'entreprise, mais encore ils craignirent qu'un journal ne leur fût un embarras plutôt qu'un appui dans l'exercice du mandat de député. Ils ne voulurent pas néanmoins refuser leur concours à M. Picard, et leurs noms furent imprimés à côté du sien en tête du premier numéro de l'*Électeur libre*, le 25 juin 1868.

La *Marseillaise*, le *Rappel*, ne tardèrent pas à voir le jour. Ces journaux formèrent, avec le *Réveil* leur aîné, la trinité des journaux « irréconciliables », et qui, sans l'être plus que l'*Avenir national* et le *Siècle*, l'étaient d'une façon plus bruyante. Les journaux irréconciliables représentaient trois personnalités d'inégale importance : MM. Charles Delescluze, Henri de Rochefort et Victor Hugo. Le premier, écrivain passionné, d'une âcreté d'humeur surexcitée par les prisons et par l'exil, ne comptait à vrai dire que sur lui-même, soit qu'il ne souffrît pas volontiers des collaborateurs autour de lui, soit que les collaborateurs ne pussent s'y souffrir longtemps eux-mêmes. M. Henri de Rochefort, devenu fameux par le succès de la *Lanterne*, avait groupé dans la rédaction de la *Marseillaise* un certain nombre de jeunes gens dont toutes les notions politiques consistaient à comprendre que la prison grandit les plus petits hommes, que la meilleure des polémiques est celle qui fait obtenir le plus de condamnations, et qui s'y exposaient sans crainte, en gens obligés d'ailleurs de remplacer par les témérités de leur polémique politique les scandales mondains qui faisaient la fortune des journaux réactionnaires. Le *Rappel*, supérieur de beaucoup au *Réveil* et à la *Marseillaise*, arborait le nom de Victor Hugo, non comme celui d'un rédacteur en chef, mais comme un programme et un drapeau. L'auteur des *Châtiments* prêtait au *Rappel* le talent de ses fils, de deux de ses amis les plus dévoués et le patronage de sa grande renommée.

Le succès de ces journaux, surtout du *Rappel* et de la *Marseillaise*, fut tout de suite très-grand, principalement à Paris. N'ayant que très-peu d'abonnés, faits pour la vente dans les rues, ils s'adressaient à un public plus passionné qu'instruit, plus ardent qu'habitué à la discussion sérieuse, aussi avaient-ils emprunté aux journaux comme le *Figaro* et le *Gaulois* la coupe du journal et la forme des articles. Le gouvernement avait beau les poursuivre, les traquer, les chasser de la rue, ils pénétraient dans les maisons et se distribuaient partout en contrebande. Le bourgeois les achetait presque autant que l'homme du peuple, ils l'amusaient et l'agaçaient à la fois, ils servaient sa haine contre l'Empire et en même temps ils lui faisaient peur, la *Marseillaise* principalement, qui, dans l'ardeur de son socialisme, alla jusqu'à profiter du 8 janvier, date où se payent les loyers au-dessous de 300 francs pour exhorter ses lecteurs à ne pas s'acquitter envers leurs propriétaires.

L'ancienne presse de l'opposition, délivrée de l'arbitraire administratif, montra tout de suite une vigueur dont on s'aperçut à la façon dont fut menée l'affaire de la souscription Baudin par MM. A. Peyrat et Delescluze. Le gouvernement de son côté redoubla de sévérité, et ce n'est pas peu dire quand on songe que l'année précédente, c'est-à-dire un an avant la nouvelle loi, M. E. de Girardin avait subi une condamnation motivée simplement sur ce que « dans toutes les questions qu'il touche, il affirme les fautes commises sans discussion ». Le tribunal par la même raison aurait pu condamner un écrivain critiquant un livre qu'il trouve mauvais, pour n'avoir pas exposé les raisons qu'aurait l'auteur de le trouver excellent. Les poursuites contre a presse ordonnées en 1868 ne reposaient pas sur des motifs beaucoup plus plausibles: la situation des journaux restait donc assez difficile sous la loi nouvelle, mais ces difficultés n'empêchèrent pas des feuilles en assez grand nombre de se fonder dans les départements. Les journaux démocratiques *la Gironde*, *le Phare de la Loire*, *le Progrès de Lyon*, *le Journal du Havre*, *le Courrier de la Gironde*, *le Sémaphore de Marseille*, ces deux derniers de nuance orléaniste, eurent des continuateurs et des auxiliaires dévoués.

Si la loi de 1852 avait péremptoirement démontré que le silence de la presse n'empêche pas un gouvernement de s'affaiblir, la loi de 1868, qui replaçait les journaux sous la juridiction des tribunaux correctionnels, prouva d'une façon aussi claire leur impuissance à réprimer les délits de presse. Nul gouvernement n'eut certainement des parquets et des tribunaux plus dévoués que l'Empire, et pourtant la force de la presse croissait tellement sous le feu des juges correctionnels, que M. Rouher était obligé de répondre à l'Empereur qui se plaignait de leur mollesse : « Compter sur une répression de la presse par la justice est une pure illusion. »

Le premier des journaux parus depuis la loi nouvelle, *l'Électeur libre*, fut aussi le premier à éprouver sa rigueur. Une condamnation à 10 000 francs d'amende vint le frapper; d'autres condamnations furent prononcées contre le *Peuple de Marseille*, contre le *Courrier de Lyon*. Interdiction de la voie publique à l'*Union libérale*, de Tours, suppression du *Courrier français*, tel fut le bilan du seul mois de juillet 1868, sans compter la suppression du *Hanneton*, coupable « d'avoir traité de matières politiques dans un article intitulé : *Qué que ça me fait !* »

Le mois de septembre 1868 fut signalé par la première application du fameux article 11 de la loi sur la presse relatif à la divulgation d'un fait de la vie privée. L'*Union libérale* de Tours avait annoncé (chose vraie d'ailleurs) qu'un lieutenant de gendarmerie, nommé Latruffe, allait donner sa démission pour fonder un journal. Le lieutenant Latruffe porta plainte au parquet de Loches et fit condamner l'*Union libérale* par le tribunal de cette ville.

Le congrès des journaux décentralisateurs se réunit à Lyon l'année suivante vers la fin du mois de septembre; le point sur lequel la presse légitimiste faisait le moins de concessions, après le pouvoir temporel, était celui des libertés communales et départementales. La presse légitimiste des départements, plus ardente encore, si c'est possible à ce sujet, que celle de Paris, répondit avec empressement à l'appel du journal *la Décentralisation*, qui l'invitait à se réunir dans ses bureaux pour s'occuper des questions « les plus pressantes pour notre temps et pour notre pays », c'est-à-dire l'abolition de la loi de sûreté générale, la réforme de l'article 75, l'application du principe électif à la nomination des maires, la réforme du mode de formation des assemblées départementales, l'extension de leurs attributions, la création d'une commission permanente élue par le conseil général pour veiller à l'exécution de ses décisions et pour servir de conseil au préfet, la réunion périodique, pour délibérer sur des sujets d'intérêt commun, de plusieurs conseils généraux groupés dans cette intention par grandes divisions territoriales analogues à nos divisions universitaires, judiciaires et militaires.

La publication qui se heurta la première au sénatus-consulte, interdisant la discussion de la Constitution, fut non pas un journal, mais une revue nullement hostile au gouvernement, la *Revue contemporaine*. Le jugement qui la condamna, le 7 avril 1869, à 600 francs d'amende, rappelait dans un de ses considérants que la Constitution ne peut être discutée par aucun autre pouvoir public que le Sénat procédant avec les formalités déterminées. La *Revue contemporaine* n'aurait pas eu grand'peine à prouver par les discours de M. Thiers et de M. de Maupas qu'on pouvait fort bien se passer de ces formalités.

La législation de l'Empire avait singulièrement favorisé le développement de la presse littéraire. S'il était facile de supprimer les journaux littéraires, grâce au délit dont il était si commode et si élastique de les accuser, d'avoir traité de matières politiques sans autorisation, il dépendait du journal supprimé de revivre sous un autre titre : La *Rive gauche* supprimée avait eu *Candide* pour successeur; malheureusement les rédacteurs de cette feuille s'étaient contentés d'emprunter un titre à Voltaire, en lui laissant sa verve mordante et légère. Rien d'ailleurs en général de plus prétentieusement guindé et sentant moins la jeunesse que ces journaux rédigés par des jeunes gens. L'*Art* remplaça *Candide*, et le 23 juin 1868 le ministère public, à l'accusation ordinaire d'avoir publié un écrit traitant de matières politiques et d'économie politique sans déclaration préalable et sans cautionnement, ajouta l'accusation supplémentaire d'excitation à la haine des citoyens les uns contre les autres. Les accusés, parmi lesquels figurait M. Cluseret (1), ayant fait défaut, le tribunal n'en prescrivit pas moins l'exécution provisoire du jugement qui ordonnait la suppression. Le *Père Duchesne*, rappelé à la lumière par MM. Maroteau (2) et Humbert, continua l'*Art* et fut supprimé comme lui le 8 décembre 1869, toujours pour avoir traité de matières politiques sans cautionnement. Aucun de ces journaux littéraires ne venait au

(1) Général de la Commune.
(2) Condamné pour participation aux actes de la Commune.

monde viable et il en naissait tous les jours de nouveaux. Le *Faubourg*, la *Misère*, le *Misérable*, le *Jocko*, le *Gueux*, le *Rrrrann*, le *Sans-Culotte*, la *Rue*, ne firent que paraître et disparaître.

La *Lanterne* avait donné naissance à plusieurs pamphlets du même genre ; un seul, *la Cloche* (1), paru dix jours après le pamphlet de M. de Rochefort, réalisa ce difficile problème d'être presque aussi agressive qu'elle sans trop s'exposer à des procès. La *Lanterne* était devenue la *Marseillaise*, la *Cloche* se transforma aussi plus tard en journal quotidien en gardant son nom.

La presse bonapartiste, assez unie en apparence, cachait de vives dissensions dans ses rangs, surtout depuis l'avénement du ministère Ollivier et le plébiscite. Les membres libéraux du cabinet se plaignaient d'être l'objet d'attaques incessantes dans les correspondances officieuses envoyées aux journaux des départements, et de n'avoir des défenseurs sincères que dans les journaux, qui, comme le *Journal des Débats*, s'étaient ralliés dès l'origine au cabinet Ollivier, plutôt par fidélité aux idées libérales que par dévouement à l'Empire. Les rédacteurs du *Journal des Débats*, liés par les souvenirs du passé, en défendant le gouvernement, s'efforçaient de séparer leurs personnes de leurs articles, et d'empêcher qu'on les prît pour des amis personnels de l'Empereur quand ils n'étaient que les défenseurs désintéressés du régime parlementaire ; aussi la surprise fut-elle grande quand on apprit que M. Prévost-Paradol acceptait le poste de ministre à Washington. M. Prévost-Paradol s'était fait remarquer entre tous les journalistes de l'opposition par un genre particulier d'hos-

---

1) Par Louis Ulbach.

tilité contre l'Empire; ses articles joignant aux ironies, aux malices, aux allusions chères aux salons, l'attaque directe à la personne du chef de l'État, lui avaient ouvert les portes de l'Académie; critique méprisant des institutions de l'Empire, persiffleur dédaigneux et outrageant des hommes de ce régime, M. Prévost-Paradol, précurseur de M. de Rochefort, avait écrit en quelque sorte les premières *Lanternes* dans le *Courrier du dimanche*. L'article qui fit supprimer ce journal était de lui; après avoir comparé la France à « une dame de la cour, très-belle, aimée des plus galants hommes, et qui s'enfuit pour aller vivre avec un palefrenier », il ajoutait : « Elle est dépouillée, battue, abêtie un peu plus tous les jours; mais c'en est fait, elle y a pris goût et ne peut être arrachée à cet indigne amant. » Traiter Napoléon III de « palefrenier », et le saluer quelques années plus tard du titre de « Souverain auguste », il y avait là quelque chose de blessant pour l'honneur, dont les journaux républicains parlèrent avec amertume et qu'ils signalèrent comme une défection; les amis de M. Prévost-Paradol répondirent pour l'excuser que ses idées ayant triomphé par l'avènement de l'Empire libéral, il lui était permis de s'associer à leur victoire par sa reconnaissance envers celui qui l'avait assurée. Lors même que la retraite de M. Buffet et de M. Daru du ministère n'eût pas prouvé combien la victoire du libéralisme était incertaine, il semblerait que M. Prévost-Paradol, après avoir souscrit au monument en l'honneur de Baudin et comparé ce représentant du peuple au chevalier d'Assas, ne fût plus libre de se faire le serviteur de l'homme parvenu au trône par le crime de Décembre; M. Prévost-Paradol était quelqu'un, il céda à la tentation si commune en France d'être quelque chose, il se laissa aller à un acte dont sa conscience réveillée par l'éloignement et par la guerre lui dit le vrai mot, et que sa mort lui a fait pardonner (1).

Le nombre des journaux républicains augmentait chaque jour dans les départements. Pas de grande ville qui n'eût le sien flanqué de deux ou trois journaux littéraires gravitant dans son orbite. La lutte à Paris devenait de plus en plus ardente. La *Marseillaise*, le 12 janvier, ouvrit une souscription pour l'érection d'un monument à Victor Noir dont la mort, que nous raconterons dans le chapitre suivant, eut de si funestes conséquences pour l'Empire; d'autres journaux en proposèrent une au profit de M. de Rochefort « privé de son traitement de député et mis dans l'impossibilité de se livrer à aucun travail productif ». Un ancien représentant de 1848, M. Gambon, adressa en même temps aux journaux une circulaire reproduite par la *Démocratie* seule, dans laquelle il exhortait les électeurs de la 1ʳᵉ circonscription de Paris, privés de leur député, à refuser l'impôt.

Les tribunaux répondaient au redoublement de vivacité des journaux dans la polémique par un redoublement de sévérité dans la répression ; le 22 janvier, une condamnation frappa le rédacteur en chef et un des rédacteurs de la *Marseillaise*, à six mois de prison et 3000 francs d'amende. Les mois de février, mars, avril, mai, ne sont pas moins féconds en procès que le premier mois de l'année. La *Réforme* en compte sept. Tous les rédacteurs de la *Marseillaise* sont emprisonnés, le journal lui-même est suspendu pour deux mois. Le *Combat* est saisi dès son premier numéro. La prison de Sainte-Pélagie regorge de journalistes, qui se plaignent de ce que toute communication avec leur

---

(1) M. Prévost-Paradol, nommé ministre aux États-Unis, se tua à Washington d'un coup de pistolet.

journal leur est interdite. « Jamais, disent-ils, ni sous Louis-Philippe, ni sous la dictature de Décembre, il n'avait été défendu aux journalistes emprisonnés de gagner leur vie avec leur plume. Cette rigueur monstrueuse est de l'invention des geôliers de la préfecture de police, sous l'Empire libéral ! »

Lorsque les choses en sont venues à ce point entre le gouvernement et la presse, que la discussion dégénère en provocation, et que la répression se transforme en représailles, il arrive presque toujours que la presse se fortifie dans le combat, tandis que le gouvernement s'use, quelque fort qu'il soit ; les journaux d'ailleurs n'arrivent au degré de violence qu'on leur vit à la fin de l'Empire, que lorsque la situation politique du pays les y pousse ; l'avénement du ministère Ollivier ne suffisait pas évidemment pour la modifier au profit du gouvernement. L'Empire saisi corps à corps par la presse avait besoin, pour se soustraire à ses étreintes, du concours moral de la nation ou de son impuissance ; changer la situation par un coup d'État qui lui rendît sa force, ou par une guerre qui lui créât un prestige nouveau, c'est entre deux tentatives également hasardeuses que l'Empereur était obligé de choisir.

CHAPITRE II

1870

LE MEURTRE DE VICTOR NOIR

Sommaire. — Débuts de l'Empire libéral. — Meurtre de Victor Noir. — Son effet sur la population. — Enterrement de Victor Noir. — Journée du 12. — Demande en autorisation de poursuites contre M. de Rochefort. — Troubles à la suite de cette discussion. — Condamnation de M. de Rochefort. — Embarras du ministère. — Le vieux parti bonapartiste s'enhardit. — Mort du duc de Broglie. — Troubles du mois de février. — Tentative de barricades. — *Ligue de l'ordre*. — Arrestations. — Meurtre d'un agent de police par l'ouvrier Mégy. — Procès de Tours. — Scènes de désordre à l'École de médecine. — Fermeture des cours. — Banquet de la jeunesse française à M. Gambetta. — Grèves du Creuzot. — Les grèves. — Agitation socialiste. — Le complot Beaury.

Les décrets de nomination des nouveaux ministres parurent le 4 janvier au *Journal officiel*. M. Haussmann ayant opposé un refus absolu à toutes les instances pour l'engager à donner sa démission, l'Empereur, n'osant pas le destituer, le déclara « relevé de ses fonctions ». M. Chevreau, préfet de Lyon, fut nommé à sa place.

Un décret fit grâce aux mineurs compromis dans les troubles d'Aubin. Le droit de vente sur la voie publique fut restitué au *Réveil*, au *Rappel* et à la *Marseillaise*, quelques notabilités orléanistes et légitimistes allaient être appelées dans de grandes commissions formées par M. E. Ollivier, pour étudier diverses questions importantes; mais les partis, malgré ces concessions, ne se montraient guère empressés à désarmer devant l'Empire libéral. M. de Falloux venait de lutter à chances presque égales avec le candidat officiel dans le département de Maine-et-Loire ; les difficultés commençaient à surgir devant le nouveau cabinet, lorsqu'un événement imprévu vint les accroître.

La *Revanche*, journal démocratique récemment fondé à Bastia, avait publié un article virulent sur le premier Bonaparte. Le prince Pierre-Napoléon Bonaparte, l'un des fils de Lucien Bonaparte, répondit dans l'*Avenir de la Corse* à cet article sur un ton encore plus virulent :
« Pour quelques lâches Judas traîtres à leur pays, et que
» leurs propres parents eussent autrefois jetés à la mer
» dans un sac; pour deux ou trois nullités, irritées d'avoir
» inutilement sollicité des places, que de vaillants soldats,
» d'adroits chasseurs, de hardis marins, de laborieux agri-
» culteurs, la Corse ne compte-t-elle pas, qui abominent
» les sacrilèges et qui leur eussent déjà mis *le stentine*
» *per le porrette*, les tripes aux champs, si on ne les avait
» retenus. »

La *Marseillaise* ayant pris fait et cause pour les rédacteurs de la *Revanche*, et le prince Pierre-Napoléon Bonaparte ayant adressé une provocation conçue en termes très-violents à M. Henri de Rochefort, ce dernier s'était empressé de lui envoyer ses témoins. M. Paschal Grousset, correspondant de la *Revanche* à Paris, avait déjà prié de son côté deux de ses amis, MM. Victor Noir et Ulric de Fonvielle, de se rendre chez le prince Pierre-Napoléon Bonaparte pour lui demander raison de ses injures et de ses menaces contre les rédacteurs du journal dont il était le représentant.

MM. Ulric de Fonvielle et Victor Noir se rendirent le 10 janvier chez le prince Pierre-Napoléon Bonaparte, à Auteuil : ils remirent leurs cartes à deux domestiques; on les fit monter au premier étage. Une porte s'ouvrit et le maître de la maison s'étant présenté : — Monsieur, lui dit

M. Ulric de Fonvielle, nous venons de la part de M. Paschal Grousset vous remettre cette lettre.

Le prince Bonaparte après l'avoir parcourue répondit :
— J'ai provoqué M. Rochefort parce qu'il est le porte-drapeau de la *crapule*. Quant à M. Grousset, je n'ai rien à vous répondre. Est-ce que vous êtes solidaires de ces *charognes*?

M. de Fonvielle reprit : — Monsieur, nous venons chez vous loyalement remplir le mandat que nous a confié notre ami.

— Êtes-vous solidaires de ces misérables?

— Nous sommes solidaires de nos amis.

M. Victor Noir vient à peine de prononcer ces mots que le prince Pierre lui lance un soufflet et, tirant un revolver de sa poche, fait feu sur lui à bout portant. Pendant que le blessé sort pour appeler du secours, le prince Pierre Bonaparte s'avance, le canon haut, sur M. de Fonvielle, qui, lui aussi, porteur d'un revolver, reçoit, en essayant de le tirer de son étui, un coup de feu qui traverse son paletot. Il bat aussitôt en retraite en criant : A l'assassin ! Arrivé dans la rue sain et sauf, il y trouve Victor Noir expirant (1).

La nouvelle de l'événement se répandit dans la soirée dans Paris, où elle produisit une indignation générale. Le prince Pierre Bonaparte passait pour un caractère violent et emporté. On se répétait sa réponse à l'Empereur qui refusait de le mettre dans les affaires : « Soit, j'ouvrirai une salle d'escrime ! Pierre Bonaparte maître d'armes ! puisque je ne suis bon qu'à cela. » Les voies de fait auxquelles il s'était livré contre un de ses collègues de l'As-

---

(1) Telle est la version de M. Ulric de Fonvielle devant la justice. Le prince Pierre-Napoléon Bonaparte a soutenu de son côté que MM. Ulric de Fonvielle et Victor Noir s'étaient présentés d'un air menaçant et qu'il n'avait fait usage de ses armes qu'après avoir été frappé au visage par ce dernier.

semblée nationale beaucoup plus âgé que lui ; sa conduite à Zaatcha, comme officier de la légion étrangère, l'avaient brouillé avec l'opinion publique. Aucun membre de sa famille n'offrait une plus large surface aux coups de la presse.

Le numéro de la *Marseillaise* du 11 janvier parut encadré de noir, avec ces lignes imprimées en gros caractères en tête de sa première colonne :

ASSASSINAT COMMIS PAR LE PRINCE PIERRE-NAPOLÉON BONAPARTE SUR LE CITOYEN VICTOR NOIR.

TENTATIVE D'ASSASSINAT COMMISE PAR LE PRINCE PIERRE-NAPOLÉON BONAPARTE SUR LE CITOYEN ULRIC DE FONVIELLE.

« J'ai eu la faiblesse de croire qu'un Bonaparte pouvait être autre chose qu'un assassin !

» J'ai osé m'imaginer qu'un duel loyal était possible dans cette famille où le meurtre et le guet-apens sont de tradition et d'usage.

» Notre collaborateur Paschal Grousset a partagé mon erreur, et aujourd'hui nous pleurons notre pauvre et cher ami Victor Noir, assassiné par le bandit Pierre-Napoléon Bonaparte.

» Voilà dix-huit ans que la France est entre les mains ensanglantées de ces coupe-jarrets qui, non contents de mitrailler les républicains dans les rues, les attirent dans des piéges immondes pour les égorger à domicile.

» Peuple français, est-ce que décidément tu ne trouves pas qu'en voilà assez ?

» Henri Rochefort. »

La *Marseillaise*, dans son langage violent et hardi, rendait le gouvernement solidaire et responsable de la mort de Victor Noir ; le journal fut saisi, mais pas assez vite pour l'empêcher de se répandre et de produire une très-vive impression sur les ouvriers, quoique le ministère se fût empressé, dès le 10 au soir, d'adresser cette note aux journaux :

« Monsieur le rédacteur,

» Je vous prie de vouloir bien insérer dans votre numéro de demain matin la note suivante :

» Aussitôt que M. le garde des sceaux a appris le fait qui s'est passé à Auteuil, il a ordonné l'arrestation immédiate de M. Pierre Bonaparte. L'Empereur a approuvé cette décision, l'instruction est déjà commencée.

» Veuillez agréer, monsieur le rédacteur, l'assurance de ma considération distinguée.

» *Le chef du cabinet,*
» ADELON. »

La mort de Victor Noir fut pendant la journée du 11 le sujet de toutes les conversations; dans les salons, dans les cafés on ne s'entretenait que de cet événement; les réunions publiques, encore assez nombreuses, ne firent que retentir dans la soirée de plaintes et de gémissements. Le président de la réunion de la salle Molière, couvrant le bureau d'un crêpe immense, en signe de deuil « pour le crime abominable qui vient d'être commis », demande à ses auditeurs : « A quand la vengeance? » L'exaltation des orateurs s'accroît de minute en minute. Vainement les commissaires de police rappellent-ils les présidents à l'observation de l'ordre du jour, il n'est question dans toutes les réunions que de « l'attentat d'Auteuil ». Partout le président s'est muni d'un crêpe qu'il agite en donnant rendez-vous aux citoyens aux funérailles de Noir, qui doivent avoir lieu le lendemain à Neuilly. Les commissaires de police finissent par dissoudre la réunion de la salle Molière, celle de Belleville présidée par M. Flourens, devant une table ornée aussi d'un crêpe, et enfin celles de l'avenue de Choisy et de la rue Mouffetard, à laquelle assistait M. de Rochefort.

M. Émile Ollivier, cherchant un dérivatif à l'irritation populaire, crut le trouver dans l'extension de l'amnistie à M. Ledru-Rollin. Les journaux irréconciliables en annonçant cette mesure se hâtèrent d'ajouter que M. Ledru-Rollin avait déjà déclaré, par dépêche télégraphique, qu'il n'acceptait de rentrer en France que pour être l'avocat de la famille Noir, qui se portait partie civile contre le prince Pierre-Napoléon Bonaparte.

Les funérailles de M. Victor Noir étaient annoncées pour le 12, mais les journaux ne s'accordaient pas sur l'heure. Cependant, bien avant midi, du fond des plus lointains faubourgs, les ouvriers se dirigent par masses silencieuses vers la maison mortuaire. L'avenue de Neuilly se remplit d'hommes et de femmes portant des bouquets d'immortelles; l'arrivée d'une nombreuse députation des Écoles est bientôt suivie de celle de M. de Rochefort, dont la présence est saluée des plus vives acclamations. Sur le bruit que la police devait enlever le corps, des centaines d'ouvriers avaient passé la nuit autour de la demeure du défunt, dont la cour était occupée par ses amis personnels et par les représentants des journaux démocratiques. Une question se pose dans la foule : Où ira-t-on? Au Père-Lachaise ou à Neuilly?

Traverser les boulevards à la tête de ces masses, n'était-ce pas pousser à une collision dans le genre de celle qui éclata en 1832 à la suite du convoi du général Lamarque? Il y avait là bien des gens qu'une pareille crainte n'aurait pas arrêtés. Le cri : à Paris ! retentit en effet de tous les côtés. Le frère de la victime est obligé de paraître à une fenêtre et de supplier le peuple de permettre que l'inhumation se fasse à Neuilly. Le peuple paraît peu touché de cette harangue. Il faut recourir à l'influence de M. de Rochefort qui, s'adressant à la foule, commence par reconnaître que s'il est difficile de garder la modération commandée par les intérêts « de notre belle cause », il importe pourtant de rester calmes en face d'un pouvoir armé et décidé à abuser de sa force sur un peuple sans armes. « Je ne le sais que trop et » j'ai tant de confiance en lui que je suis venu armé. Je

TAXILE DELORD.

» n'ai plus le loisir de sortir autrement après l'assassinat de
» notre frère par Pierre Bonaparte.

» Quant à notre vengeance, nous l'aurons. L'occasion
» était aujourd'hui sans pareille, direz-vous, et elle ne se
» représentera plus. Erreur! Tous les jours nous en trouve-
» rons de plus favorables que celle que vous croyez perdre
» aujourd'hui... Conduisons notre frère au cimetière de
» Neuilly et descendons sans troubles dans Paris, toute autre
» manifestation compromettrait la cause de la démocratie
» radicale. Nous achèterons un terrain au Père-Lachaise,
» et bientôt nous exhumerons notre ami, et nous le con-
» duirons à travers la ville au champ de repos que vous
» aurez choisi. »

M. Delescluze demande à son tour qu'on se conforme aux vœux de la famille Noir : « Le vent souffle pour la première fois dans nos voiles depuis dix-huit ans, s'écrie-t-il, ne compromettons pas notre cause, la cause de tous les peuples, la cause de la justice, laissons le convoi se diriger vers Neuilly. »

A Neuilly! répond la foule. Le cercueil est placé sur le char, et le convoi se met en marche. Les cordons du poêle sont tenus par MM. de Rochefort, Millière, Arthur Arnould, Ulric de Fonvielle. La mère et la fiancée du mort sont à une fenêtre, au rez-de-chaussée de la maison. La foule s'incline et salue en passant devant elles. Quelques cris de : Vengeance! vengeance! éclatent; ils sont aussitôt comprimés. Mais à l'avenue de Neuilly, de nouvelles clameurs : Mort aux Bonaparte! Vive la République! A Paris! se font entendre. Des orateurs juchés sur des voitures exhortent le peuple à changer la direction du convoi, et à lui faire prendre la route du Père-Lachaise. Une espèce de mêlée s'engage autour du corbillard; les uns veulent l'empêcher d'entrer au cimetière de Neuilly; les autres s'efforcent de l'y conduire. M. de Fonvielle, à la tête de ces derniers, chancelle et va tomber presque sous les roues. M. de Rochefort refoulé violemment, à bout d'efforts, perd à peu près connaissance, et l'on est obligé de le transporter dans une maison voisine.

Le corbillard, dont les chevaux ont été dételés, reprend enfin sa marche, traîné par des citoyens et suivi par la foule, pour laquelle la porte du cimetière est trop étroite, et qui escalade les murs. MM. Ulric de Fonvielle, Flourens, Louis Noir, Amouroux, prennent tour à tour la parole devant le cercueil : « Je jure, s'écrie le premier, en pré-
» sence de cette tombe et devant le peuple souverain, que
» Victor Noir a été lâchement assassiné par Pierre Bona-
» parte. Si nous n'obtenons rien de la justice impériale, nous
» aurons recours à la justice du peuple... Victor Noir, mon
» ami, mon frère, toi qui as arrosé de ton sang la demeure
» d'un prince pour la liberté, je te vengerai ! »

« De plus longs discours sont superflus, déclare Amouroux, c'est un acte qu'il faut, et je trouve qu'on a trop attendu. » La foule, cependant, se contente de s'écouler en répétant : *Vive la République ! Vengeance ! Mort au Bonaparte !* La voiture de M. de Rochefort, remis de son évanouissement, est entourée par des milliers d'individus qui le suivent en chantant la *Marseillaise*. La police, rassemblée à la barrière et devant la gare du chemin de fer de ceinture, laisse passer la tête de la colonne avec la voiture du député, et disperse le reste. Des hommes, des femmes, des enfants, sont maltraités. Les débris de la colonne continuent leur marche jusqu'au palais de l'Industrie. Là ils se heurtent à la troupe. La chaussée est barrée par un détachement de cavalerie devant lequel se tient un commissaire en écharpe et précédé d'un tambour. M. de Rochefort descend de voiture et somme le commissaire d'ouvrir le passage « au député inviolable et aux amis du mort d'Auteuil. Ce n'est pas de notre faute, ajoute-t-il, s'ils sont aussi nombreux. » Le commissaire ordonne d'ouvrir les rangs devant M. de Rochefort, et, se retournant, il fait coup sur coup procéder à deux sommations. La foule se disperse en criant : *Vive la République! Vive Rochefort! Vive l'armée!*

Le gouvernement, craignant une émeute, avait pris ses mesures. La caserne de gendarmerie du boulevard Lannes, outre sa garnison habituelle, contenait un bataillon de gardes municipaux. La troupe de ligne occupait le Champ-de-Mars, l'esplanade des Invalides, le Corps législatif, les Tuileries et le Luxembourg. Le palais de l'Industrie renfermait les chasseurs à cheval de la garde. A travers les grilles closes du square des Arts-et-Métiers, on pouvait apercevoir les canons prêts à marcher. Précautions inutiles. La soirée ne justifia pas les appréhensions de quelques marchands qui crurent devoir fermer leurs magasins plutôt que de coutume sur la ligne des boulevards; les cafés restèrent ouverts; quelques rassemblements formés autour des kiosques des journaux et près des passages témoignèrent seuls de l'agitation du jour.

Elle était à peine calmée, que la discussion engagée au Corps législatif sur la demande en autorisation de poursuites contre M. de Rochefort et une circonstance fortuite vinrent la ranimer.

Une foule ignoble se rassemblait chaque nuit sur la place de la Roquette pour assister à l'exécution du fameux assassin Tropmann. Mille à douze cents de ces misérables curieux, quittant le faubourg Saint-Antoine, après une nuit d'inutile attente, et voulant se donner des airs de manifestation politique, descendirent le 17 vers six heures du matin sur les rues Saint-Denis, du Caire, d'Aboukir, en chantant la *Marseillaise*. Les habitants effrayés se mettent à leurs fenêtres, tandis que les portes des rares établissements ouverts à cette heure matinale se ferment à la hâte. La bande rencontre, à la hauteur des Halles et de la rue Montmartre, une brigade de sergents de ville qui accourt commandée par un officier de paix. Les émeutiers, voyant le petit nombre des agents de la force publique, répondent par un refus à la sommation de se disperser; mais pris aussitôt en tête et en flanc, ils lâchent pied, laissant une vingtaine des leurs entre les mains de la police.

Ce tumulte matinal fit naître dans ces quartiers populeux et impressionnables une certaine agitation qui trouva un aliment dans le débat engagé au Corps législatif. Des groupes se formèrent autour du Palais-Bourbon. La police essaya vainement de les disperser. Chassés d'un point, ils se réunissaient sur un autre et attendaient M. de Rochefort pour lui faire une ovation au sortir de la Chambre; des jeunes gens au nombre d'environ deux cents, apprenant qu'il avait pris une voie détournée pour rentrer chez lui, se dirigèrent par les rues de Rivoli, de Castiglione et Saint-Honoré, vers le Palais-Royal, en chantant la *Marseillaise* et en criant de temps en temps : Vive Rochefort ! Un certain mouvement se fit remarquer vers neuf heures dans le faubourg Montmartre; des rassemblements surgirent à la fois dans la rue Grange-Batelière et rue d'Aboukir, devant les bureaux de la *Marseillaise*. Quelques individus s'en étant détachés prirent en bande par la rue Montmartre le chemin du boulevard au chant de la *Marseillaise* et au cri de : Vive Rochefort ! et vinrent se joindre au rassemblement du coin de la rue Montmartre et du boulevard. A minuit il ne restait plus personne dans les rues voisines, si ce n'est, rue d'Aboukir, une quarantaine de curieux discutant le vote de la Chambre autorisant les poursuites contre le député de la 1re circonscription de Paris, devant le bureau de la *Marseillaise* surveillé par une demi-douzaine de sergents de ville.

L'autorité judiciaire ne perdit pas son temps. Les débats du procès du rédacteur en chef de la *Marseillaise* commencèrent le 22 à midi devant la 6e chambre. M. Aulois, substitut du procureur impérial, avait prononcé son réquisitoire à une heure, et à une heure trois quarts M. Cressent, président du tribunal, donnait lecture du jugement. M. H. de Rochefort s'attendait à un châtiment des plus sévères : « Le ministère », disait-il le matin dans la *Marseillaise*, « n'aura pas risqué une émeute pour un résultat » léger.... Il y a tout à parier que la magistrature française » va user aujourd'hui de la dernière rigueur, afin de donner » à l'autorité le loisir de me mettre de côté pour des années » interminables. » Il fut condamné à six mois de prison et 3000 francs d'amende.

Ces petites émeutes affaiblissaient le ministère et rendaient sa politique encore plus incertaine. Le retour à la juridiction du jury en matière de presse était une conséquence si naturelle du régime nouveau, qu'on attendait à chaque instant la présentation d'un projet de loi sur la matière; le gouvernement avait même donné à entendre qu'il déférerait M. de Rochefort au jury. Il se garda non-seulement d'en rien faire, mais encore ses journaux cessèrent de parler de la réforme électorale et de la réforme du personnel de l'administration préfectorale, dont il était fort question depuis quelque temps. Les partisans de l'ancien système, chaque jour plus enhardis, traitaient la politique de M. Ollivier d'expérience, de simple essai qui n'empêcherait nullement de revenir à la dictature si elle était jugée nécessaire. L'Empereur, spectateur désintéressé de ce qui se passe, ajoutaient-ils, n'attend que le moment de revenir au gouvernement personnel.

Le nouveau cabinet ne s'inspirait pas du reste d'une politique bien différente de celle de l'ancien, surtout en ce qui concerne le droit de réunion. La préfecture de police, entravant les réunions qu'elle ne pouvait interdire, refusa, le 9 février, l'autorisation d'annoncer par des affiches la réunion publique au cirque des Champs-Elysées dans laquelle MM. Jules Favre et Ernest Picard devaient prendre la parole sur les devoirs civiques. La même interdiction avait été opposée l'année précédente aux organisateurs des réunions publiques du théâtre du Prince-Impérial. Rien n'était donc changé dans les habitudes du gouvernement.

Le duc de Broglie mourut le 27 janvier au milieu de ces émotions diverses; son nom peu familier aux générations présentes n'avait jamais été très-répandu parmi ses contemporains. Son vote généreux dans le procès du maréchal Ney n'était même point parvenu à le rendre populaire; il représenta néanmoins avec éclat dans une sphère élevée les idées libérales de son temps; clarté de jugement, suite des idées, simplicité, brièveté et force de langage, ces qualités de l'esprit français furent les siennes comme écrivain et comme orateur. La saisie d'un de ses ouvrages autographiés, par l'ordre du préfet de police, et la fermeté avec laquelle à cette occasion il défendit ses droits, le rendirent, de la part du public, l'objet d'une attention qu'il n'avait peut-être pas obtenue au même degré alors qu'il était à la tête du gouvernement.

La condamnation de M. de Rochefort prononcée, il s'agissait de la mettre à exécution. Le gouvernement s'y résolut. Les garnisons de Versailles et des forts vinrent renforcer l'armée de Paris. Toute la police fut mise sur pied. Le ministre de l'intérieur, à cheval, prit lui-même, le 7 février, vers quatre heures de l'après-midi, la direction des troupes massées sur les quais et vers l'avenue d'Antin, pendant que M. de Rochefort, entouré dans la salle de la Paix au Palais-Bourbon d'un certain nombre de députés et de journalistes, attendait tranquillement la fin de la séance pour sortir, et pour se rendre à une réunion publique présidée par M. Gustave Flourens qui devait avoir lieu dans l'immense salle que le député de la 1re circonscription de Paris avait louée et fait aménager à ses frais, conformément à la promesse signée par lui de venir régulièrement s'entretenir avec ses électeurs. La foule depuis cinq heures refluait de cette enceinte jusque dans la rue de Flandre; vers huit heures, de fortes escouades de sergents de ville parvinrent à grand'peine à s'installer sur le côté gauche de la chaussée, devant le lieu de la réunion. M. de Rochefort y arriva en voiture vers huit heures et demie. Reconnu aussitôt il est entouré par un groupe qui s'empare de lui comme pour le porter en triomphe, et qui l'entraîne au n° 40 de la rue de Flandre dont la grille se referme aussitôt. Là un commissaire de police lui exhibe un mandat d'amener, et on le jette dans une voiture qui roule vers Sainte-Pélagie.

M. Flourens, pendant ce temps-là, ouvre la réunion. Le premier orateur inscrit rapporte ce qui s'est passé au Corps législatif, et déclare que le peuple ne souffrira pas que la police mette la main sur son représentant. — C'est fait! crie une voix. — Une immense clameur de colère qui lui répond du dehors ne permet plus de douter de l'arrestation de M. de Rochefort.

Le président se lève : « Eh bien ! s'écrie-t-il, puisque l'on a osé attenter à la liberté de notre représentant, qu'avons nous à faire ? »

— Aux armes ! répond le public.

M. Flourens, tirant de sa poche un revolver et une épée de sa canne, reprend d'une voix tonnante : « Oui, aux armes ! Nous nous déclarons en état d'insurrection contre l'Empire, pour la défense des lois et du suffrage universel ! »

Le commissaire de police essaye de placer une objection, M. Flourens lui met la main au collet. « Au 2 décembre vous avez arrêté les représentants...., moi, à mon tour, je vous arrête... Marchez à côté de moi....»

M. Flourens descend de l'estrade tenant le commissaire et traverse la salle avec une soixantaine de jeunes gens criant : « Vive la République universelle et la délivrance de l'humanité ! Aux armes ! A Belleville ! » Les agents postés dans la rue allaient s'élancer pour délivrer leur chef, mais celui-ci leur fit signe qu'ils le perdraient au lieu de le sauver ; la police laissa passer la petite bande d'insurgés improvisés.

M. Flourens avait donné, dans la journée, aux agitateurs de Belleville l'ordre de se tenir prêts. Il s'y rendit tout de suite s'attendant à y être bientôt rejoint par des sous-officiers des casernes de la Courtille et du Prince-Eugène, avec lesquels la rédaction de la partie militaire de la *Marseillaise*, dont il était chargé sous le nom de *tribune militaire*, l'avait mis en relation. Une fois maître de Belleville et du faubourg du Temple, tout le peuple de Paris ne pouvait manquer, pensait-il, de répondre à l'appel de l'insurrection. Mais il ne trouva à Belleville qu'une centaine d'hommes à peine armés. La caserne de la Courtille était fermée. M. Flourens, redescendu dans le faubourg du Temple, arrêta un omnibus et tenta une ébauche de barricade, tandis que plus haut, au dépôt des omnibus, d'autres barricades étaient essayées par ses amis. On désarma deux soldats qui passaient, et, faute de mieux, on alla chercher des armes au théâtre de Belleville, dont le directeur et les employés n'eurent pas de peine à repousser les insurgés, qui n'étaient guère, en ce moment, plus de dix. Les troupes n'avaient pas tardé à paraître : les faubourgs entre minuit et deux heures du matin étaient sillonnés de patrouilles de sergents de ville et de gardes de Paris à cheval. M. Flourens, à peu près seul, occupait près du canal une espèce de barricade. Il l'abandonna pour demander l'hospitalité à un ouvrier chez lequel il resta caché jusqu'à son départ pour Londres.

Quelques barricades bientôt détruites à Belleville et près de la caserne de la Nouvelle-France; des charges de police au faubourg Saint-Antoine, au quartier latin, au faubourg Montmartre, dans la rue Lafayette; un enlèvement par les émeutiers de revolvers et de munitions chez un armurier du faubourg Saint-Antoine, sont les principales scènes qui marquent la journée du lundi 7 février; les bureaux de la *Marseillaise* étaient gardés; on arrêtait quiconque y entrait ou en sortait. Ce journal parut le mardi avec la protestation suivante en tête de ses colonnes :

« Hier au soir, à huit heures et demie, Henri Rochefort, député de la 1re circonscription de la Seine, représentant du peuple, a été arrêté par la police, sur les ordres de M. Emile Ollivier, au moment où il allait entrer dans la salle de la *Marseillaise*, louée par lui pour réunir ses électeurs.

» Il a été arrêté au milieu d'eux, se rendant au rendez-vous qu'ils lui avaient donné, fidèle jusqu'au bout à son mandat.

» Jamais affront plus sanglant n'est tombé sur la joue du peuple.

» C'est le 2 décembre recommencé, — mais, cette fois, de compte à demi avec les hommes de la rue de Poitiers.

» L'attentat ne frappe que la démocratie, restée seule sur la brèche ; — mais la démocratie, en 1851, c'était un parti ; en 1870, c'est la nation, c'est le peuple tout entier.

» C'est plus qu'une insulte, — c'est une provocation !

» Collaborateurs, amis, coreligionnaires politiques de Rochefort, — nous continuerons de tenir haut et ferme le drapeau qu'il tenait avant nous, et qu'il retrouvera, le jour venu, à moins qu'on ne l'arrache de nos mains.

» Ce drapeau, — c'est le drapeau de la démocratie socialiste, de la revendication implacable.

» C'est le drapeau du peuple. Il nous conduira à la victoire le jour où le peuple le voudra bien. »

» Arthur Arnould, Ed. Bazire, E. Boursin, Germain Casse, Collot, S. Dereure, A. Dubuc, Francis Enne, Arthur de Fonvielle, Paschal Grousset, Ch. Habeneck, Alph. Humbert, J. Millière, G. Puissant, A. Ranc, Raoul Rigault, E. Varlin, A. Verdure. »

La police ayant fait le mardi 8 une descente dans les bureaux de la *Marseillaise*, et arrêté tous les rédacteurs présents, cette mesure accrut l'agitation; une foule deux fois plus considérable que celle qu'on avait vue en mouvement dans les deux derniers jours accourut le mercredi 9, sur tous les points où il y avait eu des troubles. Les craintes d'une collision sanglante augmentaient d'heure en heure, lorsque les journaux démocratiques du soir publièrent cette déclaration :

« La souveraineté populaire est foulée aux pieds. L'indignation est à son comble ; de courageuses énergies n'ont pas craint de se signaler.

» Pour la première fois depuis dix-neuf ans, des barricades se sont élevées ; le sang de citoyens désarmés, quelquefois d'enfants inoffensifs, a coulé sous les charges de policiers féroces.

» La révolution morale est faite. A toutes opinions honnêtes nous disons : la ruine, l'abaissement, la honte vont finir. La révolution, on peut le dire, en est à son prologue.

» Dans des circonstances aussi solennelles, il est du devoir de tout bon citoyen d'exprimer hautement sa pensée sur la ligne de conduite à suivre ; c'est ce que, pour notre compte, nous faisons.

» Décidés que nous sommes à payer de nos personnes le succès de la révolution, nous le disons sincèrement, le moment ne nous semble pas encore venu pour une action décisive et immédiate.

» La révolution marche à grands pas ; n'obstruons pas sa route par une impatience bien légitime, mais qui pourrait devenir désastreuse.

» Au nom de cette république sociale que nous voulons tous, au nom du salut de la démocratie, nous invitons nos amis à ne pas compromettre une telle situation.

» Chaque heure nous donne des chances nouvelles, car chaque heure diminue les forces du despotisme et augmente les nôtres.

» Nous touchons au but.

» Ne restons pas inactifs. — Entre le bonapartisme et la France, la scission est dénoncée. Agissons par la propagande, et surtout par l'organisation ; en un mot, hâtons le triomphe définitif, mais ne le compromettons pas par une action trop précipitée.

> » *Les membres de l'Association ouvrière des travailleurs,*
>
> » ADAM (Camille), gaînier ; CHALAIN (Louis), tourneur en bronze ; COMBAULT (Amédée), bijoutier ; DAVOUST (Gabriel), tailleur de pierre ; JOHANNARD (Jules), feuillagiste ; LANDRIN (Léon), bronzier ; MALON (Benoist), nacrier ; MARTIN (Édouard), mécanicien ; PÉRIER (Jean-Baptiste), sculpteur ; PINDY (Louis), menuisier. »

Jamais on n'avait vu des citoyens, tout en prêchant le calme, déclarer ainsi la guerre à un gouvernement aussi vain de sa force que le second Empire. Il se tut cependant. Les journaux bonapartistes crurent répondre à ce manifeste en provoquant la formation d'une *Ligue de l'ordre* (1), et en envoyant des adresses à M. Ollivier, dans lesquelles ils lui promettaient leur concours « en toute occasion ». Quelques conseils municipaux se crurent, de leur côté, obligés de faire parvenir des adresses semblables « *à S. M. Napoléon III* », comme au lendemain de l'attentat d'Orsini. Mais ces témoignages du zèle officiel, loin de donner de la force au gouvernement, l'affaiblissaient au contraire en le faisant paraître comme obligé de recourir à des manœuvres pour tromper l'opinion en France et en Europe sur sa popularité.

Les troubles de Paris eurent un certain écho dans quelques villes, notamment à Marseille et à Montauban.

---

(1) C'était surtout le *Figaro*, grand promoteur de la ligue la *Société des gourdins réunis.* D'autres journaux lurent malignement *gredins.*

Dans la capitale même, quatre cents personnes furent arrêtées ; les arrestations continuaient encore le 11 février. Ce jour-là un commissaire de police accompagné de deux inspecteurs s'étant présenté vers six heures du matin chez un mécanicien nommé Mégy, inculpé de complot contre la sûreté de l'État, trouve la clef sur la serrure :
— Au nom de la loi, ouvrez ! — Vous m'avez enfermé ! Un des inspecteurs retourne la clef et pousse vivement la porte, qui cède. Un coup de feu retentit, et la balle, après avoir effleuré la joue du commissaire, atteint l'inspecteur en pleine poitrine ; le blessé transporté à l'hôpital Beaujon expire quelques heures après.

Ce triste événement suscita une polémique passionnée entre les journaux bonapartistes et ceux de l'opposition. Il s'agissait de savoir si l'arrestation de Mégy avait été faite conformément aux prescriptions de la loi. Les uns soutenaient que six heures du matin, c'était encore la nuit dans cette saison, et que par conséquent le commissaire n'avait pas le droit d'opérer une arrestation à cette heure ; les autres défendaient la thèse contraire. Les débats du procès du prince Pierre-Napoléon Bonaparte devant la Haute-Cour à Tours détournèrent l'attention de cette dispute, sans cesser de fournir un aliment aux passions des partis. M. Glandaz présidait la Cour, M. le procureur général Grandperret occupait le siége du Ministère public. Au banc de la défense se trouvaient MM. Leroux et Demange. Les avocats de la partie civile étaient MM. Laurier et Floquet.

M. le président Glandaz ouvrit l'audience par une allocution dans laquelle il exhorta les jurés à laisser de côté toute préoccupation politique, à se garder du souvenir des polémiques auxquelles avait donné lieu l'événement d'Auteuil, à poursuivre uniquement la recherche de la vérité et à sauvegarder également les droits de la société et ceux de l'accusé. Il procéda ensuite à l'interrogatoire du prince Pierre Bonaparte et à celui des témoins. La version de l'ami qui accompagnait la victime d'Auteuil est reproduite dans le récit même du meurtre qui forme le commencement de ce chapitre. L'histoire est tenue de donner également celle de l'accusé ; la voici telle qu'elle résulte de l'interrogatoire auquel le soumit le président :

« J'étais, vers deux heures dans ma chambre à coucher. Une servante est venue m'annoncer que deux messieurs me demandaient. Comme la veille j'avais provoqué Rochefort, j'ai cru qu'on se présentait en son nom. Je suis venu au salon ; j'y ai trouvé deux inconnus dont l'air était menaçant. L'un d'eux m'a donné une feuille de papier dépliée, en me disant : « Nous sommes chargés de vous demander la réponse à cette » lettre. » J'ai répondu : « Je ne connais pas celui qui m'écrit ; mais je » me battrai volontiers, non pas avec lui, mais avec M. Rochefort, et non » pas avec un de ses manœuvres. » Le grand m'a dit : « Mais lisez donc » la lettre. » — Je répondis : « Elle est toute lue. En êtes-vous soli- » daires ? » Alors il m'a frappé au visage. Sur-le-champ, j'ai fait deux pas en arrière, tiré de ma poche un pistolet et fait feu sur lui. Le deuxième, qui m'ajustait avec un revolver, s'était caché derrière le fauteuil, j'ai aussi tiré sur lui et l'ai débusqué. Il est passé alors dans la salle du billard ; je le laissai passer. Mais il se retourna pour m'ajuster, et alors je lui ai tiré un second coup de pistolet qui l'a mis en fuite. Je demande à tous les hommes de cœur qui sont ici s'ils n'auraient pas fait comme moi à ma place.

» — Mais on vous attribue un propos bien plus violent que celui-là. M. de Fonvielle le rapporte.

» — Il ne dit pas la vérité. Ce n'est pas dans mon langage ordinaire. J'ai dit seulement : Êtes-vous solidaires de Rochefort ? Alors Noir m'a frappé, et j'ai vu de Fonvielle qui me menaçait de son pistolet. Le pistolet de Fonvielle était sorti de sa poche avec le mien.

» — Vous avez tiré sur Victor Noir à quatre pas. C'était un homme jeune, fort, très-vigoureux ; s'il n'avait pas été touché par votre balle, il se serait précipé sur vous. Vous le voyez rester complétement immobile, sortir sans rien dire, sans prononcer un seul mot ; cette sortie silencieuse ne vous a donc pas impressionné ?

» — Je ne m'occupais alors que de Fonvielle, qui avait le pistolet à la main. Je n'ai pas fait attention à l'immobilité de Victor Noir ; je regardais Fonvielle, qui ne pouvait pas parvenir à armer son pistolet. Il avait oublié d'enlever la baguette ; mais s'il n'a pas tiré sur moi, ce n'est pas faute d'avoir fait des efforts pour cela.

» — Avez-vous tiré de la place où vous étiez ?

» — Je me suis avancé de deux ou trois pas, comme je l'ai déclaré.

» — Fonvielle dit que vous vous êtes placé devant la porte pour l'empêcher de sortir ?

» — Il n'y a pas même de clef à cette porte.

» — Ce n'est pas cela qui aurait pu vous empêcher de lui barrer le chemin.

» — J'ai fait deux ou trois pas et tiré sur lui quand il était derrière le fauteuil.

» — Il s'est retiré ensuite dans la salle de billard. Pourquoi l'y avez-vous suivi ? Il n'y avait pas nécessité à cela puisqu'il s'en allait. Il était fort ému.

» — J'étais au seuil de la porte, je le voyais brandissant un pistolet vers moi.

» — Il cherchait à vous tenir en respect, comme il l'a dit. Il n'avait pas une attitude offensive. Après le départ de Fonvielle, vous êtes rentré dans votre chambre à coucher. Vous vous y êtes renfermé.

» — J'ai envoyé chercher le commissaire de police. Un agent est venu d'abord, puis un commissaire, ce n'était pas celui du quartier.

» — Avez-vous dit au commissaire de police que vous aviez reçu un soufflet ?

» — Il n'est pas si agréable de dire qu'on a reçu un soufflet, et surtout d'une telle main.

» — M. le docteur Pinel et M. le docteur Morel étaient-ils venus avant ?

» — Je ne m'en souviens pas.

» — A quel moment vous êtes-vous constitué prisonnier ?

» — Deux sergents de ville étaient venus. J'ai fait ce qu'ils m'ont dit.

» — Votre revolver avait tiré trois coups, cependant les six coups en étaient chargés lorsqu'il a été saisi. Vous l'aviez donc rechargé ? Dans quel but ?

» — On ne l'a pas saisi ; je l'ai remis au commissaire de police. J'avais cru devoir le recharger quinze ou vingt minutes après la sortie de Fonvielle, parce que j'avais entendu dire qu'un rassemblement tumultueux s'était formé devant ma maison, en proférant des menaces qu'on a bien fait de ne pas mettre à exécution. »

L'accusé prononça ces dernières paroles sur un ton de provocation qui excita les vifs murmures de l'auditoire ; l'audition des témoins commença ensuite par celle de M. Ulric de Fonvielle qui répéta dans sa déposition les détails déjà connus :

« Dans votre système, lui dit le président, le prince aurait, le premier, commencé les voies de fait en donnant un soufflet à Noir. Le récit du prince est en contradiction avec le vôtre sur ce point. Il appuie la version qu'il avait été frappé le premier par Noir, par une constatation qui aurait été faite sur-le-champ par deux médecins. Persistez-vous dans votre dire ?

» — Ma version est l'expression de la vérité.

» — Vous avez dit au secrétaire du commissaire de police que vous aviez toujours des armes sur vous.

» — Je n'en portais pas, mais depuis que j'ai vu comment on était assommé dans les rues de Paris, je ne sors plus sans être armé

» — Mais pour remplir la mission dont vous étiez chargé, vous eussiez mieux fait de ne pas avoir d'armes.

» — On ne peut pas me reprocher de m'être muni de mon revolver; sans lui je ne serais pas sorti vivant de la maison où j'étais entré.

» — Je dois vous demander pourquoi vous êtes allé chez le prince Pierre ; ce n'est pas ainsi que l'on s'y prend selon les coutumes du duel. Il fallait lui demander le nom de ses témoins. J'ai reproché au prince sa déplorable manie de porter des armes, je dois vous faire la même observation. C'est vous qui vous rendiez chez le prince, et vous aviez tous deux des armes.

» — Si je n'avais eu mon revolver, je ne serais pas là.

» — Vous saviez que M. Rochefort avait été provoqué par le prince.

» — Non, je l'ignorais.

» — Vous entendrez M. Grousset qui ne l'ignorait pas. Pourquoi était-il à la porte ?

» — Il nous accompagnait.

» — Ne croyait-il pas que le duel pouvait avoir lieu à l'instant même

» — Je ne connais pas ses intentions.

» *Un juré* : Je voudrais que le témoin nous expliquât comment l'accusé a frappé Victor Noir.

» — Il l'a frappé de la main gauche et a tiré de la main droite. Noir a porté la main à sa poitrine.

» — Le soufflet était-il violent?

» — Très-violent. »

M. le président reproche de nouveau à M. de Fonvielle d'être venu armé chez un homme à qui il avait à demander réparation d'honneur.

« Pouvais-je savoir, répond le témoin, que nous allions dans la maison d'un assassin ? »

L'accusé se lève et s'écrie furieux :

« Les hommes comme vous commencent rue Saint-Nicaise, arrivent aux bombes d'Orsini, et ce sont eux qui sont des assassins ! »

Un murmure se fait entendre dans la salle. M. le président y met fin en reprenant l'interrogatoire des témoins.

« Paschal Grousset, âgé de vingt-cinq ans, rédacteur de la *Marseillaise*,

détenu à Sainte-Pélagie. — (Il est amené devant la Cour par deux gendarmes.)
» *Le président* : Êtes-vous parent de l'accusé ?
» *Le témoin* : Mme Lætitia a eu tant d'amants que je ne puis le savoir. »

Cet outrage prémédité froidement, et lancé de parti pris à la mère de Napoléon Ier, à une femme dont la vieillesse avait été éprouvée par de si terribles infortunes, produisit l'impression la plus triste sur tous les auditeurs.

« *Le procureur général* : Nous ne voulons pas prendre de réquisition contre le témoin; mais nous le prévenons que s'il continue ses inconvenances de langage, il nous obligera à sévir.
» *Le président* : J'aurais dû devancer M. le procureur général. Nous espérions que les paroles que vous avez dites n'ont été entendues que de peu de personnes. Voilà pourquoi la Cour n'a pas pris de détermination à votre égard. »

Le témoin, passant au fait de l'accusation, raconte qu'il partit de la *Marseillaise* avec Victor Noir et Ulric de Fonvielle pour se rendre à Auteuil.

« Victor Noir, reprit-il, qui était naturellement d'un caractère très-gai et très-enjoué, était ce jour-là encore de meilleure humeur qu'à l'ordinaire. Sa verve ne tarissait pas. En route, nous rencontrâmes Georges Sauton qui monta en voiture avec nous, et Victor Noir monta sur le siège du cocher. Arrivés à Auteuil, nous descendîmes tous, et pendant que Victor Noir et Ulric de Fonvielle montaient chez Pierre Bonaparte, nous nous promenâmes dans la rue en les attendant. Nous avions déjà fait quelques tours de promenade, lorsqu'en nous retournant nous vîmes Victor Noir trébucher sur le seuil de la porte. « Tiens, dis-je à Sauton, Noir tombe. » Nous accourûmes auprès de lui. Quelques passants arrivèrent en même temps. Nous relevâmes Noir, et je remarquai son chapeau qui roulait à terre. Je vois encore ce chapeau ! Il avait une coiffe blanche; c'était un chapeau de gala, peut-être celui qu'il avait acheté pour se marier. Ce chapeau est revenu bien souvent à mon esprit; je l'ai dans l'œil. Au même instant Fonvielle sortait de la maison, son pistolet à la main : « A l'assassin ! » Noir expirait entre nos bras ! Lorsque je dis : C'est un républicain qui vient d'être assassiné par un Bonaparte, je vis tout le monde s'écarter de nous avec terreur. Je n'ai jamais si bien compris qu'en cet instant à quel degré d'abjection dix-huit ans d'empire avaient réduit la France.

Le procureur général se lève à ces mots et demande à la Cour de vouloir bien renvoyer le témoin à la prison d'où il vient d'être extrait, car il ne peut tolérer plus longtemps ses intempérances de langage. La Cour accède à cette demande, et le témoin, entraîné par les gendarmes, s'écrie en se retirant : « J'avais cependant quelque chose à dire ! »

Le témoin Millière, gérant de la *Marseillaise*, exposa que le 10 janvier au matin, ayant trouvé à la *Marseillaise* la lettre provocatrice adressée par le prince Pierre à Rochefort, il s'était rendu chez ce dernier afin de la lui remettre, et que là il avait accepté la mission de lui servir de témoin. Rochefort et lui avaient pensé à Paschal Grousset comme second témoin, mais ayant appris que, dès la veille, Grousset avait chargé ses amis Noir et Fonvielle de demander à Bonaparte réparation de ses injures contre les rédacteurs de la *Revanche*, il fallut chercher un autre témoin qu'on ne tarda pas à trouver. Rochefort désirant que la rencontre eût lieu sans retard, ses deux témoins partirent pour Auteuil ; mis à leur arrivée au courant de ce qui venait de se passer et voyant que la police n'avait fait encore aucune constatation et ne s'était pas emparée de la personne du meurtrier, lui, Millière, et l'autre témoin de Rochefort excitèrent la foule à pénétrer de force chez l'accusé ; voyant l'inutilité de leur appel, ils quittèrent le théâtre du crime pour aller en informer Rochefort.

Le témoin ayant parlé dans un passage de sa déposition d'une arme qu'il tenait à la main, le président crut devoir l'admonester au sujet de « son revolver ». — « Non pas un revolver, répond le témoin, mais un pistolet dit *coup-de-poing*, arme purement défensive. » L'accusé se lève et s'écrie : « Les armes défensives sont les casques et les cui-
» rasses ! Du reste, la Cour ne peut avoir confiance dans un
» témoin qui a déclaré que lui et ses amis me tueraient
» si j'étais acquitté. »

Le tour des médecins vint après celui des témoins. Leurs dépositions étaient attendues avec d'autant plus d'impatience et de curiosité, que d'elles dépendait en quelque sorte le verdict du haut jury, car c'est d'elles qu'on attendait la confirmation ou la négation du dire de l'accusé au sujet du soufflet qu'il prétendait avoir reçu de Victor Noir, et auquel il attribuait une espèce d'ecchymose constatée sur sa figure. Le docteur Tardieu, chargé de l'autopsie de la victime, expliqua que Victor Noir avait dû être frappé à un mètre de distance tout au plus; quant à l'ecchymose du prince elle provenait évidemment, selon lui, d'un coup direct. Le docteur Bergeron décrivit à son tour la blessure de Victor Noir; il expliqua comment la trace d'un soufflet, vainement cherchée sur la joue de la victime, pouvait fort bien avoir disparu après la mort. M. Mortreux, pharmacien, chez lequel on avait porté le cadavre de Victor Noir, affirma que M. de Fonvielle avait fait plusieurs fois chez lui, sans varier, le même récit que devant la justice; il nia qu'il eût été dit dans sa pharmacie que Victor Noir avait souffleté le prince Pierre-Napoléon Bonaparte. Les gants de Victor Noir étaient intacts et même boutonnés. Le docteur Samazeuil, qui avait fait transporter Victor Noir à la pharmacie, se montra à son tour aussi affirmatif que les deux précédents témoins sur tous ces points.

L'audition des témoins cités par la défense donna lieu à un grave incident. Le président interrogeait le général Plombain.

« — Dans quelles circonstances le prince a-t-il quitté l'armée?
» — Il était parti en mission.
» — Mais connaissez-vous les motifs?
» — Je ne les connais pas.... Je sais qu'il était en mission.
» Mᵉ *Laurier* : Pardon, en démission ! Je persiste à demander au témoin s'il connaît pour quels motifs le prince a quitté l'armée.
» — Les motifs, je les ignore. Je répète qu'il était en mission et que

le général se trouvait par le fait de son départ à l'abri d'une responsabilité. Qu'aurait-on dit, en effet, en France, si un prince, un cousin du président de la République était mort comme d'autres Corses?

» Mᵉ *Laurier* : On aurait dit qu'il était mort bravement en faisant son devoir ! »

Le prince se lève et, se tournant vers les avocats de la partie civile :

— On a ri de la déposition de mon vieux camarade qui, sous mes yeux, a reçu une balle dans la poitrine. Il a peut-être moins de rhétorique, mais plus de courage que la faction à laquelle appartient Mᵉ Laurier.

Mᵉ Laurier s'adressant à la Cour : Nous n'avons manqué à aucun des devoirs de convenance envers l'accusé; la Cour peut constater que, sans provocation, il vient d'insulter non-seulement un avocat, mais le parti tout entier auquel j'ai l'honneur d'appartenir.

« Vous avez ri », reprend l'accusé. A ce moment, M. de Fonvielle s'écrie du fond de la salle : — « Oui, vous avez assassiné lâchement Victor Noir. Osez me regarder en face! A mort! à mort! »

Un tumulte indescriptible succède à ces paroles; les gendarmes entraînent M. de Fonvielle; on fait également sortir l'accusé; le procureur général demande acte de l'incident, pour requérir, s'il y a lieu, contre M. de Fonvielle. La Cour fait droit. A l'issue de l'audience suivante, la Haute-Cour condamna M. Ulric de Fonvielle à dix jours de prison, en admettant des circonstances atténuantes.

Ce procès, qui se termina par l'acquittement de l'accusé, attira non-seulement l'attention de la France, mais celle de l'Europe entière; il fut l'objet d'appréciations sévères de la part de la presse étrangère. « Que des » témoins, dit le *Times*, se présentent armés et soient reçus

» par une personne également armée, c'est pour nous un
» fait nouveau dans l'histoire des duels européens. De pareils
» faits se passent au Missouri et au Texas, mais nous sommes
» surpris de voir une telle décadence en France. » Les remarques du *Times* passèrent inaperçues au milieu de l'effervescence qui survécut au procès lui-même, et dont les effets ne tardèrent pas à se faire sentir à Paris. M. Tardieu en effet, qui passait pour avoir fait une déposition entachée de partialité en faveur de l'accusé, fut accueilli à sa rentrée dans sa chaire à la Faculté de médecine par les cris : A la porte, Tardieu ! à la porte, le Corse ! à la porte, le défenseur des assassins ! vive Victor Noir ! poussés par les étudiants. Le professeur essaye en vain de s'expliquer; chacune de ses paroles est accueillie par un redoublement de cris et de huées. Le tumulte ne s'apaise qu'après son départ; il se renouvelle le surlendemain avec plus de violence encore. Des sous tombent au pied de la chaire ; on crie au professeur : « Donnez votre démission ! au Sénat ! au Sénat ! » M. Tardieu fut forcé de disparaître, sans pouvoir même commencer sa leçon. M. Wurtz, doyen de la Faculté, essaya vainement d'intervenir. Une affiche apposée sur les murs de l'école apprit aux élèves qu'en vertu d'un arrêté du ministre de l'instruction publique, tous les cours et examens seraient suspendus jusqu'au 1er mai prochain.

La jeunesse parisienne offrit peu de temps après ce tumulte un banquet à M. Gambetta. Le député de Marseille, en réponse à un toast de M. Lamy (1), exprima d'abord sa joie de se retrouver au milieu des jeunes hommes de sa génération :

---

(1) Aujourd'hui membre de l'Assemblée nationale.

« S'il m'était permis, continua-t-il, de dire que j'ai une ambition particulière, ce serait celle de résumer et de traduire avec la fidélité, l'énergie et la sincérité d'une conscience qui a pris possession d'elle-même, vos aspirations et vos droits, et de poursuivre infatigablement la réalisation définitive de la liberté dans la forme républicaine.

» La vérité, l'évidence, la justice sont avec nous. Et le parti qui s'appuie sur nos principes, sur la science et sur la liberté, n'est plus un parti, mais bien la nation elle-même. Notre génération a pour mission d'achever, de compléter la Révolution française, et le centenaire de 1789 ne doit pas se lever sur la France sans qu'elle ait fait quelque chose pour l'avènement de la justice sociale.

» La génération précédente s'était fait une légende, la légende Napoléonienne, véritable virus de corruption et de mort inoculé dans les veines de la France. Cette légende, ce culte pour l'homme qui se glorifiait d'être un Robespierre à cheval et qui n'était que la parodie sanglante et sinistre du césarisme byzantin, a fait dévier le sens politique de la nation et égaré les hommes sans distinction de classe, et finalement nous a conduits à la restauration de l'Empire.

» Aujourd'hui cette légende, origine de tous nos maux, a disparu. On a feuilleté l'histoire jour par jour, et c'est sur les aveux mêmes du coupable que l'histoire a prononcé son arrêt. Désormais on peut appliquer à cet homme le mot que l'abbé Grégoire appliquait à un roi : « C'est un monstre » au moral, comme les monstres le sont au physique. »

La vivacité de ces attaques contre le premier Empire ne dépassait point celle de certains journaux contre le second ; ses ennemis ne se croyaient plus même astreints envers lui à ces précautions de langage auxquelles on a recours même à l'égard des gouvernements les plus faibles. Une élection allait avoir lieu dans la 3ᵉ circonscription du Rhône. M. Ulric de Fonvielle, élargi le mardi matin 5 avril, avait traversé Paris pour se rendre à Tarare, où il s'était fait précéder d'une circulaire aux électeurs qui se terminait ainsi : « Je vous demande de rendre à l'Empire le soufflet que Victor Noir a reçu devant moi. » M. de Fonvielle ne fut pas nommé, mais sa circulaire n'en donne pas moins une idée du diapason où étaient montés les esprits. Loin de se calmer, ils allaient s'échauffer encore par l'apparition des masses ouvrières sur la scène politique.

Les ouvriers du Creuzot avaient nommé un comité de

cinquante membres, chargé de la surveillance des intérêts des ouvriers de l'usine, et présidé par un ouvrier, nommé Assy; ces commissaires réclamèrent la gestion de la caisse de secours et de prévoyance fondée au Creuzot, et alimentée par les retenues faites sur leurs salaires. Les recettes annuelles atteignaient au moins 250 000 francs et le fond de réserve 450 000. La caisse payait une subvention de 40 ou 50 000 francs aux écoles de filles et garçons, 70 000 francs de frais de médecin ou de pharmacien, 25 000 pour l'entretien des églises catholiques ou protestantes, et 6000 francs d'indemnités aux ouvriers victimes d'accidents. M. Schneider, propriétaire de l'usine du Creuzot, repoussa la demande du comité et proposa de soumettre la question à la décision de tous les ouvriers; 2379 seulement (les autres s'abstinrent) votèrent : 536 pour le *statu quo*, 1843 contre. Assy, président du comité, et plusieurs autres ouvriers, en se présentant le lendemain à l'atelier, apprennent qu'ils sont renvoyés. Leurs camarades informés de cette mesure cessent à l'instant tout travail et envoient des délégués au directeur pour lui expliquer les causes de leur détermination. Il ne s'agit pas, selon eux, d'une grève, mais d'une suspension de travail, qui cessera dès qu'on leur aura accordé la gestion complète de la caisse, la réintégration des ouvriers expulsés et le renvoi d'un employé dont ils avaient à se plaindre.

M. Schneider, arrivé le 20 janvier, refusa d'accepter ces conditions. Ce jour-là même, des forces considérables en infanterie et en cavalerie, sous les ordres de deux généraux, occupèrent le Creuzot. M. Schneider fit afficher une invitation aux ouvriers de rentrer dans les ateliers, en les prévenant que la liberté du travail serait protégée.

Le préfet de Saône-et-Loire lança de son côté une proclamation menaçante.

La nouvelle de ces troubles survenus dans l'un des établissements les plus considérables de la France produisit une certaine émotion dans Paris, surtout dans les ateliers. L'Association internationale des travailleurs profita de l'occasion pour lancer un manifeste violent dans lequel, après s'être demandé si l'envoi des troupes au Creuzot aurait pour conséquence « une nouvelle hécatombe de prolétaires », elle protestait « contre la prétention de ces gens qui, non contents de détenir toutes les forces économiques, veulent encore disposer, et disposent en effet de toutes les forces sociales (armée, police, tribunaux, etc.) pour le maintien de leurs iniques privilèges ».

Des arrestations nombreuses avaient lieu au Creuzot pendant ce temps-là. Les ouvriers essayèrent de continuer la lutte, mais ils se trouvaient en présence d'un ennemi trop bien préparé à la résistance. Il fallut céder; le 15 avril, on lut cette proclamation affichée dans les environs de l'usine :

« Chers camarades,

» Après vingt-trois jours d'une lutte inégale, nous sommes vaincus. Nous vous invitons donc tous à retourner dans les puits.

» N'augmentez pas, par une plus longue absence du travail, la misère qui va résulter des condamnations prononcées et des nombreux renvois qui nous attendent.

» Les sommes qui nous restent entre les mains, et les souscriptions qui arriveront encore, serviront à secourir les plus cruellement frappés et surtout les familles des condamnés d'Autun.

» *Le Comité gréviste.* »

La justice en effet s'était mêlée de l'affaire dès le début. Un certain nombre d'ouvriers traduits devant les tribunaux furent condamnés à des peines dont la gravité n'était point faite pour calmer les travailleurs qui s'agitaient partout. Une réunion privée destinée à préparer une grande assemblée générale où l'on discuterait les principes, les moyens d'action et le but de l'*Internationale* avait eu lieu à Lyon dans le courant du mois de mars. La Chambre fédérale des sociétés ouvrières d'Europe, réunie quelque temps après, nomma le général Cluseret correspondant auprès des sociétés ouvrières d'Amérique ; il espérait, disait-il, solidariser les associations ouvrières dans les deux hémisphères et leur donner ainsi une force énorme pour la défense de leurs intérêts et la revendication de leurs droits. Les sections de l'*Internationale* à Paris s'organisèrent vers le milieu d'avril en fédération ; celles du bassin de Liége, qui comprennent vingt-cinq ou trente mille sociétaires, se réunirent en congrès. La question de la *représentation du travail* y fut surtout agitée. Le congrès proposa de la résoudre par la création d'un parlement composé de représentants de toutes les catégories de travailleurs, nommés par le suffrage universel par des groupes formant des représentations locales et se fédéralisant entre eux.

Le tribunal d'Autun avait jugé le 6 avril vingt-six grévistes du Creuzot. L'*Internationale* proposa aussitôt « à tous les citoyens pénétrés du sentiment de la solidarité républicaine socialiste » de prélever sur leur travail *un pour cent* par semaine au profit des condamnés et de leurs familles. « Quand la justice succombe sous l'arbitraire ;
» quand on acquitte les princes qui tuent et que l'on con-
» damne des ouvriers qui ne demandent qu'à vivre de leur
» travail ; quand ces condamnations frappent surtout les
» femmes et les enfants en les privant du labeur des chefs
» de famille, il nous appartient d'infirmer cette nouvelle
» iniquité par l'adoption des veuves et des orphelins. »

Les journaux socialistes *la Marseillaise*, *la Démocratie*, *le Rappel*, s'empressèrent d'annoncer que les offrandes, en attendant la formation des comités, seraient reçues dans leurs bureaux. Tout cela cachait une tentative pour organiser à la fois une manifestation contre le gouvernement et un mouvement de grèves qui, parti du Creuzot, devait se répandre dans l'Isère, dans la Nièvre, dans le Maine-et-Loire, dans le Gard, à Paris. La plus importante de ces grèves fut celle de Fourchambault.

Les complots ne tardèrent pas à succéder aux grèves. Un jeune homme, M. Flourens, fils d'un savant célèbre, et connu lui-même pour sa participation à l'insurrection crétoise, s'était mis à la tête du parti qui cherchait par tous les moyens à renverser l'Empire : « Puisqu'on n'est pas en mesure de réussir par les barricades et par la lutte ouverte, il faut, se dit-il, faire des complots (1). » A force de ruminer cette idée, il en vint à former le projet « de s'emparer des Tuileries en une nuit, grâce à quelques intelligences du dedans, en y terrassant les bonapartistes au moyen des formidables engins de destruction mis par la science au service des peuples opprimés » (2). Les rêves de Flourens prirent un peu plus de consistance à Londres, où il s'était réfugié après les troubles du mois de février. Il y rencontra un nommé Tibaldi qui revenait de Cayenne où il expiait depuis douze ans une tentative d'assassinat avortée sur la personne de l'Empereur. Des banquets eurent lieu en l'honneur de cet homme; Flourens et quelques sous-officiers et soldats compromis par les révélations portées par eux à la *Marseillaise* et réfugiés aussi en Angleterre y assistèrent. Parmi ces derniers figurait un soldat nommé Beaury, « jeune » homme intelligent, instruit, qui semblait avoir en lui le

---

(1) *Paris livré*, par G. Flourens.
(2) *Ibid.*

» cœur d'un Agésilas Milano, de ce soldat qui fit siffler aux
» oreilles du tyran de Naples sa balle régicide. Faire frapper
» le moderne César de pacotille par son armée au milieu
» d'un revue solennelle et d'un état-major de complices du
» 2 décembre, puis accourir avec le peuple, armé de bombes,
» pour fraterniser avec les vengeurs et marcher à leur tête
» à la conquête de la délivrance, que pouvait-il y avoir de
» plus beau ? (1). » Flourens jeta donc les yeux sur ce Beaury
pour frapper Napoléon III. Il le mit à l'épreuve, et « pendant
quatre jours », il ne cessa de l'entretenir « de la grandeur, de
la sainteté, de la nécessité de l'œuvre de salut et de rédemp-
tion qu'il s'offrait à tenter » (2). Voyant au bout de ces quatre
jours d'épreuves « que sa résolution était ferme et ne s'ébran-
lait pas », Flourens « le laissa partir avec les instructions et
les moyens de succès nécessaires » (3). Il l'adressa à un de
ses compagnons d'armes en Crète, confident sûr, croyait-il,
de ses projets et dépositaire d'une somme qu'il devait
remettre au nouvel Agésilas Milano qui, à peine l'eut-il
touchée, se hâta de la dépenser dans une maison de
prostitution, pendant que le philhellène, l'ami dévoué de
Flourens, depuis longtemps en relations avec la police, se
rendait chez le commissaire Lagrange pour lui annoncer
que le complot était mûr. Beaury fut arrêté le 1ᵉʳ mai.
Le *Journal officiel* annonça le lendemain que la police
était depuis quelque temps sur les traces d'une conspiration
ayant pour but d'attenter à la vie de l'Empereur, et que
le service politique de la préfecture avait arrêté la veille,
rue des Moulins, le nommé Beaury, arrivé d'Angleterre
porteur d'une somme d'argent, d'un revolver chargé et

---

(1) *Paris livré*, par G. Flourens.
(2) *Ibid.*
(3) *Ibid.*

d'une lettre de Londres émanant d'un des hommes les plus compromis dans le complot de février (1). Beaury, ajouta le *Journal officiel*, a avoué son projet de tuer l'Empereur.

Le gérant de la *Marseillaise*, M. Millière, et M. Protot, avocat, figuraient parmi les nombreuses personnes arrêtées en même temps que Beaury. Des perquisitions amenèrent chez un ébéniste la saisie d'une certaine quantité de poudre explosible, de la recette pour sa préparation, et d'une caisse de bombes. Les arrestations ne se bornèrent pas à Paris. Des mandats d'amener furent lancés à Lyon, à Saint-Étienne, à Rouen, à Marseille, et dans toutes les villes voisines des centres manufacturiers. Leur exécution n'eut pas lieu sans troubles. Deux mille ouvriers environ se portèrent à Saint-Quentin sur la prison où l'on venait d'enfermer le président de la *Société de résistance pour les grèves*, et tentèrent de le délivrer. Une tentative du même genre eut lieu au Creuzot pour tirer Assy et ses compagnons des mains des gendarmes au moment où on les conduisait au chemin de fer.

Plusieurs orateurs des réunions publiques furent arrêtés à Paris; le parquet dirigea des poursuites contre le *Réveil* et contre une dizaine de journaux de départements; on était à la veille du vote du plébiscite, le gouvernement cherchait évidemment à terroriser les fauteurs de la propagande hostile. Les publications anti-plébiscitaires ne trouvèrent plus en effet, à partir de ce moment, des imprimeurs qu'avec une extrême difficulté. Le *manifeste des travailleurs de Marseille à l'armée* fut saisi, comme exemple, avant le tirage.

L'ébéniste chez qui les bombes avaient été découvertes

---

(1) Les troubles des trois jours du mois de février avaient été l'objet d'une instruction suivie d'une déclaration de complot.

ne fut pas arrêté. Un journal, dans un dessin spécial, ayant donné à ses lecteurs le fac-similé de ces bombes, un fondeur les reconnut comme fabriquées par lui quelques jours auparavant pour des modèles d'un nouveau moyeu de vélocipède, sur la demande d'un certain Renard. La grève des ouvriers fondeurs ne lui avait pas permis de fournir plus de vingt-deux de ces modèles, sur les cent vingt commandés.

Ce complot éclatant juste à point la dernière semaine avant le vote du plébiscite rappelait celui de la machine infernale découvert à Marseille à la veille de la proclamation de l'Empire, et dont il ne fut plus question le lendemain. Les journaux démocratiques furent en droit de le considérer comme une manœuvre de la dernière heure, puisque, de l'aveu même du gouvernement, les conspirateurs étaient depuis longtemps sous sa main et que maître d'étouffer la conspiration, il la laissait éclater au moment où elle pouvait lui être utile.

CHAPITRE III

1870

COMMENCEMENT DE LA SESSION

SOMMAIRE. — Déclaration de M. le garde des sceaux. — Question de M. Gambetta sur l'envoi en Afrique de militaires coupables d'avoir assisté aux réunions publiques. — Question de M. Jules Simon sur le conseil privé et sur la réélection des ministres. — Deux propositions de M. Raspail. — Proposition de M. Guyot-Montpayroux relative aux Bonaparte. — Discussion sur la demande en autorisation de poursuites contre M. de Rochefort. — M. E. Picard s'oppose à l'autorisation. — Elle est accordée. — Interpellations commerciales. — M. Jules Simon, M. Thiers. — Question sur la grève du Creuzot par M. A. Esquiros. — Question de M. de Rochefort sur le refus d'accorder à deux soldats l'autorisation de s'exonérer du service militaire. — Affaires commerciales. — Interpellation de M. Jules Favre sur la politique intérieure. — Les candidatures officielles. — L'Algérie. — Le régime des colonies. — L'instruction gratuite et obligatoire. — Les conseils municipaux de Paris et de Lyon. — Le pouvoir constituant. — Le plébiscite. — La Chambre s'ajourne au 12 mai.

M. E. Ollivier, malgré l'éclat de sa situation personnelle, n'était pas sans inquiétude, en se présentant le 10 janvier devant la Chambre, sur l'accueil que lui réservait la majorité. Vainement les salons du ministère de la justice paraissaient-ils, à chaque jour de réception, plus étroits pour la foule des visiteurs ; vainement les plus grands personnages des régimes déchus luttaient-ils d'empressement auprès de sa personne, M. E. Ollivier, dans une position plus brillante que celle d'aucun ministre depuis quarante ans, tremblait en voyant la droite bonapartiste garder en face de lui une attitude de froideur et presque d'hostilité. Il ouvrit la session par un appel à tous les membres de la Chambre, sans acception de parti, car « personne ne pouvait refuser son concours à la constitution d'un gouverne-

» ment qui donne le progrès sans la violence et la liberté
» sans la révolution ».

M. le garde des sceaux semblait s'adresser surtout à la gauche dont le cabinet n'était séparé, selon lui, que par de simples différences d'appréciation sur l'opportunité de certaines réformes. M. Gambetta et M. Jules Simon ne lui laissèrent bientôt aucune illusion sur l'adhésion qu'il pouvait attendre de cette partie de la Chambre, le premier, en lui adressant une question sur des mesures prises contre deux soldats ayant assisté à des réunions publiques ; le second, en l'interrogeant sur le conseil privé, et sur l'obligation pour les ministres de se soumettre à la réélection. Le régime parlementaire, dit M. Jules Simon, exige la solidarité du cabinet et l'intervention du Corps législatif dans sa formation. Or, à côté des ministres, existe un conseil privé dont les membres sont nommés par le souverain ; pourront-ils, comme cela s'est fait quelquefois, être introduits par la volonté de l'Empereur dans le cabinet, et concourir avec les ministres à prendre des résolutions ? Quant à la réélection des ministres, l'orateur de l'opposition rappela que si rien ne s'opposait sous les régimes constitutionnels à ce que les députés devinssent ministres, le député chargé d'un portefeuille considérait comme une obligation de se retremper dans le suffrage de ses concitoyens.

M. Chevandier de Valdrôme, ministre de l'intérieur, répondit à M. Jules Simon que le *sénatus-consulte* étant muet sur la réélection, les ministres députés ne s'y soumettraient pas, mais qu'il délibérerait sur le conseil privé avec ses collègues.

M. E. Picard déposa un projet de loi sur l'attribution des délits de presse au jury. M. Raspail réclama l'abolition du serment devant la justice et devant les corps de l'État, la nomination de deux commissions, l'une pour apurer les comptes de la ville de Paris, l'autre pour ouvrir une enquête sur la fortune de M. Haussmann. Une demande d'interpellation sur la politique intérieure du gouvernement déposée par M. Jules Favre mit fin à la séance. La session s'annonçait, on le voit, comme devant être assez chaude.

Le meurtre d'Auteuil ne pouvait manquer d'exciter une très-vive émotion au Corps législatif. M. Guyot-Montpayroux s'en fit l'organe en réclamant au début de la séance du 11 janvier l'abrogation des articles des *sénatus-consultes* qui soumettaient les membres de la famille impériale à une juridiction spéciale. M. Guyot-Montpayroux, après avoir déposé sa proposition, crut devoir céder aux observations du président et s'abstenir de la développer. M. Schneider n'y gagna pas grand'chose, car M. Henri de Rochefort monta à son tour à la tribune :

« Un assassinat, s'écria-t-il, a été commis hier sur un jeune
» homme couvert par un mandat sacré, celui de témoin,
» c'est-à-dire de parlementaire. L'assassin est un membre
» de la famille impériale.

» Je demande à M. le ministre de la justice s'il a l'inten-
» tion d'opposer au jugement, à la condamnation probable,
» des fins de non-recevoir comme celles qu'on oppose aux
» citoyens qui ont été frustrés ou même bâtonnés par de
» hauts dignitaires de l'Empire. La situation est grave,
» l'agitation est énorme. (*Interruptions.*) L'assassiné est un
» enfant du peuple... (*Bruit.*)

» *M. le président Schneider :* Nous sommes tous ici des en-
» fants du peuple ; tout le monde est égal devant la loi. Il ne
» vous appartient pas d'établir des distinctions. (*Très-bien !*)

» *M. Henri de Rochefort :* Alors pourquoi donner des
» juges dévoués à la famille ?...

» *M. le président Schneider :* Vous mettez en suspicion
» des juges que vous ne connaissez pas. Je vous invite, quant
» à présent, à vous renfermer dans votre question. Je ne puis
» pas permettre autre chose.

» *M. Henri de Rochefort:* Eh bien ! je me demande,
» devant un fait comme celui d'hier, devant les faits qui se
» passent depuis longtemps, si nous sommes en présence
» des Bonaparte ou des Borgia. (*Exclamations. — Cris :*
» *à l'ordre! à l'ordre!*) J'invite tous les citoyens à s'armer
» et à se faire justice eux-mêmes.

» *M. le président Schneider :* Monsieur Rochefort, je
» vous rappelle à l'ordre. (*Très-bien ! Très-bien !*)

» *M. Émile Ollivier, ministre de la justice et des cultes:*
» Messieurs, nous sommes la justice et le droit. Je vous de-
» mande d'être aussi le calme et la modération. (*Très-bien !*)

» *M. Raspail :* On a assassiné cependant!

» *M. le garde des sceaux :* Permettez-moi de m'expli-
» quer, vous me répondrez ensuite si cela vous convient. »

M. E. Ollivier, après de longs détails sur la procédure usitée pour les arrestations et sur l'origine de la Haute-Cour, termine son allocution par un grand éloge de l'indépendance de la magistrature française.

« *M. Raspail :* Elle n'a pas d'indépendance du tout.
» (*N'interrompez pas ! — Laissez parler !*)

» *M. Raspail :* J'ai demandé la parole, vous me la
» refusez; je me retire, le public jugera ! (*Exclamations.*)

» *M. le président Schneider :* Il serait trop commode de
» se taire et de dire : Le public jugera ! Il y aurait quelque
» chose de bien plus simple, ce serait de se renfermer dans
» les conditions dans lesquelles la parole vous a été donnée.

» *M. Raspail :* Je vais m'y renfermer. Je dis que vous
» donnez pour tribunal à l'assassin de Victor Noir la Haute-

» Cour de justice. Comment sera-t-elle composée? (*Nouvelles*
» *interruptions*.) Des juges que vous aurez nommés vous-
» mêmes. Nous les connaissons ces hautes-cours de justice;
» nous les avons vues à l'œuvre. Elles sont dévouées à ceux
» qui les ont choisies, comme les tribunaux. (*Bruit*.) N'en
» avons-nous pas l'exemple tous les jours? (*Interruptions*.)

» *M. le président Schneider* : Je ne puis pas permettre
» qu'on fasse ainsi un procès de tendance à la Haute-Cour
» et à la magistrature, qu'on frappe de suspicion leur indé-
» pendance et leur loyauté. (*Très-bien! Très-bien!*)

» *M. Raspail* : Ce qu'il faut, c'est un jury qui ne soit
» pas choisi par les ennemis de la cause du peuple. (*Excla-
» mations*.)

» *M. le président Schneider* : Je vous rappelle à la ques-
» tion. (*L'ordre du jour!*)

» *M. Raspail* : Nous connaissons, je le répète, vos
» hautes-cours de justice. Dans l'une d'elles on a trouvé
» jusqu'à un homme condamné aux galères. »

Les débats menaçaient, on le voit, de prendre un ton peu conforme aux habitudes parlementaires. Le lendemain la séance fut plus calme. Le ministre des affaires étrangères se chargea d'apprendre à M. Jules Simon que les membres du conseil privé et ceux du conseil des ministres délibéreraient à l'avenir « séparément ».

L'enterrement de Victor Noir avait lieu ce jour-là, aussi une certaine inquiétude régnait-elle au Corps législatif pendant que MM. Jules Ferry et Émile Ollivier discutaient sur la constitutionnalité de la convocation de la Haute-Cour. M. de Rochefort arriva vers cinq heures du soir au Palais-Bourbon, fatigué, ayant à peine la force de faire à ses collègues de la gauche le récit des événements de la journée. La majorité ne tarda pas à les connaître, et quelques-uns de ses membres ne craignirent pas de témoigner leur dépit en apprenant que le peuple n'avait pas fourni au gouvernement l'occasion de l'écraser.

La *Marseillaise* avait publié, comme on l'a vu, un article très-violent de M. de Rochefort à l'occasion de l'événement d'Auteuil. Le ministère public, voulant le traduire devant la justice, déposa sur le bureau de la Chambre une demande en autorisation de poursuites contre ce député. M. Nogent Saint-Laurens, nommé rapporteur de la commission, conclut à l'autorisation ; la majorité semblait même décidée à discuter d'urgence la question. M. de Rochefort déclara ne point s'y opposer ; mais sur les observations de MM. Gambetta, Arago et Picard, la Chambre, obéissant à un sentiment d'équité et de convenance, ajourna la discussion au lundi suivant.

Le débat fut ce jour-là plus calme qu'on ne s'y attendait. M. E. Ollivier fit de l'autorisation des poursuites une question de cabinet et repoussa l'ordre du jour de M. Estancelin : « La Chambre, confiante dans la fermeté du cabinet, » et rendant justice aux mesures qu'il a prises pour main- » tenir la paix publique, est d'avis qu'il convient aujourd'hui » de retirer la demande en autorisation de poursuite. »

M. Picard, sans insister sur le côté juridique de la question, compara la tolérance accordée à la presse du temps du pouvoir personnel à la rigueur que lui témoignait l'Empire libéral. Ce fut le point vif de l'argumentation de M. E. Picard. M. Emmanuel Arago suivit le rapporteur sur le terrain judiciaire et plaida les circonstances atténuantes, en faveur de l'accusé. L'affaire était jugée d'avance, et malgré les efforts de MM. Jules Ferry et Gambetta, l'autorisation fut votée à une immense majorité.

Cette discussion, on a pu s'en convaincre en lisant le

chapitre précédent, produisit une certaine agitation dans Paris. Un groupe assez considérable de curieux, d'ouvriers, d'étrangers, ne cessa de stationner pendant la séance autour du Palais-Bourbon. Le gouvernement avait, on l'a vu, pris ses précautions. Des sergents de ville et des gardes municipaux occupaient le palais de l'Industrie, et deux bataillons de voltigeurs de la garde impériale l'Orangerie de la terrasse du bord de l'eau, aux Tuileries. Les troupes des casernes du quai d'Orsay et du Louvre étaient prêtes à marcher. L'Empereur se promena sur la terrasse du bord de l'eau pendant une partie de l'après-midi. Le préfet de police Piétri, installé au Corps législatif, surveillait en personne les mesures de défense. La foule rassemblée sur le pont et la place de la Concorde, apprenant le vote à six heures, y répondit par les cris : A bas Ollivier ! Vive Rochefort ! — Dispersée sans sommation à coups de casse-tête, elle se reforma plus loin, et accompagna de ses huées les députés qui avaient voté pour l'autorisation de poursuites ; le rassemblement persistait à attendre la sortie de M. H. de Rochefort qui avait quitté le Palais-Bourbon par une porte dérobée. Ce ne fut qu'au bout d'une heure d'attente qu'il quitta la place.

A ces débats politiques succéda une grande discussion sur les questions économiques, agricoles, industrielles qui dura du 17 au 26 janvier. Elle fut marquée par un magnifique plaidoyer de M. Jules Simon en faveur de la liberté commerciale. M. Thiers, avec un talent toujours jeune, refit ses vieux discours protectionnistes. La discussion fut interrompue par l'interpellation de M. Esquiros sur la grève du Creuzot. M. Esquiros, familiarisé avec les grèves par l'exemple de l'Angleterre où le gouvernement n'intervient jamais dans les luttes entre les patrons et les ouvriers, s'indignait de l'envoi de 3000 hommes au Creuzot. M. Gambetta partageait son indignation ; il n'est personne, dit-il, qui ne reconnaisse que l'abolition de la loi sur les coalitions a été une mesure excellente, que rien ne doit entraver la liberté du travail, que le salaire doit se débattre librement, comme tout autre marché, et que le droit de s'associer et de se coaliser ne permet nullement aux ouvriers qui refusent de travailler de menacer et de battre ceux qui travaillent. Là était toute la question ; il s'agissait donc de savoir si une partie des ouvriers du Creuzot avait, en opprimant l'autre, justifié l'envoi des troupes dans cet établissement. C'est ce que le gouvernement eût été bien embarrassé de prouver.

La discussion purement commerciale ayant repris après cet incident, le traité de commerce avec l'Angleterre fournit à M. Thiers l'occasion d'essayer de faire peur au pays. Il faut, dit-il, négocier sans retard pour modifier le traité ; le cabinet est là-dessus du même avis que l'opinion publique ; il ne demanderait pas mieux que d'entamer ces négociations, mais il cède à une majorité qui, nommée sous le régime des candidatures officielles, n'est pas l'expression du pays. M. Thiers aurait bien voulu faire croire à l'existence d'un mouvement de réaction contre la liberté commerciale, mais les souffrances de quelques industries ne pouvaient donner le change ; un retour au passé n'aurait rien fait pour les soulager. L'orateur protectionniste eut beau s'évertuer, les intérêts se rattachant au système libéral étaient trop forts pour être sacrifiés à des préjugés surannés, mais on pouvait se demander si le ministère, en publiant les décrets du 10 janvier sur les admissions temporaires, avait usé d'un droit réel. M. Thiers se préparait à profiter de l'occasion pour placer la question sur le terrain politique, mais les partisans du régime parlementaire, qui redoutaient que le nouveau cabinet ne vînt se briser sur l'écueil de la question économique, et les défenseurs de la nouvelle politique commerciale, se réunirent pour couper court aux bruyantes attaques des protectionnistes, et grâce à leurs communs efforts, la dénonciation du traité de commerce avec l'Angleterre, réclamée par M. Thiers et par M. Brame au nom de l'industrie expirante, disaient-ils, ne réunit, dans la séance du 28 janvier, que 32 voix sur 243 votants.

Les protectionnistes et les libres échangistes luttèrent de nouveau le 31 janvier à propos de l'admission temporaire des fers, des fontes et des autres métaux. Une protection assez considérable pour empêcher les métallurgistes et les constructeurs de machines d'étendre leurs opérations à l'extérieur était encore accordée, en dépit des traités de commerce, à l'industrie des fers. L'Angleterre, la Belgique, l'Allemagne, exploitaient seules les marchés internationaux. Le régime des admissions temporaires obviait un peu à cette situation fâcheuse en permettant aux métallurgistes et aux constructeurs d'importer en franchise de la fonte et du fer, à charge de les réexporter après les avoir remis en œuvre, mais ce système avait aussi ses abus. Le ministre promit qu'un projet de loi sur les admissions temporaires serait présenté à bref délai, et qu'on laisserait s'exécuter les marchés antérieurs au projet.

La marine marchande, victime du régime protecteur dont, depuis trente ans, elle n'avait cessé un seul jour de se plaindre, offrait à la Chambre un sujet de discussion de la plus haute importance : abroger la loi de 1866 et rétablir les surtaxes de pavillon, comme le demandaient plusieurs députés, ce n'était pas remédier au mal ; dénoncer tous les traités de navigation et déclarer que la France réserve désormais son marché à la marine nationale, c'était s'exposer à des représailles. Les vrais remèdes aux maux de la marine marchande étaient dans la liberté commerciale, dans la suppression des causes artificielles d'infériorité, au premier rang desquelles figuraient le régime suranné de l'inscription qui fait émigrer l'élite des marins, et la réglementation absurde qui éloigne les intelligences et les capitaux de la marine.

La nomination d'une commission chargée d'étudier la question mit fin à la discussion, et en fut le seul résultat.

Les « questions » adressées aux membres du gouvernement, moins solennelles que les « demandes d'interpellations », passaient décidément dans les mœurs parlementaires; MM. Bethmont et de Dalmas en posèrent deux le 5 février. M. de Rochefort interrogea le ministre à son tour sur l'interdiction opposée à la libération du service militaire de deux soldats envoyés en Afrique pour avoir assisté à une réunion publique, et à qui le produit d'une souscription permettait de se donner des remplaçants. L'autorité, répondit le ministre de la guerre, a le droit de ne pas accorder la permission de remplacement à un soldat incorporé. M. de Rochefort lui répliqua en donnant lecture du décret voté par la première Assemblée législative sur la proposition du comte Alexandre de Beauharnais, grand-père de l'Empereur, pour autoriser les officiers et soldats à assister, en dehors des heures de service, aux séances des sociétés populaires. Ce document ne parut pas impressionner plus vivement la Chambre que le ministère.

M. de Rochefort devait, disait-on à l'ouverture de la séance du 7 février, être arrêté à sa sortie du Palais-

Bourbon, et le député de Paris recevait à chaque instant des billets de ses amis du dehors lui annonçant tantôt que des agents étaient postés dans la salle d'attente pour l'appréhender au corps; tantôt que de nombreux fiacres stationnaient sur le quai d'Orsay et sur la place de Bourgogne, et qu'un commissaire de police revêtu de ses insignes et trois agents se trouvaient dans chacune de ces voitures. Les nouvellistes prenaient sans doute pour des employés de M. Piétri les amis, les électeurs et les solliciteurs qui venaient, comme d'habitude, relancer les députés à la Chambre. La séance finie, M. de Rochefort donnant le bras à M. Ordinaire, député du Doubs, quitta la salle de la Paix, s'arrêta quelques secondes avant d'entrer dans la salle d'attente, traversa la cour du Palais-Bourbon, serra la main à M. Gambetta qui montait lui-même en voiture, et rentra librement chez lui. Quelques voix crièrent : Vive Rochefort ! C'est, on s'en souvient, devant la salle de la *Marseillaise* que son arrestation eut lieu dans la soirée.

« Pourquoi, demanda le lendemain de cette arrestation M. de Kératry au garde des sceaux, au lieu d'appréhender au corps M. de Rochefort à l'issue de la séance ou à son domicile, l'a-t-on arrêté à l'entrée d'une réunion publique au risque de grands malheurs ? » Le garde des sceaux répondit : « J'ai voulu respecter l'enceinte du palais législatif. M. de Rochefort a trois domiciles; il fallait pourtant bien l'arrêter quelque part. » La majorité ne permit pas à M. de Kératry de prolonger ce débat sans issue; les tribunes se vidèrent, et la Chambre se trouva à peine en nombre pour discuter la question des voies de communication.

Les séances n'offrirent rien de bien intéressant jusqu'au 21 février. Ce jour-là eut lieu l'interpellation de M. Jules

Favre sur la politique intérieure du gouvernement. Jamais l'orateur de la gauche ne fut mieux inspiré. Les candidatures officielles reçurent, le 23, de rudes coups de la main de M. Grévy; presque abandonnées par le garde des sceaux, elles trouvèrent d'ardents défenseurs dans M. Granier de Cassagnac et dans M. Clément Duvernois, qui alla jusqu'à reprocher à M. Émile Ollivier de trahir la majorité.

L'Algérie, le régime des colonies, défrayèrent la discussion pendant les premiers jours de mars : la peine de mort, la restitution du pouvoir constituant au Corps législatif, l'abrogation de la loi de sûreté générale, l'instruction gratuite et obligatoire, la remise à l'élection des membres du conseil municipal de Paris et du conseil municipal de Lyon, occupèrent la Chambre jusqu'au moment de la discussion de certaines questions essentielles qu'impliquait le rétablissement du régime parlementaire.

L'Empereur, dans une lettre adressée au garde des sceaux, l'avait engagé à préparer de concert avec ses collègues un projet de sénatus-consulte destiné à fixer « les dispositions qui découlent du plébiscite de 1852 », à « partager le pouvoir législatif entre les deux Chambres », et à « restituer à la nation la part du pouvoir constituant qu'elle avait déléguée ». Le projet de sénatus-consulte fut bientôt soumis au Sénat. Il portait que le pouvoir constituant appartenait à la nation, mais qu'elle ne pourrait l'exercer que par la voie plébiscitaire, sur l'initiative de l'Empereur : point d'assemblée constituante ni de représentation législative; rien que des individus interpellés isolément, ne pouvant répondre que par oui ou par non, et placés entre la crainte de leur ruine et la nécessité de subir le fait accompli, voilà ce qu'il fallait entendre par ces mots de pouvoir constituant de la nation. Le plébiscite, conçu comme nous venons de le dire, n'était plus que la porte par où l'Empereur restait maître de rentrer dans le despotisme.

Le Sénat, en discutant ce sénatus-consulte, légiférait en matière de constitution sans le concours de la chambre élective, réduite à rester les bras croisés. Cela choquait l'opposition. La constitution de 1852 le veut ainsi, lui répondait-on, le sénatus-consulte la détruit, mais pour la détruire, il faut lui obéir encore une fois. La gauche paraissait assez peu touchée de ce raisonnement, et la Chambre en général semblait assez préoccupée de la ratification par un plébiscite des réformes en voie d'accomplissement. Ce moyen rencontrait une assez vive opposition. La restitution du pouvoir constituant à l'assemblée élue, combinée avec le maintien du plébiscite, soulevait en outre d'assez grosses difficultés dans les centres. Une commission de sept députés du centre droit et de sept députés du centre gauche cherchait depuis longtemps à les surmonter ou à les tourner, sans y parvenir, car au moment même de l'ouverture de la séance du 4 avril, où devait commencer le débat sur le pouvoir constituant, elle discutait encore un ordre du jour soumis à son adhésion par M. Thiers : « Le Corps législatif, après avoir entendu l'expression des diverses opinions, confiant dans les intentions du ministère et dans son zèle à se faire auprès du Sénat l'interprète des sentiments du pays, passe à l'ordre du jour. » Cet amendement obtint auprès du centre droit un meilleur accueil qu'auprès du centre gauche. La commission se sépara sans avoir pris de résolution. Cent-trente députés du centre droit avaient déclaré se rallier à la proposition de M. Thiers. Il fallait pourtant s'entendre ; aussi les réunions des deux groupes continuèrent-elles tantôt isolément, tantôt par comités, mais la séance s'ouvrit sans qu'on eût rien conclu, et M. Grévy, qui monta le premier à la tribune, démontra, au milieu d'un profond silence, que le plébiscite annulait le sénatus-consulte, et que l'Empereur accaparait par ce moyen le pouvoir constituant qu'il partageait autrefois avec le Sénat. M. E. Ollivier présenta dans sa réponse le régime plébiscitaire auquel il était très-opposé au fond comme une des « beautés » de la réforme actuellement soumise au Sénat. Les discussions de l'Empereur et du ministère sur l'adoption du plébiscite et des ministres entre eux étaient trop connues pour que M. E. Ollivier n'en fît pas l'aveu. Il déclara que le gouvernement n'avait cédé qu'après avoir reculé pendant longtemps devant la crainte de mettre en mouvement le suffrage universel.

Le plébiscite décidé, restait à savoir s'il serait librement discuté par les citoyens. M. Picard traita cette question : ou le sénatus-consulte, dit-il, sera soumis à l'acceptation du peuple sans avoir été examiné et discuté, ou bien il l'aura été ? Dans le premier cas, il manquera de portée sérieuse; dans le second, il sera un danger pour la tranquillité. Tel est le dilemme dans lequel l'orateur voulut enfermer le gouvernement. Le débat fut ajourné au lendemain, et, pendant la soirée, les deux centres essayèrent de s'entendre sans pouvoir y parvenir.

La séance du 5 s'ouvrit par un discours de M. Gambetta. Le député de Marseille s'efforça de démontrer que si le mot de plébiscite signifiait d'après son origine latine la connaissance que le peuple a d'un fait politique, le plébiscite lui-même devait embrasser les détails des institutions impériales et demander au peuple s'il approuvait l'immutabilité de la constitution, l'hérédité, les deux chambres, l'irresponsabilité du pouvoir exécutif, l'enlèvement du pouvoir constituant à la nation. La droite rit quand M. Gambetta demanda que les questions posées dans le plébiscite fussent ainsi formulées : Consentez-vous à vous démettre de tel ou tel droit? Les rires de la droite n'enlevaient rien à la valeur de l'argumentation de M. Gambetta, qui, à force d'habileté, de souplesse oratoire, parvint à se faire écouter en soutenant une thèse qui peut se résumer ainsi : la monarchie tempérée est incompatible avec le suffrage universel : l'expérience du parlementarisme anglais a été faite; il faut essayer du parlementarisme américain. Poser seulement la question devant une telle Chambre était un vrai tour de force.

« Le plébiscite, avait dit un député bonapartiste, fera surgir un nouveau monde. » M. Jules Simon se chargea de réduire ce monde à ses véritables proportions. La droite, peu sûre du talent de ses orateurs, comprit qu'il était temps de demander la clôture de la discussion : elle fut prononcée après des scènes assez tumultueuses, malgré l'opposition de M. Thiers. La Chambre adopta l'amendement suivant : « Le Corps législatif, après avoir entendu les déclarations du ministère, confiant dans son dévouement impérial et parlementaire, passe à l'ordre du jour. »

Le bruit de la démission de M. Buffet, répandu depuis quelques jours, fut pleinement confirmé dans la séance du 10. Le ministre des finances se résignait bien au plébiscite actuel, mais il se refusait à maintenir dans la nouvelle Constitution l'article 13, réservant à l'Empereur le droit permanent de faire appel au peuple. M. Daru, qui pourtant passait pour l'inventeur du régime plébiscitaire, suivait, disait-on, M. Buffet dans la retraite. La loi sur la presse devait être discutée dans cette séance, mais la crise ministérielle faisait le sujet de toutes les conversations, et le peu d'empressement des députés à gagner leurs places, leur persistance à former des groupes dans le salon du Trône ou dans la salle des Conférences, malgré les appels réitérés des huissiers, prouvaient que la Chambre n'avait pas la liberté d'esprit nécessaire pour s'occuper d'autre chose. La discussion de la loi sur la presse fut renvoyée après un brillant discours de M. E. Pelletan.

M. Jules Ferry interpella le gouvernement, le mardi 12 avril, sur les désordres qui avaient interrompu le cours de M. Tardieu et motivé la fermeture de l'École de médecine pendant un mois. M. Ferry critiquait plus le choix de la pénalité que la pénalité elle-même. Cet incident à peine clos, M. Gambetta en souleva un nouveau, en déposant un projet de loi sur l'application du régime plébiscitaire ; le gouvernement ne considérant point les dispositions relatives aux élections comme applicables au plébiscite, M. Gambetta voulait lui éviter la peine de créer un régime particulier : le ministère repoussa son concours, sans donner la moindre indication sur les règles qu'il comptait suivre pendant la période plébiscitaire. Un troisième incident survint : M. Jules Favre ayant soumis à la Chambre une adresse de remercîments venue de l'Algérie, M. Granier de Cassagnac s'en émut : le Corps législatif n'empiétait-il pas sur les priviléges du souverain en recevant une adresse? La question n'étant prévue par aucun sénatus-consulte, le président et la Chambre se trouvèrent également embarrassés pour la résoudre : il fallut recourir à un vote, et le Corps législatif décida à une majorité de 3 voix, 69 contre 66, qu'il ne pouvait recevoir les remercîments de l'Algérie.

Les consignes les plus sévères avaient été données le lendemain aux gardes et aux employés du Palais-Bourbon. Personne ne pouvait pénétrer dans le salon de la Paix sans être muni d'une carte de journaliste ou sans être accompagné d'un député. Les membres de la Chambre eux-mêmes étaient de bonne heure à leurs places ; on s'attendait à un début de séance très-orageux. On devait en effet discuter la proposition faite par le gouvernement de proroger la Chambre jusqu'au jeudi qui suivrait le plébiscite. Elle fut adoptée après une discussion, moins chaude qu'on eût pu s'y attendre quoique très-vive, entre M. J. Favre et M. E. Ollivier.

La Chambre, avant de se séparer, apprit que le cabinet ne se compléterait qu'après le vote du plébiscite.

CHAPITRE IV

1870

LE PLÉBISCITE

Sommaire. — Situation de l'Empire à l'intérieur. — Son affaiblissement. — Nécessité pour l'Empire de relever son prestige. — Il croit y parvenir au moyen du plébiscite. — Le plébiscite républicain et le plébiscite césarien. — Proclamation de l'Empereur aux Français. — Proclamation des ministres. — Les comités plébiscitaires et antiplébiscitaires. — Le comité des députés de la gauche et des délégués de la presse. — Difficultés de sa création. — Scission entre les membres de la gauche. — Proclamation du comité de la gauche et de la presse. — Proclamation de Garibaldi à l'armée française. — Les partis devant le plébiscite. — Les orléanistes. — Les légitimistes. — Manifestes individuels. — La presse. — La bourgeoisie et le plébiscite. — Pression administrative. — Triste rôle de la magistrature. — Vote du plébiscite.

Les premiers chapitres de ce volume ont pu donner une idée des embarras et des dangers intérieurs en face desquels se trouvait l'Empire. Sa situation extérieure n'était pas meilleure : la guerre de Crimée avait été la seule conception politique du règne de Napoléon III : l'alliance anglaise obtenue, les aigles impériales relevées, l'armée comblée de largesses et renouvelée, l'émotion d'une grande guerre où un grand désastre n'était pas à redouter donnée à une nation plus que jamais avide d'émotions, furent les bénéfices que l'Empereur retira de cette expédition plus conforme à ses intérêts dynastiques qu'aux intérêts permanents de la France. Cependant, si la guerre de Crimée accrut le prestige de l'Empire, elle n'augmenta point en réalité sa force. La Prusse trouva dans cette guerre l'occasion de resserrer les liens qui l'unissaient à la Russie, et l'espoir de profiter plus tard des embarras de l'Autriche affaiblie par ses hésitations et isolée en Europe. L'Angleterre, mécontente des résultats de la guerre, et presque résolue d'ailleurs à se désintéresser des affaires du continent, cessa d'être une alliée pour Napoléon III dans le moment même où il avait le plus besoin d'elle afin de réaliser les projets d'abaissement de l'Autriche, qu'il caressait alors.

La guerre d'Italie qui suivit la guerre de Crimée eut, comme celle-ci, des résultats plus grands en apparence qu'en réalité. L'Autriche, forcée, par des manœuvres habiles, de déclarer la guerre au Piémont devenu l'allié de la France, joua son existence dans les plaines de la Lombardie. La journée de Solférino décida de son sort. On la croyait perdue, lorsque tout à coup, à l'étonnement de l'Europe entière, le vainqueur s'arrêta sur les bords du Mincio et offrit la paix au vaincu. Quel motif le poussait? Ce n'est pas, comme on l'a dit, la crainte de voir la Prusse accourir au secours de l'Autriche. La Prusse en offrant à celle-ci de la secourir sur le Pô y avait mis pour condition qu'elle sortît de l'Allemagne : l'Autriche avait refusé. Était-ce la difficulté de l'attaque du quadrilatère ou le désir de rentrer à Paris pour jouir des honneurs du triomphe à la suite d'une campagne brillante rapidement terminée? Quelles que soient les causes d'une décision si brusque et si contraire aux déclarations faites par lui au début de la guerre, Napoléon III n'hésita pas à la prendre, persuadé que la France et le Piémont lui pardonneraient l'éclatant démenti qu'il venait de donner à sa proclamation, l'une parce qu'elle s'enrichissait de deux provinces, l'autre parce qu'elle recevait en quelque sorte carte blanche pour chercher des compensations en Italie.

L'affaiblissement de l'Autriche, en ne laissant subsister sur le continent que trois grandes puissances, la France, la Russie et la Prusse, ne pouvait manquer d'inspirer aux deux dernières, déjà rapprochées par tant de côtés, l'idée de s'unir contre la troisième en cas de guerre. Napoléon III croyait avoir brisé la Sainte-Alliance et détruit les traités de 1815 qu'il détestait et qui n'existaient plus ; il n'avait fait que cimenter l'alliance entre la Prusse et la Russie. Comptant réclamer un jour à Guillaume Ier le prix de sa complicité, il se flattait, en diminuant l'Autriche et en favorisant la Prusse dans ses tentatives pour s'emparer de la suprématie en Allemagne, de faire preuve de la plus profonde habileté. On eût dit presque qu'il voulait donner à la Prusse une sorte d'encouragement en se jetant dans cette expédition du Mexique, qui lui enlevait toute possibilité d'intervenir dans les affaires d'Allemagne et qui lui fut si fatale, non-seulement parce que le général à qui il en confia la direction en compromit le succès par ses intrigues et par son ambition incohérente, mais encore parce que lui-même n'ayant pas su choisir le moment favorable pour retirer ses troupes, se vit obligé de battre en retraite devant une sommation des États-Unis ; humiliation qui ne put être dissimulée, et dont son prestige se ressentit fort.

La fortune lui offrit deux occasions de prendre sa revanche : la première, lorsque l'empereur d'Autriche, mal conseillé et cherchant à reconquérir en Allemagne une prépondérance impossible, vint à Francfort montrer son orgueil et son impuissance ; la seconde, lorsque M. de Bismarck eut amené par ses manœuvres la cour de Vienne à une action commune contre le Danemark. L'Angleterre, on s'en souvient, fit alors sonder Napoléon III pour savoir s'il serait disposé à prendre le Danemark sous une protection commune. L'Empereur lui répondit par la proposition d'un traité d'alliance qui aurait garanti à lui, Napoléon III, une partie des provinces rhénanes. L'Angleterre refusa de se faire l'instrument de cette politique, et l'alliance entre elle et la France, déjà bien refroidie, cessa d'exister.

La politique séculaire de la France était la protection des petits États. Napoléon III y avait déjà renoncé en Italie. L'abandon de cette politique parut encore plus complet après la visite de M. de Bismarck à Biarritz. Les nombreuses conversations échangées entre ces deux hommes politiques n'ont pas été et ne seront peut-être jamais publiées, mais l'attitude provocante de la Prusse en face de l'Autriche, la résolution clairement manifestée par Guillaume Ier de garder les duchés, l'alliance offensive et défensive conclue entre la Prusse et l'Italie en marquent suffisamment le sens et la portée.

100 000 hommes sur le Rhin, et la Prusse qui marchait sur Vienne était obligée de s'arrêter. Elle marcha. Pouvait-on douter que Napoléon III n'eût mis des conditions à son inaction? Lorsque l'Autriche eut reçu à Sadowa le coup de grâce, on s'attendait à chaque instant à voir surgir le traité entre la France et la Prusse. Il n'y en avait point. M. Benedetti accouru à Prague sous le prétexte de protéger l'Autriche, mais en réalité pour demander à la Prusse le prix de l'inaction de la France, ne parvint pas à tirer de M. de Bismarck d'autre réponse que celle-ci : sauf la Vénétie, que ses engagements envers Victor-Emmanuel l'obligent d'exiger, la Prusse ne réclame rien à l'Autriche en fait de territoire; elle ne fait pas une guerre de conquête mais d'équilibre en Allemagne; la retraite de l'Autriche de la Confédération lui suffit, et c'est là un arrangement purement intérieur qui ne regarde aucune puissance. Napoléon III était joué.

L'opinion publique se refusait cependant à admettre que l'Empereur n'eût pas songé à prendre des précautions pour compenser la formation sur ses frontières d'une puissance aussi redoutable que la nouvelle Prusse. Napoléon III comprenant quelle atteinte le rôle de dupe portait à son prestige dynastique, voulait déclarer la guerre à la Prusse. M. Drouyn de Lhuys reçut l'ordre de rédiger les documents qui en sont les préliminaires, mais le ministre de la guerre déclara n'avoir ni hommes, ni chevaux, ni canons; l'Empereur arrêta la plume de M. Drouyn de Lhuys, et la paix ne fut point troublée. Comment le même homme ne craignit-il pas, quelques mois après, de soulever la question du Luxembourg et de courir à une humiliation certaine? S'il y a là une contradiction inexplicable, on comprend en revanche fort bien la diminution d'influence qui en résulta pour lui, car la médiation des puissances couvrit assez médiocrement sa retraite qu'il crut justifiée par le démantèlement illusoire d'une forteresse qui ne pouvait guère être utilisée contre la France.

Les fêtes de l'Exposition voilèrent mal ces graves échecs. L'attentat de Berezowski, l'accueil fâcheux fait au czar Alexandre II par les Parisiens, firent naître dans son esprit un mécontentement qui se trahit par la destitution de M. de Budberg, son ambassadeur à Paris, coupable d'avoir conseillé ce voyage. Les liens entre la Russie et la Prusse se resserrèrent. L'exécution de Maximilien, l'attitude de la Prusse, le désappointement provoqué par l'affaire du Luxembourg, le mécontentement causé au parti libéral par l'expédition de Mentana, faisaient donc à l'Empereur une loi de rétablir à l'extérieur son influence ébranlée et son prestige affaibli.

Il en était de même à l'intérieur.

L'Empire n'avait vécu jusqu'alors que par un système de compression, tantôt ouverte, tantôt dissimulée, mais toujours active. La compression engendre la résistance, la résistance commence par énerver la répression et finit par l'user. Le premier signal de la résistance fut donné par les électeurs de Paris dès l'année 1857. Le gouvernement, tant que l'opposition n'eut qu'une couleur républicaine, put affecter de n'y pas attacher une grande importance ; le réveil de la bourgeoisie libérale et parlementaire, quelque timide et incomplet qu'il fût, l'obligea bientôt à des concessions d'abord insignifiantes mais dont la valeur s'accrut successivement par la force même des choses. L'hostilité bien évidente de la classe ouvrière contre le gouvernement ne le dispensait pas de la nécessité de faire quelque chose pour elle. L'abandon du droit d'autorisation et de la juridiction administrative sur les journaux fut une concession à la bourgeoisie, et le droit de réunion une concession aux ouvriers. Les bourgeois, pas plus que les ouvriers, ne pouvaient s'en contenter ; les premiers voulaient un retour complet au régime parlementaire, les seconds la République. L'Empire se trouvait donc placé entre deux oppositions également dangereuses. L'une l'attaquait dans le parlement et dans la presse, l'autre, loin de lui fournir, comme il l'espérait, l'occasion de se fortifier par la répression, l'usait et le déconsidérait en le montrant séparé de la nation ; pour comble de malheur l'arme qui avait jusqu'ici rendu le gouvernement maître du parlement, la candidature officielle, lui échappait ; il ne lui restait donc plus qu'à demander son salut à la liberté dont il s'était fait le bourreau.

L'Empereur se résigna donc à modifier la forme de son gouvernement par une sorte de changement à vue, espérant qu'on s'en contenterait à l'intérieur, et qu'à l'extérieur on y verrait un signe de force : mais de telles transformations sont impossibles, l'Empire ne se transforma pas ; il

se retourna comme on dit vulgairement, par une manœuvre hardie ; il fit un changement de front. Empêcher pendant vingt ans l'esprit libéral de se former, et ne plus s'appuyer que sur lui ; avec un parlement composé d'absolutistes, fonder un gouvernement constitutionnel, telle était la chimère que feignait de caresser Napoléon III. Le vieux bonapartisme du reste ne s'en alarmait pas ; loin d'avoir abdiqué, il se montrait au contraire plus sûr que jamais de sa puissance. L'Empereur, à l'en croire, n'assistait aux efforts du ministère libéral pour soutenir le poids des affaires que comme on assiste à une expérience, et il n'attendait que le moment où son insuccès serait constaté pour revenir à la dictature. Les plus modérés insinuaient que l'Empereur s'était trompé en choisissant M. E. Ollivier comme organisateur exclusif du cabinet. On ne peut, ajoutaient-ils, agir ainsi qu'avec un chef de parti reconnu, mais M. E. Ollivier n'est pas le chef de M. Segris, de M. Buffet, etc. Le ministère lui-même paraissait hésitant et divisé. Le bruit se répandait à chaque instant que MM. Daru et Buffet étaient sur le point de se séparer de leurs collègues. Quant à l'Empereur, l'incertitude au sujet de ses dispositions véritables régnait même chez ses amis. « Laisse-t-il faire ou agit-il franchement (1) ? » Ses serviteurs les plus intimes, comme le général Fleury, se le demandaient. La retraite de M. Magne et de M. Chasseloup-Laubat, aux yeux de l'ambassadeur de Napoléon III en Russie, n'était qu'apparente. « Ils ont fait acte de bonne
» politique en se retirant pour le moment et en laissant la
» place aux Buffet, Daru et Talhouët. Le concours de ces
» hommes, plus ou moins orléanistes, est précieux en ce

---

(1) Lettre du général Fleury à M. Clément Duvernois (Papiers des Tuileries).

» sens qu'il rend au service de l'Empire les coryphées
» mêmes du duc d'Aumale (1). »

L'état de surexcitation dans lequel se trouvaient les classes ouvrières permettait de prévoir l'heure prochaine où le gouvernement aurait à compter avec les émeutes. Il pouvait les écraser plusieurs fois de suite, mais il était sûr à la longue d'être vaincu. Il ne pouvait triompher des émeutes que sur le Rhin. Une guerre entreprise pour un tel motif exigeait des conditions contradictoires qui la rendaient plus périlleuse pour nous. Lancer toutes les forces du pays sur le champ de bataille, c'était l'associer à la victoire, et par conséquent rendre vaine toute tentative de l'asservir de nouveau; il fallait donc le contenir et l'exciter en même temps, remporter une victoire assez grande pour rendre l'Empereur maître des rues de Paris, et pas assez grande pour mettre l'Europe en mouvement et pour donner à la guerre un caractère révolutionnaire; il fallait, en un mot, compter auparavant sur l'étoile, sur la chance, et remettre de nouveau ses destinées entre les mains de généraux qui, en dehors de leur bravoure personnelle, n'avaient jusqu'ici montré d'autre mérite que celui d'être heureux. Les gens prévoyants s'effrayaient d'avance à la pensée de les voir aux prises avec les généraux qui venaient de faire la campagne d'Autriche, et la guerre leur apparaissait comme la plus inévitable et en même temps comme la plus redoutable des éventualités.

La France en proie à un malaise universel, prélude des révolutions, voyait les transactions industrielles et commerciales s'arrêter, les affaires à longue échéance cesser, le flot du mécontentement général monter. L'Empereur se sou-

(1) Lettre du général Fleury à M. Clément Duvernois (Papiers des Tuileries).

vint alors qu'un député de la droite, M. Calley Saint-Paul, lui avait proposé de faire sanctionner après 1867 par un plébiscite les premières réformes accordées par lui, afin de noyer les reproches adressés à sa politique extérieure dans un vote populaire. Cette idée fit, sans que personne s'en doutât, une très-vive impression sur Napoléon III. Le conseil des ministres était réuni le 30 mars 1870, et la discussion roulait sur des sujets insignifiants, lorsque tout à coup l'Empereur fit signe qu'il voulait parler. Cette envie lui venait rarement. Les ministres, rendus fort attentifs par cette invitation inattendue, ne furent pas peu surpris d'entendre Napoléon III leur soumettre l'idée du plébiscite. Le conseil comptait parmi ses membres un ancien républicain, M. E. Ollivier, et deux anciens orléanistes, MM. Buffet et Daru; ralliés à l'Empire, partisans du régime parlementaire, ils ne pouvaient éprouver une admiration bien vive pour le système plébiscitaire : M. E. Ollivier s'opposa d'abord au projet soumis au conseil par l'Empereur; M. Buffet le combattit également. M. Daru l'adopta le premier, M. le garde des sceaux fit durer un jour sa résistance. Moins d'un mois après ce conseil, deux décrets, en date du 23 avril, contresignés par tous les ministres, convoquèrent le peuple français et les Français de l'Algérie dans leurs comices le dimanche 8 mai pour accepter ou rejeter le plébiscite suivant :

« Le peuple approuve les réformes libérales opérées dans la Constitution depuis 1860 par l'Empereur, avec le concours des grands corps de l'État, et ratifie le sénatus-consulte du 20 avril 1870. »

Ces décrets furent accueillis avec des impressions bien diverses.

Le plébiscite suisse, après la discussion et le vote d'une réforme par une assemblée délibérante, peut être, disaient les gens sérieux, à bon droit, considéré comme un verdict rendu par le peuple directement et loyalement consulté, et comme l'expression de la volonté nationale dégagée de tous les pouvoirs et rouages intermédiaires; mais le plébiscite non précédé de délibération, interrogeant le peuple sur une question posée par le chef de l'État lui-même dans les termes qu'il lui a plu de choisir, n'est que la négation de la volonté nationale, un moyen d'avoir l'air de consulter les gens sans leur permettre de délibérer, et de les obliger à se prononcer sur leurs intérêts sans les connaître, quelque chose en un mot d'assez semblable à la sentence qui serait prononcée par un jury jugeant sans avoir entendu ni accusés, ni témoins, ni avocats. La souveraineté nationale s'exerce dans un pareil plébiscite sans aucune des garanties dont elle a besoin pour prendre conscience d'elle-même, elle ne parle que pour s'aliéner au lieu de se déléguer. Le plébiscite ainsi compris, c'est le principe et la fin de toute dictature.

Les sentiments de la partie éclairée de la nation n'étaient pas très-favorables au plébiscite; le reste s'apprêtait à suivre docilement l'impulsion des préfets. Les agitateurs, sans s'inquiéter de ces questions de forme, ne demandaient pas mieux que de mettre l'Empire en question; les bourgeois et les hommes d'affaires tremblaient à l'idée de l'agitation qui allait se produire; le nombre des bonapartistes, disaient les gens prudents, n'a pas pu augmenter, à quoi bon le constater? Quant au gouvernement, entrant résolûment en campagne, il fit suivre le décret du 23 avril de la proclamation suivante :

« Français,

» La Constitution de 1852, rédigée en vertu des pouvoirs que vous m'aviez donnés, et ratifiée par les huit millions de suffrages qui ont rétabli l'Empire, a procuré à la France dix-huit années de calme et de prospérité qui n'ont pas été sans gloire ; elle a assuré l'ordre et laissé la voie ouverte à toutes les améliorations. Aussi, plus la sécurité s'est raffermie, plus il a été fait une large part à la liberté.

» Mais des changements successifs ont altéré les bases plébiscitaires qui ne pouvaient être modifiées sans un appel à la nation. Il devient donc indispensable que le nouveau pacte constitutionnel soit approuvé par le peuple, comme l'ont été jadis les Constitutions de la République et de l'Empire. A ces deux époques, on croyait, ainsi que je le crois moi-même aujourd'hui, que tout ce qui se fait sans vous est illégitime.

» La Constitution de la France impériale et démocratique, réduite à un petit nombre de dispositions fondamentales qui ne peuvent être changées sans votre assentiment, aura l'avantage de rendre définitifs les progrès accomplis et de mettre à l'abri des fluctuations politiques les principes du gouvernement. Ce temps, perdu trop souvent en controverses stériles et passionnées, pourra être plus utilement employé désormais à rechercher les moyens d'accroître le bien-être moral et matériel du plus grand nombre.

» Je m'adresse à vous tous qui, dès le 10 décembre 1849, avez surmonté tous les obstacles pour me placer à votre tête, à vous qui, depuis vingt-deux ans, m'avez sans cesse grandi par vos suffrages, soutenu par votre concours, récompensé par votre affection. Donnez-moi une nouvelle preuve de votre affection. En apportant au scrutin un vote affirmatif, vous conjurerez les menaces de la Révolution, vous assoierez sur une base solide l'ordre et la liberté, et vous rendrez plus facile, dans l'avenir, la transmission de la couronne à mon fils.

» Vous avez été presque unanimes, il y a dix-huit ans, pour me conférer les pouvoirs les plus étendus ; soyez aussi nombreux aujourd'hui pour adhérer à la transmission du régime impérial. Une grande nation ne saurait atteindre tout son développement sans s'appuyer sur des institutions qui garantissent à la fois la stabilité et le progrès.

» A la demande que je vous adresse de ratifier les réformes libérales, réalisées dans ces six dernières années répondez oui. Quant à moi, fidèle à mon origine, je me pénétrerai de votre pensée, je me fortifierai de votre volonté, et, confiant dans la Providence, je ne cesserai de travailler sans relâche à la prospérité et à la grandeur de la France.

» Napoléon.

» Palais des Tuileries, 23 avril 1870. »

Les ministres joignirent à la proclamation de l'Empereur une circulaire collective adressée aux fonctionnaires de l'Empire :

« Paris, 24 avril 1870.

» Messieurs

» L'Empire adresse un appel solennel à la nation. En 1852 il lui a demandé la force pour assurer l'ordre ; l'ordre assuré, il lui demande en 1870 la force pour fonder la liberté.

» Confiant dans le droit qu'il tient de huit millions de suffrages, il ne remet pas l'Empire en discussion, il ne soumet au vote que sa transformation libérale.

» Voter *oui*, c'est voter pour la liberté.

» Le parti révolutionnaire qualifie d'attentat contre la souveraineté nationale l'hommage que l'Empereur rend à la souveraineté nationale en consultant le peuple, et il conseille de voter *non*.

» Les vrais amis de la liberté, malgré des dissentiments de détail marcheront avec nous. Peuvent-ils ignorer que s'abstenir ou voter *non* ce serait fortifier ceux qui ne combattent la transformation de l'Empire que pour détruire avec lui l'organisation politique et sociale à laquelle la France doit sa grandeur?

» Au nom de la paix publique et de la liberté, au nom de l'Empereur, nous vous demandons à vous tous, nos collaborateurs dévoués, d'unir vos efforts aux nôtres.

» C'est aux citoyens que nous nous adressons; nous vous transmettons non pas un ordre, mais un conseil patriotique; il s'agit d'assurer à notre pays un tranquille avenir, afin que, sur le trône comme dans la plus humble demeure, le fils succède en paix à son père.

» Recevez, messieurs, l'assurance de notre haute considération.

> » ÉMILE OLLIVIER, garde des sceaux, ministre de la justice et des cultes et ministre des affaires étrangères par intérim; CHEVANDIER DE VALDRÔME, ministre de l'intérieur; ÉMILE SEGRIS, ministre des finances; LE BŒUF, maréchal, ministre de la guerre; A. RIGAULT DE GENOUILLY, amiral, ministre de la marine et des colonies; LOUVET, ministre de l'agriculture et du commerce; Marquis DE TALHOUET, ministre des travaux publics; MAURICE RICHARD, ministre des beaux-arts et ministre de l'instruction publique par intérim; E. DE PARIEU, ministre président du Conseil d'État. »

Le ministre de l'intérieur se chargea de mettre plus spécialement les préfets au courant de ce qu'on attendait d'eux; il fixa dans une circulaire du 20 avril la somme de liberté dont les citoyens seraient appelés à jouir pendant la période plébiscitaire. La loi sur les réunions publiques ne prévoyant pas le cas d'un plébiscite, il eût semblé logique de demander au Corps législatif de faire d'urgence une loi spéciale. M. Chevandier de Valdrôme aima mieux légiférer lui-même, et tandis que, pour tenir des réunions ordinaires électorales, une *déclaration* et une demande d'autorisation suffisaient, une demande signée de sept électeurs domiciliés dans la commune, et déposée vingt-quatre heures à l'avance, devint obligatoire pour les réunions plébiscitaires. La distribution et le colportage des bulletins et circulaires étaient permis, mais le droit d'affichage restait le monopole de l'administration.

Les bonapartistes se mirent tout de suite en mesure de venir en aide au gouvernement par la propagande individuelle. Leurs journaux annoncèrent le dimanche de Pâques la création d'un *Comité central du plébiscite de* 1870, comprenant : un *Comité de fondation*, un *Comité de Direction* et un *Comité d'exécution*. Le Comité de fondation comptait : M. le duc d'Albuféra, président; MM. Boinvilliers, Bonjean, l'amiral Bouët-Villaumez, Dariste, Duruy, Hubert-Delisle, Laity, de la Guéronnière, Larrabure, le maréchal de Mac-Mahon, Mérimée, Monier de la Sizeranne, Nélaton, Quentin-Bauchart, de Saulcy, général Vinoy, sénateurs; MM. André, Argence, Birotteau, Bourbeau, Busson-Billault, Calmètes, Compaigno, Chesnelong, Cornudet, David (Jérôme), Descours, Dupont (Paul), Dupuy de Lôme, Fouquet, Gaudin, Genton, Hébert, Jeliot, Johnston, Josseau, Lacroix-Saint-Pierre, Lafond de Saint-Mur, de Lagrange (Frédéric), Lebreton (général), de Makau, Mége, Paulmier, Pinard, Quesné, Reille, de Saint-Paul, de Soubeyran, Talabot, députés au Corps législatif.

Le Comité de fondation englobait en outre les directeurs ou rédacteurs en chef de journaux suivants : MM. Gibiat (*Constitutionnel*), Jenty (*France*), E. de Girardin (*Liberté*), Francis Aubert (*Messager de Paris*), Grégory Ganesco (*Parlement*), De Saint-Valry (*Patrie*), Clément Duvernois (*Peuple français*), Cucheval Clarigny (*Presse*), Ernest Dréolle (*Public*). Sénateurs, députés, journalistes, tous ces hommes d'énergie et d'activité se répartirent ensuite dans les trois comités. La première opération du *Comité central* fut de se faire ouvrir au Crédit foncier un crédit d'un million et de lancer un appel à la bourse de « ceux qui pensent que de toutes les économies qu'un pays puisse faire, la plus considérable est l'économie d'une révolution ». Le Comité institua ensuite soixante sous-comités à Paris et un nombre correspondant dans toutes les circonscriptions électorales.

L'opposition montra moins d'ardeur et de promptitude à organiser ses comités. La première réunion, composée de députés et de journalistes de la gauche, eut lieu chez M. Crémieux : un procès-verbal de la séance fut dressé, et les journalistes se préparaient à le signer lorsque M. E. Picard s'y opposa, non pas qu'il crut la dignité des députés intéressée à s'abstenir de toute action commune avec les journalistes, mais parce qu'ils lui paraissaient avoir les uns et les autres un mandat spécial et qu'il ne voyait nulle bonne raison pour les confondre. La réunion, après avoir passé outre à l'observation de M. E. Picard, discuta la question de savoir s'il fallait voter *non* ou s'abstenir. Le vote négatif obtint ses préférences sans exclusion d'aucun autre moyen de protestation, y compris l'abstention ; la réunion décida l'organisation dans chaque circonscription d'un comité antiplébiscitaire et elle désigna pour rédiger un manifeste : MM. Jules Simon, E. Pelletan, A. Esquiros députés ; parmi les journalistes : MM. Delescluze du *Réveil*, Louis Jourdan du *Siècle*, A. Peyrat de l'*Avenir national*, Louis Ulbach de la *Cloche*, Duportal de l'*Émancipation* de Toulouse, Lavertujon de la *Gironde* de Bordeaux, Véron du *Progrès* de Lyon.

Deux journaux, *la Marseillaise* et *le Rappel*, s'abstinrent d'assister aux séances du comité formé chez M. Crémieux, parce qu'on y avait décidé qu'on se bornerait à combattre strictement le plébiscite, en évitant dans le manifeste de formuler une profession de foi républicaine : « Que d'autres placent au-dessus des principes les prétendues nécessités de tactique qu'ils considèrent comme supérieures, la *Marseillaise* n'a point de ces compromis; elle reste fidèle à la tradition révolutionnaire, et n'incline jamais son drapeau; » le *Rappel* déclara de son côté ne pouvoir s'associer à un manifeste où le nom de la République n'était pas prononcé, et au bas duquel on ne lisait aucune signature d'ouvrier. L'*Internationale* avait rendu l'adhésion des ouvriers inutile en rédigeant un manifeste en leur nom.

M. Delescluze, qui ne se croyait pas privé par son titre de membre de la réunion Crémieux du droit de lui susciter des obstacles, mit les bureaux de son journal à la disposition de plusieurs journalistes de Paris et des départements pour y tenir des séances auxquelles assistaient M. Ledru-Rollin et M. Gambetta. Il s'agissait dans ces séances de former un nouveau comité. On n'y réussit pas. Quelques citoyens proposèrent de réunir tous les députés républicains, tous les journalistes républicains de Paris et des départements, tous les principaux orateurs des réunions publiques, tous les délégués des associations ouvrières, et d'en former un comité unique. La confusion la plus complète ne pouvait manquer de sortir; on s'en tint fort heureusement aux réunions chez M. Crémieux, déjà passablement tumultueuses. Le comité des *Sept* parvint à grand'peine à accoucher de ce manifeste :

LA GAUCHE ET LES DÉLÉGUÉS DE LA PRESSE A LEURS CONCITOYENS.

« Le 2 décembre a courbé la France sous le pouvoir d'un homme.

» Aujourd'hui, le gouvernement personnel est connu par ses fruits. L'expérience le condamne, la nation le répudie.

» Aux élections dernières, le peuple français a manifesté hautement sa volonté souveraine : au gouvernement personnel, il entend substituer le gouvernement du pays par le pays.

» La Constitution nouvelle, sur laquelle le pouvoir vous appelle à vous prononcer, réalise-t-elle le vœu national? Non

» La nouvelle Constitution n'établit pas le gouvernement du pays par le pays.

» Elle n'en est que le simulacre.

» Le gouvernement personnel n'est point détruit ; il conserve intactes ses plus redoutables prérogatives ; il continue d'exister, à l'extérieur, par le droit personnel de faire les traités et de déclarer la guerre, — droits dont il a été fait, depuis quinze ans, un usage si funeste à la patrie; — à l'intérieur, par le gouvernement personnel du chef de l'État, à l'aide de ministres qu'il nomme, d'un Conseil d'État qu'il nomme, d'un Sénat qu'il nomme, d'un Corps législatif qu'il fait nommer par la candidature officielle et la pression administrative, du commandement de la force armée, de la nomination à tous les emplois, d'une centralisation excessive qui met dans sa main toutes les forces organisées du pays, qui confisque l'autonomie des communes, et qui ne laisse pas même aux populations le droit d'élire leurs magistrats municipaux.

» Enfin, et pour couronner cet édifice de l'omnipotence impériale, la Constitution nouvelle livre à l'initiative exclusive du chef de l'État, le droit qui appartient essentiellement à tout peuple libre de réformer, quand il le juge nécessaire, ses institutions fondamentales, en même temps qu'elle remet au pouvoir exécutif le droit césarien d'appel au peuple, qui n'est autre chose que la menace permanente d'un coup d'État.

» Telle est la Constitution qu'on vous propose.

» C'est votre abdication qu'on vous demande.

» Voulez-vous y souscrire?

» Voulez-vous renouveler les pleins pouvoirs de l'Empire?

» Voulez-vous, sous les apparences du système parlementaire, consolider le gouvernement personnel?

» Si vous le voulez, votez *oui*.

» Mais si vous avez retenu la leçon des événements, si vous n'avez oublié ni les dix-huit années d'oppression, d'outrage à la liberté, ni le Mexique, ni Sadowa, ni la dette accrue de cinq milliards, ni les budgets dépassant deux milliards, ni la conscription, ni les lourds impôts, ni les gros contingents, vous ne pouvez pas voter *oui*.

» Car tous ces maux, dont la France n'effacera de longtemps la trace, sont sortis, il y a dix-huit ans, de deux plébiscites semblables à celui qu'on vous soumet.

» Car aujourd'hui, comme alors, c'est un blanc-seing qu'on vous demande, l'aliénation de votre souveraineté, l'inféodation du droit populaire aux mains d'un homme et d'une famille, la confiscation du droit imprescriptible des générations futures.

» Au nom de la souveraineté du peuple et de la dignité nationale, au nom de l'ordre et de la paix sociale, qui ne peuvent se réaliser, par la conciliation des intérêts et des classes, qu'au sein d'une libre démocratie, repoussez par votre vote la Constitution nouvelle.

» Protestez par le vote négatif, par le vote à bulletin blanc, ou même par l'abstention : tous les modes de protestation apporteront leur part à l'actif de la liberté.

» Quant à nous, nous voterons résolûment *non*, et nous conseillons de voter *non*.

» Ont signé :

» Emmanuel Arago, D. Bancel, A. Crémieux, Desseaux, Dorian, Esquiros, Jules Ferry, Gagneur, Léon Gambetta, Garnier-Pagès, Girault, Glais-Bizoin, Jules Grévy, J. Magnin, Ordinaire, E. Pelletan, Jules Simon, députés.

» C. Delescluze, A. Duportal, Louis Jourdan, André Lavertujon, Pierre Lefranc, A. Peyrat, Louis Ulbach, Eugène Véron, délégués de la presse démocratique de Paris et des départements.

» Paris, 19 avril 1870. »

Le même comité s'adressa également à l'armée :

« Vous êtes citoyens avant d'être soldats. Votre cœur bat comme le nôtre aux idées de patrie et de liberté. Écoutez donc notre voix fraternelle. Nous avons à vous parler de vos intérêts les plus chers que nous ne séparons pas des nôtres.

» Demain, on va vous réunir dans vos casernes et vous demander un vote en faveur d'un régime qui pèse encore plus lourdement sur vous que sur les autres citoyens. Électeurs, vous faites partie du peuple souverain, et puisque l'Empire pose à nouveau sa candidature, ne consultez que votre raison et votre bon sens. Ministres, généraux, colonels, n'ont rien à voir dans le domaine de votre conscience.

» Si vous croyez qu'un gouvernement qui vous enlève pendant vos plus belles années à vos affections, à vos devoirs civiques, à vos espérances de travail ; qui fait de vous presque des étrangers dans votre propre pays, ne blesse ni la justice ni votre liberté, votez *oui* sous l'œil de vos supérieurs.

» Si, au contraire, vous voulez reconquérir votre place au foyer, vos droits à la vie sociale, — tout en restant à la disposition de la patrie, dans le cas où sa sécurité ou son honneur seraient menacés, et alors toute la démocratie serait à vos côtés, — si vous croyez que la liberté est le premier des biens ; si vous êtes las de servir de rempart et d'instrument à une politique que vous combattrez vous-mêmes dès que vous ne serez plus soldats ; si vous ne voulez plus de ces guerres impies ou stériles qui vous coûtent le plus pur de votre sang, si vous voulez vivre enfin en hommes libres dans une patrie libre, votez hardiment *non*.

» Et ne craignez pas que cet acte de virilité vous expose aux rancunes et aux persécutions ; l'esprit de la France vous protégera.

» Sachez-le bien, d'ailleurs, vos chefs n'ignorent pas plus que vous que l'armée en France est une institution nationale et non pas dynastique. S'ils ne laissent point éclater leurs sentiments, pas plus que vous ils n'ont à se féliciter du césarisme.

» L'avancement n'est-il que le prix du mérite et des services? Eux comme vous peuvent répondre. Et parmi ceux qui vous commandent, les meilleurs ne gémissent-ils pas souvent de vous trouver plus empressés qu'ils ne voudraient à exécuter certains ordres qu'ils sont forcés de vous transmettre? Ayez donc confiance les uns dans les autres.

» On vous fait voter dans vos casernes ; on vous empêche de mêler vos suffrages, dans les mairies, à ceux de vos concitoyens. On vous retire donc le secret du vote, sans lequel, sous un gouvernement autoritaire, il n'y a ni sécurité, ni indépendance, ni dignité pour l'électeur. Et pourquoi vous contester ce droit, qu'on ne refuse à personne, si ce n'est pour faire violence à votre volonté dont on redoute la libre manifestation !

» Vous ferez justice de ces manœuvres, et vous voterez *non*.

» Ce vote sera le pacte d'une alliance entre citoyens et soldats.

» La France compte sur l'armée, l'armée peut compter sur la France. »

Garibaldi crut devoir joindre sa voix à celle des députés et des journalistes français :

GARIBALDI A L'ARMÉE FRANÇAISE.

« Soldats!

» J'ai eu l'honneur de combattre une fois avec vous et deux fois contre vous ; toujours pour la cause de la justice.

» Nous sommes donc de vieilles connaissances et je me permets en conséquence de m'adresser à vous dans une question qui intéresse le monde.

» Certainement je ne veux point mentir en disant que je suis l'ami de l'armée du second Empire, de cet empire qui s'est servi de votre bravoure pour l'asservissement des peuples, de cet empire qui se sert de votre imposante et vaillante masse pour protéger une tyrannie mensongère, laquelle, sans vous, ne serait plus qu'une vieille tradition de nos malheurs.

» N'importe.

» Ami ou ennemi, je m'adresse à l'armée chevaleresque qui, à Fontenoy, s'écriait avant l'engagement de la bataille : « Messieurs les Anglais, » tirez les premiers ! » Trait caractéristique d'une armée de braves.

» Même quand j'étais prêt à combattre en vous les instruments exterminateurs d'un despote, je dois vous confesser que je cherchais en vain dans mon cœur quelque chose qui ressemblât à de la haine pour les nobles enfants de la France, pour cette armée qui, joyeuse, marchait à la délivrance de ma terre natale et arrosait du sang de ses preux les plaines de Magenta et les collines de Solférino, dont les échos répètent encore le chant de victoire du soldat français.

» Au lieu des soldats du Mexique et de Mentana, je voudrais, — comprenez-moi, — ne plus voir en vous que les dignes descendants de Fleurus et de Jemmapes, que les fils des combattants de ces quatorze armées qui, étonnant le monde par des miracles, mirent à la raison les vieilles monarchies européennes. Car Marengo et Austerlitz, qui écrasèrent ces monarchies, ne furent que les corollaires de Fleurus, de Jemmapes et de Zurich.

» Alors, quoique invalide, saluant votre superbe drapeau de la République, je marcherais encore à vos côtés, et je vous demanderais de reprendre à votre gauche le poste que j'eus l'honneur d'occuper en 1859, quand vous passiez sur le corps de la tyrannie autrichienne, avec les braves de notre armée.

» G. GARIBALDI.

» Caprera, 22 avril 1870. »

Les députés qui se groupaient autour de M. E. Picard refusèrent de signer les manifestes de la gauche, et l'*Électeur libre* déclara en leur nom qu'ils garderaient le silence. Cette abstention n'enleva rien à la vivacité de la lutte qui devint de plus en plus ardente à mesure que le jour du vote approchait, mais le nerf de la guerre, l'argent, manquait aux adversaires du plébiscite. En vain eut-on recours aux moyens les plus ingénieux pour le remplacer, en vain des comités nombreux se formèrent-ils pour expédier dans les campagnes les journaux déjà *lus* par les citoyens des villes, et les numéros non vendus et rachetés à bon marché; les frais de la propagande n'en restaient pas moins considérables. On essaya de les couvrir par une souscription publique. M. Henri Cernuschi, ancien membre de la Constituante romaine en 1848, depuis longtemps naturalisé Français par son esprit, par son caractère, par ses affections et par ses intérêts, sans l'être encore, malheureusement pour lui au nom de la loi, envoya 100 000 francs au comité de la gauche. Un arrêt d'expulsion le punit tout de suite de sa générosité. M. Henri Cernuschi (1), en franchissant la frontière française, fit parvenir au comité une seconde somme de 100 000 francs.

(1) Il a été naturalisé Français sous le gouvernement de la Défense nationale.

Le parti abstentionniste, au milieu de tous ces mouvements, ne renonçait pas à son système. Le groupe de proudhoniens qui, en 1869, avait organisé la manifestation du bulletin blanc, essaya cette fois encore d'y amener le parti socialiste. M. Louis Blanc joignit ses efforts aux siens. M. de Rochefort, abstentionniste dans la *Marseillaise* et député assermenté de la 1re circonscription, et cherchant, sans en trouver, des raisons pour expliquer cette contradiction, soutint également le bulletin blanc.

Les républicains ne devaient pas être les seuls à prendre part à la lutte antiplébiscitaire. Les membres du comité qui, aux élections du mois de mai 1869, proposa et soutint la candidature de M. Thiers, après s'être réunis sous la présidence de M. Dufaure pour arrêter la conduite qu'ils tiendraient au scrutin du 8 mai, déclarèrent à l'unanimité « qu'il n'était pas possible à des amis de la
» liberté de voter pour le plébiscite, parce qu'il était un acte
» du gouvernement personnel, et parce que le régime plé-
» biscitaire est la négation absolue du principe représenta-
» tif. Si d'une part on demande au pays d'accepter certaines
» réformes libérales obtenues déjà par la force de l'opinion
» publique, on lui demande d'autre part de ratifier une
» constitution dont les articles 13 et 14 consacrent le droit,
» pour le pouvoir exécutif, de la modifier ou de la détruire
» sans discussion préalable des mandataires du pays. La
» nation, par le vote du plébiscite, donnerait un blanc-
» seing au chef de l'État sur toutes les questions d'ordre
» politique et social ». MM. Dufaure, président, Allou et Haureau, assesseurs du comité, terminèrent leur manifeste en engageant, « comme amis de l'ordre et comme libéraux, les électeurs qui leur avaient apporté un si utile concours au mois de mai 1869 à voter *non* ou à s'abstenir »

Les amis politiques de l'*Union* et de la *Gazette de France*, réunis successivement dans les bureaux de ces deux journaux, résolurent également de ne point s'associer par un vote approbatif à l'appel adressé au pays sous la forme d'un plébiscite :

« Parce que le sénatus-consulte fixant la Constitution amendée de 1870, confirme le chef de l'Etat dans le droit qu'il s'était attribué de renouveler ces plébiscites, arbitrairement, sans condition aucune, sans délibération préalable des mandataires du pays; ce qui constitue au plus haut degré la négation du principe représentatif, revendiqué avec une si incontestable évidence dans les élections de 1869.

» Parce qu'enfin, ces futurs plébiscites n'étant point limités dans leur objet, pouvant porter sur toutes les questions de l'ordre politique et social, ouvriraient ainsi un champ indéfini à toutes les surprises et à tous les périls.

» Les deux réunions invitent en conséquence tous ceux qui partagent leurs convictions à *répudier* le plébiscite. Seulement la réunion de la *Gazette de France*, tout en admettant l'abstention, a pensé que le vote négatif était préférable. Celle de l'*Union* s'est prononcée en faveur de l'abstention.

» En protestant ainsi contre ce plébiscite,

» Les Français, fidèles à la tradition nationale et aux grands principes de liberté dont l'alliance fut consacrée, en 1789, par les votes unanimes de six millions d'électeurs et de l'Assemblée qu'ils avaient nommée,

» Restent conséquents avec eux-mêmes.

» Ils ont toujours rempli leurs devoirs de bons citoyens, donnant l'exemple du plus loyal dévouement à l'ordre social et à la paix publique.

» Les mêmes sentiments de patriotisme leur commandent aujourd'hui de repousser la responsabilité d'une manifestation illusoire et dangereuse, qui ne garantirait aucunement ces institutions stables et libres dont la France éprouve l'impérieux besoin, et qu'elle ne cessera de réclamer en dépit de toutes les vicissitudes du présent et de l'avenir.

» Pour la réunion de l'*Union* :

» De Neuville, ancien représentant, président; de Dreux Brézé, secrétaire; de Barberay, secrétaire.

» Pour la réunion de la *Gazette de France* :

» R. de Larcy, ancien représentant, président; H. de Tréveneuc, ancien représentant, secrétaire; Paul Andral, secrétaire. »

Les membres des sociétés coopératives adressèrent un manifeste aux habitants des campagnes; les étudiants, à la jeunesse; MM. J. Simon, Ordinaire, Glais-Bizoin, Stenackers, Raspail, Crémieux, Girault, parlèrent individuellement à leurs électeurs. Victor Hugo, Edgar Quinet, Rogeard, élevèrent aussi la voix en leur qualité de proscrits.

Les journalistes parisiens prirent la parole avec une égale énergie contre le plébiscite. M. A. Peyrat, rédacteur en chef de l'*Avenir national*, posa nettement la question :

« Au nom de l'inaliénable souveraineté de la nation et de son droit imprescriptible de se gouverner elle-même ; au nom du principe qui ne veut pas qu'une génération puisse assujettir à ses volontés la génération future, le parti démocratique, de quelque manière que le plébiscite soit rédigé, votera *non*. Il déclarera ainsi, en même temps, qu'il n'amnistie pas le passé et qu'il réserve l'avenir.

» Bon gré, mal gré, par la logique des choses, par la fatalité de son origine, ce que le pouvoir personnel met aux voix par ce plébiscite, c'est le principe même de son existence. Dans de telles luttes, car le plébiscite va être une lutte, et des plus sérieuses, il faut deux choses : une bonne cause et la victoire, surtout la victoire morale...

» Mais le doute, la confusion, qui doivent nécessairement ôter au *oui* toute signification précise, et, par conséquent, toute importance réelle, sont impossibles avec le *non* ; à Paris, à Lyon, à Bordeaux, à Toulouse, à Marseille, à Rouen, à Lille, à Nantes, partout, quiconque votera *non* votera contre le gouvernement sans restriction, sans équivoque, d'une manière absolue. D'un bout de la France à l'autre, de Lille à Bayonne, de Brest à Strasbourg, quiconque dira *non*, le dira au régime dans son ensemble, pour le passé, pour le présent, pour toujours.

» Dans le parti démocratique, tout est dans le *non* ; tout en quelque sorte s'y donne rendez-vous : nos griefs accumulés depuis dix-huit ans, nos regrets, nos assurances, nos immuables revendications.

» Nous voterons *non*. »

Le centre gauche, par la retraite de M. Buffet du ministère, semblait protester contre le droit antiparlementaire que se réservait l'Empereur de faire des plébiscites à volonté. Ses journaux, *l'Histoire*, le *Journal de Paris*, le *Soir*, le *Moniteur universel*, le *Centre gauche*, hésitaient cependant à se prononcer. Le *Journal des Débats* et l'*Opinion nationale* s'étaient résignés tristement à voter *oui*.

Les réunions publiques vinrent en aide aux journaux. On en comptait une quinzaine chaque soir de Belleville à la rue d'Arras, et du boulevard Bourdon aux Batignolles. Quoique encore très-animées, puisque dans l'une d'elles on proposa de condamner, lors de la révolution prochaine, l'Empereur aux travaux forcés, attendu que la République ne pouvait manquer d'abolir la peine de mort, elles étaient en général un peu plus calmes qu'à l'époque des élections.

Les départements, sans attendre le mot d'ordre de Paris, avaient commencé la guerre contre le plébiscite. L'opposition ne fut nulle part mieux organisée qu'en Alsace. Il semblait qu'un secret pressentiment l'avertit des terribles conséquences que cet acte allait avoir pour elle.

Le plébiscite, mal vu en général d'une bonne partie de la classe moyenne peu disposée à approuver le caractère dictatorial du droit d'appel au peuple réservé à l'Empereur, ne trouvait des partisans que dans la partie de la bourgeoisie ralliée après le coup d'État, et qui, bien qu'un peu alarmée par le passé à cause du Mexique, restait attachée à l'Empereur par l'intérêt, par l'ambition, par la jouissance des places. La centralisation administrative, cette puissante machine qui ne laisse personne hors de son engrenage, allait rendre au plébiscite les mêmes services qu'à la candidature officielle. Le vote du plébiscite, grâce à elle, était assuré, mais il s'agissait d'obtenir une majorité considérable, et pour cela, le concours du clergé était indispensable. Le gouvernement pouvait y compter, c'est tout au plus si deux ou trois prélats se montraient récalcitrants, et causaient quelques alarmes à M. le garde des sceaux. L'évêque de Nîmes, le plus turbulent de tous, « ne dira rien et ne fera rien dire en chaire, sa conscience lui commande de ne pas s'abstenir, mais non de voter *oui*. Le clergé répondra cependant à ceux qui lui demanderont son avis, de voter affirmativement (1) ». L'opposition épiscopale n'était pas, on le voit, bien redoutable pour le plébiscite ; ce qui l'était infiniment pour M. Émile Ollivier, c'était l'opposition du vieux parti bonapartiste qui profitait du plébiscite pour l'attaquer.

Les journaux de la droite bonapartiste, enchantés de la démission de M. Buffet, avaient en effet poussé aussitôt M. Daru à imiter son collègue. Un ministère de droite était seul capable, selon eux, de mener à bonne fin l'entreprise du plébiscite. M. E. Ollivier cependant ne s'y épargnait pas. Il connaissait les bons moyens et il ne reculait nullement devant leur emploi, témoin le parti merveilleux qu'il tira de la conspiration Beaury. Les rapports des procureurs généraux sont unanimes sur l'effet qu'elle produit, les félicitations éclatent à chaque ligne, il s'y mêle parfois un sentiment d'admiration involontaire pour une si utile invention. M. le garde des sceaux, pour répondre à ceux qui ont l'air de douter de sa capacité et de son zèle, fait preuve d'ailleurs d'une activité fébrile qu'il communique à tous les fonctionnaires placés sous ses ordres. On lui demande si les magistrats peuvent entrer dans les comités plébiscitaires? Certainement, il n'y voit que des avantages; quant aux simples juges de paix, il charge les procureurs généraux de leur dire qu'il les verra avec plaisir dans ces comités ainsi que les magistrats ; ces derniers sont surveillés avec une inquiétude jalouse : « On me dit que le président du tribunal de Moulins donne l'exemple d'une apathie voisine de l'hostilité, » écrit le garde des sceaux au procureur général de Bourges, « c'est son droit, cepen-

---

(1) Lettre du procureur général près la Cour de Nîmes à M. le garde des sceaux (Papiers des Tuileries).

dant je désire être fixé sur la vérité du rapport qu'on me fait. Veuillez m'en écrire ».

M. le garde des sceaux ne permet pas au zèle de ses agents de faiblir un seul instant ; il le stimule tantôt en leur annonçant qu'il a ordonné des poursuites contre les personnes qui « outragent l'Empereur », tantôt en leur parlant des procès qu'il fait à la presse : « N'hésitez pas à poursuivre les journaux de votre ressort qui contiendraient un appel à la guerre civile ou des outrages contre l'Empereur. Nous ne pouvons pas assister les bras croisés aux débordements révolutionnaires. » L'*Internationale* le préoccupe avant tout : « Arrêtez les affiliés, si cette société a des ramifications chez vous. » Le procureur général de Poitiers agirait volontiers contre les membres de l'Internationale, mais encore faudrait-il qu'il connût le délit qui leur est imputé. « Celui d'association illicite, répond M. Émile Ollivier, et celui de société secrète. Elle a des affiliés dans toutes les grandes villes ; tâchez de les découvrir ». M. E. Ollivier ne laisse pas un instant de repos aux parquets : « Avez-vous saisi l'Internationale? Elle existe à Toulouse. » — « A-t-on saisi l'Internationale à Marseille ? Elle y existe certainement. » Les réunions sont sévèrement surveillées. Le procureur général et le préfet de Besançon sont d'avis que certaine poursuite conseillée par le ministre serait inopportune. M. E. Ollivier persiste à la trouver indispensable. « Il est temps qu'on sente la main du gouvernement ; » même recommandation pour les réunions de Marseille : « N'hésitez pas à faire un exemple, et surtout frappez à la tête ; prenez-vous en aux avocats, aux messieurs. » Chacune de ses dépêches est un appel ardent au zèle des procureurs généraux : « Voyez vos substituts. Qu'ils voient les juges de paix. Activez leur zèle, » Le garde des sceaux n'en oublie pas moins quelquefois des choses essentielles. Il faut que le ministre de l'intérieur lui écrive le 5 mai : « La *Marseillaise* et le *Rappel* n'ont pas été saisis ce matin. Il me semble pourtant qu'avec un peu de bonne volonté on pourrait trouver dans les feuilles radicales de quoi motiver une poursuite, et je persiste à penser qu'il y a *grand intérêt à les empêcher tous ces jours-ci d'aller empoisonner nos campagnes.* »

Les rapports adressés au garde des sceaux à l'occasion du plébiscite (1) sont effrayants de zèle et de cynisme, qu'on en juge par ce passage du rapport de M. le procureur général de Riom : « Bien que Clermont ne soit pas le centre de grandes industries, et que rien n'y fasse soupçonner la présence d'agents de l'Internationale, cependant à raison des opinions avancées de quelques personnes, le substitut du procureur impérial s'est concerté avec M. le directeur de la poste, qui doit *très-secrètement* lui montrer toutes les lettres adressées de la Belgique et de l'Angleterre. Si parmi ces dépêches il en est qui paraissent présenter un caractère politique, ce qu'il sera facile de savoir par le nom du destinataire, M. le procureur impérial procédera officiellement. »

Voilà où en était tombée la magistrature.

Les fautes du gouvernement personnel l'avaient placée dans une position difficile. La bourgeoisie commençait à s'en détacher non pas par masses, mais par petites fractions. Il suffisait pour l'amener peu à peu à la République que le parti républicain n'oubliât pas les leçons du passé, s'efforçât de n'effrayer personne. Il n'en fut rien. Les tri-

---

(1) Ces rapports n'ont pas péri, comme on l'a dit, dans l'incendie des Tuileries. Ils existent tous en mains sûres. La plus grande partie est même imprimée, mais elle n'a pu être livrée à la publicité ; le gouvernement s'y est opposé.

bunes des réunions publiques ne cessèrent de retentir des menaces et rodomontades, familières à ces bavards qui s'improvisent socialistes sans savoir ce que c'est qu'une question sociale. Les réunions publiques de cette époque si elles ne révélèrent pas un orateur, pas même un tribun, abondèrent en revanche en fanfarons de jacobinisme et de liquidation sociale. Il ne suffisait pas pour calmer les frayeurs de la bourgeoisie de désavouer ces gens-là, il aurait fallu lui prouver que la République aurait, si elle devenait gouvernement, la force de les contenir, et au besoin de les réprimer, mais le parti républicain sans organisation, sans hiérarchie, sans discipline, sans doctrines communes, ne pouvait offrir de pareilles garanties. La bourgeoisie s'éloigna de lui; il était évident que tant que le mot république lui paraîtrait synonyme d'anarchie, l'Empire durerait par l'abdication des classes supérieures. Les suffrages de 1852 se retrouvèrent donc au fond des urnes plébiscitaires, grâce aux moyens employés, grâce à l'égoïsme de quelques-uns, et à l'ignorance et à la peur du plus grand nombre.

CHAPITRE V

1870

LA QUESTION HOHENZOLLERN

Sommaire. — Situation de l'Europe. — La paix paraît assurée. — M. de Bismarck et le plébiscite. — Candidature du prince de Hohenzollern au trône d'Espagne. — Son origine. — La France et la Prusse. — Nécessité pour la France de s'opposer à la candidature. — Moyen d'y arriver. — Faute commise par l'Empereur. — La France est-elle prête à la guerre ? — Situation de l'Empire. — Les bonapartistes et l'Impératrice veulent la guerre. — Reprise de la session. — Recensement des votes du plébiscite. — Modifications dans les rapports entre les pouvoirs. — Lois sur la presse, sur les maires, sur les annonces. — Interpellation de M. Cochery sur la candidature du prince de Hohenzollern. — Ouverture des négociations au sujet de cette candidature. — Le gouvernement impérial laisse de côté l'Espagne pour s'adresser uniquement à la Prusse. — Le roi de Prusse cherche à dégager sa responsabilité personnelle. — Exigences croissantes du gouvernement impérial. — Interpellation de M. Clément Duvernois. — M. E. Ollivier se sent menacé par les bonapartistes purs. — Retrait de la candidature Hohenzollern annoncée par M. E. Ollivier. — C'est la paix. — Hausse à la Bourse. — L'Empereur fait part à deux diplomates étrangers de la conclusion du différend. — Brusque changement opéré par l'influence de l'Impératrice. — Nouvelles exigences de M. de Gramont. — Rupture entre la France et la Prusse.

Les amis de la paix n'avaient jamais été plus rassurés qu'après le vote du plébiscite. De quelque côté que l'on regardât on ne voyait aucune question irritante engagée, on parlait même d'un plan de réduction générale des forces militaires, d'une sorte de désarmement réciproque en Europe proposé à la Prusse par l'Angleterre, sur l'instigation du ministre des affaires étrangères, M. Daru. M. de Bismarck, sondé sur ce projet, ne l'avait repoussé, assurait-on, que parce qu'il lui était impossible de modifier le système d'organisation militaire de la Prusse qui formait une des bases de la constitution de ce pays. M. de Bismarck, toujours très-attentif aux affaires de France, ne voyant dans le plébiscite que le présage de l'abandon du régime parlementaire et le retour plus ou moins prochain à la dictature, se garda bien de donner la vraie raison de son refus. Le retour au pouvoir des bonapartistes purs lui semblait inévitable. La nomination de M. de Gramont, ambassadeur à Vienne, au ministère des affaires étrangères en remplacement de M. Daru, fut pour lui comme le signal de leur triomphe, Il se prépara dès lors à la guerre (1).

M. de Gramont, pendant son ambassade de Rome, avait eu quelques démêlés avec le cardinal Antonelli, ce qui le fit d'abord assez mal accueillir de la haute société autrichienne, catholique très-zélée. Un événement qui eut lieu dans sa famille (2) changea bientôt ces dispositions. Le gouvernement autrichien resta cependant pendant plusieurs années en relations assez froides avec lui. M. de Gramont ne put réussir ni à obtenir de l'Autriche une coopération active en faveur de la Pologne en 1863, ni à empêcher l'alliance austro-prussienne dans l'affaire du Sleswig-Holstein. En revanche ses efforts pour déterminer l'archiduc Maximilien à se lancer dans l'aventure du Mexique, malgré sa famille, eurent un succès peu fait pour accroître son crédit à la cour de Vienne.

Sadowa ayant créé des relations plus étroites entre les cours de Schœnbrunn et des Tuileries, M. de Gramont profita de ce changement. L'entrevue entre Napoléon III et François-Joseph à Salzbourg fut préparée et réglée par lui. Il revenait donc à Paris prendre possession du ministère précédé d'une certaine réputation d'habileté que les jour-

(1) *Napoléon III*, par M. de Sybel (*Revue politique et littéraire*, numéro du 21 juin 1873).
(2) La conversion de sa femme au catholicisme.

naux bonapartistes, comme s'ils obéissaient à un mot d'ordre, se plurent tout de suite à grandir. Les chroniqueurs étalaient sa généalogie, et célébraient à l'envi tantôt « son grand air », tantôt ses « façons de grand seigneur », tantôt sa « prestance à la tribune »; l'un d'eux s'écriait : « En l'entendant parler on sent que nous avons un ministre des affaires étrangères. » Ce favori de la chronique allait se trouver pour ses débuts en présence de l'affaire la plus grave que jamais ministre du second Empire ait eu à régler, la candidature du prince de Hohenzollern au trône d'Espagne.

Un changement de gouvernement avait eu lieu quelques années auparavant à Madrid. Le général Prim, un des principaux auteurs de cette révolution, cherchant, pour obéir à la décision des Cortès, un remplaçant à la reine Isabelle qu'il venait de renverser, avait, après le refus obstiné du roi de Portugal, jeté les yeux sur le duc de Montpensier, mari de la sœur de la reine déchue. Napoléon III, consulté sur ce choix, ne le crut pas compatible avec ses intérêts dynastiques. Le général Prim se trouvait fort embarrassé, lorsqu'un de ses amis découvrit dans l'*Almanach de Gotha* que la maison de Hohenzollern se divisait en deux branches, l'une protestante et régnant en Prusse, l'autre catholique, résidant à Dusseldorf et représentée par le prince Antoine de Hohenzollern et par ses deux fils, le prince Frédéric, hospodar de Roumanie, et le prince Léopold, officier de cavalerie dans l'armée prussienne. Ce dernier, cadet d'une branche cadette, ne serait peut-être pas fâché de régner sur un pays qui valait bien la Roumanie. Le [général Prim envoya un de ses affidés à la cour de Dusseldorf pour sonder le prince Antoine et son fils. Le père consulta le roi de Prusse et le fils M. de Bismarck. Guillaume Ier et son ministre, qui avaient leur dessein secret, ne mirent aucun obstacle à ce qu'un rameau des Hohenzellern s'implantât en Espagne : « On n'offre pas tous les jours, » dit M. de Bismarck au prince Léopold, « une couronne à un sous-lieutenant ». Ce mot tranchait la question. Le général Prim avait enfin trouvé son roi ; il ne lui restait plus qu'à le présenter à Napoléon III et aux Cortès, mais soit qu'il ne tînt pas suffisamment compte de l'antagonisme latent entre Paris et Berlin, soit qu'il se flattât en brusquant les événements de les faire accepter comme faits accomplis, il avait commis une grande imprudence en entrant en négociation avec le prince Léopold, sans en faire part à l'Empereur des Français. Le secret était donc la grande condition du succès dans une affaire semblable, rien des arrangements entre Madrid et Dusseldorf ne devait transpirer jusqu'au jour où les dernières mesures seraient prises. Une indiscrétion mit un journal de Madrid au courant de ce qui se passait. Ce journal n'eut naturellement rien de plus pressé que d'apprendre à ses lecteurs que l'Espagne aurait sous peu un roi dans la personne du prince Léopold de Hohenzollern. Le général Prim était absent. Le jour de son retour, un ami qui l'attendait à la gare s'empressa de le féliciter du succès de ses démarches en lui montrant l'article du journal. Prim pâlit, déchira son gant de colère (1) et comprit qu'il ne lui restait plus qu'à brusquer l'affaire : « Le prince Léopold de Hohenzollern est candidat au trône d'Espagne, » dit-il tranquillement à la fin d'un dîner, à M. Mercier de Lostende, ministre de Napoléon III près le gouvernement espagnol.

La nouvelle n'était pas tout à fait imprévue ; le *Journal*

---

(1) *Memorias de un constituante ; estudios historicos y politicos*, par M. Victor Balaguer. Madrid, libreria de Medina y Navarro.

des Débats avait appelé déjà l'attention du public sur la candidature du prince prussien, et avant le *Journal des Débats* un député aux Cortès en avait également dit quelques mots à la table de M. Drouyn de Lhuys, alors ministre des affaires étrangères. M. Benedetti, ambassadeur en Prusse, écrivit de son côté au gouvernement qu'un ancien ambassadeur d'Espagne en Prusse, arrivé de Vienne à Berlin, entretenait avec M. de Bismarck des relations dont la candidature du prince de Hohenzollern était le sujet. M. de Thile, secrétaire d'État à Berlin, interrogé par M. Benedetti, déclara sur l'honneur que « le gouvernement prussien ne savait rien des négociations engagées entre l'Espagne et le prince Léopold »; M. de Thile pouvait être de bonne foi et ne pas dire la vérité, car la négociation se poursuivant d'un côté entre l'Espagne et le prince Antoine de Hohenzollern, chef de la branche cadette, et de l'autre entre ce même prince et le roi de Prusse, chef de la maison, il n'était pas impossible que le sous-secrétaire d'État ignorât les pourparlers relatifs à une affaire à régler entre deux familles et non entre deux gouvernements. Le roi de Prusse insistera bientôt sur cette distinction. En attendant, M. de Bismarck, qui savait tout, avait feint d'avouer à M. Benedetti ce que ce dernier n'ignorait plus depuis assez longtemps.

La dépêche de M. Mercier de Lostende, annonçant officiellement la candidature du prince de Hohenzollern, n'en causa pas moins une vive émotion à Saint-Cloud, où M. de Gramont était accouru. M. Lesourd, chargé d'affaires à Berlin, reçut une heure après l'ordre de transmettre à M. de Bismarck l'impression fâcheuse produite sur l'Empereur et sur ses conseillers par le projet de faire monter un prince prussien sur le trône d'Espagne.

Un peuple a-t-il le droit de dire à un autre peuple : vous ne mettrez pas tel ou tel individu à votre tête, parce que ce choix est contraire à mes intérêts ? non sans doute, si l'on s'en tient à la stricte observation des principes du droit international, mais en pratique, ce *veto* a été fréquemment exercé sous l'ancien régime et depuis la Révolution. Il fut opposé en 1815 à Bonaparte et à tous les membres de sa famille ; en 1830 au duc de Nemours, élu roi des Belges par le congrès. Le gouvernement impérial était donc autorisé en fait à s'opposer à une élection qu'il considérait comme un péril pour lui. Ce péril valait-il bien la peine qu'on s'exposât, pour l'éviter, à toutes les conséquences d'une guerre avec l'Allemagne ? grave question qu'on ne peut résoudre sans jeter un coup d'œil sur la situation respective des divers États de l'Europe.

Le temps n'était plus où l'on citait la France comme la plus considérable des puissances du continent, où le vaste corps de la Confédération germanique ne représentait qu'une force inerte, et où ni l'Italie ni l'Allemagne n'existaient. Quels changements depuis seize ans ! L'Italie et l'Allemagne unifiées formaient deux États de premier ordre à l'est et au sud-est de la France, privée de l'Autriche comme contre-poids aux agrandissements de la Prusse. Ces changements devaient, à bon droit, préoccuper le gouvernement impérial. La France ayant devant elle au nord l'Angleterre, à l'est la Prusse, au sud-est l'Italie, trois amis très-peu sûrs, ne craignait rien du moins jusqu'ici pour sa frontière sud-ouest, car il n'était pas probable qu'en cas de guerre, l'Espagne prit parti contre elle. En serait-il de même après la réalisation du projet de Prim ? Un Hohenzollern sur le trône d'Espagne n'obligerait-il pas la France, en cas de guerre, à immobiliser une centaine de mille hommes au pied des Pyrénées? Cette éventualité menaçait trop les intérêts de la France pour que son gouvernement négligeât de chercher même au prix des plus grands efforts à obtenir l'abandon de la candidature du prince Léopold de Hohenzollern. Napoléon III y serait parvenu sans aucun doute s'il avait pris le parti bien simple de soumettre la question aux grandes puissances sous la forme diplomatique, mais il devint évident au début de l'affaire que l'Empereur poursuivait deux buts, celui de supprimer la candidature et celui d'obtenir sur son adversaire un avantage moral, de lui infliger en un mot une humiliation.

Napoléon III et ses ministres n'attachèrent pas d'abord une trop grande importance à un incident qui leur paraissait devoir se terminer promptement par le désaveu de l'Espagne. Le maréchal Prim, forcé par l'indiscrétion de ses confidents d'aller au-devant des demandes de M. Mercier de Lostende s'était tiré déjà d'embarras en rejetant la responsabilité du choix qu'il avait été obligé de faire sur l'Empereur, qui, par son hostilité déclarée contre le duc de Montpensier et contre la République, avait mis l'Espagne dans l'alternative de recourir à un prince de Hohenzollern, ou de se passer de gouvernement définitif. L'intention de persévérer dans son choix contre le désir de l'Empereur ne perçait ni directement ni indirectement dans le langage de Prim. On pouvait donc d'autant mieux croire à une prompte entente avec l'Espagne qu'elle était représentée à Paris par un très-ancien et très-sincère ami de la France, M. Olozaga.

Quant à la Prusse, plus il était difficile de méconnaître la pensée d'hostilité secrète qui avait dicté sa conduite, plus la prudence ordonnait à M. de Gramont de jouer serré avec elle, et surtout de ne pas commencer par mettre le public dans la confidence du différend. Le minis-

tre des affaires étrangères n'eut rien de plus pressé, au contraire, que de faire insérer dans le *Constitutionnel* la note suivante : « Si la nation espagnole sanctionne ou con-
» seille cette démarche, nous devons avant tout l'examiner
» avec le respect qu'inspire la volonté d'un peuple réglant
» ses destinées. Mais en rendant hommage à la souveraineté
» du peuple espagnol, seul juge compétent en pareille ma-
» tière, nous ne pourrions réprimer un mouvement de sur-
» prise en voyant confier le sceptre de Charles-Quint à un
» prince prussien, petit-fils d'une princesse de la famille
» Murat, dont le nom ne se rattache à l'Espagne que par
» de douloureux souvenirs. »

La note du *Constitutionnel*, à part cette remarque désobligeante sur la famille Murat, ne contenait rien qui pût faire supposer que Napoléon III n'accepterait pas l'élection du prince de Hohenzollern par les Cortès; la presse, saisie de la question par la note officieuse, prit à son tour la parole le lendemain, et, chose singulière, les journaux du vieux bonapartisme, qui allaient bientôt montrer une si grande ardeur belliqueuse, se demandèrent comment on pouvait voir une offense dans une démarche si conforme au nouveau droit public. Les journaux nouvellement rattachés à l'Empire, au contraire, s'efforcèrent de démontrer que l'avénement d'une dynastie allemande en Espagne constituait un danger pour la France et un affront pour son gouvernement. Le ministère n'était pas moins divisé à ce sujet que la presse. MM. de Gramont, Le Bœuf, Rigault de Genouilly et Maurice Richard se montraient très-belliqueux. MM. Chevandier de Valdrôme, Louvet, Segris et Plichon parlaient au contraire de déposer leur portefeuille si la guerre était déclarée. MM. É. Ollivier, de Parieu et Mége souhaitaient un arrangement. « Je suis prêt, » ne cessait de répéter le maréchal Le Bœuf aux députés, aux officiers, à ses amis, dans les couloirs de la Chambre, dans son cabinet, dans les salons. « Jamais nous n'avons été aussi prêts; jamais nous ne le serons aussi bien; la guerre est tôt ou tard inévitable, acceptons-la. » L'empereur Napoléon III ne laissait rien percer de son opinion. L'Impératrice prêtait une oreille plus favorable aux conseils des ministres belliqueux qu'à ceux des ministres pacifiques, sans cependant paraître irrévocablement gagnée au parti qui voulait une rupture avec la Prusse.

La France était-elle prête comme l'affirmait avec tant d'insistance le ministre de la guerre? La *Situation de l'Empire*, distribuée aux députés le 1er novembre 1869, est la meilleure réponse à cette question. Ce document décompose comme il suit l'effectif de l'armée à la date du 1er octobre : intérieur 350 000 hommes, Algérie 64 000 hommes, États pontificaux 5000 hommes, total 434 000 hommes dont il fallait déduire les hommes en congé à divers titres, s'élevant au chiffre de 100 000, ce qui réduisait le nombre des présents à 325 000 hommes. L'effectif de la réserve était de 212 000 hommes, soit pour l'armée active et la réserve 617 000 hommes en chiffres ronds. La garde nationale mobile, destinée à la défense des places fortes et de l'intérieur comprenait cinq classes dont l'effectif était de 560 000 hommes qui, ajoutés aux 647 000 de l'armée et de la réserve, donnaient sur le papier le chiffre de 1 200 000 *combattants*, mais sur les contrôles des régiments figuraient un nombre considérable de non-valeurs; les gardes nationaux mobiles ne savaient pas se servir du fusil, et l'organisation des cadres était à peine ébauchée. L'Empereur ne pouvait donc compter au début de la campagne que sur l'armée active et sur la réserve formant un effectif évalué par la *Situation de l'Empire* à 647 000 hommes et par les bureaux de la guerre à 642 000, d'où il fallait défalquer les 75 000 jeunes soldats du contingent de 1869 qui ne furent incorporés que le 1ᵉʳ août.

Le chiffre des hommes disponibles immédiatement était de 567 000 hommes, ainsi répartis : 393 500 sous les drapeaux ; 61 000 anciens militaires de la réserve, ayant quatre mois d'instruction en moyenne, prise dans les dépôts, mais qui, la plupart, n'avaient pas eu le temps de s'y familiariser complétement avec le maniement du chassepot. Le total de 393 500 hommes sous les drapeaux fourni par les bureaux de la guerre avait été formellement contesté par le *Constitutionnel* au lendemain du plébiscite. Le *Peuple français*, organe du gouvernement, avait beau invoquer contre les assertions de son confrère « nos admirables règles de comptabilité qui ne permettent pas à des dépenses fictives de figurer au budget », on ne se fiait guère à ces prétendues règles en voyant que des sommes immenses comme celles dépensées par les expériences des ateliers de Meudon et pour la construction des hôtels de maréchaux dans les siéges des grands commandements militaires avaient pu être dépensées sans laisser la moindre trace au budget. Le gouvernement coupa court à la polémique engagée sur cette délicate question de l'effectif entre le *Constitutionnel* et le *Peuple français;* il n'en resta pas moins prouvé, en admettant même l'exactitude du chiffre des hommes présents sous les drapeaux fourni par le ministère, que le total des forces que la France pouvait mettre en ligne pendant les premiers mois de la guerre ne dépassait pas 567 000, d'où il fallait déduire 36 000 hommes de troupes hors rang, compagnies de discipline, de remonte, infirmiers, 13 000 hommes de gendarmerie, 28 000 hommes de dépôts;

78 000 dans les garnisons des forteresses, 50 000 en Algérie, en tout 231 000 hommes pour l'intérieur et l'Algérie. Il restait donc 336 000 hommes à opposer aux 500 000 que dès la première heure de l'ouverture des hostilités, la Prusse pouvait jeter sur nous. Le maréchal Le Bœuf n'en répétait pas moins sur tous les tons : Nous sommes prêts ! inexplicable et fatale assurance qui faisait le désespoir de ceux qui connaissaient la vérité et qui essayaient vainement de la faire connaître.

Étions-nous mieux prêts du côté des alliances?

L'Angleterre en froideur et en méfiance avec Napoléon III depuis la fin de la guerre de Crimée; la Russie liée à la Prusse par un traité conclu précisément en vue d'une guerre entre l'Allemagne et la France, ne lui offraient aucun appui. Ce traité, dont le général Fleury, ambassadeur à Saint-Pétersbourg, niait l'existence, remontait à l'année 1866, c'est-à-dire au moment où les exigences de Napoléon III obligèrent la Prusse à chercher sur la Vistule un allié moins onéreux que celui qui s'offrait à elle sur le Rhin. La Russie ne lui demandait en échange de son alliance que deux choses : son appui moral pour arriver à la révision du traité de 1856 et son appui matériel pour réprimer, le cas échéant, une insurrection en Pologne.

L'Autriche seule par bien des motifs pouvait désirer une entente avec la France. Napoléon III, songeant à la guerre et la préparant avec ce mélange d'irrésolution et de témérité qui a perdu la France, et François-Joseph, toujours ulcéré de sa défaite, avaient dû plus d'une fois se consulter par lettres sur la possibilité d'une alliance. L'entrevue de Salzbourg, ce chef-d'œuvre de la politique de M. de Gramont, n'eut lieu que pour fournir à Napoléon III et à François-Joseph l'occasion de traiter la question plus directement. Les deux souverains s'y livrèrent à de longs entretiens sans sortir cependant du cercle des pourparlers, et ils continuèrent à se soumettre leurs réflexions par voie de correspondance jusqu'à la veille même des événements militaires de 1870. L'appui conditionnel de François-Joseph pouvait néanmoins passer pour acquis à Napoléon III contre la Prusse, dans certains cas. La candidature d'un prince prussien au trône d'Espagne s'y trouvait-elle comprise? Cela semble peu probable, car dès qu'on vit en Autriche où tendaient les vues de Napoléon III dans cette affaire, François-Joseph lui fit savoir qu'il ne se considérait pas comme tenu de concourir activement à une guerre entreprise contre ses conseils. Le langage de M. de Beust donna fort à penser à Napoléon III. M. de la Tour-d'Auvergne, son représentant à Vienne, eut l'ordre d'adresser de vive voix des observations au ministre autrichien, et de les pousser jusqu'à la menace de voir, une fois les hostilités engagées, la France et la Prusse s'entendre aux dépens de l'Autriche après une première bataille.

Les révélations de M. de Bismarck, au sujet de la Belgique, ne devaient pas tarder à démontrer que ces menaces n'étaient point vaines. L'Autriche, instruite de longue date à se méfier de la politique napoléonienne, ne se crut pas en droit de les dédaigner. Les lettres échangées entre Napoléon III et François-Joseph avaient bien pu amener certains arrangements par lesquels les deux souverains s'engageaient à ne rien entreprendre sans s'être préalablement concertés, mais pas d'alliance formelle. Un envoyé spécial de la cour de Vienne, M. de Vitzthum, vint à Paris, au moment de la guerre, reprendre les négociations. La dépêche suivante de M. de Beust à M. de Metternich, donne une idée exacte de l'état dans lequel elles se trouvaient à la fin du mois de juillet, si gros d'événements pour la France et pour l'Europe :

LE COMTE DE BEUST AU PRINCE DE METTERNICH, AMBASSADEUR A PARIS.

« Vienne, 20 juillet 1870.

» Le comte Vitzthum a rendu compte à notre auguste maître du message verbal dont l'empereur Napoléon a daigné le charger. Ces paroles impériales, ainsi que les éclaircissements que M. le duc de Gramont a bien voulu y ajouter, ont fait disparaître toute possibilité d'un malentendu que l'imprévu de cette guerre soudaine aurait pu faire naître.

» Veuillez donc répéter à Sa Majesté et à ses ministres que, fidèles à nos engagements tels qu'ils ont été consignés dans les lettres échangées l'année dernière entre les deux souverains, nous considérons la cause de la France comme la nôtre et que nous contribuerons au succès de ses armes dans les limites du possible.

» Ces limites sont déterminées d'une part par nos difficultés intérieures, d'autre part par des considérations politiques de la plus haute importance. Je vous parlerai surtout de ces dernières. — Or, nous croyons savoir, n'en déplaise au général Fleury, que la Russie persévère dans son alliance avec la Prusse, au point que dans certaines éventualités l'intervention des armées moscovites doit être envisagée, non pas comme probable, mais comme certaine. Parmi ces éventualités, celle qui nous concerne nous préoccupe nécessairement le plus. Mais si nous admettons cette préoccupation avec toute la franchise qu'on se doit entre bons alliés, nous pensons que l'empereur Napoléon nous rendra cette justice de ne pas nous taxer d'un étroit égoïsme ; nous pensons à lui tout autant qu'à nous.

» L'intérêt de la France n'ordonne-t-il pas comme le nôtre d'empêcher que le jeu, engagé à deux, ne se complique trop promptement ? Or, nous croyons savoir que notre entrée en campagne amènerait sur-le-champ celle de la Russie, qui nous menace non-seulement en Galicie, mais sur le Pruth et sur le bas Danube. Neutraliser la Russie, l'amener jusqu'au moment où la saison avancée ne lui permettrait plus de songer à concentrer ses troupes, éviter tout ce qui pourrait lui donner de l'ombrage ou lui fournir un prétexte d'entrer en lice, voilà ce qui doit, pour le moment, être le but ostensible de notre politique. Qu'on ne s'y méprenne pas à Paris : la neutralité de la Russie dépend de la nôtre. Plus celle-là deviendra bienveillante pour la Prusse, plus notre neutralité pourra se montrer sympathique à la France.

» Comme je l'ai toujours fait pressentir dans nos pourparlers de l'année dernière, nous ne pouvons pas oublier que nos dix millions d'Allemands ne voient dans la guerre actuelle, non pas un duel entre la France et la Prusse, mais le commencement d'une lutte nationale. Nous ne pouvons pas nous dissimuler non plus que les Hongrois, tout disposés qu'ils soient à s'imposer les plus grands sacrifices dès qu'il s'agit de défendre l'empire contre la Russie, se montreront plus réservés dès qu'il s'agira de dépenser leur sang et leur argent pour reconquérir à l'Autriche sa position en Allemagne.

» Dans ces circonstances, le mot *neutralité*, que nous ne prononçons pas sans regret, nous est imposé par une nécessité impérieuse et par une appréciation logique de nos intérêts solidaires. Mais cette neutralité n'est qu'un moyen, le moyen de nous rapprocher du but véritable de notre politique, le seul moyen de compléter nos armements sans nous exposer à une attaque soudaine soit de la Prusse, soit de la Russie avant d'être en mesure de nous défendre.

» Toujours est-il que, tout en proclamant notre neutralité, nous n'avons pas perdu un instant pour nous mettre en communication avec l'Italie sur la médiation dont l'empereur Napoléon a bien voulu nous laisser l'initiative ; les bases nouvelles que vous venez de nous transmettre atteindront-elles le but que le gouvernement français a eu en vue ?

» En d'autres termes, seront-elles jugées inacceptables par la Prusse ? Nous ne nous en préoccupons guère, et je vous l'ai télégraphié, nous les acceptons ces bases, si l'Italie les accepte, *comme point de départ d'une action combinée.*

» Dans le même télégramme, je vous ai parlé de l'évacuation de Rome, question qu'il importe, selon nous, de ne pas laisser en suspens, mais de résoudre immédiatement. La convention de septembre, qu'on ne se fasse pas illusion à cet égard, ne cadre plus avec la situation.

» Nous ne pouvons pas exposer le saint-père à la protection inefficace de ses propres troupes. Le jour où les Français sortiront des Etats pontificaux, il faudrait que les Italiens pussent y entrer de plein droit et de l'assentiment de l'Autriche et de la France. Jamais nous n'aurons les Italiens avec nous de cœur et d'âme si nous ne leur retirons pas leur épine romaine.

» Et franchement, ne vaut-il pas mieux savoir le saint-père sous la protection de l'armée italienne que de le voir en butte aux entreprises garibaldiennes ? La France, en nous laissant l'honneur de résoudre la question romaine, nous faciliterait beaucoup la tâche de laquelle elle a bien voulu nous laisser l'initiative à Florence. Elle ferait plus : en faisant un acte d'un incontestable libéralisme, elle enlèverait une arme à son ennemi et elle opposerait une digue à ces ébullitions de teutonisme que la Prusse, puissance protestante par excellence, a su faire naître en Allemagne, et que nous craignons doublement à cause de la contagion. Il est heureux que le retour du comte Vimercati coïncidera avec l'arrivée du prince de la Tour-d'Auvergne. »

François-Joseph ne s'engageait donc pas à prêter à Napoléon III un concours armé. Le traité secret entre la Russie et la Prusse l'obligeait à garder la neutralité jusqu'au moment du moins où il se croirait assez fort pour en sortir. La folle précipitation de Napoléon III ne lui en laissa pas le temps. En froid avec l'Angleterre, n'ayant rien à attendre de la Russie et rien à espérer de l'Autriche, sinon un concours borné, l'Empereur des Français pouvait-il compter du moins sur l'Italie? Encore moins que sur l'Autriche; si de l'autre côté des monts une fraction importante du parlement et les masses affectaient de voir dans la Prusse la puissance à laquelle l'Italie devait la Vénétie, le roi et la cour persistaient à faire honneur de ce présent à Napoléon III. Victor-Emmanuel croyait d'ailleurs ses intérêts dynastiques liés au maintien de l'empire en France, et il se sentait blessé au souvenir de l'espèce de délaissement dont la Prusse s'était rendue coupable envers lui en 1866, mais l'ambition et la force des choses le poussaient vers Rome, et il était évident que la Prusse, en lui assurant sa capitale, mettrait à une rude épreuve la reconnaissance de Victor-Emmanuel pour Napoléon III.

L'Empereur, sur la fin de l'été 1869, fit des démarches pour conclure une alliance avec Victor-Emmanuel. Le roi d'Italie y mettait deux conditions : autorisation dans certaines circonstances d'occuper une partie du territoire pontifical ; formation entre l'Italie, la France et l'Autriche d'une entente préalable pour arriver d'avance au règlement commun d'un *modus vivendi* entre les trois puissances et le successeur de Pie IX. Napoléon III, après avoir rejeté ces conditions, reprit les négociations à la veille même de la guerre. Elles aboutirent à un projet de traité : 60 000 soldats italiens commandés par Cialdini, devaient entrer en Allemagne par le Tyrol. Victor-Emmanuel, cette fois, ne mettait à son concours d'autre condition que l'occupation de Rome. « Plutôt une défaite sur le Rhin que l'abandon du pape. » Ce fut la réponse de Napoléon III.

Tel était l'état de nos alliances au moment où l'Empereur allait brusquement sommer le roi de Prusse de renoncer à la candidature du prince de Hohenzollern au trône d'Espagne, et se lancer sans préparation dans la guerre terrible qui devait finir par le démembrement de la France. Il peut convenir aujourd'hui aux bonapartistes de présenter cette guerre comme lui ayant été imposée par la nation, mais il n'est pas possible d'oublier qu'à la veille même du jour où elle fut engagée, M. Rouher, dans une occasion solennelle (1), avait félicité son maître de la préparer depuis quatre ans.

Les événements politiques vont se mêler si intimement aux débats parlementaires, qu'il devient presque impossible désormais de les séparer. Nous allons donc reprendre le récit de la session au moment où la Chambre recommence le cours de ses travaux interrompus par le plébiscite.

Le Corps législatif, chargé du recensement des votes, n'entra en session le 12 mai que pour la forme. Les dossiers de treize départements étaient seuls parvenus à la questure, l'arrivée des autres ne pouvait avoir lieu avant un délai de huit jours. Les séances ne reprirent que le 18 mai, quoique MM. Jules Simon, Magnin, Jules Ferry, de la Monneraye, Cochery, Wilson, Laroche-Jaubert, Baboin, de Dalmas, Gorse, de Grammont, Haentjens, Malezieux, Houssard, d'Hesecques, de Guiraud, Bastid, eussent écrit à M. Schneider pour lui rappeler que la Chambre touchait à son cinquième mois d'existence et à son troisième ajournement, que la loi sur la presse était en discussion et qu'il n'y avait pas de raison pour tenir plus longtemps le Corps législatif dans l'inaction.

Les rapporteurs des divers bureaux constatèrent enfin que les opérations du vote du plébiscite avaient été régu-

---

(1) La réception du Sénat à Saint-Cloud le soir de la déclaration de guerre.

lièrement accomplies et que le recensement général des suffrages accusait 7 350 142 bulletins portant le mot *oui*, 1 538 825 bulletins portant le mot *non*, 112 975 bulletins nuls. Paris avait donné 156 377 *non*, et 111 463 *oui*. Les *non* furent assez considérables dans l'armée. Le chiffre des votants fit connaître à la Prusse le total de nos forces militaires. Le Corps législatif déclara que le peuple français avait accepté le plébiscite. Les cris de *Vive l'Empereur!* accueillirent cette déclaration. M. Jules Simon voulut vainement présenter une observation sur le rapport général, il lui fut impossible de prendre la parole au milieu des interruptions de la droite.

L'Empereur reçut deux jours après, dans la salle des États, au Louvre, le président et les membres du bureau du Corps législatif, qui lui apportaient la déclaration officielle du résultat du recensement général. Un échange insignifiant de discours eut lieu à cette occasion, celui de l'Empereur peut se résumer ainsi : le temps des discussions sur la forme du gouvernement et sur les bases de la constitution est passé, nous n'avons plus qu'à nous occuper des améliorations pratiques que réclame l'état du pays.

La nouvelle constitution rendant nécessaires quelques changements dans les rapports entre le pouvoir exécutif et le pouvoir législatif, un décret y pourvut. Les ministres purent désormais adresser directement leurs projets de lois au Sénat et au Corps législatif, sans les soumettre au Conseil d'État. Le projet relatif à la réduction de la dotation (15 000 francs au lieu de 30 000) des membres du Sénat nommés à l'avenir fut le premier dispensé de la formalité d'un examen préalable de cette assemblée.

Le Corps législatif exerça pour la première fois dans cette session le droit de recevoir et d'examiner les pétitions, réservé jusqu'alors au Sénat. Les lois sur la presse, sur le timbre des journaux, sur les annonces judiciaires, sur les maires, l'occupèrent jusque dans les premiers jours de juillet. Le gouvernement se réservait le droit de nommer les maires en les prenant dans le conseil municipal; MM. Jules Favre, Grévy, Gambetta soutinrent avec vigueur l'élection par le conseil municipal. Le système de l'élection directe par le suffrage universel trouva un défenseur habile dans M. de Choiseul.

La séance du 30 juin avait commencé avec assez de calme; M. de la Tour s'était efforcé de démontrer que le contingent n'était pas assez fort et qu'on ferait bien d'emprunter quelques dispositions à la législation prussienne. M. Garnier-Pagès, son successeur à la tribune, se plaignit que la France n'obtînt pas avec les 600 millions que lui coûtait par an son armée des résultats égaux à ceux que réalisent certaines puissances avec beaucoup moins de sacrifices. Le ministre de la guerre lui répondit qu'il avait réduit le contingent à 90 000 hommes comme invitation aux autres puissances d'en faire autant, mais que, n'ayant pas été imité, il jugeait toute nouvelle réduction impossible. La cause du contingent ne semblait pas courir grand risque, lorsque, après une réplique de M. Picard au ministre de la guerre, M. Thiers, qui venait d'arriver à cinq heures, demanda la parole, et se mit, après avoir fait un tableau assez menaçant de la situation de l'Europe, à conjurer la Chambre de ne pas toucher à notre organisation militaire, et à ne point diminuer le nombre des jeunes gens appelés au service. La France, dit-il, ne gardera la paix qu'à la condition d'être forte, et elle ne l'est point assez avec 400 000 hommes sous les armes quand on songe aux difficultés que rencontrerait le passage du pied de paix au pied de guerre.

M. Thiers, après s'en être pris à ces gens, qui « se plaignent toujours qu'on ait 400 000 hommes sous les armes pour n'en rien faire, et qui appellent cela la *paix armée* », ajouta : « La paix armée, dites au contraire la *paix désarmée.* » M. Thiers, s'adressant ensuite au ministre de la guerre, lui reprocha l'état d'infériorité numérique de l'armée : « Quoi ! vos régiments d'infanterie sont à 1200 hommes, est-ce qu'il y a des régiments à cette condition, même en temps de paix ! » Le maréchal Le Bœuf convint que rien n'était plus vrai que les chiffres de M. Thiers ; les effectifs des régiments n'étaient que d'environ 1200 hommes. L'armée n'existait pas, et quelques jours plus tard le même maréchal Le Bœuf e disait prêt à entrer en campagne.

L'intervention de M. Thiers dans cette discussion ne pouvait être agréable à ses collègues de la gauche. Il s'y jeta d'abord pour obéir à sa conviction personnelle, et ensuite par un autre motif. Le maréchal Le Bœuf, quelques jours avant cette séance, était venu chez lui : « L'Empereur, lui dit-il, en lui remettant une lettre de sa part, sait que
» vous n'êtes pas de ses amis, mais il sait aussi que lorsqu'il
» s'agit des intérêts de l'armée, vous ne marchandez pas
» votre concours ; il vous le demande donc pour la défense
» de l'effectif, très-menacé au Corps législatif. » M. Thiers lui répondit : « L'Empereur se trompe, je suis étranger à
» son gouvernement, et je le serai toute ma vie, mais je
» ne suis l'ennemi de personne ; je n'ai jamais eu de haine
» dans le cœur. L'Empereur a raison de croire que je m'in-
» téresse ardemment à l'armée, je l'ai défendue et je la dé-
» fendrai toujours (1). » C'est ce motif qui lui avait fait prendre la parole.

---

(1) Déposition de M. Thiers devant la commission d'enquête du 4 septembre.

M. Jules Favre, au nom de l'opposition, répondit aux partisans de l'élévation du contingent, que la force d'une nation n'est pas dans les soldats mais dans les citoyens. « L'état de l'Europe, d'ailleurs, ne cause aucune inquié- » tude. Le livre jaune serait mieux nommé le livre rose. » Ces préoccupations militaires décèlent des projets ourdis » dans l'intérêt de la dynastie ; que les « nouveaux clients » de M. Thiers » s'expliquent, où vont-ils ? où nous mè- » nent-ils ? » Tout cela entremêlé de doutes sur la parfaite bonne foi de l'Empereur dans son rôle de souverain constitutionnel.

M. E. Ollivier court à la tribune, mais il cède la parole à M. Thiers qui exprime ses craintes depuis que la bataille de Sadowa a complétement changé l'état de l'Europe, et mis à la disposition de la Prusse, par des traités militaires, 45 millions d'habitants. « Je ne crois pas, dit-il, au « peuple » armé » ; la véritable force réside dans une armée sachant » bien son métier et facile à mettre en mouvement. L'Au- » triche n'était pas prête, c'est ce qui a causé sa ruine, » ne l'imitons pas. »

La parole est enfin au garde des sceaux qui déclare que la situation de l'Europe ne lui inspire pas la moindre alarme; si la Prusse a eu sa victoire de Sadowa, l'Empire a eu la sienne dans le plébiscite, et depuis cette époque tout le monde s'incline devant la France. Paroles aussi fausses qu'imprudentes, car s'il y a des vainqueurs, il y avait donc aussi des vaincus du plébiscite : l'orage gronde à gauche, les interruptions, les exclamations, les interpellations s'entre-choquent ; plusieurs députés sont menacés d'un rappel à l'ordre. Ce n'est qu'à grand'peine que le ministre de la justice parvient à expliquer sa pensée et à répondre au nom du cabinet à ceux qui doutent que l'Empereur accepte parfaitement son rôle de souverain parlementaire, que rien ne justifie leurs doutes, et qu'il n'y a pas en Europe de monarque plus sincèrement constitutionnel que lui. C'était le droit incontestable de M. Jules Favre de répondre au garde des sceaux ; mais interrompu à chaque instant par la majorité, il descend avec dignité de la tribune. Le président l'y rappelle, il refuse d'y remonter. La gauche veut renvoyer la discussion au lendemain : Non ! vocifère la droite en réclamant la clôture. La gauche, au milieu d'un inexprimable tumulte, demande le scrutin avec appel nominal. Les membres de la droite, menacés de dîner une heure plus tard, abandonnent leurs bancs, et la séance finit faute de députés.

Le lendemain, le contingent, cause d'un si grand orage, fut voté presque sans débat.

La discussion de la pétition des princes d'Orléans demandant à être autorisés à rentrer en France, avait attiré le 2 juin beaucoup de curieux au Corps législatif; on était désireux de savoir quelles raisons les représentants du gouvernement d'un prince longtemps exilé, parlant à chaque instant de sa force et des millions de suffrages des plébiscites passés et présents, feraient valoir pour repousser la pétition. Le rapporteur, M. Dréolle, n'invoqua que des motifs d'ordre public, qui lui furent empruntés bientôt par le garde des sceaux.

M. Estancelin, ami particulier des princes d'Orléans, plaida convenablement leur cause en invoquant leurs droits de citoyens. M. Esquiros, exilé lui-même et victime des lois d'exception, demanda qu'on y mît fin. M. Jules Favre et M. Ernest Picard soutinrent la pétition. M. J. Grévy et Emmanuel Arago l'auraient accueillie, s'ils n'avaient pas craint, dirent-ils, de s'associer à un acte susceptible de ressembler à une adhésion à une des formes du passé monarchique. Ils s'abstinrent ainsi que M. Garnier-Pagès, Dorian, Jules Ferry, de Jouvencel, Marion, Ordinaire, Raspail. Les autres membres de la gauche votèrent pour le renvoi de la pétition au gouvernement. M. Martel, membre du centre gauche, ne voulait parler, dit-il, ni en juge ni en juré, mais en homme politique. Il ne voterait pas la loi si on la lui présentait, mais il ne l'abrogera pas si le gouvernement juge cette abrogation dangereuse. M. de Piré, orateur plus excentrique cette fois que de coutume, demanda la rentrée des princes d'Orléans en France au nom de la ville de Rennes, dont il était député. M. le général questeur Lebreton conseilla l'emploi de la magnanimité au gouvernement, la magnanimité seule, selon lui, pouvant empêcher que l'exil ne fît un piédestal à ses victimes.

C'est au moment où les orléanistes se félicitaient du résultat de la discussion, quoiqu'elle eût fini à leur désavantage, et se plaisaient à voir dans la séance une « bonne journée » pour eux, que la nouvelle de la candidature du prince de Hohenzollern vint surprendre le Corps législatif. La note du *Constitutionnel* déclarant que le gouvernement ne tolérerait pas « un nouvel outrage » de la Prusse, les déclarations réitérées dans le même sens faites par M. E. Ollivier aux nombreux journalistes qui venaient tous les matins chercher le mot d'ordre dans son cabinet, émurent encore plus la Chambre. Les craintes des députés étaient d'autant plus vives qu'ils se rappelaient l'expédition du Mexique. La guerre, cette fois encore, serait-elle engagée sans la participation des représentants du pays ? Garder le silence, c'était en tout cas laisser au gouvernement toute liberté d'engager la question de manière à ne plus pouvoir reculer. M. Cochery, membre de la partie du centre gauche la plus rapprochée de la gauche, se fit l'interprète de l'émotion générale en signant avec MM. Genton et Planat du centre droit, Riondel et Lecesne de la gauche ouverte, Carré-Kerisouët, d'Ivoire, Tassin, Baboin, d'Hesecques du centre gauche, une demande d'interpellation ainsi formulée : « Nous demandons à interpeller le gouvernement sur la candidature éventuelle d'un prince de la famille royale de Prusse au trône d'Espagne. »

L'intention des signataires de l'interpellation n'étant nullement d'embarrasser le gouvernement, ils crurent, avant de la déposer, non-seulement devoir en prévenir les ministres, mais encore les assurer qu'ils pourraient prendre tout le temps nécessaire pour y répondre; leur but consistait uniquement à saisir le parlement de la question et à empêcher le gouvernement de prendre sans son concours une décision irrévocable.

Les auteurs de l'interpellation arrivaient trop tard, si l'on en juge par une conversation que M. de Gramont avait avec lord Lyons au moment même où l'interpellation était lue à la Chambre : « M. de Gramont me fit observer », écrit lord Lyons au chef du Foreing-office, « que rien
» ne serait plus éloigné du désir de son gouvernement
» que de s'immiscer dans les affaires d'Espagne, mais que
» l'intérêt et la dignité de la France lui interdisaient
» également de permettre l'établissement d'une dynastie
» prussienne dans la Péninsule. Il ne pouvait consentir
» à un état de choses qui l'obligerait, en cas de guerre avec
» la Prusse, à surveiller l'Espagne, ce qui paralyserait une
» partie de son armée. Le dessein de mettre la couronne
» d'Espagne sur une tête prussienne n'étant rien moins
» qu'*une insulte à la France*, il m'a déclaré avec la pleine

» intelligence de ce qu'impliquait une telle déclaration,
» que la France ne la supporterait pas. »

M. de Gramont fit une confidence analogue au prince de Metternich, ambassadeur d'Autriche à Paris. L'Autriche dirigeait alors ses yeux du côté de l'Orient plutôt que du côté de la Prusse, et si elle songeait à opposer à la Prusse et à la Russie si étroitement unies la quadruple alliance de l'Angleterre, de la France, de l'Italie et de l'Autriche, c'était une tendance plutôt qu'un but régulièrement poursuivi par les voies diplomatiques. La nécessité de procéder au difficile achèvement de sa réorganisation intérieure faisait d'ailleurs éprouver à l'Autriche un impérieux besoin de paix. M. de Gramont, longtemps ambassadeur à Vienne, ne pouvait rien ignorer de tout cela. M. de Beust et le comte Andrassy l'avaient plus d'une fois averti que la France ne devait pas compter sur le concours de l'Autriche si elle attaquait la Prusse. L'attaché militaire de l'ambassade d'Autriche à Paris (1) ne cessait d'écrire à son gouvernement que la France n'avait pas plus de 250 000 hommes à mettre en ligne contre la Prusse et qu'elle serait par conséquent battue. Ce fut donc avec un étonnement mêlé de stupeur que M. de Beust reçut de M. de Metternich communication d'un entretien qu'il venait d'avoir le 7 avec M. de Gramont, à son retour de Saint-Cloud, où l'on avait agité la question de la candidature du prince de Hohenzollern au trône d'Espagne.

« Le duc me dit que c'était là une grande affaire, et d'un ton très-ferme et presque émotionné, il ajouta : « Cela ne se fera pas ; nous nous y
» opposerons par tous les moyens, dût la guerre avec la Prusse en res-
» sortir. »

» Je répondis tout de suite : « Mais comment l'empêcherez-vous ? Si le

(1) Comte Uexknell Gyllendand.

» prince Léopold arrive en Espagne, s'il y est acclamé, c'est à l'Espagne
» qu'il faudra faire la guerre ! »

» La réponse du duc fut un peu évasive, mais voici le plan que, si je l'en crois, le gouvernement va suivre.

» Vis-à-vis de l'Espagne on ne bougera pas, certain qu'on est que si à Madrid on savait que le gouvernement français est contre la candidature du prince Léopold, cela suffirait pour assurer sa nomination.

» On s'en tiendra uniquement à la Prusse.

» Déjà une explication fort nette a eu lieu entre le duc de Gramont et le baron de Werther. Ce dernier est parti emportant la conviction qu'on ne veut pas laisser se poser cette candidature, et il a promis de faire tous ses efforts pour obtenir du roi, qu'il est allé voir à Ems, d'engager son parent à refuser la couronne d'Espagne.

» C'est ce qu'on demande à la Prusse comme acte de bon procédé.

» J'ai dit au duc que je serais fort étonné que dans une question qui n'intéresse pas directement la Prusse, cette dernière ne voulût pas céder; — que c'était là un succès diplomatique que M. de Bismarck pourra accorder à la France, surtout s'il en obtient en compensation d'autres bons procédés dans les questions qui l'intéressent plus directement.

» Le duc me répliqua que le coup était porté, qu'il ressortira de cette affaire une preuve évidente du mauvais vouloir de la Prusse, qui ne pourra plus être oublié lors même qu'elle céderait devant la mise en demeure assez catégorique qu'il allait lui adresser.

» Il me demanda si je croyais qu'il serait utile que nous intervinssions dans cette affaire dans le sens de la conciliation.

» Je lui ai répondu que, selon moi, nous ne devrions le faire que d'une façon fort prudente et dans un but loyalement pacifique. »

M. de Beust, alarmé par la réception de cette dépêche, s'empressa de conseiller à Berlin et à Madrid de renoncer à la candidature Hohenzollern. Il répondit en même temps à M. de Metternich : « Nous aimons à croire que la France,
» tout en se montrant jalouse de veiller à sa dignité, s'abs-
» tiendra d'augmenter par son attitude les dangers de la
» situation. Nous comprenons que le gouvernement français
» insiste pour qu'il soit tenu compte des intérêts évidents
» qu'il doit défendre dans cette occasion, mais la modéra-
» tion ne nuira pas à la fermeté de son langage et ne fera
» que lui acquérir de nouveaux titres aux sympathies des
» puissances qui tiennent à ce que le repos public ne soit
» pas troublé par des combinaisons imprévues. »

Le gouvernement impérial avait-il un plan tracé

d'avance? voulait-il faire de l'incident Hohenzollern un *casus belli?* M. de Gramont cédait-il sans s'en douter à un sentiment très-répandu parmi les affidés de l'Empereur et de l'Impératrice, qu'il y avait là une occasion précieuse de faire expier à la Prusse sa duplicité au lendemain de Sadowa? Il n'ignorait pas en tout cas la position que le gouvernement prussien allait prendre. M. de Werther, avant de partir le 6 juillet pour Ems, la lui avait expliquée. Le chef de la maison de Hohenzollern avait pu avoir des pourparlers avec les membres de la branche cadette sur des questions relatives à leurs intérêts, mais le roi de Prusse, et par conséquent le cabinet de Berlin, y étaient complétement étrangers; fiction, dira-t-on; sans doute, mais il y a des fictions qu'il faut savoir traiter sérieusement, et même accepter. Le gouvernement impérial était placé dans la nécessité de s'arrêter devant celle-ci ou d'aller jusqu'au roi de Prusse lui-même. La prudence lui commandait donc d'agir de manière à se réserver le choix entre ces deux partis. Le langage de M. de Gramont semblait indiquer que l'Empereur avait choisi d'avance, et qu'il était décidé à mettre en jeu la responsabilité du roi de Prusse au risque de perdre l'appui de l'opinion publique, qui, en France et en Europe, s'était prononcée en sa faveur dans les commencements de cette affaire.

Le gouvernement impérial, en attendant, ne savait sur la position prise par le gouvernement prussien au sujet de la candidature Hohenzollern que ce qu'il en avait appris par les renseignements de M. Lesourd. M. de Thile, sous-secrétaire d'État des affaires étrangères, avait déclaré à ce dernier que le gouvernement prussien ignorait la candidature du prince de Hohenzollern, qu'elle « n'existait pas pour lui ». Le ministre d'Espagne à Berlin niait de son côté toute participation aux négociations entamées entre le cabinet de Madrid et la cour de Dusseldorff (1). La plus grande réserve était donc imposée au cabinet des Tuileries, et l'on ne fut pas peu surpris, dans la séance du 5 juillet, d'entendre M. de Gramont annoncer avec un empressement peu ordinaire aux ministres interpellés par les députés de l'opposition, qu'il répondrait le lendemain à M. Cochery.

Les tribunes de la Chambre se remplirent bien avant l'ouverture de la séance; la tribune diplomatique était depuis longtemps au grand complet, lorsque M. de Gramont lut, au milieu d'une émotion toujours croissante, la déclaration suivante délibérée en conseil des ministres :

« Je viens répondre à l'interpellation déposée hier par l'honorable M. Cochery.

» Il est vrai que le maréchal Prim a offert au prince Léopold de Hohenzollern la couronne d'Espagne et que ce dernier l'a acceptée. Mais le peuple espagnol ne s'est point encore prononcé et nous ne connaissons pas encore les détails vrais d'une négociation qui nous a été cachée. Aussi une discussion ne saurait-elle aboutir maintenant à aucun résultat pratique, nous vous prions, messieurs, de l'ajourner.

» Nous n'avons cessé de témoigner nos sympathies à la nation espagnole et d'éviter tout ce qui aurait pu avoir les apparences d'une immixtion quelconque dans les affaires d'une noble et grande nation, en plein exercice de sa souveraineté ; nous ne sommes pas sortis à l'égard des divers prétendants au trône de la plus stricte neutralité et nous n'avons jamais témoigné pour aucun d'eux ni préférence ni éloignement.

» Nous persisterons dans cette conduite, mais nous ne croyons pas que le respect des droits d'un peuple voisin nous oblige à souffrir qu'une puissance étrangère, en plaçant un de ses princes sur le trône de Charles-Quint, puisse déranger à notre détriment l'équilibre actuel des forces en Europe (*bruyants applaudissements*), et mettre en péril les intérêts et l'honneur de la France. (*Nouveaux applaudissements.*) Cette éventualité, nous en avons le ferme espoir, ne se réalisera pas.

» Pour l'empêcher, nous comptons à la fois sur la sagesse du peuple allemand et sur l'amitié du peuple espagnol.

(1) M. Antoine de Rascon écrivait cependant le même jour à un de ses amis : « Il faut pousser jusqu'au bout maintenant ou jamais. Si vous n'avez pas écrit au général Prim, écrivez-lui immédiatement. C'est moi-même qui ai suivi exclusivement cette affaire; je la dirigerai jusqu'à la fin. Je crois qu'elle a été ébruitée avant qu'on lui ait donné la dernière main. »

» S'il en était autrement, forts de votre appui, messieurs, et de celui de la nation, nous saurions remplir notre devoir sans hésitation et sans faiblesse. (*Mouvement général et prolongé.*) »

C'est la guerre ! tel fut le sens donné par les représentants des puissances à cette déclaration couverte d'applaudissements par les députés de l'extrême droite et par un grand nombre de spectateurs. Le général Changarnier, debout dans la tribune des anciens députés, se faisait remarquer par son enthousiasme.

C'était la guerre en effet, car si l'Empereur eût voulu uniquement éviter les dangers d'une candidature prussienne au trône d'Espagne, il devait s'adresser directement à l'Espagne, sauf à faire intervenir ensuite les puissances amies, notamment l'Angleterre et l'Italie. La question ainsi posée aurait bien vite été résolue par l'Europe dans un sens favorable aux réclamations de Napoléon III ; mais s'en prendre à la Prusse d'abord, c'était montrer clairement qu'on cherchait une revanche diplomatique de Sadowa, et faire le jeu d'une puissance non-seulement très-bien informée des ressources militaires de la France, mais encore prête depuis longtemps à la guerre.

L'opposition comprenait ce danger, aussi M. Picard, le jour même de la déclaration de M. de Gramont, demanda-t-il communication des pièces diplomatiques : « Je crois répondre à un sentiment général dans la Chambre en disant que notre premier devoir est de veiller à ce que les destinées du pays ne soient jamais engagées sans le concours et l'assentiment de ses représentants.

» M. *Jules Favre* : On nous donnera des explications quand la France sera engagée.

» M. *Crémieux* : Nous voulons la paix, à moins que l'honneur de la France ne soit en jeu. »

Le gouvernement eût été bien embarrassé pour déposer des pièces diplomatiques quelconques; il n'en avait pas une seule en sa possession. On eût dit que la droite instruite de cette situation essayait d'étouffer sous ses clameurs les protestations de l'opposition. « Les documents sont inutiles, s'écrie M. Granier de Cassagnac, quand la dignité et la sécurité de la France sont en jeu. » M. Dugué de la Fauconnerie, plus explicite ou plus imprudent, répond à la demande de M. E. Picard : « Il est bien question de cela quand l'honneur de la France est engagé ! » M. Emmanuel Arago réplique vainement : « Vous avez donc bien peur d'entendre la vérité ! »

La gauche ne se découragea pas cependant. M. Picard, le lendemain 7 juillet, renouvela sa proposition de communication des pièces diplomatiques. M. Jules Favre, signalant les tripotages de bourse, ce sont ses expressions, auxquels le silence du gouvernement pouvait donner lieu, demanda la prompte mise à l'ordre du jour de l'interpellation Cochery. Les deux députés de l'opposition paraissaient ne pas douter de la réception par le gouvernement de dépêches de Berlin. La Chambre partageait leur croyance, car les centres accueillirent fort mal MM. Segris et Ollivier quand ils vinrent déclarer que le gouvernement n'avait reçu encore aucune communication de la Prusse. M. E. Ollivier, dans un état d'irritation visible, réclama l'ajournement du débat.

Le langage de la presse française et de la presse étrangère sembla, dans les premiers jours, donner raison au gouvernement français; le sentiment public de l'Europe était avec lui, et l'Angleterre pressait la Prusse d'accorder les satisfactions et les sûretés réclamées par tous les Français sans distinction d'opinion ; M. Gambetta, l'orateur le plus populaire, en ce moment, de la gauche, soutenait énergiquement que l'unification de l'Allemagne rendait une rectification de ses frontières tôt ou tard indispensable pour la France, et qu'une grande nation ne devait pas s'incliner devant une intrigue ourdie par le général Prim et par M. de Bismarck. L'opposition, dans toutes ses nuances, d'accord là-dessus, blâmait seulement les moyens employés par le gouvernement pour soutenir son droit, et notamment l'envoi d'un ultimatum au début des négociations, faute dont la Prusse ne manqua pas de profiter, et qui lui permit de se placer sur un terrain où elle ne devait pas tarder à ramener à elle l'opinion européenne. M. de Werther, en partant pour Ems, le lendemain de la séance du 6 juillet, avait déjà déclaré à M. de Gramont que si Guillaume Ier, comme chef de la famille de Hohenzollern, avait pu donner son avis à son parent sur sa candidature au trône d'Espagne, le roi de Prusse et le cabinet de Berlin étaient complétement étrangers à cette affaire. Cette distinction était bien subtile, encore une fois, mais il fallait l'accepter néanmoins puisqu'elle paraissait valable aux puissances européennes. Le ministère Ollivier, menacé par la droite, voyait malheureusement ses dangers personnels plutôt que ceux de la France.

Les dispositions du Sénat, encore plus belliqueuses que celles de la droite du Corps législatif, augmentaient les difficultés déjà fort grandes de la position du cabinet. Le sénateur Brenier, en adressant le 8 une question au gouvernement sur la situation politique, n'hésita pas à le féliciter de « répudier cette politique qui depuis quatre années affligeait » le patriotisme de la France et pouvait compromettre ses » plus chers intérêts. Je le félicite de déchirer cet acte diplo- » matique qui porte la date du 16 septembre 1866, et qui » pesait d'une façon si funeste sur les résolutions du gouver- » nement. Il reprend le vrai drapeau de la France, il peut le

» conduire jusqu'où il voudra, la France tout entière le sui-
» vra. » M. E. Ollivier, pour calmer le Corps législatif, s'efforçait de lui faire entendre que le gouvernement ne déclarerait pas la guerre sans consulter le parlement ; le sénateur Brenier demanda au contraire, avec l'approbation de tous ses collègues, « que le souverain de par la constitution eût le droit de déclarer la guerre sans l'intervention d'aucun autre pouvoir ». Si quelques voix s'élevaient au Palais-Bourbon en faveur d'une solution pacifique, au Luxembourg tout le monde voulait la guerre. On eût dit qu'une conspiration pour rendre une rupture inévitable fût en train de se former entre les sénateurs qui avaient avec la cour les relations les plus intimes.

M. Benedetti, ambassadeur de Napoléon III près la cour de Prusse, alors aux eaux de Wilbad, avait reçu le 5 de M. de Gramont l'invitation de se rendre à Ems, où le roi de Prusse se trouvait seul avec M. de Keudell, directeur au ministère des affaires étrangères, M. de Thile, sous-secrétaire d'État, et quelques aides de camp. M. de Bismarck était à Warzin, et M. de Moltke en Silésie. M. Benedetti arriva le 8 à Ems. La première dépêche *officielle* qu'il reçut du ministre des affaires étrangères portait la date du 7 juillet et était d'un ton assez raisonnable. « Si le chef de la maison de
» Hohenzollern a été jusqu'à présent indifférent à cette
» affaire, nous lui demandons de ne plus l'être, et nous le
» prions d'intervenir sinon par ses ordres, du moins par ses
» *conseils* auprès du prince Léopold. » M. de Gramont ajoute que le gouvernement français verra dans l'intervention du roi Guillaume, le gage de l'affermissement de la paix et de ses bons rapports avec la Prusse, et il termine ainsi : « Inspi-
» rez-vous de ces considérations ; faites-les valoir auprès du
» roi, et efforcez-vous d'obtenir que Sa Majesté *conseille* au

» prince de Hohenzollern de *revenir* sur son acceptation. »
Cette dépêche n'aurait rien eu d'inquiétant, si M. de Gramont, dans une lettre particulière jointe à la dépêche, n'avait formulé lui-même la réponse qu'il attendait de Guillaume Ier : « Le gouvernement du roi n'approuve pas
» l'acceptation du prince de Hohenzollern et lui donne
» l'ordre de revenir sur cette détermination prise sans sa
» permission. » Cette réponse est formelle, il faut encore qu'elle soit prompte. « Nous sommes très-pressés, parce qu'il
» faut prendre les devants dans le cas d'une réponse non
» satisfaisante et, dès samedi, commencer les mouvements
» de troupes pour entrer en campagne dans quinze jours. »
M. de Gramont ajoute : « Si vous obtenez du roi qu'il
» *révoque* l'acceptation du prince de Hohenzollern, ce sera
» un grand succès et un immense service; le roi de son côté
» aura assuré la paix de l'Europe. Sinon c'est la guerre...
» ainsi donc pas d'ambages et pas de lenteurs...... »

Que le roi de Prusse conseille à son parent de renoncer au trône d'Espagne, M. de Gramont ne demande pas autre chose dans sa première dépêche ; il exige dans la lettre qui l'accompagne que les conseils se transforment en ordres. Ainsi donc le 7, au début même des négociations, il posait la question de guerre à la Prusse, au lieu de traiter avec l'Espagne avec la certitude d'obtenir d'elle tout ce qu'il pouvait souhaiter. Le langage de l'ambassadeur d'Angleterre aurait dû l'avertir cependant qu'il prenait une route sur laquelle il ne trouverait pas l'approbation des puissances. Lord Lyons lui avait déclaré en effet qu'il « ne
» pouvait être que péniblement impressionné par sa dé-
» claration au Corps législatif, ni s'empêcher de penser
» qu'un langage plus doux aurait rendu plus facile de traiter
» avec la Prusse et avec l'Espagne ».

M. de Gramont avait pris son parti de tout ce qu'on pouvait lui dire; le groupe des violents se fortifiait chaque jour aux Tuileries et au Palais-Bourbon; le ministre des affaires étrangères était décidé à se rattacher à sa fortune. Cela explique la façon maladroite dont il engageait son gouvernement; l'Empereur, au lieu de se tenir sur le terrain diplomatique, commençait par brandir ses armes et par le prendre avec la Prusse sur un ton de menace bien fait pour justifier l'irritation réelle ou factice de cette puissance; il l'attaquait au risque de lui fournir un prétexte qu'elle cherchait, et il laissait de côté l'Espagne qui se serait prêtée volontiers à tous les arrangements de nature à satisfaire sa susceptibilité et son amour-propre (1); M. de Gramont était tellement résolu à forcer le roi de Prusse à une espèce de reculade, qu'il télégraphiait le 9 juillet à M. Benedetti :
« Il ne faut pas voir le prince de Hohenzollern, l'*Empereur* ne veut faire aucune démarche auprès de lui. »

Le ton si différent de la dépêche et de la lettre du 7 devait singulièrement embarrasser M. Benedetti, quelque habitué qu'il fût à se mouvoir dans les ténèbres de la diplomatie impériale; mais homme de bon sens avant tout, comprenant les périls de sa situation, il était bien décidé à ne pas les aggraver; c'est dans ces sages dispositions qu'il se rendit à l'audience que le roi de Prusse lui avait accordée pour le 9 juillet, en le faisant prévenir qu'il le retiendrait à dîner après l'entrevue. Le langage de M. Benedetti dans cette première conversation qui commença le 9 à trois heures de l'après-midi, fut des plus respectueux et des plus modérés. Il se garda bien de parler d'*ordres* à donner au candidat au

---

(1) Voyez la dépêche du 9 juillet de M. Mercier de Lostende au ministre des affaires étrangères et son télégramme du 10 reproduits par M. Benedetti dans *Ma mission en Prusse*.

trône d'Espagne par un parent qui sentait fort bien qu'un simple conseil publiquement offert par lui, dans une affaire aussi hardiment dirigée contre la France, était une reculade et un aveu de défaite de sa part. L'audience laissa M. Benedetti fort incertain sur les dispositions du roi de Prusse. Guillaume Ier voulait-il laisser au prince de Hohenzollern l'initiative de ses résolutions au lieu de les lui conseiller, afin d'éviter ainsi de faire personnellement une concession qui pourrait être sévèrement appréciée en Allemagne, ou bien ne cherchait-il qu'à gagner du temps pour prendre des dispositions militaires avant la France? M. Benedetti se retira sans résoudre ces questions. Le roi de Prusse lui avait néanmoins témoigné le désir de se concerter avec les princes de Hohenzollern avant de lui faire connaître sa résolution; il ne dissimula pas à M. Benedetti que, s'il avait approuvé la première partie de la déclaration de M. de Gramont à la Chambre, il n'en était pas de même de la seconde dans laquelle il ne pouvait s'empêcher de voir une provocation à la Prusse. L'audience en définitive s'était bien passée, car, après ces observations sur la déclaration de M. de Gramont, le roi avait ajouté qu'il s'était mis en communication avec le prince Antoine de Hohenzollern, père du prince Léopold, et que si ses cousins étaient disposés à retirer leur acceptation, il *approuverait cette résolution*, mais qu'il n'était pas libre de donner le conseil qu'on lui demandait, car il se croyait lié avec l'Espagne.

M. de Gramont savait par deux dépêches du cabinet de Madrid adressées à M. Olozaga, ambassadeur à Paris, et communiquées par lui au ministère des affaires étrangères que le gouvernement espagnol sollicitait en quelque sorte la renonciation du prince de Hohenzollern. M. de Gramont envoya à M. Benedetti les deux dépêches de l'ambassadeur d'Espagne en l'autorisant à s'en servir, s'il le jugeait utile au succès de ses efforts, mais ajoutant qu'il serait bien préférable pour le gouvernement impérial de ne devoir le retrait de la candidature qu'à l'intervention du roi de Prusse. M. Benedetti ne fit pas usage de ces documents. Il n'en devenait pas moins de jour en jour plus évident que si l'on voulait réellement la paix, c'était du côté de Madrid qu'il fallait chercher l'issue la plus favorable à l'affaire.

Le chef nominal du cabinet des Tuileries, M. E. Ollivier, rassuré d'avance sur la réponse à la première dépêche de M. Benedetti par le contenu de cette dernière, s'attendait d'heure en heure à recevoir la dépêche, mais un violent orage ayant éclaté dans la vallée du Rhin dans la nuit du 9 au 10, le télégramme de M. Benedetti, lancé dans la soirée du 9, n'arriva que le lendemain à dix heures du matin à Paris tronqué et dénaturé. Ce contre-temps augmenta encore l'impatience de M. de Gramont. « J'ai reçu seule- » ment ce matin votre dépêche d'hier avec des parties tron- » quées. Il faut employer tous vos efforts pour obtenir une » réponse décisive, nous ne pouvons pas attendre sous peine » d'être devancés par la Prusse dans nos préparatifs. La » journée ne peut pas s'achever sans que nous commen- » cions. » Cinq minutes après, M. de Gramont adresse à M. Benedetti une nouvelle dépêche : « Écrivez-moi une » dépêche que je puisse lire aux Chambres ou publier, dans » laquelle vous démontrerez que le roi a connu et autorisé » l'acceptation du prince de Hohenzollern, et dites surtout » qu'il vous a demandé de se concerter avec le prince avant » de faire connaître ses résolutions. »

M. de Gramont fit suivre sa dépêche d'une lettre particulière écrite sous la même inspiration qui lui avait dicté la lettre jointe à la dépêche du 7 :

« *Nous ne pouvons plus attendre*. Pendant que le roi vous
» remet d'heure en heure sous prétexte de se concerter avec
» le prince de Hohenzollern, l'on rappelle en Prusse les
» hommes en congé et l'on gagne sur nous un temps précieux.
» A aucun prix nous ne voulons donner à nos adversaires les
» mêmes avantages qui ont été en 1866 si funestes à l'Au-
» triche », et, comme si cela ne suffisait pas, M. de Gramont,
excité sans doute par la lecture de quelques rapports de la
préfecture de police, expédie à une heure du matin un
nouveau télégramme à M. Benedetti : « Vous ne pouvez pas
» vous imaginer à quel point l'opinion publique est exaltée,
» elle nous déborde et nous comptons les heures. Il faut abso-
» lument insister pour obtenir une réponse du roi, négative
» ou affirmative. Il nous la faut pour demain, après-demain
» serait trop tard. » M. de Gramont avait déclaré ce jour-là
même à l'ambassadeur de Prusse, M. de Werther, que si le
roi consentait à donner le conseil qu'on sollicitait de lui, il
s'empresserait de porter cette nouvelle au Corps législatif,
sûr d'avance de la lui faire agréer comme une satisfaction.

La journée du 10 s'était passée à Ems sans que M. Benedetti eût revu le roi de Prusse ou reçu une communication
de sa part, quoiqu'il n'eût pas hésité à lui faire savoir que
les considérations les plus importantes lui commandaient
de satisfaire, sans de trop longs retards, la légitime impatience de l'Empereur. M. Benedetti vit cependant M. de
Werther qui lui annonça le soir même que le roi avait reçu
des dépêches du prince Antoine de Hohenzollern, père du
prince Léopold, mais que ce dernier n'étant pas auprès de
son père, les informations reçues se trouvaient incomplètes
ou insuffisantes. M. Benedetti ayant rencontré le roi vers
onze heures du soir à la promenade, Sa Majesté s'arrêta
pour lui confirmer les paroles de M. de Werther. Le repré-

sentant de Napoléon III lui répondit que le moment où son gouvernement ne pourrait ajourner les explications qu'il devait à la Chambre et au pays était proche, et qu'il lui demandait la permission de lui exposer les nécessités de la situation. Le roi lui promit de le recevoir le lendemain matin.

M. Benedetti fit, dans l'audience qu'il eut du roi de Prusse le 11 juillet à midi, les plus vigoureux efforts pour déterminer Guillaume Ier à lui permettre d'adresser à son gouvernement, sans attendre la réponse des princes de Hohenzollern, une déclaration ou même une simple assurance de sa part qui eût, croyait-il, tout concilié. Il n'obtint du roi que sa réponse habituelle qu'il ne voulait ni ne pouvait donner au prince de Hohenzollern l'ordre de retirer sa parole, mais que s'il la retirait, il n'hésiterait pas à approuver sa résolution. Guillaume Ier annonça ensuite à M. Benedetti qu'il recevrait le soir ou le lendemain des nouvelles de Sigmaringen où les princes de Hohenzollern étaient tous réunis, et qu'il s'empresserait de lui communiquer leur réponse définitive. « Je n'ignore pas, ajouta-t-il, les préparatifs » qui se font à Paris, et je ne dois pas vous cacher que je » prends mes précautions pour ne pas être surpris. »

Rien encore cependant ne rendait un arrangement impossible. Le roi de Prusse, en définitive, ne demandait qu'à dégager sa responsabilité personnelle et à laisser au prince de Hohenzollern l'initiative d'un désistement que le gouvernement espagnol s'employait de toutes ses forces à obtenir de lui. M. de Gramont, au lieu de se prêter à la conciliation, télégraphia le 11 juillet, à six heures cinquante minutes du soir, à M. Benedetti, que son langage ne répondait plus comme fermeté à la position prise par le gouvernement de l'Empereur. « Il faut aujourd'hui l'accentuer davantage.

» Nous ne pouvons pas admettre la distinction entre le roi
» et son gouvernement. Nous demandons que le roi défende
» au prince de Hohenzollern de persister dans sa candi-
» dature, et si nous n'avons pas une réponse décisive de-
» main, nous considérerons le silence ou l'ambiguïté comme
» un refus de faire ce que nous demandons. »

Le désistement du prince de Hohenzollern n'était point encore arrivé à Paris, mais tout le monde le pressentait et l'attendait comme dénouement de la crise. Comment en effet la guerre aurait-elle pu sortir de la situation telle qu'elle était connue? Si le roi de Prusse refusait de prendre devant l'Allemagne la responsabilité du refus du prince de Hohenzollern, il l'approuvait, et il semblait que cela eût dû suffire au gouvernement impérial. M. Benedetti le croyait comme tous les gens de bon sens. « Nous avions à la vérité
» demandé au roi d'inviter le prince à renoncer à la couronne
» d'Espagne; le roi se bornait à donner son acquiescement
» à une décision que le prince avait, pouvait-on dire, prise
» de son propre mouvement. Devions-nous considérer comme
» insuffisante la satisfaction qui nous était accordée de la
» sorte? Pour ma part, je ne l'ai point pensé, et rien dans les
» dépêches qui m'étaient à ce moment expédiées de Paris,
» ne me faisait soupçonner que le gouvernement de l'Empe-
» reur en jugeât autrement. A mon sens, ce qu'il nous im-
» portait d'obtenir c'était la renonciation du prince validée
» par l'approbation du roi, et ce résultat nous étions assurés
» de l'atteindre (1). » Son étonnement fut sans doute bien grand en recevant la dépêche datée du 12 juillet à deux heures quinze minutes et contenant ces instructions : « Employez toute votre habileté à constater que la renon-

---

(1) *Ma mission en Prusse.*

» ciation du prince de Hohenzollern nous est *annoncée,*
» *communiquée et transmise par le roi de Prusse ou son*
» *gouvernement.* C'est de la plus haute importance. La par-
» ticipation du roi doit à tout prix être consentie par lui,
» ou résulter des faits d'une manière suffisante. »

Telle était la situation diplomatique le 12 juillet. Il faut, pour se rendre compte de la situation parlementaire et de l'influence qu'elle exerçait sur la politique extérieure du cabinet, remonter à la date de l'interpellation de M. Cochery et de ses amis.

La Chambre, depuis la déclaration du 6, était aussi impatiente que le public de suivre le fil des négociations, mais le ministère se taisait. Vainement, pour calmer son anxiété, MM. Jules Favre et Ernest Picard avaient-ils demandé dans la séance du 7 la fixation d'un jour prochain pour la discussion de l'interpellation de M. Cochery et le dépôt des documents diplomatiques. Le gouvernement refusa de sortir d'un silence aussi favorable aux spéculateurs de bourse que mortel pour le commerce et l'industrie. La Chambre savait que M. Benedetti devait avoir le 9 une première entrevue avec le roi de Prusse ; on devine avec quelle impatience elle en attendait le résultat, et son profond désappointement quand elle apprit en gros les perturbations causées dans la transmission des dépêches par le fameux orage de la vallée du Rhin. Les membres de la droite refusaient de croire à ce qu'ils appelaient un orage de commande. La situation du ministère, placé entre le centre gauche qu'il avait abandonné et l'extrême droite qui se méfiait de lui, devenait à chaque instant plus difficile. Le favori de l'Empereur, M. Clément Duvernois, avait déposé le 12 juillet l'interpellation suivante : « Nous demandons à interpeller le
» cabinet sur les garanties stipulées par lui pour éviter le

retour de complications successives avec la Prusse. » Cette interpellation n'était pas autre chose qu'une déclaration de guerre de l'extrême droite, impatiente de renverser le cabinet. M. de Gramont se montra dès lors plus pressant dans ses instructions à M. Benedetti. Sa dépêche du 11, il est même facile de s'en apercevoir, exprime d'avance la même pensée que l'interpellation et tend au même but, c'est-à-dire à obtenir des garanties.

Le gouvernement, malgré le mécontentement de la majorité et les réclamations de la gauche, avait pu arriver jusqu'au 12 sans fournir à la Chambre aucun renseignement sérieux, mais la patience des députés était épuisée, et celle du public aussi : Oisifs, curieux, journalistes, gens de bourse s'agitaient autour du Palais-Bourbon, s'informant des bruits, demandant des nouvelles, cherchant à s'introduire dans l'enceinte interdite par une sévère consigne à tous les étrangers, et formant tous les jours une espèce de bourse où des agioteurs cosmopolites cotaient la rente devant les statues de Malesherbes et de d'Aguessau. La salle des Pas-Perdus et les couloirs n'étaient pas pourtant si bien gardés qu'il fût impossible à des gens audacieux et persistants d'y pénétrer. Les députés d'ailleurs leur en facilitaient l'entrée. Ces intrus formaient aussitôt des groupes où la question du moment était discutée avec la plus grande animation; la gravité de la situation déliait les langues, on s'exprimait de tous côtés avec la plus entière franchise sur l'Empereur, l'Impératrice, les ministres, les généraux. La foule était encore plus grande que les autres jours dans la salle des Pas-Perdus, au début de la séance du 12 juillet. A deux heures et demie, aucun ministre ne se trouvait à son banc, on désespérait d'apprendre quelque chose, lorsque M. E. Ollivier, un papier à la main, fit son entrée. Ce papier contenait un télégramme de Madrid annonçant à M. Olozaga que le prince de Hohenzollern renonçait au trône d'Espagne et que le roi de Prusse approuvait sa résolution. M. E. Ollivier entouré, pressé, supplié de dire où en est l'affaire, aperçoit M. Thiers, il lui communique la dépêche en répétant d'un ton de satisfaction et de soulagement aux curieux serrés autour de lui : C'est la paix ! La salle se vide aussitôt, les journalistes et les correspondants se dirigent immédiatement vers leurs bureaux ; les agioteurs montent dans les voitures qui les attendent à la porte du Corps législatif et vont au galop rapporter les paroles du ministre à la Bourse où elles occasionnent une hausse considérable des fonds publics.

La paix ! qui ne l'eut crue certaine en ce moment? M. de Gramont, il est vrai, n'avait pas pu ce jour-là même arracher à M. de Werther, de retour le matin même, l'aveu de l'intervention du roi de Prusse dans le désistement du prince Léopold même sous la forme d'un simple : « Sans doute, » en réponse à cette affirmation : « Cet acte n'a pu s'accomplir sans le conseil du roi de Prusse, » mais avouée ou inavouée, cette intervention de Guillaume Ier sautait aux yeux de tout le monde. La négociation engagée avec témérité se terminait à l'avantage de Napoléon III; il avait défendu en quelque sorte à un prince prussien d'accepter la couronne d'Espagne, et il avait été obéi. Qu'importait le reste !

Ainsi donc, voilà où en étaient les choses le 12 juillet: l'ambassadeur d'Espagne à Paris avait appris au gouvernement impérial que le prince Antoine de Hohenzollern retirait la candidature de son fils; le roi de Prusse de son côté annonçait, dans la soirée, à Ems, à M. Benedetti l'arrivée, pour le lendemain, de la réponse du prince Léopold de Hohenzollern et, par conséquent, sa réponse définitive. Il était impossible sans doute de ne pas considérer la renonciation du prince Léopold envoyée à Madrid et transmise par le gouvernement espagnol à la France, comme une manœuvre pour dégager le roi de Prusse ; sans doute la renonciation devenait ainsi un acte spontané de la volonté du prince Léopold de Hohenzollern auquel le roi de Prusse pouvait donner son assentiment sans qu'il fût interdit à son gouvernement de le considérer uniquement comme l'acte d'un chef de famille (1), mais quel intérêt avait Napoléon III à s'opposer à cette fiction ? Aucun, si ce n'est celui de satisfaire le parti bonapartiste qui voulait à tout prix placer Guillaume Ier entre la guerre et une humiliation devant l'Europe.

M. de Gramont, docile serviteur de ce parti, en annonçant le 12 à sept heures du soir à M. Benedetti la renonciation du prince de Hohenzollern, se hâta d'ajouter : « Pour que
» cette renonciation produise son effet, il paraît nécessaire
» que le roi de Prusse *s'y associe et nous donne l'assurance*
» *qu'il n'autoriserait pas de nouveau cette candidature.*
» Veuillez vous rendre auprès du roi pour lui demander cette
» déclaration qu'il ne saurait refuser s'il n'est véritablement
» animé d'aucune arrière-pensée. Malgré la renonciation
» qui est maintenant connue, l'animation des esprits est telle
» que nous ne savons pas si nous pourrons la dominer ».

M. Benedetti, dans ses entrevues depuis le 9 avec le roi de Prusse, n'avait pu tirer de lui que cette réponse : « Le gou-
» vernement prussien n'est intervenu en aucune façon dans
» la candidature Hohenzollern ; quant à moi, n'en ayant point
» pris l'initiative comme roi, je puis comme parent, en

---

(1) *Ma mission en Prusse*, par M. Benedetti.

» approuver l'abandon, mais sans aller au dela. » Insister, c'était donc pousser à une rupture. La France délivrée de la prétention Hohenzollern devait-elle provoquer un conflit avec la Prusse, et était-elle préparée à le soutenir?

L'Empereur en paraissait convaincu, car causant dans l'après-midi du 12 juillet avec deux ambassadeurs des grandes puissances, il leur avait dit : « L'abandon de la » candidature Hohenzollern c'est la paix ; je le regrette, car » l'occasion était bonne ; mais, à tout prendre, la paix est » un parti plus sûr. Vous pouvez regarder l'incident comme » terminé (1) », ajouta-t-il, d'un ton de regret véritable.

Les bonapartistes purs ne l'entendaient pas ainsi. « Nous » sommes prêts, répétaient-ils sans cesse ; la Prusse ne l'est » pas, finissons-en tout de suite, c'est l'affaire d'une bataille ; » dans un mois nous serons à Berlin. » Les officiers de l'état-major du ministre de la guerre, toujours très-nombreux dans les couloirs, semblaient prendre à tâche de confirmer les membres de la droite bonapartiste pure dans leur confiance belliqueuse, que les députés rattachés à l'Empire uniquement par esprit conservateur étaient loin de partager, surtout après avoir pris part à une de ces conversations dans lesquelles M. Thiers, toujours si au courant des choses militaires, démontrait avec sa lucidité ordinaire que l'armée n'avait pu, en quelques jours, sortir de l'état de faiblesse et de confusion dans lequel l'avait laissée l'expédition du Mexique (2) : « Défendez la paix, lui disaient les conservateurs, nous vous appuierons. » On verra bientôt comment ils ont tenu cet engagement.

M. de Gramont avait essayé, dans un entretien qu'il avait eu dans la matinée du 12 avec l'ambassadeur de Prusse,

---

(1) Déposition de M. Thiers dans l'enquête du 4 septembre.
(2) Déposition de M. Thiers.

et auquel assistait M. E. Ollivier, d'agir sur M. de Werther arrivé le jour même, afin qu'il agît à son tour sur son maître pour obtenir de lui qu'il consentît à constater par un mot, son intervention comme roi de Prusse dans les démarches qui avaient amené le désistement du prince Léopold de Hohenzollern. M. de Werther se refusa énergiquement à entrer dans cette voie, bien que le garde des sceaux eût fait valoir auprès de lui cet argument, que le consentement du roi de Prusse à faire ce qu'on lui demandait contribuerait puissamment à raffermir le cabinet du 4 janvier. M. de Gramont, après cet entretien, trouvant son collègue le garde des sceaux un peu trop enclin aux concessions, envoya deux dépêches le 12 juillet à M. Benedetti, l'une l'autorisant à accorder le délai demandé par le roi de Prusse pour « connaître les intentions du prince de Hohenzollern », l'autre lui recommandant d'employer toute son habileté à constater que la renonciation du prince de Hohenzollern lui est « annoncée, communiquée ou transmise par le roi » de Prusse ou par son gouvernement. C'est pour nous de » la plus haute importance. La participation du roi doit, à » tout prix, être consentie par lui ou résulter des faits, » d'une manière suffisante. » M. de Gramont connaissait depuis le matin la renonciation du prince de Hohenzollern, pourquoi n'en informe-t-il pas M. Benedetti dans ces deux dépêches et pourquoi attend-il sa dernière dépêche du même jour à sept heures du soir pour la lui apprendre? Pourquoi enfin, en cherchant à compromettre le roi de Prusse, recommande-t-il à son agent un surcroît de discrétion? C'est parce qu'il agit en dehors du principal ministre; parce qu'il rêve un succès inespéré pour l'Empire, et qu'il veut en avoir tout l'honneur.

M. Benedetti reçut dans la nuit du 12 au 13 juillet la

dépêche de M. de Gramont datée du 12 à sept heures du soir, lui communiquant la dépêche de l'ambassadeur d'Espagne et lui enjoignant de se rendre immédiatement auprès du roi de Prusse et de lui demander la déclaration « qu'il ne saurait refuser s'il n'est véritablement animé d'aucune arrière-pensée ». M. de Gramont est convaincu que pour que « la renonciation fasse tout son effet, il est nécessaire que Guillaume Ier s'y associe, et nous donne l'assurance qu'il n'autoriserait pas de nouveau cette candidature ». M. Benedetti se rendit donc dès le matin auprès de l'aide-de-camp de service, prince Radziwil, et le pria de solliciter une audience du roi en sa faveur. Guillaume Ier lui fixa un rendez-vous après sa promenade, mais l'ayant aperçu dans une allée, il voulut savoir dans quelle intention il demandait à le voir le soir même, puisqu'il était convenu qu'il le recevrait à l'arrivée du courrier de Sigmaringen attendu d'un moment à l'autre. M. Benedetti fit part alors au roi de Prusse des deux demandes de son gouvernement : déclaration au roi de Prusse que si le prince de Hohenzollern revenait à son projet, il s'y opposerait directement, et autorisation à M. Benedetti de communiquer cette déclaration au gouvernement impérial. Le roi de Prusse répondit par un refus formel, et mit fin à la conversation en annonçant à M. Benedetti qu'il l'inviterait à se rendre auprès de lui à l'arrivée des dépêches du prince de Hohenzollern ; mais au lieu de la fixation d'une heure d'audience, il reçut le lendemain communication de la dépêche attendue ; l'aide de camp du prince Radziwill fut chargé de faire connaître à M. Benedetti le désistement du prince Léopold, et d'ajouter de la part du roi qu'il autorisait M. Benedetti à faire savoir à l'empereur qu'il l'approuvait entièrement et sans réserve. Quel motif avait déterminé le roi à modifier ses dispositions et à donner connaissance de ses résolutions à M. Benedetti par l'intermédiaire de l'aide de camp de service? M. Benedetti l'attribue à une dépêche de M. de Werther rendant compte de la conversation qu'il avait eue le 12 juillet avec MM. E. Ollivier et de Gramont et des exigences et des appréciations de ses interlocuteurs. La question du reste a bien peu d'importance, car la réponse du roi de Prusse transmise directement ou par un intermédiaire à l'ambassadeur de Napoléon III, n'en donnait pas moins à ce dernier pleine et entière satisfaction.

M. Benedetti ne connaissait pas l'entretien du 12, il ne pouvait pas en combattre l'effet ; il n'y serait point parvenu, d'ailleurs. Vainement fit-il des efforts auprès du ministre de l'intérieur de Prusse qui se trouvait à Ems pour obtenir une audience du roi ; Guillaume Ier l'autorisa seulement à prendre congé de lui, dans le salon de la gare, au moment de son départ pour Coblentz.

M. E. Ollivier, obligé de mentir à lui-même sous peine d'être renversé, poussait donc à la guerre, quoiqu'il fut bien certain qu'il s'y engageait sans alliés. M. de Gramont n'en écrit pas moins à M. Benedetti : « les autres cabinets nous trouvent justes et modérés. L'empereur Alexandre nous appuie chaleureusement. » Or, tout ce que le général Fleury avait obtenu et à grand peine du czar, c'est qu'il conseillât la modération au roi de Prusse d'une façon vague, et sans rien préciser ; l'Angleterre se renfermait plus que jamais dans son impassible neutralité ; la bienveillance de l'Autriche était limitée par la crainte de la Russie et par les dispositions de ses sujets allemands ; l'Italie, sinon hostile, du moins indifférente, jetait des regards attentifs à l'horizon pour savoir de quel côté soufflait le vent.

CHAPITRE VI

1870

LA DÉCLARATION DE GUERRE

SOMMAIRE. — Tentatives pour renverser le cabinet. — Interpellations de M. Clément Duvernois et de M. Jérôme David au Corps législatif et de M. Brenier au Sénat. — Dissidence dans la presse officieuse et dans le ministère. — Conseil des ministres à Saint-Cloud dans la soirée du 13 juillet. — M. Émile Ollivier revient à Paris se croyant sûr de la paix. — L'Empereur paraît décidé à la maintenir. — L'impératrice le force à changer d'opinion. — M. de Gramont adresse deux dépêches à M. Benedetti dans un sens opposé à la paix. — La dépêche de l'agence Havas et celle de la *Gazette de Cologne*. — Arrivée de M. Benedetti à Paris. Son étonnement en apprenant qu'il a reçu une insulte à Ems. — La guerre est décidée. — Déclaration du gouvernement au Sénat et au Corps législatif. — Enthousiasme belliqueux de ces deux assemblées. — La question de paix ou de guerre devant le Corps législatif. — Discours de M. Thiers. — Son héroïsme à la tribune. — Les ministres devant la commission des crédits. — Rapport de M. de Talhouët. — Il déclare avoir vu toutes les pièces qui justifient la guerre. — Décret sur la presse. — Fin de la session.

La communication faite par M. le garde des sceaux à M. Thiers, dans la salle des Pas-Perdus, avait mécontenté les députés ultra-bonapartistes qui affectaient de voir une espèce d'offense, dans la préférence accordée à un simple particulier sur un corps de l'État, dans une circonstance où il s'agissait de faire connaître un fait se rattachant à l'avenir même du pays. Les esprits, sur les bancs de l'extrême droite, étaient fort échauffés contre le ministère. M. Clément Duvernois et M. de Lausse déposèrent cette demande d'interpellation assez menaçante : « Nous deman-
» dons à interpeller le cabinet sur les garanties qu'il a
» stipulées ou qu'il compte stipuler pour éviter le retour
» de complications successives avec la Prusse. »

Le moment aurait pu être mieux choisi pour essayer de renverser le ministère, mais M. Duvernois cédait à sa rancune. Le cabinet actuel lui devait, en quelque sorte, le jour ; il avait compté pouvoir, grâce à sa position auprès de Napoléon III, exercer sur lui une tutelle indirecte ; mais les nouveaux ministres, plus ombrageux que reconnaissants, s'étaient empressé de placer respectueusement le chef de l'État dans la nécessité d'opter entre leurs conseils et ceux de son favori. L'empereur, fidèle sur ce point à son rôle de monarque constitutionnel et se rendant aux observations de ses conseillers officiels, tenait depuis quelque temps M. Duvernois éloigné de sa personne ; aussi une bonne partie de la droite qui n'ignorait rien de tout cela, le laissa-t-elle seul avec M. de Lausse attacher le grelot, quitte à profiter plus tard de sa victoire. La Chambre, en attendant, continua la discussion du budget, sans plus s'émouvoir en apparence de l'interpellation de M. Clément Duvernois que de celle formulée par M. Guyot-Montpayroux dans la même séance : « Je préviens le cabinet
» que demain, de concert avec plusieurs de mes amis,
» je compte faire tous mes efforts pour le contraindre à
» sortir d'un silence que je considère comme indigne de la
» Chambre et du pays. »

M. de Gramont se décida pourtant le 13 juillet à donner quelques éclaircissements au Corps législatif : « L'ambassa-
» deur d'Espagne, dit-il, nous a officiellement annoncé hier
» la renonciation du prince Léopold de Hohenzollern à la can-
» didature au trône d'Espagne (*sensation*) ; les négociations
» que nous poursuivons avec la Prusse, et qui n'ont jamais eu
» d'autre objet, ne sont pas encore terminées. Il nous est
» donc impossible d'en parler et de soumettre aujourd'hui à
» la Chambre et au pays un exposé général de l'affaire. »

Quelles pouvaient être les négociations entamées après la renonciation, en quoi consistaient-elles? On commença à le pressentir lorsqu'on vit les partisans de la guerre entrer en scène, et lorsqu'on entendit M. Jérôme David, leur représentant, demander d'un ton significatif de qui émanait la renonciation, en se plaignant des interprétations auxquelles avait donné lieu la veille, la lecture de ce document dans la salle des Pas-Perdus. M. de Gramont répondit que la renonciation était officielle, qu'il l'avait transmise telle qu'il l'avait reçue; « quant aux bruits qui peuvent circuler dans les couloirs, je n'ai pas à m'en occuper, » ajouta-t-il, avec un dédain qui tombait en plein sur le garde des sceaux. M. Jérôme David insista pour avoir communication de la dépêche connue la veille à la Bourse, et après que M. Clément Duvernois eut demandé que la Chambre fixât le jour de son interpellation, M. Jérôme David déposa à son tour celle-ci :

« Considérant que les déclarations fermes, nettes, patrio-
» tiques du ministère à la séance du 6 juillet, ont été ac-
» cueillies avec faveur par la Chambre et par le pays :

» Considérant que ces déclarations sont en opposition avec
» la lenteur dérisoire des négociations avec la Prusse, je
» demande à interpeller le ministère sur les causes de sa
» conduite à l'extérieur, qui non-seulement jette la pertur-
» bation dans les branches diverses de la fortune publique,
» mais aussi risque de porter atteinte à la dignité nationale. »

La rumeur soulevée par ces mots « lenteur dérisoire », força M. Jérôme David à les supprimer. L'interpellation, même allégée de ces termes, n'en fut pas moins accueillie par la Chambre, avec plus d'étonnement que sympathie, excepté sur les bancs où siégeait son auteur. La Chambre décida qu'elle la discuterait le vendredi suivant en même temps que celle de M. Clément Duvernois. Les deux interpellations en effet n'en faisaient qu'une. Dirigées toutes les deux contre le ministère, elles donnaient à la droite le signal de former une nouvelle majorité sur le terrain de la guerre.

L'orage grondait sur le cabinet, non-seulement du côté du Palais-Bourbon, mais encore du côté du Luxembourg. Le président du Sénat, secondant par tous les moyens les efforts du parti de la guerre, dont il était un des chefs les plus ardents, convoqua le Sénat le 13, quoiqu'aucune question ne fut à l'ordre du jour; aussi les sénateurs en entrant en séance se demandaient-ils les uns aux autres la cause de cette convocation; la présence de M. de Gramont à la tribune fit bientôt cesser leur étonnement. Le ministre des affaires étrangères lut au Sénat une déclaration dont M. E. Ollivier donnait au même moment lecture au Corps législatif, mais les sénateurs se montrèrent, comme on le verra, bien plus belliqueux que les députés. — Cela ne suffit pas, s'écrièrent plusieurs voix, nous voulons connaître l'attitude de la Prusse. — Et l'article 6 du traité de Prague? demanda M. Larabit. — M. Hubert Delisle posa la même question que M. Jérôme David au Corps législatif, relativement à l'auteur de la renonciation au trône d'Espagne. Lequel était-ce des deux princes? le fils ou le père?

Plusieurs demandes d'interpellation auraient été déposées si le Sénat n'avait appris l'acceptation, par le gouvernement, d'une interpellation de M. Brenier, et la fixation de sa discussion au vendredi suivant; c'était également le jour choisi, comme on sait, par le Corps législatif, pour discuter les interpellations de MM. Clément Duvernois et Jérôme David; le Sénat ne pourrait-il renvoyer le débat? La proposition lui en fut faite, il la repoussa à l'instigation de son président qui, en s'efforçant d'obtenir que le Sénat entamât la discussion avant le Corps législatif, cherchait à engager d'avance la question dans le sens de la guerre, et à exercer une pression sur l'Assemblée élective. Il s'en fallut même de bien peu que le Sénat ne forçât le ministère à s'expliquer tout de suite, quoiqu'il fit de son silence une question de cabinet. Un ministère renversé par le Sénat! Qui s'y serait jamais attendu?

Le pays, en attendant, vivait sous un gouvernement qui s'intitulait constitutionnel, et aucune des règles qui constituent le gouvernement constitutionnel n'était observée. L'Empereur donnait directement des ordres au ministre des affaires étrangères qui les exécutait sans daigner même en prévenir le garde des sceaux, chef du cabinet. Le cabinet lui-même, divisé en deux fractions, l'une favorable, l'autre opposée à la guerre, ne délibérait plus sur les questions à résoudre. Les journaux officieux trahissaient ce désaccord; le *Constitutionnel*, organe de M. E. Ollivier, satisfait du désistement du prince de Hohenzollern, s'écriait: « Nous n'en demandons pas davantage, et c'est avec or-
» gueil que nous accueillons cette solution pacifique; une
» grande victoire qui ne coûte pas une larme, pas une goutte
» de sang. » Les autres feuilles bonapartistes protestaient au contraire avec vivacité contre la pensée d'un arrangement, et pendant que M. Ollivier se déclarait content du résultat obtenu, M. de Gramont écrivait à M. Benedetti que la réponse du roi de Prusse ne suffisait pas à l'Empereur.

Le conseil des ministres s'était réuni dans la soirée du 13, à Saint-Cloud, pour prendre une décision définitive; la discussion entre les ministres pacifiques et les ministres belliqueux fut si vive, qu'on put craindre qu'une crise ministérielle n'éclatât. Tout se calma à la fin, et M. E. Ollivier en quittant Saint-Cloud se crut d'autant plus sûr de rapporter la paix à Paris qu'il connaissait la phrase de Napoléon III à MM. de Metternich et Nigra, en leur annonçant dans l'après-midi son intention de se contenter du désistement : « C'est une bonne occasion perdue, mais la paix vaut peut-être mieux. »

Cependant le conseil terminé, et tous les collègues de M. E. Ollivier partis, M. de Gramont télégraphie à M. Benedetti : « Le sentiment français est tellement surexcité
» que c'est à grand peine que pour donner des explications,
» nous avons obtenu jusqu'à vendredi.

» Faites un dernier effort auprès du roi. Dites-lui que
» nous nous bornons à lui demander de défendre au prince
» de Hohenzollern de revenir sur sa renonciation, qu'il vous
» dise : Je le lui défendrai, et qu'il vous autorise à me l'é-
» crire ou qu'il charge son ministre ou son ambassadeur de
» me le faire savoir, cela nous suffira... La parole du roi peut
» seule constituer pour l'avenir une garantie suffisante.

» J'ai lieu de croire que les autres cabinets nous trouvent
» justes et modérés. L'empereur Alexandre nous appuie
» chaleureusement.

» Dans tous les cas, partez d'Ems et revenez à Paris avec
» la réponse négative ou affirmative. Il faut que je vous
» aie vu vendredi avant midi. Si cela est nécessaire, prenez
» un train spécial. »

Quelle illusion ne nourrissait-il pas au sujet de la Prusse ! Mais comme si ce télégramme ne suffisait pas à M. de Gramont, il reprend la plume à deux heures moins un quart du matin : « L'Empereur me charge de vous faire remar-
» quer que nous ne saurions considérer la renonciation que
» nous a communiquée l'ambassadeur d'Espagne comme
» répondant suffisamment aux justes demandes adressées par
» nous au roi de Prusse; encore moins saurions-nous y voir

» une garantie pour l'avenir. Afin que nous soyons sûrs que
» le fils ne désavouera pas son père, ou qu'il n'arrivera pas
» en Espagne comme son frère l'a fait en Roumanie (1), il
» est indispensable que le roi veuille bien nous dire qu'il ne
» permettra pas au prince Léopold de revenir sur la renon-
» ciation que nous a communiquée le prince Antoine. »

La guerre, à partir de ce moment, devint inévitable. Le sort de la France était décidé.

Napoléon III, causant cependant le lendemain matin avec son aide de camp de service, lui apprit la conclusion pacifique du différend avec la Prusse. C'était donc à son insu que M. de Gramont avait écrit les deux dépêches précédentes dans l'une desquelles il ne craignait pas de parler au nom du souverain. Qui pouvait lui avoir voilé la témérité criminelle de sa conduite? L'Impératrice seule. M. de Bismarck a raconté dans une séance du parlement prussien, que l'Impératrice, poussée par le parti clérical, avait fait pendant la nuit du 13 au 14 un effort victorieux auprès de son mari, pour lui arracher son consentement à l'adoption d'une politique belliqueuse; mais les paroles de l'Empereur à son aide de camp contredisent cette assertion. Les choses en étaient-elles venues à ce point que l'Impératrice ne tint déjà nul compte de la volonté de l'Empereur ou qu'elle se crût sûre d'avance de lui imposer la sienne? C'est là l'hypothèse la plus probable.

Le cabinet de Madrid, pendant que les dépêches contenant la guerre partaient pour Berlin, annonçait officiellement aux autres cabinets que le prince Léopold de Hohenzollern ne figurait plus sur la liste des candidats au trône d'Espagne. M. E. Ollivier ignorant les faits accomplis dans

---

(1) M. de Gramont oublie d'ajouter : Avec l'assentiment tacite de l'empereur Napoléon III.

la nuit songeait tranquillement à la rédaction du manifeste qu'il devait lire le 14 au Sénat et au Corps législatif pour annoncer l'heureuse issue de la crise ; tout le monde croyait à la paix, surtout le garde des sceaux qui, traité avec mépris par les membres de l'extrême gauche, assez confiants dans l'avenir de la République pour croire qu'elle était l'héritière prochaine des conquêtes de Napoléon III, accusé par l'extrême droite de perdre l'occasion de rendre à l'Empire son prestige, croyait enfin toucher au moment de sortir d'une position insoutenable pour lui.

La première dépêche de M. de Gramont, partie de Paris le 13 à dix heures du soir, se croisa avec une dépêche expédiée le même jour par M. Benedetti d'Ems à sept heures du soir : « Le roi, disait-il, me fait répondre qu'il ne saurait » consentir à reprendre avec moi la discussion relative aux » assurances qui devraient, à notre avis, nous être données » pour l'avenir... Le roi consent, m'a dit encore son envoyé » au nom de Sa Majesté, à donner son approbation entière » et sans réserve au désistement du prince de Hohenzollern. » Il ne saurait faire davantage. » Et que pouvait-on exiger de plus ? La dernière dépêche de M. de Gramont obligeait cependant M. Benedetti à faire une nouvelle demande d'audience, qui lui fut refusée. Sa dernière dépêche est ainsi conçue : « Je viens de voir le roi à la gare. Il s'est borné » à me dire qu'il n'avait plus rien à me communiquer, et » que les négociations qui pourraient être poursuivies » seraient continuées par son gouvernement. »

Rien dans tout cela ne justifiait l'ultimatum de l'Impératrice ; si un exposé net et sincère de cette négociation avait pu être fait devant le Corps législatif, n'est-il pas probable que la raison l'eût emporté sur la passion, et qu'on eût évité la guerre ? mais la pensée qui avait fait l'expédition du Mexique et rendu possible Sadowa présidait à la direction du gouvernement ; on se garda bien de mettre le Corps législatif en mesure de prendre une décision en connaissance de cause, il n'eût qu'à se prononcer sur des faits accomplis.

Le refus du roi de Prusse d'aller au delà des concessions déjà faites par lui fut annoncé à Paris le 14 juillet par une dépêche de l'agence Havas lue par tout le monde dans les journaux du soir, excepté, paraît-il, par les membres de la droite, car c'est l'importance extraordinaire donnée à cette dépêche par les membres de la commission chargée d'examiner les crédits nécessités par la guerre, qui les décida à la voter.

Une dépêche analogue à celle de l'agence Havas avait paru dans la *Gazette de Cologne* sous forme de télégramme daté d'Ems, le 13 : « Après que la nouvelle de la renonciation
» du prince de Hohenzollern a été officiellement donnée au
» gouvernement français par celui de Madrid, l'ambassa-
» deur français a fait demander au roi Guillaume de l'au-
» toriser à télégraphier à Paris que S. M. le roi s'obligeait
» pour l'avenir à ne jamais donner son consentement aux
» Hohenzollern dans le cas où ceux-ci reviendraient sur leur
» détermination. Sa Majesté a refusé alors de recevoir
» encore une fois l'ambassadeur français, auquel il a fait
» savoir par l'aide de camp de service qu'il n'avait plus rien
» à lui communiquer. »

M. de Bismarck en transformant, comme on le verra plus tard, cette dépêche qui au fond ne contenait que la vérité, en note officielle portée à la connaissance de tous les agents de la Prusse à l'étranger, fournit à M. de Gramont un prétexte pour augmenter l'importance qu'il n'avait pas craint tout d'abord de lui donner. Le télégraphe vient à peine de lui transmettre l'extrait de la *Gazette de Cologne* que le ministre des affaires étrangères convoque ses collègues en conseil extraordinaire. Le cabinet se réunit à cinq heures aux Tuileries sous la présidence de l'Empereur revenu tout exprès de Saint-Cloud. Un second conseil auquel assiste l'Impératrice, se tient à dix heures du soir ; déclarations de l'Empereur aux ambassadeurs des grandes puissances, premières instructions données à M. Benedetti, renonciation du prince de Hohenzollern, déclaration du roi de Prusse, quelques lignes d'un journal prussien font oublier tout cela, et le conseil décide que le télégramme de la *Gazette de Cologne* sera considéré comme un *casus belli*.

C'est ce que voulait la Prusse.

M. de Bismarck arriva le 13 à Berlin, au moment où le lieutenant-colonel Radzivil communiquait à M. Benedetti les réponses satisfaisantes adressées par les princes de Hohenzollern au roi de Prusse ; le chancelier, dans une conversation qu'il avait eue au moment de son départ avec l'ambassadeur anglais, lord Loftus, avait dit à ce dernier que la renonciation du prince de Hohenzollern, suivie des hautaines déclarations de M. de Gramont et des attaques de la presse française, excitait une telle indignation en Allemagne que « le gouvernement prussien serait obligé » de demander des éclaircissements à la France, et des » garanties contre ses desseins secrets ». Le roi de Prusse et M. de Bismarck connaissaient donc d'avance la renonciation du prince de Hohenzollern et comptaient l'exploiter. Rien de plus facile que de laisser la Prusse se donner tous les torts devant l'Europe. L'impatience de l'Impératrice perdit tout.

M. Benedetti, mandé à Paris, y arriva le 15 juillet à dix heures du matin ; il compléta verbalement deux heures après, devant le conseil des ministres, le compte rendu de ses négociations, par le récit de son entretien avec le ministre de l'intérieur M. d'Eulenburg, relativement à la nouvelle démarche qu'il comptait faire auprès du roi; M. Benedetti termina en racontant le refus de ce dernier de rien ajouter à ce qu'il lui avait dit le 13, son départ pour Coblentz, l'accueil bienveillant qu'il en avait reçu à la gare en lui présentant ses hommages, et enfin la déclaration à lui faite par Guillaume Ier que si des négociations ultérieures devenaient nécessaires, elles seraient désormais poursuivies par son gouvernement. Comme il n'y avait pas eu d'autres paroles échangées entre le roi de Prusse et lui, la surprise de M. Benedetti fut grande en apprenant qu'il avait été insulté, et la France avec lui, par le roi de Prusse, dans les quelques minutes passées à la gare d'Ems. Nul n'était mieux que lui en position de remontrer au cabinet son erreur et le danger qu'il courait, mais l'Impératrice voulait la guerre, l'Empereur subissait la volonté de l'Impératrice; M. Benedetti se tut. Ce fut peut être sa manière de se venger de l'abandon du ministère qui l'avait livré aux sarcasmes de ses propres journaux, quand il lui était si facile de le disculper.

Le conseil des ministres fini, et les suprêmes résolutions prises, MM de Gramont, l'amiral Rigault de Genouilly et le maréchal Le Bœuf se rendirent au Sénat, M. E. Ollivier et les autres ministres prirent le chemin du Palais-Bourbon; il était une heure lorsque M. de Gramont lut cette déclaration devant les sénateurs :

« La manière dont vous avez accueilli notre déclaration du 6 juillet nous ayant donné la certitude que vous approuviez notre politique, et que nous pouvions compter sur votre appui, nous avons aussitôt commencé des négociations avec les puissances étrangères pour obtenir leurs bons offices; avec la Prusse, afin qu'elle reconnût la légitimité de nos griefs.

» Dans ces négociations nous n'avons rien demandé à l'Espagne dont nous ne voulions ni éveiller les susceptibilités, ni froisser l'indépendance; nous n'avons pas agi auprès du prince de Hohenzollern que nous considérions comme couvert par le roi; nous avons également refusé de mêler à notre discussion aucune récrimination, ou de la faire sortir de l'objet même dans lequel nous l'avions renfermée dès le début.

» La plupart des puissances étrangères ont été pleines d'empressement à nous répondre, et elles ont, avec plus ou moins de chaleur, admis la justice de notre réclamation.

» Le ministre des affaires étrangères prussien nous a opposé une fin de non-recevoir en prétendant qu'il ignorait l'affaire et que le cabinet de Berlin y était resté étranger.

» Nous avons dû alors nous adresser au roi lui-même, et nous avons donné à notre ambassadeur l'ordre de se rendre à Ems, auprès de Sa Majesté.

» Tout en reconnaissant qu'il avait autorisé le prince de Hohenzollern à accepter la candidature qui lui avait été offerte, le roi de Prusse a soutenu qu'il était resté étranger aux négociations poursuivies entre le gouvernement espagnol et le prince de Hohenzollern, qu'il n'y était intervenu que comme chef de famille et nullement comme souverain, et qu'il n'avait ni réuni ni consulté le conseil de ses ministres. Sa Majesté a reconnu cependant qu'elle avait informé le comte de Bismarck de ces divers incidents.

» Nous ne pouvions considérer ces réponses comme satisfaisantes; nous n'avons pu admettre cette distinction subtile entre le souverain et le chef de famille, et nous avons insisté pour que le roi conseillât et imposât, au besoin, au prince Léopold une renonciation à sa candidature.

» Pendant que nous discutions avec la Prusse, le désistement du prince Léopold nous vint du côté d'où nous ne l'attendions pas, et nous fut remis le 12 juillet par l'ambassadeur d'Espagne.

» Le roi ayant voulu y rester étranger, nous lui demandâmes de s'y associer et de déclarer que si, par un de ces revirements toujours possibles dans un pays sortant d'une révolution, la couronne était de nouveau offerte par l'Espagne au prince Léopold, il ne l'autoriserait pas à l'accepter, afin que le débat pût être considéré comme définitivement clos. (*Approbation.*)

» Notre demande était modérée; les termes dans lesquels nous l'exprimions ne l'étaient pas moins : « Dites bien au roi, écrivions-nous au
» comte Benedetti le 12 juillet à minuit, dites bien au roi que nous n'avons
» aucune arrière-pensée, que nous ne cherchons pas un prétexte de guerre
» et que nous ne demandons qu'à résoudre honorablement une difficulté que
» nous n'avons pas créée nous-mêmes.» (*Oui! oui! c'est vrai! très-bien!*)

» Le roi consentit à approuver la renonciation du prince Léopold, mais *refusa* de déclarer qu'il n'autoriserait plus à l'avenir le renouvellement de cette candidature. (*Mouvement.*)

» J'ai demandé au roi, nous écrivait M. Benedetti le 13 juillet à minuit, de vouloir bien me permettre de vous annoncer en son nom que si le prince de Hohenzollern revenait à son projet, Sa Majesté interposerait son autorité et y mettrait obstacle. Le roi a *absolument* refusé de m'autoriser à vous transmettre une semblable déclaration. (*Nouveau mouvement.*) J'ai vivement insisté, mais sans réussir à modifier les dispositions de Sa Majesté : le roi a terminé notre entretien en me disant qu'il ne pouvait ni ne *voulait* prendre un pareil engagement, et qu'il devait, pour cette éventualité comme pour toute autre, se *réserver la faculté de consulter les circonstances.* » (*Exclamations, vives protestations.*)

» *Une voix* : On ne pousse pas plus loin l'insolence.

» *M. Duruy* : C'est un défi.

» Quoique ce refus nous parût injustifiable, notre dessein de conserver à l'Europe les bienfaits de la paix était tel que nous ne rompîmes pas les négociations, et que malgré votre impatience légitime, craignant qu'une discussion ne les entravât, nous vous avons demandé d'ajourner nos explications jusqu'à aujourd'hui. (*Assentiment marqué.*)

» Aussi notre surprise a-t-elle été profonde lorsque hier nous avons appris que le roi de Prusse avait notifié par un aide de camp à notre ambassadeur qu'il ne le recevrait plus (*profond mouvement d'indignation*) et que, pour donner à ce refus un caractère non équivoque, son gouvernement l'avait communiqué officiellement aux cabinets d'Europe. (*Explosion de murmures.* — *Oh! oh! c'est trop fort!*)

» *Quelques membres* : Décidément on ne pousse pas plus loin l'impertinence et l'audace.

» Nous apprenions en même temps que M. le baron de Werther avait reçu l'ordre de prendre un congé et que des armements s'opéraient en Prusse.

» Dans ces circonstances, tenter davantage pour la conciliation eût été un oubli de dignité et une imprudence. (*Adhésion prolongée, unanimes bravos.*)

» Nous n'avons rien négligé pour éviter la guerre. Nous allons nous préparer à soutenir celle qu'on nous offre, en laissant à chacun la part de responsabilité qui lui revient. Dès hier nous avons rappelé nos réserves, et avec votre concours nous allons prendre immédiatement les mesures nécessaires pour sauvegarder les intérêts, la sécurité et l'honneur de la France. »

Les applaudissements suivis des cris : vive l'Empereur! éclatent au milieu d'un enthousiasme indescriptible. Les sénateurs se lèvent d'un mouvement unanime et redoublent d'acclamations et d'applaudissements. Les tribunes elles-mêmes partagent l'enthousiasme du Sénat.

M. Rouher, debout, attend que la manifestation ait produit tout son effet, pour prendre la parole.

« *M. le président* : Personne ne demande la parole.

» *M. le baron Brenier* se lève...

» *De toutes parts* : Non, non, plus de discours, de l'action.

» *M. Hubert-Delisle* : Plus de paroles des actes.

» M. *Boinvilliers* : Rien de plus. Vive la France ! Vive l'Empereur !
» Ces cris éclatent de nouveau sur tous les bancs.
» *M. le président* : Le Sénat par ses bravos enthousiastes a donné sa haute approbation à la conduite du gouvernement.
» *De toutes parts* : Oui, oui, bravo !
» *M. le président* : L'émotion qu'il éprouve est le précurseur des nobles sentiments du pays. (*Assentiment unanime.*)
» Attendons de Dieu et de notre courage le triomphe de l'épée de la France. (*Applaudissements.*) Je propose de lever la séance comme témoignage d'ardente sympathie pour les résolutions prises par l'Empereur. (*Mouvement prolongé d'adhésion.* — *Oui, oui, très-bien !*) »

Le cri : *Vive l'Empereur!* retentit encore une fois ; le président prononce la clôture de la séance, et les sénateurs se séparent lentement sous l'empire des sentiments les plus belliqueux.

L'exposé lu par M. de Gramont pouvait donner matière à plus d'une observation à des gens moins échauffés que les membres du Sénat. Quoi de plus singulier, par exemple, que ce passage dans lequel M. le ministre des affaires étrangères essaye de préciser les causes de la guerre : « Le roi consentit à approuver la renonciation » du prince Léopold, mais il refusa de déclarer qu'il n'auto- » riserait plus à l'avenir le renouvellement de cette candi- » dature. » Si ce refus était le motif de la rupture entre la France et la Prusse, il fallait bien convenir que la nature des raisons par lesquelles les gouvernements se déterminaient autrefois à s'armer les uns contre les autres, avait singulièrement changé. Jusqu'ici on déclarait la guerre pour obtenir satisfaction d'une injustice commise dans le présent et non point, comme le gouvernement impérial allait le faire, pour tirer d'un ennemi la promesse de ne se livrer, à l'avenir, à aucun acte d'hostilité contre lui ; comme si un pareil engagement, sans sanction, pouvait avoir la moindre valeur. La Prusse, en tous cas, refusait de le prendre. M. de Gramont, après avoir constaté ce refus, vantait la condescendance du gouvernement impérial qui, loin de couper court aux négociations, les avait continuées, assurait-il, dans l'intérêt de la paix européenne : «... Aussi notre » surprise a-t-elle été profonde lorsque nous avons appris » que le roi de Prusse avait notifié par un aide de camp à » notre ambassadeur qu'il ne le recevrait plus, et que, pour » donner à ce refus un caractère non équivoque, son gou- » vernement l'avait communiqué officiellement aux cabi- » nets de l'Europe. » M. de Gramont ajoutait : « Nous » étions informés d'un autre côté que M. de Werther avait » reçu l'ordre de prendre un congé, et que des armements » s'opéraient en Prusse. »

La déclaration ministérielle, sans contenir précisément de mensonge, dissimulait cependant la vérité, en passant sous silence quelques-unes des phases de la négociation : elle présentait sans hésitation la note de la *Gazette de Cologne* comme un document officiel de la chancellerie prussienne, adressé à toutes les cours de l'Europe ; elle en exagérait la portée et en altérait même le sens jusqu'à y voir une insulte (1) ; mais était-ce en présence d'une assemblée aussi belliqueuse que le Sénat, qu'on pouvait se permettre la moindre observation qui eût l'air d'un argument en faveur de la paix ?

(1) M. Benedetti a été entendu par la commission d'enquête du 4 septembre. A cette question du président : « Auriez-vous reçu une offense à Ems, et est-ce là ce qui a pu amener la guerre? » il répond : « Je n'ai reçu aucune offense à Ems, et ma correspondance établira que je ne me suis jamais plaint d'aucun mauvais procédé. »

« *M. le président* : Ainsi, il n'y a pas eu un seul mauvais procédé de votre part vis-à-vis de la Prusse, ni de la Prusse vis-à-vis de nous, vous n'avez reçu d'autre offense que le refus d'une audience de congé que vous auriez sollicitée ? »

» *M. Benedetti* : Je vous demande pardon, le roi n'a pas refusé de me recevoir (suivent des explications sur ses entrevues avec le roi Guillaume).... »

M. Benedetti parle ensuite de ses entrevues avec M. d'Eulenburg, surtout de la seconde. Ce ministre revint en effet auprès de M. Benedetti pour lui déclarer que sur le dernier point, c'est-à-dire sur l'approbation du roi au désistement du prince de Hohenzollern, il y avait eu une omission de sa part, et que le roi m'au-

M. E. Ollivier lut au Corps législatif la même déclaration que M. de Gramont au Sénat, et la fit suivre d'une demande de crédit de 50 millions, en réclamant l'urgence aussitôt votée. M. le garde des sceaux, se sentant impuissant à lutter contre le torrent, et ne trouvant pas en lui la force nécessaire pour renoncer au pouvoir, passa dès lors dans les rangs des partisans de la guerre et montra la même ardeur conquérante que certains députés de la droite : ces derniers, forcés de suivre le mot d'ordre du gouvernement auquel ils devaient leur siége, affectaient en public un enthousiasme belliqueux qui les abandonnait bien vite dès qu'ils se trouvaient seuls ou avec des personnes sûres ; tous les jours on les surprenait dans les couloirs de la Chambre, serrant à la dérobée la main à M. Thiers, et lui disant à voix basse : « Défendez la paix, nous la voterons. » Deux ministres même, MM. Segris et Chevandier de Valdrôme, avaient, assurait-on, en quelque sorte fait à M. Thiers la promesse qu'ils repousseraient la guerre en même temps que lui.

La dernière faute de l'Empire sera-t-elle commise ? M. Thiers s'était promis de tout faire pour l'empêcher. Très au courant de la marche des négociations, il n'aurait pas eu beaucoup de peine à démontrer que l'Empire, satisfait sur la question de fond, ranimait le débat sur une question de forme, si le ministère avait consenti à commu-

torisait à déclarer au gouvernement de l'Empereur, qu'il donnait son entière approbation à la renonciation du prince de Hohenzollern.

» Vous voyez donc que le roi n'a pas refusé de me recevoir, il ne m'a pas reçu, il est vrai, mais il donnait pour raison que nous n'avions pas à continuer notre entretien sur le troisième point ; qu'il était obligé de s'en tenir à ce qu'il m'avait dit dans la matinée. Le matin du 14 juillet, je reçus l'ordre de rentrer à Paris ; je le fis savoir au roi, en lui demandant la permission de prendre congé. Le roi partait pour Coblentz, il me fit répondre que si je voulais me trouver à la gare, dans son salon réservé, il m'y recevrait. Je m'y rendis et je fus introduit seul ; le roi y est arrivé un instant après.... »

niquer à la Chambre les dépêches de M. Gramont et les réponses du roi de Prusse, mais M. E. Ollivier sentait trop bien le danger de produire de pareilles pièces comme justification de la guerre, pour céder aux demandes de M. Thiers. Aussi M. E. Ollivier, en lui répondant, chercha-t-il seulement à établir que le gouvernement avait eu raison de réclamer des garanties pour l'avenir; il insista ensuite de nouveau sur l'importance de ce fait: « Que le roi de » Prusse aurait envoyé un aide de camp à notre ambassa- » deur pour lui déclarer qu'il refusait de le recevoir. »

« Communiquez la dépêche, » s'écrie M. Jules Favre; » cette communication, ajoute M. d'Andelarre, est indis- » pensable pour que l'on puisse statuer en connaissance de » cause. » M. E. Ollivier répond avec le plus admirable sang-froid : « Ces communications sont faites, nous les avons mises dans notre exposé. »

« *M. Jules Favre* : C'est exactement comme pour le Mexique, on nous disait cela aussi et on nous a indignement trompés.

» *M. le garde des sceaux* : Nous n'avons rien que des dépêches confidentielles que les usages diplomatiques ne nous permettent pas de communiquer ! Nous ne communiquerons rien de plus... (*Vives réclamations à gauche.*)

» *M. Jules Favre* : C'est le gouvernement personnel de Louis XIV; il n'y a plus de gouvernement parlementaire !

» *M. Horace de Choiseul* : Vous froissez la Chambre ! (*Bruit.*) Nous protestons.

» *M. Gambetta* : Monsieur le ministre, voulez-vous me permettre une observation ?

» *M. le garde des sceaux* : Je vous écoute.

» *M. le président Schneider* : M. Gambetta a la parole avec l'autorisation de l'orateur.

» *M. Gambetta* : Je vous demande pardon de vous interrompre, mais il me semble que les paroles que vous venez de prononcer, à savoir que vous avez, dans le mémorandum dont vous avez donné lecture à la tribune, exposé tout ce qu'il est nécessaire à la Chambre de connaître, contiennent à la fois un manque de véracité politique et une atteinte aux droits de l'assemblée, ce que je demande à démontrer d'un mot. (*Très-bien !* à *gauche.*)

» Vous dites, — et je n'entre pas dans le fond du débat, — vous dites :

Nous ne vous communiquerons rien de plus ; or, vous faites reposer toute cette grave, cette effroyable question dont vous ne vous êtes pas dissimulé, pendant huit jours, les conséquences redoutables pour l'Europe et pour votre propre responsabilité, vous la faites reposer sur une dépêche notifiée, à votre insu, à tous les cabinets de l'Europe, par laquelle on aurait mis votre ambassadeur hors des portes de la Prusse. Eh bien, je dis que ce n'est pas par extraits, par allusions, mais par une communication directe, authentique que vous devez en saisir la Chambre ; c'est une question d'honneur, dites-vous, et il faut que nous sachions dans quels termes on a osé parler à la France. (*Vive approbation sur quelques bancs à gauche.*)

» M. E. *Ollivier* : Les dépêches de deux de nos agents dont je ne puis citer les noms, car, le lendemain, ils seraient obligés de quitter les cours auprès desquelles ils sont accrédités, ces deux dépêches nous apprennent l langage que M. de Bismarck tient auprès de tous les cabinets de l'Europe.

» Voici la première : « On m'a communiqué ce matin un télégramme
» de M. le comte de Bismarck annonçant le refus du roi Guillaume de s'en-
» gager comme roi de Prusse à ne plus jamais donner son consentement
» à la candidature du prince de Hohenzollern s'il en était de nouveau
» question, et le refus également du roi, suite de cette demande, de rece-
» voir notre ambassadeur. »

» La Chambre doit savoir qu'aucun de ceux qui sont assis sur ces bancs ministériels n'a jamais affirmé sciemment un fait qui ne fût pas vrai. (*Oui, oui ! Très-bien !*) Je lis une autre dépêche : « Je crois devoir vous
» transmettre la copie à peu près textuelle de la dépêche télégraphiée par
» M. le comte de Bismarck : Après que la renonciation du prince de
» Hohenzollern a été communiquée officiellement au gouvernement fran-
» çais par le gouvernement espagnol, l'ambassadeur de France a demandé
» à S. M. le roi, à Ems, de l'autoriser de télégraphier à Paris que Sa
» Majesté s'engagerait à refuser à tout jamais son consentement si les
» princes de Hohenzollern revenaient sur leur détermination. Sa Majesté
» a refusé de recevoir de nouveau l'ambassadeur, et lui a fait dire par un
» aide de camp qu'elle n'avait pas de communication ultérieure à lui faire. »
(*Mouvement prolongé.*)

» Cette nouvelle du refus de recevoir notre ambassadeur n'a pas été dite à l'oreille des ministres. On l'a répandue dans l'Allemagne entière ; les journaux officieux l'ont reproduite dans des suppléments. Les ministres prussiens, partout, l'ont annoncée à leurs collègues. C'est le bruit de l'Europe. En même temps le baron de Werther recevait un congé. Dans la nuit du 13 au 14, les mesures militaires commençaient en Prusse. Est-ce que nous devions supporter tout cela ? Est-ce qu'à de tels actes nous devions répondre par l'abstention et le silence ? Je ne comprends pas ainsi le devoir d'un gouvernement. » (*Très-bien ! très-bien !*)

Le gouvernement n'avait donc pas d'autre motif pour lancer la France dans cette terrible guerre que la dépêche de la *Gazette de Cologne* en date du 14, et la note circulaire de M. de Bismarck aux agents diplomatiques de la Prusse; mais écoutons encore M. le garde des sceaux :

« *M. E. Ollivier :* Messieurs, le gouvernement, dans cette affaire, a surtout le désir d'exposer absolument toute la vérité; il n'a rien à dissimuler. Et lorsque, à des demandes de communication de dépêches, il répond qu'il n'a rien à communiquer, c'est qu'il n'y a pas eu dans le sens vrai du mot, de dépêches échangées; il n'y a eu que des communications verbales, recueillies dans des rapports qui, d'après des usages diplomatiques, ne sont pas communiqués.
» *M. Emmanuel Arago :* C'est sur ces rapports que vous faites la guerre?
» *M. le garde des sceaux :* Est-il nécessaire que j'explique de nouveau le fait qui a amené la rupture. Il l'a été suffisamment dans l'exposé que j'ai eu l'honneur de vous lire; je tiens à le bien préciser, de façon que vous soyez en mesure d'avoir une opinion aussi éclairée que la nôtre.
» Il peut arriver qu'un roi refuse de recevoir un ambassadeur; ce qui est blessant, c'est le refus intentionnel, divulgué dans les suppléments de journaux, dans des télégrammes adressés à toutes les cours de l'Europe. (*Mouvements en sens divers.*)
» Et ce fait nous a paru d'autant plus significatif que l'aide de camp qui a annoncé à M. Benedetti le refus d'audience, n'a manqué à aucune des formes de la courtoisie... (*Interruptions à gauche.*)
» *Voix nombreuses :* Écoutez donc !
» *M. Thiers :* Je demande la parole. (*Murmures à droite.*)
» *M. le garde des sceaux :* .... de telle sorte que notre ambassadeur n'a pas d'abord soupçonné la signification qu'on attacherait à un refus qui, accompli de certaines manières, eût pu être désagréable, sans devenir offensant. L'offense résulte d'une publication intentionnelle.
» Ce n'est qu'après l'avoir connue que notre ambassadeur a été touché, comme nous, d'un acte qu'au premier moment il nous avait signalé purement et simplement sans le caractériser. »

M. le garde des sceaux s'éloignait complétement de la vérité relativement à l'impression de M. Benedetti sur la note circulaire aux agents de la Prusse ; nulle part, dans ses dépêches et dans ses déclarations, il ne la considère comme une humiliation et un outrage. La vérité, elle va surgir de l'endroit d'où l'on s'attendait le moins à la voir sortir, c'est-à-dire des télégrammes que M. E. Ollivier croit pouvoir, sans danger, livrer à la curiosité de la Chambre, en y puisant à bon marché le droit de pouvoir lui dire qu'il ne lui a rien caché.

« M. le garde des sceaux : Voulez-vous connaître ces télégrammes? il n'y a aucun inconvénient à vous les communiquer. Le premier est de quatre heures vingt-cinq du soir le 13 ; l'autre est de quatre heures trois quarts.

« Le roi a reçu la réponse du prince de Hohenzollern ; elle est du
» prince Antoine, et elle annonce à Sa Majesté, que le prince Léopold,
» son fils, s'est désisté de sa candidature à la couronne d'Espagne. Le
» roi m'autorise à faire savoir au gouvernement de l'Empereur qu'il ap-
» prouve cette résolution. Le roi a chargé un de ses aides de camp de
» me faire cette communication et j'en reproduis exactement les termes.
» Sa Majesté ne m'ayant rien fait annoncer au sujet de l'assurance que
» nous réclamons pour l'avenir, je sollicite une dernière audience pour
» lui soumettre de nouveau et développper les observations que j'ai pré-
» sentées ce matin. »

» M. Thiers : Je prie M. le ministre de vouloir bien relire la phrase précédente.

» M. le garde des sceaux : Quelle phrase ?

» M. Glais-Bizoin : Celle qui commence par : « Le roi m'autorise... » et ce qui suit.

» M. le garde des sceaux : « Le roi m'autorise à faire savoir au gou-
» vernement de l'Empereur qu'il approuve cette résolution, et j'en re-
» produis exactement les termes. Sa Majesté ne m'ayant rien fait annoncer
» au sujet de l'assurance que nous réclamons pour l'avenir, je sollicite
» une dernière audience pour lui soumettre de nouveau et développer le
» observations que j'ai présentées ce matin. (Mouvements divers.)
» A la demande d'une nouvelle audience, le roi m'a fait répondre qu'il
» ne saurait reprendre avec moi la discussion relativement aux assurances
» qui devaient, à notre avis, nous être données pour l'avenir. Sa Majesté
» m'a fait déclarer qu'il s'en référait à cet égard aux considérations qu'il
» m'avait exposées le matin, et je vous en ai fait connaître la substance
» dans mon dernier télégramme. »

» M. Thiers : Que tout le monde en juge!

» M. Horace de Choiseul : On ne peut pas faire la guerre là-dessus... C'est impossible.

» M. Garnier Pagès : Ce sont des phrases.

» M. Emmanuel Arago · Ceci connu, le monde vous donnera tort. Ceci connu, si vous faites la guerre, c'est que vous la voulez à tout prix. (Exclamations sur un grand nombre de bancs. — Assentiments à gauche.)

» M. Jules Favre : Cela est vrai, malheureusement.

» M. le garde des sceaux : On a voulu nous infliger une humiliation...

» Un membre à gauche : Non! n'interrompez pas! attendez donc.

» M. le garde des sceaux : ..... une humiliation, un échec pour se pro-curer une compensation du désistement insuffisant du prince Léopold de Hohenzollern... (Bruit à gauche. — Assentiment au centre.)

» M. Jules Grévy : La preuve de ce que vous dites, où est-elle? »

Les remarques de M. Thiers, malgré les interruptions des Jérôme David, des Granier de Cassagnac et de leurs amis, avaient produit d'autant plus d'effet sur la Chambre qu'il approuvait sans réserve le gouvernement de s'être opposé à la candidature du prince de Hohenzollern. Le seul reproche qu'il méritât à ses yeux était d'avoir compromis sa légitime victoire par des exigences puériles et engagé une terrible guerre non pour une question d'honneur, mais pour une question d'étiquette.

M. E. Ollivier, amené peu à peu à donner des explications plus précises, avait fini par lire la dépêche de M. Benedetti datée du 13. L'effet fâcheux de cette lecture, les exclamations de M. Thiers et des membres de l'opposition, ayant averti le garde des sceaux de fuir ce terrain dangereux, il se rejeta de plus belle sur la prétendue insulte infligée à notre ambassadeur, et rappela le temps où il défendait la paix contre l'opposition qui, après avoir affecté de voir une humiliation pour la France dans l'agrandissement de la Prusse après Sadowa, refusait d'apercevoir l'insulte qui résultait de la conduite du roi de Prusse à son égard. Quant aux pièces, il refusait encore plus formellement de les communiquer et il déclarait d'un ton superbe, en descendant de la tribune, qu'il ne lui restait plus qu'à se soumettre à la décision de la Chambre.

M. Thiers, déjà fatigué par la lutte qu'il avait soutenue, voulut pourtant répondre au ministre. La guerre une fois déclarée, personne, dit-il, ne sera plus empressé que lui à fournir au gouvernement les moyens de la soutenir victorieusement, mais il faut donner à chacun le temps de la réflexion : « L'histoire, la France, le monde vous re-
» gardent ; de la décision que vous allez prendre, dépendent
» la vie de milliers d'hommes et peut-être les destinées de
» notre pays ; il faut réfléchir avant de prendre une déci-
» sion. »

Ces mots si sages et si patriotiques sont le commencement de la lutte d'un homme déjà avancé en âge, d'une complexion délicate, d'un organe faible, contre la droite montée au plus haut degré de l'exaspération; mais les corps les plus débiles, animés par le patriotisme, résistent à tout. MM. de Piré, Jérôme David, Belmontet, Granier de Cassagnac harcellent en vain M. Thiers de leurs interruptions, il leur crie d'une voix que l'émotion rend vibrante : « Souvenez-vous du 6 mars 1866, vous me refusiez alors » aussi la parole. Ce souvenir devrait vous inspirer le désir » de m'écouter; je suis très-résolu à braver vos murmures. » La demande principale du gouvernement a été accueillie, » vous rompez sur une question de forme, vous voulez que » l'Europe dise que vous faites verser des torrents de sang » sur une question d'étiquette. Chacun ne doit prendre ici » que la part de responsabilité qu'il veut accepter. Quant à » moi, ajoute-t-il, en mêlant des sanglots à ses paroles, je » n'en veux aucune, car j'ai souci de ma mémoire. Je de-» mande à la face du pays qu'on nous communique les dé-» pêches qui ont motivé la déclaration de guerre, et ceux » qui ne s'associent pas à ma demande ne remplissent pas » leur devoir. Ils laissent voir que leur résolution est une » résolution de parti. » Émigré, traître, telles sont les moindres injures dont l'orateur est couvert. On va jusqu'à lui crier qu'il déshonore ses cheveux blancs.

Jamais citoyen ne s'honora plus et ne mérita mieux la reconnaissance de son pays que M. Thiers dans cette journée où, après avoir montré l'Empire dupe et complice de Sadowa, il tenta vainement de préserver la France du sort qui l'attendait. L'extrême droite était si exaspérée, qu'on put craindre un moment que les furieux de ce côté de la Chambre n'arrachassent M. Thiers de la tribune; ils se bornèrent à étouffer la discussion en demandant la clôture. C'est en vain que les membres de la gauche invoquent le règlement à l'appui de la continuation des débats. « Il y a quelque chose au-dessus du règlement et de » votre propre sentiment, c'est le sentiment du pays, c'est » le patriotisme de la France, » s'écrie un nouveau député nommé Dugué de la Fauconnerie qui, depuis qu'il est à la Chambre, cherche à se faire une célébrité par ses interruptions. M. de Gramont s'indigne qu'on prête l'oreille à M. Thiers: « Quoi, s'écrie-t-il, délibérer, quand la Prusse » refuse de recevoir notre ambassadeur, c'est là un affront » pour l'Empereur et pour la France, et s'il se trouvait » dans mon pays une Chambre pour le supporter, je ne » resterais pas cinq minutes ministre des affaires étran» gères. » A cette fière déclaration succèdent quelques mots de M. de Kératry qui, se séparant de ses amis de la gauche, déclare qu'il ne peut plus être question de dépêches et qu'il y a longtemps que dans des circonstances pareilles, la Convention aurait cessé de délibérer pour agir.

M. Jules Favre obtient cependant un moment d'attention.

« *M. J. Favre* : La question est réduite à celle de savoir si l'honneur de la France a été engagé. (*Interruptions.*) Il faut la préciser d'un mot.

» Comment l'honneur de la France a-t-il été engagé et quelle est la preuve qui nous est fournie qu'il le soit? Où est la dépêche officielle ? où est le compte rendu de la conférence dans laquelle notre ambassadeur a vu méconnaître notre dignité nationale?

» Voilà ce que nous avons intérêt et devoir d'examiner.

» Eh bien, on n'a rien apporté à cette tribune (*exclamations*), si ce n'est un télégramme, et nous savons quel est l'usage coupable qu'on peut faire d'un télégramme.... (*Vives réclamations.*) »

Un long tumulte suit cette allusion. M. Jules Favre reprend :

« Il faut que la Chambre voie les dépêches (*interruption*), et je dépose sur le bureau de la Chambre une résolution sur laquelle je provoque le vote de la Chambre, car je ne veux pas accepter la responsabilité d'un vote comme celui qu'on nous demande et qui se passerait dans les ténèbres.

» *Voix au centre* : Ne l'acceptez pas, si vous voulez.

» *M. Jules Favre* : La voici :

« Nous demandons communication des dépêches, et notamment de celles par lesquelles le gouvernement prussien a notifié sa résolution aux gouvernements étrangers. »

» Voilà ce que nous demandons de nous produire et nous réclamons sur cette proposition le vote de la Chambre. (*Longue agitation.*)

» *M. de Choiseul* : Il y a une demande de scrutin, il s'agit de savoir qui veut la paix, qui veut la guerre. »

M. Buffet intervient dans le débat et met au service de la proposition de M Jules Favre l'appui d'une parole qui ne pouvait être suspecte d'hostilité passionnée contre le ministère.

« *M. Buffet* : Au moment où l'on demande à cette Chambre, représentation du pays, d'engager à son tour sa responsabilité avec celle du gouvernement, la Chambre doit connaître tout ce que le gouvernement a connu.

» *Sur divers bancs* : Très-bien, très-bien. (*Applaudissements à gauche.*)

» *M. Buffet* : Je comprends parfaitement les réserves, les réticences, quand les négociations sont engagées ; mais à l'heure qu'il est, dans la pensée du gouvernement, il n'y a plus de négociations. C'est le pays qui va être engagé dans une guerre dont il sortira, j'en suis convaincu, victorieux, et dans une conjecture aussi grave, il n'y a plus rien à cacher, et c'est à mon avis, un droit et un devoir absolu pour la Chambre de demander qu'il lui soit donné, ou à la commission, communication de toutes les pièces, et c'est le devoir impérieux du gouvernement de lui faire cette communication. (*Vives approbations sur plusieurs bancs. — Nombreuses réclamations sur d'autres.*)

» J'ajouterai à l'appui de cette demande, qu'avant d'avoir entendu les explications de l'honorable garde des sceaux, je croyais la communication éminemment utile ; après les avoir entendues, je la considère comme indispensable. (*Nouvelles marques d'approbation à gauche et au centre gauche.*)

» Car dans l'exposé du *memorandum*, les faits les plus graves prenaient un caractère qui m'a paru plus ou moins modifié par les dépêches dont il a été donné lecture. »

L'espèce d'enquête que M. Buffet proposait de confier à la commission qu'allait nommer la Chambre pouvait ramener la droite au sentiment de la vérité, mais l'orateur du centre gauche ne fut pas plus heureux que ceux de la gauche dans ses efforts pour obtenir communication des documents; le gouvernement ne pouvait en montrer aucun parce que tous ils étaient la condamnation de la guerre; la droite, de son côté, se dispensait d'autant plus volontiers de les voir, qu'ils l'auraient obligée à faire amende honorable devant M. Thiers. La proposition de M. Buffet fut repoussée par 159 voix contre 84.

M. E. Ollivier avait terminé son discours par ces mots: « De ce jour commence pour mes collègues et pour moi » une grande responsabilité; nous l'acceptons d'un cœur » léger. » Le Corps législatif en fit autant, et séance tenante, il nomma une commission chargée de lui faire un rapport sur les projets de loi présentés par le gouvernement. Elle se composait de MM. d'Albuféra, de Kératry, Dréolle, comte Lagrange, Pinard (Nord), Sénéca, Chadenet, Millon. La séance fut suspendue à cinq heures et demie pour permettre aux membres de cette commission de se réunir, d'interroger les ministres et de nommer leur rapporteur.

Les commissaires, après avoir voté contre la demande d'enquête, avaient hâte de puiser dans les déclarations des ministres des motifs de rassurer leur conscience; ils les interrogèrent d'abord sur un point auquel, non sans raison, ils attachaient une grande importance; celui de savoir si les termes de la demande adressée au roi de Prusse, n'avaient pas varié depuis le premier moment des négociations jusqu'au 13 juillet. Le duc de Gramont répondit que le gouvernement français avait toujours désiré que le roi de Prusse intervînt pour obtenir du prince de Hohenzollern son désistement, mais que la forme d'intervention avait bien pu varier vers la fin. La commission le pria de faire connaître les dépêches adressées par lui à M. Benedetti. M. de Gramont, en s'acquittant de ce soin, lut par une distraction véritablement étonnante, sous la date du 7 la depêche du 12 juillet, sept heures du soir. Cette dépêche contenait les premières traces d'une démarche du gouvernement impérial à l'effet d'obtenir que le roi de Prusse intervînt personnellement et publiquement auprès de son parent Antoine de Hohenzollern pour exiger le désistement du prince Léopold, son fils « Il semble résulter de cette lecture, dit M. d'Albuféra, président de la commission, à M. de Gramont, que vous avez toujours demandé la même chose? Nous considérons ce point comme très-important. » M. de Gramont, chose étrange, fit un signe affirmatif ; l'erreur n'aurait pas pu persister si le président de la commission et son rapporteur avaient pris eux-mêmes connaissance des pièces, comme c'était leur devoir, et si M. de Gramont, au lieu de les emporter, les avait déposées sur le bureau ; mais comment s'étonner de la négligence de la commission quand on songe qu'elle n'a pas même cherché à s'éclairer sur ces points : Le roi de Prusse a-t-il insulté l'ambassadeur français ? La France a-t-elle des alliés? Est-elle préparée à faire la guerre ?

Le gouvernement avait attaché une importance fort exagérée à la dépêche de la *Gazette de Cologne* et à la circulaire dans laquelle M. de Bismarck faisait connaître non pas aux gouvernements étrangers, comme le prétendaient M. E. Ollivier et M. de Gramont, mais à ses propres agents diplomatiques, que le roi de Prusse avait refusé de recevoir une dernière fois le ministre français. Qu'on taxe d'inconvenance cette circulaire communiquée au gouvernement impérial par ses représentants à Berne et à Munich, soit ; mais d'insulte, c'est ce qui aurait paru incompréhensible à quiconque se serait donné la peine de la lire, mais personne dans la commission ne prit cette précaution.

MM. Émile Ollivier et de Gramont avaient vu une insulte dans la circulaire, donc l'insulte existait. Quant à nos alliés, la commission interrogea M. de Gramont à ce sujet, si l'on peut appeler interrogatoire quelques questions adressées du bout des lèvres à quelqu'un qui prend à peine le temps d'y répondre. Le ministre des affaires étrangères dit avec une complaisante fatuité quelques mots de ses rapports avec les États du Sud ; le Wurtemberg et la Bavière n'attendaient plus, à l'entendre, que le signal pour se ranger à nos côtés; il en était de même du Danemark ; M. de Gramont, non content de disposer des petits États de l'Allemagne, tenait l'Autriche et l'Italie dans sa main. « Si j'ai fait attendre la commission, c'est que
» j'avais chez moi l'ambassadeur d'Autriche et le ministre
» d'Italie. J'espère que la commission ne m'en demandera
» pas davantage. » Hélas! non, la commission en entendant des assertions aussi contraires à tout ce que l'on savait de la situation générale de l'Europe, jugea parfaitement inutile de s'assurer de leur vérité par la lecture de documents diplomatiques; elle s'en tint aux hâbleries de M. de Gramont.

On vient d'entendre le ministre des affaires étrangères, voici maintenant de quel ton le ministre de la guerre répond à la question : Sommes-nous prêts? Jusqu'au dernier bouton de guêtre (1), s'écrie-t-il, et nous avons huit jours d'avance sur l'ennemi. » M. de Kératry lui dit : « Nous passons donc le Rhin cette nuit? » Le maréchal Le Bœuf reprend : « C'était mon avis, mais sur les conseils
» de l'Empereur, les divisions ne s'ébranleront que dans

---

(1) Le ministre de la guerre, quelques jours auparavant, avait répondu à un général qui lui vantait l'armée prussienne et son excellent état : L'armée prussienne n'existe pas, je la nie. »

» trois jours. Sa Majesté éprouve des scrupules et ne veut
» pas faire irruption en Allemagne avant d'avoir notifié
» officiellement la déclaration de guerre. »

L'idée fixe de l'alliance des États du Sud hantait encore les hallucinés qui dirigeaient nos affaires militaires ; cette idée, jointe à d'autres causes, ne fut pas sans influence sur les résolutions qui contribuèrent à laisser le maréchal de Mac-Mahon presque sans force en Alsace, et à tenir les autres généraux espacés sur le Rhin.

La commission satisfaite, il ne restait plus à M. de Gramont et au maréchal Le Bœuf qu'à se retirer, l'un pour ne pas faire attendre les représentants de l'Autriche et de l'Italie, l'autre pour régler les derniers détails de l'invasion. La commission se garda bien de les retenir. Après leur départ, les commissaires se rendirent chez M. Schneider, où les attendait une légère collation. MM. de Kératry et Ernest Dréolle restèrent dans le bureau pour réunir les éléments du rapport.

Quoique la séance de nuit n'eût pas été annoncée, la foule était énorme dans la salle. Les dames occupaient le premier rang des tribunes, et les hommes s'entassaient dans le fond. M. Schneider prit place au fauteuil à neuf heures, mais ce ne fut qu'une demi-heure après que M. de Talhouët, le néfaste rapporteur de cette commission fatale, gravit l'escalier de la tribune pour lire son rapport au Corps législatif.

M. de Talhouët commence par déclarer que s'il conclut au vote de projets de loi aussi tristes, il a du moins la satisfaction de pouvoir déclarer au Corps législatif que le gouvernement a toujours mis en avant les mêmes exigences depuis l'ouverture jusqu'à la fin des négociations, et que déjà la première dépêche, en date du 7, contient cette

phrase : « Pour que cette renonciation produise son effet, il
» est nécessaire que le roi de Prusse nous donne l'assurance
» qu'il n'autorisera pas de nouveau cette candidature. »
Or, cette phrase ne se trouve que dans la dépêche du 12.
Comment M. de Gramont assis à son banc ne rectifie-t-il
point une erreur qui a pu lui échapper une première fois,
mais que sa mémoire doit lui signaler maintenant; il se tait
cependant, et M. de Talhouët continue imperturbablement
la lecture de son rapport :

« ..... Nous avons entendu successivement M. le garde des sceaux,
M. le maréchal ministre de la guerre et M. le ministre des affaires étrangères.
» M. le ministre de la guerre nous a justifié en peu de mots l'urgence
des crédits demandés, et ses explications catégoriques, en même temps
qu'elles nous conduisaient à l'approbation des projets de loi, nous montraient qu'inspirées par une sage prévoyance, les deux administrations de
la guerre et de la marine se trouvaient en état de faire face *avec une
promptitude remarquable aux nécessités de la situation.* »

Dans la lecture de quels documents M. de Talhouët a-t-il
puisé le droit de prodiguer de telles assurances? Il serait
bien embarrassé de le dire, mais comme il ne s'agit après
tout que de la France, il est inutile d'y regarder de si près.
Les applaudissements et les cris de vive l'Empereur ! par
lesquels le rapport de M. de Talhouët est salué viennent à
peine de finir, que M. Gambetta, très-fatigué et plus enroué
que jamais, monte à la tribune. Grâce à la modération parfaite de son langage, il réussit à se faire écouter, malgré la
faiblesse de sa voix. Il tente, après M. Buffet et après M. Jules
Favre, de reprendre en séance publique l'enquête que la
commission est censée avoir faite. L'orateur trouve que
l'attitude de la Chambre témoigne d'un grand changement
dans sa manière de juger la politique de l'Empire, il ne
blâme pas ce changement, mais il regrette qu'il ne se soit
pas produit le lendemain de Sadowa ! enfin, puisque ce

changement existe, il faut le justifier devant l'Europe, et pour cela, il est indispensable qu'on communique à la Chambre tous les documents relatifs aux récentes négociations, et surtout la dépêche injurieuse de M. de Bismarck.

Les sentiments patriotiques dont M. Gambetta s'était fait l'organe dans cette discussion, avaient arraché plus d'une fois les applaudissements unanimes de la Chambre, mais les ministres paraissaient très-désireux d'en finir. M. Émile Ollivier se tournait et retournait dans tous les sens ; M. Maurice Richard, si paisible d'ordinaire, ne cessait de s'agiter ; la droite partageait leur impatience. M. Gambetta en dépit des interruptions réussit pourtant à poser catégoriquement ces questions au ministère : Existe-t-il une notification de la Prusse ? Est-elle adressée aux cours de l'Europe, ou seulement aux États de l'Allemagne du Sud ? Pourquoi ne la communique-t-on pas à la Chambre ?

Rien de plus facile que de répondre à ces questions, si, comme le gouvernement l'affirmait, la dépêche adressée par la Prusse à tous les cabinets est parfaitement authentique ; or, les membres de la commission déclarent sur l'honneur qu'ils l'ont vue, qu'elle est entièrement conforme aux allégations du ministère ; comment dès lors s'expliquer la persistance de M. E. Ollivier à refuser de la mettre sous les yeux de la Chambre. Il est si simple, en produisant la dépêche, de faire cesser toutes les réclamations (1) !

(1) Voici ce document : « Après que la renonciation du prince héréditaire de Hohenzollern eut été communiquée officiellement au gouvernement impérial français par le gouvernement royal espagnol, l'ambassadeur de France à Ems a demandé à S. M. le roi de l'autoriser à télégraphier à Paris que S. M. le roi s'engageait pour l'avenir à ne pas consentir à ce qu'un prince de Hohenzollern posât de nouveau sa candidature.— Sur ce, S. M. le roi a refusé de recevoir l'ambassadeur français, et lui a fait dire par l'aide de camp de service que S. M. n'avait plus rien à communiquer à l'ambassadeur. »

Cette dépêche était adressée uniquement aux agents de la Prusse. Il ne fallait pas l'isoler de l'ensemble des négociations qui l'avaient précédée.

Les anciens ministres de l'Émpire étaient plus maîtres d'eux que M. E. Ollivier; il est bien arrivé un jour à M. Rouher de traiter de « factieux » les membres de l'opposition; mais il n'est pas sûr que, de sa part, cette apostrophe n'ait pas été calculée. M. E. Ollivier est si loin d'un tel sang-froid qu'il ne peut pas même supporter la contradiction : M. le garde des sceaux veut être cru sur parole, et c'est du ton le plus hautain et le plus violent qu'il répond au discours si sage et si calme de M. Gambetta; il s'emporte, déclame dans le vide, élude la question, blesse ses adversaires, confond un mot avec l'autre, et entasse maladresses sur maladresses. La Chambre écoute d'habitude les ministres avec assez de calme et de déférence; cette fois les interruptions de la gauche et de la droite couvrent à chaque instant la voix du ministre. La droite, voyant qu'il a de la peine à se posséder, voudrait lui imposer silence. Quelques-uns de ses membres s'approchent de la tribune, et invitent M. Émile Ollivier à terminer son discours. Il finit par obéir, mais le tumulte loin de cesser, redouble. M. Girault, le meunier du Cher, essaye vainement de se faire entendre, MM. Picard, Grévy, Pelletan, Glais-Bizoin ne sont pas plus heureux. La majorité ne veut plus de discussion. MM. Granier de Cassagnac, Dugué de la Fauconnerie, Zorn de Bulach, tout le bataillon de l'extrême droite donne avec l'ensemble et l'ardeur des grandes occasions.

La commission, à la place du ministère, consentira-t-elle du moins à donner quelques renseignements à la Chambre? Elle s'en garde bien : « Ou la Chambre nous accorde sa » confiance, et alors notre parole lui suffit, dit M. de Talhouët, » ou elle nous la refuse, et alors nous nous retirons. » L'Assemblée s'incline et passe au vote sur les quatre projets de lois, qui, tous, il est inutile de le dire, sont adoptés à l'unanimité moins seize voix, celles de MM. Emmanuel Arago, Dessaux, Esquiros, Jules Favre, Gagneur, Garnier-Pagès, Glais-Bizoin, Grévy, Ordinaire et Pelletan. MM. Crémieux, Girault, Raspail, le colonel Reguis et Verlé s'abstinrent. M. de Rochefort était en prison.

L'Empire « libéral » avait promis la liberté à la France, il lui donnait la guerre! Une guerre qui aurait pu être évitée, car si les difficultés survenues entre les gouvernements français et prussien n'avaient eu d'autre cause que la candidature du prince de Hohenzollern au trône d'Espagne, une politique droite, de franches négociations, les auraient aplanies. La solution était facile; l'Empereur la tenait même entre ses mains, et s'il ne s'en est pas contenté, c'est qu'il avait un autre but que la paix.

Napoléon III, qui se réjouissait quatre ans auparavant du triomphe de la Prusse sur l'Autriche et de ses conséquences, voulait défaire ce qu'avait fait Sadowa; mais comment se flatter de ramener la Prusse à ses limites d'avant 1866, après lui avoir permis d'écraser sa rivale, de s'emparer de la suprématie en Allemagne, de s'étendre jusqu'à la mer du Nord, d'absorber les petits États du Nord, d'attirer à elle par la peur et la séduction ceux du Sud qu'elle n'avait pas conquis par les armes? Quoi! c'est quand la Prusse, maîtresse du terrain, dispose de toutes les forces de l'Allemagne, que Napoléon III se lance dans la politique des agrandissements; car, ou la guerre qui commence n'a pas de sens, ou elle a pour but l'agrandissement de notre territoire, la rectification de nos frontières.

Les changements accomplis en Allemagne et l'ambition de la Prusse imposent à la France, disaient les bonapartistes, la nécessité de reculer, d'assurer ses limites. Le moins qu'on pût obtenir, c'était donc de reconstituer dans leur ensemble nos limites de 1814, c'est-à-dire de rentrer en possession des quatre places perdues par nous en 1815, mais la Prusse, la Bavière et la Belgique allaient-elles s'entendre pour nous restituer spontanément Sarrelouis, Landau, Philippeville et Marienbourg? Il était absurde d'y songer. Il fallait donc, pour que la France reprît ses frontières naturelles, s'emparer d'abord de la Belgique et de la partie de la Hollande qui la rendrait maîtresse des bouches du Rhin et de l'Escaut. Si l'Empereur voulait cela, c'est l'Europe qu'il se mettait sur les bras; s'il voulait moins, la guerre était disportionnée aux sacrifices qu'elle nous imposait. Le temps des compensations gratuites était, hélas! passé; Napoléon III, après avoir manqué en 1866 une occasion admirable de regagner une partie de nos frontières naturelles, s'imaginait l'avoir retrouvée. Grande erreur; en tout cas, il ne pouvait manquer de payer d'un prix très-élevé ce que la Prusse, avant Sadowa, lui eût accordé pour rien.

Le Corps législatif, le lendemain du vote des conclusions du rapport de M. de Talhouët, eut à discuter une proposition de M. Latour-du-Moulin, ayant pour objet la réorganisation de la garde nationale sur les bases de la loi du 25 mars 1831. M. Ernest Picard, qui avait, à la date du 10 janvier dernier, déposé une proposition analogue, se joignit à son collègue du centre gauche pour demander que les deux propositions fussent, en raison des circonstances, examinées d'urgence. Le gouvernement, en s'y opposant nettement, donna une idée de la manière dont il entendait conduire la défense nationale. L'idée d'une garde nationale sérieusement organisée et cessant d'être une institution de parade, répugnait profondément à l'Empire.

La Chambre vota d'urgence, le 19 juillet, les projets de loi destinés à créer les premières ressources que réclamait la guerre. Elle décida sans observation, sur la proposition du gouvernement, que le Trésor se procurerait les fonds dont il avait besoin au moyen d'une émission de bons dont le total pourrait être porté de 150 millions à 500. On n'avait pas cru pouvoir faire actuellement un emprunt par voie d'émission de rentes, et on ajournait la consolidation de cette dette flottante après la guerre, c'est-à-dire, selon M. le rapporteur, à six mois. La droite accueillit ce délai par ses ricanements et par ses murmures : « Six mois ! » s'écria un de ses membres, dites donc six semaines !

M. E. Picard et M. Latour-du-Moulin, après le vote de ces lois, revinrent avec plus d'insistance sur la nécessité de réorganiser partout la garde nationale. M. le maréchal Le Bœuf et M. E. Ollivier s'opposèrent de nouveau à cette idée avec une égale vivacité. Le second Empire, fidèle aux traditions du premier, n'admettait pas que les citoyens s'armassent pour la défense de leurs foyers. Il avait la prétention d'être seul juge de ce qu'il fallait faire pour assurer la sécurité du pays; un membre de la majorité soutint même que la défense nationale ne regardait que le ministre de la guerre : cela revenait à dire que les citoyens devaient y rester étrangers; M. Ollivier laissa voir cette pensée, en présentant une loi pour fermer la bouche à la presse sur tout ce qui touchait à la guerre !

Le ministre de l'intérieur en Prusse s'était borné à adresser cet avis aux journaux : « J'invite respectueusement » les honorables rédacteurs des journaux à ne publier au- » cune communication, quelque insignifiante qu'elle puisse

» leur paraître, relative au mouvement des troupes. » Quel est le journal français qui ne se serait pas rendu à une pareille invitation ? Le gouvernement avait pour garants de l'obéissance de la presse, non-seulement le patriotisme des journaux, mais encore l'expérience de leur conduite passée. La presse française, loin de nuire au succès de nos armes dans les guerres précédentes, y avait contribué plus qu'on ne le croit peut-être, en excitant par ses récits quotidiens cet intérêt passionné dont le soldat a besoin de se sentir entouré, enveloppé dans son pays, et qui le fortifie sur le champ de bataille. L'Angleterre, non-seulement dans aucune de ses guerres, n'a édicté de peine contre ce que la nouvelle loi française appelait « les indiscrétions de la presse », mais encore l'usage autorise les *reporters* des journaux anglais à s'installer dans le camp même et à puiser leurs renseignements auprès de l'état-major. On sait avec quelle largeur ils usent de cette liberté dans leurs observations ; il n'est pourtant venu à l'idée d'aucun ministre anglais, en 1855, de se plaindre des critiques dirigées par la presse contre l'administration militaire ; personne en Angleterre n'a pensé que ces critiques si bien fondées pussent être avantageuses à l'ennemi ; la nation s'en est bien trouvée, car c'est aux réclamations de la presse que l'Angleterre doit d'avoir perdu moins d'hommes dans la seconde année de la guerre de Crimée.

La loi votée par le Corps législatif interdisait à la presse de rendre de pareils services ; le gouvernement, qui laissait toute liberté aux communications télégraphiques, se réservait le droit de poursuivre un journal coupable, par exemple, de critiquer l'intendance militaire, les journaux devaient se borner à remplir leurs colonnes de détails et de descriptions pleines de ce pittoresque fade que les journaux à chroniques mettaient si fort à la mode. M. Jules Ferry avait eu raison de le dire : « La loi nouvelle met » dans les mains du gouvernement un arbitraire illimité et » lui permet de choisir certains journaux pour ses confidents, » au détriment de la publicité générale. » Heureusement il y a quelque chose de plus réel que les prohibitions d'une pareille loi, c'est l'impuissance de les maintenir.

M. E. Ollivier, le mercredi 20 juillet, lut la déclaration de guerre à la Prusse devant le Corps législatif attentif et silencieux :

« Messieurs, l'exposé qui vous a été présenté dans la séance du 15, a fait connaître au Corps législatif les justes causes de guerre que nous avons contre la Prusse. Conformément aux règles en usage et par ordre de l'Empereur, j'ai invité le chargé d'affaires de France à notifier au cabinet de Berlin notre ferme résolution de poursuivre par les armes les garanties que nous n'avons pu obtenir par la discussion. Cette démarche a été accomplie, et j'ai l'honneur de faire savoir au Corps législatif qu'en conséquence l'état de guerre existe à partir du 19 juillet entre la France et la Prusse. Cette déclaration s'applique également aux alliés de la Prusse qui lui prêtent contre nous le concours de leurs armes. »

Cette communication fut accueillie avec une froideur qui contrastait singulièrement avec l'explosion d'enthousiasme par laquelle la majorité saluait, quatre jours auparavant, les conclusions du rapport de M. de Talhouët.

Le Corps législatif, après avoir voté plusieurs projets de lois d'intérêt local et rendu aux Lyonnais le droit d'élire leurs conseillers municipaux, allait se séparer le 21, lorsque M. Jules Favre, appuyé par M. E. Picard, demanda si le gouvernement entendait clore la session, proroger ou simplement ajourner la Chambre, de telle façon que le président pût la réunir, en cas de circonstances pressantes, par voie de simple convocation et sans décret du pouvoir exécutif. M. Émile Ollivier refusa de répondre à une question qui engageait, dit-il, la prérogative de la couronne. M. Jules

Brame se joignit à M. Jules Favre pour prier le gouvernement de se borner à prononcer l'ajournement des séances. Un vote intervint, et 178 membres contre 57 donnèrent au ministère le blanc-seing qu'il réclamait. La session était donc close, ou tout au moins prorogée, les représentants de la nation cessaient d'avoir le droit de se réunir, la patrie fût-elle en danger. C'était là, comme le fit remarquer M. Emmanuel Arago, une situation sans exemple ; la tribune muette, la presse enchaînée, la France faisait un plongeon dans les ténèbres.

Le *Journal officiel*, le 24, déclara closes la session du Sénat et celle du Corps législatif. Aucune session ne fut si souvent interrompue. Le Corps législatif suspendit ses séances une première fois pour laisser à l'Empereur le temps de former un nouveau ministère, de rédiger une nouvelle constitution, en un mot d'organiser ce qu'on est convenu d'appeler le gouvernement parlementaire ; le plébiscite survient, ce fameux plébiscite, triste origine des terribles événements qui vont se dérouler : les députés cessent de siéger et se transforment en courtiers plébiscitaires. On espérait que les grandes discussions pourraient enfin être reprises à l'occasion du budget indéfiniment retardé ; la guerre éclate et tout se vote par assis et levé. Impossible d'aborder l'examen de la conduite de ceux qui s'appellent des ministres parlementaires. Jamais Chambre n'eut à prendre de résolutions plus graves pour l'honneur et l'avenir de la France, et jamais Chambre ne discuta si peu !

Le ministère sortait fort affaibli de cette session ; M. E. Ollivier surtout, qui, d'abord favorable à la paix, était passé dans le camp opposé, voyant que l'appui de la droite était à ce prix ; le garde des sceaux ne pouvait d'ailleurs cacher à lui-même et aux autres que les résolutions les plus graves étaient prises en dehors de lui, dans le secret des appartements impériaux entre l'Empereur, l'Impératrice et M. de Gramont. Le rôle effacé et peu digne qu'il avait joué dans ces derniers jours n'était ignoré de personne ; la prépondérance de l'homme avait disparu, celle du ministre ne pouvait durer encore bien longtemps.

Le Corps législatif, suivant l'exemple donné par le Sénat, voulut, avant de se séparer, présenter ses hommages et ses félicitations à l'Empereur ; il se rendit le 22 juillet sous la conduite de son président, aux Tuileries. L'allocution du président du Corps législatif ne diffère en rien, pour le fond des idées, de la harangue prononcée trois jours auparavant, par le président du Sénat. M. Schneider, comme M. Rouher, déclara que la responsabilité de la guerre revenait tout entière à la Prusse ; comme M. Rouher, il couvrit l'Empereur, le Prince impérial et l'Impératrice des fleurs les plus abondantes et les plus vulgaires de la rhétorique de cour. L'Empereur, dans sa réponse, se contenta de paraphraser chaque paragraphe du discours de M. Schneider : « Le véritable auteur de la guerre n'est pas celui qui la déclare, mais celui qui la rend nécessaire, » avait dit M. le président du Corps législatif d'après Montesquieu. L'Empereur, en répétant cette citation, y ajouta ces mots comme commentaire : « Nous avons fait tout ce qui dépendait de » nous pour éviter la guerre, et je puis dire que c'est la » nation tout entière qui, dans son irrésistible élan, a dicté » nos résolutions. » Un mois plus tard, le jour de sa honteuse reddition à Sedan, il devait dire également au roi de Prusse : « Je ne voulais pas la guerre, c'est la France qui m'a forcé à la faire. »

« L'irrésistible élan de la nation », pour rester dans la réalité des faits, était plus que contestable ; l'opinion publique surprise, n'avait eu le temps ni de se former ni de se manifester; Napoléon III mentait en parlant à M. Schneider de pression exercée sur ses résolutions par l'ardeur belliqueuse de la France, comme il mentit au roi de Prusse, en essayant de faire retomber sur la nation la responsabilité de sa criminelle folie.

CHAPITRE VII

1870

DÉPART DE L'EMPEREUR POUR L'ARMÉE

Sommaire. — Retour en arrière indispensable pour expliquer la situation présente. — Les derniers jours de la période plébiscitaire. — La gauche ouverte et la gauche fermée. — Procès de l'Internationale. — Procès de Blois. — La candidature du prince de Hohenzollern éclate. — État des esprits. — Les groupes du boulevard. — La paix et la guerre. — L'article du *Constitutionnel*. — Tumulte et menaces devant la maison de M. Thiers. — La *Marseillaise*. — Manifestation à l'Opéra. — Le Sénat à Saint-Cloud. — On affiche le discours de M. Rouher et la réponse de l'Empereur au président du Sénat. — Départ des régiments. — Proclamation de l'Empereur au peuple français. — Lettre à la garde nationale de Paris. — Constitution de la régence. — Départ de l'Empereur pour Metz. — Il n'ose pas traverser Paris.

L'état de l'opinion publique au début de la guerre ne s'explique bien que si l'on se rappelle les faits qui ont signalé les six premiers mois de l'année; il faut donc en reprendre le récit au lendemain même du plébiscite dont le vote avait été l'occasion d'une scission entre les membres de l'opposition.

Les dix-sept députés qui, sous la conduite de M. E. Picard, s'étaient refusés à signer le manifeste antiplébiscitaire du comité des députés et des journalistes, publièrent dans l'*Électeur libre* du 2 juin une déclaration qui se résume ainsi : « Les dix-sept ont profondément ressenti, comme » leurs collègues de la gauche, l'atteinte portée par le plé- » biscite à la représentation nationale. Ils attendent avec con- » fiance le retour prochain de l'opinion publique en faveur » de la liberté ; mais ils n'*acceptent pas d'autre tâche que celle* » *de le hâter par leurs efforts dans l'Assemblée*. Ils désirent

» sans doute voir l'opposition grandir en nombre comme
» en influence; mais ils ne croient pouvoir atteindre ce
» résultat que *si ses rangs restent ouverts*. Ils protestent
» donc contre tout système d'exclusion; '*ils ne font et ne*
» *veulent faire aucune révolution.* »

Cette déclaration répondait à un discours prononcé par M. Gambetta dans une réunion privée très-nombreuse, et dans lequel il déclarait « incompatibles la démocratie loyale et le pouvoir monarchique ». Le plébiscite lui semblait avoir affaibli l'Empire, car celui-ci, en se mettant aux voix, avait confessé « qu'il n'a pas de titre personnel, pas de légitimité ». La seule légitimité, avait ajouté l'orateur, est en effet la souveraineté nationale qui ne saurait abdiquer, mais « qui se peut déléguer ». M. Gambetta continuait ainsi : « Pour que la bourgeoisie conservatrice n'ait plus
» peur de voir la délégation souveraine aux mains des répu-
» blicains, il faut que la démocratie se présente comme un
« *gouvernement* susceptible de succéder à l'Empire, en cas
» de crise ». La France n'est plus monarchique; il lui est
» indifférent d'être gouvernée par un homme ou par un
» groupe d'hommes; l'essentiel pour elle est d'être bien gou-
» vernée. » M. Gambetta concluait par cette idée que le parti démocratique radical devait se rallier sous la discipline de la gauche du Corps législatif « érigée d'avance en
» gouvernement provisoire; il faut pour cela que l'oppo-
» sition parlementaire devienne une vraie gauche, fermée
» à tous ceux qui ne sont pas républicains ».

Les deux fractions de la gauche s'exagéraient évidemment l'importance de cette classification en *gauche ouverte* et en *gauche fermée* qui répondait plutôt à des convenances de tempérament personnel qu'à de véritables nécessités politiques. Les *dix-sept*, quoi qu'il en soit, n'ayant plus été convoqués aux réunions de la rue de la Sourdière, chargèrent M. E. Picard de réclamer en leur nom; il adressa donc cette lettre à M. J. Grévy, président de la réunion de la gauche fermée

« Mon cher collègue,

» Je suis chargé par plusieurs de nos collègues de la gauche de vous demander de nous convoquer rue de la Sourdière.

» Je n'ai pas besoin de vous rappeler les raisons qui dans l'intérêt de tous rendent nécessaire une prompte solution.

» Recevez l'assurance de mes sentiments dévoués.

» E. Picard. »

M. Jules Grévy lui répondit :

« Mon cher collègue,

» J'ai communiqué aux députés de la gauche auxquels elle était destinée, la lettre que vous m'avez fait l'honneur de m'adresser au nom de plusieurs de nos collègues.

» Voici la réponse que je suis chargé de vous transmettre :

» La réunion de la gauche a vu avec regret un certain nombre de ses membres, après s'être séparés de la majorité dans une circonstance grave, se réunir à part et laisser publier dans les comptes rendus de leur séance, qu'ils formaient une réunion nouvelle et qu'ils adoptaient une politique ouverte aux compromis monarchiques répudiés par votre manifeste du 14 novembre 1869.

» Sans paraître tenir compte de ces faits qui ont frappé l'opinion publique et qui nous ont vivement émus, vous nous demandez aujourd'hui en leur nom, vous nous requérez presque de les convoquer à la réunion de la gauche.

» Nous ne pouvons le faire, quel qu'en soit notre désir, que s'ils croient devoir désavouer la formation d'une seconde réunion et la ligne politique qu'ils se sont laissé attribuer publiquement.

» Il est de leur intérêt, comme du nôtre, qu'il ne se glisse entre eux et nous aucune équivoque ; que nous restions unis, si nous devons marcher ensemble, ou que, si nous voulons suivre des voies différentes, nous soyons distincts, tout en conservant nos bons rapports et nos bons sentiments.

» Agréez, mon cher collègue, etc.

» Jules Grévy.

» 3 juin 1870. »

Cette lettre provoqua une réplique :

« Cher collègue,

» Nous avons pris connaissance de la lettre que vous étiez chargé de nous transmettre.

» Nous ne devons pas vous taire l'impression qu'elle nous a causée. Sans le vouloir, sans doute, vous avez posé à des collègues des conditions blessantes sur lesquelles leur dignité ne leur permet pas de délibérer.

» Involontairement, vous donnez crédit à des calomnies dont mieux que personne vous connaissez le néant.

» Nous ne transigerons jamais avec le pouvoir personnel, et nous répudions tous les compromis. La vraie discussion n'est pas là : vous le savez. La différence entre vous et nous est celle-ci : Vous voulez une gauche fermée, nous la voulons ouverte à quiconque revendiquera les libertés publiques sur le terrain où la gauche s'est placée de 1857 à 1869.

» Nous restons donc toujours membres de la gauche ; mais fidèles à ses traditions, nous ne pouvons plus faire partie de votre réunion.

» Veuillez agréer, cher collègue, l'assurance de nos meilleurs sentiments.

» Barthélemy Saint-Hilaire, Bethmont, de Choiseul, Javal, Lecesne, Lefèvre-Pontalis, Malézieux, duc de Marmier, E. Picard, Rampont, Riondel, Steenackers, Wilson. »

Le public, malgré tout, ne voulait pas croire à une rupture sérieuse, et la distinction entre une gauche fermée et une gauche ouverte lui paraissait reposer sur des mots plutôt que sur des réalités. Quel est le parti qui se ferme à ceux qui se convertissent à ses opinions et qui viennent à lui ? Quel est le parti qui s'ouvre indistinctement à tout le monde ? Les partis délibèrent séparément, sans doute, mais rien ne les empêche de se réunir pour délibérer en commun dans certaines circonstances; ne s'unit-on pas dans une coalition sans se confondre ? M. E. Picard et ses amis restaient, disaient-ils, sur le terrain où la gauche s'était placée de 1857 à 1869. Sans changer précisément de terrain, sera-t-il donc interdit de tenter des excursions sur le territoire ennemi ? Le parti républicain depuis 1869 a singulièrement étendu ses opérations et modifié sa stratégie; le ramener aux limites de 1857 ce n'était plus possible. M. Picard et ses amis le comprenaient au fond, aussi le public n'accordait-il qu'une mince attention à cette querelle entre les deux gauches, malgré tous les efforts des journaux bonapartistes pour la grossir.

Le ministère, dans les derniers jours de la période plébiscitaire, avait usé de tous les moyens pour assurer le succès du vote du 8 mai. Les saisies de journaux s'étaient multipliées, le *Rappel*, l'*Avenir national*, le *Siècle*, le *Réveil*, a *Marseillaise* furent traduits en police correctionnelle sous diverses préventions; une trentaine de journaux devinrent également l'objet de poursuites dans les départements. Les rigueurs du parquet atteignirent en même temps les orateurs des réunions publiques dont les discours faisaient en général plus de bien que de mal au gouvernement. Bientôt ce fut au tour des membres des sociétés ouvrières, l'*Association internationale des travailleurs*, d'abord comprise dans le complot déféré à la Haute-Cour de Blois, fut citée tout simplement devant la 6ᵉ chambre de police correctionnelle, le mercredi 22 juin 1870. Le nombre des prévenus était de trente-huit, divisés en deux catégories, l'une composée de prévenus considérés comme chefs et fondateurs d'une société secrète, l'autre de simples membres de cette société. Les journaux les moins socialistes, le *Journal de Paris* par exemple, s'étonnèrent de l'accusation de société secrète lancée contre celle des sociétés ouvrières qui vivait le plus au grand jour; le procès n'en eut pas moins lieu.

Mᵉ Clément Laurier occupait le banc de la défense. Les débats furent précédés de la lecture d'un rapport sur l'*Internationale*, élaboré au ministère de la justice, interminable document où dominait la fantaisie, et où les noms de Mazzini, de Ledru-Rollin, de Félix Pyat, de Cluseret, se trouvaient groupés et mêlés les uns aux autres sans aucune espèce de logique ni de raison, au gré du caprice de l'auteur. Quoique la lecture de ce factum eût duré plus de deux heures, le ministère public, dans son réquisitoire, ne se crut pas moins obligé de refaire à sa façon l'histoire de l'*Internationale*, société terrible, dit-il, qui a pour but la révolution, pour moyen la grève, et un chiffre pour traduire ses correspondances secrètes, ajouta-t-il d'un ton d'épouvante; ce chiffre, saisi à Lyon, effrayait surtout le ministère public, qui ne fit pas preuve de beaucoup de tact en rappelant le vote du 8 mai, et en ajoutant qu'il avait prononcé entre l'Empire et l'*Internationale*. C'était mettre le gouvernement et l'Internationale sur la même ligne; « le pays, dit en finissant l'orateur du parquet, par » son nouveau suffrage, en raffermissant le pouvoir, a » affirmé sa répulsion et sa haine pour vous, désormais » nous vous traquerons sans trêve ni merci ».

Traquer les gens sans trêve ni merci, c'était là un singulier langage dans la bouche du représentant de la justice; la persécution d'ailleurs, loin d'effrayer les membres de l'*Internationale*, ne faisait que les rendre plus ardents à la braver et à la provoquer; ils savaient bien que la sévérité du gouvernement grandissait l'*Internationale* et eux en même temps. Ces ouvriers intelligents, habitués à la parole, se gardèrent bien de négliger l'occasion qu'on leur offrait d'étaler leur éloquence et d'exposer leurs théories et leurs principes dans une défense à la fois individuelle et collective. Les prévenus prirent tour à tour la parole. Leur condamnation n'était point douteuse, elle fut prononcée, mais ils ne s'en plaignirent pas. Le retentissement donné à leurs idées valait bien quelques mois de prison.

Un autre procès politique se jugeait au même moment à Blois; l'arrêt de la Chambre des mises en accusation de la Haute-Cour de justice, daté du 4 juin, avait renvoyé devant cette Cour 72 individus accusés de crimes divers, notamment de complot contre la sûreté de l'État et contre la vie de l'Empereur. Les principaux accusés, outre ce Beaury, dont nous avons parlé, étaient les sieurs Cournet et Razoua (1), Flourens (2), Ferré (3), Fontaine (4), Jaclard (5), Gromier (6), Mégy (7), Moillin (8), Sapia (9), Tibaldi (10).

Le procès s'ouvrit le 18 juillet dans une salle du château de Blois, sous la présidence de M. Zangiacomi, qui avait autrefois présidé les débats des complots de l'Hippodrome et de l'Opéra-Comique. M. Grandperret occupait le siége du ministère public, assisté de quatre substituts. On remarquait au banc de la défense MM. Emmanuel Arago, Floquet, Laurier et Lachaud.

Mᵉ Emmanuel Arago, l'audience à peine ouverte, déposa ces conclusions : « Plaise à la Haute-Cour, attendu que, » dans les circonstances où se trouve le pays, nul ne sau- » rait apporter dans les débats qui vont s'ouvrir la liberté » d'esprit nécessaire à l'accomplissement de ses devoirs, dire » qu'il sera sursis. » Qui se souvenait en effet dans ce moment de Beaury, et des autres individus plus ou moins compromis dans sa conspiration? La Cour repoussa ces conclusions, et le procès suivit son cours au milieu de l'indifférence générale. Ce n'est pas que la passion des avocats et des juges ne fît naître à chaque instant des in-

---

(1) Rédacteurs du *Réveil*, nommés représentants du peuple à Paris, démissionnaires, condamnés pour participation à la Commune.
(2) Tué en combattant les troupes de Versailles.
(3) Fusillé par les troupes rentrées à Paris.
(4) Directeur des domaines pendant la Commune.
(5) Membre de la Commune.
(6) Secrétaire de Félix Pyat.
(7) Déporté.
(8) Un des maires de Paris pendant la Commune, fusillé à la rentrée des troupes.
(9) Tué le 22 janvier 1870 dans la manifestation de l'Hôtel de Ville.
(10) Ancien transporté à Cayenne.

cidents dramatiques, mais tout cela se passait au milieu d'événements qui ne permettaient pas à l'attention publique de se partager ; l'intérêt était ailleurs.

Trente-sept accusés furent acquittés, parmi lesquels Cournet, Ferré, Joly, Razoua, Prost et les frères Villeneuve ; les autres furent condamnés à diverses peines que la chute de l'Empire devait les empêcher de subir.

C'est pendant le procès de Blois que la candidature du prince de Hohenzollern au trône d'Espagne éclata. Les journées à partir de ce moment jusqu'à la déclaration de guerre s'écoulèrent dans une attente fiévreuse. Un jour tout semblait fini, le lendemain tout était remis en question. L'aspect des choses changeait du matin au soir. Le 13 juillet dans l'après-midi, par exemple, tout le monde crut la crise terminée pacifiquement : le gouvernement impérial avait obtenu les satisfactions demandées, le prince de Hohenzollern renonçait à sa candidature au trône d'Espagne, le roi Guillaume approuvait ce désistement ; rien ne s'opposait donc plus au maintien de la paix. Les nouvelles devinrent plus alarmantes, vers le soir, le bruit courut que le gouvernement exigeait du roi de Prusse l'assurance officielle que jamais le prince de Hohenzollern ne monterait sur le trône d'Espagne. Les symptômes alarmants augmentaient d'heure en heure. On avait reçu dans l'après-midi la dépêche de la *Gazette de Cologne* annonçant le refus par le roi de Prusse de recevoir M. Benedetti, et la réponse à lui faite par l'aide de camp de Guillaume Ier que la candidature Hohenzollern étant retirée, Sa Majesté considérait l'affaire comme terminée. Napoléon III, loin de partager cette opinion, voyait au contraire, au dire des nouvellistes, dans le refus de recevoir son représentant, une insulte qui ne pouvait se laver que dans le sang.

Ce que l'on savait s'être passé à Ems ne justifiait nullement cette opinion, et si les avis étaient partagés on peut dire néanmoins que le nombre de ceux qui se sentaient insultés était loin d'être le plus considérable, lorsque le *Constitutionnel* publia le 14 juillet, à midi, une édition extraordinaire contenant la déclaration suivante :

LA GUERRE !

« Le roi de Prusse a refusé de recevoir le représentant de la France, et *lui a fait dire par un adjudant de service* qu'il n'avait rien à lui communiquer.

» Ce fait a été publié le soir même dans la *Gazette officielle* de Berlin et porté par M. de Bismarck à la connaissance des cours étrangères.

» A une telle insolence, il n'y a qu'une réponse : *La guerre*!

» Notre gouvernement a tout fait pour éviter un conflit.

» Il a circonscrit le différend franco-prussien à une simple question dynastique ; il n'a fait revivre aucun des griefs qui pouvaient résulter pour nous de l'inexécution du traité de Prague : il voulait la paix, une paix qui sauvegardât l'honneur national.

» La Prusse a pris notre modération pour de la faiblesse ; aux déclarations calmes, dignes, pacifiques de notre ambassadeur, elle a répondu par une injure..., une grossièreté.

» En cela elle a obéi à ses traditions : nous obéirons aux nôtres !

» On ne joue pas impunément avec les susceptibilités de la France.

» Les souvenirs de 1814 étaient assoupis ; le roi de Prusse les a brutalement réveillés.

» Il veut la guerre, soit ! Nous l'acceptons, sûrs de notre droit, confiants dans la supériorité de nos armes.

» La Prusse nous insulte, passons le Rhin !

» Les soldats d'Iéna sont prêts. »

Rien n'était vrai dans cette note faite pour enflammer les imaginations. Le soir même, de nombreuses bandes, après avoir parcouru les boulevards, stationnèrent devant le ministère de la justice, l'État-major et les Tuileries, en poussant les cris : A bas la Prusse ! à Berlin ! sincères ou non, ces cris qui faisaient écho à la note du *Constitutionnel* n'étaient pas encore très-nombreux.

La déclaration de guerre à peine connue le 15 juillet de la population, les spéculateurs se pressent devant la vitrine des changeurs où sont affichées les dernières cotes des fonds français; la bourse interlope du boulevard des Italiens déborde jusque dans la rue Le Peletier, les boursiers haletants, fiévreux, se communiquent les nouvelles vraies ou fausses qui circulent; la ligne des boulevards est tellement encombrée que les omnibus sont obligés de prendre les rues parallèles; les manifestations se succèdent; ici des gens aux traits avinés, aux allures douteuses suivis de femmes dont on devine trop bien la profession, crient: Vive la guerre! là des étudiants, des ouvriers crient: Vive la paix! Les Hanovriens, réunis au nombre d'un millier environ sur la place de la Bastille, suivent les boulevards, drapeau déployé, aux cris de : Vive la France! à Berlin!

Le préfet de police, qui passait pour n'être pas étranger à ces démonstrations, crut devoir lancer le lendemain une proclamation, pour engager la population au calme.

L'autorisation de chanter la *Marseillaise* avait été donnée depuis quelques jours à tous les cafés-concerts, qui s'empressèrent d'en profiter et de réparer le temps perdu. Les consommateurs, entre un bock et un couplet, criaient : A Berlin! d'une voix enrouée. L'Opéra crut devoir, lui aussi, entonner l'hymne révolutionnaire. Le public de ce théâtre, composé de gens d'argent et de plaisir, fort sceptiques pour la plupart, et fort peu susceptibles d'élan patriotique, s'avisa un beau soir de vouloir joindre à la *Marseillaise*, le *Rhin allemand*. La chanson d'Alfred de Musset, vieille de trente ans, était inconnue des chanteurs de 1870. Le régisseur vint annoncer qu'aucun artiste de l'Opéra ne la savait. Les abonnés ne se payant pas de cette raison, firent un tel tapage, qu'un des premiers sujets, M. Faure, fut obligé de venir chanter, le cahier à la main. Le *Rhin allemand* précéda dès lors tous les soirs la *Marseillaise*.

Le Sénat, après sa dernière séance, s'était rendu à Saint-Cloud, où il avait été reçu par l'Empereur, l'Impératrice et le Prince impérial. Deux discours avaient été échangés entre l'Empereur et M. Rouher. Le 16 juillet, ces morceaux d'éloquence furent placardés sur tous les murs de Paris :

« Sire,

» Le Sénat remercie l'Empereur de lui avoir permis de venir porter aux pieds du trône l'expression des sentiments patriotiques avec lesquels il a accueilli les communications qui lui ont été faites à la séance d'hier.

» Une combinaison monarchique nuisible au prestige et à la sécurité de la France avait été mystérieusement favorisée par le roi de Prusse.

» Sans doute, sur notre protestation, le prince Léopold a retiré son acceptation ; l'Espagne, cette nation qui connaît et nous rend les sentiments d'amitié que nous avons pour elle, a renoncé à une candidature qui nous blessait.

» Sans doute, le péril immédiat était écarté ; mais notre légitime réclamation ne subsistait-elle pas tout entière ? N'était-il pas évident qu'une puissance étrangère, au profit de son influence et de sa domination, au préjudice de notre honneur et de nos intérêts, avait voulu troubler une fois de plus l'équilibre de l'Europe ?

» N'avions-nous pas le droit de demander à cette puissance des garanties contre le retour possible de pareilles tentatives ?

» Ces garanties sont refusées : la dignité de la France est méconnue. Votre Majesté tire l'épée : la patrie est avec vous, frémissante d'indignation et de fierté.

» Les écarts d'une ambition surexcitée par un jour de grande fortune devaient tôt ou tard se produire.

» Se refusant à des impatiences hâtives, animé de cette calme persévérance qui est la vraie force, l'Empereur a su attendre ; mais, depuis quatre années, il a porté à sa plus haute perfection l'armement de nos soldats, élevé à toute sa puissance l'organisation de nos forces militaires.

» Grâce à vos soins, la France est prête, Sire, et, par son enthousiasme, elle prouve que, comme vous, elle était résolue à ne tolérer aucune entreprise téméraire.

» Que notre auguste souveraine redevienne dépositaire du pouvoir impérial ; les grands corps de l'État l'entoureront de leur respectueuse affection, de leur absolu dévouement. La nation connaît l'élévation de son cœur et la fermeté de son âme ; elle a foi dans sa sagesse et dans son énergie.

» Que l'Empereur reprenne avec un juste orgueil et une noble confiance le commandement de ses légions agrandies de Magenta et de Solférino, qu'il conduise sur les champs de bataille l'élite de cette grande nation.

» Si l'heure des périls est venue, l'heure de la victoire est proche.

» Bientôt la patrie reconnaissante décernera à ses enfants les honneurs du triomphe ; bientôt, l'Allemagne affranchie de la domination qui l'opprime, la paix rendue à l'Europe par la gloire de nos armes, Votre Majesté, qui, il y a deux mois, recevait pour elle et pour sa dynastie une nouvelle force de la volonté nationale, Votre Majesté se dévouera de nouveau à cette grande œuvre d'améliorations et de réformes dont la réalisation, — la France le sait et le génie de l'Empereur le lui garantit, — ne subira d'autre retard que le temps que vous emploierez à vaincre. »

L'Empereur a répondu :

« Messieurs les Sénateurs,

» J'ai été heureux d'apprendre avec quel vif enthousiasme le Sénat a reçu la déclaration que le ministre des affaires étrangères a été chargé de lui faire. Dans toutes les circonstances où il s'agit des grands intérêts et de l'honneur de la France, je suis sûr de trouver dans le Sénat un appui énergique. Nous commençons une lutte sérieuse. La France a besoin du concours de tous ses enfants. Je suis bien aise que le premier cri patriotique soit parti du Sénat ; il aura dans le pays un grand retentissement. »

Le Sénat, en expliquant à sa façon les origines de la guerre, aurait pu s'épargner l'aveu que depuis quatre ans le gouvernement impérial s'y préparait : « *L'Empereur* » *a su attendre*, mais en attendant depuis quatre années » avec ce calme persévérant qui est la vraie force, » ajoute M. Rouher, il a porté à sa plus haute perfection » l'armement de nos soldats, élevé à toute sa puissance l'or- » ganisation de nos forces militaires. » Ces flatteries dont les événements allaient faire une si lamentable dérision, étaient suivies d'une espèce d'invocation à l'Empereur pour le supplier de confier la régence à l'Impératrice ; les grandes phrases de M. Rouher refroidissaient l'ardeur de la population au lieu de l'exciter. La bouche qui avait défendu l'expédition du Mexique et Sadowa n'aurait-elle pas dû se taire, à cette heure terrible où nos premiers détachements partaient pour la frontière ?

Le 17 juillet, à neuf heures du matin, on lisait sur les murs de la gare de l'Est :

AVIS AUX VOYAGEURS.

« A partir du samedi 16 juillet courant, neuf heures du matin, le service des voyageurs sur le réseau des chemins de fer de l'Est, est en partie supprimé. MM. les voyageurs devront s'adresser aux chefs des gares et stations pour avoir les renseignements nécessaires sur la marche des trains. »

C'était le signal de la mise en mouvement de l'armée. La foule, avide d'assister au spectacle émouvant du départ des régiments, s'accumula dès midi devant la gare de Strasbourg, les casernes Napoléon, du Prince-Eugène, de Reuilly, etc. Le 95° de ligne, sorti du fort de Bicêtre, arriva au chemin de fer de Strasbourg vers trois heures, accompagné de plusieurs milliers de personnes chantant la *Marseillaise* et criant : *Vive l'armée!*

Les abords de la gare, la cour entourée de grilles qui précède l'embarcadère sont envahis par le peuple au milieu duquel le régiment a de la peine à se frayer un passage. Le 95° campe dans la cour latérale de la gare, qui longe la rue d'Alsace. Le 81° de ligne ne tarde pas à entrer dans la cour, musique en tête et jouant la *Marseillaise*. L'air fanfaron, la tenue un peu débraillée de la troupe, sans choquer précisément, donnaient matière à bien des réflexions ; la satisfaction empreinte sur le visage de soldats marchant à l'ennemi ne peut déplaire, on eût souhaité cependant que l'expression d'un sentiment plus sérieux se joignît à leur joie un peu turbulente et que leur enthousiasme tapageur fût moins exempt de toute arrière-pensée un peu grave. Le départ des gardes mobiles offrit bientôt un spectacle plus triste. Voir tant de jeunes gens se rendre après une orgie à la gare de l'Est en voiture découverte, une femme avinée comme eux à leur côté, cela offensait la morale, affligeait le patriotisme et faisait douter de la victoire.

La guerre était engagée, et elle paraissait encore un rêve! chaque jour cependant quelque nouvelle mesure en attestait la terrible réalité. Le 22 juillet, le *Journal officiel* publia un arrêté du ministre de la justice interdisant aux journaux de rendre compte, par un moyen de publication quelconque, des mouvements des troupes et des opérations militaires sur terre et sur mer.

Quelques jours après, parut cette note encore plus comminatoire, : « Nous croyons devoir rappeler que, aux » termes de l'article 77 du Code pénal, est puni de mort, » quiconque aura pratiqué des manœuvres ou entretenu des » intelligences pour fournir à l'ennemi des secours en ar- » gent. » N'était-il pas blessant de supposer qu'il pût se trouver en France des gens capables de vendre leur pays? Un semblable crime est de ceux qu'il faut punir, mais qu'on ne doit pas prévoir pour l'honneur d'une nation.

L'Empereur, avant de partir, voulut donner un témoignage de sa confiance à la garde nationale, dont le commandant en chef reçut la lettre suivante :

« Palais de Saint-Cloud, 26 juillet 1870.

» Mon cher général,

» Je vous prie d'exprimer de ma part à la garde nationale de Paris combien je compte sur son patriotisme et son dévouement.

» Au moment de partir pour l'armée, je tiens à lui témoigner la confiance que j'ai en elle pour maintenir l'ordre dans Paris et pour veiller à la sûreté de l'Impératrice.

» Il faut aujourd'hui que chacun, dans la mesure de ses forces, veille au salut de la patrie.

» Croyez, mon cher général, à mes sentiments d'amitié.

» NAPOLÉON. »

Un décret institua ensuite la régence :

« Napoléon,

» Par la grâce de Dieu et la volonté nationale, empereur des Français ;

» A tous présents et à venir, salut ;

» Voulant donner à notre bien-aimée épouse, l'Impératrice, des marques de la confiance que nous avons en elle ;

» Et attendu que nous sommes dans l'intention de nous mettre à la tête de l'armée ;

» Nous avons résolu de conférer, comme nous conférons par ces présentes, à notre bien-aimée épouse l'Impératrice le titre de régente, pour en exercer les fonctions dès que nous aurons quitté notre capitale, en conformité de nos instructions et de nos ordres, tels que nous les aurons fait connaître dans l'ordre général du service que nous aurons établi et qui sera transcrit sur le livre d'Etat.

» Entendons qu'il soit donné connaissance à nos ministres desdits ordres et instructions, et qu'en aucun cas l'Impératrice ne puisse s'écarter de leur teneur dans l'exercice de ses fonctions de régente.

» Voulons que l'Impératrice préside en notre nom le conseil des ministres. Toutefois, notre intention n'est point que l'impératrice-régente puisse autoriser par sa signature la promulgation d'aucune loi autre que celles qui sont actuellement pendantes devant le Sénat, le Corps législatif et le Conseil d'Etat, nous référant à cet égard au contenu des ordres et instructions mentionnés ci-dessus.

» Mandons à notre garde des sceaux, ministre de la justice et des cultes, de donner communication des présentes lettres patentes au Sénat, qui les fera transcrire sur ses registres, et de les faire publier au *Bulletin des Lois*.

» NAPOLÉON.

» Vu et scellé du grand sceau :
 » *Le garde des sceaux ministre de la justice et des cultes.*
  » ÉMILE OLLIVIER. »

» Par l'Empereur :
 » *Le garde des sceaux ministre de la justice et des cultes.*
  » ÉMILE OLLIVIER. »

L'Empereur fit ses adieux à la population par la proclamation suivante :

» Français,

» Il y a dans la vie des peuples des moments solennels où l'honneur national, violemment excité, s'impose comme une force irrésistible, domine tous les intérêts et prend seul en main la direction des destinées de la patrie. Une de ces heures décisives vient de sonner pour la France.

» La Prusse, à qui nous avons témoigné pendant et depuis la guerre de 1866 les dispositions les plus conciliantes, n'a tenu aucun compte de notre bon vouloir et de notre longanimité. Lancé dans une voie d'envahissement, elle a éveillé toutes les défiances, nécessité partout des armements exagérés, et fait de l'Europe un camp où règnent l'incertitude et la crainte du lendemain.

» Un dernier incident est venu révéler l'instabilité des rapports internationaux et montrer toute la gravité de la situation. En présence des nouvelles prétentions de la Prusse, nos réclamations se sont fait entendre. Elles ont été éludées et suivies de procédés dédaigneux. Notre pays en a ressenti une profonde irritation, et aussitôt un cri de guerre a retenti d'un bout de la France à l'autre. Il ne nous reste plus qu'à confier nos destinées au sort des armes.

» Nous ne faisons pas la guerre à l'Allemagne, dont nous respectons l'indépendance. Nous faisons des vœux pour que les peuples qui composent la grande nationalité germanique disposent librement de leurs destinées.

» Quant à nous, nous réclamons l'établissement d'un état de choses qui garantisse notre sécurité et assure l'avenir. Nous voulons conquérir une paix durable, basée sur les vrais intérêts des peuples, et faire cesser cet état précaire où toutes les nations emploient leurs ressources à s'armer les unes contre les autres.

» Le glorieux drapeau que nous déployons encore une fois devant ceux qui nous provoquent est le même qui porta à travers l'Europe les idées civilisatrices de notre grande Révolution. Il représente les mêmes principes ; il inspirera les mêmes dévouements.

» Français,

» Je vais me mettre à la tête de cette vaillante armée qu'animent l'amour du devoir et de la patrie. Elle sait ce qu'elle vaut, car elle a vu dans les quatre parties du monde la victoire s'attacher à ses pas.

» J'amène mon fils avec moi malgré son jeune âge. Il sait quels sont les devoirs que son nom lui impose, et il est fier de prendre sa part dans les dangers de ceux qui combattent pour la patrie.

» Dieu bénisse nos efforts. Un grand peuple qui défend une cause juste est invincible !

» NAPOLÉON. »

L'Empereur partant pour la guerre d'Italie avait mis une certaine affectation de popularité à entourer son départ du plus grand éclat, et à parcourir une partie du faubourg Saint-Antoine. Il n'osa pas cette fois traverser Paris. Il partit de Saint-Cloud, le 27 juillet, pour rejoindre le chemin de l'Est par le chemin de ceinture.

Napoléon III aura beau dire plus tard que c'est la France qui a voulu la guerre, ce départ presque furtif lui donne d'avance un démenti. La surprise d'un brusque événement, l'émotion d'un spectacle dramatique comme la guerre de 1870 ne pouvait manquer d'allumer dans la population d'une grande ville comme Paris une espèce de fièvre qu'il faut bien se garder de confondre avec le sentiment belliqueux et qui souvent lui est entièrement opposé. Ces bandes avinées qui parcouraient Paris en criant : A Berlin ! ces braillards qui se portaient à la maison de M. Thiers pour l'injurier, ces misérables qui souillaient d'ordures les murs de l'hôtel de l'ambassade prussienne, ne formaient dans la population qu'une minorité bruyante d'un courage fort suspect; la police lui abandonnait les boulevards, mais elle était loin d'y régner en maîtresse. On vit, dans la soirée du 20, six mille personnes se former en rangs à la place de la Bastille, descendre les boulevards en criant : Vive la paix ! et parvenues à la hauteur du boulevard Bonne-Nouvelle soutenir un vrai combat avec les conquérants de Berlin. La police vint en aide à ces derniers; une escouade de sergents de ville se jeta sur la phalange pacifique, lui enleva son drapeau et fit de nombreuses captures dans ses rangs.

CHAPITRE VIII

1870

PARIS EN ÉTAT DE SIÉGE

SOMMAIRE. — Question belge. — Premières nouvelles du théâtre de la guerre.— Prétendue victoire de Sarrebruck. — La surprise de Wissembourg. — Émotion publique. — Attroupements. — Absence inquiétante de dépêches. — Anxiété croissante de la population. — Hallucination de Paris. — Fausse victoire remplacée par un désastre. — Proclamation du ministère. — Nouvelles de l'armée. — Dépêches de l'Empereur. — Les choses y sont présentées sous un jour faux et incomplet. — Nouvelle proclamation du ministère. — Convocation des Chambres. — Paris mis en état de siége. — Le maréchal Baraguey-d'Hilliers nommé gouverneur de Paris. — Autres dépêches de l'armée. — Proclamation de l'Impératrice. — Reproches qu'on adresse au gouvernement. — L'espion prussien. — Manifeste des députés et des journaux de la gauche. — Nouveaux attroupements.

La proclamation de Napoléon III annonçant la guerre provoqua dans toutes les capitales une sensation qui ne fut nulle part aussi vive qu'à Londres. C'était comme un coup de canon qui venait subitement tirer l'Angleterre de son sommeil, et la forcer à prendre une résolution, acte de vigueur dont elle paraissait désormais incapable. L'Angleterre, si elle se décidait à prendre un parti, devait se prononcer infailliblement pour la puissance qui lui paraîtrait la mieux disposée à respecter la neutralité de la Belgique. M. de Bismarck le comprit, et recourant à la complicité du *Times*, il fit insérer dans ce journal le projet de traité suivant, écrit tout entier, disait-il, de la main de M. Benedetti :

« S. M. le roi de Prusse et S. M. l'empereur des Français, jugeant utile de resserrer les liens d'amitié qui les unissent et de consolider les rapports de bon voisinage heureusement existant entre les deux pays, convaincus, d'autre part, que pour atteindre ce résultat, propre d'ailleurs à assurer le maintien de la paix générale, il importe de s'entendre sur des questions qui intéressent leurs relations futures ont résolu de conclure un traité à cet effet, et nommé en conséquence pour leurs plénipotentiaires, savoir :

» S. M., etc.

» S. M., etc.

» Lesquels sont convenus des articles suivants :

» Art. 1ᵉʳ. — S. M. l'empereur des Français admet et reconnaît les acquisitions que la Prusse a faites à la suite de la dernière guerre qu'elle a soutenue contre l'Autriche et contre ses alliés.

» Art. 2. — S. M. le roi de Prusse promet de faciliter à la France l'acquisition du Luxembourg ; à cet effet, ladite Majesté entrera en négociations avec S. M. le roi des Pays-Bas pour le déterminer à faire à l'empereur des Français la cession de ses droits souverains sur ce duché, moyennant telle compensation qui sera jugée suffisante ou autrement. De son côté, l'empereur des Français s'engage à assumer les charges pécuniaires que cette transaction peut comporter.

» Art. 3. — S. M. l'empereur des Français ne s'opposera pas à une union fédérale de la Confédération du Nord avec les Etats du midi de l'Allemagne, à l'exception de l'Autriche, laquelle union pourra être basée sur un parlement commun, tout en respectant, dans une juste mesure, la souveraineté desdits Etats.

» Art. 4. — De son côté, S. M. le roi de Prusse, au cas où S. M. l'empereur des Français serait amené, par les circonstances, à faire entrer ses troupes en Belgique ou à la conquérir, accordera le secours de toutes ses armes à la France, et il la soutiendra avec toutes ses forces de terre et de mer, envers et contre toute puissance qui, dans cette éventualité, lui déclarerait la guerre.

Art. 5. — Pour assurer l'entière exécution des dispositions qui précèdent, S. M. le roi de Prusse et S. M. l'empereur des Français contractent, par le présent traité, une alliance offensive et défensive, qu'ils s'engagent solennellement à maintenir. Leurs Majestés s'obligent en outre à l'observer, et notamment dans tous les cas où leurs Etats respectifs, dont elles se garantissent mutuellement l'intégrité, seraient menacés d'une digression, se tenant pour liées, en pareille conjecture, de prendre sans retard et de ne décliner sous aucun prétexte les arrangements militaires qui seraient commandés par leur intérêt commun, conformément aux clauses et prévisions ci-dessus énoncées. »

L'éditeur du *Times*, quoique ce document lui eût été communiqué par l'ambassade prussienne, ne l'avait, à l'en croire, inséré qu'après beaucoup d'hésitation. Londres frémit à cette révélation; le soir même M. Disraeli se leva de son banc, à la Chambre des communes, pour interpeller le ministère. M. Gladstone ajourna sa réponse, mais déjà le langage du chef du cabinet et du chef de l'opposition indiquait clairement que ni l'un ni l'autre ne mettait en doute l'authenticité du document.

Lord Grandville, interpellé le même soir par lord Strafford de Redcliffe, lui répondit : « Je viens de voir M. de
» la Valette. Dans la conversation que nous avons eue il
» m'a déclaré que le projet de traité publié par le *Times*
» doit son existence à M. de Bismarck ; qu'il a fait l'objet
» de conversations entre M. de Bismarck et M. Benedetti,
» mais qu'il n'a jamais eu de bases réelles, et que c'était là
» un document indigne d'occuper l'attention des gens
» sérieux. »

L'émotion de l'opinion publique ne se calmant pas à Londres, M. E. Ollivier crut l'apaiser en déclarant, dans une lettre adressée à un de ses amis de Londres, que le traité du *Times* était faux, et que le cabinet du 2 janvier n'était entré dans aucune négociation de ce genre avec la Prusse. Le *Journal officiel* ne pouvait cependant garder le silence ; il publia le 29 juillet une lettre de M. Benedetti à M. de Gramont, dont voici le passage le plus important :

« Il est de notoriété publique que M. le comte de Bismarck nous a offert, avant et pendant la dernière guerre, de contribuer à réunir la Belgique à la France en compensation des agrandissements qu'il ambitionnait et qu'il a obtenus pour la Prusse. Je pourrais à cet égard invoquer le témoignage de toute la diplomatie européenne, qui n'a rien ignoré. Le gouvernement de l'Empereur a constamment décliné ces ouvertures, et l'un de vos prédécesseurs, M. Drouyn de Lhuys, est en mesure de donner à cet égard des explications qui ne laisseraient subsister aucun doute.

» Au moment de la conclusion de la paix de Prague, et en présence de l'émotion que soulevait en France l'annexion du Hanovre, de la Hesse électorale et de la ville de Francfort à la Prusse, M. de Bismarck témoigna de nouveau le plus vif désir de rétablir l'équilibre rompu par ces acquisitions. Diverses combinaisons, respectant l'intégrité des États voisins de la France et de l'Allemagne, furent mis en avant ; elles devinrent l'objet de plusieurs entretiens pendant lesquels M. de Bismarck inclinait toujours à faire valoir ses idées personnelles.

» Dans une de ces conversations, et afin de me rendre un compte exact de ses combinaisons, j'ai consenti à les transcrire en quelque sorte sous sa dictée. La forme, non moins que le fond, démontre clairement que je me suis borné à reproduire un projet connu et développé par lui. M. de Bismarck garda cette rédaction, voulant la soumettre au roi. De mon côté, je rendis compte, en substance, au gouvernement impérial des communications qui m'avaient été faites.

» L'Empereur les repoussa dès qu'elles parvinrent à sa connaissance.

» Je dois dire que le roi de Prusse lui-même ne parut pas vouloir en agréer la base, et depuis cette époque, c'est-à-dire pendant les quatre dernières années, je ne suis plus entré dans aucun nouvel échange d'idées à ce sujet avec M. de Bismarck. Si l'initiative d'un pareil traité eût été prise par le gouvernement de l'Empereur, le projet aurait été libellé par le ministère, et je n'aurais pas eu à en produire une copie écrite de ma main ; il eût été d'ailleurs autrement rédigé, et il aurait donné lieu à des négociations qui eussent été simultanément poursuivies à Paris et à Berlin. Dans ce cas, M. de Bismarck ne se serait pas contenté d'en livrer indirectement le texte à la publicité au moment surtout où Votre Excellence rectifiait, dans des dépêches qui étaient insérées au *Journal officiel*, d'autres erreurs qu'on cherchait également à propager. Mais pour atteindre le but qu'il s'est proposé, celui d'égarer l'opinion publique et de prévenir les indiscrétions que nous aurions pu nous permettre nous-mêmes, il a usé de cet expédient, qui le dispensait de préciser à quel moment, dans quelles circonstances et de quelle manière ce document avait été transcrit. Il s'est évidemment flatté de suggérer, grâce à ces omissions, des conjectures qui, en dégageant sa responsabilité personnelle, devaient compromettre celle du gouvernement de l'Empereur. De pareils procédés n'ont pas besoin d'être qualifiés ; il suffit de les signaler, en les livrant à l'appréciation du public européen.

» Veuillez agréer, etc.

» V. BENEDETTI. »

L'existence du projet de traité et de pourparlers relatifs à ses conditions n'étant pas niée, il importait peu de savoir quelle main l'avait écrit. Du moment qu'il était établi que la discussion avait pu rouler entre les représentants de l'Empereur et du roi de Prusse sur une compensation à accorder à la France en échange des agrandissements de la Prusse, quoi de plus simple que de débattre certaines idées parmi lesquelles pouvait fort bien figurer l'annexion de la Belgique à l'Empire français, demandée si souvent par ses journaux ? Il suffisait que M. Benedetti n'eût pas rejeté immédiatement toute ouverture à ce sujet, pour que M. de Bismarck se crût le droit de préciser dans un écrit l'objet de ses entretiens avec lui.

Comment les choses s'étaient-elles passées? il est difficile de le savoir exactement ; mais deux points, de l'aveu même du gouvernement français, semblent certains : premièrement l'existence du projet de traité, n'importe de qui il émane ; secondement, l'ouverture de pourparlers après le traité de Prague pour rechercher les bases d'une alliance entre la France et la Prusse. Quelle a été la nature de ces pourparlers? Quelles propositions y ont été faites et rejetées? Le gouvernement impérial se gardait bien de le dire; des explications catégoriques sur les réclamations de Napoléon III après Sadowa, en attestant la franchise de sa politique, auraient pourtant plus fait pour porter la conviction dans les esprits, que le démenti donné au projet de traité, démenti qui ne portait même que sur l'écrit matériel et laissait subsister le doute sur les intentions.

Les journaux du gouvernement impérial, en voyant le déplorable effet de la lettre où M. Benedetti plaidait en quelque sorte les circonstances atténuantes, n'hésitaient pas à le jeter par dessus bord : « Quant à M. Benedetti, » disait la *Patrie*, nous ne voulons pas insister sur sa naïveté, » sur son inexpérience si rare à son âge et dans sa situation. » Nous formons seulement un vœu qu'exige l'intérêt du » pays : les événements viennent de faire à M. Benedetti » des loisirs heureux pour nous, nous sommes convaincus » que tous les ministres, quels qu'ils soient, continueront » ces loisirs à M. Benedetti jusqu'à la fin de sa vie. » Le *Constitutionnel*, en cherchant à excuser le représentant de Napoléon III près la cour de Prusse, se montrait, sans s'en douter, aussi cruel à son égard que la *Patrie* : « L'auteur » du projet est M. de Bismarck, qui, méditant déjà une » astucieuse combinaison, a prié M. Benedetti de la copier » *en français* pour la placer sous les yeux du roi. » Ainsi, selon le *Constitutionnel*, le roi Guillaume ne comprendrait pas l'allemand, puisqu'il fallut copier en français les documents qu'on voulait lui faire lire?

C'était aussi, on l'a vu, l'excuse mise en avant par M. Benedetti pour justifier sa conduite; M. de Bismarck avait réclamé de lui la minute du projet de traité pour le mettre sous les yeux de Guillaume Ier et M. Benedetti l'avait écrite de sa main. A quoi bon, en vérité, cette demande, puisque cette minute ne renfermait que les idées personnelles de M. de Bismarck, et quel besoin avait ce dernier de recourir à l'ambassadeur français pour les communiquer au roi? La vérité est, que M. de Bismarck n'éprouvait nulle envie d'offrir la Belgique à Napoléon III, et qu'il désirait seulement avoir entre les mains une pièce dont il pût, le cas échéant, faire usage contre lui.

M. Benedetti, après avoir raconté dans sa lettre à M. le ministre des affaires étrangères, comment il s'était fait le secrétaire de M. de Bismarck, ajoute qu'il a rendu immédiatement compte au gouvernement des communications du ministre prussien. Le gouvernement impérial avait cependant déclaré « qu'il n'avait jamais eu connaissance » d'un projet formulé par écrit ». C'est là évidemment une erreur ou un mensonge, mais quelque opinion que l'on ait sur la valeur plus ou moins sérieuse du traité en lui-même, on ne peut s'empêcher de reconnaître que M. de Bismarck y trouvait un excellent moyen d'offrir à l'Angleterre le prétexte qu'elle cherchait pour se désintéresser de la guerre et de ses conséquences.

La rupture entre la France et la Prusse n'était pas faite pour produire une impression bien agréable à Vienne. L'Autriche ne pouvait se complaire à l'idée de voir la France écrasée par la Prusse; l'empereur François-Joseph avait même pour la France une très-vive sympathie partagée par l'archiduc Albert, par la cour, par l'aristocratie, par l'armée, par les populations slaves et hongroises de l'Empire, mais il fallait donner le temps à cette sympathie de se manifester officiellement, et à M. de Beust d'opérer entre l'Autriche et l'Italie un rapprochement qui aurait pu aboutir à une triple alliance. Des diplomates italiens étaient venus à Vienne pour échanger leurs vues à ce sujet avec le ministre des affaires étrangères de l'Autriche. L'éventualité d'une intervention armée austro-italienne s'interposant entre la France et la Prusse se serait peut-être réalisée sans le rapide désastre de Reischoffen suivi de tant d'autres désastres. L'Italie et l'Autriche cessèrent leurs pourparlers à dater de la première défaite de la France et ne les reprirent plus.

M. de Gramont n'ignorait pas ces dispositions de l'Autriche et de l'Italie; n'ayant que des alliances en perspective, mais pas d'alliance conclue, il avait voulu en quelque sorte les forcer en brusquant la situation. Il n'y parvint guère, si on en juge par le langage de M. de Metternich annonçant tristement le 15 juillet à M. de Beust que tout espoir de conciliation était perdu par suite de la « violence imprudente avec laquelle le gouvernement français semblait avoir sauté sur le premier prétexte » venu pour chercher querelle à la Prusse ». La circulaire adressée par M. de Beust à tous les agents diplomatiques de l'Autriche dès le lendemain de la déclaration officielle de guerre par la France à la Prusse ne pouvait d'ailleurs laisser aucune illusion à M. de Gramont sur la ferme intention de l'Autriche de se tenir dans la neutralité.

Paris, pendant ce temps-là, attendait avec impatience

des nouvelles de l'armée ; le premier bulletin arrivé le 2 août était un bulletin de victoire :

« Aujourd'hui, 2 août, à onze heures du matin, les troupes françaises ont eu un sérieux engagement avec les troupes prussiennes.

» Notre armée a pris l'offensive, franchi la frontière et envahi le territoire de la Prusse.

» Malgré la force de la position ennemie, quelques-uns de nos bataillons ont suffi pour enlever les hauteurs qui dominent Sarrebruck, et notre artillerie n'a pas tardé à chasser l'ennemi de la ville. L'élan de nos troupes a été si grand que nos pertes ont été légères.

» L'engagement, commencé à onze heures, était terminé à une heure.

» L'Empereur assistait aux opérations, et le Prince impérial, qui l'accompagnait partout, a reçu, sur le premier champ de bataille de la campagne, le baptême du feu.

» Sa présence d'esprit, son sang-froid dans le danger, ont été dignes du nom qu'il porte.

» A quatre heures, l'Empereur et le Prince impérial étaient rentrés à Metz. »

Le *Gaulois* publiait en même temps la dépêche suivante, adressée à l'Impératrice par l'Empereur :

A L'IMPÉRATRICE

« Louis vient de recevoir le baptême du feu ; il a été admirable de sang-froid et n'a nullement été impressionné.

» Une division du général Frossard a pris les hauteurs qui dominent la rive gauche de Sarrebruck.

» Les Prussiens ont fait une courte résistance.

» Nous étions en première ligne ; mais les balles et les boulets tombaient à nos pieds.

» Louis a conservé une balle qui est tombée tout près de lui.

» Il y a des soldats qui pleuraient en le voyant si calme.

» Nous n'avons eu qu'un officier et dix hommes tués.

» NAPOLÉON. »

Le *Vœu national* de Metz, arrivé le matin même, contenait sous la rubrique *Dernières nouvelles* les lignes suivantes :

« Nous arrêtons notre tirage pour annoncer une grande, une glorieuse nouvelle ! Le corps d'armée commandé par le général Frossard s'est ébranlé ce matin et a attaqué les approches de Sarrebruck. Après un bril-

,ant engagement, nos soldats sont restés maîtres des hauteurs de Sarrebruck, que l'ennemi, foudroyé par notre artillerie, a abandonnées. Nos pertes sont, Dieu merci, peu sérieuses. C'est un premier et grand succès. »

« Il paraîtrait, ajoutait le *Vœu national*, que le mou-
» vement du corps d'armée du général Frossard contre
» Sarrebruck se combinait avec un mouvement de l'armée
» sur toute la ligne, ce qui fait supposer que nous ne tar-
» derons pas à recevoir la nouvelle de nouveaux combats. »

Voici du moins ce que nous lisons dans un *post-scriptum* de l'*Indépendance belge* :

« Une dépêche de Luxembourg nous annonce qu'un corps français très-nombreux, évalué à 30 000 hommes, s'est avancé la nuit dernière sur le territoire prussien jusque vis-à-vis de Remich, petite ville de l'extrême frontière du grand-duché, séparée seulement de la Prusse par la Moselle.
» Ce serait alors le corps d'armée de Thionville-Sierck, commandé par le général Ladmirault, qui se serait mis en mouvement vers Trèves.
» Nous ne donnons, bien entendu, la nouvelle que sous toutes réserves. »

Le ministre de l'intérieur communiqua vers trois heures aux journaux la note suivante qui calma un peu la jactance des bonapartistes en réduisant à de justes proportions l'affaire de Sarrebruck :

« Affaire de Sarrebruck.
» Dix soldats blessés.
» Un officier tué.
» C'est le corps du général Frossard qui a donné. On n'a pas songé à occuper Sarrebruck, qui est une ville ouverte de 10 000 âmes.
» L'ennemi a abandonné la ville et s'est retiré sur les hauteurs qui se trouvent au delà. »

Les bulletins officiels à la date du 5 août persistaient cependant encore à donner à cette affaire une importance considérable :

« La nouvelle de la prise de Sarrebruck a jeté la consternation parmi les populations de la rive droite du Rhin ; elle a produit, au contraire, la joie et l'enthousiasme dans nos communes frontières, et on peut ajouter que ce sentiment a été partagé par la majeure partie des habitants de Bade.

La joie des Français de la frontière et des Badois ne devait malheureusement pas être de longue durée; quant à celle des Parisiens, déjà passablement diminuée, la dépêche suivante, qui leur fut communiquée vers trois heures, vint encore lui porter un nouveau coup :

« 5 août, midi quarante-cinq.

» Trois régiments de la division du général Douay et une brigade de cavalerie légère ont été attaqués à Wissembourg par des forces considérables massées dans les bois qui bordent la Lauter.

» Ces troupes ont résisté pendant plusieurs heures aux attaques de l'ennemi, puis se sont repliées sur le col du Pigeonnier qui commande la ligne de Bitche.

» Le général Abel Douay a été tué.

» Une de nos pièces dont les chevaux avaient été tués et l'affût brisé, est tombée au pouvoir de l'ennemi.

» Le maréchal de Mac-Mahon concentre sur les lieux les forces placées sous son commandement. »

Ce bulletin inexact, comme on le verra plus tard, rédigé d'une façon très-sommaire, n'indiquant pas le jour du combat, laissait croire qu'il avait été livré dans la matinée du vendredi, tandis que les deux armées en étaient venues aux mains dans celle du jeudi ; les journaux anglais contenaient le récit circonstancié, tandis que le *Journal officiel* se taisait et que Paris seul ignorait ce qui était connu à Berlin, à Londres, à Bruxelles, à Genève, etc.

La nouvelle de la surprise de Wissembourg était cependant arrivée au ministère de l'intérieur dans la soirée du jeudi, probablement entre cinq et six heures. Le gouvernement, en gardant le silence, en plaçant la capitale dans cette triste situation d'avoir les premières informations sur ce qui se passait à l'armée par des journaux étrangers, blessait profondément le sentiment public. Les destinées de la France se jouent à la frontière, la population épie les moindres bruits qui viennent de l'Est, et les onze lignes que l'on vient de lire contiennent tout ce que M. E. Ollivier juge bon d'apprendre à la population sur un combat qui avait excité la plus vive émotion dans tout Paris.

L'effet de l'échec du général Abel Douay avait été atténué par le bruit d'un grand avantage remporté par le maréchal de Mac-Mahon ; la foule accourait sur les boulevards dans l'espérance de recevoir la confirmation de la bonne nouvelle. Les abords du ministère de la justice et du ministère de l'intérieur étaient envahis par des bandes poussées par une curiosité poignante et auxquelles on ne communiquait rien.

Les boutiques des changeurs Dreher et Hirsch, rue Vivienne, accusés d'avoir envoyé des sommes considérables en Prusse, étaient pendant ce temps-là assiégées par la foule ; des scènes semblables avaient lieu sur la place de la Bourse : quelques personnes lisant la cote de la Bourse sur le tableau placé à l'angle d'une boutique, prétendaient avoir entendu un commis de la maison, engagé dans une discussion avec d'autres personnes, s'écrier avec un accent germanique très-prononcé : « Nous avons eu notre revanche et vous en verrez bien d'autres ! » Les auditeurs outrés communiquèrent leur indignation aux passants, la foule réunie sur ce point ne tarda pas à prendre une attitude menaçante ; l'intervention d'un commissaire de police et de plusieurs agents, empêcha cependant la foule de saccager la boutique. Sur les volets on écrivit à la craie : « Mort aux Prussiens. » Les bruits les plus absurdes circulaient dans les groupes : 14 millions destinés à la Prusse avaient été saisis, disait-on, chez le changeur Hirsch. Au simplé énoncé de ces bruits, des cris de mort se font entendre, des projectiles sont lancés sur la boutique. La force armée parvient cette fois encore à contenir la masse qui, pour se dédommager, se met à jeter des pierres sur un écusson aux armes d'une puissance étrangère, dans lequel elle veut voir à toute force les armes de Prusse. Un garde national en uniforme escalade le balcon et y suspend un large écriteau portant ces mots : « Respect aux armes de Russie. » Des bravos unanimes accueillent cette invitation, et toute manifestation hostile cesse de ce côté, mais la foule sur le boulevard est tellement compacte, que la circulation reste presque interrompue jusqu'à près de minuit, heure à laquelle les groupes commencent à se dissiper et à abandonner les rues aux patrouilles des gardes municipaux.

Paris qui s'était endormi dans le vague espoir d'apprendre une victoire à son réveil, courut le lendemain au *Journal officiel*. Il ne contenait que ces lignes :

« Le maréchal de Mac-Mahon occupe, avec son corps d'armée, une forte position. »

Le gouvernement, en imposant aux journaux la loi du silence, avait pris en quelque sorte l'engagement de livrer au public, heure par heure, des informations précises. Paris resta cependant toute la matinée livré aux affirmations les plus contradictoires, et aux nouvelles les plus étranges; tout à coup du côté de la rue Vivienne éclate une longue clameur de joie, les citoyens qui en arrivent assurent qu'il vient d'être lu à la Bourse une dépêche officielle annonçant qu'une grande victoire a été remportée par le maréchal de Mac-Mahon, qu'un corps ennemi de 25 000 hommes a été fait prisonnier, ainsi que le prince Charles et tout son état-major.

Une joie folle éclate à cette nouvelle qui se répand en

quelques minutes dans tous les quartiers de la capitale. Les maisons sont instantanément pavoisées, les cris : Vive la France ! vive l'armée ! retentissent de toutes parts; l'enthousiasme se communique de proche en proche, les esprits les plus calmes s'y abandonnent; les audiences au Palais de justice sont interrompues, les juges quittent leurs siéges, avocats et magistrats se pressent dans la salle des Pas-Perdus et confondent leurs sentiments de joie. Sur les boulevards voisins de la Bourse, c'est un vrai délire; des gens qui ne se connaissent pas se jettent dans les bras les uns des autres; la foule, reconnaissant une chanteuse de l'Opéra qui traverse la chaussée en voiture découverte, arrête son cocher et oblige l'artiste à chanter la *Marseillaise* en plein air. Le temps s'écoule au milieu de ces transports, et le calme renaît peu à peu dans les esprits; on se demande où est cette dépêche dont tout le monde parle, et que personne n'a lue; pourquoi n'est-elle pas affichée? Le doute commence à naître dans quelques esprits; on court au ministère de l'intérieur, il n'y a pas de dépêche. Il faut se rendre à l'évidence, le public a été dupe à la fois du mensonge d'un agioteur et d'une hallucination de l'orgueil national qui, abusé par le mirage trompeur des anciennes victoires, croyait à chaque instant en voir surgir de nouvelles à l'horizon. Chose étrange, la fausse dépêche parvint en province, des préfets firent pavoiser leur hôtel. La déception ne fut pas moins grande qu'à Paris où une irritation puérile remplace un enthousiasme plus puérile encore. On envahit la Bourse, on brise la rampe de la corbeille des agents de change, on demande que les auteurs de la fausse nouvelle soient immédiatement recherchés. Les groupes irrités se dirigent vers le ministère de la justice et appellent M. Ollivier. Le ministre ne paraît pas; il est absent. La foule continue à stationner sur la place Vendôme ; M. Ollivier arrive enfin de Saint-Cloud, il est entouré, pressé de questions ; il se dérobe et entre dans son hôtel. Les cris redoublent. M. Philis, secrétaire général du ministère de la justice, se montre au balcon ; on ne veut pas l'entendre ; M. Ollivier se décide alors à paraître et adresse ces quelques mots à la foule :

« La nouvelle, dit-il, qui a été affichée à la bourse de ce jour est fausse ; l'auteur vient d'être arrêté, et à l'avenir le gouvernement prendra toutes ses mesures pour que pareille chose ne se renouvelle pas. Toutes les nouvelles vous seront immédiatement communiquées, mais seulement lorsque le gouvernement en aura de certaines. Quand les nouvelles seront bonnes, on vous les communiquera avec joie, et lorsqu'elles seront mauvaises, on vous les communiquera avec confiance dans votre patriotisme et votre patience. »

La foule, sur cette promesse, se retire peu à peu, et déjà dans la rue de la Paix, elle rencontre plusieurs individus qui, montés dans de petites calèches, parcourent les boulevards et la rue Vivienne en agitant de larges écriteaux sur lesquels on lit : « L'auteur de la fausse nouvelle est arrêté. » L'émotion était un peu calmée ; le conseil des ministres ne s'en crut pas moins obligé d'adresser cette proclamation aux Parisiens :

« Vous avez été justement émus par une odieuse manœuvre.
» Le coupable a été saisi et la justice informe. Le gouvernement prend les mesures les plus énergiques pour qu'une telle infamie ne puisse plus se renouveler.
» Au nom de la patrie, au nom de notre armée héroïque, nous vous demandons d'être calmes, patients, et de maintenir l'ordre.
» Le désordre à Paris, ce serait une victoire pour les Prussiens.
» Aussitôt qu'une nouvelle certaine arrivera, de quelque nature qu'elle soit, bonne ou mauvaise, elle vous sera immédiatement communiquée.
» Soyons unis et n'ayons en ce moment qu'une pensée, qu'un vœu, qu'un sentiment : le triomphe de nos armes.
     » ÉMILE OLLIVIER, duc DE GRAMONT, CHEVANDIER DE VALDRÔME, SEGRIS, général DEJEAN, LOUVET, amiral RIGAULT DE GENOUILLY, PLICHON, MAURICE RICHARD, DE PARIEU.

* 6 août 1870, à six heures. »

La préfecture de police fit également afficher vers trois heures l'avis suivant :

« Le gouvernement n'a reçu du quartier-général d'autre dépêche que celle qui a été publiée aussitôt, et où l'Empereur annonce, à une heure vingt minutes du soir, que le *maréchal de Mac-Mahon n'a pas eu le temps d'envoyer un rapport, qu'il est toujours dans une bonne position, où il est rejoint par un autre corps d'armée.*

» L'individu qui a apporté la fausse nouvelle répandue d'abord à la Bourse a été arrêté, et il est mis sous la main de la justice.

» Le préfet de police croit devoir engager la population parisienne à attendre avec une patriotique confiance les nouvelles officielles. Elles seront publiées dès leur arrivée.

» *Le préfet de police,*
» J. M. Piétri.

» Paris, le 6 août 1870. »

Paris, en se réveillant après une autre nuit d'inquiétude fiévreuse, interrogea de nouveau le *Journal officiel*. Il ne contenait qu'une note :

« Le gouvernement prévient le public que toutes les nouvelles officielles du théâtre de la guerre porteront désormais la signature du ministre de l'intérieur. »

Et au-dessous ces deux dépêches :

[« Metz, 5 août, six heures quarante-cinq.

» On n'a pas encore de nouvelles du maréchal de Mac-Mahon.

» Sur la Sarre, le corps du général Frossard a été seulement engagé et le résultat est encore incertain. »

« Metz, onze heures du soir.

» Le corps du général Frossard est en retraite. — Les détails manquent.

» Chevandier de Valdrôme. »

Le 6 août, dès le matin, on lut cette proclamation affichée sur les murs de Paris :

« Français,

» Jusqu'à cette heure, nous avons toujours donné, sans réserve, toutes les nouvelles certaines que nous avons reçues.

» Nous continuerons à le faire.

» Cette nuit, nous avons reçu les dépêches suivantes :

« Metz, 6 août, minuit et demi. »

» Le maréchal de Mac-Mahon a perdu une bataille ; sur la Sarre, le
» général Frossard a été obligé de se retirer ; cette retraite s'opère en
» bon ordre : tout peut se rétablir.

» NAPOLÉON. »

« Metz, 7 août, trois heures trente du matin. »

» Mes communications étant interrompues avec le maréchal de Mac-
» Mahon, je n'ai pas eu de nouvelles de lui jusqu'à hier. C'est le général
» de Laigle qui m'a annoncé que le maréchal de Mac-Mahon avait perdu
» une bataille contre des forces considérables, et qu'il se retirait en bon
» ordre.

» D'un autre côté, sur la Sarre, un engagement a commencé vers une
» heure. Il ne paraissait pas très-sérieux, lorsque petit à petit les masses
» ennemies se sont accrues considérablement, cependant sans obliger le
» 2ᵉ corps à reculer. Ce n'est qu'entre six et sept heures du soir que les
» masses ennemies devenant toujours plus compactes, le 2ᵉ corps et les
» régiments qui le soutiennent se sont retirés sur les hauteurs. La nuit a
» été calme. Je vais me placer au centre de la position. »

» NAPOLÉON. »

« Metz, 7 août, quatre heures trente du matin. »

» LE MAJOR-GÉNÉRAL AU MINISTRE DE L'INTÉRIEUR.

» Après une série d'engagements dans lesquels l'ennemi a déployé des
» forces considérables, le maréchal de Mac-Mahon s'est replié en arrière
» de sa dernière ligne.

» Le corps de Frossard a eu à lutter hier depuis deux heures contre
» une armée tout entière. Après avoir tenu dans ses positions jusqu'à six
» heures, il a opéré sa retraite en bon ordre.

» Les détails sur nos pertes manquent. Nos troupes sont pleines d'élan.

» La situation n'est pas compromise ; mais l'ennemi est sur notre terri-
» toire, et un sérieux effort est nécessaire. Une bataille paraît imminente. »

» En présence de ces graves nouvelles, **notre devoir est tracé**. Nous
faisons appel au patriotisme et à l'énergie de tous.

» Les Chambres sont convoquées.

» Nous mettons d'urgence Paris en état de défense ; pour faciliter
l'exécution des préparatifs militaires, nous déclarons l'état de siége.

» **Pas de défaillances ! Pas de divisions ! Nos ressources sont immenses.**

» Luttons avec fermeté, et la patrie est sauvée !

» Par l'Impératrice-Régente :

« (*Suit la signature des ministres.*) »

« Je vais me placer au centre de la position ! » Tout le

monde se demandait ce que signifiait un tel verbiage de la part de l'Empereur dans un pareil moment. Aux visions de victoires qui enflammaient l'esprit de cette population pleine de l'idée de sa supériorité ancienne, et s'attendant à chaque instant à la voir confirmer en apprenant la défaite de l'ennemi, succédaient des réalités de plus en plus tristes. Les dépêches suivantes communiquées aux journaux à midi ne contenaient que ces nouvelles :

« Metz, 7 août, cinq heures vingt du matin.

» LE MAJOR GÉNÉRAL A S. EXC. LE MINISTRE DE L'INTÉRIEUR.

» Dans l'affaire d'hier, les Prussiens ont tiré sur l'ambulance établie à Forbach. Ils ont mis le feu à la ville. »

« Metz, 7 août, six heures du matin.

» Dans l'affaire qui a eu lieu hier matin à Forbach, il n'y a eu que le 2° corps engagé, soutenu par deux divisions des autres corps.

» Le corps du général de Ladmirault, celui du général de Failly et la garde n'ont pas combattu.

» Le combat a commencé à une heure et semblait sans importance. Mais bientôt de nombreuses troupes se sont embusquées dans les bois, essayant de tourner la position.

» A cinq heures, les Prussiens semblaient repoussés et renoncèrent à l'attaque ; mais un nouveau corps arrivant sur la Sarre, obligea le général Frossard à se retirer.

» Aujourd'hui les troupes qui se trouvaient divisées se concentrent sur Metz. Dans la bataille qui a eu lieu près de Freischwiller, le maréchal de Mac-Mahon avait cinq divisions ; le corps d'armée du général de Failly n'avait pas pu le rejoindre.

» On n'a que des détails très-vagues. — On dit qu'il y a eu plusieurs charges de cavalerie ; mais les Prussiens avaient des mitrailleuses qui nous firent beaucoup de mal.

» NAPOLÉON.

» Pour copie conforme :
» CHEVANDIER DE VALDRÔME. »

« Metz, 7 août, huit heures vingt-cinq du matin.

» Le moral des troupes est excellent ; la retraite s'effectuera en très-bon ordre.

» On n'a pas de nouvelles de Frossard, qui paraît, cependant, s'être retiré cette nuit en bon ordre.

» NAPOLÉON.

» Pour copie conforme :
» CHEVANDIER DE VALDRÔME. »

« Metz, 7 août, huit heures cinquante du matin.

» Pour nous soutenir ici, il faut que Paris et la France consentent à de grands efforts de patriotisme. Ici on ne perd ni le sang-froid ni la confiance, mais l'épreuve est sérieuse.

» Mac-Mahon, après la bataille de Reischoffen, s'est retiré en couvrant la route de Nancy ; le corps de Frossard a été fortement atteint. On prend des mesures énergiques pour se défendre. Le major-général est aux avant-postes. »

« Metz, 7 août, onze heures cinquante-cinq.

» Les troupes continuent à se concentrer sans difficulté.
» Toute hostilité semble avoir cessé.
» Les régiments d'infanterie engagés hier étaient les 32e, 51e, 76e, 77e, 8e, 23e, 66e, 67e, 2e, 63e, 24e, 40e de ligne, avec les bataillons de chasseurs portant les numéros de 10 à 12.

» Napoléon.

» Pour copie conforme :
» Chevandier de Valdrôme. »

Les gens les moins instruits des choses de la guerre demandaient comment ces corps avaient pu être surpris par des forces supérieures, coupés de leurs communications, obligés de battre en retraite, après d'héroïques luttes de plusieurs heures, sans que les autres corps se fussent portés à leur secours? Comment n'avait-on point eu connaissance des mouvements de l'ennemi? Comment nos lignes n'avaient-elles pas été établies de manière qu'il n'y eût pas un aussi complet isolement entre les divers corps de l'armée? Nulle réponse n'était encore possible à ces questions ; les détails manquaient absolument ; on ignorait le plan du chef ; tout ce qu'on connaissait, c'était l'héroïsme des soldats.

Une proclamation de l'Impératrice fut affichée vers une heure :

« Français,

» Le début de la guerre ne nous est pas favorable, nos armes ont subi un échec. Soyons fermes dans ce revers, et hâtons-nous de le réparer.

TAXILE DELORD.

» Qu'il n'y ait parmi nous qu'un seul parti, celui de la France ; qu'un seul drapeau, celui de l'honneur national.

» Je viens au milieu de vous, fidèle à ma mission et à mon devoir ; vous me verrez la première au danger pour défendre le drapeau de la France.

» J'adjure tous les bons citoyens de maintenir l'ordre. Le troubler serait conspirer avec nos ennemis.

» Fait au palais des Tuileries le 7 août 1870, onze heures du matin.

» *L'Impératrice-Régente,*

» Eugénie. »

La voix de cette femme à qui on attribuait la rupture avec la Prusse, et qui n'avait pas craint de dire : « cette guerre est ma guerre », ne pouvait parler à personne : son appel laissa tous les cœurs froids.

Trois décrets avaient paru au *Journal officiel* : l'un convoquant les Chambres pour le 11 août, l'autre mettant Paris en état de siége, le dernier nommant le maréchal Baraguey-d'Hilliers au commandement des forces militaires réunies dans Paris. Triste journée ! Aucunes nouvelles de l'armée autres que celles venues de Metz la veille à onze heures, et annonçant que le corps du général de Failly rallie l'armée et que le maréchal de Mac-Mahon « exécute les mouvements qui lui ont été prescrits ». Les quatre dépêches arrivées la veille de Metz, dans la journée, contenaient les mêmes informations : l'armée se concentrait pour défendre les passages des Vosges (on le croyait du moins). Les douloureux événements que l'on connaissait, avaient rendu cette concentration de l'armée nécessaire ; mais, en réunissant nos forces sur un point, nous étions, par cela même, obligés de laisser d'autre points vulnérables. Le péril était donc évident ; l'Empereur et son gouvernement ne l'avaient pas prévu, ignorants des forces qui allaient leur être opposées, croyant surprendre l'Allemagne, ils étaient surpris par elle, et, à cette heure, ni l'Empereur, ni les généraux, ni les ministres, ne pouvent dire quel nombre d'assaillants menaçait la France.

Le ministère, dans sa dernière proclamation, faisait appel aux souvenirs de 1792, mais, de cette grande date, il n'avait retenu que le nom, et il oubliait comment se manifesta alors cet immense élan qui sauva la France. Au lieu d'appeler tous les citoyens à descendre sur la place publique, son plus grand souci est d'interdire les attroupements ; il lance les sergents de ville sur la foule anxieuse qui se presse aux abords des ministères ; il met Paris en état de siége, laissant soupçonner que cette mesure est dirigée contre les Parisiens plutôt que contre l'ennemi, et lorsque des journaux demandent l'organisation d'un comité de défense, il fait placarder sur les murs de Paris et insérer au *Petit officiel*, un avis portant que l'autorité militaire appliquera les sévères prescriptions des articles 4 et 9 de la loi sur l'état de siége, à tout journal qui renouvellera cette proposition ou « des propositions analogues ». Ces mots vagues impliquent tout. C'est le silence absolu imposé à la presse. Il pleut ; la population cesse ses cris et ses chants : les groupes se réfugient tristement dans les passages, dans les cafés, sous les portes cochères, dans les vestibules des maisons pour s'entretenir des événements ; partout on rend justice à la vaillance des soldats, mais on maltraite les généraux. La patrie est en danger, le sang français a coulé à flots sur la terre française ! On se demande ce que le gouvernement compte faire : on l'ignore. S'il prend la parole, c'est pour donner des nouvelles dans le genre de celle-ci : « Voici ce qu'on a saisi sur un espion prussien amené au quartier général :

« Courage ! Paris se soulève. L'armée française sera prise entre deux feux. »

Il y avait dans cette publication plus qu'une maladresse; c'était un outrage à la population de Paris tout entière. Si en effet un espion a été saisi et amené au quartier-général, porteur d'un écrit aussi infâme, pourquoi cet espion n'est-il traduit devant un conseil de guerre? Quel est cet homme? Quel est son pays? Quelles sont ses relations? Cet écrit dont il est porteur, qui l'a tracé? Si la police le voulait, elle le saurait.

Ces réflexions sont dans toutes les bouches. Le ministère garde le silence à ce sujet; mais le 8 août, le *Journal officiel* contient deux décrets : l'un convoque le Corps législatif pour le lendemain ; l'autre ordonne l'incorporation dans la garde nationale sédentaire de tous les citoyens valides de trente à quarante ans : il porte en outre qu'un projet de loi sera présenté pour incorporer dans la garde nationale mobile les citoyens âgés de moins de trente ans qui n'en font point actuellement partie. Le rapport du général Dejean ministre de la guerre, qui précède le décret d'incorporation, ne cherche pas à dissimuler que le moment est venu où la France doit compter sur elle-même, sur elle seule.

Les Chambres étaient convoquées; mais que pouvaient faire le Corps législatif, si déconsidéré par son origine et par la légèreté avec laquelle il s'était jeté dans la guerre, et le Sénat non moins déconsidéré que lui? lancer un appel banal au patriotisme, au dévouement de la France et de Paris? Mais il aurait fallu pour que cet appel fût entendu, que la nation eût la certitude que le gouvernement, s'effaçant devant la volonté nationale, n'arrêterait pas l'élan du patriotisme populaire en marchandant les conditions auxquelles il consentirait à lui livrer des armes. La population de Paris, en un mot, demandait le rétablissement de la garde nationale de 1792 et de 1848. Les députés de la gauche s'étaient rendus la veille au ministère de l'intérieur pour lui présenter cette note :

« Les députés soussignés sont réunis au Corps législatif.
» Ils réclament l'armement immédiat de tous les citoyens de Paris.
» Dans les circonstances actuelles, la France tout entière doit être armée et debout.

» Cochery, Crémieux, Jules Favre, Jules Ferry, Amédée Larrieu, Lecesne, Eug. Pelletan, Garnier-Pagès, Ernest Picard, A. Planat, G. Rampont, Esquiros, Jules Simon, Steenakers, Jules Grévy, Gagneur, Emmanuel Arago, absent, adhère. »

Les journaux ne craignaient plus de parler et de réclamer hautement la création d'un comité de défense :

« La France est envahie.
» La presse démocratique de Paris réclame :
» L'armement immédiat de tous les citoyens ;
» L'institution d'un comité de défense, composé d'abord des députés de Paris.
» Que tous les patriotes se lèvent et se joignent à nous.
» La patrie est en danger !

» La rédaction de l'*Avenir national*, la rédaction de la *Cloche*, la rédaction de la *Démocratie*, la rédaction du *Rappel*, la rédaction du *Réveil*, la rédaction du *Siècle*. »

A l'heure actuelle, lorsque la plus légitime et la plus poignante des émotions remplit tous les cœurs, n'est-il pas naturel que les citoyens accourent sur la place publique et y échangent leurs impressions? Le patriotisme naît et s'étend au contact des citoyens les uns avec les autres ; le devoir du gouvernement eût été de dire aux citoyens : Réunissez-vous, quittez vos demeures, votre foyer, venez sur la place publique, serrez-vous les uns contre les autres, créez ce courant électrique d'où sortent les grands élans populaires; mais l'état de siége qui a pour effet de suspendre le cours des lois, de priver les citoyens des garanties légales et de substituer la juridiction militaire à la juridiction civile, retient ces grands élans. Le maréchal Baraguey-d'Hilliers avait déjà fait placarder le 9 au soir, un avis prévenant les habitants de Paris que le soin du maintien de l'ordre était exclusivement attribué à l'autorité militaire, et se terminant par ces mots : « Tout attroupement est interdit ».

Nous verrons plus tard le sort de ces prescriptions ; le moment est venu de suivre les mouvements de nos armées. Nous allons donc, pendant quelque temps, quitter Paris où les sergents de ville et les gardes municipaux occupent le boulevard Montmartre, les abords du café de Madrid et du théâtre des Variétés. La garde municipale interdit l'entrée de la rue de la Paix et de toutes les rues qui donnent accès sur la place Vendôme. L'état de siége règne dans toute sa rigueur.

CHAPITRE IX

1870

METZ

SOMMAIRE. — Organisation de l'armée. — Sa marche. — Sa concentration dans la vallée de la Moselle. — Ses premiers mouvements. — Insuffisance des garnisons des petites places. — Le quartier-général. — Affaire de Sarrebruck. — Le baptême du sang. — Position des troupes. — Insuffisance des préparatifs. — L'armée croit qu'elle va prendre l'offensive. — Combat de Spickeren ou Forbach. — Formation de l'armée de Châlons sous le maréchal de Mac-Mahon et de l'armée du Rhin sous le maréchal Bazaine. — L'armée du Rhin doit-elle se retirer sur Châlons ou sur Metz. — Ordre de concentration de l'armée du Rhin autour de Metz? — Combat de Borny le 14 août. — Bataille de Rezonville et départ de l'Empereur le 16. — Retraite sur Metz. — Impression qu'elle produit sur l'armée. — Tentative de trouée. — Exposé de la situation par le maréchal Bazaine à l'Empereur. — Bataille de Saint-Privat le 18 août. — Immobilité de l'armée dans ses bivouacs jusqu'au 26 août. — Concentration de l'armée sur la rivière droite de la Moselle. — Conseil de guerre de la ferme de Grimont. — Il y est décidé que l'opération commencée sera arrêtée à cause du mauvais temps. — Le maréchal Bazaine pose subsidiairement aux généraux la question du plan à suivre ultérieurement. — Le général Soleille affirme que l'armée n'a pas de munitions. — Les généraux déclarent qu'il est impossible de lutter. — Découverte subite de quatre millions de cartouches. — Dernière tentative pour percer le cordon d'investissement. — L'armée française est bloquée.

L'organisation de nos forces devait suivre leur mobilisation. Cette organisation, d'après un premier projet, comprenait trois armées : la première, sous le maréchal Mac-Mahon, en Alsace; la seconde, sous le maréchal Bazaine, à Metz; la troisième, en réserve à Nancy. Ce projet, conforme aux nécessités de la situation, fut remplacé par un autre qui consistait à ne former qu'une seule armée, dite du Rhin. Le plan tracé par le maréchal Niel avant la guerre fut abandonné dès le début de la campagne; les corps d'armée censés sous le commandement supérieur de l'Empereur restèrent indépendants les uns des autres, pour ménager les susceptibités et les ambitions des chefs. On se réservait, il est vrai, de réunir plusieurs de ces corps suivant les besoins du moment, sous le commandement d'un maréchal. Les plaintes soulevées par les premiers revers de la campagne, forcèrent en effet l'Empereur à placer les 1er, 5e et 7e corps sous les ordres du maréchal de Mac-Mahon, et le reste de l'armée sous le commandement du maréchal Bazaine.

L'armée, au début de la campagne, comptait sept corps et la garde :

1er corps, maréchal de Mac-Mahon à Strasbourg (troupes d'Afrique et de l'Est);

2e corps, général Frossard, à Saint-Avold (troupes du camp de Châlons);

3e corps, maréchal Bazaine, à Metz (armée de Paris et division militaire de Metz);

4e corps, général Ladmirault, à Thionville (régiments du Nord);

5e corps, général de Failly, à Bitche et à Phalsbourg (divisions de l'armée de Lyon);

6e corps, maréchal Canrobert, au camp de Châlons (régiments de l'Ouest et du Centre);

7e corps, général Douay, à Colmar et à Belfort (régiments du Sud-Est);

Garde, général Bourbaki, à Nancy.

Le nom du commandant en chef du 7e corps resta quelque temps inconnu. La formation du parc d'artillerie de ce corps à Rennes où chaque jour arrivaient des mitrailleuses de Paris, les préparatifs faits à Brest pour un camp de 45 000 hommes, l'ordre donné à la marine de se tenir prête à transporter des convois considérables de vivres et de munitions de guerre, semblaient assigner au 7e corps la mission d'opérer une diversion dans la Baltique. Il apprit le 18 juillet sa destination véritable, consistant à couvrir les derniers contreforts des Vosges, ainsi que la trouée de Belfort, et à tenir la vallée de Mulhouse à Strasbourg par les chemins de fer, de façon à donner la main au maréchal de Mac-Mahon. Le 7ᵉ corps devait se concentrer à Colmar et former l'extrême droite de l'armée du Rhin.

Les corps d'armée commandés par les maréchaux comprenaient quatre divisions d'infanterie, une de cavalerie à trois brigades et huit batteries de réserve. Les autres corps n'avaient que trois divisions d'infanterie, une de cavalerie à deux brigades et six batteries de réserve. La garde restait comme en temps de paix, avec deux divisions d'infanterie, une de cavalerie à trois brigades, et deux régiments d'artillerie dont un à cheval. La réserve générale de l'armée se composait de trois divisions de cavalerie avec deux batteries chacune, et deux régiments d'artillerie. Les huit corps de l'armée du Rhin formaient donc : vingt-six divisions ou cinquante-deux brigades d'infanterie, vingt et un bataillons de chasseurs à pied et cent quatre régiments. Les trois bataillons d'infanterie légère d'Afrique et onze régiments d'infanterie, dont quatre à Toulouse, deux à Civita-Vecchia et cinq en Algérie, y compris le régiment étranger, restaient seuls disponibles.

La cavalerie de l'armée du Rhin représentait onze divisions avec vingt-six brigades, dont trois à trois régiments, soit cinquante-deux régiments à l'armée. Quatre régiments restaient encore à l'intérieur : deux dans le Midi (Carcassonne et Tarbes), 7ᵉ et 8ᵉ régiment de chasseurs, et deux en Algérie, sans compter les trois régiments de spahis.

L'artillerie fournissait à chaque division d'infanterie trois batteries, dont une de mitrailleuses, donnant un total de soixante-douze batteries pour les divisions d'infanterie de ligne. La réserve des sept corps d'armée en comprenait en outre quarante-huit, les divisions de cavalerie de réserve, six. L'artillerie formait en tout cent quarante-deux batteries, données par les trente-deux batteries des quatre régiments à cheval et les batteries de 5 à 12 des quatorze régiments montés, moins les 10° et 12° batteries du 14° régiment. Les douze batteries de la garde, jointes à ces cent-quarante-deux batteries, produisaient un total de cent cinquante-quatre batteries, dont trente-huit à cheval, soit neuf cent dix-huit pièces de canons et mitrailleuses pour toute l'armée, et un peu plus de trois pièces par mille hommes. L'organisation de l'armée terminée, il ne nous restait plus, en fait d'artillerie, que les deux batteries du 14° régiment, les huit batteries du 3° régiment demeurées en Algérie, et les cadres des soixante batteries à pied.

L'Empereur, qui avait pu se convaincre en Italie de sa profonde incapacité militaire, prit néanmoins le commandement en chef de toutes les troupes avec le maréchal Le Bœuf comme major-général. Napoléon III l'avait fait son aide de camp, son ministre de la guerre et maréchal de France, sans autre titre que celui d'avoir commandé convenablement l'artillerie en Italie et de jouir d'une certaine popularité dans l'armée.

Le gouvernement impérial, plus prévoyant et mieux servi par ses agents, aurait pu communiquer à l'état-major général d'utiles renseignements sur la composition de l'armée prussienne, avant l'ouverture des hostilités, puisque l'ordre de bataille de cette armée avait été remis aux chefs de corps le 18 juillet, c'est-à-dire la veille de la notification de la déclaration de guerre à Berlin. L'état-major général n'apprit qu'à la longue, que les forces prussiennes étaient divisées en trois armées : la 3°, sous le prince royal de Prusse; la 1re sous le général Von Steinmetz; la 2° armée, sous le prince Frédéric-Charles, ne comprenait que les quatre corps de l'intérieur de la Prusse, 3°, 4°, 10° et garde. Les 1er, 11°, 9° corps commandés par Vogel de Falkenstein, restaient sur les côtes en prévision de l'attaque d'une flotte française au Nord; le 6° et le 12° faisaient face en Silésie à une attaque possible de l'Autriche. La division de landwher de la garde devait se réunir à Berlin pendant que trois divisions de landwher se rassembleraient, la 1re à Stein, la 2° à Berlin, la 3° à Posen. Le gouvernement prussien, bientôt rassuré sur les dangers qu'il pouvait courir au Nord et au Sud, put diriger ces forces sur la France.

Les rapports de quelques rares agents et les journaux, seules sources où notre état-major pût puiser des renseignements, parlaient de la concentration sur la Sarre des 7° et 8° corps d'armée prussiens sous la direction de Von Steinmetz, et signalaient l'apparition à Mayence et à Kaiserslautern de nombreux régiments appartenant principalement aux 3°, 4° et 10° corps, et paraissant constituer une armée sous les ordres du prince Frédéric-Charles. Il était aussi vaguement question d'une armée commandée par le prince royal de Prusse, et formée de corps prussiens et de contingents du Sud. Cette armée se réunissait dans le Palatinat bavarois et le pays de Baden, à cheval sur le Rhin, à Maxau. La formation d'une armée du Nord pour défendre les côtes de la Baltique, et de nombreux rassemblements de troupes derrière la forêt Noire, complètent la série des informations reçues de l'état-major général impérial, sur le nombre et la situation des forces ennemies, depuis le milieu de juillet jusqu'au commencement du mois d'août, date de l'ouverture des hostilités. L'état-major était non-seulement mal renseigné sur les mouvements de l'ennemi, mais les généraux en chef nourrissaient les plus grossières illusions sur son compte. Le maréchal Bazaine écrit de Metz le 20 juillet :

> « Les Prussiens paraissent vouloir attendre une bataille dans les environs de Mayence. Ils concentrent des troupes entre cette ville et Coblentz. Elles s'y nourrissent difficilement ; on pense généralement qu'une guerre qui durerait deux ou trois mois ruinerait et désorganiserait le pays. On ne laisse que les infirmes dans les administrations, et l'on fait marcher les hommes valides de dix-huit à trente-six ans. »

Le maréchal Bazaine ne se rendait même pas compte de l'organisation de l'armée prussienne, et ses agents lui donnaient, on le voit, de singuliers renseignements. Les Allemands avaient en réalité sur le Rhin, neuf corps prussiens, un corps saxon, deux corps bavarois, en tout douze corps, plus les trois divisions de Wurtemberg, de Baden et de Hesse-Darmstadt, donnant ensemble un effectif de 400 000 hommes prêts à entrer en ligne, grâce à leur système d'organisation. Ces forces étaient massées : 1re armée, sous Von Steinmetz, dans les Vosges et en arrière de la Sarre; 2e armée, sous le prince Frédéric-Charles, en avant de Kaiserslautern et dans la vallée de la Moselle; 3e armée du Sud, sous le prince royal de Prusse, derrière la Lauter et autour de Rastadt.

Le maréchal Le Bœuf prêt, comme on le sait, jusqu'au dernier bouton de guêtre, et qui faisait le cas qu'on a vu de l'armée prussienne, avait répondu, en prenant le train à la gare de Strasbourg, aux questions que lui adressaient quelques officiers sur la prochaine campagne : « J'ai quinze jours d'avance sur la Prusse. » Ces paroles et la foudroyante rapidité de la déclaration de guerre ne permettaient pas de douter que l'armée française ne franchît tout de suite le Rhin. Elle s'avançait donc vers ce fleuve dans un désordre joyeux et bruyant. La garde parée, galonnée, brillante, escortait l'Empereur à Metz, en attendant de l'escorter à son entrée à Berlin. Les musiques des régiments jouaient la *Marseillaise*, les soldats répétaient son refrain. L'absence de tout ennemi sur la rive opposée, faisait croire que le maréchal Le Bœuf avait raison et que l'armée prussienne n'existait pas. Les troupes françaises, en arrivant, se rangeaient un peu au hasard le long de la frontière, et s'étendaient de Belfort par Bitche à Thionville. On était comme à Paris : des avant-postes à peine gardés, pas de reconnaissances, pas d'exercices ; on eût dit que le courage individuel remplaçait tout, et qu'il suffisait aux Français de se montrer pour vaincre.

Nos principales forces cependant, se concentraient peu à peu dans la vallée de la Moselle, ayant le camp retranché de Metz pour base de leurs opérations. Une partie de l'armée, échelonnée en première ligne en deçà de la Sarre, de la Lauter et du Rhin, sur une étendue de 166 kilomètres, formait un équerre ayant le sommet de son angle en avant de Wissembourg et ses deux branches étendues, l'une vers Strasbourg, l'autre vers Thionville ; cette armée éparpillée n'avait pas ses corps au complet ; une division du 7° corps était à Lyon pour y maintenir l'ordre, quatre divisions du corps Canrobert se trouvaient l'une à Soissons, l'autre à Paris, les deux autres à Châlons ; à peine dans sa période d'organisation, elle manquait déjà d'approvisionnements et d'argent. Le général de Failly demande le 18 juillet (1) des fonds pour la subsistance des troupes : « Il n'y a rien dans les caisses publiques, rien

---

(1) Dépêche au ministre de la guerre.

dans celles des corps. » L'intendant général se plaint de ne trouver à Metz ni sucre, ni café, ni riz, ni eau-de-vie, ni sel ; Thionville manque de vivres, il demande qu'on y envoie de suite au moins un million de rations (1). Les intendants du 3° et du 4° corps déclarent que les troupes, au moment de quitter Metz, n'ont ni infirmiers, ni voitures d'ambulance, ni fours de campagne, ni trains, ni employés d'administration (2). Le sous-intendant de Mézières écrit qu'il n'existe ni biscuit ni salaison dans les places de Mézières et de Sedan. Le ministre leur fait à tous la réponse des chefs ignorants et négligents : « Débrouillez-vous ! » Les ressources ne manquent pas cependant, mais elles sont éloignées des lieux où elles sont nécessaires. Les voitures d'approvisionnement restent amoncelées à Vernon et à Châteauroux ; les docks de campement de Paris regorgent d'objets que l'encombrement des chemins de fer ne permet pas de diriger en temps utile sur l'armée.

La même incurie a présidé aux armements. Le major général déclare le 27 juillet à l'Empereur que le départ des officiers et des gardes d'artillerie compromettrait le service des directions de Metz et de Strasbourg. Il est urgent, selon lui, de mettre les commandants d'artillerie de la garde mobile à la disposition des directeurs, pour l'armement de la place et l'exécution du service ; il faudrait en outre rechercher les anciens officiers de l'armée en retraite, et, à défaut d'officiers spéciaux, faire appel aux officiers de troupes à cheval en retraite. Un mouvement de troupes en avant de Metz ayant été ordonné le 30 juillet, le 4° corps, en marchant vers Boulay, fut obligé, faute de

(1) Dépêche de l'intendant général de l'armée au ministre de la guerre (20 juillet).
(2) Dépêches des intendants des 3° et 4° corps et de la 5° division (20 juillet).

chevaux, de laisser à Thionville son trésor et son ambulance. Le général Frossard attendait encore le 31 juillet son équipage de pont qui, faute d'attelage, fut pris à Forbach. On lui expédie, en attendant, de Metz jusqu'à Forbach, celui du 3° corps, par voie ferrée. « Vous l'attellerez, lui écrit-on, provisoirement, avec une partie des
» chevaux de la réserve d'artillerie du 3° corps, ou, s'ils
» étaient trop loin, avec ceux de votre réserve ou avec
» tous autres attelages que vous aurez sous la main. »

Les hostilités s'ouvrirent par de petites rencontres d'avant-postes où la cavalerie jouait le rôle principal. La rupture des chemins de fer en était le but. Le premier fait d'armes eut lieu le 26 juillet entre Wœrth et Niederbronn. Un officier d'état-major wurtembergeois, trois officiers de dragons badois et huit cavaliers, poussèrent une reconnaissance par Lauterbourg, jusqu'au delà de Soulz. La fatigue de leurs chevaux les contraignit à se reposer dans une ferme où ils furent surpris par un détachement de chasseurs à cheval. Un des officiers badois, Anglais de naissance, deux autres officiers et quatre cavaliers furent tués ou blessés; les cavaliers restants furent faits prisonniers et emmenés au quartier-général de Metz. L'officier d'état-major réussit seul à s'échapper.

Le 2° corps, commandé par le général Frossard, qui se trouvait au camp de Châlons au moment de la déclaration de guerre, parut le premier à la frontière, le 20 juillet, dans les environs de Saint-Avold. Il avait l'ordre de ne pas dépasser ce point, de s'éclairer militairement, et d'organiser l'espionnage. « Je vous allouerai, lui mande le ministre de la guerre, des fonds spéciaux, vous serez l'œil de l'armée. » Le major général, frappé, de son côté, de la hardiesse des pointes d'un ennemi habitué à

pratiquer en temps de paix le service de sûreté des camps, bivouacs et cantonnements, prescrivit « de faire des théories dans tous les corps à ce sujet, et des exercices autant que possible (1) ». Il était malheureusement trop tard pour se livrer à ces études; quant à la cavalerie chargée d'éclairer la marche des corps et de fournir des renseignements sur les mouvements de l'ennemi, elle se montra, sauf quelques exceptions, si peu propre à ce rôle, qu'un colonel de chasseurs d'Afrique put faire suivre un rapport adressé à l'état-major, de cette réflexion : « Les habitants qui n'ont jamais
» vu une patrouille de cavalerie française nous prennent
» pour des Prussiens (2). »

Les 2ᵉ, 3ᵉ, 4ᵉ, 5ᵉ corps, la 3ᵉ division de cavalerie de réserve et la garde, font le 14 juillet un mouvement en avant : le 3ᵉ corps va de Metz à Boulay et Bouzonville pour se rallier aux 2ᵉ et 4ᵉ corps; la garde se rend à Metz où le quartier-général est transféré le 25. Le général de Failly quitte Bitche avec deux de ses divisions pour se rendre à Sarreguemines; sa 3ᵉ division est appelée de Haguenau à Bitche. Le maréchal de Mac-Mahon est chargé de faire occuper Haguenau par la 2ᵉ division du 1ᵉʳ corps, alors en voie de formation. Wissembourg et Lauterbourg avaient été abandonnés dès le commencement des hostilités. Quarante hommes de garnison gardaient Neuf-Brisach et le Fort-Mortier, à la date du 20 juillet : Schlestadt, la Petite-Pierre et Lichtenberg étaient également dégarnis.

L'Empereur arriva le 28 juillet à Metz et établit son quartier-général à l'hôtel d'Europe, espèce de caravansérail militaire où trente officiers réunis dans une petite

---

(1) Instruction aux commandants de corps du 22 juillet.
(2) *Journal d'un officier de l'armée du Rhin,* par Charles Fay, lieutenant-colonel d'état-major.

salle et à demi asphyxiés par la chaleur et la fumée des cigares faisaient mouvoir les ressorts de cette machine qui se nomme une armée. Généraux, officiers, journalistes français et étrangers y pénétraient à chaque instant en toute liberté et sous le moindre prétexte. Les officiers d'état-major campés en quelque sorte au milieu de cette foule expédiaient les ordres et les dépêches, dans un état d'agitation voisin du désordre et avec un laisser-aller peu propice au secret des opérations militaires. Les bureaux travaillaient comme à ciel ouvert, et plus d'un journaliste se vantait d'en connaître les mystères. Le nombre de ces écrivains nomades croissait de jour en jour au quartier-général, troupe bruyante et frivole qui assistait à la guerre comme à une première représentation, et qui joignait à sa curiosité malsaine un chauvinisme de boudoir et de mauvais lieu. Toujours prêts à se moquer de l'allure guindée des officiers et de la frayeur des soldats allemands, ils épuisaient toutes les formules de la louange à l'endroit des nôtres, et parlaient de la moindre rencontre avec la plus triste fatuité : « Nous » pouvons dire que cette petite fête de famille que l'Empe- » reur nous a ménagée comme glorieux couronnement de » son règne, vient d'avoir un joli début ! » C'est ainsi qu'ils parlaient de cette ridicule affaire de Sarrebruck, où l'on avait si singulièrement administré « le baptême de feu » au Prince impérial.

Le 2ᵉ corps, commandé par le général Frossard, après huit jours de repos, se porta en avant, le 30 juillet, avec ses trois divisions : la 1ʳᵉ placée à l'ouest de la ville en face de la forêt de Forbach et de la route de Sarrelouis; la 2ᵉ sur les hauteurs de Spickeren au nord, à droite de la route de Sarrebruck; la 3ᵉ formait la réserve sur le plateau d'Oetingen. Le bruit d'une prochaine attaque contre les Allemands circula tout de suite parmi les troupes françaises. Ces bruits reçurent bientôt une confirmation officielle. L'attaque était résolue en effet pour le 2 août, et confiée au général Frossard, sous la direction du maréchal Bazaine, « qui pourra disposer des quatre divisions de son corps » d'armée et de la division du général Lorencez du » 4° corps, s'il le juge nécessaire ».

Quelques écrivains militaires ont cru voir dans ces dispositions un timide retour au plan du maréchal Niel, retour en tous cas bien hésitant et bien incomplet, comme le prouve la formule obscure qui confère au maréchal Bazaine le commandement supérieur du corps d'armée de Frossard, dont la subordination « sera réduite aux opérations militaires ».

Les 3° et 5° corps devaient seconder l'attaque du général Frossard en s'avançant sur les deux flancs, d'un côté par la vallée de la Lauter occupée depuis deux jours par les Allemands, de l'autre par la rive droite de la Sarre que le général de Failly franchirait à Sarreguemines. Ces dispositions semblaient indiquer une opération de la plus haute importance, et l'arrivée, le 4 août, de l'Empereur et du Prince impérial au quartier-général du général Frossard confirma cette opinion. Ordre fut aussitôt donné aux troupes de se porter en avant en laissant une partie de leurs bagages; la 2° division du 2° corps (Bataille) dut marcher sur les hauteurs de la rive gauche qui dominent Sarrebruck, appuyée sur sa droite par la division Laveaucoupet, sur sa gauche par la 1re brigade de la division Vergé, toutes les deux du même corps.

Sarrebruck, ville ouverte, était occupé par un bataillon du 40° régiment d'infanterie prussienne et par trois escadrons de cavalerie, avec quelques pièces d'artillerie. Deux bataillons vinrent renforcer ces troupes lorsque l'attaque parut imminente. Le commandant des forces prussiennes porta trois compagnies du bataillon d'infanterie à l'ouest de la ville où le terrain est plus favorable à la défense ; une compagnie resta comme réserve à Sarrebruck. Les assaillants ne tardèrent pas à développer leurs forces. Cinq batteries, dont une de mitrailleuses, prirent position sur les hauteurs de la rive gauche, et canonnèrent sans grand effet les troupes prussiennes sur la rive droite. Le commandant prussien ne jugea pas prudent d'engager la bataille contre des forces supérieures ; les Français de leur côté, sauf le feu violent de leur artillerie, semblaient prendre des dispositions plutôt dans l'intention de passer une revue, que de livrer un combat sérieux. Quelques bataillons descendant des hauteurs, vers onze heures, ouvrirent cependant un feu précipité sur les tirailleurs prussiens déployés devant eux. Ceux-ci se retirèrent, à l'arrivée de nouvelles forces sur la droite de l'ennemi, en bon ordre, sans être attaqués. La cavalerie allemande resta pour observer ses mouvements. L'aile droite des Français se porta sur le champ de manœuvres qui domine les hauteurs de Sarrebruck. « Les troupes campent sur les positions qu'elles ont enlevées, » dit emphatiquement le général Frossard (1). Les pertes des Prussiens s'élevaient à 2 officiers et 73 hommes hors de combat, les nôtres à 6 tués et 67 blessés.

Cette parade, préparée pour tromper l'impatience de la nation, et en même temps pour donner au Prince impérial « le baptême du feu » et la médaille militaire, fut de la part du général Frossard le sujet d'un rapport des plus brillants. Les journaux annoncèrent en grosses lettres en

---

(1) Rapport du général Frossard au ministre de la guerre.

tête de leurs colonnes, la « victoire de Sarrebruck », victoire sans résultat, car s'il était vrai, comme le prétendait le général Frossard, que « les troupes avaient pu acclamer » l'Empereur et le Prince impérial sur le terrain même » dont elles venaient de déloger l'ennemi », il était impossible de ne pas ajouter que le vainqueur, au lieu de continuer son mouvement offensif, s'était retiré à Forbach. Les journaux bonapartistes continuèrent à triompher bruyamment : « Sarrebruck, s'écriaient-ils, est en cendres ! » Or Sarrebruck, comme nous l'avons dit, était une ville ouverte, les Allemands s'en souvinrent plus tard pour justifier leurs incendies.

Le général de Ladmirault, dont le corps était concentré à Bouzonville, fut chargé, le lendemain du combat de Sarrebruck, d'opérer une reconnaissance sur Sarrelouis. Le 3, les 1ᵉʳ et 7ᵉ corps eurent l'ordre de se concentrer dans la Basse-Alsace : un avis des mouvements de l'ennemi du côté de Lorrach fit ensuite prescrire au général Douay, commandant le 7ᵉ corps, de conserver ses deux divisions dans le Haut-Rhin ; le 1ᵉʳ corps seul dut descendre vers la Lauter, et y prendre position de Haguenau à Wissembourg.

Une dépêche du commissaire de police de Thionville ayant signalé le 3 août le passage à Trèves de 40 000 hommes destinés à opérer sur la Sarre, les ordres donnés au général de Ladmirault sont contremandés, on se dispose à repousser l'ennemi ; le maréchal Bazaine doit se rendre à Boulay pour y prendre le commandement. Les ordres se succèdent pendant la nuit et se démentent les uns les autres. On ordonne coup sur coup à la garde de quitter Metz, puis de rentrer dans ses bivouacs, puis de se diriger sur Volmerange ; à peine a-t-elle fait un pas dans

cette direction qu'on lui mande de rentrer à Metz; un moment après, elle doit se préparer à occuper la position de Courcelles-Chaussy. Les marches sans but fatiguent et désorganisent l'armée sans qu'elle ait vu l'ennemi. Le commandement ne se sent nulle part; l'insouciance des mouvements de l'ennemi, l'ignorance de ses forces, étaient telles, que quelques heures seulement avant le combat de Wissembourg, le général Frossard reçut du quartier-général une lettre où l'on se félicitait de la possibilité d'une attaque de l'ennemi. « Ce serait une heureuse chose qu'il
» vînt nous offrir une bataille avec 40 000 hommes, sur un
» point où nous en avons 70 000, sans compter votre corps
» d'armée (1). »

La nouvelle d'un échec grave sur la Lauter fit comprendre au quartier-général la nécessité de réorganiser l'armée. Le maréchal Bazaine fut nommé au commandement des 2ᵉ, 3ᵉ et 4ᵉ corps, le maréchal de Mac-Mahon à celui des 1ᵉʳ, 5ᵉ et 7ᵉ corps, mais pour les *opérations militaires*. Le 5ᵉ corps fut reporté de Sarreguemines à Bitche. Le 6ᵉ corps, qui aurait été beaucoup mieux à sa place à Metz ou à Nancy, dut s'établir à Châlons; la garde resta à la disposition de l'Empereur. Les autres corps étaient : le 1ᵉʳ à Reichshoffen ; le 2ᵉ à Forbach ; le 3ᵉ à Saint-Avold ; le 4ᵉ à Boulay ; la garde à Courcelles, et le 7ᵉ toujours à l'extrême droite, à Belfort. Il y avait là un effectif de 262 000 hommes fractionné et difficile à concentrer devant l'ennemi. La déplorable organisation des dépôts est connue. Il faut un mois au soldat de la réserve pour rejoindre son dépôt, pour y être armé et équipé et entrer en ligne. C'est ainsi que des soldats de Strasbourg devaient rejoindre

---

(1) *Journal d'un officier de l'armée du Rhin*, par Charles Fay, lieutenant-colonel d'état-major.

d'abord à Oran et que l'armée de Châlons ne reçut que le 20 août des soldats rappelés d'urgence le 20 juillet.

Les réserves ont-elles rallié l'armée? ne pouvons-nous pas être obligés de nous rejeter bientôt sur Strasbourg et Metz? Rien de plus urgent que de préparer la défense de ces deux places. Le 4° bataillon du 60° est appelé d'urgence de Nancy à Metz où l'on envoie en outre quelques compagnies du 1ᵉʳ du génie, les dépôts du 11° chasseurs et du 44° de ligne, le 4° bataillon de ce dernier régiment et 218 douaniers. Strasbourg n'était guère mieux pourvu, et le général de Failly demandant le 4 août des artilleurs pour Bitche, avait reçu cette réponse qu'il n'était pas possible de lui en envoyer, et qu'il n'avait qu'à utiliser les artilleurs de la garde nationale mobile. La garde nationale mobile des 1ᵉʳ, 2° et 3° commandements avait bien été appelée dès le 13, mais les jeunes gens qui la composaient, à peine réunis, jamais exercés, se promenaient sans organisation, dans les camps et dans les rues. L'effectif de l'armée, déjà si insuffisant, se trouvait donc réduit encore par la nécessité de fournir des garnisons à la défense des places.

Il semblait, comme nous l'avons dit, qu'une déclaration de guerre aussi prompte et aussi résolue que celle qui venait d'être adressée à la Prusse dût être immédiatement suivie d'une entrée sur le territoire ennemi; mais l'état-major de Metz, loin de prendre l'offensive, n'était parvenu qu'à jeter à grand'peine 220 000 hommes de Metz à Bitche, et de Wissembourg à Belfort, encore ces troupes manquaient-elles de la plupart des objets nécessaires à une entrée en campagne. On comptait sur un succès qui permettrait d'en imposer à l'ennemi et de constituer sérieusement l'armée. Était-il temps après le combat de Sarrebruck, le 2 août, de prendre vigoureusement l'offensive ? La supériorité numérique de l'armée allemande, accrue par l'arrivée sur le théâtre de la guerre des corps d'armée laissés le long de la Baltique et de la mer d'Allemagne, ne permet pas de le croire.

Les trois armées prussiennes formaient douze corps d'armée, plus le corps de la garde, cinq divisions de cavalerie de réserve et les contingents badois et wurtembergeois (la force du corps d'armée prussien est, comme celle du corps d'armée français, de 25 à 30 000 hommes); nous n'avions à opposer à ces forces que les 2°, 3° et 4° corps, et la garde. L'ennemi fit plus tard avancer sur sa gauche avec sa 3° armée les trois autres corps prussiens et les corps du Sud qui, sur le pied de guerre, devaient présenter un effectif d'environ 32 000 hommes; en les réduisant à 25 000, on a bien un total de 400 à 500 000 soldats, dont : devant Metz 250 à 300 000 hommes avec la cavalerie et 150 à 200 000 en Alsace. Les régiments de cavalerie non attachés aux divisions d'infanterie étaient répartis en six divisions, sans compter celle de la garde, dont deux se trouvaient comprises dans l'armée de Steinmetz; deux et la cavalerie de la garde dans celle du prince Charles, deux avec la cavalerie du Sud dans celle du prince royal de Prusse.

La France n'opposait à ces forces que 262 000 hommes, y compris les troupes du camp de Châlons. Les quatre corps répartis en douze divisions autour de Metz ne fournissaient guère avec les réserves que 120 à 130 000 hommes sur la Sarre. Le maréchal de Mac-Mahon, même s'il était parvenu à réunir au 1ᵉʳ corps les trois divisions du général de Failly et les deux du général Douay, n'aurait eu sur la Lauter que neuf divisions ou 100 à 110 000 hommes.

L'offensive allait devenir impossible de notre côté, tandis

qu'elle était prise par l'ennemi à la fois sur la Sarre et au pied des Vosges.

Le général Frossard, après sa prétendue victoire de Sarrebruck, était resté sur la berge droite de la vallée de la Sarre en face de cette ville, à cheval sur la route de Saint-Avold, sa droite appuyée à Spickeren, sa gauche dans la direction de Stiring, ses réserves en arrière de son centre vers Forbach. Ses forces se composaient du 2º corps et d'une division du corps du maréchal Bazaine et de quatre régiments de cavalerie. Il avait, en face, la 1re armée prussienne de Steinmetz.

Le 5 août au soir, trois corps d'armée prussiens campaient déjà à 15 kilomètres environ de Sarrebruck, masqués par une grande forêt qui s'étend au sud jusqu'à la rivière. Les 7º et 8º corps faisant partie de la 1re armée, se trouvaient à peu de distance du village de Herchenbach et avaient un bon chemin sur Sarrebruck. Le 3º corps appartenant à la 2º armée occupait Sulzbach sur le chemin de fer de Sarrebruck à Hombourg, excellent débouché, outre la route ; le général Frossard, le 6, avait donc devant lui 27 bataillons des 3º, 7º et 8º corps les plus rapprochés de Sarrebruck. Il en comptait de son côté 32, mais si les Prussiens, qui ont prétendu être inférieurs en nombre, n'avaient en effet que 27 bataillons, leur effectif double rétablissait l'égalité.

Le 2º corps occupait, le 6 au matin, les hauteurs de Spickeren, en arrière de Sarrebruck, la division Laveaucoupet au nord du village de Spickeren, à droite de la route de Forbach à Sarrebruck, sur les crêtes, dominant un ravin profond allant de l'ouest à l'est, et finissant sur la Sarre près du hameau de Simbach. Le terrain descendant en pentes très-raides vers la rivière était très-boisé sur la droite. La division Vergé couvrait le chemin de fer sur la gauche de la route et observait la forêt de Forbach et les chemins qui la traversent directement sur Sarrelouis. La division Bataille se tenait en réserve, en arrière sur le plateau d'Oetingen.

Le général Frossard n'occupant pas Sarrebruck, la cavalerie prussienne put traverser cette ville et s'établir sur la rive gauche de la Sarre, le 6 août à sept heures du matin, sur les hauteurs du champ de manœuvres, en même temps que des masses d'infanterie venant de la direction de Sarrelouis, se dirigeaient vers la ville le long de la rive droite de la Sarre. Les batteries françaises de la division Laveaucoupet placées sur les hauteurs de Spickeren, voyant grossir de plus en plus la cavalerie prussienne, tirèrent sur elle et lui firent subir quelques pertes. L'ennemi établit une batterie sur le champ de manœuvres. Nos troupes, descendues dans la vallée pour combattre la cavalerie, rencontrent la 14ᵉ division du 7ᵉ corps prussien arrivée à Sarrebruck vers midi, commandée par le général de Kamecke. Les troupes allemandes cantonnées derrière la Sarre, accourent au bruit de la canonnade. L'artillerie des 3ᵉ et 8ᵉ corps allemands se porte au galop sur le terrain du combat et une partie de l'infanterie embarquée à Neunkirchen arrive également au bruit du canon, par le chemin de fer, à Sarrebruck. Le général de Kamecke disposait donc de nombreux renforts : la 16ᵉ division du 8ᵉ corps se dirige sur le centre de la position ; la 5ᵉ division du 3ᵉ corps sur notre droite. Le général Frossard, au lieu de prendre l'offensive et de culbuter le 7ᵉ corps prussien isolé sur la rive gauche de la Sarre, croit qu'il s'agit tout simplement d'un combat d'avant-poste, et reste sur les hauteurs de Spickeren ; les Allemands cherchent à l'en déloger. La position du général Frossard ne pouvant être que très-difficilement abordée de front, cinq bataillons tentent de la déborder par sa gauche et pénètrent dans le bois de Stiring. Mais quand ils veulent déboucher pour enlever les hauteurs, ils sont ramenés avec perte dans la vallée.

Le combat, vers trois heures, semble tourner à notre avantage; mais pendant que nos soldats s'épuisent de fatigue dans la lutte, l'ennemi reçoit sans cesse des renforts. Les 3° et 4° corps arrivent sur le champ de bataille. Le général Gœben, qui, en l'absence de Steinmetz, a pris le commandement, ordonne l'attaque générale et fait faire des démonstrations sur notre front. L'attaque vraie se fait contre notre droite. Le 40° régiment d'infanterie, précédé de nombreux tirailleurs, marche en première ligne, soutenu par des détachements des 14° et 15° divisions, et suivi de près par de fortes réserves. Cette masse traverse le terrain fourré et refoule nos tirailleurs; mais une résistance opiniâtre l'attend au débouché des bois d'où elle doit sortir pour atteindre les hauteurs de Spickeren. Les troupes françaises réunies sur ce point font un suprême effort pour reprendre le terrain perdu. L'infanterie allemande tient ferme; ses tirailleurs, embusqués dans les broussailles, ripostent à nos tirailleurs; le combat se prolonge, acharné, mais sans résultat décisif; on n'avance ni ne recule. Un retour offensif s'effectue du village d'Alting, contre la droite des Allemands, et l'oblige à regagner le terrain boisé. Mais l'infanterie de la 15° division allemande et l'artillerie de la 5° division entrant en ligne sur le plateau, arrêtent le mouvement en avant des Français, les chargent avec toute les troupes qui sont sur le plateau, et les obligent malgré leur vigoureuse résistance, à abandonner cette position et à regagner Spickeren. L'artillerie française, faute de munitions, ralentit ses feux. Le sort du combat est décidé.

Les Français se replient en toute hâte dans la direction de Forbach et de là sur Saint-Avold, jonchant la route d'armes, d'équipements, de voitures et de fourgons abandonnés, sans cependant être trop vivement poursuivis, car la nature du terrain ne se prête pas à l'action de la cavalerie. La 3° division prussienne qui les talonne, s'empare de Forbach où elle trouve des approvisionnements considérables. Le campement des 1ʳᵉ et 3° divisions et un équipage de pont tombent également entre les mains des Allemands. Les pertes étaient énormes des deux côtés. La seule division Laveaucoupet eut 1800 hommes et 163 officiers tués ou blessés : le nombre total des tués ou blessés fut de 4000, et plus de 2000 prisonniers. Les Prussiens accusent pour la division de Kamecke plus de 2000 tués ou blessés : le 40° régiment perdit près de 1000 hommes.

Le maréchal Bazaine avec le 3° corps d'armée se tenait pendant le bataille à Saint-Avold ; il ordonna aux divisions Metman, Castagny et Montaudon de se porter à l'appui du général Frossard, mais en termes tellement vagues qu'elles se promenèrent tout le jour autour du champ de bataille.

Le major-général de l'armée, maréchal Le Bœuf, en apprenant cette défaite, donna des ordres pour concentrer rapidement autour de Metz les 2°, 3°, 4° corps et la garde, mouvements qui s'opérèrent dans les journées des 7, 8 et 9 août. Le 6° corps fut en même temps transporté du camp de Châlons à Metz dont les forts couvrirent dès lors cinq corps d'armée.

L'Empereur fit connaître les deux graves échecs du maréchal de Mac-Mahon et du général Frossard à la France par trois télégrammes successifs :

« Metz, 7 août, huit heures du matin.

» Il est nécessaire que la France et Paris se préparent aux plus grands efforts, aux plus grands sacrifices. Point de défaillance ! Mac-Mahon couvre Nancy. Le corps de Frossard est bien dirigé. Le major-général est aux avant-postes. »

« Metz, onze heures cinquante-cinq.

» La concentration des troupes sur Metz continue sans difficulté. L'épreuve qui nous est imposée est dure, mais elle n'est pas au-dessus du patriotisme de la nation. »

« Metz, quatre heures du soir.

» L'ennemi ne poursuit pas Mac-Mahon. Le maréchal concentre ses troupes. »

Le ton piteux de ces dépêches n'était pas fait pour ranimer l'armée dont les chefs, découragés et perdant la confiance, l'enlevaient à des soldats qui, en définitive, après avoir montré de solides qualités militaires, n'avaient succombé qu'au nombre. Ils accusaient leurs chefs d'incapacité, surtout le chef d'état-major général, dont toute l'armée demandait en vain le remplacement.

Il fallut recourir à l'Impératrice pour arracher cette mesure à l'Empereur. « La situation deviendrait plus » grave que vous ne croyez, lui écrit-elle le 9, si Palikao » n'était pas ministre de la guerre. Le maréchal Le Bœuf » est rendu responsable des ordres et contre-ordres donnés » qui sont connus à Paris. On vient de me dire qu'on deman- » dait à la Chambre son remplacement. » Elle ajoute dans une autre dépêche du même jour : « Palikao accepte et » part immédiatement pour Metz. Il faudrait donc que la » démission du maréchal fût donnée avant son arrivée. » L'Empereur fit d'abord la sourde oreille; que le maréchal Le Bœuf ne fût plus ministre de la guerre, il y consentait, mais qu'il cessât d'être major-général, et que lui-même se séparât d'un « serviteur éclairé, fidèle », il rejetta bien loin de lui cette idée : « Je ne comprends rien à l'envoi de » Palikao à Metz, il ne peut rien changer à la situation. Je

» pensais que c'était la démission du ministre de la guerre
» qu'on me demandait, l'autre est impossible. » La réponse
de l'Impératrice est pleine d'une colère sourde : « Vous ne
» vous rendez pas bien compte de la situation. Il n'y a que
» Bazaine qui inspire confiance. La présence du maréchal
» Le Bœuf l'ébranle là-bas aussi bien qu'ici. Les difficultés
» sont immenses. Dans quarante-huit heures, par la peur des
» uns et par l'inertie des autres, tout peut être perdu. »
L'obstination de l'Empereur à ne pas se séparer du major-
général est telle, que l'Impératrice, désespérant d'obtenir
le consentement de son mari, prend le parti de s'adresser
au maréchal Le Bœuf : « Au nom de votre ancien dé-
« vouement, donnez votre démission, je vous en supplie.
» Je sais combien cette détermination va vous coûter, mais
» dans les circonstances actuelles nous sommes tous obligés
» aux sacrifices; il n'en est pas de plus grand que la dé-
» marche que je fais auprès de vous. »

Le maréchal Le Bœuf donna sa démission ; mais l'Empereur restait à l'armée où sa présence inquiétait la France
autant que l'incapacité du major-général. Cette armée,
malgré ses échecs, « représentait par la vigoureuse cons-
» titution de ses cadres, la vaillance des soldats, l'esprit
» militaire et de discipline dont ils étaient pénétrés, tout
» ce que la France était capable de fournir de mieux en
» fait de troupes, et ne demandait qu'à être commandée,
» conduite et dirigée. Elle possédait à un haut degré le
» sentiment de sa valeur; son énergie et son dévouement
» pouvaient défier les plus dures épreuves (1), » mais la
présence de l'Empereur lui causait une espèce d'inquiétude
vague, partagée par les chefs et surtout par le maréchal

(1) *Armée de Metz*, par le général Deligny.

Bazaine qui perdit, pour s'en débarrasser, quatre jours pendant lesquels il aurait pu passer la Moselle. L'ennemi marchait toujours pendant ce temps-là, et quand le maréchal Bazaine voulut partir, il gardait les rives du fleuve.

Le jour même où le général Frossard était battu sur la Sarre, le maréchal de Mac-Mahon perdait sur la Lauter, à Wœrth, une bataille que nous raconterons dans le chapitre suivant. Les armées prussiennes, après leurs victoires de Forbach et de Wœrth, s'étaient portées rapidement en avant par une marche combinée sur la ligne de la Moselle, Metz et Nancy. Le maréchal de Mac-Mahon ne fut pas poursuivi avec vigueur, parce que les Prussiens le cherchaient dans les Vosges où il aurait dû en effet se jeter, plutôt que du côté de Nancy. Le 2º corps bavarois, chargé de faire le siége des petites places fortes des Vosges, passe au nord du col de Saverne : la Petite-Pierre est abandonnée le 10 août par nos troupes, et le 12 Lichtenberg capitule. Le gros de l'armée allemande s'avance par Haguenau et Saverne. Phalsbourg investi attend un siége régulier. Le quartier général du prince royal de Prusse est le 11 à Sarrebourg. Les 1ʳᵉ et 2ᵉ armées, pendant ce temps-là, marchent directement sur Metz : l'une par la route de Sarrelouis à Boulay, l'autre par celle de Sarrebruck à Forbach et Saint-Avold; l'armée du prince Frédéric-Charles chemine le long du chemin de fer de Sarreguemines à Metz et par la route de Puttelange à Gros-Tonquin.

La cavalerie allemande occupe le 10 août toute la ligne de Saar-Union, Gros-Tonquin, Faulquemont, Fouligny et les Étangs. Le gros des armées est le 12 sur ces mêmes emplacements et se relie avec la 3ᵉ armée à Saar-Union, où se trouvent également les troupes du 1ᵉʳ corps bavarois qui vient de traverser les Vosges.

Marsal capitule le 14, sans résistance possible, et les avant-gardes de cavalerie de la 3ᵉ armée allemande se montrent à Nancy pendant que d'autres troupes poussent des reconnaissances jusque devant Toul et jusqu'à Frouard, pour couper le chemin de fer de Metz; les Allemands occupent Pont-à-Mousson. Les 1re et 2e armées sont, à cette date, sur la Moselle, près de Metz. La France, en huit jours, a perdu la Lorraine et l'Alsace.

Les inondations de la Seille et autres moyens de même valeur, voilà tout ce qu'on a tenté pour défendre nos petites places. Quant à nos grands boulevards, Strasbourg et Metz, ils ne sont ni approvisionnés, ni armés. Le désarroi, depuis le 7 août, est complet dans l'entourage de l'Empereur. Le départ immédiat pour Châlons est décidé, des voitures chargent déjà les bagages de la Maison, mais M. E. Ollivier écrit à l'Empereur que l'abandon de l'Alsace et de la Lorraine consterne la capitale. L'Empereur reste ; les 3e, 4e corps et la garde reçoivent l'ordre de se rabattre sur Metz. Le maréchal Canrobert, mandé avec le 6e corps, arrive dans cette ville. Une partie de son corps, coupé par l'armée prussienne, retourne à Châlons sans tirer un coup de fusil. Le désordre est partout.

La question de savoir si l'on devait battre en retraite était fort discutée parmi les officiers. L'opinion générale paraissait opposée à une détermination qui pouvait compromettre ainsi les 1er, 2e et 5e corps que l'ennemi avait poursuivis sans relâche, et affaiblir le moral des 3e, 4e corps et de la garde. Ces troupes n'ayant pas eu à combattre, ne comprenaient pas le mouvement de concentration sur Metz. « Toujours reculer, disaient-elles, nous n'avons » livré encore aucune bataille; sommes-nous donc des » lâches ? » Des officiers compétents prétendaient, en outre, que Metz ne pouvait tenir quinze jours sans l'armée du Rhin, et que cette armée réduite à quatre corps, y compris celui du général Frossard, n'était pas en mesure de résister à la poursuite et à l'attaque de forces victorieuses et triples des nôtres. La sagesse voulait donc qu'on restât dans un camp retranché, pourvu de vivres et de munitions, donnant une excellente position sur le flanc des envahisseurs, tandis que le maréchal de Mac-Mahon réunirait à Châlons une armée qui se jetterait dans Paris ou se retirerait sur la rive gauche de la Loire. Les ordres furent donnés en conséquence le 8, et des officiers d'état-major reçurent l'ordre de reconnaître une position militaire sous le canon des forts de la rive droite de la Moselle.

Le quartier général prussien était le 13 août avec le roi de Prusse à Herny; les Allemands occupant Pont-à-Mousson, les communications avec Paris par Nancy étaient coupées. Le 6º corps français n'avait reçu que trois divisions et un régiment de la 4º, la cavalerie et la réserve d'infanterie lui manquaient; le 1ᵉʳ régiment de chasseurs d'Afrique n'avait pu rejoindre la 1ʳᵉ division de cavalerie de réserve.

Les habitants des villages voisins commencent le 13 à se réfugier dans Metz à l'approche des uhlans : les portes de la ville, les rues, les places publiques sont encombrées de voitures chargées de femmes, d'enfants, de meubles, de matelas. On ne reçoit ces malheureux que munis de quarante jours de vivres, mais leur nombre devient si considérable qu'on décide qu'on n'en recevra plus.

L'idée d'immobiliser sous Metz une armée puissante et valeureuse qui, réunie à celle que le maréchal de Mac-Mahon était en train de former à Châlons, aurait pu changer la situation, était combattue par un grand nombre d'offi-

ciers généraux. Le 13, il avait même été arrêté en conseil de guerre, que l'armée du maréchal Bazaine se retirerait sur Châlons pour y opérer sa jonction avec celle du maréchal de Mac-Mahon. Les troupes devaient se mettre en marche le 14. « On se tiendra prêt à faire mouvement
» demain 14, à cinq heures du matin. Tout le monde pren-
» dra des vivres pour les 14, 15 et 16, et l'intendant
» général emportera le plus de rations possible, en ne
» laissant dans Metz que les transports nécessaires à la
» garnison. »

Le 2ᵉ corps commença le mouvement le 14, à trois heures du matin. Une division de ce corps avait été désignée pour occuper les forts de Saint-Julien, Queuleu, Saint-Quentin, Saint-Privat et Plappeville. Les interminables convois qui donnaient à l'armée française l'aspect de « l'armée de Darius (1) », traversent la Moselle et ralentissent une marche qui aurait dû être si rapide (2). Un escadron de guides, les cent-gardes et les voitures impériales se réunissent sur la place de la Préfecture. L'Empereur va partir. La foule est morne et silencieuse.

Une partie des troupes a passé la Moselle ; le 3ᵉ corps et la garde vont le suivre, lorsque le 3ᵉ corps est attaqué vers trois heures et demie par le général Steinmetz, qui, renseigné depuis le matin sur la retraite de l'armée française, prend l'offensive, lorsque la moitié environ est passée sur la rive gauche de la Moselle, pour donner au prince Frédéric-Charles le temps d'opérer un mouvement tournant par Pont-à-Mousson. Le général Decaën fait volte-face et dispose ainsi ses forces : la 1ʳᵉ division appuie sa droite à la

---

(1) *Le drame de Metz*, par le père Marchal, aumônier de la garde.
(2) *Journal d'un officier de l'armée du Rhin*, par Charles Fay, lieutenant-colonel d'état-major.

TAXILE DELORD.

route de Strasbourg, en avant de Grigy, sa droite au bois de Borny; la 2ᵉ s'établit sur un plateau au nord d'Ars Laquenexy et de la Grange-au-Bois, s'étendant jusqu'au château d'Aubigny ; la 3ᵉ, la droite en arrière de Colombey, se prolonge à gauche jusqu'à la route de Sarrelouis; la 4ᵉ continue sa ligne depuis cette route jusqu'au ravin de Vallière.

Le 7ᵉ corps prussien marche sur les divisions Metman et de Castagny, tandis qu'à sa droite le 1ᵉʳ corps attaque la division Grenier restée seule sur les lignes du 4ᵉ corps, du village de Mey à la petite chapelle de la Salette. Les 1ʳᵉ et 3ᵉ divisions de cavalerie ennemie appuient sur les flancs cette double attaque : le 7ᵉ corps reste en réserve, tandis qu'à l'extrême droite allemande, le 9ᵉ corps de la 2ᵉ armée s'avance par la route de Strasbourg, afin de couvrir le mouvement tournant des six autres corps.

Les Prussiens sont repoussés dans leur première tentative, et la garde se porte en réserve des premières troupes françaises, en avant du chemin de Borny à Vantoux.

Le général de Ladmirault qui préside, sur la gauche, au passage de la Moselle par les 1ʳᵉ et 3ᵉ divisions de son corps, prévenu de l'attaque contre le général Grenier, ordonne à ces deux divisions ainsi qu'à son artillerie de réserve, de se reporter tout de suite sur la hauteur : la division de Cissey, engagée dans la descente qui mène au pont de bateaux de l'île Chambrière, gravit, sac à bas, la côte Saint-Julien, au pas de course, et vient remplacer la division Grenier qui descend à droite et un peu en arrière, vers le ravin de Ventoux. Le 20ᵉ bataillon de chasseurs s'élance en même temps dans le bois de Mey occupé par les tirailleurs ennemis et s'en empare. La 3ᵉ division entre à son tour en ligne plus à gauche et repousse les Prussiens au nord. La lutte dure jusqu'à la nuit : deux assauts pour nous déloger de nos lignes échouent, l'ennemi vers huit heures est rejeté sur la gauche à la baïonnette, et se retire dans ses positions, où on le laisse pour continuer le mouvement de retraite commencé le matin, l'armée du moins le croit.

L'Empereur, recevant le maréchal Bazaine qui se rendait de Moulins au quartier-général de Longeville, lui tendit la main en disant : « Eh bien, maréchal, vous avez donc rompu le charme. » Le combat de Borny aurait pu en effet être pour nous un succès, si les Allemands n'avaient pas arrêté pendant un jour notre retraite. Cet avantage et le maintien en leur possession d'une partie du champ de bataille sont les deux arguments qu'ils font valoir pour nous disputer la victoire. Le maréchal Bazaine, s'il voulait se retirer, ne devait pas, selon eux, accepter le combat sur la rive gauche de la Moselle. Metz couvrait, disent-ils, sa retraite, et toute force allemande qui se serait avancée dans la direction de cette place pouvait être considérée pour un jour au moins comme perdue pour les engagements ultérieurs de la retraite sur Verdun. S'il voulait au contraire défendre la ligne de la Moselle en tenant dans Metz, il devait en sortir le 14 août et attaquer avec toutes ses troupes les Allemands, alors dans son voisinage immédiat et se trouvant dans l'impossibilité de réunir avant le 15 les forces nécessaires pour le combattre. L'armée française, en tout cas, concentrée dans les environs de Metz, et la Moselle franchie seulement par des détachements de peu d'importance, se serait trouvée le 15 en présence de l'armée allemande, dans la direction de Metz à Sarrebruck ; le voisinage de Metz aurait donné au maréchal Bazaine la liberté de choisir entre un combat et une retraite assurée. Il fallait donc, au dire des Allemands, combattre le 14 avec toute l'armée ou pas du tout.

La 1re armée allemande était restée le 15 août avec ses trois corps et ses deux divisions de cavalerie sur la rive droite de la Moselle devant Metz. La 2e armée, dont le quartier général était à Pont-à-Mousson, avait déjà porté trois de ses corps sur cette rivière, le 4e était à Marbache, la garde à Dieulouard, le 10e à Pont-à-Mousson, déjà dépassé par son avant-garde : les quatre autres étaient encore en arrière ; le 3e à Cheminot, sur la Seille, les 9e et 12e à Béchy et Solgne, sur la route de Strasbourg, le 11e arrivait seulement à Han-sur-Nied. La 6e division de cavalerie couvrait le mouvement à droite vers Metz, la 5e s'éclairait en avant de Thiaucourt et jetait déjà des patrouilles sur la route de Metz-Verdun que l'armée française voulait suivre. Le même jour, le quartier général du prince royal de Prusse s'établissait à Lunéville.

Le maréchal Bazaine, au lieu de presser son départ pour rejoindre le maréchal de Mac-Mahon au delà des forêts de l'Argonne, vers Sainte-Menehould ou Châlons, reste la nuit du 14, la journée et la nuit du 15 dans sa position autour de Metz. Les convois reprennent le 15, au jour, leur interminable défilé dont la lenteur empêche d'atteindre ce jour-là le plateau de Gravelotte, ainsi que le voulaient les instructions du 13, d'après lesquelles la division du Barrail, suivie des 3e et 4e corps, devait prendre la route de Doncourt pendant que la division de Forton s'avancerait à gauche avec les 2e et 6e corps vers Mars-la-Tour. La garde reste avec l'Empereur.

Le maréchal Bazaine, à Moulins, ordonne verbalement au 4e corps d'aller à Doncourt, au 3e de le suivre, de s'arrêter à la hauteur de Vernéville, de camper à cheval sur la route et de garder les bois des Doscuillons en faisant face à droite le long de la ligne Vernéville-Saint-Marcel. Le 3ᵉ corps, dès qu'il verra la tête du 6ᵉ, marchera jusqu'à Mars-la-Tour, et sera remplacé à Rezonville et Vionville par le 2ᵉ corps. Une division de voltigeurs prendra position au point du jour pour couvrir au besoin la retraite; le reste de la garde s'établira à Gravelotte, laissant à Longeville un régiment jusqu'à l'entier défilé de l'armée. La cavalerie de Forton se placera à Tronville pour éclairer l'armée à gauche et en avant sur la route de Saint-Michel; la division du Barrail fera le même service sur l'autre route de Verdun par Jarny. Ces mouvements s'exécutent avec une lenteur extrême. Le fort Saint-Quentin lance quelques boulets contre l'ennemi qui vient de conduire des pièces de campagne en avant de Montigny. On fait sauter le pont du chemin de fer à Longeville pendant que l'ennemi profite de celui d'Ars qu'on a négligé de rompre. Les obus tombent dans le bivouac où se trouve l'Empereur, et tuent deux officiers. Il s'enfuit aussitôt.

Le général de Forton ouvrant la marche sur la route de Mars-la-Tour rencontre l'ennemi au delà de Vionville. Il s'arrête pour attendre le général Frossard qui s'établit à la hauteur de Rezonville, à gauche de la route. Le 6ᵉ corps se place sur la même ligne à droite. La garde, la réserve d'artillerie et les parcs s'installent en avant de Gravelotte, où est l'Empereur. La division du Barrail parvient à Jarny, sur la route de Doncourt; mais le 4ᵉ corps, retardé par le combat du 14, n'atteint pas sa position assignée et se trouve précédé par le 3ᵉ corps, dont trois divisions arrivent à Saint-Marcel et Verneville à dix heures du soir seulement. La division Metman ne rallie que le lendemain ainsi que la cavalerie Clérambault, restée aux portes de la ville; ces retards, si regrettables devant l'ennemi, empêchent ce jour-là (15 août) l'armée de se porter plus en avant. Le maréchal Bazaine, au lieu d'établir son quartier général à Rezonville, reste à Gravelotte, et prescrit à ses chefs de corps de faire manger le lendemain matin la soupe à quatre heures et d'être, chevaux sellés, tentes abattues, prêts à partir à quatre heures et demie. Que cet ordre fût exécuté, et l'armée passait.

La 2ᵉ armée allemande, commandée par le prince Frédéric-Charles, avait gagné les environs de Pont-à-Mousson pendant que Steinmetz nous attaquait. Elle était arrivée dans la matinée du 15 à Pont-à-Mousson, à 22 kilomètres de Metz, pour passer la Moselle. Le prince Frédéric-Charles avait ensuite continué son mouvement tournant pour nous prévenir sur notre ligne de communication entre Metz et Verdun.

L'Empereur, voyant l'armée tout entière passée sur la rive gauche de la Moselle, prend les devants par Conflans et Étain, et part le 16 à six heures du matin, emmenant avec lui un bataillon de grenadiers, un escadron de guides, la brigade Marguerite, composée des 1ᵉʳ et 3ᵉ chasseurs d'Afrique, qui escortent ce souverain inutile jusqu'à Verdun. Ils ne revinrent plus. La route était coupée.

Trois routes vont de Metz à Verdun : une au nord, deux au sud, les deux routes du sud, jusque-là distinctes, se se réunissent à Gravelotte ; la plus méridionale va sur Verdun, par Rezonville, Vionville, Mars-la-Tour. C'est la plus courte. La route du milieu, un peu plus longue, va par Doncourt et Jarny à Étain, où elle se réunit à la route la plus septentrionale et la plus longue qui, en quittant Metz, descend la Moselle, passe à Woippy, gravit par un long défilé de Saulny jusqu'à Saint-Privat, le haut versant boisé de la Moselle, redescend ensuite par Sainte-Marie sur Auboué, dans la vallée de l'Orne, et remonte ensuite lentement vers Briey, en formant un nouveau défilé. La route se bifurque à Briey; une des branches se dirige directement au sud-ouest par Longuyon dans la vallée de Chiers, y atteint la voie ferrée et la route de Mézières à Thionville, par Sedan et Montmédy; l'autre branche va vers l'ouest par les hauteurs vers Étain, qui est aussi un nœud de routes, se dirigeant à l'ouest sur Verdun, au nord-ouest par Dun et Stenay sur Sedan, au nord sur Longuyon. Toutes ces routes sont larges et excellentes. Le maréchal Bazaine se retirait par les deux routes du sud, par celle de Rezonville, Mars-la-Tour et par celle de Doncourt, Jarny et Étain. Les 1er et 2e corps prirent la première, les 3e et 4e corps la seconde. La grande réserve et les parcs marchaient derrière le 6e corps. La 1re division de réserve de Forton et la division de chasseurs d'Afrique du Barrail couvraient, l'une la première colonne, l'autre la seconde. Le 2e corps devait, ce jour-là (15) occuper Rezonville, le 6e Doncourt-lès-Conflans, le 4e Saint-Marcel, et le 3e Vernéville. La garde en arrière de Gravetotte, la division du général de Forton à Vionville éclairant la route de Saint-Michel, celle du général du Barrail à Jarny.

L'écoulement si lent des convois, les fatigues du combat de Borny, ne permirent pas, malheureusement, aux 2e et 3e corps, d'achever leur mouvement dans les délais prescrits. Le 3e corps n'avait que trois divisions arrivées sur le plateau de Gravelotte, à dix heures du soir. Le 4e corps ne put se mettre en marche que le 16 au matin. Les 2e, 6e corps et la garde avaient à peu près atteint leurs positions le 15; mais ils durent s'y maintenir jusqu'au 16 pour attendre que le 4e corps arrivât à leur hauteur, les ren-

seignements reçus par le maréchal Bazaine « annonçant une
» forte concentration ennemie sur sa gauche, et la pru-
» dence exigeant que ses deux colonnes fussent en mesure
» de se soutenir l'une l'autre de quelque côté que l'ennemi
» se présentât ».

Les Prussiens, voyant le 15 l'armée française battre en retraite sur Verdun, prirent le 16 les dispositions suivantes : les sept corps de la 2ᵉ armée (quartier-général à Pont-à-Mousson), la 1ʳᵉ et la 6ᵉ division de cavalerie se dirigèrent par Novéant et Gorze sur Mars-la-Tour et Vionville ; le 10ᵉ corps et la 5ᵉ division de cavalerie avec la brigade de dragons de la garde continuèrent leur marche sur Verdun jusqu'à Saint-Hilaire ; le 12ᵉ corps alla de Nomeny à Pont-à-Mousson avec avant-garde à Regniéville-en-Haye, la garde à Bernecourt avec avant-garde à Rambucourt ; le 4ᵉ corps vers les Saizerais avec avant-garde à Jaillon, sur la route de Toul ; le 11ᵉ corps ira à Sillegny pour suivre le 17 les traces du 3ᵉ corps et le 2ᵉ à Buchy, pour franchir la Moselle le lendemain. Dans la 1ʳᵉ armée, le 1ᵉʳ corps restait en position devant Metz avec la 3ᵉ division de cavalerie ; le 7ᵉ et 8ᵉ corps devaient s'établir avec la 1ʳᵉ division de cavalerie sur la ligne Orry-Dommerieux. Le quartier royal était encore à Herny, celui du prince royal à Nancy, et les troupes de la 3ᵉ armée déjà poussées jusqu'à Bar-le-Duc.

La présence de nos avant-postes entre Tronville et Vionville, et de nombreuses tentes à proximité de ces villages ayant été signalées pendant sa marche au général commandant du 3ᵉ corps prussien, il fit aussitôt avancer jusqu'au plateau la division d'infanterie de la tête avec ordre d'y prendre une bonne position et d'attendre l'entrée en ligne de la division de cavalerie du duc Guillaume de

Mecklembourg-Schwerin. Cette cavalerie s'élance vers les neuf heures du matin sur nos avant-postes qui se replient à la hâte à travers le 2ᵉ corps et les divisions de Forton et Valabrègue surprises dans leur camp de Vionville par les obus ennemis, elles qui pourtant étaient chargées d'éclairer l'armée. Les troupes du général Frossard, ébranlées par le passage subit de ces cavaliers, se reforment à gauche de la route. La division Bataille, en avant de Rezonville, sur les hauteurs de Flavigny ; la division Vergé à sa gauche, et un peu en arrière la brigade Lapasset, face à gauche en retour à la tête du défilé de Gorze pour le couvrir, observant les bois de Saint-Arnould et des Ognons.

Le maréchal Canrobert déploie son corps d'armée en avant de Rezonville, entre la route de Verdun et Saint-Marcel ; la division Tixier à droite, représentée par le 9ᵉ de ligne, son unique régiment arrivé ; la division Lafont de Villiers s'appuie à gauche ; la division Levassor-Sorval forme en arrière de la brigade Lapasset une deuxième ligne parallèle à la route de Verdun.

« L'opposition de la cavalerie ennemie et sa canonnade
» contre la division de Forton n'étaient que le prélude de
» l'action qui allait se dérouler ; deux attaques se dessinent
» bientôt, — l'une à gauche venant par le bois de Vionville,
» de Saint-Arnould et des Ognons, — l'autre sur notre front
» par Mars-la-Tour et le village de Vionville. » Le rapport du maréchal Bazaine ajoute qu'à la première nouvelle de l'engagement, il monta à cheval et quitta son état-major de Gravelotte pour s'arrêter à la maison de poste, sans se préoccuper du désordre causé par les cavaliers des généraux de Forton et Murat, qui avaient battu en retraite jusque-là ; il s'arrêta **entre** cette maison et le bois de la Surée, pour y constituer un **appui** aux troupes de première ligne.

Les zouaves de la garde furent placés contre la route avec de l'artillerie à leur droite, pour battre le ravin passant entre le bois de Saint-Arnould et des Oguons ; une brigade de cavalerie descendit dans cette vallée au tournant de la Voie romaine. Le général Bourbaki fut invité à poster la division de voltigeurs sur la position élevée de la Malmaison, et la division de grenadiers vers le bois des Ognons. Gravelotte sera ainsi défendu et pourra protéger la retraite sur Metz. Ordre fut donné au maréchal Le Bœuf qui, depuis le 15 avait pris le commandement du corps du général Decaën blessé mortellement, de se diriger sur sa gauche pour prendre l'ennemi en flanc. Le général de Ladmirault ne pouvait, selon le maréchal Bazaine, manquer d'accourir au bruit du canon et de soutenir le mouvement du 3ᵉ corps. « Je » comptais sur la vieille expérience du général de Ladmi- » rault pour accourir au bruit du canon et soutenir le » mouvement tournant du 3ᵉ corps, en avant duquel il » devait alors se trouver (1). »

Le 2ᵉ corps, fortement engagé sur tout son front, sous un feu d'artillerie des plus intenses, se maintenait dans ses positions en arrière des crêtes. Le maréchal Canrobert avait arrêté le mouvement offensif de l'ennemi qui se préparait évidemment à faire le plus grand effort sur la gauche, à l'abri des bois qui le dissimulaient, pour couper la retraite sur Metz (2) : « Tout en me préoccupant de l'attaque que » je voyais se dessiner sur notre flanc, dit le maréchal » Bazaine, je voulus que notre droite fût solidement ap- » puyée avant l'entrée en ligne des troupes du maréchal » Le Bœuf, et je prescrivis à la division de Forton d'aller se » placer en arrière du 6ᵉ corps sur l'ancienne voie romaine,

(1) Rapport du maréchal Bazaine.
(2) Ibid.

» le dos appuyé au bois de Villers-au-Bois, avec ordre de
» changer au moment opportun. » Il fait venir les batteries
de 12 de la réserve générale pour combattre les batteries
ennemies inquiétant le 12ᵉ corps (1).

Du côté de l'ennemi, la division Von Buddenbrok, parvenue à Tronville, avait tourné à droite, et, soutenue par quatre batteries et par l'artillerie du corps, elle avait vers dix heures et demie occupé la hauteur voisine, Vionville et Flavigny. L'autre division du 3ᵉ corps, arrivée sur le plateau par la route de Gorze-Vionville, s'était arrêtée au nord de cette route avec son artillerie et un détachement du 3ᵉ corps entré, lui aussi, dans le bois de Vionville. L'artillerie du 3ᵉ corps reliait les deux divisions ennemies et couvrait de projectiles les troupes du général Frossard repliées entre Rezonville et Flavigny. La division de cavalerie du duc de Mecklembourg appuyait le général Von Buddenbrok, tandis que celle du général Rheinbaben dirigée à neuf heures et demie de Puxieux sur Tronville avec quatre batteries à cheval, couvrait vers la route la gauche du général Buddenbrok.

Les divisions du 2ᵉ corps ont gardé leurs positions sous le feu de cent pièces. Le général Bataille ayant été blessé vers midi et demi, sa division plie devant une nouvelle attaque de l'ennemi, et se retire en entraînant une partie de la division Vergé, dont la gauche reste seule en position, appuyée à la brigade Lapasset, qui tient ferme. « Je dus alors faire écharper l'artillerie prussienne par le
» 3ᵉ lanciers, et les cuirassiers de la garde. La charge des
» lanciers ayant été repoussée, les cuirassiers se formèrent
» sur trois lignes, comme à la manœuvre, et s'élancèrent

---

(1) Ici le rapport manque d'exactitude, on voit que le maréchal Bazaine veut se justifier de ne pas s'être rapproché de Verdun.

» avec une bravoure héroïque sur les carrés ennemis qu'ils
» ne purent entamer et dont ils arrêtèrent la marche (1). »

Les lanciers, après avoir chargé à gauche sur le chemin de Rezonville à Chambley, s'étaient jetés, suivis des cuirassiers de la garde, sur les troupes d'infanterie qui couvraient Flavigny. Mais la cavalerie française avait été lancée de trop loin. Le maréchal Bazaine, pour protéger son ralliement, fit avancer une batterie d'artillerie de la garde. Un ou deux escadrons de hussards prussiens, en la poursuivant, s'avancèrent tout à coup sur elle. Le maréchal Bazaine suivait au milieu des canons, avec son état-major, le mouvement rétrograde de ses cavaliers déjà parvenus près de lui, lorsque tout à coup on aperçoit au milieu d'eux et bientôt sur nos canons mêmes des cavaliers prussiens des 11e et 17e hussards.

« Je dus moi-même mettre l'épée à la main, et un
» combat à l'arme blanche s'engagea avec tous mes offi-
» ciers (2). » Tout cela ne dure qu'un instant, l'escorte du commandant en chef laissée en avant de Rezonville, accourt, se jette dans la mêlée et sabre les cavaliers ennemis sur les pièces françaises : « L'hésitation qui se manifesta à
» ce moment dans les lignes prussiennes, permit au maré-
» chal de faire arriver la division Picard, des grenadiers de la
» garde, qui se porta en avant sous les ordres du général
» Bourbaki relevant les divisions Vergé et Bataille et prenant
» position à droite et à gauche du village de Rezonville (3).

» La division Deligny, des voltigeurs de la garde, rece-
» vait l'ordre de se porter en face du bois des Ognons, et
» de les faire occuper par son bataillon de chasseurs et

---

(1) Rapport du maréchal Bazaine.
(2) *Ibid.*
(3) Rapport officiel.

» d'observer les débouchés par où les Prussiens pourraient
» tenter de mettre le pied sur le plateau de Gravelotte (1). »

L'ennemi, de son côté, prononçant son attaque sur Rezonville pour tourner notre droite, avait porté la 6ᵉ division et la brigade Lehmann dans le bois, au nord-ouest de Vionville, qu'il tenait toujours par sa droite, ainsi que Flavigny. Les troupes du 10ᵉ corps, à l'ouest, marchaient à la rencontre d'un de nos corps entrant en ligne dans la direction de Bruville. Le général Von Buddenbrok était sur la lisière est. Un combat meurtrier s'engage, parce qu'une batterie française postée contre la voie romaine, tirait avec beaucoup de succès dans le bois et sur les batteries prussiennes de Vionville (2). L'ennemi s'engagea devant cette batterie : la brigade Péchot, de la division Tixier, détachée dans le bois du sud de Saint-Marcel, et plus à gauche les généraux Bisson et Lafont de Villers, contraignirent l'ennemi à se borner à une canonnade qui faiblit vers deux heures de l'après-midi.

Le maréchal Bazaine, persuadé que l'ennemi prépare un nouvel assaut du côté de Rezonville, clef de la position, arrête le mouvement offensif du 6ᵉ corps et s'apprête à résister à l'attaque présumée des Allemands qui, vers deux heures, dirigent leur principal effort sur les crêtes en face de Vionville. Les voltigeurs remplacent les grenadiers sur la gauche du ravin de la Surée et contre le bois des Ognons, où s'établissent les chasseurs à pied de la garde. Les deux divisions du 2ᵉ corps se forment en face de la gorge d'Ars et vers Gravelotte, par où l'on pourrait tourner l'armée. L'ennemi les attaque vers deux heures. Les grenadiers de la garde ayant fait échouer le mouvement

---

(1) Rapport du maréchal Bazaine.
(2) Rapport prussien.

ennemi au centre, la lutte devient très-vive sur la droite. L'artillerie de la voie romaine incommode toujours les Allemands. Le général Von Avensleben s'aperçoit que l'action pourrait devenir très-dangereuse, combinée avec un mouvement tournant dont la division Von Buddenbrok était menacée sur son aile gauche par l'arrivée de nouvelles troupes (1), et il ordonne au 7° cuirassiers du roi et à deux régiments de uhlans de la division Rheinbaben de déloger cette artillerie.

Les Allemands attaquent bravement cette position en traversant les lignes françaises à la droite du 6° corps, dépassent la crête occupée par les Français et tentent de se rabattre sur les derrières de l'infanterie : les Allemands ne soupçonnant pas la présence de la division de Forton, et se trouvant tout à coup sur la hauteur en face d'elle, dégringolent le long des bois sud de Villiers. La cavalerie s'ébranle, pénètre dans cette masse, prise en flanc et en queue, et la met en déroute complète.

La droite est dégagée et déjà le canon du maréchal Le Bœuf se fait entendre. L'attitude du 6° corps et des grenadiers de la garde a arrêté l'ennemi au centre, mais il se prépare à prendre l'initiative à gauche. Le maréchal Le Bœuf paraît, et faisant un changement de front, avec Saint-Marcel comme pivot, chasse la brigade Lehmann du bois qu'elle occupait, et se relie à gauche à la division Tixier, à droite au 4° corps. La division Grenier, qui le 15 campait à Woippy avec la division du général Cissey, entre en ligne vers trois heures, par Bruville.

Le maréchal Bazaine, sa ligne de bataille paraissant très-assurée sur la droite, fait dire au maréchal Le Bœuf

---

(1) Rapport prussien.

de maintenir fortement sa position avec la division Nayral (ancienne de Castagny), de se relier avec la division Aymard (ancienne Decaën) et d'envoyer à Gravelotte la division Montaudon pour le garantir d'une surprise de l'ennemi sortant des ravins allant vers la Moselle. Le maréchal Bazaine n'avait à ce moment qu'à faire donner l'aile gauche, et son armée pouvait marcher sur Verdun ; mais retenu par la secrète et fatale pensée de rester à Metz, il donne l'ordre d'occuper le défilé d'Ars-la-Moselle, en faisant en même temps « reporter sur le même point les divisions du
» 2ᵉ corps qui avaient été reformées, et placer ses batte-
» ries de 12 et mitrailleuses au débouché des ravins pour
» y cribler les masses ennemies qui tenteraient de s'y en-
» gager ». Le rapport du maréchal nous apprend en outre qu'il savait que des renforts ennemis avaient passé par Ars et par Novéant, et qu'il se préoccupait avant tout de l'attaque qui pouvait être faite sur son flanc.

La ligne de bataille à peu près parallèle au ravin de Rezonville au début de l'action, avait pris vers trois heures une position presque perpendiculaire au bois des Ognons vers Mars-la-Tour et Bruville. Le 4ᵉ corps venait en effet, d'entrer en ligne ; la division Grenier, conduite par le général de Ladmirault lui-même, après avoir chassé l'ennemi de Saint-Marcel et de Bruville, l'avait rejeté sur Mars-la-Tour et se préparait à l'attaquer à Vionville. La division de Cissey appuyait le mouvement, et sur la droite marchaient la division Clérambault, le 2ᵉ chasseurs d'Afrique et la brigade de la garde (lanciers et dragons) accourue après avoir escorté l'Empereur à Étain.

Le général de Ladmirault, voyant que la position de Vionville est trop forte pour être prise par ses deux divisions, maintient l'ennemi en gardant le terrain gagné. La division Montaudon exécutant ses ordres, va de Villers-au-Bois à la maison de poste à Gravelotte, par les bois du ravin d'Ars.

La division Grenier s'avançant de Bruville, avait rencontré la 38° brigade ennemie faisant partie du 19° corps, et la 20° division du même corps arrivées depuis trois heures. Ces troupes fraîches mettaient sur la gauche, le général de Ladmirault, en face du 10° corps, soutenu par une nombreuse artillerie et en position au nord de la route de Vionville à Mars-la-Tour.

Le général Von Kraatz, vers deux heures, avait engagé le gros de ses forces dans le bois du nord-ouest de Vionville, tandis que la 38° brigade se portait par Mars-la-Tour sur la division Grenier, entre ce bois et la ferme Greyère. La division Grenier venait d'être relevée par la division de Cissey, accourue à marches forcées, au bruit du canon. L'ennemi franchit le grand ravin au sud de la ferme Greyère, ses tirailleurs sont à 40 mètres à peine des tirailleurs français, lorsque la division Cissey aborde l'ennemi et détruit le 16° régiment d'infanterie, auquel elle enlève son drapeau (le seul pris pendant toute la campagne).

« Le 10° corps rejeté sur Thionville ; la brigade des dragons
» de la garde prussienne à la vue des troupes qui faiblissent,
» s'élance sur la droite française, mais elle éprouve de
» grandes pertes (1). » La 1ʳᵉ division, un peu mise en désordre par le premier élan de la cavalerie ennemie, se groupe autour des aigles, laisse passer les escadrons et les fusille en flanc et de revers. La division Von Buddenbrok conservait pendant ce temps-là sa position au centre, la batterie de la Voie romaine gênant toujours sa gauche.

(1) Rapport prussien.

Le 3ᵉ corps prussien seul avait engagé le combat, les renforts marchant au canon arrivaient peu à peu. Le prince Frédéric-Charles, parvenu sur le champ de bataille à trois heures et demie, lança contre cette batterie un bataillon du 35ᵉ « qui l'obligea à s'éloigner. Quant à la division Von
» Stutpnagel, elle continuait à faire de grosses pertes, mais
» en cherchant à la tourner par le bois des Ognons et de
» Saint-Arnould, nous fûmes arrêtés par des fractions des
» 8ᵉ et 9ᵉ corps arrivés en ligne vers cinq heures (1). » Ces troupes se dirigèrent : les unes vers Rezonville, les autres vers les bois des Chevaux et des Ognons. L'artillerie des 10ᵉ et 25ᵉ divisions vint rejoindre la division Stutpnagel, et raviver vers cinq heures le feu interrompu pendant quelque temps. C'est le signal d'un mouvement offensif des Allemands dont les réserves s'avancent en grosses masses. Les cuirassiers prussiens tentent de rompre le centre français, en se jetant sur la division Lafont de Villiers. Le 93ᵉ perd son aigle, l'artillerie un canon ; la cavalerie du général de Valabrègue du 2ᵉ corps, qui s'était maintenue à la hauteur de Rezonville, s'élance sur l'ennemi, le repousse et lui reprend ces trophées. Le maréchal Bazaine interrompt alors le mouvement de la division Montaudon, et la dirige avec les grenadiers et les chasseurs à pied de la garde sur la rive droite du ravin de la Jurée. La division de Forton, reportée un peu en arrière vers deux heures et demie, reprend sa première position près du bois de Villers, et le général Deligny, avec ses quatre bataillons restants, reçoit l'ordre de rejoindre sa 2ᵉ brigade qui avait déjà appuyé et relevé une partie des grenadiers sur la crête du ravin de Rezonville, tandis que le général Bourbaki rassemble près

(1) Rapport officiel.

TAXILE DELORD.

du village 54 pièces pour trouer les masses assaillantes. « A notre gauche, l'ennemi, tentant vainement de débou» cher par les bois, essaye d'avancer par le ravin qui » sépare les bois de Saint-Arnould et des Ognons; mais » nos mitrailleuses arrêtent toutes ses tentatives en lui » faisant subir des pertes énormes (1). »

L'ennemi sur la droite, de l'autre côté du ravin qui va de Mars-la-Tour à Jarny, cherchait aussi, avec sa cavalerie, à déborder la droite du général de Cissey, mais « le gé» néral de Ladmirault le fait attaquer par la nombreuse » cavalerie qu'il a lui-même sous la main, et après des » charges successives où des deux côtés l'acharnement » est égal, l'ennemi se retire » (2).

Les deux divisions du 4° corps dépassant la route de Verdun et se portant sur la route de Tronville, clef de la position ennemie, la victoire des Français était réelle, mais le retard de la division Lorencez et de la division Metmann, du 2° corps, et la nuit, ne permirent pas d'enlever la position. Le feu, après avoir cessé vers sept heures et demie, reprit avec une nouvelle vigueur : « Les Prussiens, à les » en croire, tentaient un dernier effort sur Rezonville à la » nuit close (3), pendant que les Français se livraient, » affirment-ils, à une tentative suprême pour conquérir le » champ de bataille. » Des deux côtés on s'attribuait la victoire : « L'armée ennemie battue sur tous les points, » dit formellement le maréchal Bazaine, se retira en nous » laissant maîtres du champ de bataille. » Les Allemands ne souscrivent pas à ce jugement (4). Le commandant en chef de l'armée française, disent-ils, fut enveloppé avec

(1) Rapport officiel.
(2) Ibid.
(3) Ibid.
(4) Rapport prussien.

tout son état-major dans l'attaque de cavalerie qui eut lieu vers deux heures, et il en était à sauver sa liberté et sa vie au moment où une direction supérieure et non une participation directe au combat était surtout nécessaire. Les Allemands reconnaissent du reste que de part et d'autre les troupes combattirent admirablement, et que nulle part, dans les oscillations de la bataille, il ne se produisit de ces désordres qui indiquent le découragement ; les pertes des deux côtés furent (1) également grandes : ils en conviennent, les trophées en petit nombre, mais ils ajoutent qu'en somme l'avantage leur est resté quoique bien inférieurs en nombre : « la journée de Mars-la-Tour (2) est la
» journée glorieuse de leur chef, du prince Frédéric-
» Charles, et la gloire éternelle du 3ᵉ corps qui couvrit du
» tiers de son effectif ce champ de bataille vigoureusement
» disputé (3). »

Les Français disent de leur côté : « La bataille de Rezon-
» ville était une grande victoire pour nos armes, car nous
» étions maîtres du champ de bataille, et nous pouvions
» opérer notre retraite par les deux routes de Verdun ou
» par celle de Briey, située plus au nord (4). »

Le ministre de la guerre fit sonner à la tribune la bataille de Rezonville comme une grande victoire du maréchal Bazaine sur le prince Frédéric-Charles. Cela eût été vrai si le maréchal Bazaine s'était frayé un passage et avait rejoint le maréchal de Mac-Mahon. Les deux maréchaux réunis auraient pu alors tenter le sort des armes sur le

---

(1) 17 000 hommes du côté des Français, dont 5000 disparus, blessés pour la plupart et pris dans les ambulances de Rezonville à Gravelotte.
(2) Les Allemands appellent cette bataille Mars-la-Tour ; les rapports officiels français lui donnent le nom de Rezonville.
(3) *La Campagne de Metz*, par un général prussien.
(4) *Journal d'un officier de l'armée du Rhin*, par Charles Fay lieutenant-colonel d'état-major.

massif compris entre l'Aisne, la Marne et la Meuse, à la sortie des défilés de l'Argonne, ou se replier sur Paris et en rendre l'investissement impossible. Le maréchal Bazaine jugea malheureusement sa jonction avec le maréchal de Mac-Mahon impossible (1), et après avoir motivé sa décision sur le manque de vivres, il prit les dispositions suivantes :

« Le défaut de vivres et de munitions après cette journée, nous oblige à rétrograder sur Metz. Le 2ᵉ corps occupera la position entre le Point-du-Jour et Rozerieulles ; le 3ᵉ à sa droite à hauteur de Châtel-Saint-Germain ; le 4ᵉ prolongeant le 3ᵉ jusqu'à Montigny-la-Grange ; le 6ᵉ à Vernéville (puis à Saint-Privat-la-Montagne sur les observations du maréchal Canrobert qui se trouvait trop en l'air); la cavalerie du Barrail suivra le mouvement de ce dernier corps ; la cavalerie de Forton ira s'établir en arrière du 2ᵉ ; la garde à Lessy et Plappeville où sera le quartier-général. »

Le maréchal Bazaine, dans un exposé de la situation adressé le 17 août à l'Empereur, lui donne les renseignements propres à corroborer les raisons qui l'ont empêché de continuer sa marche en avant :

« ..... Quant à nous, les corps sont peu riches en vivres ; je vais tâcher d'en faire venir par la route des Ardennes, qui est encore libre. Le général Soleille que j'ai envoyé dans la place, me rend compte qu'elle est peu approvisionnée en munitions et qu'elle ne peut nous donner que 800 000 cartouches, ce qui, pour nos soldats, est l'affaire d'une journée (2). Il n'y a également qu'un petit nombre de coups pour pièces de 4 ; et l'établissement pyrotechnique n'a pas les moyens nécessaires pour confectionner les cartouches. »

« Le général Soleille a dû demander à Paris ce qui est indispensable pour remonter l'outillage, mais cela arrivera-t-il à temps (3) ? Les régiments du corps du général Frossard n'ont plus d'ustensiles de campement et, depuis Forbach, ne peuvent faire cuire leurs aliments. Nous allons faire tous nos efforts pour reconstituer nos approvisionnements de toute sorte, afin de reprendre notre marche dans deux jours, si cela est pos-

---

(1) Les dépositions des chefs de corps au procès de Trianon constatent qu'on pouvait marcher le 16.
(2) Le procès de Trianon a prouvé qu'on ne manquait ni de vivres ni de munitions (Rapport Rivière, p. 38 et 39).
(3) *La Campagne de Metz*, par un général prussien.

sible. Je prendrai la route de Briey. Nous ne perdrons pas de temps, à moins que de nouveaux combats ne déjouent nos combinaisons. »

Les délais qu'entraînait l'exécution des mesures prises par le commandant en chef prouvent suffisamment que son intention n'était nullement de partir. Quant au parti adopté par lui le lendemain de la bataille de Rezonville, les Prussiens, bien que toujours bien disposés en faveur du maréchal Bazaine sont loin de l'approuver.

« Le maréchal Bazaine, après la bataille du 16, avait à se décider sur le parti à prendre : il ne pouvait pas se retirer par les deux routes du sud de Metz à Verdun, car l'une lui était entièrement fermée, et l'autre tellement rapprochée de l'ennemi, qu'une marche de flanc y était impossible ; de graves considérations se présentaient même pour l'emploi de la troisième route, celle du nord. Avec la position qu'occupait l'armée, elle exigeait un détour de près de 22 kilomètres et ne laissait que peu ou point d'espoir d'atteindre Verdun et la Meuse sans une nouvelle bataille, car en admettant même que les Allemands ne fissent aucun mouvement le 17, ils pouvaient assurément gagner Verdun le 18 ou le 19. Mais, par contre, le maréchal pouvait espérer avec raison se servir de la route Metz-Longuyon-Sedan placée presque perpendiculairement en arrière de sa position et où la vallée de l'Orne lui permettait de soutenir facilement un combat d'arrière-garde.
» Bazaine a expliqué lui-même que, le 17, il ne pouvait s'éloigner de Metz parce que le 16 son infanterie avait épuisé ses munitions, et qu'il fallait rapprovisionner l'armée avec les ressources de la place. Mais ceci aurait également pu se faire, s'il s'était replié avec son armée au nord de l'Orne. Il lui restait encore, pour recevoir ses munitions, deux grandes routes, la directe et celle qui se sépare de Metz-Thionville le long de la vallée de l'Orne. Le temps non plus ne lui aurait pas fait défaut, car il eût été difficile de l'attaquer dans cette position avant le 19. Le véritable motif de sa détermination doit donc être cherché ailleurs » (1).

Les Allemands, en s'attribuant la victoire, ne la considéraient pas cependant comme décisive. Aussi toutes leurs troupes disponibles furent-elles rapprochées. La garde et le 12º corps atteignirent Mars-la-Tour et s'établirent le 17 au soir au sud de ce village. Le 7º et le 8º corps, à l'aile droite,

---

(1) *La Campagne de Metz*, par un général prussien.

passèrent la Moselle et se concentrèrent dans le bois des Ognons et au nord de ce bois. Les têtes de colonne du 2ᵉ corps avaient atteint Pont-à-Mousson par une marche si rapide que l'état-major allemand comptait sur son entrée en ligne le 18 au soir, pour s'opposer aux nouveaux efforts que le maréchal Bazaine ne pouvait manquer de tenter, les Allemands le croyaient du moins, pour s'ouvrir leurs lignes et pour gagner la Meuse dans la direction de Verdun.

Trois routes, comme nous l'avons dit, partant de Metz vers la Meuse et se dirigeant sur cette ville, traversent le massif accidenté et boisé séparant la Moselle et la Meuse. Les Prussiens, depuis le 16, occupaient la route au sud. La route du nord passant par Sainte-Marie et par la forêt de Jaumont, où sont les carrières de ce nom, et la route du centre passant par Jarny, étaient en notre pouvoir. Le maréchal Bazaine aurait donc pu, en hâtant son départ le lendemain de la bataille de Rezonville, gagner la Meuse et rejoindre le maréchal de Mac-Mahon à Châlons. Au lieu de cela, il reste trente-six heures dans le camp de Metz et se laisse ainsi prévenir par l'ennemi sur les deux routes du nord conduisant à Verdun.

Les Prussiens employèrent ce temps à réunir les forces nécessaires à une action décisive. Une partie de ces forces s'était déjà portée en avant, après avoir passé la Moselle, l'autre partie venait seulement de la franchir, pendant la nuit, sur des ponts jetés au-dessus de Metz. La cavalerie allemande surveillait les mouvements des Français, et le 18 une action générale paraissait imminente (1).

Les Allemands étaient décidés à empêcher les Français de se frayer un passage vers Paris par la route du nord, et

---

(1) Rapport prussien

à leur livrer bataille sous Metz pendant qu'ils auraient le dos tourné vers l'Allemagne. Ils réunirent donc, à l'ouest de Metz, le 18 au matin, afin d'être prêts à tout événement, les trois corps, 7°, 8°, 9° de Steinmetz, quatre corps, 2°, 3°, 10°, 12°, et le corps de la garde de l'armée du prince Frédéric-Charles. Le 1ᵉʳ corps et une division de cavalerie restèrent sur la rive droite de la Moselle pour observer Metz du côté de l'est. L'armée allemande devait exécuter un mouvement de conversion en pivotant sur le 7ᵉ corps, l'aile gauche en avant, pour envelopper l'armée française dont le front décrivait autour de Gravelotte une ligne brisée sous forme d'équerre, étendant sa branche de droite vers Saint-Privat, et sa branche de gauche vers le Point-du-Jour.

Le maréchal Bazaine ne parut pas s'apercevoir de ce mouvement pendant lequel l'ennemi pouvait être surpris en flagrant délit de manœuvre, et grâce à ce manque de clairvoyance, le 18 au matin, le 12ᵉ corps, la garde royale prussienne et le 2ᵉ corps, devant former l'aile marchante du mouvement tournant, partent sans coup férir de Mars-la-Tour, de Vionville et de Rezonville, et se dirigent par Jarny, Doncourt et Saint-Marcel vers la route du nord. Ces trois corps formant la première ligne et éclairés par la cavalerie, étaient suivis en seconde ligne par les 3ᵉ et 10ᵉ corps, les plus éprouvés la veille. Le 8ᵉ corps effectua également un mouvement de conversion pour barrer la route du centre. Le 7ᵉ corps faisait toujours face à Gravelotte. Le 2ᵉ corps, parti seulement à trois heures du matin de Pont-à-Mousson, n'arriva sur le lieu de l'action qu'assez tard dans la matinée.

L'état-major allemand voyant que le maréchal Bazaine, loin de prendre l'offensive et d'opérer sa retraite sur Verdun, en forçant leurs lignes, prenait une position défensive sur les hauteurs boisées de Saint-Privat, d'Amanvilliers, de Vernéville et de Gravelotte, avait fait faire à tous les corps en marche vers le nord, un quart de conversion à droite pour attaquer ses lignes. Les Saxons prennent la direction de Roncourt pour déborder sa droite. La garde et le 9ᵉ corps se portent sur Amanvillers et Vernéville, avec l'ordre de canonner l'ennemi et de n'engager leur infanterie que lorsque l'attaque des Saxons se sera bien prononcée. Saint-Privat, en face de la gauche des Allemands, était la clef de la position des Français. L'ennemi avait résolu de donner sur cette aile le signal de l'attaque générale.

La retraite des Français sur Metz avait commencé le 17 à l'aube du jour. Les troupes de droite gagnèrent leur position par Vernéville; celles de gauche par la route de Gravelotte. La division Metman établie de la Malmaison au bois des Ognons, protégeait ce mouvement de retraite qui dura presque tout le jour sans être inquiété. Ces troupes qui, au dire du maréchal Bazaine, manquaient de vivres et de munitions, abandonnent et brûlent sur place des quantités d'approvisionnements formant un convoi interminable, grossi des transports des blessés, de l'artillerie, et défilant sur la route qui, de Gravelotte, descend dans le ruisseau de la Mance pour remonter sur le plateau de Rozerieulles. Les charrettes des paysans y sont nombreuses. Ces malheureux fuient, emportant tout ce qu'ils possèdent : « Il n'y a » donc plus de soldats en France, disent-ils, que l'ennemi » nous chasse même sous le rempart de Metz (1). » La proie était tentante pour la cavalerie du prince Frédéric-Charles et pour les tirailleurs de Steinmetz; mais l'ennemi, rendu prudent par la bataille de la veille, ne fit que de

---

(1) *Journal d'un officier de l'armée du Rhin*, par Charles Fay, lieutenant-colonel d'état-major.

faibles démonstrations sur l'arrière-garde. Le convoi, à la nuit, était en sûreté.

L'armée française se trouvait dès lors ainsi rangée : l'aile droite s'étendait en avant et au-dessus de Jussy, sur les plateaux entièrement dominés par les forts Saint-Quentin et Plappeville; ses lignes suivaient l'arête des hauteurs par les fermes du Point-du-Jour, Moscou, Leipzig, Montigny-la-Grange et le village d'Amanvillers; franchissant ensuite la route de Metz à Briey, elle gagnait le village de Saint-Privat-la-Montagne qui formait son point d'appui. Le terrain en avant de cette ligne de hauteurs s'abaisse presque partout par une pente régulière; les approches sont couvertes par la Mance qui descend des hauteurs d'Amanvilliers et va se jeter dans la Moselle en traversant les bois des Genivaux et de Vaux. Ce ruisseau réduit à deux les points par lesquels les fortes masses peuvent aborder la position. Le plus facile est entre les deux premiers bois, à Verneville même. Le second se trouve aux deux côtés de la route sud de Metz à Verdun, entre le bois des Genivaux et celui de Vaux, commandé par la ferme Saint-Hubert. L'aile droite seule est abordable, c'est la plus éloignée de l'assaillant, mais les approches, même là, sont gênées par un ruisseau en arrière duquel se trouvent les villages de Habonville, Saint-Ail et Sainte-Marie-aux-Chênes.

Les fermes et les villages situés sur la position avaient été soigneusement mis en état de défense et reliés par des tranchées-abris : des abattis couvraient les bois; Sainte-Marie, Vernéville, Saint-Hubert, tous les villages situés en avant de la position avaient été fortifiés et des batteries placées aux endroits les plus favorables. Les troupes reçurent l'ordre de ne se reporter en arrière qu'à la dernière extrémité. L'intention du maréchal Bazaine paraissait être de reprendre l'offensive après le ravitaillement.

Le comte de Palikao écrivait, pendant ce temps-là, à l'Empereur, en date du 17 :

« L'Impératrice me communique la lettre par laquelle l'Empereur annonce qu'il veut ramener l'armée de Châlons à Paris. Je supplie l'Empereur de renoncer à cette idée qui paraîtrait l'abandon de l'armée de Metz empêchée en ce moment de faire sa jonction à Verdun. L'armée de Châlons sera avant trois jours de 85 000 hommes, sans compter le corps de Douay qui rejoindra dans trois jours et qui est de 18 000 hommes. Ne peut-on pas faire une puissante diversion sur les Prussiens déjà épuisés par plusieurs combats ? »

Les Prussiens épuisés ! Voilà où en est le ministre de la guerre ; l'Empereur lui répond : « Je me rends à votre opinion », et il ajoute : « Bazaine demande des munitions. »

L'armée française, déduction faite de la cavalerie partie la veille pour accompagner l'Empereur et couvrir les convois expédiés en avant par Briey, et des pertes déjà subies par le maréchal Bazaine, formait un effectif de 160 000 hommes avec 400 canons et 96 mitrailleuses. Les deux grands défauts de sa position, très-forte sur le front, étaient l'existence derrière elle d'une longue ligne de forêts épaisses, presque toutes en pente rapide, rendant à peu près impraticable le mouvement des réserves placées en arrière, et l'impossibilité de trouver une autre retraite que Metz ; il fallait donc vaincre ou être rejeté dans la place. Le maréchal Bazaine ne l'ignorait pas.

L'armée, brûlant de se retrouver en communication avec la France, se montrait animée du meilleur esprit ; elle accueillit par ses applaudissements la violente canonnade qui lui annonça vers midi le commencement de la bataille. Cette canonnade était le signal de la mise en mouvement des Allemands pour tourner la droite française. Le 6e corps occupait à droite Roncourt, Saint-Privat-la-Montagne, et s'étendait à gauche jusqu'à la mare, en face de Saint-Ail et d'Habonville; le 4° corps, avec ses deux divisions en première ligne, et celle du général Lorencez en deuxième, tenait Amanvillers, Montigny-la-Grange, et avait des avant-postes à Champenois; les fermes de la Folie, Leipzig, Moscou, couvraient le front du 3° corps à sa gauche. Ce corps s'étendait dans la direction de l'auberge du Point-du-Jour; le 2° corps, plus à gauche encore, occupait la hauteur jusqu'à Rozerieulles, avec un bataillon du 97° le village de Sainte-Ruffine. La division de Forton était en arrière dans la vallée au moulin de Longeau, la garde impériale en réserve sur les hauteurs de Saint-Quentin et de Pappleville.

Le 9° corps prussien s'emparant à midi de la ferme de Champenois, mit successivement en batterie une centaine de pièces contre le corps du général de Ladmirault. Le 9° corps prussien avait l'ordre de n'engager qu'un feu d'artillerie et d'attendre, pour agir, l'arrivée de la garde royale à sa hauteur vers la gauche. Les Français avaient négligé d'occuper le bois de la Cusse, le 9° corps allemand s'en empare, mais les mitrailleuses ennemies lui font subir de telles pertes qu'une brigade de la garde royale prussienne est obligée d'accourir à son secours. La garde royale parvenue, de midi à deux heures, à gauche du 9° corps, dirige le feu de quatorze batteries contre le maréchal Canrobert, en attendant l'effet du mouvement tournant prescrit au 12° corps.

Les Saxons qui le composent approchent vers trois heures. La 1re division de la garde royale se porte sur Sainte-Marie-aux-Chênes et enlève le village après y avoir écrasé le 94° régiment français. Son artillerie soutenue par celle du

12ᵉ corps, s'avance encore vers Saint-Privat, et le maréchal Canrobert a bientôt à soutenir le feu de 200 pièces de canon. Le **3ᵉ** corps prussien, en face du général de Ladmirault, parvient à trois heures à Vernéville, tandis que le 10ᵉ prussien dépassant Basilly envoie une de ses divisions et dix de ses batteries entre Vernéville et le bois des Genivaux, pour soutenir le 9ᵉ corps. Le 8ᵉ corps, à la droite de ce dernier, s'est avancé de Rezonville sur Gravelotte contre le bois des Genivaux vigoureusement défendu par le maréchal Le Bœuf. Le 7ᵉ corps, pour venir en aide au 8ᵉ, après avoir dirigé contre le Point-du-Jour le feu de ses pièces, du sud de Gravelotte, engage vers quatre heures une de ses brigades dans le défilé entre les bois des Genivaux et de Vaux, et tente l'attaque du Point-du-Jour, mais, arrêté par les feux du général Frossard, il ne peut dépasser l'auberge de Saint-Hubert. L'artillerie et la cavalerie de cette colonne avaient beaucoup souffert du feu des mitrailleuses et de l'infanterie françaises.

Les Allemands, à deux heures, n'ont enlevé que la ligne des avant-postes ennemis. Aucun point de la position principale n'est en leurs mains ; cela dure encore à six heures, malgré les efforts terribles tentés par d'énormes masses. Le 7ᵉ et le 8ᵉ corps sont presque épuisés, le 9ᵉ ne se soutient qu'au prix de pertes considérables en avant de Vernéville. La garde royale est repoussée après des pertes énormes subies à l'attaque sur Saint-Privat, où le prince de Wurtemberg, espérant décider le succès de la journée avant l'entrée en ligne des Saxons, l'a lancée. Il perd tant de monde, qu'il recule. Le 12ᵉ corps (Saxons), chargé du mouvement décisif, et qui doit parcourir le chemin le plus long, reste seul intact. Il atteint enfin les environs de Roncourt et tourne Saint-Privat qu'il canonne. La fin du jour approche ; les positions françaises ne sont pas entamées.

A la droite, la division Lafont de Villiers établie à Roncourt et soutenue par une brigade de la division Tixier, avait pris l'offensive, appuyée par la division du Barrail ; à la gauche, le maréchal Canrobert et la division Levassor-Sorval, soutenue par l'autre brigade de la division Tixier, rendaient vains les efforts de l'ennemi. Les attaques sur le général de Ladmirault étaient si vives, que la division Lorencez avait dû le renforcer ; l'artillerie du 3ᵉ corps, malgré la supériorité de l'artillerie prussienne, réussit à mettre hors de combat quinze pièces à l'ennemi qui en laissa prendre sept aux fantassins français. Deux restèrent entre leurs mains.

Les troupes du maréchal Le Bœuf, protégées par des tranchées, et ayant leurs pièces couvertes par des épaulements, se maintenaient sur le haut du plateau et conservaient le bois des Genivaux. Les troupes du général Frossard arrêtaient la 1ʳᵉ armée prussienne devant la position importante du Point-du-Jour. A la gauche extrême, les Prussiens canonnaient Sainte-Ruffine sans pouvoir tenter rien de sérieux de ce côté à cause du feu de l'artillerie française de réserve répondant du fort Saint-Quentin.

Le maréchal Canrobert, serré vivement par les Saxons (12ᵉ corps) qui, vers la fin de la journée, ont débordé son aile droite à Roncourt et obligé de lutter contre une artillerie deux fois plus considérable que la sienne, envoie à diverses reprises demander du secours et les réserves de l'artillerie au maréchal Bazaine qui, resté à son quartier-général de Plappeville, ne monta même pas à cheval de toute la journée. Le commandant en chef ne se décide à lui envoyer quelques caissons de munitions de la réserve et une partie de l'infanterie de la garde, que lorsque le maréchal Canrobert a été obligé d'abandonner Saint-Privat.

La bataille, à six heures et demie, semblait gagnée par les Français. La garde n'avait pas été engagée : une brigade de voltigeurs avec le général Deligny était à la disposition du maréchal Le Bœuf, au-dessus de Châtel-Saint-Germain ; le général Bourbaki s'avançait sur le plateau de Plappeville avec la division de grenadiers. Le maréchal Bazaine, se croyait sûr désormais du succès. S'il s'était porté au centre de la ligne et s'il s'était rendu compte des forces ennemies qu'il avait devant lui, il aurait reconnu le danger que courait son aile droite ; c'est au moment où l'état-major se félicite de la victoire, que les aides de camp du maréchal Canrobert et du général de Ladmirault, accourus au quartier général, apprennent au maréchal Bazaine que sa droite est tournée, écrasée et en retraite. Le mouvement tournant des Allemands s'était exécuté par l'arrivée du 12ᵉ corps saxon à Roncourt qu'il avait enlevé pour se présenter ensuite par le nord devant Saint-Privat ; ce village était attaqué en même temps à l'ouest et au sud par la garde royale, soutenue par son artillerie et par celle du 10ᵉ corps prussien, du 12ᵉ corps et de la garde. Le maréchal Canrobert, après avoir épuisé ses munitions, avait évacué Saint-Privat devant cette formidable attaque, et se retirait par la route de Woippy sur les bois de Saulny.

La droite du 4ᵉ corps, brusquement découverte, est donc livrée sans défense aux coups de l'artillerie des Allemands, maîtres de Saint-Privat. Le général de Ladmirault pris d'écharpe et de revers, se maintient quelques instants encore et empêche même une nouvelle attaque des 9ᵉ et 3ᵉ corps prussiens sur les hauteurs ouest d'Amanvillers ;

il bat en retraite sur Plappeville. Le 1ᵉʳ et le 6ᵉ de ligne laissés en avant du bois, en arrière d'Amanvilliers, et un bataillon occupant la ferme de Montigny-la-Grange, réussissent à protéger le mouvement de retraite avec la réserve d'artillerie du corps et des batteries de la garde. La division de grenadiers déployée en face de Saint-Privat, à droite et à gauche de l'artillerie, couvre le départ des 4ᵉ et 6ᵉ corps. L'ennemi s'arrête devant les premières maisons de Saint-Privat en flammes.

Le 3ᵉ corps, découvert à son tour par le départ du 4ᵉ, porte une brigade et deux batteries de sa réserve sur la droite, pour arrêter les progrès de l'ennemi; il n'est forcé nulle part; il en est de même du 2ᵉ qui résiste au 11ᵉ corps prussien accouru de Rezonville à Gravelotte, pour soutenir les attaques de la 1ʳᵉ armée allemande. Le 11ᵉ corps n'arrive qu'à sept heures et demie à l'auberge de Saint-Hubert, pour échouer comme les autres dans son attaque. Le rapport du commandant du 7ᵉ corps prussien en fait foi:

« Depuis sept heures du soir, on remarquait que des colonnes ennemies se dirigeaient de Moscou sur Leipzig, et, plus tard, on crut apercevoir un mouvement de retraite vers Metz. Néanmoins, l'ennemi maintint sa position au Point-du-Jour, et même contre les attaques du 11ᵉ corps et l'approche de la nuit ne l'amena pas à se retirer. Il y resta jusqu'au matin du 19, et ne s'éloigna alors à six heures du matin que sur un mouvement en avant des colonnes du 11ᵉ corps (1). »

Le feu cessa à la nuit. Aucun trophée, pas même un canon démonté, n'était resté entre les mains des Allemands; le nombre des morts et des blessés attestait l'acharnement de cette bataille qui restera comme une des plus sanglantes, des plus inutiles et des plus singulières du siècle. Près de 14 000 morts et blessés furent comptés sur le ter-

(1) Rapport du commandant du 7ᵉ corps.

rain et portés dans les ambulances, elle n'eut aucun résultat stratégique ; elle fut livrée par un général qui ne parut pas même sur le champ de bataille et qui ne donna pas un seul ordre pendant toute la durée de la lutte.

La gauche prussienne bivouaqua sur le champ de bataille sans dépasser Saint-Privat et Amanvillers ; les Français tinrent la lisière des bois de Saulny, de Châtel, de la ferme de Montigny-la-Grange, du Point-du-Jour et des fermes intermédiaires. Le prince Frédéric-Charles, arrivé à huit heures et demie du soir près de Vernéville, ordonna que les corps d'armée bivouaqueraient sur les emplacements occupés à la fin de la journée, en plaçant des avant-postes d'infanterie pour les lier aux corps voisins ; il avertit bien inutilement, hélas ! leurs chefs qu'ils devaient s'attendre à des tentatives désespérées pour forcer le passage pendant la nuit. Le 12º corps fut encore une fois prévenu de l'importance extrême qu'il y aurait à atteindre Woippy.

Les Allemands auraient pu l'occuper avant la fin de la journée si, au lieu des Saxons éloignés de 40 kilomètres de ce point, le 1ᵉʳ corps, resté sur la rive droite, avait été chargé de cette opération. L'état-major allemand, heureusement, n'y songea pas, et le 6º corps français put descendre sur Woippy sans être inquiété ; le 6º se retira sur le plateau de Plappeville ; l'armée française tout entière, au lever du jour, était rangée autour de la place.

Ces mouvements s'exécutèrent le 19 sans que l'ennemi les inquiétât. Le maréchal Bazaine se dirigea, au point du jour, de Plappeville sur le Ban-Saint-Martin où il établit son quartier-général.

Les Allemands n'ont point dissimulé les effroyables pertes éprouvées par eux dans l'attaque de leur gauche contre la droite ennemie dans la forêt de Jaumont : un colonel, deux majors, le prince de Salm y furent tués; deux commandants de brigade, quatre commandants de régiments et un grand nombre d'officiers supérieurs et d'officiers subalternes blessés. Saint-Privat fut le théâtre de luttes terribles :

« Saint-Privat était en feu sur plusieurs points ; mais les Français, dignes de leur vieille réputation de bravoure, montraient une ténacité extraordinaire ; un feu roulant sortait continuellement des endroits qu'ils occupaient et couvrait tout le voisinage d'une grêle de plomb. A six heures et demie, on ordonne de recommencer l'assaut. L'ennemi, entouré presque de tous côtés, se battit en désespéré (1). »

Le commandant de la 3ᵉ brigade allemande, qui avait combattu aux environs d'Amanvillers, fut blessé; le régiment Alexandre perdit un grand nombre d'officiers et de soldats, ainsi que les bataillons de chasseurs de la garde; le commandant et cinquante officiers restèrent sur le carreau; aucun officier ne sortit du combat sans blessure :

« Les pertes de la troupe s'élevèrent à peu près à la moitié de l'effectif. Lorsque le jour commença à baisser, la 20ᵉ division du 2ᵉ corps s'approcha de Sainte-Marie, en sorte que le reste des bataillons de la garde, épuisés par le combat, et auxquels manquaient presque tous leurs officiers, rejoignirent leurs drapeaux conduits par des officiers d'État-major (2). »

Les Prussiens perdirent dans cette journée 520 officiers et 13 000 hommes, sans compter les pertes des 2ᵉ, 7ᵉ et 8ᵉ corps; les Français perdirent 500 officiers et 11 000 hommes. L'ennemi leur avait opposé 230 000 hommes contre 120 000: L'effort, disons-le en outre, de cinq corps prussiens, soit 130 000 hommes, fut porté tout entier sur les 30 000 hommes des 4ᵉ et 6ᵉ corps formant la droite française.

(1) *La Campagne de Metz*, par un général prussien.
(2) *Ibid.*

TAXILE DELORD.

Les Allemands, ici comme à Rezonville, s'adjugent le gain de la bataille :

« La fuite de l'ennemi a été si précipitée qu'à Amanvillers il a abandonné un campement ; on y avait laissé les tentes, la plupart des effets, les papiers et les armes. Les marmites étaient toutes préparées devant les feux éteints ; des vêtements avaient été arrachés en hâte des coffres restés ouverts ; des lettres commencées gisaient sur les tables; quelques-unes donnaient des détails curieux sur la manière dont les Français considèrent cette guerre. Tout indiquait une fuite désordonnée, une panique. Nos soldats remarquèrent avec étonnement tout le confort que s'accorde un soldat français en campagne. Tandis que trop souvent nos guerriers endurcis ont à bivouaquer en plein air, sur la terre nue, et s'accommodent de cette couche dure que leur général partagea avec eux les deux nuits qui précédèrent la bataille ; on trouva dans les tentes françaises non-seulement des lits, des chaises, des fauteuils, mais même çà et là des tapis et des rideaux, des meubles de toilette compliqués, des eaux et des huiles de senteur et, en somme, tant d'embarras de toute sorte, que cela seul explique pourquoi notre armée se meut bien plus facilement et rapidement que l'armée française (1). »

Ce n'était pas cependant la prise d'un campement et d'un grand nombre de prisonniers qui donnait la victoire aux Prussiens, mais un fait d'une bien plus grande importance : toutes les communications des Français avec Paris étaient coupées.

Le comte de Palikao n'en présenta pas moins cette bataille au Corps législatif comme une grande victoire ; il entra même dans certains détails et parla d'un corps allemand culbuté et anéanti dans les carrières de Jaumont qui, dans aucun rapport officiel, ne figurent comme théâtre d'un pareil événement.

L'armée française, refoulée derrière les forts de Metz, gardait encore toute son énergie ; mais, réduite à ses propres forces, séparée de l'intérieur, elle ne pouvait plus compter que sur les ressources de la place. L'armée d'investissement, au contraire, avait ses communications libres et pou-

---

(1) *La Campagne de Metz,* par un général prussien.

vait recevoir tout ce qui lui était nécessaire en hommes et en matériel ; un peu de repos lui eût été utile, mais un service de surveillance de tous les instants, et qui ne pouvait se relâcher impunément, l'empêchait de s'y livrer :

> « Les chances restaient encore presque égales, au moins pour les premières semaines ; les résultats de ces combats qui avaient coûté des deux côtés plus de 40 000 hommes *étaient effroyablement petits* ; c'est d'ailleurs un signe caractéristique de l'esprit qui animait les deux armées, de voir, dans ces luttes gigantesques, que les Allemands, les vainqueurs, n'avaient conquis comme trophée que le misérable chiffre de 7 canons et seulement 6000 prisonniers non blessés qui, presque sans exception, avaient été pris dans les villages défendus jusqu'à la dernière extrémité, tandis qu'eux-mêmes avaient perdu 800 prisonniers (1). »

Le 4° corps qui n'avait pas été engagé, la garde royale prussienne, le 12° corps saxon, les 5° et 6° divisions de cavalerie de réserve prussienne et une division de cavalerie saxonne furent réunis après la bataille, pour former sous le commandement du prince royal de Saxe une nouvelle armée qui prit le nom de 4° armée ou *Armée de la Meuse;* elle était destinée à marcher sur Paris parallèlement à la 3° armée commandée par le prince royal de Prusse. Le nombre des troupes allemandes restait le même en réalité, puisque cette armée n'était qu'une portion détachée des forces sous Metz. Elle se sépara le 21 août de l'armée d'investissement, qui continua de porter les noms de 1re et de 2° armée allemande, mais en étant placée sous l'unique direction du prince Frédéric-Charles. Quelques semaines plus tard, divers détachements vinrent combler les grands vides laissés par les derniers combats. L'armée d'investissement tout entière devait, d'après les états de situation, s'élever à 230 ou 240 000 hommes. Les Allemands prétendent qu'elle n'a jamais en réalité atteint ce chiffre et que, soit que les pertes n'eussent

---

(1) *La Campagne de Metz*, par un général prussien.

pas été comblées, soit que les maladies eussent sévi, elle n'a jamais compté plus de 200 000 hommes disponibles.

L'armée française se retire tristement le 19 août vers le camp retranché de Metz, plus fatal à la France que celui d'Olmutz à l'Autriche en 1866 : Partout on rencontre des hommes fatigués, épuisés de ces combats et de ces retraites qu'ils ne comprennent pas : « Qu'on nous parle ! disent ces » braves gens, que se passe-t-il ? Notre régiment a repoussé » l'ennemi et nous reculons (1) ! » Parler aux soldats ! le maréchal Bazaine y songe bien ! Cependant le 19, les distributions commencent à devenir insuffisantes, et, sans les pommes de terre récoltées dans les champs, l'armée souffrirait beaucoup : les ressources en vivres et en cartouches sont des plus faibles, et la dernière communication avec la France, par la route de Thionville, vient d'être coupée. Voilà tout ce qu'on apprend au soldat.

Un mois après la déclaration de guerre, quinze jours après l'ouverture des hostilités, 180 000 hommes, armée et garnison, sont bloqués dans Metz par 200 000 ennemis, tandis que les 150 000 hommes de l'armée du prince royal de Prusse et les 70 000 hommes de celle du prince royal de Saxe marchent sur Paris. Le dernier courrier de France arrive le 19 vers le soir, au camp de Metz. Les soldats reçoivent encore une fois des nouvelles de leurs familles, de leurs amis et de la France.

Quelques familiers du maréchal Bazaine seuls savaient que le maréchal de Mac-Mahon lui avait télégraphié le 17 août que ses troupes seraient complétement constituées le lendemain, et prêtes à marcher ; en ajoutant qu'il était placé sous ses ordres, il lui demandait ses instructions. « Je suis

---

(1) *Journal d'un officier de l'armée du Rhin.*

» trop loin du centre de vos opérations pour vous indiquer
» les mouvements à exécuter. Je vous laisse libre d'agir
» comme vous l'entendrez. » Telle avait été la réponse du
maréchal Bazaine.

La nuit du 19 au 20 est tranquille. Le 20 on resserre
les lignes. La crainte d'un blocus devait faire rabattre dans
les camps toutes les ressources des villages environnants.
L'intendant général Wolf et l'intendant de Préval, chargés
d'aller préparer les vivres sur les routes que l'on doit suivre,
partent et ne reviennent pas.

Le maréchal Bazaine reçoit le 20 cette dépêche :

« Camp de Châlons, 19 août, trois heures trente-cinq du soir,
expédiée le 20 août à onze heures trente-cinq du matin.

» MARÉCHAL DE MAC-MAHON AU MARÉCHAL BAZAINE.

» Si, comme je le crois, vous êtes forcé de battre en retraite très-prochainement, je ne sais, à la distance où je suis de vous, comment vous venir en aide, sans découvrir Paris ; si vous en jugez autrement, faites-le moi savoir. »

Le maréchal Bazaine répond :

» Ban-Saint-Martin, **20 août**.

» MARÉCHAL BAZAINE AU MARÉCHAL DE MAC-MAHON.

» J'ai dû prendre position près de Metz pour donner du repos aux soldats et les ravitailler en vivres et en munitions. L'ennemi grossit toujours autour de nous, et je suivrai très-probablement pour vous rejoindre la ligne des places du Nord ; je vous préviendrai de ma marche, si je puis toutefois l'entreprendre sans compromettre l'armée. »

Le maréchal Bazaine adresse à l'Empereur et au ministre de la guerre, la même dépêche sans y joindre la restriction qui la termine. Cette dépêche si importante qui aurait dû modifier ses décisions ultérieures, le maréchal de Mac-Mahon affirme qu'elle ne lui est pas parvenue. Cette affirmation a donné lieu à des incidents graves, sur lesquels nous aurons à revenir.

Le 22 août le bruit se répand qu'on a découvert dans les magasins du chemin de fer quatre millions de cartouches. L'armée apprend en outre, par une communication officielle, qu'elle est complétement ravitaillée en vivres et en munitions. Comment l'existence d'un tel amas de cartouches a-t-elle pu rester ignorée du commandant en chef? ne l'aurait-il pas cachée pour justifier sa retraite sur Metz? Le soupçon commence à se glisser dans les esprits.

L'armée occupe ses loisirs à combiner des plans de sortie. L'Ouest semble à beaucoup d'officiers la ligne de retraite naturelle; mais l'ennemi a, sur la rive gauche, cinq corps qui pourraient être facilement concentrés en cas d'attaque. Le plateau de Plappeville offre bien, à la vérité, un passage dans cette direction, seulement il aurait fallu y songer d'avance et se fortifier au débouché de la route de Saulny sur le plateau d'Amanvillers. Sans cela, comment arriver à ce plateau en marchant entre les bois de Chatel et de Saulny vigoureusement tenus par l'ennemi? D'autres plans consistent à agir par le Nord. On livrerait une bataille, cette bataille gagnée, l'armée s'avancerait vers la Meuse, le long de la frontière belge, et donnerait la main au maréchal de Mac-Mahon. Malheureusement les plaines de la rive gauche de la Moselle, battues par les pièces de l'ennemi, ne permettaient pas de remonter vers le Nord. Il fallait, pour franchir la rive droite, songer d'abord à percer les lignes de Sainte-Barbe et à effectuer un passage de rivière en face de six corps d'armée. Il paraissait plus naturel d'opérer autour de Metz, comme les Russes autour de Sébastopol. S'emparer de la hauteur du château de Mercy, s'y fortifier, s'y faire attaquer, puis s'élancer à la première occasion sur ses lignes d'opération dans la direction de Nomeny ou de Chateau-Salins, y diriger tout au moins une partie de la cavalerie à peu près inutile désormais, inquiéter les lignes d'opération de l'ennemi, relever le moral des troupes et aller reprendre, si c'était possible, une base dans le Sud, vers Langres et Lyon ; ce plan ne manquait pas non plus d'approbateurs. L'ignorance dans laquelle le maréchal Bazaine laissait l'armée de Metz, de la formation de l'armée de Châlons, explique tous ces projets. Lorsque cette formation fu' connue, l'opinion de marcher au Nord, sur Thionville, par la rive droite de la Moselle, d'abord combattue, gagna du terrain.

Une sortie était annoncée pour le 26 août ; quoique les effets des officiers eussent été réduits d'après un état réglé par l'état-major, et que l'ordre eût été donné aux cantiniers de rester dans Metz avec leurs femmes et leurs voitures, l'armée traîne encore après elle une telle quantité de bagages qu'il est impossible d'entamer l'action à la pointe du jour. Le temps est froid et pluvieux. On s'aperçoit, au moment de franchir la Moselle, qu'un seul des deux ponts construits par l'artillerie est en état de supporter les voitures. Les colonnes s'allongent et se retardent mutuellement. L'armée prend position néanmoins en avant de Saint-Julien, au milieu de la tempête déchaînée. Le mouvement offensif est devenu difficile. Le maréchal Bazaine le juge inexécutable (1).

L'armée murmure ; le maréchal Bazaine, bien décidé à ne pas bouger, mais voulant faire partager à ses lieute-

---

(1) Cependant il n'avait trouvé que très-peu de monde devant lui. C'est ce jour-là même qu'il écrivit au maréchal de Mac-Mahon la dépêche reçue de Metz à Thionville par le commandant de place Turnier, dépêche remise par celui-ci au procureur impérial de Sarreguemines Lallemand. Ce dernier la confie à Sedan, au commandant de place Melcion d'Arc, des mains duquel elle passe ensuite dans celles de M. Hulme, qui déclare enfin l'avoir remise lui-même à l'Empereur et au maréchal de Mac-Mahon.

ants la responsabilité d'une décision à laquelle ils ne sont que trop disposés à se prêter, réunit les commandants des corps d'armée et des armes spéciales à la ferme de Grimont, pour leur poser la question de savoir si l'armée doit marcher en avant ou si elle doit rester sous Metz, comme c'est l'avis de son chef.

> « Parce que, dit-il, sa présence maintenait devant elle 200 000 hommes, qu'elle donnait à la France le temps d'organiser la résistance, aux armées en formation, celui de se constituer et, qu'en cas de retraite de l'ennemi, elle le harcellerait si elle ne pouvait lui infliger une retraite décisive. Quant à la ville de Metz, elle avait besoin de la présence de l'armée pour terminer les forts, leur armement, les défenses extérieures du corps de place, et il fut reconnu qu'elle ne pourrait tenir plus de quinze jours sans la protection de l'armée (1). »

Six généraux formaient le conseil à la ferme de Grimont. Le général Coffinières, commandant de la place de Metz, est d'avis de ne pas sortir; il ne veut pas accepter de responsabilité en cas de siége. Les généraux Bourbaki et de Ladmirault, entendant le général Soleille affirmer qu'on n'a de munitions que pour un jour, se résignent à ne pas tenter de sortie. Le maréchal Le Bœuf sachant bien que le général Soleille cache la vérité, mais n'osant pas la dire, veut cependant essayer une trouée. Le maréchal Canrobert fait un long discours pour prouver qu'il est inutile de sortir. Le maréchal Bazaine n'ouvre pas la bouche sur les dépêches qu'il a reçues du maréchal de Mac-Mahon, notamment sur celle du 23, qui le prévient que l'armée de Châlons est en marche. Le maréchal Bazaine a, il est vrai, nié lui aussi plus tard qu'il eût reçu cette dépêche (2).

Le conseil du 26 a prononcé; l'armée n'essayera pas de

---

(1) Rapport sommaire sur les opérations de l'armée du Rhin.
(2) Lue par le colonel Lewal.

percer les lignes ennemies. Tout-à-coup les chefs de corps sont prévenus que le 30 août on fera un mouvement. S'agit-il d'un de ces « coups de griffe », selon l'expression du maréchal Canrobert, qu'on doit donner de temps en temps pour relever le moral des troupes, ou d'une tentative de sortie annulant brusquement les décisions prises à la ferme de Grimont? Les ordres donnés ne permettent aucun doute à cet égard. Le maréchal Bazaine veut sortir du côté de Thionville pour rejoindre le maréchal de Mac-Mahon qu'il croit proche de Stenay. Mais les ordres de l'état-major sont communiqués aux chefs de corps avec si peu de précautions, que l'armée et la ville en sont tout de suite informés, et il en est toujours ainsi. Cette fois il faut remettre l'opération au lendemain. Le passage sur trois ponts des trois corps (4e, 6e et garde) de la rive droite sur la rive gauche de la Moselle ne commence donc que le 31 à six heures du matin.

Les Prussiens n'avaient pas opposé le 26 de grandes forces à l'ennemi, parce qu'ils ne croyaient pas à sa sortie de ce côté; avertis cette fois, ils avaient pris leurs sûretés. Le passage s'effectua lentement; l'attaque ne commença que dans l'après-midi, et ne porta l'armée française que sur les positions de Noisseville, Servigny et Sainte-Barbe, enlevées avec beaucoup d'entrain, et sur lesquelles on s'arrêta, la nuit ayant mis fin au combat.

Le général Manteuffel, commandant la ligne d'investissement sur les points menacés, avait concentré ses troupes et pris ses dispositions de défense, pendant que l'armée française arrivait lentement sur le plateau et recevait l'ordre de faire le café. Le maréchal Bazaine s'avança vers deux heures sur la route de Sainte-Barbe et fit établir un épaulement de batterie à gauche de cette route. Six pièces de 12 de la réserve du 4e corps arrivèrent vers quatre heures derrière ce parapet; une autre batterie de cette réserve se plaça à droite de la route en face de Poix. Le fort Saint-Julien fournit en outre trois pièces de 24, qu'on mit à droite de la route, en avant de la ferme de Grimont. Ces grosses pièces donnèrent vers quatre heures le signal du feu qui s'alluma sur toute la ligne.

L'infanterie prussienne restait, selon son habitude, très-abritée en arrière de l'artillerie. Il aurait fallu, pour combattre cette tactique, ne pas user ses munitions d'artillerie dans un duel inégal (1), faire avancer ses tirailleurs et ses partisans jusqu'à 800 mètres des canons ennemis, profiter de la supériorité du chassepot pour fusiller les canonniers, forcer les batteries à s'éloigner, les poursuivre, forcer l'infanterie à sortir de ses cachettes, l'ébranler alors par son artillerie et ses mitrailleuses, et l'aborder à la baïonnette. Cette tactique avait réussi toutes les fois qu'elle avait pu être employée.

Le maréchal Le Bœuf, au signal donné par le canon de la ferme de Grimont, avait porté en avant ses troupes en position depuis deux heures du matin. Le village de Sainte-Barbe, placé sur une position dominante, et sur le principal chemin de Thionville, devait être évidemment considéré comme la clef de la position. Il fallait surprendre l'ennemi, écraser son camp sous une artillerie supérieure. La réserve générale de cette arme pouvait la fournir si on l'eût laissée passer avant la garde, peu nécessaire pendant les premières heures du combat.

Le mouvement de l'artillerie de l'aile droite, qui demandait une grande rapidité, fut mené dans le sens contraire.

---

(1) On a répété à satiété que le chassepot valait mieux que le fusil à aiguille, mais que le canon français était moins bon que le prussien. Soit, mais cela aurait dû nous amener à imposer notre portée de fusil à l'infanterie prussienne, et à ne pas accepter celle de l'artillerie prussienne comme on l'a fait invariablement.

La division Metmann s'était portée vers Nouilly. La division Montaudon soutenue par la division Fauvart-Bastoul (ancienne division Bataille) avait marché dans la direction de Noisseville et attaquait avec une de ses brigades Montoy et Flanville occupés par la 3° brigade d'infanterie ennemie sous la protection de batteries portées en avant de Retonfey. Le 1ᵉʳ régiment d'infanterie prussienne attaqué en même temps à la brasserie et dans Noisseville était obligé « d'éva-
» cuer ces deux points et de se retirer sur Servigny, pendant
» que des tirailleurs français fortement établis dans les
» coteaux de vignes de Noisseville ouvraient un feu des plus
» vifs sur les batteries prussiennes, amenées en avant de
» Servigny, et les forçaient même à faire un demi-tour (1) ».

Nouilly et Noisseville enlevés par les Français à six heures et demie, l'ennemi est rejeté dans Retonfey, tandis que, plus à droite, deux régiments de dragons français mettent pied à terre et occupent Coincy avec deux bataillons du général Lapasset, maître de Colombey depuis trois heures du matin; « mais ces attaques sur la droite avaient l'inconvénient
» de détourner de l'action principale sur Sainte-Barbe, et
» on ne put aborder Servigny qu'à six heures et demie du
» soir (2) ». Le 4° corps, en effet, déployé sous le feu de l'ennemi, n'a pu se porter en avant sans que le 3° corps ait effectué en partie son mouvement tournant; le 6° corps est obligé de se conformer à la marche du 4°. La division Metmann, chargée de l'enlèvement de Servigny, lance sa 1ʳᵉ brigade dans ce village, à gauche, par les jardins, mais à peine y a-t-elle pénétrée, qu'elle se retire sous le feu des barricades et des maisons crénelées. Les deux divisions du général de Ladmirault se portent en avant pour sou-

---

(1) Rapport du général Manteuffel.
(2) Rapport officiel français.

tenir cette attaque ; le général de Cissey à droite, le général Grenier à gauche, le général de Lorencez en arrière et en réserve doivent appuyer le mouvement.

Villers-l'Orme est facilement enlevé ; les troupes françaises s'élancent sur les retranchements de Poix et de Servigny et les emportent. Le 20ᵉ bataillon de chasseurs se jette sur Servigny où les barricades l'arrêtent. Les 1ᵉʳ et 6ᵉ régiments d'infanterie l'appuient en vain ; il faut que la division Aymard arrive pour que l'ennemi se retire, encore reste-t-il dans une maison crénelée au bout du village. La division Grenier et la 2ᵉ brigade de la division de Cissey ont enlevé les retranchements du chemin de Failly, mais non le village de Poix. Le maréchal Canrobert à la gauche s'est emparé de Chieulles et de Vany avec ses compagnies de partisans ; il a établi la division Tixier à droite, la division Lafont de Villiers à gauche, la brigade Levassor-Sorval en réserve, avec la cavalerie face au débouché de Malroy. Le 6ᵉ corps doit se porter sur Charly, mais le maréchal Bazaine, « d'après la marche des affaires, » lui a donné l'ordre de se diriger sur Failly dont l'occupation » pouvait faire tomber Poix et Servigny (1) ». La 1ʳᵉ division du 6ᵉ corps s'avance donc sur le village, mais la nuit étant venue et les 3ᵉ et 4ᵉ corps s'étant repliés, « le maréchal » Canrobert jugea indispensable de suspendre le mouve- » ment du général Tixier afin de rester lié au général de » Ladmirault, et il fit avancer en ligne ses autres divisions ; » grande faute si toutefois on était bien décidé à percer la » ligne ennemie (2) ». L'armée commençait à en douter, non sans raison. Si la tentative du maréchal Bazaine est

---

(1) Rapport officiel.
(2) *Journal d'un officier de l'armée du Rhin*, par Charles Fay, lieutenant-colonel d'état-major.

sérieuse, disaient les officiers, pourquoi ne pas profiter de l'élan donné aux troupes et montrer la fermeté d'une résolution inébranlable, au lieu de paraître incertain et hésitant? En présence d'une pareille question et de l'impossibilité d'y répondre, des doutes cruels naissaient dans les esprits, et de sombres pressentiments oppressaient les cœurs.

Les lignes d'infanterie française, entraînées par une espèce d'élan personnel, s'étaient mises en marche entre la route de Sainte-Barbe et le ravin de Nouilly. Leur ardeur pouvait être utilisée malgré la nuit et le brouillard couvrant les vallées. Le général de Ladmirault n'avait pas épuisé ses réserves; le 6ᵉ corps s'était à peine mêlé au combat; la garde et le 2ᵉ corps pas du tout. Une nombreuse cavalerie, bien postée pour agir vers les routes de Sarrebruck et de Sarrelouis, menaçait l'ennemi de le déborder; rien ne l'empêchait ensuite de se mesurer avec la cavalerie prussienne établie vers Retonfey; cette cavalerie n'avait encore rien tenté de sérieux, à part l'action de Coincy.

L'armée française n'avait en face d'elle que la division de Kummer, la division hessoise, des troupes du 10ᵉ corps et une division de cavalerie, soit de 60 à 70 000 hommes reportés d'Ogy à Coincy. Se jeter sur ces forces avec les 3ᵉ et 4ᵉ corps soutenus par la garde impériale sur le point décisif, entre les routes de Sainte-Barbe et de Sarrelouis; forcer le passage de nuit avant que l'ennemi l'eût rendu infranchissable, c'était un plan que beaucoup d'officiers dans l'armée croyaient possible d'exécuter : mais le maréchal Bazaine quitta le champ de bataille à neuf heures et rentra à Saint-Julien. Une assez vive fusillade s'échangeait encore entre les Français et les Prussiens de Poix à Servigny. Les premiers tenaient ce village, mais avec des régiments confondus, mêlés, difficiles à réorganiser pendant la nuit. L'ennemi fit un retour offensif après lequel les Français se virent contraints d'évacuer Servigny et de se reporter à 300 mètres en arrière sur les crêtes.

Le prince Frédéric-Charles ne parut sur le champ de bataille ni ce jour-là ni le lendemain ; averti que les 3ᵉ et 4ᵉ armées prussiennes pouvaient d'un instant à l'autre être aux prises avec celle du maréchal de Mac-Mahon, il restait sur la rive gauche avec les 2ᵉ et 3ᵉ corps prêts à marcher au premier avis tout en faisant avancer de nouvelles troupes.

Les corps de la première ligne française ne furent pas relevés pendant la nuit par les réserves, et on maintint les dispositions prises la veille pour enlever Sainte-Barbe : « Si l'ennemi s'est accru, on se bornera à se maintenir jus- » qu'au soir dans les positions du 31, afin de revenir ensuite » sous les canons des forts et de la place de Metz. » Ordre peu propre à soutenir le moral des troupes, car il ne laisse que trop percer une pensée de retraite.

Une vive canonnade retentit dès cinq heures du matin du côté prussien. L'épaisseur du brouillard jusqu'à sept heures ne permet pas de distinguer l'ensemble du champ de bataille. Les Allemands dont le feu part des hauteurs de Maizeroy à Sainte-Barbe par Retonfey et le château de Gras, prennent l'offensive contre le 3ᵉ corps dès que le soleil a dissipé les brouillards et ils se portent sur Noisseville mis en état de défense et occupé par la brigade Clinchant soutenue par le 32ᵉ d'infanterie. Le général Castagny l'ordre de se rapprocher du 2ᵉ corps dans la direction Colombey, et du château d'Aubigny.

On n'avançait ni d'un côté ni de l'autre, lorsque tout-à-coup la division Fauvart-Bastoul, obligée de reculer sous le feu de l'ennemi, abandonne sa position de la route de

Sarrebruck à hauteur de Coincy. La droite de la brigade de la division Montaudon qui occupe Montoy et Flanville, laissée à découvert par cette retraite (1), est obligée de se retirer à son tour ; elle le fait en bon ordre devant les Prussiens qui reprennent aussitôt possession de Noisseville et de la brasserie, s'abritant derrière les arbres de la route de Sarrelouis, sans poursuivre la division Montaudon.

Le maréchal Bazaine parle de la retraite du général Fauvart-Bastoul et lui attribue la perte de la journée :

« C'est à ce moment que le corps de cavalerie de réserve se formait pour entreprendre une charge dans le terrain découvert en avant de Servigny, et que les divisions d'infanterie de la garde se préparaient à en profiter pour prononcer un retour offensif qui aurait entraîné très-certainement les troupes du 3e, 4e et 6e corps les plus à proximité et la prise de Sainte-Barbe, que le général Fauvart-Bastoul s'est retiré. Les conséquences de la retraite du général Fauvart-Bastoul furent des plus graves ; le 3e corps dut rétrograder et l'opération que j'avais tentée se trouvait, par suite, avoir complétement échoué (2). »

Le 4e corps avait maintenu ses lignes devant Poix et Servigny, malgré une vive canonnade ; la division Lorencez avait remplacé en première ligne la division de Cissey sans gagner du terrain. Le général Tixier, au 6e corps, commençait l'attaque de Failly, lorsque l'immobilité du 4e corps, puis sa retraite, entraîna la sienne et celle du maréchal

---

(1) Le maréchal Le Bœuf prétend, dans son rapport, que le général Bastoul a battu en retraite sans son ordre. Le général Frossard, au contraire, écrit au maréchal Bazaine que le général Bastoul ne s'est retiré que fort peu en arrière, lentement ; « il n'a contrevenu en rien aux ordres du maréchal ». C'est un démenti donné par le général Frossard au maréchal Le Bœuf : le général Bastoul avait été distrait du commandement du général Frossard pour être remis sous les ordres du maréchal Le Bœuf, de là tiraillement. Le maréchal Le Bœuf commence par prescrire à la division Fauvart-Bastoul de se reporter en avant, mouvement qu'elle exécute avec une grande vigueur, dit le rapport du 3e corps. L'artillerie ennemie l'écrase. Le maréchal Le Bœuf lui donne l'ordre de battre en retraite. Le général Bastoul, las, paraît-il, de ces contradictions, dit à l'officier : « Il m'embête, il me fait aller ; je veux un ordre écrit. »

(2) Le maréchal Bazaine, il convient de le remarquer, n'a pas pu juger par lui-même de la vérité de ce qu'il raconte, puisqu'il n'était pas sur le champ de bataille, et qu'il se trouvait dans le fort Saint-Julien.

Canrobert. La garde, établie en partie dans les tranchées, en avant et à droite de Grimont, était restée en réserve. La retraite fut ordonnée vers onze heures. « Le mécon-
» tement était très-vif dans tous les rangs; chacun se disait
» qu'une armée comme la nôtre, attaquant un point quel-
» conque de la circonférence ennemie, devait la traverser
» dès qu'elle en aurait la volonté; mais qu'il était indispen-
» sable, pour réussir, de surprendre l'ennemi et de sup-
» primer les bagages. Cela était clair pour tout le monde,
» aussi ne put-on expliquer notre insuccès qu'en se disant:
» Avait-on bien l'intention de réussir (1) ? »

Les pertes des Français, pendant ces deux journées, et celles de l'ennemi, étaient à peu près égales : 152 officiers et 3617 hommes hors de combat, parmi lesquels les généraux Montaudon, Osmont blessés, le général Manèque mort. Le maréchal Bazaine donne l'ordre de rentrer, et cette fois pour ne plus sortir que le jour de la capitulation ; c'en est fait, on ne sentira plus la « griffe française ».

Au moment où finissaient ces combats sous Metz, l'armée du maréchal de Mac-Mahon allait capituler à Sedan, et il ne restait plus que l'armée du maréchal Bazaine à la France.

(1) *Journal d'un officier de l'armée du Rhin.*

CHAPITRE X

1870

REICHSHOFFEN

SOMMAIRE. — Le maréchal de Mac-Mahon prend le commandement de l'aile droite de l'armée. — Surprise et combat de Wissembourg. — Mort du général Abel Douay. — Marche du prince royal de Prusse. — Il rencontre l'armée française. — Bataille de Reichshoffen. — Défaite du maréchal de Mac-Mahon. — Il se retire, sans défendre les Vosges, sur Saverne, et de là sur Châlons. — Son itinéraire. — Ses hésitations. — Il arrive le 16 août à Châlons. — Constitution de l'armée de Châlons avec les 5ᵉ et 1ᵉʳ corps. — Le 7ᵉ corps. — Rôle qui lui est assigné au début des opérations. — Difficultés de sa formation. — Il se rend de Mulhouse à Belfort. — Désordre de cette marche et trouble jeté par elle dans le cœur des populations. — Il arrive à Dannemarie. — Fausse alerte. — Terreur et fuite des populations. — Arrivée du 7ᵉ corps à Belfort. — Importance de cette place. — Le 7ᵉ corps se rend à Châlons en passant par Paris. — Il met vingt-quatre heures dans son trajet de Reims au camp. — Perte de l'Alsace et de la Lorraine.

Pendant que les événements que l'on vient de lire se passaient à la gauche et au centre de l'armée, que faisait la droite ?

Le 1ᵉʳ corps de l'armée du Rhin avait été formé à Strasbourg vers la fin du mois de juillet. Les états-majors, le génie, les parcs, etc., se présentèrent au lieu de rassemblement, de la manière la plus décousue. Dans le génie, par exemple, les cinq compagnies parmi lesquelles figurait une section chargée spécialement *de la réparation et de la destruction des chemins de fer* arrivèrent ensemble avec leurs voitures ; dans l'état-major de l'arme, le premier officier parvenu au rendez-vous fut un capitaine ; le chef d'état-major parut le 23 juillet, puis vinrent deux ou trois officiers et un garde ; enfin, dans les derniers jours de juillet, le général Le Brettevillois auquel l'ordre de se rendre à Strasbourg était parvenu à Biskra, à la lisière de la province de Constantine, prit son commandement. Des sapeurs-conducteurs envoyés de cette dernière ville avaient l'ordre de prendre le parc du génie en passant à Lyon; le directeur des fortifications, effrayé du retard qu'entraînait l'attente de ces sapeurs, envoya le parc par le chemin de fer sans le faire accompagner par personne. Le parc, dans l'incroyable désordre des gares, dépassa Strasbourg. On apprit par hasard qu'il se trouvait à Sarreguemines d'où on le fit revenir, non sans peine, dans les premiers jours du mois d'août, et enfin, au moment du départ du corps pour la frontière du Palatinat, il dut rester à Strasbourg faute de moyens de transport. Il ne rejoignit jamais l'armée. Un autre fait donnera une idée de la confusion générale. Le général commandant le génie avait pris sept voitures de réquisition conduites par des paysans et portant 3150 pelles et pioches destinées spécialement à faire construire aux soldats des tranchées-abris auxquelles l'Empereur et le maréchal Le Bœuf attachaient une importance particulière; ces outils ne parvinrent à l'armée qu'à Saverne, après la retraite de Frœschwiller.

Le maréchal de Mac-Mahon, arrivé le 26 juillet à Strasbourg, prit aussitôt le commandement de l'armée. Il était de ceux qui admettaient comme un axiome l'infériorité de l'armée prussienne, relativement à l'armée française; la campagne de 1866 n'avait pas modifié chez lui cette opinion, partagée du reste par presque tous les officiers généraux français. Le maréchal de Mac-Mahon, à son passage à Paris, avait exprimé la conviction qu'il ne lui serait pas difficile de conduire en quinze jours 200 000 hommes à Berlin. Il ne connut qu'en arrivant à Strasbourg la composition de son corps d'armée et les noms de ses généraux de division et de brigade. Outre le 1ᵉʳ corps, il pouvait disposer du 7ᵉ corps commandé par le général Douay et comprenant trois divisions ; deux divisions de ce corps fort incomplètes furent envoyées à Belfort où elles s'organisèrent peu à peu ; la 3ᵉ division (général Dumont), en formation à Lyon, y attendait des troupes de Civita-Vecchia. Le maréchal de Mac-Mahon fit venir de Strasbourg, dans les premiers jours d'août, une division du 7ᵉ corps qui le suivit jusqu'à Châlons où, comme on le verra plus tard, elle fut rejointe le 19 et le 20 août par la division restée à Belfort, et par la 3ᵉ division.

Le maréchal de Mac-Mahon n'apportant point de plan de campagne de Paris, en faisait vingt par jour et n'en choisissait aucun. Tantôt il était presque décidé à franchir le Rhin près de Kehl, ce qui n'offrait aucune difficulté, mais que faire après ? Tantôt il se proposait de longer le fleuve, mais en adoptant ce plan n'allait-il pas se heurter à la forteresse de Rastadt, et s'immobiliser dans un siége ? Le maréchal de Mac-Mahon, trop faible en résumé pour attaquer le premier, gardait la défensive à laquelle le condamnait sa faiblesse numérique.

Les divisions du 1ᵉʳ corps, dans les premiers jours d'août, prirent position à la frontière, à Haguenau, Wissembourg, Reichshoffen et Fræschwiller, la 1ʳᵉ division (général Ducrot) en avant de Wœrth ; la 2ᵉ division (général Douay) à Haguenau ; les 3ᵉ et 4ᵉ divisions (généraux Raoul et Lartigue) à Strasbourg. Cet éparpillement dans l'éparpillement qui pouvait empêcher les divisions du 1ᵉʳ corps de se soutenir mutuellement lui était imposé, il faut le reconnaître, par les difficultés de sa formation.

La cavalerie se trouvait à Haguenau et à Soultz-les-Forêts, en avant du front ; la brigade du général de Septeuil à Sultz, la brigade du général **Nansouty** à Seltz, couvrant de leurs avant-postes l'espace compris entre les Vosges et le Rhin. La brigade de cuirassiers du général Michel formait la réserve soutenue par des bataillons isolés, ce qui lui enlevait une partie de sa mobilité.

Le 1er corps appuyait sa droite sur Strasbourg. La concentration de l'armée allemande dans le Palatinat l'exposait à être coupé du gros de l'armée, ce qui arriva en effet, par une pointe offensive de l'ennemi. Le maréchal de Mac-Mahon crut donc devoir se rapprocher du 5e corps sous les ordres du général de Failly, et, soit pour couvrir cette marche de flanc, soit pour assurer la protection de la frontière entre Wissembourg et Lauterbourg, il ordonna au général Abel Douay, commandant la 2e division du 1er corps, d'occuper Wissembourg, ville comprise dans les lignes de fortification qui ont rendu son nom célèbre dans les guerres de la Révolution, mais réduite depuis longtemps à l'état de forteresse déclassée.

La 2e division du 1er corps comprenait trois régiments de ligne, les 56e, 74e et 78e, un régiment de turcos, un bataillon de chasseurs à pied, un régiment de chasseurs à cheval, trois batteries d'artillerie et une batterie de mitrailleuses installée sur les hauteurs du col du Pigeonnier par où la 2e division se ralliait au corps du général Ducrot, sous le commandement duquel elle se trouvait placée, et qui venait d'être envoyé à Lembach.

Le prince royal de Prusse, prenant l'offensive, avait quitté le 3 août son quartier-général de Spire, et le 4 celui de Landau. Les Wurtembergeois et les Badois passèrent le Rhin dans la matinée de ce jour à Maxau, un peu au-dessous de Lauterbourg. La division bavaroise du général Bothmer était à neuf heures du matin devant Wissembourg, avec ordre de l'attaquer, pendant que les 11.ᵉ et 5ᵉ corps prussiens appuieraient l'attaque et que les divisions badoise et wurtembergeoise, sous les ordres du général de Werder, opéreraient contre Lauterbourg.

Les Bavarois formaient donc l'aile droite de l'ennemi, les deux corps prussiens le centre, et le corps du général de Werder l'aile gauche. La position de la division du général Abel Douay était assez hasardée. Il avait placé un bataillon du 74ᵉ de ligne dans Wissembourg et installé ses autres corps sur les hauteurs qui dominent la ville. La faiblesse de son effectif ne lui permit pas sans doute d'occuper le village d'Altenstadt par où l'ennemi passant la Lauter pouvait menacer toutes les communications de l'armée française avec le sud.

La brigade du général de Septeuil composée des 3ᵉ hussards et 11ᵉ chasseurs était venue de Sultz rejoindre le général Abel Douay. Les reconnaissances de cette cavalerie, parties à six heures du matin, rentrent au camp à huit heures sans avoir rien vu, selon l'habitude. Les soldats de la 2ᵉ division se mettent à faire la soupe; tout à coup les obus des Prussiens qui s'avancent, en se masquant des bois de la rive gauche de la Lauter, tombent sur le camp. Les Français, revenus de leur première surprise, se préparent à lutter avec vigueur. Le général Pellé reçoit l'ordre d'occuper la ville et la gare située au sud-est, avec le régiment des tirailleurs algériens et une batterie; un bataillon de ce régiment se place à la porte de Haguenau; le reste défend la gare et les bâtiments en avant; la brigade du général Montmarie occupe le château de Geissberg avec deux batteries.

Les Bavarois de la division du général de Bothmer, alors seuls en ligne, ouvrent un feu très-vif sur les Français postés dans les vignes et sur les remparts du château. Le général Bothmer aborde vigoureusement le front des Français pour s'emparer de la porte de Landau. Il est repoussé à deux reprises; mais le prince royal de Prusse, établi depuis neuf heures du matin sur la hauteur à l'est de Schweigen, hâte la marche du 11ᵉ corps dont le canon tonne bientôt sur la gauche et dont les masses se déploient du côté d'Altenstadt.

La tâche du 11ᵉ corps devait se borner à occuper Schleithal et les hauteurs au sud. Son commandant, entendant le canon de Wissembourg, se dirige de ce côté et ne tarde pas à rencontrer l'avant-garde du 5ᵉ corps; une division du 11ᵉ corps marchant aussi au canon, opère une diversion contre la droite française au profit des Bavarois. Le Geissberg est attaqué de front, et une division du 11ᵉ corps se reliant à la gauche des Allemands, cherche à tourner la colline par le sud-est.

La batterie de mitrailleuses du Geissberg est démontée et en faisant explosion à côté du général Abel Douay, elle tue ce vaillant soldat. Le feu des autres batteries se ralentit, les forces ennemies augmentent. La division française est enveloppée à onze heures par des forces supérieures.

Les Français luttent encore vigoureusement, mais l'ennemi fait avancer à chaque instant des forces plus considérables contre le château de Geissberg; il est même parvenu à conduire du canon sur une hauteur qui bat le château, dont l'intrépide garnison, réduite à 200 hommes, est obligée, à deux heures après midi, d'accepter la capitulation qu'elle a refusée jusqu'alors. Le reste de la division résiste en rase campagne et à la ferme de Schafbusch, sans autre but que celui de gagner du temps pour opérer sa retraite; ces braves soldats, en se retirant du côté de

Schafbusch, purent entendre les hurrahs de l'ennemi répondant aux félicitations du prince royal de Prusse pour cette première victoire remportée sur le sol français. Elle coûtait aux Allemands 91 officiers et 1460 hommes, mais ils emmenaient les campements français, un canon, des voitures de munition, un millier de prisonniers et le glorieux cadavre du général Abel Douay. La ligne de la Lauter était perdue.

Cet échec qui devait exercer une si fatale influence sur la campagne fut si rapide, que le maréchal de Mac-Mahon reçut presque en même temps la nouvelle de l'engagement et celle de sa fin, et que le général Ducrot, arrivant à Lembach à midi, n'atteignit les hauteurs du Pigeonnier que pour voir les soldats français débordés.

Le combat de Wissembourg fut une surprise, et pourtant la 2ᵉ division avait une brigade de cavalerie légère pour l'éclairer. Le général Robert, il faut en convenir, avait singulièrement organisé le service des *reconnaissances*. L'état-major allemand, en rendant compte de ce combat, reproche au maréchal de Mac-Mahon d'avoir placé la division Abel Douay trop en l'air et hors d'appui du reste du 1ᵉʳ corps, et au général Ducrot d'avoir donné l'ordre au général Abel Douay d'accepter le combat. Ces reproches sont-ils fondés? On peut répondre que la division Abel Douay comprenant infanterie, cavalerie, artillerie, formait un corps mixte en mesure de résister suffisamment pour donner le temps au reste du corps de prendre ses dispositions. La position occupée par elle, couverte par la Lauter, par les anciennes lignes de Wissembourg, et par la place entourée d'une enceinte et de fossés, était bonne pour un poste avancé, et susceptible d'une résistance sérieuse. Un corps ainsi placé n'est pas précisément un corps en l'air. Quant à l'ordre de combattre donné par le général Ducrot au général Abel Douay, il ne semble pas dépourvu d'opportunité. Le seul tort du général Ducrot est de ne pas avoir soutenu son lieutenant ; il est permis aussi de regretter que le général Abel Douay, quand il s'est vu en présence de forces plus nombreuses, ne se soit pas mieux souvenu des lois de la guerre qui enseignent à battre en retraite devant un ennemi supérieur en nombre, en profitant de la configuration du sol.

Le *Journal officiel de l'Empire français* rendit ainsi compte de cette triste et sanglante journée :

« Trois régiments de la division Abel Douay, et une brigade de cavalerie légère ont été attaqués par des forces considérables masquées par les bois qui bordent la Lauter. Ces troupes ont résisté pendant plusieurs heures aux attaques de l'ennemi, puis se sont repliées sur le col du Pigeonnier qui commande la ligne de Bitche. Le général Douay a été tué. Une de nos pièces dont les chevaux avaient été tués et l'affût brisé est tombé au pouvoir de l'ennemi.

» Le maréchal de Mac-Mahon concentre sur les lieux les forces placées sous son commandement. »

La défaite de Wissembourg livrait aux Allemands l'entrée de l'Alsace, la ligne du chemin de fer de Landau par Haguenau vers Strasbourg et Bâle, avec son embranchement par Sarreguemines vers Metz, ainsi que deux bonnes routes de Landau à Strasbourg. Une autre route non moins importante et allant dans la direction sud-ouest de Haguenau vers Saverne, et menant à Lunéville et à Nancy, en traversant les Vosges, s'ouvrait également devant eux. Leurs armées pouvaient se développer sans que rien vînt entraver la célérité de leurs mouvements.

Le maréchal de Mac-Mahon avait cencentré ses trois divisions en avant de Reichshoffen où il apprit l'échec de Wissembourg, dans la nuit du 4 au 5 août. L'Empereur avait besoin d'une bataille et l'appelait de tous ses vœux, comptant sur un succès. Le maréchal de Mac-Mahon y comptait aussi, et croyant n'avoir devant lui que les forces contre lesquelles le général Abel Douay avait lutté, il prit ses dispositions pour attendre l'ennemi sur la Sauer, dans une position aux environs de Frœschwiller, décrite par Gouvion Saint-Cyr et illustrée par Hoche; elle se compose d'une série d'accidents de terrains, se détachant des Vosges, et s'étendant entre la Sauer et Eberbach sur une longueur de 6 kilomètres, de Neehwiller à Morsbronn, par Frœschwiller, Elsashausen, et le Niederwald. La Sauer descendant des Vosges coule en avant de ces hauteurs, se déroule dans une vallée couverte de prairies, et s'en va par la forêt de Haguenau vers le Rhin. Cette position s'offrait naturellement au maréchal de Mac-Mahon pour disputer le passage à un ennemi supérieur, puisqu'il ne se décidait pas à se replier dans les Vosges. C'est là qu'il fut informé, le 5 août, que l'Empereur mettait sous ses ordres le 5° et le 7° corps du général de Failly et du général Félix Douay, frère du vaincu de Wissembourg; de même qu'en Lorraine il plaçait le maréchal Bazaine à la tête des 2°, 3° et 4° corps.

Le prince royal de Prusse, marchant un peu à tâtons et comme fatigué de Wissembourg, ne paraissait pas avoir l'intention de livrer une seconde bataille, mais les deux armées, comme cela arrive souvent, se rencontrèrent inopinément. Le maréchal de Mac-Mahon, au moment d'en venir aux mains, invita le général de Failly qui occupait en ce moment Bitche, à se réunir le plus tôt possible au 1er corps, mais un second ordre sembla lui laisser une certaine latitude à cet égard. Le général de Failly mit une telle lenteur à se concentrer que le 5° corps qu'il commandait ne put, sauf la division de Lespart, prendre part à l'action.

Des forces assez considérables étaient nécessaires pour tenir non-seulement les points importants occupés par le maréchal de Mac-Mahon, mais encore ceux de la rive droite de la Sauer. Les avait-il à sa disposition ? Les évaluations toujours un peu complaisantes des effectifs, portent à 41 000 le chiffre des hommes composant le 1er corps; mais il faut bien se garder de s'y fier. Les 5e et 7e corps allaient grossir, il est vrai, les troupes placées sous le commandement du maréchal de Mac-Mahon, mais le 7e corps, encore en organisation à Belfort, ne put lui envoyer que la division Conseil-Dumesnil, qui arriva le 5 à Haguenau. Quant au 5e corps, qui n'avait pourtant que 25 ou 26 kilomètres pour se rendre de Bitche au champ de bataille de Wœrth, et non pas 35 kilomètres, comme on l'a prétendu, il ne put fournir qu'une seule division. Les deux autres venant de Sarreguemines, devaient suivre par Bitche. Il n'y avait rien à attendre de ce côté avant vingt-quatre heures.

Le maréchal de Mac-Mahon devait donc couvrir avec une quarantaine de mille hommes des positions qui en exigeaient le double. Aussi les points avancés des rives de la Sauer n'étaient pas gardés, on se serrait le plus possible sur la rive droite, et on ne tenait ni Wœrth, dans la vallée, ni Morsbronn à l'extrémité de la ligne.

Le maréchal de Mac-Mahon avait prescrit au général Douay, commandant le 7e corps, de lui envoyer en soutien la 1re division du général Conseil-Dumesnil. Cette division, sur la fausse nouvelle d'une concentration de forces ennemies à Lorrach, dans la forêt Noire, avait quitté Colmar pour se rendre à Mulhouse; à peine arrivée dans cette ville le 4, elle fut rembarquée, et le lendemain elle se dirigea de Haguenau sur Reichshoffen. Son artillerie, qui se rendait par voie de terre de Colmar à Mulhouse, était à Ensisheim, lorsqu'elle reçut l'ordre de changer de route. Le maréchal de Mac-Mahon comptait sur cette division pour couvrir son aile droite. Rejoint par elle et par les débris du général Abel Douay, il songea d'abord à occuper le plateau de Gunstett un peu isolé du reste de la position, mais très-important parce qu'il barre la route d'Haguenau ; il finit par y renoncer, craignant d'étendre trop son front. La 4ᵉ division, déjà en marche vers le plateau, revint se placer à la droite des 1ʳᵉ et 3ᵉ divisions établies, l'une à droite de Frœschwiller, vers Elsashausen, où elle occupait un front très-étendu, l'autre sur deux lignes à gauche vers Langenzulsbach, à cheval sur un ruisseau. La 1ʳᵉ division du 7ᵉ corps et les débris de la division Abel Douay devaient former la réserve en seconde ligne; l'artillerie de réserve garnissait les crêtes sur la rive droite de la Sauer, entre Frœschwiller et Elsashausen, afin de couvrir le débouché de Niederbronn.

Le terrain sur lequel la bataille allait se livrer était une espèce de clairière traversée par un ruisseau et entourée de bois qui empêchaient de voir ce qui se passait autour. Les Allemands avaient d'abord supposé que le maréchal de Mac-Mahon se dirigeait sur Haguenau ; apprenant qu'il s'était arrêté derrière Wœrth, ils s'étaient rapidement portés, en contournant les hauteurs boisés du Hoch-Wald, sur cette petite ville s'étendant en demi-cercle au pied d'une chaîne de collines, devant la route de Sultz, et ils l'avaient occupée. Le 2ᵉ corps bavarois, suivi du 1ᵉʳ, avait pris la route de Wœrth à Lembach, et formait ainsi l'aile droite ; le 5ᵉ corps avait longé le versant sud-est du Hoch-Wald par Roth et Preuschdorf : le 11ᵉ corps et la division wurtembergeoise suivaient la route de Sultz parallèle au chemin de fer de Haguenau et arrivaient directement sur Wœrth. La division badoise se portant de Lauterbourg à Seltz, était le 6 août au matin à Guttweiler, à l'ouest de Winzembach. Elle marcha toute la journée au canon sans arriver à temps pour prendre part à l'action.

Le maréchal de Mac-Mahon, en évacuant le plateau de Gunstett, avait donné l'ordre de couper tous les ponts sur la Sauer entre Wœrth et Bruckmull, ce qui indiquait l'intention de livrer une bataille défensive. Cet ordre fut malheureusement révoqué, soit que le maréchal eût entrevu la possibilité de reprendre l'offensive après un succès, soit par tout autre motif resté inconnu. La 2° division qui, après le combat de Wissembourg, s'était repliée sur Haguenau, prit position dans le vallon, en arrière de Elsashausen, comme réserve de l'armée. La division de cuirassiers et une brigade de cavalerie légère étaient massées en réserve en arrière de la 2° division, dans les plaines, à l'ouest de Morsbronn.

L'armée française était ainsi disposée le 5 août au soir : la division Ducrot sur le plateau de Frœschwiller, à gauche, s'appuyant sur la route de Reichshoffen, faisant face à Neehwiller et au débouché de la Sauer; la division Raoul au centre, au-dessus de Elsashausen ; la division de Lartigue sur la droite, faisant face à Gunstett et à Morsbronn; la division Conseil-Dumesnil en seconde ligne, à l'extrême droite. Les débris de la division Abel Douay, commandés par le général Pellé, étaient laissés, comme nous l'avons dit, en réserve en arrière. La brigade de cuirassiers du général Michel, de la division du général Duchesne, se tenait dans un pli de terrain, près de la division du général Lartigue. La brigade de cavalerie légère du général de Septeuil et la division de réserve du général Bonnemains restaient sur les derrières de l'armée. Un orage de la saison s'arrêta sur les hauteurs, pendant la nuit, et versa une pluie torrentielle sur ces troupes.

Le maréchal de Mac-Mahon ignorait quelles forces se dirigeaient contre lui, et où elles étaient. Le matin même, peu de temps avant les premiers coups de fusil, on lui conseillait de se replier sur les Vosges. C'était un bon conseil. Le maréchal parut s'y ranger un moment, et il donna même l'ordre de départ, mais il était trop tard, le combat s'engageait pendant qu'il délibérait.

Le prince royal de Prusse, après la retraite des débris de la division Abel Douay, cherchant à se renseigner sur leurs mouvements par une grande reconnaissance, avait porté le 5 août son armée en avant, en rapprochant son aile gauche pour qu'elle pût se concentrer soit à l'est, soit au sud, suivant les circonstances. Des détachements de cavalerie lancés dans l'ouest, franchissant la Sauer à Gunstett, avaient aperçu un camp ennemi sur les hauteurs de l'autre rive; des détachements lancés sur Reichshoffen avaient trouvé le pont de la Sauer coupé à Wœrth. Les coups de fusil reçus par les Prussiens à l'entrée de la ville, et des obus tombés des hauteurs de la rive droite sur laquelle on distinguait des mouvements de troupes, les confirmèrent dans l'idée qu'un rassemblement considérable de forces françaises existait à Wœrth.

Le 2ᵉ corps bavarois, de son côté, n'avait pas tardé à trouver sur la route de Lembach, abandonnée par Ducrot, des blessés et des bivouacs récemment abandonnés. La 10ᵉ division du 5ᵉ corps s'avançait par Bremmelbach et Lobsann, et avait ses avant-postes dans les bois situés à l'ouest. L'incertitude où se trouvaient les deux généraux en chef, de l'armée française et de l'armée allemande, continuait à s'accuser chez le premier par le peu de précision de ses ordres, chez le second, par le redoublement de prudence avec lequel, depuis Wissembourg, il réglait ses mouvements. Mais le prince royal de Prusse, dirigeant toujours ses troupes d'après les principes de l'art militaire, pouvait recevoir des renforts à chaque instant de la bataille, tandis que le maréchal de Mac-Mahon, réduit à faire semblant d'attendre le 5ᵉ corps, allait être réduit à soutenir une lutte inégale contre un ennemi qui se renouvelait sans cesse.

La 10ᵉ division du 5ᵉ corps allemand s'avançait sur la route qui longe le Hoch-Wald, précédé de la majeure partie du 11ᵉ corps, dont la marche ralentissait celle des troupes en arrière. Le général de Kirbach, commandant la 10ᵉ division, apprit à Preuschdorf que l'ennemi occupait fortement Wœrth et la rive droite de la Sauer. Le 11ᵉ corps ne pouvait être avant le soir en mesure d'appuyer les troupes allemandes établies à Reichshoffen ; il plaça ses avant-postes dans la direction de Wœrth. Les patrouilles des deux armées échangeaient des coups de feu.

Le corps du général de Werder, à l'aile gauche, avait porté son avant-garde à Nied-Rœdern et Seltz. Le 1ᵉʳ corps bavarois venant de Langen-Kandel, arriva vers minuit à Ingolsheim ; la 4ᵉ division de cavalerie établit ses bivouacs entre ces deux derniers corps. La 3ᵉ armée longeait, par sa ligne d'avant-postes, la Sauer et la lisière nord de la forêt de Haguenau. L'état-major de la 3ᵉ armée établi à Soultz, ayant acquis la conviction que c'était derrière la Sauer qu'il fallait chercher la masse principale des forces ennemies, le prince royal de Prusse manifesta l'intention de se borner, le 6 août, à faire appuyer un peu plus l'armée sur sa gauche, d'en laisser une partie au sud et de donner à ses soldats cette journée pour se reposer.

Le hasard, comme il arrive souvent à la guerre, déjoua ces projets. Les Français et les Allemands se rencontrèrent le 6 août vers les sept heures du matin, sur deux points différents, à Wœrth et à Gunstett. Les Allemands, sur le premier point, prirent l'initiative de l'attaque, les Français sur le second. Les Bavarois débouchant de Langenzulsbach sur Neehwiller, se virent accueillis vers Gunstett par le feu des Français. Un engagement sérieux eut lieu; les Bavarois qui se soutenaient vers la gauche, souffraient tellement vers la droite des feux de l'artillerie et de l'infanterie postées à Frœschwiller, qu'ils durent se retirer. Leur retraite permit au maréchal de Mac-Mahon de concentrer tous ses efforts sur Wœrth. La lutte, en effet, devint de plus en plus vive de ce côté; les Bavarois d'abord repoussés, sont prévenus par le commandant du 5ᵉ corps qu'il va attaquer les hauteurs de Wœrth et qu'il compte sur eux pour attaquer la gauche française; ils recommencent la lutte à Langenzulsbach, la canonnade redouble du côté de Wœrth.

Les 5ᵉ et 11ᵉ corps qui avaient engagé le combat sur ce point à huit heures du matin tentent, sans succès, d'enlever Wœrth. Le 11ᵉ corps, après avoir réussi à franchir la Sarre, est rejeté sur la rive gauche, son avant-garde a des engagements à Gunstett et à Elsasshausen. Il était midi; à ce moment, les Allemands en conviennent, sauf dans un duel d'artillerie engagé entre les deux armées, l'avantage restait aux Français : « Les trois corps de première ligne de
» la 3ᵉ armée se trouvaient entraînés par des fractions
» plus ou moins considérables de leurs effectifs, dans une
» action qui, en se prolongeant, les avait contraints à re-
» noncer sur certains points aux avantages déjà obtenus,

» tandis que sur les autres on ne se maintenait plus qu'avec
» peine contre les énergiques attaques des Français (1). »

Le combat continuant, l'infériorité numérique des Français devient de plus en plus sensible. Le 5° corps arrive! crie-t-on dans les rangs pour ranimer l'ardeur des troupes. Hélas! comment serait-il arrivé puisque deux de ses divisions se trouvent encore à Sarreguemines et à Bitche? Le général de Failly attiré à l'armée de Lorraine, rejeté sur celle du maréchal de Mac-Mahon, se croyant menacé du côté de Pirmasenz, ne recevant que des ordres indécis de son chef, ne pouvant trouver d'inspiration dans l'instinct militaire qu'il n'avait pas, resta en place. La division de Lespart, partie le matin de Bitche, arriva à temps, sinon pour prendre part à la lutte, du moins pour recevoir les fugitifs de Frœschwiller sur la route de Niederbronn à Reichshoffen.

Le maréchal de Mac-Mahon, voyant qu'il manquait des forces suffisantes pour lutter contre les Allemands, pouvait encore à midi revenir à son projet de se replier sur les Vosges. L'armée, raffermie par le courage qu'elle venait de déployer contre un ennemi dont la supériorité numérique n'était que trop évidente, ne se serait pas crue compromise par une retraite dont la sécurité était assurée par sa fermeté. La prévoyance du général céda devant le point d'honneur du soldat. Le maréchal de Mac-Mahon ne voulut pas quitter le champ de bataille où tout changea bientôt de face par l'arrivée successive des forces allemandes.

Le prince royal de Prusse prit vers une heure sur les hauteurs de Wœrth la direction de la bataille. Les Wurtembergeois se joignent aux Prussiens; les Bavarois reçoi-

(1) Rapport de l'état-major allemand.

vent de nouveaux renforts ; le 5ᵉ corps enlève la crête entre Wœrth et Frœschwiller ; le 11ᵉ corps se jette sur notre droite, qui recule peu à peu sur le Niederwald. Les divisions Lartigue et Conseil-Dumesnil soutiennent intrépidement le choc. Le 3ᵉ régiment de zouaves du colonel Bocher perd son lieutenant-colonel, trois chefs de bataillon, quinze officiers ; le commandant du 1ᵉʳ bataillon de chasseurs est tué. Les Français qui résistent sur le front de bataille vont être débordés par l'extrémité de la ligne ; l'ennemi menace par Morsbronn de tourner toutes leurs positions. Le général Lartigue a épuisé ses réserves d'infanterie ; il ne lui reste plus que la brigade de cuirassiers du général Michel ; il lui ordonne de charger.

Les deux régiments de cuirassiers, suivis de quelques fractions du 6ᵉ régiment de lanciers, s'ébranlent et se lancent sur un terrain non reconnu à l'avance, obstrué de rangées d'arbres, de souches coupées à fleur de sol, de fossés qui entravent la marche des chevaux, tandis que les pentes adoucies et découvertes des collines permettent à l'infanterie ennemie de diriger librement son feu. Cette masse de plus d'un millier de chevaux s'élance à toute vitesse sur l'ennemi en formation à Morsbronn et supporte avec un admirable courage la fusillade presque à bout portant de l'infanterie allemande à laquelle l'infanterie française, postée dans les bouquets de bois, essaye de répondre. Le 8ᵉ cuirassiers, qui ouvre la charge, éprouve en un clin d'œil des pertes énormes. Les cavaliers parvenus presque d'un seul élan à l'entrée du village, cherchent à le traverser ; ils se brisent devant l'ennemi. Le colonel et 17 officiers sont faits prisonniers, quelques cavaliers seulement s'échappent. Le 9ᵉ régiment, reçu à trois cents pas par le feu d'une compagnie de pionniers, parvient à la renverser en partie sous son choc; mais, entré dans Morsbronn, il se heurte au 80ᵉ régiment ennemi dont le feu le disperse. Les débris du 8ᵉ et du 9ᵉ régiments de cuirassiers, désormais mêlés et confondus, disparaissent dans la direction de l'est, suivis des lanciers qui en chargeant une compagnie prussienne tombent sous sa fusillade. Les restes débandés de cette cavalerie, en cherchant à rallier son infanterie, rencontrent le 13ᵉ régiment de hussards prussien venant de la Sauer et cherchent à se faire jour du côté de Laubach. Une dernière mêlée s'engage; ces intrépides cavaliers, épuisés par tant d'efforts, parviennent cependant à s'échapper, mais dispersés, errant à l'aventure, ils retombent sous le fusil des bataillons prussiens. A trois heures, la brigade des cuirassiers du général Michel était anéantie.

Telle fut cette héroïque et inutile charge des cuirassiers de Reichshoffen qui s'est transformée en légende, et qui, si l'on en ôte les chevaux, les casques, les cuirasses, l'aspect pittoresque et théâtral en un mot, n'est pas plus héroïque au fond que la résistance des fantassins de Ducrot, de Raoult, de Lartigue, de Conseil-Dumesnil, sur les rampes de Wœrth, sur le plateau d'Elsashausen et sur les positions du Niederwald où tant de sang français fut plus obscurément et non moins vainement répandu.

Elsashausen était perdu. L'infanterie française essaya vainement de reprendre cette position; il fallut appeler la cavalerie pour dégager la droite compromise. La division du général Bonnemains, formée de quatre régiments de cuirassiers, établie aux sources de l'Eberbach, avait quitté cette position où l'atteignaient les obus prussiens pour appuyer un peu plus à droite. L'ordre de charger lui est à peine parvenu, qu'elle sort d'un pli de terrain où elle se tenait en colonne serrée par escadrons, pour se lancer sur un espace semblable à celui où la brigade Michel était tombée. Elle trouve également devant elle l'ennemi caché dans les vignes et dans les houblonnières entourées de clôtures. Le 1ᵉʳ régiment de cuirassiers commence l'attaque en chargeant par escadrons, se rompt devant un fossé et fait un demi-tour après des pertes considérables. Le 4ᵉ régiment à gauche, parcourant au galop un espace de plus de mille pas pour trouver un terrain favorable, est également dispersé par le feu d'un adversaire qu'il ne voit même pas; son colonel blessé a son cheval tué et est fait prisonnier. La seconde brigade s'élance à son tour et est plus malheureuse encore que la première. Le 2ᵉ régiment chargeant en demi-régiment, perd cinq officiers, un plus grand nombre est blessé; 129 hommes et 250 chevaux succombent; dans le 3ᵉ régiment, quoique la moitié seule eût donné, le colonel est tué, 7 officiers, 70 cavaliers, 70 chevaux restent sur le terrain.

L'armée française était refoulée au cœur de sa position à Frœschwiller, sa cavalerie détruite et sa ligne de retraite sur Reichshoffen menacée. Les troupes allemandes, épuisées de fatigue par suite de la résistance opiniâtre qu'elles rencontraient, se renouvelaient sans cesse, et vers quatre heures de l'après-midi toute la ligne de bataille allemande sur Frœschwiller, était le théâtre sanglant d'une tumultueuse mêlée. Le général Raoul, blessé, tombe aux mains des Bavarois en défendant les rues du village; l'ennemi fait à chaque instant de nouveaux prisonniers, tout ce qui n'est pas pris se précipite par toutes les issues, dans une débandade presque complète vers Reichshoffen et Niederbronn où le canon prussien foudroie les fuyards. L'action à cinq heures est terminée à Frœschwiller et l'ennemi organise la poursuite.

Les Allemands accusent une perte de 106 officiers, 1483 soldats, 173 chevaux tués ; 388 officiers, 7297 soldats, 166 chevaux blessés, 1373 disparus ; total 489 officiers, 10153 hommes, 341 chevaux. Les Français laissaient 6000 hommes sur le terrain, 8000 prisonniers, 30 canons, 2 aigles, la caisse de l'armée, les équipages du général en chef, deux immenses convois d'approvisionnements à l'ennemi et...... l'Alsace.

La bataille de Frœschwiller n'était pas le seul désastre de cette funeste journée du 6 août. Au moment même où le maréchal de Mac-Mahon était battu sur la Sauer, le général Frossard essuyait sur la Moselle l'échec non moins grave que nous avons raconté.

Le maréchal de Mac-Mahon s'était battu en soldat, il avait cédé à l'étroit point d'honneur du soldat en se retirant deux heures trop tard pour ne pas s'avouer battu ; il opéra sa retraite en soldat, sans prendre aucune des précautions militaires exigées par l'abandon des Vosges qu'il aurait pu défendre si aisément et qui s'ouvrirent quelques jours plus tard devant les Prussiens joyeux et surpris (1).

La retraite assez bien faite sur le champ de bataille, dégénéra vers Reichshoffen en vraie déroute suivie de tous les désordres auxquels se livre le soldat vaincu et affamé. Le maréchal de Mac-Mahon posté à l'entrée de Niederbronn,

---

(1) Informée que, sur le territoire allemand, les ingénieurs préparaient de très-nombreux fourneaux de mines dans les principaux ouvrages d'art des chemins de fer et dans les grandes tranchées, la compagnie de l'Est demanda, le 18 juillet 1870, au ministre de la guerre, s'il ne jugerait pas opportun de faire faire des travaux semblables sur les lignes françaises, et notamment dans les souterrains et dans les grandes tranchées de la traversée des Vosges. Le ministre de la guerre répondit immédiatement et demanda à la Compagnie de faire exécuter ces travaux, après entente avec les commandants du génie, pour le choix de l'emplacement des fourneaux.

Ces travaux furent exécutés, mais il n'appartenait pas à une compagnie industrielle de charger les fourneaux, encore moins de donner l'ordre de détruire les lignes qui pouvaient servir à des mouvements stratégiques.

Lorsque parvint à Paris la nouvelle de la perte de la bataille de Frœschwiller,

à cheval, le képy en arrière, s'épuisait à crier d'une voix enrouée par la fatigue : à Saverne ! à Saverne ! comme si les officiers de son état-major et ceux de la troupe étaient incapables d'indiquer le chemin à l'armée. Le lendemain, 20 000 hommes ayant marché toute la nuit étaient entassés dans cette ville où les traînards ne cessaient d'arriver. Le maréchal de Mac-Mahon, après bien des tergiversations, s'était décidé à y passer la journée du 7 août, mais un gros de cavalerie ennemie, avec de l'artillerie, ayant lancé en passant, vers six ou sept heures du soir, quelques obus sur la ville, il donne l'ordre du départ sur Sarrebourg où il arrive le lendemain matin après une marche de nuit précipitée, car Phalsbourg formait défilé sur la route et ralentissait la colonne. Le général de Failly la rejoint à Sarrebourg où elle reste pendant la journée du 8. Le 9, elle marche de Sarrebourg à Blamont; le 10, de Blamont à Lunéville. La panique précédait l'armée. Le génie local de Lunéville était parti la veille pour Metz après avoir emporté les dessins et noyé les poudres qui auraient été si utiles aux officiers du génie pour leurs mines. Les administrations civiles avaient perdu la tête ; elles n'existaient plus.

Le maréchal de Mac-Mahon, à Lunéville, hésite de nouveau sur la route qu'il doit suivre. Ira-t-il à Nancy ou à Bar-le-Duc ? L'ennemi s'avance vers Nancy par la route de Château-Salins ; le maréchal de Mac-Mahon voulant

---

on ne comprit pas la gravité de cet échec : on supposa que les corps d'armée de Mac-Mahon et de Failly se reformeraient sur le versant oriental des Vosges, de manière à se maintenir sur la défensive, et l'on ne donna aucun ordre relatif aux souterrains du chemin de fer. Les représentants locaux de l'autorité militaire n'osèrent rien prendre sur eux, et deux ou trois jours furent ainsi perdus. Lorsque enfin on se décida à Paris à donner des ordres de destruction des ouvrages, il était trop tard ; ceux-ci étaient occupés par les Allemands, « dont rien n'égala la joie, dit un de leurs historiens, lorsqu'ils découvrirent qu'aucun obstacle n'arrêtait leur marche dans la traversée de la ligne des Vosges ». (*Les chemins de fer pendant la guerre de* 1870-1871, par Jacqmin, ingénieur en chef des ponts et chaussées, directeur de la Compagnie du chemin de fer de l'Est.)

éviter une collision dans cette ville, prend le parti de se jeter à gauche pour tourner Nancy par le sud, et rejoindre la route de Paris vers Bar-le-Duc.

L'étape de Lunéville à Bayon remplit la journée du 11. Les troupes mouillées jusqu'aux os par un violent orage, devaient y séjourner jusqu'au 12 pour se reposer ; mais, par suite d'avis plus ou moins sérieux sur la marche de l'ennemi, l'ordre de départ est donné le 12 à midi. Le génie brûle le pont en bois de Bayon, et au moyen de 400 kilos de poudre que portait la section des chemins de fer, il fait sauter celui de Vèle par où on pouvait venir de Nancy. Le pont de Saint-Vincent servant également à cette route est épargné faute de poudre. Les troupes, dans la nuit du 12 au 13, s'arrêtent à Haroué, à quelques kilomètres de Bayon ; l'état-major, par suite d'une fausse alerte, est sur pied toute la nuit. On part dès l'aube du 13 pour Vézelize, en se jetant toujours plus au sud et en renonçant à rejoindre la route de Paris avant Châlons. L'idée de se porter sur Paris, que nous lui verrons bientôt défendre à Châlons, n'était donc pas nouvelle dans l'esprit du maréchal de Mac-Mahon.

La nourriture des troupes pendant toutes ces marches devient de plus en plus difficile ; les hommes s'en vont isolément en traînards et en maraudeurs, le désordre grandit, et il n'y a pas même une prévôté dans l'armée. Le hasard seul fournit de temps en temps quelques renseignements sur la position de l'ennemi, bien que le maréchal de Mac-Mahon ait de la cavalerie.

Les troupes, du 14 au 15, se portent de Vézelize à Neufchâteau où elles séjournent un jour. Des avis erronés annonçant la présence des Prussiens à Blesmes, nœud des chemins de fer, font hâter la marche de l'armée en retraite.

Le maréchal de Mac-Mahon, après avoir hésité d'abord s'i
se retirera à Bitche ou à Saverne, ensuite s'il gagnera
Nancy ou Bar-le-Duc, enfin s'il ira à Paris ou à Châlons,
hésite de nouveau sur la route à prendre. Décidé à partir
pour Châlons, un moment après il ordonne de faire les
préparatifs nécessaires pour se rendre à Chaumont d'où
l'armée ira se reformer à Langres. Les trains sont prêts à
Cologne lorsqu'on apprend que la garde mobile garde
l'embranchement de Blesmes. Les troupes sont alors décidément dirigées sur Châlons pendant toute la journée et toute la nuit du 16. Elles étaient réunies le 17 au matin au camp de Châlons où l'Empereur venait d'arriver. En apprenant la défaite du maréchal de Mac-Mahon à Wœrth, il avait télégraphié à l'Impératrice : « Mac-Mahon a été
» battu. — Tout est perdu. — Tâchez de vous maintenir
» à Paris. »

Qu'était devenu pendant ce temps-là le 7ᵉ corps placé, comme on l'a vu, sous le commandement supérieur du maréchal de Mac-Mahon, en même temps que le 5ᵉ corps? Le 7ᵉ corps formait l'extrême droite de l'armée du Rhin, position importante puisqu'il couvrait les derniers contreforts des Vosges et la trouée de Belfort tenant par le chemin de fer toute la vallée de Mulhouse à Strasbourg, et pouvant ainsi donner au premier signal la main au maréchal de Mac-Mahon. L'organisation de ce corps n'avait pas été plus facile que celle des autres. Un magasin de campement pour 45 000 hommes ne put fournir des bidons, des marmites et des tentes qu'à un seul régiment ; « par suite, disait-on, d'une négligence locale
» et accidentelle qu'il sera facile de réparer bientôt, peut-
» être même chez l'ennemi ».

Les officiers du 7ᵉ corps impressionnés par la rapidité

foudroyante de la déclaration de guerre, croyaient, en effet, franchir tout de suite le Rhin. En arrivant à Colmar, ils n'y trouvèrent que le 17ᵉ bataillon de chasseurs à pied « campés dans une plaine basse et malsaine, à 4 kilomètres » de la ville, sans vivres de campagne, sans ceinture de » flanelle, sans moyens d'organisation (1) ».

Le général commandant la subdivision refusait de prendre sur lui de faire cantonner les troupes, on ignorait si elles étaient sur le pied de guerre ou sur le pied de rassemblement. L'absence de l'intendant militaire, encore à Oran, laissait en suspens les questions les plus importantes de vivres et de solde. Les troupes arrivaient tous les jours et s'aggloméraient sans s'organiser. Le général Félix Douay, nommé au commandement du 7ᵉ corps, retenu par son service d'aide de camp de l'Empereur, arriva tard à Belfort, où il ne trouva ni l'état-major de l'artillerie, ni celui du génie. Les bureaux les avaient envoyés à Colmar.

Le 7ᵉ corps ne se composait alors à Belfort que de la 2ᵉ division de la réserve d'artillerie et de la division de cavalerie, moins une brigade, retenue à Lyon, pour assurer, ainsi qu'on l'a déjà vu, la tranquillité de cette ville. La 3ᵉ division remplissait le même rôle, en attendant son commandant, le général Dumont qui prenait congé du pape. La cavalerie du 7ᵉ corps campait à Altkirch, d'où elle pouvait se répandre dans la vallée du Rhin et surveiller le fleuve; le grand parc d'artillerie se formait à Vesoul et attendait ses chevaux; l'équipage de pont était à Auxonne. Le service des ambulances avait été oublié.

L'intendant, enfin arrivé d'Oran, écrit au ministre de la guerre, en date du 4 août: « Le 7ᵉ corps n'a pas d'infir-

(1) *Histoire de l'armée de Châlons par un volontaire de l'armée du Rhin.*

» miers, pas d'ouvriers, pas de train. Les troupes font
» mouvement demain; je pare autant que possible à la
» situation, mais il est urgent d'envoyer du personnel à
» Belfort. »

Le général Douay transporta le 5 août ses troupes aux environs de Mulhouse, sur les instances du sous-préfet affolé de terreur par les feux nombreux aperçus à Lorrach. L'ennemi qui ne négligeait aucune ruse, allumait de tous côtés des torches et des feux pour faire croire à de grandes agglomérations de troupes. S'il eût été réellement en force dans les environs de Mulhouse, il n'aurait pas rencontré une bien grande résistance de la part du 7ᵉ corps, car les généraux chargés de s'assurer de l'état d'armement de leurs soldats reconnurent qu'il manquait trente mille pièces de rechange indispensables à l'usage du fusil modèle 1856. Un officier courut à Paris et s'empara de tous les obturateurs et aiguilles qu'il put trouver en vidant les ateliers et les magasins. Le sous-préfet de Schelestadt, non moins troublé que son collègue de Mulhouse, annonçait pendant ce temps là que les Allemands étaient à Markolsheim, et qu'ils avaient franchi le Rhin à Huningue.

Le 7ᵉ corps réduit à une division d'infanterie et à une division de cavalerie incomplète, ne pouvait tenir la campagne dans la plaine de Mulhouse. Le général Douay eut d'abord l'intention de rejoindre le maréchal de Mac-Mahon à Strasbourg, après avoir assuré la défense de Belfort. Les troupes reçurent même l'ordre de départ de Mulhouse le 7 août, à neuf heures du matin, au moment de faire la soupe. Massées près du pont du canal, n'ayant d'autre débouché qu'un passage de 5 mètres, le défilé d'une seule division dura trois heures; les autres debout, sac au dos, regrettant la marmite renversée, attendaient

leur tour. Le général Douay était parti en tête, avec l'état-major par la route du canal, pour étudier la défense de la vallée d'Altkirch, où il craignait que l'ennemi ne se fût déjà rendu par la route directe d'Huningue. Il trouva la vallée et la ville d'Altkirch parfaitement libres. Le 7ᵉ corps n'avait devant lui que quelques troupes qui brûlaient des arbres la nuit et qui faisaient de la fantasia pour le tromper. Le général Douay poussa jusqu'à Dannemarie. Il était cinq heures du soir quand les troupes réduites de moitié par les traînards, y établirent leurs bivouacs. Le soldat buvait en traversant les villages, pour tromper sa faim et son impatience, car on ne prenait aucune précaution pour empêcher les fausses nouvelles de se répandre ; on ne cherchait même pas à s'en procurer de vraies par des reconnaissances. « Un régiment avait semé en route sept cents
» fusils et huit cents sacs. Le soldat, hébété par l'ivresse,
» ne savait que jeter l'injure à la face des officiers d'ar-
» rière-garde qui s'efforçaient de l'encourager et de le faire
» marcher (1). »

Un télégramme de la sous-préfecture, arrivé pendant la nuit, recommandait au maire de Dannemarie d'enjoindre à ses administrés de sauver ce qu'ils avaient de plus précieux. On avait déjà reçu une dépêche du sous-préfet de Schelestadt, annonçant le passage du Rhin opéré par les Allemands à Markolsheim la nuit, avec l'aide de la lumière électrique. La retraite du général Douay semblait confirmer ces tristes nouvelles. Les paysans jetaient leurs lits et leurs matelas par les fenêtres, leurs pauvres meubles et ustensiles de ménage gisaient pêle-mêle sur la route, attendant d'être chargés sur des chariots. De

---

(1) *Histoire de l'armée de Châlons par un volontaire de l'armée du Rhin.*

longues files de voitures se dirigeaient vers les bois ou vers Belfort, traînant le vieillard débile et l'enfant au berceau. Le passage rapide et silencieux des généraux et des états-majors confirmait la nouvelle à laquelle ils refusaient encore de croire. Les soldats passaient devant une chaumière qu'ils croyaient abandonnée : une vieille femme en sortit, les cheveux épars, en leur criant sur le seuil : « Vous vous trompez, c'est par là qu'est le Rhin (1). »

Deux dépêches annoncèrent que les Prussiens n'avaient pas passé le Rhin à Markolsheim et qu'il ne restait plus un seul Prussien à Lorrach. La terreur d'un sous-préfet avait bouleversé douze lieues d'une contrée paisible, et forcé les troupes à faire des marches rapides, inutiles et désordonnées.

Le 7ᵉ corps arriva le 8 août au campement de Belfort. On connaît l'importance stratégique de cette ville où se croisent les lignes qui se dirigent à l'est vers Bâle, en passant par Altkirch et Mulhouse, ainsi que celles qui se dirigent à l'ouest sur Paris, en passant par Vesoul, et au sud-ouest sur Besançon, par la vallée du Doubs. La forteresse défend les passages des Vosges et du Jura, ferme les routes qui conduisent de la basse Alsace dans la vallée du Doubs, et couvre la trouée de Belfort. Construite par Vauban, elle est entourée d'une enceinte bastionnée qui la sépare de deux faubourgs importants. Le camp retranché du vallon, flanqué par les forts de Miotte et de Justice, et complété par les ouvrages des Barres, des Hautes-Perches et de Bellevue, est situé en dehors de la citadelle. Il peut contenir 30 000 hommes.

Les découvertes de la science moderne ont rendu insuf-

---

(1) *Histoire de l'armée du Rhin*

fisants la plupart des travaux de fortification du siècle dernier. La forteresse avait donc besoin de quelques travaux supplémentaires non encore terminés en ce moment. Les soldats y furent occupés, et ce labeur contribua à rétablir leur moral. L'église, les magasins blindés se remplirent pendant ce temps-là de vivres et de farines, chaque habitant reçut l'ordre de s'approvisionner au moins pour trois mois. Le 12 août, on apprit que le général Dumont arrivait avec la 3ᵉ division, et que le maréchal Bazaine venait de prendre le commandement de l'armée de Metz. Les esprits se rassuraient dans la vallée de Mulhouse, et commençaient à considérer l'invasion comme impossible.

Le 7ᵉ corps comptait bien ne pas rester enfermé dans le camp retranché de Belfort; il s'attendait d'heure en heure à recevoir l'ordre, soit de se jeter par le chemin de Schelestadt sur les derrières de l'armée prussienne pour détruire les convois et débloquer Strasbourg, soit de marcher sur Nancy, de couvrir le chemin de Frouard pour maintenir les communications avec Metz et dégager le maréchal Bazaine; au lieu de ces ordres vainement attendus, et qui ne pouvaient pas arriver, car ce plan n'était déjà plus, hélas! réalisable, un télégramme enjoignit, le 16 août, au général Douay, de rejoindre à Châlons les corps du maréchal de Mac-Mahon et du général de Failly pour former avec le 12ᵉ corps l'armée de Châlons. Les combats de Wissembourg, de Spickeren, de Frœschwiller, n'expliquaient que trop cette détermination.

Le 7ᵉ corps se met en route le 19; Blesmes étant occupé, il faut aller jusqu'à Pantin pour remonter à Châlons. L'encombrement des voies, les rencontres inattendues de divers corps font durer la route trois jours; les soldats entassés dans les wagons, buvant à chaque station, poussés à l'indiscipline par le bavardage de l'ivresse, arrivent à Pantin et y attendent pendant deux heures le signal de repartir pour Châlons. Le 7ᵉ corps, en arrivant à sa destination, apprend que l'Empereur avait quitté le camp la veille, et que toute l'armée se concentrait à Reims. Le train continue sa route, il est cinq heures du matin. Les hommes, à chaque arrêt, croient pouvoir faire leur café, mais le feu à peine allumé il faut repartir. On met vingt-quatre heures pour se rendre de Châlons à Reims, trajet qu'en temps ordinaire on accomplit en deux heures. Les troupes et les chevaux, en arrivant à Reims le 22 au matin, n'ont rien mangé depuis vingt-quatre heures. Une fois débarqués, où campera-t-on? On sait que c'est hors la ville, mais personne n'est là pour guider les troupes errant au hasard, s'éparpillant, cavalerie, infanterie, artillerie, sans guide ni chef; plus de discipline, quoique le maréchal de Mac-Mahon ait déclaré dans un ordre lu aux troupes qu'il la maintiendrait par les moyens les plus rigoureux.

Le 1ᵉʳ corps était arrivé à Châlons le 16 août; le 5ᵉ corps, qui n'avait pas été engagé et qui par conséquent aurait dû couvrir la retraite du 1ᵉʳ corps en se maintenant entre lui et les Prussiens, avait traversé au contraire les colonnes du maréchal de Mac-Mahon et effectué sa marche sur Châlons, en se faisant couvrir lui-même par le 1ᵉʳ corps; il arriva le 20 seulement, ayant marché sur Châlons, après Reichshoffen, en passant par la Petite-Pierre le 7 août, par Sarrebourg le 8, par Réchicourt le 9, par Lunéville le 10, par Charmes le 11, par Mirecourt, Remiremont, La Marche, Montigny les 12, 13, 14 et 15 août, par Chaumont le 16; le 17 eut lieu l'embarquement en chemin de fer pour Châlons d'une partie du 5ᵉ corps, le reste marcha par Vitry.

L'arrivée du 7ᵉ corps à Châlons compléta l'évacuation de l'Alsace. Nous n'avions plus un seul soldat dans cette patriotique contrée dont les populations avaient vainement demandé des armes à l'Empire, et qui, frémissantes et désarmées, venaient de voir l'ennemi défiler tranquillement sur ces routes de Bitche, de Lichtenberg, de la Petite-Pierre, qu'elles défendirent pied à pied en 1814.

Les Allemands avaient franchi paisiblement les défilés des Vosges à la suite du maréchal de Mac-Mahon, qui n'avait fait détruire aucun ouvrage d'art sur le chemin de fer. Cette négligence qui laissait intacte à l'ennemi une ligne si importante pour le ravitaillement des armées allemandes, devait singulièrement faciliter le siége de Paris. Les Badois avaient été détachés devant Strasbourg pour investir cette place. Les colonnes allemandes masquant Bitche et Phalsbourg, se dirigeaient de Haguenau sur Saar-Union, entre les deux chemins de fer. La Petite-Pierre et Lichtenberg, deux petites places fortes, se trouvaient sur les deux routes que suit la 3ᵉ armée allemande; l'une fut abandonnée, l'autre ne se rendit qu'après un bombardement. La Lorraine était ouverte. La campagne venait à peine de commencer, et déjà l'on répétait avec stupeur ce mot qui semblait ne devoir plus retentir à des oreilles françaises : l'invasion !

CHAPITRE XI

1870

SEDAN

SOMMAIRE. — Le maréchal de Mac-Mahon à Châlons. — Plan de campagne adopté par l'Impératrice et par le conseil des ministres. — Conseil militaire chez l'Empereur. — Opinion du général Trochu. — Son adoption. — Perplexités du maréchal de Mac-Mahon. — Il voudrait ramener l'armée vers Paris. — Évacuation, pillage et destruction du camp de Châlons. — L'armée prend position à Reims. — M. Rouher à Reims. — Dépêche du maréchal Bazaine en date du 17 août annonçant l'intention de marcher sur Châlons. — Nouvelle dépêche du maréchal Bazaine en date du 20. — Elle détermine le maréchal de Mac-Mahon à donner des ordres pour marcher le 22 vers Montmédy. — Dépêche du maréchal Bazaine du même jour annonçant qu'il ne se mettra en route que s'il le peut sans danger pour son armée et qu'il préviendra le maréchal de Mac-Mahon de son départ. — Le maréchal de Mac-Mahon ne reçoit pas cette dépêche que le colonel Stoffel affirme avoir remise à son aide de camp. — L'armée de Châlons campé le 23 sur la Suippe dans les positions qu'elle occupait le 20. — Trois jours sont ainsi perdus. — Nouvelle perte d'une journée à Attigny. — L'armée du prince royal de Prusse apprenant le changement de direction du maréchal de Mac-Mahon vers le nord interrompt sa marche sur Paris et se dirige aussi vers le nord. — Le quartier général du maréchal Mac-Mahon se transporte de Reims à Rhetel, Tourteron et le Chêne-Populeux. — Le maréchal de Mac-Mahon veut se rapprocher le 27 de Mézières. — Dépêche du ministre de la guerre qui l'en empêche. — Nouvelle perte de temps. — L'armée reprend sa marche vers l'Est. — Elle ne peut plus franchir la Meuse qu'entre Mouzon et Sedan. — Encore un retard. — Le 30 août au soir, l'armée française est tout entière sur la rive droite de la Meuse. — Le maréchal de Mac-Mahon, au lieu de marcher sur Metz après avoir fait détruire les ponts sur la Meuse, s'enferme dans Sedan. — Marche sur cette ville. — Désarroi de l'armée. — Sa position. — Journée du 31. — Le maréchal de Mac-Mahon blessé remet le commandement au général Ducrot qui parle de se frayer un chemin par Mézières. — Le général de Wimpfen réclame le commandement. — Il veut sortir du côté de Carignan. — La bataille de midi à une heure. — Le général de Wimpfen propose à l'Empereur de se mettre à la tête des troupes. — Les chefs de corps quittent le champ de bataille et se rendent auprès de l'Empereur. — Napoléon III fait arborer le drapeau blanc. — Dernier effort tenté pour se frayer une route. — Le général de Wimpfen est invité par l'Empereur à négocier la capitulation. — Il s'y refuse. — Les instances de l'Empereur le décident à revenir sur son refus. — Il se rend au quartier général prussien avec le général Castelnau. — Signature de la capitulation. — Internement de l'armée dans la presqu'île de Claire. — Départ des prisonniers.

Le maréchal de Mac-Mahon était, comme on l'a vu, arrivé le 17 août à Châlons à la tête des débris du 1er corps.

Si la bravoure qui fut toujours sa principale qualité restait entière chez lui, il n'en était pas de même de la volonté, ce ressort indispensable du commandement. Cependant jamais homme de guerre n'eut plus besoin de compter sur lui-même pour être à la hauteur de la responsabilité qu'il allait prendre dans les événements où le salut de la France reposait sur sa fermeté.

Le général de Palikao, ministre de la guerre, dans la pensée que le prince royal de Prusse, arrivé à Bar-le-Duc, suivrait la même ligne que le prince Schwarzenberg en 1814, c'est-à-dire la vallée de la Marne, pour prendre la ligne de l'Aube, avait soumis deux plans au conseil : le premier consistait à appuyer fortement la droite de l'armée de Châlons à la Ferté-sous-Jouarre, à faire opérer à cette armée de 135 000 hommes une conversion à droite, de manière à tomber sur les flancs du prince royal de Prusse au moment où il descendait sur la Marne. Le second, à se porter immédiatement au secours du maréchal Bazaine si le prince de Prusse continuait sa marche sur Épernay.

Le général de Palikao préférait le second plan au premier ; il offrait, selon lui, ce double avantage, qu'en l'adoptant on n'abandonnait pas le maréchal Bazaine, et que la réunion de l'armée de Metz à l'armée de Châlons donnerait un total de 280 000 hommes avec lequel on pouvait agir par masses contre les Prussiens qui, loin d'éparpiller leurs forces comme les Français, les faisaient agir en bélier et qui venaient de les augmenter d'une armée de 70 000 hommes commandée par le prince royal de Saxe, et établie sur la Chiers, rivière assez profonde et assez difficile à passer, et sur la Meuse. Quel que fût le mérite des deux plans du ministre de la guerre, l'essentiel était d'en adopter un, et on va voir que c'est précisément là ce qu'on ne peut se décider à faire.

POSSIBILITÉ DE LA JONCTION DES DEUX ARMÉES FRANÇAISES.

L'armée française partant de Châlons le 21 août devait se trouver le 24 au plus tard sur la Meuse à Verdun, en passant par les quatre défilés de l'Argonne, et arriver le 24 à Civry en faisant une marche de flanc qui, on doit le dire, ne présentait pas, en raison de la distance d'environ deux étapes à laquelle se trouvait le prince royal de Prusse, le danger habituel d'un pareil mouvement en présence de l'ennemi. L'armée du prince royal de Saxe forte de 70 000 hommes, sur la Chiers et sur la Meuse, était le 24 août à huit lieues environ au-dessus de Verdun, et par conséquent l'armée française n'avait qu'à faire un mouvement à droite, et qu'à occuper les hauteurs en appuyant en même temps sa droite sur Verdun. Eût-elle perdu 20 000 hommes en route, il lui en restait plus de 100 000 à opposer à 70 000. Le prince royal de Prusse, alors en marche sur Épernay, et ne pouvant être à Vitry que le 25, se serait trouvé à 100 kilomètres de l'action, si la bataille avait été livrée le 24 au prince royal de Saxe. La victoire remportée, la jonction était faite entre les deux armées françaises qui n'auraient plus formé désormais qu'une seule armée de 250 000 hommes, devant laquelle le prince Frédéric-Charles aurait bien été forcé de se retirer.

Le conseil des ministres s'était donc arrêté à ce plan, lorsqu'il apprit que le prince royal de Prusse ne descendait pas dans la vallée de l'Aube. Le général de Palikao, ministre de la guerre, fit part de cette décision au maréchal de Mac-Mahon qui l'approuvait, puisque le ministre de la guerre, à la date du 19 août, avait reçu de lui ce télégramme : « Veuillez dire au conseil des ministres qu'il » peut compter sur moi, et que je ferai tout pour défendre » le maréchal Bazaine. »

En attendant que les conséquences de cette décision

se déroulent, rentrons pour un moment au camp de Châlons.

Ce théâtre des fêtes militaires de l'Empire n'est plus qu'une plage où viennent échouer les épaves de Wissembourg et de Frœschwiller, un pêle-mêle de troupes de toutes armes, non moins bruyantes, non moins indisciplinées que les 18 000 gardes nationaux mobiles qui occupent déjà le camp sous le commandement du général Berthaut. L'Empereur, le Prince impérial, le prince Napoléon, partis en fugitifs de Gravelotte le 16 au matin, étaient arrivés le soir à Châlons dans un wagon de troisième classe, sur des siéges de bois, au moment même où les derniers coups de canon de la bataille de Rezonville retentissaient sur les hauteurs de Metz. L'Empereur ne voulut pas qu'on lui rendît les honneurs ordinaires

Un homme presque inconnu en dehors de l'armée, et à qui la fortune réservait un grand rôle dans les futurs événements, le général Trochu, nommé, après bien des changements de destination, au commandement du 12º corps en formation au camp de Châlons, débarquait en même temps que l'Empereur dans cette ville où le général Schmitz, son chef d'état-major, l'avait précédé. Le maréchal de Mac-Mahon, achevant sa pénible retraite de Frœschwiller, y était parvenu à son tour dans la nuit du 16 au 17 août. En se rendant à cinq heures du matin au quartier général, il rencontra le prince Napoléon et le général Lebrun causant ensemble. Le prince lui fit connaître les événements qui s'étaient passés sous Metz et notamment la bataille de Borny ; il paraissait inquiet et parlait de la nécessité d'abdiquer dans laquelle l'Empereur allait peut-être se trouver, ce qui n'étonnait nullement ses deux interlocuteurs.

Le général Trochu, en arrivant, avait vainement cherché ce 12ᵉ corps au commandement duquel il était appelé ; le lendemain de grand matin, il se rendit avec son chef d'état-major, le général Schmitz, chez le prince Napoléon où le général Berthaut se trouvait déjà. « Il faut aller chez l'Empereur ! » leur dit le prince ; ils se dirigèrent vers le pavillon impérial. Napoléon III les accueillit avec bienveillance, et la conversation s'engagea d'abord sur le danger qu'il y avait à garder, à un jour de distance de l'ennemi (1), une troupe comme la garde mobile de la Seine, dont la moitié était sans armes, et l'autre mal armée. Quel parti prendre au sujet de cette troupe ? Le général Trochu proposa de la reconstituer, de l'armer et de la ramener à Paris pour remplir sa mission naturelle, c'est-à-dire pour défendre ses foyers. Le général Berthaut, sans s'opposer précisément à cette idée, aurait voulu confiner dans les places du nord, la partie de la garde nationale mobile la plus susceptible de se perdre au contact d'une certaine fraction de la population parisienne, et envoyer l'autre moitié dans la capitale ; mesure difficile, car, sur le simple bruit de son exécution, la révolte avait failli une fois déjà éclater dans les rangs des gardes nationaux mobiles. Le général Berthaut désirait surtout éloigner de Paris les bataillons de Belleville, Montmartre et Ménilmontant, mais l'Empereur se montra effrayé de ce choix blessant et dangereux, ; sur l'insistance du général Trochu qui était convaincu que la méfiance engendre la trahison, et que l'appel franc et sincère au sentiment de l'honneur pouvait remplacer avantageusement pour ces jeunes gens les rigueurs de la discipline, le

---

(1) L'ennemi ne se trouvait pas aussi près ; tout au plus poussait-il quelques avant-postes dans cette direction. Le prince de Prusse n'était pas encore à Bar-le-Duc le 17. (*Rapport de l'État-major allemand.*

général Berthaut céda, et il fut décidé que la garde mobile tout entière ferait partie de la garnison de la capitale.

Le maréchal de Mac-Mahon, mandé vers huit heures par l'Empereur, trouva, en arrivant devant le pavillon impérial, Napoléon III s'entretenant avec le prince Napoléon et le général Trochu ; le général Schmitz et le général Berthaut se trouvaient près d'eux ; il les fit tous rentrer dans le pavillon impérial où dès lors l'entretien roula sur la situation générale. Le prince Napoléon insistait sur la nécessité de se servir d'hommes dans le courant général de l'opinion. « Sire, » s'écria le général Schmitz, ancien officier d'ordonnance de l'Empereur, avec l'espèce de familiarité respectueuse que pouvait autoriser ce titre, « il faut dire
» toute la vérité à Votre Majesté. Nous sommes dans une
» situation déplorable : il y a à Metz une armée dont nous
» ne connaissons pas le sort, mais qui pourra toujours
» opérer sa retraite par le nord. Quant à celle qui est ici,
» elle se compose de l'armée du maréchal de Mac-Mahon,
» formée de troupes diverses, du corps du général de Failly,
» très-atteint dans son moral ; du 12ᵉ corps, qui n'a de
» solide que sa division d'infanterie de marine ; enfin du
» corps du général Douay, qui est à Belfort et qui devra
» faire, pour rejoindre, une longue marche ; les moments
» sont précieux, il s'agit de prendre une résolution à la
» hauteur des circonstances ; il faut rentrer dans Paris que
» je viens de traverser. On prétend que vous n'avez pas
» employé le général Trochu parce qu'on lui attribue des
» sentiments d'opposition. Eh bien, Sire, nommez-le gou-
» verneur de la capitale, et revenez-y avec lui. La situation
» que vous vous faites ne peut pas durer. Vous n'êtes pas
» sur votre trône... » L'Empereur fit un signe de tête : « Oui,
ajouta-t-il mélancoliquement, j'ai l'air d'avoir abdiqué. »

Le tableau de la situation morale et matérielle de l'armée de Châlons que venait de tracer le général Schmitz n'était vrai que relativement. Le 1ᵉʳ corps était composé de soldats d'élite qui, depuis leurs premiers revers, ne cessaient d'appeler la revanche ; le corps du général de Failly ne pouvait être atteint dans son moral, puisqu'il ne s'était pas battu ; la marche du 7ᵉ corps sur Châlons n'offrait aucun danger puisque l'ennemi n'était pas de son côté. Cependant personne n'éleva la voix pour combattre les assertions du général Schmitz, et le prince Napoléon prit la parole :
« Sire, en quittant Metz vous avez abdiqué le commande-
» ment ; en restant ici vous abdiquez l'Empire ; il faut que
» vous passiez en Belgique ou que vous rentriez dans Paris,
» quel qu'en soit le péril, pour y prendre d'une main ferme
» les rênes du gouvernement. Si nous devons tomber, tom-
» bons du moins en hommes. Un seul officier général,
» par la popularité que lui ont valu ses idées militaires en
» opposition avec celles qui ont prévalu, est en mesure de
» vous ramener dans votre capitale, c'est le général Trochu. »

L'Empereur avait déjà voulu renvoyer son fils à Paris ; l'Impératrice s'y était opposée ; l'idée d'y rentrer lui-même sous l'égide d'un officier populaire lui souriait assez, mais il hésitait à se livrer entièrement au général Trochu qu'il considérait comme un ardent orléaniste. Rentrant sous un prétexte quelconque dans son cabinet, il fit signe au maréchal de Mac-Mahon de l'y suivre ; là, il lui demanda s'il connaissait le général Trochu et s'il pouvait avoir en lui une confiance entière (1). Rassuré sans doute par sa réponse, il revint, et dit tranquillement au général Trochu :
« Vous avez entendu le prince Napoléon, acceptez-vous cette

---

(1) Déposition du maréchal de Mac-Mahon. (Enquête sur le 4 septembre.)

mission ? » Le général Trochu donna son assentiment. Il fut résolu qu'il serait nommé gouverneur de Paris, et qu'il aurait le commandement des troupes. On décida également de placer à la tête de l'armée de Châlons le maréchal de Mac-Mahon, et, afin de mettre de l'unité dans les opérations militaires, de n'avoir pour les différentes armées qu'un commandant en chef, le maréchal Bazaine. Le général Trochu partit à onze heures pour Paris. Le maréchal de Mac-Mahon reçut le même jour à deux heures ses lettres de service, et le lendemain 18 août, l'Empereur le prévint qu'il partirait le 19 pour Paris, et qu'il eût à prendre ses dispositions pour l'y suivre avec ses troupes.

L'armée, tout le monde était du même avis là-dessus, ne pouvait évidemment prolonger son séjour au milieu des plaines de la Champagne dans lesquelles la présence de l'ennemi pouvait être signalée à chaque instant, car le maréchal de Mac-Mahon venant de Chaumont avait pu croire un moment sa retraite menacée à la bifurcation du chemin de fer de Blesmes. Mais dès qu'il s'agissait de savoir si l'on enverrait les troupes de Châlons vers le nord-est pour donner la main à l'armée de Metz, ou si on les ramènerait sous Paris, comme le voulait en ce moment l'Empereur conseillé par son intérêt dynastique d'accord cette fois avec celui de la France, le dissentiment commençait. Le maréchal Bazaine était redevenu populaire, malgré le Mexique, à cause de l'espèce de disgrâce qui lui avait été infligée à son retour, et bien des gens dans l'armée et dans le pays se prononçaient pour la marche vers le nord-est.

L'intérêt dynastique aurait pu faire pencher la balance, mais où était-il? On le voyait se traduire à Châlons et à Paris de deux façons différentes : tandis que l'Empereur semblait convaincu que sa présence à Paris, appuyée d'une armée de 100 000 hommes, sauverait sa couronne, l'Impératrice et la cour pensaient tout le contraire. « Je » reçois à l'instant une dépêche de Piétri, mande-t-elle à » son mari. Avez-vous réfléchi à toutes les conséquences » qu'amènerait votre rentrée à Paris sous le coup de deux » revers? Pour moi, je n'ose prendre la responsabilité » d'un conseil. » Le ministre de la guerre se hâte, de son côté, d'écrire à l'Empereur pour le « supplier de » renoncer à une idée qui paraîtrait l'abandon de l'armée » de Metz ». Il cherche à lui démontrer qu'on ne tardera pas à pouvoir « faire une puissante diversion sur les corps » prussiens déjà épuisés par plusieurs combats, et qu'on » doit réserver pour cela l'armée de Châlons qui sera, » avant trois jours, de 85 000 hommes, sans compter le » corps de Douay ».

La répugnance de l'Impératrice pour le retour de son mari n'est pas difficile à comprendre : considérant l'Empereur comme fini, elle se flattait de faire la paix et de régner pendant la minorité de son fils. La cour, le conseil de régence, le conseil des ministres, l'encourageaient dans cette espérance partagée par des adeptes nombreux et influents; il y avait un parti de l'Impératrice non-seulement à la cour et dans le gouvernement, mais encore dans l'armée; les gens initiés à ce qui se passait dans les étatsmajors ont même cru reconnaître la trace de son influence dans les décisions les plus graves et dans les opérations les plus importantes de la campagne.

Le maréchal de Mac-Mahon, placé dans cette alternative : s'éloigner du maréchal Bazaine ou se lancer dans les Ardennes au milieu de plusieurs armées qui pouvaient l'écraser, restait en proie aux plus dangereuses incertitudes ; manquant de confiance en lui-même, et n'en inspirant plus aux autres, peut-être aurait-il bien fait de se refuser à reprendre le commandement. La bravoure ne suffit pas à celui qui a des armées à conduire, ni l'intelligence, il lui faut encore la chance, et le maréchal de Mac-Mahon n'en avait plus. Napoléon Ier l'en eût puni en le renvoyant ; Napoléon III le maintint à la tête de l'armée, faute de lui trouver un remplaçant parmi les maréchaux, car il n'admettait pas qu'une armée fût conduite par un chef non revêtu de cette dignité.

Le maréchal de Mac-Mahon, en informant le maréchal Bazaine qu'il était placé sous ses ordres, lui avait demandé ses instructions : « Si, comme je le crois, vous êtes » forcé de battre en retraite très-prochainement, je ne sais » pas, à la distance où je suis de vous, comment vous venir » en aide sans découvrir Paris. Si vous en jugez autrement » faites-le moi savoir. » Le maréchal Bazaine, par une dépêche du 19 au soir, le laissa libre de ses mouvements en raison de son éloignement de lui. Quel parti prendre ? Le maréchal de Mac-Mahon, toujours hésitant entre la jonction avec le maréchal Bazaine qu'il s'attendait à voir arriver d'un moment à l'autre sur la Meuse et la nécessité de couvrir Paris et de conserver à la France sa seule armée disponible, et ne trouvant aucune réponse à cette question, résolut d'attendre, et il fit part le 20 août de sa décision au ministre de la guerre.

« Les renseignements parvenus semblent indiquer que les armées ennemies sont placées de manière à intercepter à Bazaine les routes de Briey, de Verdun et de Saint-Mihiel. Ne sachant pas la direction qu'il peut prendre, *bien que je sois dès demain prêt à marcher,* je pense que je resterai en position jusqu'à connaissance de la direction prise par Bazaine, soit au nord, soit au sud. »

Cette armée dont la formation a été soumise à tant de

difficultés, et dont la mise en mouvement, ajoute-t-on, a subi tant de retards forcés, était prête à marcher dès le 21. C'est le maréchal de Mac-Mahon lui-même qui l'atteste. Il se borna cependant à lui faire prendre, près de Reims, une position couverte par le canal de la Marne à l'Aisne, après avoir évacué le camp de Châlons, opération inévitable qui, par la façon dont elle s'exécuta, exerça une influence déplorable sur le moral de l'armée à son entrée en campagne. Au lieu de procéder régulièrement à la destruction de ce vaste établissement militaire, on le livra aux maraudeurs qui le ravagèrent et qui firent main basse sur tout ce qu'il contenait : on vit des soldats offrir en vente jusqu'à des boîtes à chirurgie; quand il n'y eut plus rien à saccager dans le camp, on y mit le feu, et bientôt un nuage de feu et de fumée s'élevant dans les airs apprit aux habitants que le camp de Châlons n'existait plus. L'incendie seule mit fin au pillage.

L'armée, après une marche pénible, occupa sa nouvelle position le 21. Le maréchal de Mac-Mahon revenant d'une visite aux campements trouva à son quartier général M. de Saint-Paul, ancien directeur du personnel au ministère de l'intérieur, qui lui apprit l'arrivée de M. Rouher. Ces deux intimes conseillers de l'Impératrice n'étaient venus, disaient-ils, à Courcelles, que pour obéir au besoin affectueux de revoir l'Empereur après une longue absence, et de le consoler dans ses malheurs, tandis qu'en réalité leur voyage n'avait pas d'autre but que de lui imposer, en quelque sorte, au nom du gouvernement, le plan de campagne qui devait le tenir le plus éloigné de Paris.

Le maréchal de Mac-Mahon apprit de M. de Saint-Paul que l'Empereur l'avait fait demander plusieurs fois. Il se rendit chez Napoléon III où il trouva M. Rouher. Le président du Sénat, après avoir déclaré, en abordant l'Empereur, qu'il croyait « tout perdu », n'en proposait pas moins la grande combinaison du général de Palikao, qui consistait à joindre le maréchal Bazaine, à « accabler, avec » les deux armées réunies, le prince royal de Prusse, et » après une grande victoire, à revenir à Paris dans des » conditions de victoire de nature à sauvegarder tous nos » intérêts ». Profiter de l'ascendant de la victoire pour rétablir l'Empire déjà tombé, c'était sans doute ce que M. Rouher entendait par ces derniers mots : « sauvegarder nos intérêts », mais ces intérêts, il y avait plusieurs manières de les entendre. Dans le cas où le succès aurait répondu à son attente, M. Rouher aurait-il demandé l'abdication de Napoléon III ou la continuation de son règne ?

La difficulté d'exécution du plan de M. Rouher ne pouvait échapper entièrement au maréchal de Mac-Mahon, hésitant, inquiet, sans nouvelles du maréchal Bazaine; il trouva dans son indécision même assez d'énergie pour répondre au président du Sénat que des renseignements de la veille lui faisaient supposer que le maréchal Bazaine était entouré par 200 000 hommes à Metz, que l'armée du prince royal de Saxe, estimée à 80 000 hommes, marchait dans la direction de Verdun, et que le prince royal de Prusse arrivait avec 150 000 hommes à Vitry-le-Français. « Se porter vers l'est avec une armée composée comme la » mienne, ajouta le maréchal de Mac-Mahon, n'est-ce pas » s'exposer à une défaite qui serait la perte de la France ? » M. Rouher, frappé ou non de ces raisons, ne pouvait cependant répondre nettement par la négative à la question du général en chef de l'armée de Châlons. Il se contenta de répliquer que l'abandon du maréchal Bazaine aurait une influence fâcheuse sur l'opinion, et que, pour en conjurer l'effet, il convenait du moins de l'expliquer à la nation par un manifeste de l'Empereur, et à l'armée par une proclamation du maréchal de Mac-Mahon. M. Rouher emporterait ces deux pièces et les ferait insérer dans le *Journal officiel* au moment où l'on apprendrait la marche de l'armée sur Paris. Les choses ainsi convenues, M. Rouher prit la plume puisque l'Empereur était incapable de parler à la nation, et puisque le maréchal de Mac-Mahon abandonnait à ce rhéteur l'honneur de parler à ses soldats. Le manifeste et la proclamation brochés en quelques instants, M. Rouher les lut, les mit dans sa poche, et partit dans la nuit pour Paris avec les deux documents improvisés.

Le maréchal de Mac-Mahon, après le départ de M. Rouher, sembla vouloir prendre une résolution définitive. Le 22, il allait lancer les ordres pour préparer sa marche sur la capitale, lorsque, vers quatre heures, il reçut par l'entremise de l'Empereur une dépêche qui n'avait point passé par Paris, et datée du Ban-Saint-Martin, 19 août. Le maréchal Bazaine, après avoir rendu compte de la bataille de Saint-Privat, terminait ainsi : « Je compte toujours prendre la » direction du nord et me rabattre ensuite par Montmédy » sur la route de Sainte-Menehould et de Châlons, si elle » n'est pas fortement occupée. Dans ce cas, je continuerai » sur Sedan et même Mézières pour gagner Châlons. »

Une autre dépêche arriva presque en même temps de Paris au quartier général de Courcelles; écrite évidemment sous l'impression d'irritation causée par le retour de M. Rouher et de M. de Saint-Paul, elle disait en résumé : « Le sentiment du conseil est plus énergique que jamais…, » ne pas secourir Bazaine aurait les plus déplorables consé- » quences à Paris; en présence de ce désastre, il serait à

» craindre que la capitale ne se défendît pas..., votre
» dépêche à l'Impératrice nous donne la confiance que
» notre opinion est partagée.... »

La dernière dépêche télégraphique du maréchal Bazaine se croisa, dit-on, avec celle dans laquelle le maréchal de Mac-Mahon lui donnait avis de la détermination nouvelle prise par lui à Reims. Qu'y a-t-il de vrai dans ce croisement? nul ne peut le dire. Ce qu'il y a de certain, c'est que le maréchal de Mac-Mahon, renonçant à marcher sur Paris, accusa par le télégraphe, au maréchal Bazaine, réception de la dépêche du 22 août, en ajoutant qu'il prenait la direction de Montmédy, et qu'il serait le surlendemain, 24, sur l'Aisne, d'où il opérerait, suivant les circonstances, pour venir à son secours.

La jonction avec le maréchal Bazaine demandait une fermeté inébranlable et une foudroyante rapidité dans l'exécution. L'armée, traînant après elle l'Empereur, se mit en marche le 23. Elle formait quatre corps : 1er, commandé par le général Ducrot, comprenant quatre divisions; 5e, commandé par le général de Failly, deux divisions et demie; 7e, commandé par le général Douay, trois divisions; 12e, commandé par le général Lebrun, trois divisions. En tout, un effectif de 140 000 hommes environ. Chaque corps comptait une division de cavalerie, sauf le 7e qui n'avait qu'une brigade (l'autre brigade était restée à Lyon). Une division de réserve de cavalerie et une division de cuirassiers du général Bonnemains suivaient le 1er corps depuis le commencement de la campagne. Une brigade de cavalerie légère formée des deux régiments de chasseurs d'Afrique qui avaient escorté l'Empereur de Verdun à Châlons, la brigade du général Tillard distraite de la division du général de Fénelon, formèrent la division du général Marguerittes, à laquelle fut adjoint le 4° régiment de chasseurs d'Afrique, débarqué le dernier. Toute cette cavalerie était excellente, et en des mains plus habiles elle aurait pu rendre d'admirables services. L'armée possédait son artillerie réglementaire, c'est-à-dire 400 pièces, où les pièces de 12 se trouvaient en forte proportion.

Encore une fois, le moral de cette armée n'était pas aussi affecté qu'on l'a prétendu. Le 1er corps, complété après ses échecs de Wissembourg et de Frœschwiller, appelait, nous l'avons dit, de tous ses vœux une revanche : le 5° corps du général de Failly ne se plaignait que d'une chose, c'est que son chef l'eût empêché de se battre ; les 10000 hommes d'infanterie de marine donnaient une grande solidité au 12° corps ; le 7° corps était bon. L'armée ne comptait, quoiqu'on ait affirmé le contraire, que deux régiments de marche formant brigade. C'était une armée un peu découragée, sans doute, par des revers qu'elle ne s'expliquait pas, mais à laquelle on aurait pu rendre toute son énergie, en lui faisant comprendre la situation, en lui donnant conscience de la mission qu'elle allait remplir, en lui parlant cœur à cœur. Le maréchal de Mac-Mahon avait, une première fois, laissé ce soin à M. Rouher ; pendant toute la campagne, lui et ses lieutenants restèrent à l'égard des troupes dans un mutisme glacé.

L'armée de Châlons reçut l'ordre, le 23, de marcher sur la Suippe, c'est-à-dire de revenir à la position qu'elle occupait le 17. Cinq jours avaient été perdus en négociations entre le camp de Châlons et les Tuileries. L'armée devait, le premier jour, se porter sur la Suippe, entre Saint-Mesmes et Saint-Martin-l'Heureux, en pleine Champagne, puis sur l'Aisne. Le 5° et le 12° corps formaient la gauche, le 1ᵉʳ corps était au centre, le 7ᵉ corps a l'aile droite protégée par les cuirassiers du général Bonnemains. La cavalerie du général Marguerittes allait en avant vers Monthois, observant l'Argonne du côté de Grand-Pré. La direction générale était le passage de l'Argonne par le Chêne-Populeux, Vouziers, Grand-Pré, pour tomber sur la Meuse vers Stenay, où l'on touche à Montmédy.

Le sentiment public s'était prononcé énergiquement pour secourir le maréchal Bazaine; avait-il raison au point de vue militaire? oui, mais à condition que la résolution de marcher sur Metz une fois prise fût exécutée avec toute la rapidité nécessaire, et que l'armée se portât droit sur le prince de Saxe, avant que le prince royal de Prusse eût fait sa jonction avec lui. La supériorité numérique de l'armée française sur celle du prince royal de Saxe était presque de deux contre un. La marche de l'armée de Châlons n'avait plus de raison d'être si l'on n'était pas résolu à profiter de cette supériorité et de la possession de Verdun pour franchir la Meuse.

Le maréchal de Mac-Mahon avait donné l'ordre de prendre, en partant, pour quatre jours de vivres. Le soir de la première journée de marche, les généraux Ducrot et Lebrun se plaignent que leurs soldats manquent de provisions. Ces deux généraux n'ont donc point obéi à l'ordre du commandant en chef, en ne s'assurant pas que chaque soldat a le nombre de rations prescrit. Les intendants des corps et des divisions n'ont rejoint que la veille à Reims; ils ne sont au courant de rien. Une certaine confusion, augmentée par le mauvais temps, règne dans la marche de l'armée, dès son départ : le soldat est triste et mécontent; le silence obstiné du commandant en chef contribue à changer en découragement la tristesse de ces troupes qui auraient surtout besoin d'être excitées; il pleut, les soldats marchent dans la boue des chemins défoncés, arrivent tard au campement et n'y trouvent pas toujours les moyens de réparer leurs fatigues par une nourriture saine et abondante. L'armée va le lendemain, heureusement, se trouver sur un meilleur terrain, en se portant le 24 sur les hauteurs de la rive gauche de l'Aisne, de Vouziers à Réthel. Elle fait 28 kilomètres dans la journée; l'espoir renaît dans les rangs. Quelques mots d'explication sur l'importance du mouvement qu'elle exécute, en lui faisant sentir l'importance de sa mission, lui auraient donné l'énergie nécessaire pour la remplir. L'armée, en quatre jours, pouvait se trouver devant Metz, mais l'état-major est muet cette fois comme toujours.

Le chemin de Verdun s'offrait naturellement au maréchal de Mac-Mahon; au lieu d'en profiter, il se jette, le 25, un peu à gauche sur le chemin de fer de Réthel, dans l'idée que ses approvisionnements en deviendraient plus faciles, et il maintient les 5ᵉ et 12ᵉ corps sur leurs emplacements de la veille, afin de leur faire des distributions. Le 1ᵉʳ corps se porte sur Attigny et le 7ᵉ sur Vouziers. L'armée, qui aurait dû en quelque sorte dévorer l'espace, perd ainsi un jour à pivoter sur son aile gauche; le 7ᵉ corps qui, de tous, est celui dont la marche est la plus rapide, fait à peine 10 kilomètres. Le maréchal de Mac-Mahon laisse la cavalerie du général Bonnemains à Réthel, et donne ordre à celle du général Marguerittes d'occuper le Chêne-Populeux. Le général Douay, arrivant à la tête du 7ᵉ corps le 25 à Vouziers, s'aperçoit que sa droite et ses derrières sont découverts et que la cavalerie a évacué les défilés de Grand-Pré et de la Croix-au-Bois. Décidément, on ne tire nul parti de cette arme constamment laissée à la queue des colonnes ou employée à couvrir les opérations du côté des places fortes et de la Belgique, alors que l'ennemi s'avance par le sud, à la fois de Verdun, de Châlons et de Reims. La présence de l'Empereur est en grande partie cause de l'inutilité à laquelle la cavalerie est réduite. Au lieu de se placer au centre de l'armée, il ne quitte pas la gauche qui regarde du côté de la Belgique où il se sent attiré involontairement. La cavalerie opère presque toujours dans cette direction. Une autre conséquence désastreuse de la présence de Napoléon III, c'est que le maréchal de Mac-Mahon le suit, qu'il a toujours son quartier général à côté du sien, au grand dommage de la rapidité des ordres à transmettre à l'aile droite et de la régularité de la marche des corps.

L'armée pivote le 26 sur sa droite. Le 5ᵉ corps reste à Vouziers; le 1ᵉʳ est à Voncq, sur la rive droite de l'Aisne; le 5ᵉ au Chêne-Populeux; le 12ᵉ à Tourteron. Le général Bonnemains est à Attigny; le général Margueritttes à Taunay et aux Petites-Armoises; le 7ᵉ corps se porte sur la rive droite de l'Aisne et franchit le pont de Vouziers.

C'est une journée de marche inutile. Le 5ᵉ corps reprend ensuite la route de Stenay, et il arrive le 27 au Chêne-Populeux. Là, il est informé que les corps de sa droite, commandés par les généraux Douay et de Failly, ont été attaqués par la cavalerie du prince royal de Prusse, que le prince royal de Saxe a quitté les environs de Verdun pour marcher sur Buzancy, et que le maréchal Bazaine n'ayant pas quitté Metz ne peut être par conséquent à Montmédy.

Le maréchal de Mac-Mahon, depuis le 22, date à laquelle lui est parvenue la dépêche du 19 du maréchal Bazaine, n'a plus reçu de nouvelles de son collègue; son hésitation augmente, il craint de se jeter au milieu des armées alle-

mandes qui l'enveloppent de toutes parts, il le sent, et dans un éclair de volonté qui aurait pu sauver la France, il décide qu'il ira à Mézières. « Faites-le sans en prévenir le gouvernement », lui dit son chef d'état-major, mais saisi d'un scrupule, il mande au ministre de la guerre :
« Les 1re et 2e armées allemandes bloquent Metz princi-
» palement sur la rive gauche; une force évaluée à
» 50 000 hommes serait établie sur la rive droite de la
» Meuse pour gêner ma marche vers Metz; des rensei-
» gnements annoncent que l'armée du prince royal de
» Prusse se dirige aujourd'hui sur les Ardennes avec
» 15 000 hommes; elle serait déjà à Ardeuil. Je suis au
» Chêne avec un peu plus de 100 000 hommes. Depuis le
» 19 je n'ai aucune nouvelle de Bazaine; si je me porte
» à sa rencontre je serai attaqué de front par une partie
» des 1re et 2e armées qui, à la faveur des bois, peuvent
» dérober une force supérieure à la mienne; en même
» temps je serai attaqué par l'armée du prince royal de
» Prusse me coupant ma ligne de retraite. Je me rapproche
» demain de Mézières d'où je continuerai ma retraite selon
» les événements vers l'ouest. »

Le maréchal de Mac-Mahon oublie qu'il y a des moyens à la guerre pour se garantir des surprises qu'on peut tenter contre une armée à la faveur des bois ou autrement, et l'un de ces moyens consiste en des reconnaissances de cavalerie habilement dirigées. Mais le ministre de la guerre a appris ce projet d'une marche vers l'ouest, et il lui écrit en toute hâte : « Au nom du conseil des ministres et du
» conseil privé, je vous demande de porter secours à Bazaine
» en profitant de trente heures que vous avez d'avance
» sur le prince royal de Prusse. Je fais porter le corps de
» Vinoy sur Reims. »

Le ministre de la guerre, voyant le maréchal de Mac-Mahon hésiter encore, a recours au moyen qu'il croit le plus propre à le décider. « Si vous abandonnez Bazaine
» la révolution est dans Paris, et vous serez attaqué vous
» même par toutes les forces de l'ennemi. Contre le dehors,
» Paris se gardera. Les fortifications sont terminées. Il
» me paraît urgent que vous puissiez parvenir rapide-
» ment jusqu'à Bazaine. Ce n'est pas le prince royal
» de Prusse qui est à Châlons, mais un des princes, frère
» du roi de Prusse, avec une avant-garde et des forces
» considérables de cavalerie. Je vous ai télégraphié ce
» matin deux renseignements qui indiquent que le prince
» royal de Prusse, sentant le danger auquel votre marche
» tournante expose son armée et l'armée qui bloque
» Bazaine, aurait changé de direction et marcherait vers
» le nord. Vous avez au moins trente-six heures d'avance
» sur lui, et peut-être quarante-huit heures. Vous n'avez
» plus devant vous qu'une partie des forces qui bloquent
» Metz, et qui, vous voyant vous retirer de Châlons sur
» Reims, s'étaient étendues vers l'Argonne. Votre mou-
» vement sur Reims les avait trompées, comme le prince
» royal de Prusse. Ici, tout le monde a senti la nécessité
» de dégager Bazaine, et l'anxiété avec laquelle on vous
» suit est extrême. »

La révolution était, il est vrai, dans Paris; mais elle y avait fait son entrée avec la nouvelle des premiers désastres de l'armée; le sort de l'Empire, de quelque côté que le maréchal de Mac-Mahon dirigeât ses pas, était fixé. On a vu comment le gouvernement s'y prenait pour élever, à la hauteur de la situation, le moral des habitants de cette ville à qui il refusait des armes. Les défenses de Paris étaient-elles du moins complètement mises en état;

comme le ministre de la guerre en donnait l'assurance ? On ne s'aperçut que trop, deux mois plus tard, qu'il n'en était pas ainsi. Quant aux renseignements donnés par le ministre de la guerre sur la marche de l'ennemi, ils prouvent qu'on ne savait pas grand'chose au ministère de la guerre sur les opérations militaires des Allemands.

L'Empereur avait fini par céder à l'impérieux ascendant de sa femme et du ministre de la guerre ; il n'insistait plus pour revenir à Paris, et il suivait docilement la route tracée par l'Impératrice en y entraînant le maréchal de Mac-Mahon à sa suite. Le général en chef, poussé de plus par le ministère de la guerre, donna l'ordre à l'armée de se porter par Stenay à la rencontre du maréchal Bazaine, alors que certains corps d'armée avaient déjà leurs bagages sur la route de Mézières.

C'était le 22 août. Dans la soirée, les agents d'information Miès et Rabasse apportent au quartier-général une dépêche de Longwy adressée au maréchal de Mac-Mahon sous le couvert du colonel Stoffel, dépêche qui parvint au ministre de la guerre :

« L'ennemi grossit toujours auprès de moi. Je suivrai » *probablement*, pour vous rejoindre, la ligne du nord, et » *vous préviendrai si la marche peut être entreprise sans* » *compromettre l'armée...* » Ce n'est plus là l'itinéraire positif tracé dans la dépêche du 19. La certitude du mouvement fait place à un doute qui devrait imposer au maréchal de Mac-Mahon l'obligation de retarder son mouvement sur Montmédy. Il n'en fait rien cependant. Comment expliquer cette faute ? Le récit suivant est l'unique réponse que l'histoire soit encore en mesure de faire à cette question.

Le colonel Stoffel mis à la disposition du maréchal de

Mac-Mahon comme un officier connaissant bien les affaires militaires de l'Allemagne et la langue de ce pays, remplissait au quartier général des fonctions mal définies, moitié vaguemestre, moitié chef du service des informations, il recevait les dépêches, les renseignements, et il les transmettait à qui de droit. Le colonel Stoffel ne pouvait avoir négligé de remettre la dépêche du 22 au maréchal de Mac-Mahon; une pareille négligence de la part d'un officier dans sa situation ne serait pas facile à comprendre, aussi le colonel Stoffel, contrairement aux affirmations réitérées des agents Miès et Rabasse, soutenait-il avec persistance qu'il n'avait reçu aucune dépêche le 22. La parole d'un officier semblait devoir être crue de préférence à celle des agents. Le conseil de guerre de Trianon en jugea autrement. Le colonel Stoffel fut poursuivi sous la prévention de délit de soustraction de dépêche. Faisant alors un appel plus sérieux à ses souvenirs, il se rappela non-seulement que la dépêche (1) lui était parvenue, mais encore qu'il l'avait remise au principal aide de camp du maréchal de Mac-Mahon; le prévenu ayant produit à l'instruction des témoins qui confirment son assertion, une ordonnance de non-lieu a été rendue en sa faveur. La justice reconnaît donc qu'il n'a pas soustrait la dépêche. Qu'est-elle devenue? il y a là un mystère, l'histoire pour le moment doit se borner à constater. Ce qui n'est malheureusement que trop certain en attendant, c'est que la marche qui répondait à la politique dynastique de Paris ne fut pas contremandée, et que l'Empereur et le maréchal de Mac-Mahon entraînèrent l'armée du côté de Sedan.

L'armée allemande, poussée d'abord sur Châlons et sur

---

(1) *La dépêche du 20 août,* par le colonel Stoffel.

Paris par le premier mouvement de l'invasion, avait changé sa direction : le prince royal de Saxe marchait droit devant lui; le prince royal de Prusse avait fait le 26 un à-droite avec ses têtes de colonnes. Le prince de Saxe, après une tentative inutile sur Verdun, passait la Meuse, lançant à travers l'Argonne sa cavalerie sur la route de Sainte-Menehould; le prince royal de Prusse s'avançait de son côté vers la Marne, poussant de fortes reconnaissances jusqu'à Vitry-le-Français.

La marche du maréchal de Mac-Mahon vers le nord avait été dérobée aux Allemands jusqu'au 25. La cavalerie du prince Albert qui avait vu le camp de Châlons abandonné et brûlé, les éclaireurs du prince de Saxe dans l'Argonne, les *reportages* de certains journaux parisiens, les mirent sur la voie. L'état-major général, qui se trouvait le 25 avec le roi de Prusse à Bar-le-Duc, donna le soir même l'ordre de suspendre le mouvement sur Paris et de rejeter par une grande conversion l'armée du prince royal de Prusse et celle du prince royal de Saxe sur le maréchal de Mac-Mahon. 80 kilomètres au moins séparaient la 3° armée, alors entre Bar-le-Duc et Châlons, de l'armée française. Entre celle-ci et l'armée de la Meuse, il n'y avait pas plus de 50 kilomètres.

Les Allemands, exposés du 20 au 25 aux dangers d'un front trop étendu, et ne risquant maintenant plus rien de ce côté, se lancent en avant, poussés par l'élan du succès, encouragés par les traces de désorganisation croissante que l'armée française laisse partout sur son passage, et par le sentiment de leur supériorité numérique. Les deux armées du prince royal de Prusse et du prince royal de Saxe représentaient une force de 230 000 hommes environ, sans compter le corps qu'ils pouvaient détacher de l'armée d'investissement de Metz. Ces forces énormes, mues par une volonté fixe, se dirigeant sans interruption et sans trouble par des chemins différents sur des points où elles arrivent à heure fixe, et se resserrant peu à peu comme les filets d'une battue, vont entourer l'armée française et la pousser tout entière au milieu d'elles, comme on rabat le gibier.

Le quartier général du maréchal de Mac-Mahon n'était pas encore au Chêne-Populeux que celui du roi de Prusse se trouvait au centre même des opérations, à Clermont en Argonne. La cavalerie, jetée comme un rideau devant l'armée allemande, en dissimulait tous les mouvements, si bien que la marche des deux armées s'avançant sur lui par l'est et par le sud de l'Argonne ne fut enfin connue du maréchal de Mac-Mahon que le 27.

Le mouvement de conversion de l'armée française sur l'aile droite continue ce jour-là. Le 7ᵉ corps reste à Vouziers, le 5ᵉ se porte sur Germont et Belval, le 12ᵉ sur le Chêne-Populeux; le 1ᵉʳ se met en marche de Voncq sur Terron, pour soutenir le 7ᵉ, mais il reçoit contre-ordre en route. La cavalerie du général Margueritte est à Stonne.

Le maréchal de Mac-Mahon a donc repris docilement sa marche sur Metz. Il faut tout changer encore une fois, ramener sur leurs pas, par un temps affreux, les troupes accumulées sur quelques routes autour du Chêne, hommes, voitures, chevaux mêlés et formant un enchevêtrement inextricable. Les soldats, au premier coin, au premier abri venu, s'arrêtent pour faire le café. Ces pauvres diables, qui n'ont rien à manger de chaud, remplacent la marmite par la cafetière; d'un bout de l'armée à l'autre on ne voit que feux allumés pour le café, quitte à redoubler de vitesse pour rejoindre le corps quand le café sera bu, mais quelque rapide que soit la confection de cette boisson, quelle que soit la bonne volonté de ceux qui se sont arrêtés, les traînards sont nombreux. Le soldat rendu plus irritable par la fatigue et par le manque de vivres aurait eu plus que jamais besoin d'être encouragé par ses chefs, mais n'entendant par leur voix aucune parole fortifiante, il tourne à l'indiscipline. La confusion qui a marqué le départ cesse à peine au bout de douze heures. L'armée qui, le 28 au soir, n'a avancé que de quelques kilomètres, reprend sa marche le 29, sur une ligne irrégulière où le 12ᵉ corps occupe la gauche et où le 5ᵉ corps passe à l'extrême droite par une singulière manœuvre due à l'éloignement du maréchal de Mac-Mahon de la droite. La présence de l'Empereur à la gauche y entraîne le commandant en chef et l'y retient.

L'ennemi, pendant que le maréchal de Mac-Mahon perd ainsi un temps précieux, se montre à Grand-Pré, à Buzancy, à Vouziers, devant et derrière l'armée française, occupe ses positions à mesure qu'elle les quitte, et rend d'heure en heure plus difficile ce qui était possible quelque temps auparavant; les deux armées ennemies ont déjà fait leur jonction au moment où le maréchal de Mac-Mahon cherche à franchir la Meuse pour se diriger sur Montmédy.

La division Goze chargée par le général de Failly de couvrir la marche de son corps, après être restée en observation devant Buzancy, s'est mise en marche le 28, à la nuit tombante, pour rejoindre le reste du corps à Belval; la cavalerie du général de Bonnemains est restée aux Grandes-Armoises, un peu en arrière du 12ᵉ corps; le général Marguerittes a porté sa cavalerie de Stonne à Sommanthe, en arrière du corps du général de Failly que, par conséquent, il n'éclaire pas parce que la cavalerie détournée de son rôle naturel, au lieu de couvrir et d'éclairer les corps d'armée, reste sur leurs derrières pour assurer la sécurité de l'Empereur. Les masses prussiennes augmentent du côté de Grand-Pré et de Buzancy. Il n'est plus possible au maréchal de Mac-Mahon de traverser la Meuse entre Dun et Stenay, mais il peut encore, en gagnant l'ennemi de vitesse, la franchir entre Mouzon et Sedan. Pour cela, un grand effort est nécessaire de la part du soldat harassé; le succès dépend de la rapidité de sa marche; qu'il mette son cœur dans ses jambes, et l'armée passe; c'est ce qu'il faudrait lui dire en quelques mots chaleureux; le maréchal de Mac-Mahon se renferme dans son mutisme ordinaire. Cependant une dépêche du maréchal Bazaine, dans laquelle ce dernier informe le maréchal de Mac-Mahon qu'il est toujours sous Metz, entouré par l'armée du prince Frédéric-Charles, mais d'une manière peu serrée, qu'il pourra passer quand il voudra, et qu'il l'attend, a été remise par le commandant de place de Thionville à M. Lallemand procureur impérial à Sarreguemines; M. Lallemand à son tour l'a confiée au général Beurmann, commandant de Sedan, et au colonel Melcion d'Arc, commandant de place; le colonel Melcion d'Arc la remet à M. Hulme, filateur à Glaire, qui affirme l'avoir portée à Raucourt le 29 août, et l'avoir remise de sa propre main au maréchal de Mac-Mahon. En voyant les positions qu'il assigne à ses troupes pour le 29 : Le 12ᵉ corps se rendra de la Besace à Mouzon; le 1ᵉʳ du Chêne à Raucourt; le 5ᵉ à Belval et à Beaumont; le 7ᵉ ira de Boult-au-Bois à la Besace; la cavalerie des généraux de Bonnemains et Marguerittes sera à Raucourt et à Carignan, on serait tenté de croire que la dépêche du maréchal Bazaine l'a fait changer de direction; mais bientôt en le voyant reprendre son incompréhensible marche sur Sedan, on cherche quel motif a pu déterminer ce nouveau changement. Il n'y a qu'une explication à donner de cette étrange faute : c'est que cette dépêche, qui pourtant a passé par quatre mains avant d'arriver aux mains de l'honorable M. Hulme et ensuite dans celles du maréchal de Mac-Mahon, n'ait pas été lue par lui, ou qu'après l'avoir lue il en ait oublié le contenu ; lui-même ne peut encore aujourd'hui rien dire de positif à ce sujet.

L'ennemi se rapproche ; un engagement assez sérieux a lieu à Nouart le 29 entre le 5ᵉ corps et les Allemands ; la division Goze se dirigeant sur Beaumont, par la route de Raucourt, la division Guyot de Lespart et une brigade de la division de Labadie suivant la route des Étangs sont attaquées vers midi, sur leur flanc, droit du côté de Bois-des-Dames, et engagent une canonnade assez vive avec l'ennemi. Les divisions Goze et Guyot de Lespart arrivent le 30 à quatre heures du matin à Beaumont ; la division de Labadie les rejoint trois heures plus tard, et se poste à l'entrée du village. La marche du 7ᵉ corps est plus accidentée : la cavalerie envoyée le matin en reconnaissance échange quelques coups de sabre avec les uhlans, et signale la présence d'un corps de cavalerie d'une ou deux divisions, avec de nombreux canons, entre Grand-Pré et Buzancy. La 1ʳᵉ division du 7ᵉ corps reçoit l'ordre de se rendre avec les bagages, de Quatre-Champs à Saint-Pierremont. La cavalerie du général Ameil couvre ce mouvement. Des vedettes ennemies apparaissent çà et là à quelque distance. Une rencontre semble tellement imminente que le général Dumont, apercevant sur ses derrières, entre Germont et Authe, quelques escadrons et quelques bataillons allemands, fait prendre position à sa division ; ce n'est, de la part de l'ennemi, qu'une fausse alerte qui fait perdre aux Français une heure et accroît la fatigue des hommes et des chevaux. Les mauvais chemins ne permettent pas d'espérer que le 7ᵉ corps puisse ce jour-là gagner la Besace, point indiqué par le maréchal de Mac-Mahon. Le général Douay fait bivouaquer la nuit ses troupes à Oches ; acte formel de désobéissance qui le lendemain doit avoir pour conséquence de retarder le passage de la Meuse pour une partie du 7ᵉ corps qui, avec son chef, sera entraîné vers Sedan.

Les trois corps restés sur la rive gauche reçoivent le 30 août l'ordre de passer, coûte que coûte, la Meuse ce jour-là. Le maréchal de Mac-Mahon vient lui-même, entre sept et huit heures du matin, ordonner au général de Failly de passer tout de suite. Le commandant du 5ᵉ corps lanterne, comme on dit vulgairement, jusqu'à onze heures. Le 5ᵉ corps se dirige sur Mouzon ; le 7ᵉ sur Villers ; le 1ᵉʳ corps sur Remilly. Le général Marguerittes, avec ses cavaliers, couvre la marche en avant vers Mouzon et Carignan. Le général de Bonnemains suit le 1ᵉʳ corps. Le général Douay quitte Oches au point du jour, mais le convoi et les bagages escortés par la division Conseil-Dumesnil occupent une longueur de 15 kilomètres ; le défilé dure encore à neuf heures. Ces troupes se dirigent sur Villers où un pont de bateaux a été jeté. Le départ des deux dernières divisions ne peut s'effectuer qu'après le passage du convoi ; la brigade Bittard des Portes qui couvre Oches au sud, se retire en laissant ce village sur sa droite ; l'ennemi la canonne à assez longue portée au moyen d'une batterie installée sur l'emplacement que la brigade française vient de quitter. Le général Douay empêche l'artillerie de riposter, et fait poursuivre la marche. La tête de colonne du 7ᵉ corps atteint Stonne vers midi et demi, après avoir entendu sur sa droite une vive canonnade, et aperçu des villages et des fermes en feu. C'est le 5ᵉ corps engagé avec l'ennemi. Le général Douay ne croit point devoir se porter à l'appui du général de Failly, et au lieu de suivre la direction qui lui a été indiquée par le maréchal de Mac-Mahon et qui doit le conduire à Villers, il se jette à gauche et va passer la Meuse à Remilly. Le 1ᵉʳ corps bavarois put, grâce à ce faux mouvement du général Douay, se glisser entre le 5ᵉ et le 7ᵉ corps et tomber sur le flanc du général de Failly arrivé à quatre heures du matin à Beaumont à la tête du 5ᵉ corps.

Le général de Failly accorde quelques heures de repos à ses troupes. C'est une imprudence dans un moment où tout dépend de la rapidité de la marche; il y joint le tort d'oublier le voisinage de l'ennemi et de ne pas se garder avec toute la sévérité des règles militaires. Il peut arriver à un chef de se laisser surprendre, mais être en contact avec un ennemi qui vous suit depuis deux jours, et ne pas se garder, voilà ce qui paraît inexcusable. Des renseignements pris à propos lui auraient appris que l'ennemi avait, la veille même, poussé ses avant-postes jusqu'à une petite maison adossée au bois de Murets, à 1500 mètres de son camp. Le général de Failly rassuré sans doute par la proximité du 7ᵉ et du 12ᵉ corps ne prend aucune des précautions ordinaires, pas même celle de fouiller les bois, négligence d'autant plus impardonnable qu'il était depuis la veille en contact avec l'ennemi. Les troupes du 5ᵉ corps vaquaient donc tranquillement aux occupations d'une halte, lorsque tout à coup, à onze heures, cinq batteries se démasquent sur la lisière du bois de Dieulet; de fortes colonnes débouchent de Belle-Fort et de Beauséjour; une pluie d'obus tombe sur les soldats endormis sous la tente, sur les chevaux encore à la corde; on rallie à peine assez de troupes pour occuper avec l'artillerie les hauteurs de la Thibaudine et du Moulin-à-Vent; mais la gauche du 5ᵉ corps est bientôt débordée par l'ennemi. l'artillerie de réserve se replie par les bois de Villemontry, une batterie de mitrailleuses tombe dans une fondrière; on forme une ligne de bataille sur les hauteurs du Bouron, tandis qu'une division du 12ᵉ corps empruntée au général Lebrun se déploye en avant de Villemontry sur la rive gauche de la Meuse. L'encombrement du pont de Mouzon est tel, que trois batteries du 19ᵉ régiment parviennent seules à déboucher. L'artillerie de réserve reçoit l'ordre d'ouvrir le feu, mais son tir reste sans efficacité à cause de la distance. L'ennemi concentre tous ses efforts sur la gauche, son artillerie en tête, suivie par l'infanterie hors d'haleine à la poursuite des fuyards du 5ᵉ corps.

La cavalerie du général de Fénelon reste immobile de peur de passer en chargeant sur le 5ᵉ corps qui se replie sur elle; l'artillerie ne peut pas non plus tirer sur les Allemands sans tirer sur les Français, tandis que les boulets ennemis enfilent le pont et le gué de Mouzon et que les obus tombent au milieu d'une masse compacte d'hommes, de voitures, de chevaux. Les fuyards de plus en plus nombreux se pressent à l'entrée de ces débouchés étroits. La division Grandchamp qui a jusque-là fait bonne contenance cède à la panique générale. Le 5ᵉ corps tout entier est en fuite et la journée se termine par une charge des 5ᵉ et 6ᵉ cuirassiers de la division Litchlin presque aussi meurtrière que celle de Frœschwiller. Le 5ᵉ cuirassiers eut son colonel, son lieutenant-colonel, un de ses commandants tués. Vingt officiers furent tués, blessés ou démontés dans les deux régiments.

L'armée française, malgré cet échec, se trouve, par une faveur inespérée de la fortune, tout entière sur la rive droite de la Meuse, sauf la portion du corps du général Douay, descendue du côté de Sedan. Les Prussiens remplacés par les Français sur la rive droite de la Meuse sont obligés de la retraverser pour les attaquer. Que le maréchal de Mac-Mahon donne l'ordre de détruire les ponts sur la Meuse, qu'il marche sur Montmédy et dans la direction de Metz, l'armée d'investissement du prince Frédéric-Charles sera prise entre deux feux. Il faudra bien alors, en voyant les baïonnettes françaises, que Bazaine sorte !

L'essentiel est donc que l'armée rassemblant toute son ardeur se mette en marche avec un élan vigoureux. Une proclamation apprenant aux soldats quel effort le salut de la patrie exige d'elle eût suffi pour l'obtenir ; mais le maréchal de Mac-Mahon, attribuant à l'échec du général de Failly plus d'importance qu'il n'en a (qu'est-ce en définitif que quelques milliers d'hommes perdus sur une armée de 140 000 hommes), change encore une fois sa marche ; le mauvais génie de la France lui suggère l'idée fatale de porter l'armée sur Sedan, pour y chercher des munitions et des vivres qui sont à Montmédy où se trouvent accumulés des approvisionnements de tout genre. Quant aux munitions, l'armée n'en manque pas, puisqu'elle n'a tiré que quelques coups de canon depuis son départ de Châlons où elle a été munie plus qu'au grand complet de ses parcs. Le maréchal de Mac-Mahon oublie tout cela, et l'armée, obéissant à l'ordre fatal de son chef, se dirige par les deux routes de Carignan et de Mairy sur Sedan, où elle arrive dans la nuit du 30 et dans la journée du 31 août.

Napoléon III assistait des hauteurs de Mouzon à l'échec de Beaumont. « Il y a encore eu aujourd'hui, — mande-t-il » par le télégraphe à l'Impératrice, — un engagement sans » grande importance, et je suis resté à cheval assez long- » temps. » Mensonge inutile. Le public ne tient plus assez à la santé de l'Empereur pour attacher la moindre importance à la question de savoir s'il est capable ou non de se tenir à cheval. Ce qu'il y a de sûr c'est qu'il lui reste assez d'énergie en ce moment pour s'occuper de questions d'argent : « J'approuve la distribution des fonds que tu me proposes. Tu remettras le reste à Charles Thelin. » Voilà la dépêche que ce triste souverain adresse à son trésorier Bure alors que les cuirassiers mutilés de Mouzon s'agitent encore sur la terre ensanglantée.

L'Empereur se rendant à Sedan quitte vers huit heures Carignan où le 5ᵉ corps, arrivant en débandade, est obligé de stationner pendant plusieurs heures pour livrer passage à son escorte et à ses bagages. Cent-gardes aux habits déchirés, tachés de poussière et de boue, aux armes rouillées, écuyers hagards, piqueurs ivres, valets lançant de funèbres brocards sur leur maître, cette sinistre cohue, entraînée pêle-mêle et comme poussée par une espèce de fatalité, se rue vers Sedan : l'encombrement est tel que la cavalerie et l'artillerie ne pouvant avancer poussent à travers champs; quelques escadrons franchissent même la frontière belge.

L'armée, énervée par les hésitations d'un chef qui la fait marcher mais qui ne la dirige pas, le suit dans Sedan: là il l'engouffre sans s'assurer même d'avance par un coup de télégraphe si les approvisionnements ne manquent pas pour une si grande concentration de troupes, dans une ville de médiocre étendue où l'encombrement augmente sans cesse, et où les rues se remplissent à chaque instant d'officiers et de soldats en quête de leurs régiments, et demandant du pain à toutes les portes.

Le maréchal de Mac-Mahon prend-il au moins les dispositions indispensables et donne-t-il les instructions nécessaires à ses généraux, au moment où il va masser ses troupes sur un terrain entrecoupé de vallons et de bois, s'étendant autour d'un vaste entonnoir dont la ville de Sedan est le fond, et offrant à l'ennemi le terrain le plus favorable à sa manière de combattre ?

L'armée allemande, deux fois supérieure en nombre à l'armée française rangée en cercle, manœuvre pour l'envelopper; au commencement de la journée du 31 terminée par la retraite de l'armée française sur Sedan, elle occupe les positions suivantes : La garde, le 12° et le 4° corps sont sur le rive gauche de la Meuse, vis-à-vis Mouzon, et ferment cette issue; les 1ᵉʳ et 2° Bavarois en avant de Raucourt; le 11° et le 5° corps à Chéhéry, au sud de Sedan; les Wurtembergeois plus à l'est encore, à Vendresse. Ces troupes se mettent en marche dès le matin. La garde, obligée de repasser sur la rive droite, craint de trouver le pont de Mouzon, son unique débouché, détruit, mais le maréchal de Mac-Mahon a oublié de le faire sauter, elle peut donc se porter sur Carignan; le 12° corps sur Douzy; le 7°, soutenu par les Bavarois, descend la rive gauche vers Sedan. Le 11° corps marche sur Donchery, pour préparer un mouvement tournant de ce côté; le 5° corps sur Chehery, comme soutien; les Wurtembergeois sur Boutancourt; enfin, le 6° corps se dirige de Vouziers sur Attigny, à l'ouest de Sedan, pour empêcher l'armée française de se dérober de ce côté par une marche de nuit.

Le 12° corps resté toute la nuit du 30 au 31 sur ses positions de Mouzon, pour couvrir le mouvement des autres corps, ne se met que tard en route vers Sedan, par Douzy, en côtoyant la rive droite de la Meuse. Arrivé vers les onze heures à Bazeilles, il ouvre aussitôt le feu sur les troupes françaises postées sur les hauteurs, de l'autre côté de la rivière et du chemin de fer. La division d'infanterie de marine se déploie immédiatement au nord-est du village déjà occupé par les Bavarois, les en chasse après un combat meurtrier et enlève le pont du chemin de fer qu'on n'a point faire sauter non plus. L'ennemi se retire peu à peu sur les hauteurs de la rive gauche, et vers six heures, le feu cesse.

La garde prussienne marche sur les pas du général Ducrot, par Francheval et le haut de la vallée de Givonne, dans l'intention de doubler la pointe d'Illy et de fermer à l'armée française la route de Belgique. Le 12° corps saxon, suivi par le 4° corps, s'avance sur Daigny et la Moncelle. Le général Von der Tann, à la tête des Bavarois, s'empare du pont du chemin de fer que, par un oubli à chaque instant renouvelé, on a laissé encore intact, passe la Meuse et tente un coup de main sur Bazeilles. Les Bavarois, repoussés par l'infanterie de marine du général de Vassoigne et rejetés au delà de la Meuse, restent cependant maîtres du pont. Le 11° et le 5° corps, à l'autre extrémité de la ligne ennemie, ayant les Wurtembergeois à leur droite, touchent à Donchery dont le pont va bientôt tomber entre leurs mains; libres dès lors de passer la Meuse, rien ne les empêchera de fermer au maréchal de Mac-Mahon la route de Mézières.

Gagner cette ville ou livrer bataille sous Sedan, le maréchal de Mac-Mahon n'a cependant plus d'autre alternative. S'en préoccupe-t-il? Accepte-t-il la marche sur Mézières? Se décide-t-il à livrer bataille sous Sedan? Comment expliquer soit la perte de la journée du 31 passée dans cette ville, soit l'absence de tout ordre donné par lui pendant cette journée suprême, consacrée presque tout entière par lui à inspecter les fortifications avec le général Dejean, et à examiner les trois routes qui aboutissent à Sedan : l'une à l'ouest sur Mézières, l'autre à l'est sur Carignan, la troisième au nord sur la Belgique. Le maréchal de Mac-Mahon voulait choisir sans doute celle par laquelle il effectuerait sa retraite, c'était le parti auquel on croyait en effet qu'il s'arrêterait, car personne sérieusement ne pouvait lui prêter l'intention de livrer bataille (1); quant aux Prussiens qu'il pouvait avoir sur les bras d'un moment à l'autre, on eût dit qu'il s'en remettait aux hasards de l'improvisation pour les repousser.

L'armée inquiète et émue aurait voulu savoir ce que le maréchal de Mac-Mahon attendait d'elle et ce qu'elle pouvait attendre de lui; il ne s'ouvrit à personne sur son plan, s'il est vrai qu'il en eût un, pas même au général de Wimpffen arrivé le matin même pour se mettre à la tête du corps du général de Failly, et qui, en sa qualité de plus ancien divisionnaire de l'armée, devait remplacer le général en chef en cas de malheur arrivé à ce dernier. Le général de Wimpffen avait du reste dans sa poche des lettres de service signées du ministre de la guerre qui lui conféraient le commandement en chef si le maréchal de Mac-Mahon était forcé de l'abandonner.

Le maréchal de Mac-Mahon allait-il enfin se décider à faire un appel suprême à l'armée? non, mais l'Empereur prit la parole à sa place, et sa proclamation fut une véritable insulte à l'armée : « Si les débuts de la guerre n'ont » pas été heureux, les armées du moins ont pu se refaire. » J'ai abandonné mon rôle de souverain pour rester au mi-» lieu des soldats, me fiant à la sagesse de l'Impératrice qui » gouverne bien Paris. Il y a encore des gens de cœur, et » s'il y a des lâches ils seront punis. » De quels lâches voulait-il parler? Les officiers et les soldats étaient braves, les généraux aussi; on pouvait, il est vrai, reprocher à

---

(1) Lui-même a déclaré dans sa déposition devant la commission d'enquête du 4 septembre qu'il n'en avait en effet nullement l'intention.

ces derniers de montrer en certaines occasions une imprévoyance et une ignorance des lois de la guerre vraiment surprenantes chez des militaires qui pourtant l'avaient déjà faite, mais l'Empereur avait-il le droit de laisser planer sur les autres le soupçon de lâcheté au moment où, enfermé à Sedan dans son appartement au fond de l'hôtel de la sous-préfecture, il ne laissait personne pénétrer jusqu'à lui. Le général de Wimpffen ne parvint qu'à grand peine à forcer l'entrée de son cabinet. Napoléon III en le voyant lui prit les mains et lui dit en pleurant : « Expli-
» quez-moi donc, général, pourquoi nous sommes toujours
» battus, et ce qui a pu amener la désastreuse affaire de
» Beaumont? — Je présume, Sire, que les corps d'armée
» en présence de l'ennemi étaient trop loin pour se prêter
» un mutuel appui; que les ordres ont été mal donnés et
» mal exécutés. — Hélas ! nous sommes bien malheureux ! »
et d'un geste lent il le congédia.

L'armée française formait, comme on l'a vu, autour de Sedan un cercle sur lequel se trouvaient Bazeilles et Floing; une longueur de 7 kilomètres environ séparait ces deux points : le développement du cercle embrassait 18 kilomètres qui se soudaient à Sedan. Elle comptait environ 70 000 hommes auxquels il ne manquait qu'un chef pour les mettre en mouvement et pour les faire converger vers un même but? Malheureusement, le maréchal de Mac-Mahon ne donne aucun ordre dans la soirée du 31; ses lieutenants attendent encore ses instructions à quatre heures et demie du matin; à ce moment les troupes qui préparent leur café au feu des bivouacs, dans la demi-obscurité de l'aube d'un jour de septembre, entendent un immense feu de mousqueterie, entremêlé de hourrahs et de clameurs confuses, sur la ligne qui s'étend de Bazeilles à Balan. L'armée prussienne s'ébranle et la bataille de Sedan commence.

Il était encore possible à cette heure au maréchal de Mac-Mahon d'opérer une retraite par Bouillon et de sauver une partie de l'armée en passant en Belgique où elle aurait déposé les armes sans combattre. Personne, depuis le général en chef jusqu'au simple soldat, qui ne repousse cette pensée. Le maréchal de Mac-Mahon va donc tenter encore une fois le sort des armes et essayer de prendre sa revanche de Reichshoffen.

La bataille s'ouvre par une attaque des Bavarois du général Von der Thann qui, soutenus par les nombreuses batteries élevées dans la nuit sur les hauteurs de la Marfée, franchissent le pont de Bazeilles, et se portent sur le village. La brigade d'infanterie de marine du général Martin des Pallières les reçoit avec une intrépidité qui ne se dément pas un instant, quoique le nombre des assaillants s'accroisse à chaque assaut. Les Bavarois déployent une ardeur d'autant plus grande qu'ils se sentent soutenus par une attaque dirigée par les Prussiens sur la Moncelle, à la gauche du général Lebrun, et par l'approche des Saxons qui, accourant à leur secours, se sont heurtés contre les divisions des généraux Grandchamp et Lacretelle. Le général Ducrot s'engage vers Daigny et Givonne en jetant au delà de la vallée la division Lartigue chargée de s'emparer du Bois-Chevalier occupé par des troupes du 12ᵉ corps saxon; ce lieu est le théâtre d'un combat meurtrier. Le général Douay ne va pas tarder à être attaqué. L'action, en attendant qu'elle se dessine sur Floing, s'entame vivement à Daigny, et elle continue à être vigoureusement soutenue par l'infanterie de marine à Bazeilles.

Le maréchal de Mac-Mahon s'est porté, dès l'ouverture du feu, sur le front du 12ᵉ corps (Lebrun); il cherche à se rendre compte de la position exacte de l'ennemi, afin de se décider à marcher soit sur Mézières, soit sur Carignan, lorsqu'à six heures moins un quart, se trouvant au pied de la position de la Moncelle, il est blessé et son cheval tué par un éclat d'obus. Pendant qu'on le transporte à Sedan, il se croise avec l'Empereur sur la route. Napoléon III venait-il se mettre à la tête de ses troupes, et tomber en soldat? on a voulu le faire croire. Malheureusement la distance de la porte de Balan, que l'Empereur avait franchie pour sortir de Sedan, à la Moncelle où le maréchal de Mac-Mahon venait d'être blessé, est de 3 kilomètres. L'Empereur en se rendant de ce dernier point à l'autre traversa en effet le champ de bataille mais comme l'aurait traversé celui qui, pendant une bataille livrée sur la place de la Concorde, aurait fait le trajet de la rue de Rivoli à la statue de la ville de Strasbourg, et en serait revenu par le même chemin.

L'Empereur quitta la Moncelle pour rentrer à Sedan d'où il ne devait plus sortir que prisonnier.

Heureuse blessure! a-t-on dit de celle du maréchal de Mac-Mahon, elle lui a épargné la douleur de signer la capitulation; oui, si elle l'absolvait du reproche de l'avoir rendue nécessaire; mais le maréchal de Mac-Mahon, au début de la guerre, paraît avoir accepté le plan du général de Palikao, c'est-à-dire la jonction avec Bazaine; il change d'avis et il se rallie plus tard au plan du général Trochu, qui consiste à marcher sur Paris; au moment de prendre cette route, il flotte entre l'Empereur qui veut s'avancer vers la capitale, et l'Impératrice qui pousse l'armée vers Bazaine; c'est à lui qu'il appartiendrait de décider entre ces deux volontés contraires. Il doute, il hésite, il semble craindre de se prononcer. Au Chêne-Populeux un éclair lui montre où est le salut, mais il reçoit la dépêche du ministre de la guerre et il ne reçoit pas celle du maréchal Bazaine. « Si vous abandonnez Bazaine, la révolution est à Paris. » Le général de Palikao se doutait bien que cette phrase mettrait fin à la résistance de Napoléon III, et par conséquent à celle du maréchal de Mac-Mahon; Napoléon III ne commandait plus comme général, mais il restait empereur de nom, et pour un homme comme le maréchal de Mac-Mahon qui lui devait son titre et sa dignité, Napoléon III était encore le dépositaire du pouvoir suprême. Il lui obéit peut-être contre sa propre volonté, mais à coup sûr contre l'intérêt de la France. Le désir de sauver la dynastie explique seul sa désastreuse marche sur Metz (1), rendue encore plus désastreuse par ses hésitations. Que l'Empereur y ait joint les siennes, c'est probable; que le maréchal de Mac-Mahon par générosité les prenne toutes à son compte, c'est fort possible, mais en tout cas ce serait en même temps justice, car c'est bien lui en définitive qui a conduit l'armée à Sedan; si la fortune lui a épargné

---

(1) L'Empereur, dans la lettre suivante au général Burgoyne, avoue que des motifs politiques ont dicté cette marche :

« Mon cher sir John,

» Je viens de recevoir votre lettre qui m'a fait le plus grand plaisir, d'abord parce qu'elle est une preuve touchante de votre sympathie pour moi, et ensuite parce que votre nom me rapelle les temps heureux et glorieux où nos deux armées combattaient ensemble pour la même cause. Vous qui êtes le Moltke de l'Angleterre, vous aurez compris que tous nos désastres viennent de cette circonstance que les Prussiens ont été plus tôt prêts que nous, et que, pour ainsi dire, *ils nous ont pris en flagrant délit de formation.*

» L'offensive m'étant devenue impossible, je me suis résolu à la défensive; mais *empêchée par des considérations politiques*, la marche en arrière a été retardée, puis devenue impossible. Revenu à Châlons, j'ai voulu conduire la dernière armée qui nous restait à Paris; mais là encore *des considérations politiques nous ont forcés à faire la marche la plus imprudente et la moins stratégique* qui a fini par le désastre de Sedan. Voici en peu de mots ce qu'a été la malheureuse campagne de 1870. Je tenais à vous donner ces explications, parce que je tiens à votre estime.

» NAPOLÉON. »

la douleur de signer la capitulation, l'histoire ne peut s'empêcher de lui en laisser la responsabilité.

Le maréchal de Mac-Mahon, après sa blessure, avait remis le commandement en chef au général Ducrot, quoiqu'il ne fut que le troisième général de division par rang d'ancienneté, mais il le connaissait depuis plus longtemps que les autres chefs de corps; malheureusement il ne lui transmit que le commandement, car, de plan, il n'en avait pas. Celui du général Ducrot consistait à se frayer un chemin sur Mézières, en commençant par ramener l'armée sur le plateau d'Illy. Il donna l'ordre à tous les chefs de corps de se porter sur ce point, sans en excepter le général Lebrun dont les troupes tenaient vigoureusement l'ennemi en échec. La lutte du côté de Bazeilles lui paraissait sans grande importance; l'essentiel, à ses yeux, était d'arriver par Illy et Floing vers Saint-Menges et Vrigne-aux-Bois où il comptait ne trouver que les têtes de colonne de l'ennemi et rendre impossible « son éternel mouvement de capricorne », expression peu juste en elle-même, car ni à Borny, ni à Rezonville, ni à Amanvillers, les Allemands n'ont manœuvré comme à Sedan. Le général Ducrot fit, en même temps, remonter sur le plateau les deux divisions Pellé et l'Hériller du 1er corps, en laissant pour le moment la division de Lartigue aux prises avec l'ennemi.

L'armée allait donc tenter de se frayer un chemin par Mézières, lorsqu'on apprit que l'ordre donné la veille de faire sauter le pont de Donchery, n'ayant pas été exécuté, les Wurtembergeois, les 5e et 11e corps allemands avaient, pendant la nuit, franchi la Meuse. Impossible de se retirer sur Mézières.

Le général de Wimpffen, bon soldat, vétéran des guerres d'Afrique, remplaçait depuis la veille le général de Failly

dans le commandement du 5ᵉ corps; il était non-seulement le général de division le plus ancien de l'armée, mais encore il avait, comme nous l'avons dit, une lettre du ministre de la guerre qui lui confiait le commandement en chef dans le cas où il arriverait malheur au maréchal de Mac-Mahon; informé à sept heures et demie de la détermination prise par ce dernier de remettre le commandement au général Ducrot, il ne crut pas d'abord devoir s'y opposer, mais s'apercevant vers huit heures et demie d'un mouvement de retraite assez prononcé opéré par la gauche du 1ᵉʳ corps, et réfléchissant que sa conscience et l'autorité militaire auraient le droit plus tard de lui reprocher d'avoir accepté les conséquences d'un mouvement qu'il désapprouvait et qu'il aurait pu empêcher, il se décida à réclamer l'exécution de sa lettre de commandement, et il écrivit au général Ducrot : « L'en-
» nemi faiblit sur notre droite, je ne pense pas que dans
» cette condition il y ait lieu de songer à battre en retraite;
» j'envoie la division Grandchamp à Lebrun. Usez de toute
» votre énergie et de tout votre savoir pour remporter la
» victoire sur un ennemi dans des positions désavantageuses.
» J'ai une lettre du ministre de la guerre qui me nomme
» commandant en chef. Nous en reparlerons après la ba-
» taille. » Un autre billet fut adressé au général Lebrun :
« Je vous envoie des troupes en grand nombre, j'espère
» que si vous avez perdu des positions vous pourrez les
» reprendre. »

L'objectif de l'armée française, à partir de neuf heures du matin, fut Carignan au lieu de Mézières. C'est sur ce point que le nouveau général en chef voulait faire sa trouée. Malheureusement les changements dans le commandement avaient fait perdre beaucoup de temps et jeté une grande indécision dans tous les corps. Le général de Wimpffen, après avoir ordonné au général Ducrot de reprendre sans retard ses positions, se porta au centre du 7ᵉ corps pour se rendre compte de la situation des troupes engagées dans cette ligne de retraite. Raffermi par cet examen, dans la conviction que la marche sur Mézières ne s'opérerait dans le jour qu'avec les plus extrêmes difficultés, il résolut de tenir dans ses positions jusqu'à la nuit, et de profiter des ténèbres pour se lancer sur Carignan et Montmédy; il lui semblait qu'après avoir livré une bataille défensive on pouvait tenter une surprise par un retour général offensif sur les corps bavarois les plus maltraités de l'armée allemande, et leur reprendre la route de Carignan que l'état-major allemand avait été obligé de dégarnir de troupes.

Le général de Wimpffen avait donc ordonné un mouvement offensif vigoureux sur sa droite. Il espérait écraser la gauche de l'ennemi, formée de deux corps bavarois, la jeter dans la Meuse, et revenir avec les 12ᵉ et 1ᵉʳ corps vers les 5ᵉ et 7ᵉ pour attaquer avec toute l'armée réunie l'aile droite des Allemands (1).

Le mouvement de retraite prescrit par le général Ducrot avait amené le 12ᵉ corps à abandonner les hauteurs de Bazeilles où le général Lebrun se maintenait énergiquement; le 1ᵉʳ corps avait dû aussi quitter les hauteurs de Givonne. L'ennemi s'était établi sur ces positions bien difficiles à reprendre.

Le général de Wimpffen voyant néanmoins que le 1ᵉʳ corps se portait en avant, selon ses ordres, se rendit auprès du général Lebrun en suivant le fond de Givonne, lorsqu'au moment de gravir la berge, il se trouve tout-à-coup en

---

(1) *Sedan*, par le général de Wimpffen.

présence de l'Empereur qui revenait de son excursion de Balan à la Moncelle.

« Sire, lui dit-il, les choses vont bien, nous regagnons du terrain. »

L'Empereur lui montra silencieusement au loin les masses profondes de l'ennemi, et retomba sur les coussins de sa voiture.

Il était dix heures. Le mouvement du général Ducrot suspendu, les troupes du général Lebrun ramenées en avant, il semblait au général de Wimpffen qu'il ne restât plus qu'à profiter des avantages du combat engagé depuis le matin à Bazeilles entre les Français et les Bavarois. Les premiers, après avoir barricadé pendant la nuit chaque entrée, chaque rue de ce village, résistent aux efforts désespérés du 1er corps bavarois tout entier et d'une division du 5e corps appelée à son secours. Les soldats de marine se battent avec une telle rage qu'ils ne s'aperçoivent point que la retraite est commencée; ils continuent à lutter, mais le nombre doit finir cependant par l'emporter; la résistance s'affaiblit peu à peu, et se réfugie enfin dans quelques maisons de cet héroïque village auquel les Bavarois, sous prétexte que les habitants ont commis le crime de défendre leur patrie et leurs foyers, mettent le feu après avoir soumis aux plus affreux traitements des femmes, des vieillards et des enfants; les maisons ne brûlant pas assez vite au gré de ces furieux, ils appellent à leur aide le pétrole pour accélérer l'incendie (1).

Les Bavarois gagnent visiblement du terrain, les Saxons sont à Daigny et s'avancent sur les pentes occupées par les Français; la garde prussienne, un peu plus haut, menace

---

(1) 264 maisons ont été reconstruites, la plus grande partie par le *sou des chaumières*.

le village même de Givonne. Telle est vers dix heures la situation à l'aile droite..

Que se passe-t-il à l'aile gauche pendant ce temps-là? L'ennemi occupe les hauteurs de Saint-Menges, et dirige sur le 7ᵉ corps un feu très-vif d'artillerie qui, mal réglé d'abord, ne lui fait pas grand mal. Les batteries prussiennes, débordant la droite des Français, les forcent nécessairement à en porter de nouvelles en ligne de ce côté. Divers changements ont lieu dans les positions des divisions, mais l'action sur toute la ligne n'est guère qu'un combat d'artillerie.

Le général de Wimpffen, en quittant l'Empereur, s'est porté au centre de ses troupes. Les généraux Ducrot et Lebrun l'ayant rejoint à dix heures un quart, il leur fait part de son intention, s'il ne parvient pas à se maintenir sur ses positions, de se frayer un passage sanglant vers Carignan et Montmédy. Cependant, vers dix heures, de fortes colonnes prussiennes descendent de Saint-Menges sur la position française. Les mitrailleuses les empêchent de s'avancer dans la vallée, et l'artillerie française tient bon, quoique ayant contre elle le nombre et la supériorité du tir. L'armée allemande, jusqu'à midi, n'a fait aucun progrès décisif sur les lignes françaises, mais son action circulaire s'étend de plus en plus et ses batteries couvrent tout l'espace entre le Meuse, Fleigneux et Illy.

Le général de Wimpffen parcourt la ligne, vers midi; le 7ᵉ corps se maintient dans ses positions, mais son commandant, le général Douay, lui déclare qu'il ne se bat plus que pour *l'honneur des armes*. De la crête qui aboutit au bois de la Garenne, on voit l'armée allemande s'étendant au loin, et des batteries formidables envoyant avec une terrible précision leurs obus dans les rangs français.

Le général de Wimpffen se rend auprès de ces troupes exposées à un feu meurtrier et les fait soutenir par des détachements du 5° et du 1ᵉʳ corps et par une partie de la réserve de cavalerie. Les obus prussiens exercent d'affreux ravages sur les Français. La cavalerie et l'infanterie elle-même ne peuvent plus tenir devant l'ennemi. Trois batteries mises en position sont désorganisées en dix minutes à peine. Il faut faire retirer l'artillerie, abriter la cavalerie, et ce n'est qu'avec la plus grande peine qu'on parvient à maintenir l'infanterie devant l'artillerie ennemie qui resserre son feu, et couvre le plateau d'obus. L'armée française perd d'heure en heure du terrain. Le 5° corps prussien venant de Fleigneux, et une partie du corps de la garde arrivant de la Chapelle, se joignent à deux heures sur le plateau d'Illy. La lutte ne peut continuer, la bataille est perdue.

Le chef et les officiers de l'état-major général de l'armée de Châlons, à l'exception de deux capitaines, avaient suivi le maréchal de Mac-Mahon à Sedan sans songer qu'ils étaient attachés non à la personne du commandant en chef de l'armée, mais au commandement lui-même. Le général de Wimpffen s'aperçut des inconvénients de leur absence lorsqu'il eut besoin d'officiers bien montés et intelligents, pour transmettre ses ordres sur tous les points de l'action; il y supplée comme il peut, et partout il constate la supériorité écrasante des forces et de l'artillerie ennemies. L'armée française lutte cependant avec vigueur, mais sans succès; le corps du général Ducrot, loin de progresser vers le fond de Givonne, se concentre vers le bois de la Garenne où le combat est le plus vif, et en arrière du calvaire d'Illy; le corps du général Douay se maintient encore quoique fort ébranlé; le 5° corps, fractionné en soutien des autres corps, ne joue qu'un rôle indirect. Le 12ᵉ corps seul reste résolûment et avec avantage sur sa position de Bazeilles. Il n'est que trop visible néanmoins que résister jusqu'au soir devient de minute en minute plus difficile, sinon impossible; le général de Wimpffen se résoût vers une heure un quart à un coup de désespoir, c'est-à-dire à tenter de passer sur le ventre des deux corps bavarois exténués par la résistance du 12ᵉ corps et de s'ouvrir un passage vers Carignan; il donne des ordres en conséquence au général Ducrot et au général de division de Lespart du 5ᵉ corps. Au moment de cette suprême tentative, il écrit à l'Empereur :

« Sire,

» Je me décide à forcer la ligne qui se trouve devant le général Lebrun et le général Ducrot, plutôt que d'être prisonnier dans la place de Sedan.

» Que Votre Majesté vienne se mettre au milieu de ses troupes; elles tiendront à honneur de lui ouvrir un passage.

» Une heure et quart, 1ᵉʳ septembre. »

Le général en chef n'a plus un aide de camp autour de lui; il est forcé de faire appel au dévouement d'un intendant militaire pour porter aux commandants de corps des ordres qui ne sont pas suivis. Les troupes quittent le champ de bataille et s'abritent sous les murs de la place en attendant d'y entrer. Les généraux ont déjà commencé à en prendre le chemin; le général Douay répond aux instructions du général de Wimpffen qu'il s'est battu jusqu'ici pour l'honneur des armes, mais qu'il lui est impossible de tenir plus longtemps devant l'ennemi et d'opérer sa retraite dans les conditions qui lui sont indiquées. Il y a deux manières de se battre pour l'honneur des armes, l'une qui consiste à mourir plutôt que de se rendre, l'autre à faire intrépidement son devoir jusqu'au moment d'un suprême et inutile sacrifice. C'était celle des états-majors impériaux,

Quant à l'Empereur, au lieu d'accepter l'invitation du général de Wimpffen, il ne songe qu'à capituler, et fait appeler les chefs de corps qui n'hésitent pas à se rendre aux ordres d'un homme qui n'exerce aucun commandement, et quittent le champ de bataille à deux heures sans en prévenir le général en chef à qui seul ils doivent obéissance. Réunis à l'hôtel de la sous-préfecture de Sedan où l'Empereur est logé, ils délibèrent avec lui sur les moyens d'engager les premières négociations avec l'ennemi pendant que les soldats tombent sur le champ de bataille.

Le général de Wimpffen s'était rapproché de Sedan pour recevoir l'Empereur, mais ne le voyant pas venir au bout d'une heure, et craignant de n'avoir pas le temps de rejoindre le général Lebrun, il donne l'ordre au général de Vassoignes de se porter en avant avec sa division d'infanterie de marine, et lui-même il se lance avec son état-major, à la tête des intrépides fantassins de marine, sur la hauteur qui domine la Moncelle, Bazeilles et Balan, par la route de Givonne ; arrêté par une série de clôtures et de parcs, plus que par l'ennemi, il ne parvient pas à escalader les hauteurs qui dominent cette route. Le général de Wimpffen, prenant une direction à droite, arrive à la porte de Balan toute grande ouverte pour donner passage aux troupes, et il y est rejoint par un officier qui lui remet une lettre par laquelle l'Empereur le prévient que le drapeau blanc a été hissé à la citadelle, et qu'il ne lui reste plus qu'à faire cesser le feu et à négocier avec l'ennemi. L'Empereur cette fois reprend le commandement, et c'est pour se rendre.

On savait qu'un officier prussien, se rendant auprès de Napoléon III, s'était croisé avec le général Castelnau envoyé à Guillaume Ier; le bruit d'une capitulation courait déjà depuis une heure dans les rangs de l'armée, et il n'avait pas peu contribué à arrêter son élan. Le général de Wimpffen, ne reconnaissant pas à l'Empereur le droit de faire arborer le drapeau parlementaire, refusa de prendre connaissance de la lettre impériale. Désespéré, il rentre en ville appelant à lui les soldats pour tenter un dernier effort, au cri de: Bazaine arrive ! mais ils lui montrent le drapeau blanc flottant sur les remparts. Une poignée de braves, deux mille environ sortis de tous les corps, sans autre cohésion qu'un commun désespoir, traînant deux bouches à feu, le suivent à l'attaque du faubourg jusqu'au delà de l'église de Balan. Le général Lebrun avait paru à quatre heures et demie à la porte de Balan porteur d'un drapeau blanc. A la vue des soldats que le général de Wimpffen ramène, il jette son drapeau et se joint à lui. Mais quel résultat pouvait avoir leur tentative? Comment combler les vides qui se faisaient à chaque instant dans leurs rangs? Le général de Wimpffen comprit l'inutilité de la lutte, et il donna l'ordre de rentrer à Sedan.

La résolution de s'ouvrir un passage par Balan a été taxée de folie ; peut-être était-il trop tard pour l'exécuter, mais le résultat que le général de Wimpffen avait obtenu à la tête de deux mille hommes seulement prouve qu'il en eût pu être autrement si la trouée eût été tentée quelques heures plutôt, et avec des forces plus considérables. D'ailleurs, tout acte d'héroïsme n'est-il pas une espèce de folie. Il y a, dit-on, une folie de la croix, pourquoi n'y aurait-il pas la folie de l'épée? Cambronne et d'autres avant lui ne l'ont-ils pas eue? Un accès de cette folie eût peut-être sauvé l'Empereur : « Napoléon III mar-
» chant à la tête des débris de l'armée, mort en combat-

» tant après avoir vu succomber autour de lui soldats, gé-
» néraux et officiers de sa cour, léguait une page glorieuse
» à son fils, et sauvait peut-être son héritage. Bazaine à
» Metz aurait trouvé une autre solution que celle de capi-
» tuler, bien des villes auraient autrement envisagé les
» misères d'un siége, et la France entière aurait autrement
» répondu à l'appel aux armes (1). »

L'armée française refoulée, le désastre fut complet. Tous ceux qui étaient dans le cercle y restèrent. Quelques escadrons envoyés le matin en reconnaissance dans les bois de la Chapelle, parvinrent à regagner Mézières en longeant la frontière belge, mais personne ne perça de vive force. Le commandant d'Alencourt tenta vers trois heures et demie une sortie avec ses cuirassiers. L'escadron s'élançant au galop, de la porte de Mézières, au milieu d'une pluie de balles, vint se briser à la hauteur de Floing, devant une barricade de chariots derrière laquelle les Prussiens fusillaient les assaillants à bout portant. Ces braves cavaliers furent les dernières victimes de cette journée qui fera maudire éternellement, par tout ce qui porte un cœur français, le nom de Napoléon III.

Le général de Wimpffen, convaincu que l'Empereur avait empiété sur son commandement en donnant l'ordre d'arborer le drapeau blanc, lui adressa en arrivant à Sedan une lettre contenant sa démission : « Général, lui répondit
» Napoléon III, vous ne pouvez songer à donner votre dé-
» mission quand il s'agit de sauver l'armée par une hono-
» rable capitulation. Je n'accepte donc pas votre démission.
» Vous avez fait votre devoir pendant toute la journée,
» faites-le encore. C'est un service que vous rendez au pays.

---

(1) Sedan, par le général de Wimpffen.

» Le roi de Prusse a accepté l'armistice et j'attends ses pro-
» positions. Croyez à mon amitié. »

Le général de Wimpffen après avoir hésité longtemps entre la douleur de signer une capitulation qui, en bonne justice, n'aurait dû porter que la signature de celui qui l'avait ordonnée, et le désir de s'associer jusqu'au dernier moment à la destinée de cette armée si brave et si malheureuse qu'il avait commandée un moment, retira sa démission ; il se rendit à huit heures du soir chez l'Empereur où l'on observait encore scrupuleusement l'étiquette des Tuileries, et où on lui fit faire antichambre assez longtemps pour que, perdant patience, il se vit obligé de menacer de se retirer. La porte du cabinet s'ouvrit enfin ; l'Empereur était en conférence avec le général Castelnau, le général Ducrot et d'autres généraux et aides de camp. Le général Ducrot adressa en sortant quelques mots assez vifs au général de Wimpffen sur le commandement en chef qu'il lui avait enlevé le matin ; le général de Wimpffen lui répondit sur le même ton. L'Empereur termina leur colloque en remettant à ce dernier la lettre suivante pour l'accréditer auprès du roi de Prusse :

« L'empereur Napoléon III ayant donné le commandement en chef au général de Wimpffen, à cause de la blessure du maréchal de Mac-Mahon, qui l'empêchait de remplir son commandement, le général de Wimpffen a tous les pouvoirs pour traiter des conditions à faire à l'armée que le roi reconnaît avoir vaillamment combattu.

» NAPOLÉON. »

Le général de Wimpffen était, une heure après, en présence du comte de Bismarck et de M. de Moltke. « L'armée déposera les armes et sera prisonnière de guerre. » Voilà la capitulation qu'on lui offrait.

Le général de Wimpffen, plus ému qu'il ne voulait le

paraître, répondit, en se maîtrisant, que l'armée française n'en était pas réduite à accepter de telles conditions, et que plutôt que de s'y soumettre il tenterait une lutte suprême. M. de Moltke, entrant dans des détails malheureusement trop exacts sur la situation désespérée de l'armée française et sur l'impossibilité où elle était de résister plus longtemps, offrit au général de Wimpffen de lui faire visiter les positions de l'armée allemande et de ses batteries prêtes à écraser l'ennemi.

Vainement le général de Wimpffen invoqua les capitulations accordées à Mayence et à Gênes aux Français, et à Ulm aux Autrichiens, où l'engagement pris par les officiers et par les soldats de ne plus servir pendant la durée de la guerre avait paru une garantie suffisante au vainqueur ; vainement demanda-t-il qu'un pareil engagement fût accepté de l'armée française, le comte de Bismarck repoussa cet exemple tout en convenant de la valeureuse conduite d'une armée qui avait combattu au nombre de 70 000 hommes contre 220 000. « Nous rendons justice, ajouta-t-il, au commandant énergique et aux braves soldats qui ont prolongé la lutte durant presque une journée. Mais c'est la France qui a déclaré la guerre, et c'est l'Allemagne qui désire le plus vivement le prompt rétablissement de la paix ; nous ne devons donc négliger aucun moyen de diminuer la durée de la lutte, et l'un des plus efficaces est de priver la France d'une armée importante par elle-même, plus importante encore par les éléments qui la composent, et qui sont aptes à fournir des cadres et des armées nouvelles. » Le général de Wimpffen revint à la charge. « Peut-être, reprit M. de Bismarck, aurions-nous pu discuter sur d'autres bases si vous aviez un gouvernement durable et solide, mais vous ne l'avez pas, et le

» gouvernement succédant à l'Empire pourrait bien ne
» pas ratifier l'engagement que vous demandez à prendre
» en échange d'un meilleur traitement. Nous sommes dis-
» posés cependant à nous en rapporter à la parole des offi-
» ciers français; quant aux soldats, c'est différent. Nous
» éviterons, du reste, ce qui pourrait blesser vos troupes;
» elles déposeront les armes dans des magasins où nous
» les ferons prendre, et vous n'aurez à vous soumettre à
» aucune des cérémonies d'usage en sortant de Sedan. »

La conversation se portait, par échappées, sur des questions plus générales; M. de Bismarck ne pouvait s'empêcher de pousser des pointes çà et là, tantôt sur la jalousie de la France qui, disait-il, n'avait pas pardonné Sadowa à la Prusse, tantôt sur sa ténacité à vouloir la guerre. La Prusse, ajouta-t-il négligemment, exigera 4 milliards comme indemnité de guerre et la cession de l'Alsace et de la Lorraine comme nécessaire à la sécurité de l'Allemagne.

Il fallait pourtant en revenir à la capitulation. Le général de Wimpffen déclara qu'il ne pouvait se résoudre à l'accepter avant d'en avoir communiqué les conditions aux généraux de l'armée qu'il avait un moment commandée en chef. Il demanda jusqu'au lendemain neuf heures du matin pour faire connaître leur décision. M. de Bismarck accorda ce délai, malgré M. de Moltke qui insistait pour recommencer le bombardement au point du jour.

Le général de Wimpffen, de retour chez l'Empereur à une heure du matin, le trouva couché; il lui fit part du douloureux résultat de sa mission, en ajoutant que seul, il pourrait peut-être obtenir de meilleures conditions. — Général, lui répondit Napoléon III, je partirai à cinq heures du matin pour le quartier général allemand, et j'espère, comme vous, que le roi de Prusse nous sera plus favorable. Espérance mal fondée, car l'état-major allemand ne doutant pas que les Français ne finissent par accepter les conditions de la capitulation, en avait formulé d'avance le texte.

Le lendemain 2 septembre, à neuf heures du matin, une calèche à la Daumont, entourée d'officiers caracolant à la portière, dans laquelle se trouvait un homme en costume de général fumant sa cigarette et trois autres officiers généraux, traversait lentement les rues de Sedan encombrées de morts et de blessés. Cet homme c'était l'empereur des Français Napoléon III qui allait à Donchery se constituer prisonnier au quartier général du roi de Prusse. Désireux de voir auparavant M. de Bismarck, il avait chargé le général Reille de le prévenir de sa visite, M. de Bismarck se rendit au-devant de lui jusqu'à Fresnois où il le rencontra et lui demanda respectueusement ses ordres. L'Empereur exprima le désir de voir le roi de Prusse qu'il croyait être à Donchery, tandis que son quartier général était à deux lieues de là au village de Vendresse. Il s'informa ensuite du lieu où l'on avait décidé qu'il devait se rendre. M. de Bismarck l'ignorait. Il offrit au prisonnier la maison qu'il occupait à Donchery; l'Empereur préféra s'arrêter dans une maison située sur la route. C'est dans une chambre meublée d'une table et de deux chaises que l'entretien s'engagea entre Napoléon III et M. de Bismarck qui refusa de traiter la question toute militaire de la capitulation; il ne pouvait être question entre Napoléon III et lui que de négociations de paix. L'Empereur était-il disposé à les entamer? Il répondit qu'il ne le pouvait pas étant prisonnier, et que ce soin regardait les pouvoirs publics représentés en France par le gouvernement siégeant à Paris. La situation ne pouvant plus dès lors être envisagée qu'au point de vue militaire, M. de Bismarck n'hésita pas à constater la nécessité qui en résultait pour les Allemands de se saisir d'un gage consolidant les résultats acquis. C'était annoncer d'avance l'annexion de l'Alsace et de la Lorraine. Quant à concéder à l'armée française des conditions de capitulation plus favorables que celles qui lui avaient été fixées, il n'y fallait pas songer.

L'entretien n'avait dès lors plus d'objet; l'Empereur et M. de Bismarck sortirent de la maison. Napoléon III s'assit devant la porte en fumant. Le général de Moltke vint bientôt les rejoindre. L'Empereur lui demanda ensuite s'il ne serait pas possible de permettre à l'armée française d'entrer en Belgique où elle serait désarmée et internée. Le chef d'état-major de l'armée allemande répondit par un refus. L'Empereur se rejeta de nouveau sur M. de Bismarck qui refusa plus que jamais de se placer sur le terrain militaire. Comme il gardait le silence sur la politique, Napoléon III n'y fit allusion que « pour déplorer le » malheur de la guerre, et pour déclarer que lui-même » ne l'avait pas voulue, mais qu'il y avait été forcé par la » pression de l'opinion publique en France (1) ».

M. de Bismarck apprenant d'un officier d'état-major que le château de Bellevue, près de Fresnois, était approprié pour recevoir l'Empereur, il lui offrit de l'y accompagner immédiatement. Napoléon III accepta avec empressement cette offre ; il fit monter M. de Bismarck dans sa voiture et, escorté d'un escadron de cuirassiers de la garde royale de Prusse, il prit le chemin du château de Bellevue où ses bagages étaient déjà arrivés.

Pendant ce temps là, un conseil de guerre composé du

---

(1) Lettre de M. de Bismarck au roi de Prusse. (Donchery, 2 septembre 1870.)

général en chef, des généraux commandant les corps et les divisions, des généraux en chef de l'artillerie et du génie, se tenait le 2 septembre à six heures du matin à la sous-préfecture de Sedan. Le général de Wimpffen prit le premier la parole : « D'après les ordres de l'Empereur, et
» comme conséquence de l'armistice intervenu entre les
» deux armées, j'ai dû me rendre auprès de M. le comte de
» Moltke, chargé des pleins pouvoirs du roi de Prusse
» dans le but d'obtenir les meilleures conditions possibles
» pour l'armée refoulée dans la place après une bataille
» malheureuse. Dès les premiers mots de notre entretien,
» j'ai reconnu malheureusement que le comte de Moltke
» avait une connaissance parfaite de notre situation, et
» qu'il savait très-bien que l'armée manquait absolument
» de vivres et de munitions. M. de Moltke m'a fait con-
» naître que dans la journée d'hier nous avions combattu
» une armée de 220 000 hommes qui nous entourait de
» toutes parts.

» — Général, m'a-t-il dit, nous sommes disposés à faire
» à votre armée qui s'est si vaillamment battue aujourd'hui
» les conditions les plus honorables ; toutefois, il faut que
» ces conditions soient compatibles avec les exigences de la
» politique de notre gouvernement. Nous demandons que
» l'armée française capitule : les officiers conserveront leur
» épée et leurs propriétés personnelles ; les armes de la
» troupe seront déposées dans un magasin de la ville pour
» nous être livrées. »

Le général en chef demanda ensuite aux membres du conseil si la lutte leur semblait encore possible. Tous dirent que non, à l'exception des généraux Pellé et de Bellemarre qui soutinrent que l'on devait se défendre dans la place ou chercher à en sortir de vive force ; mais quand on leur eut énuméré les obstacles qui s'opposaient à une nouvelle tentative de sortie : manque de vivres et de munitions; entassement des hommes et des voitures rendant la circulation et le débouché impossibles ; carnage certain et inutile, l'ennemi occupant déjà les barrières de la place et tenant ses canons braqués sur les routes qui y mènent, les deux généraux opposants finirent par se rendre à l'avis de la majorité.

Le conseil déclara donc qu'en présence de l'impuissance matérielle de prolonger la lutte, il était forcé d'accepter les conditions imposées, tout sursis pouvant les rendre plus douloureuses encore. La déclaration fut signée par les généraux de Wimpffen, Ducrot, Forgeot, Lebrun, F. Douay, Ch. Dejean.

Le général de Wimpffen se rendit à cheval à dix heures au quartier général prussien où il vit arriver l'Empereur et sa suite.

« — Sire, lui dit-il en le saluant, qu'avez-vous obtenu?
— Rien, je n'ai pas encore vu le roi. »

Le général de Moltke, après son refus d'autoriser l'internement de l'armée française en Belgique, s'était mis en route pour Vendresse afin d'instruire le roi de l'état des négociations. Il le rencontra à mi-chemin, entre Vendresse et Donchery, vers neuf heures du matin. Guillaume Ier dit à son chef d'état-major qu'il ratifiait les conditions de la capitulation, qu'il n'y changerait rien, et qu'il ne verrait pas l'Empereur avant qu'elles ne fusssent acceptées.

Le général de Wimpffen reprenait pendant ce temps-là les pourparlers de la veille, avec le général de Podbielski, en l'absence du général de Moltke. La capitulation fut signée à onze heures dans une salle du château de Bellevue à Fresnois. Le général de Wimpffen, après avoir accompli cet acte douloureux, passa dans l'appartement de l'Empereur, et lui apprit d'une voix tremblante d'émotion que tout était terminé. Napoléon III lui pressa la main et l'embrassa en laissant tomber quelques larmes.

Le général Castelnau négociait dans l'intérêt personnel de l'Empereur, au moment où le général de Wimpffen stipulait pour l'armée. La veille, Napoléon III avait fait remettre par le comte de Reille ce billet au roi de Prusse :

« Monsieur mon frère,
» N'ayant pas pu mourir à la tête de mes troupes, il ne me reste plus qu'à remettre mon épée entre les mains de Votre Majesté.
» Je suis de Votre Majesté le bon frère.

» NAPOLÉON. »

L'histoire, si elle doit le respect aux vaincus, n'est point tenue de se prêter à leurs mensonges. L'Empereur, ne s'était pas mis un seul instant à la tête des troupes, soit pour combattre, soit pour mourir. Quand on cherche la mort on la trouve. Les Prussiens savaient bien qu'il s'était borné à traverser rapidement un coin du champ de bataille. Ce billet mensonger, triste et pompeux étalage d'un héroïsme de commande, ne pouvait que diminuer l'intérêt qu'une grande infortune inspire toujours au vainqueur le moins accessible à la générosité ; aussi la réponse du roi de Prusse fut-elle froide et hautaine. Le général Castelnau obtint cependant que les bagages et les fourgons de l'Empereur fussent respectés. Ils le suivirent au château de Willhemshöhe où il fut conduit prisonnier, tandis que les généraux s'enfuyaient sous divers déguisements. Le lendemain de cette débandade, c'est-à-dire le 4 septembre, l'armée française fut conduite dans la presqu'île de Glaire entourée par la boucle de la Meuse et fermée à sa gorge par le canal. Elle y attendit pendant huit jours, sous la pluie et dans la boue, l'heure du départ pour la Prusse. La bataille avait coûté à cette dernière 460 officiers et 8500 morts ou blessés. La France perdit en tout 124 000 hommes, dont 3000 morts, 14 000 blessés, 21 000 hommes faits prisonniers pendant la bataille, 83 000 réduits au même sort en vertu de la capitulation, et 3000 hommes désarmés en Belgique. Elle laissa de plus aux mains de l'ennemi, 1 aigle, 2 drapeaux, 417 pièces d'artillerie de campagne y compris les mitrailleuses, 136 pièces d'artillerie de siége, 1072 équipages de tout genre, 66 000 fusils, 6000 chevaux, et ce n'était là ni le dernier ni le plus grand désastre que les hommes de l'Empire eussent à infliger à la France ; après Sedan, allait venir Metz.

CHAPITRE XII

1870

CHUTE DE M. ÉMILE OLLIVIER

Sommaire. — L'Impératrice et M. Émile Ollivier considèrent comme une imprudence la convocation des Chambres. — La majorité du ministère les contraint à prendre cette mesure. — Réunion des députés au Palais-Bourbon. — Visite des membres du centre gauche à l'Impératrice. — Ils lui demandent la nomination du général Trochu au ministère de la guerre, et du général de Palikao au commandement de l'armée destinée à couvrir Paris. — Refus de l'Impératrice de se rendre au premier de ces vœux. — Le maréchal Baraguey-d'Hilliers est nommé gouverneur de Paris. — Ouverture de la session. — Tentative peu sérieuse d'invasion du Corps législatif. — Déclaration du ministère. — M. E. Ollivier pose la question de confiance. — Il est renversé par l'adoption d'un amendement de M. Clément Duvernois. — Proposition de M. Latour-du-Moulin. — Propositions de M. Jules Favre concernant l'armement de la garde nationale et la formation d'un comité de défense. — Menace de M. Granier de Cassagnac à l'adresse des députés qui ont voté pour le comité de défense. — Le nouveau cabinet. — M. de Kératry propose la formation d'une commission devant laquelle comparaîtrait le maréchal Le Bœuf. — M. Thiers s'y oppose. — Le commandement est enlevé par la Chambre à l'Empereur. — Récriminations et injures secrètes de la droite contre lui. — Le gouvernement laisse la Chambre sans nouvelles du théâtre de la guerre. — Combat de Borny. — Bataille de Rezonville. — Informations favorables. — Démenti. — L'armée de Châlons et l'armée du Rhin restent séparées. — M. de Kératry propose d'adjoindre sept membres de la Chambre au comité de défense. — Le général de Palikao, ministre de la guerre, s'y oppose.

La France, quoi qu'en eût dit l'Empereur à M. de Bismarck, l'avait si peu poussé à faire la guerre, que les premiers revers de l'armée la jetèrent tout de suite dans une sorte de panique. On cherchait partout des motifs de se rassurer, même dans le Corps législatif dont la convocation immédiate était ardemment souhaitée. L'Impératrice et M. E. Ollivier, malgré la gravité des événements, jugeaient cette convocation inutile et imprudente. Les collègues du garde des sceaux, MM. Segris, Plichon et Mége lui forcèrent la main par la menace de donner leur démission. Le Corps législatif fut donc convoqué pour le 9 août en session extraordinaire.

Les députés se hâtèrent d'arriver et déjà le dimanche 7 août, ils se trouvèrent réunis dans la salle des conférences du Palais-Bourbon au nombre d'une centaine environ appartenant au centre gauche, au centre droit, et à la droite. La gravité de la situation ne permettait pas de perdre le temps en conversations particulières. Ils passèrent donc dans un des bureaux de la Chambre pour délibérer, sous la présidence de M. Jules Brame, relativement aux mesures que les circonstances commandaient de prendre. Ils commencèrent par choisir des délégués qui demanderaient une audience à l'Impératrice pour lui exposer les vœux de la réunion : renvoi du ministère Ollivier, formation d'un cabinet dans lequel le général Trochu serait ministre de la guerre, nomination du général Cousin-Montauban comte de Palikao au commandement de l'armée chargée de couvrir Paris.

Il y a des moments où la popularité s'improvise. Le public se souvint à la nouvelle de nos premiers désastres d'un livre publié trois ans auparavant par le général Trochu, intitulé : *L'armée française en* 1867. L'affaiblissement de nos institutions militaires y était signalé en même temps que ses causes. L'entourage militaire de l'Empereur se moqua fort de cet ouvrage important que l'Empereur lui-même appelait dédaigneusement : « La brochure du sieur Trochu. » La guerre venue, il fallut pourtant employer l'auteur ; ballotté d'un poste à l'autre, du commandement d'une armée d'observation au pied des Pyrénées, à celui de l'expédition dans la Baltique, le général Trochu s'usait dans ces fonctions illusoires qui prouvaient le désir qu'on avait de ne pas se servir de lui, tout en paraissant chercher à l'utiliser. Les événements finirent par donner tellement raison à ses prévisions que son nom se trouva en un instant dans toutes les bouches, et que le gouvernement fut mis en demeure par l'opinion publique de lui faire jouer un rôle militaire sérieux.

La pensée d'appeler le général Trochu au ministère n'était pas venue uniquement aux membres de la réunion du 7; M. E. Ollivier prévoyant le vœu de la Chambre, et voulant le devancer avait télégraphié le même jour à l'Empereur : « Dejean (intérimaire du maréchal Le Bœuf)
» n'inspire confiance à personne. Il est probable, si nous
» ne prenons pas l'initiative de son renvoi, que la Chambre
» le renverra. Je demande à Votre Majesté de m'autoriser
» à signer en son nom le décret qui nomme Trochu. L'effet
» d'opinion sera infaillible. »

M. E. Ollivier n'avait sans doute pas consulté l'Impératrice avant d'écrire cette dépêche, car, dans l'audience qu'elle accorda vers les dix heures du soir, à la fin du conseil des ministres, aux délégués de la réunion tenue le 7 au Corps législatif, MM. Jules Brame, de Dalmas, Dupuy de Lôme, Josseau et Dugué de la Fauconnerie, elle déclara que tout changement de cabinet lui paraissait trop susceptible de jeter des inquiétudes dangereuses dans les esprits, pour qu'on pût y songer. Elle avait, d'ailleurs, dit-elle, chargé des amis du général Trochu de lui faire des ouvertures pour le ministère de la guerre, mais il mettait à son consentement une condition qui était d'inaugurer son administration par un discours à la Chambre dans lequel il dévoilerait toutes les fautes commises depuis 1866. Pareille prétention pouvait-elle être acceptée ? non sans doute, aussi n'avait-elle pas été le moins du monde formulée. Le général Trochu s'était borné à faire remarquer à ceux qui lui proposaient le portefeuille de la guerre que, forcé, pour ne pas se donner un démenti, d'expliquer nos malheurs par les fautes du gouvernement, il nuirait au ministère au lieu de le servir, et ne retarderait pas sa chute d'une minute.

Les délégués insistèrent auprès de l'Impératrice pour qu'elle vît elle-même le général Trochu dont le patriotisme était, selon eux, trop connu pour qu'il persistât dans une décision comme celle qu'on lui prêtait. L'Impératrice répondit qu'elle savait de bonne source que la résolution du général Trochu était immuable, et qu'on n'avait pas de temps à perdre en conférences inutiles. Les délégués quittèrent alors la régente en lui faisant remarquer qu'ils représentaient cent membres de diverses nuances du parti conservateur, et en l'engageant à réfléchir sur les conséquences d'une démarche aussi grave que celle qu'ils faisaient auprès d'elle. L'Impératrice avait du reste laissé entrevoir aux députés quel était celui auquel elle destinait le portefeuille de la guerre, en leur annonçant qu'elle venait de mander à Paris le général de Palikao pourvu du grand commandement de Lyon.

Le Corps législatif intervenait donc déjà dans le gouvernement et se mêlait de désigner les ministres à la couronne. Il entra deux jours après en session au milieu d'une émotion très-vive au dehors comme au dedans. Le maréchal Baraguey-d'Hilliers, nommé gouverneur de Paris en vertu de la loi sur l'état de siége, avait pris en personne le commandement des troupes qui protégeaient le Palais-Bourbon et qui en éloignaient la foule composée de curieux, d'ouvriers, de gardes nationaux sans armes. Les cris : à bas le ministère ! des armes pour la garde nationale ! s'élevaient à chaque instant du milieu des groupes. Des tentatives, malgré la vigilance des troupes, des sergents de ville et des gardiens du Corps législatif, eurent lieu pour escalader les grilles. Le petit jardin attenant au Palais-Bourbon du côté du quai fut même un instant menacé d'une invasion. Le peuple finit pourtant par se retirer sur les instances d'un député, M. Jules Ferry.

La lecture par M. E. Ollivier d'une déclaration délibérée en conseil ouvrit la séance et fut écoutée dans un morne silence ; à cette phrase : « La plus grande partie de notre » armée n'a été ni vaincue, ni même engagée ; celle qui » a été repoussée ne l'a été que par des forces quatre ou » cinq fois plus considérables, et elle a déployé dans le » combat un héroïsme sublime, » les députés debout éclatèrent en applaudissements et en acclamations trois fois renouvelés. « Oui, s'écria M. Guyot-Montpayroux, des lions conduits par des ânes ». Un autre membre : « L'armée a été héroïque, mais elle a été compromise. » M. Jules Favre : « Par l'impéritie de son chef. »

M. le garde des sceaux, dans un discours emphatique et timide à la fois, posa en termes des plus maladroits la question de confiance : « Qu'on nous accuse ! nous ne sommes » pas vaincus, grâce au ciel, mais nous paraissons l'être. » qu'on doute de notre capacité à soutenir le poids des » événements, qu'on accumule les reproches, nous ne » répondrons que lorsqu'il s'agira de soutenir les me-» sures que nous croyons bonnes, et de combattre » celles que nous jugeons mauvaises, et si la Chambre » ne se place pas derrière nous... » Les exclamations et les protestations de la gauche, le silence glacial de la droite à l'audition de ces paroles empreintes d'un sentiment d'incorrigible fatuité, révélèrent au garde des sceaux combien peu le Corps législatif était disposé à le suivre.

M. E. Ollivier vient de terminer son discours. M. Latour-du-Moulin, un de ses plus ardents amis d'autrefois, dépose la proposition suivante : « Les députés soussignés deman- » dent que la présidence du conseil des ministres soit confiée » au général Trochu, qu'il soit chargé de composer un » cabinet » *signé :* Latour-du-Moulin, Carré-Kerisouet, Lefèvre-Pontalis, de la Monneraye, de Dalmas, G. Fould, marquis de Grammont, Tassin, de Guiraud, d'Yvoire, Mangini, Keller, d'Andelarre, Malézieux. Que devenait la Constitution après une proposition semblable ? L'Empire était menacé, non par une révolution de la rue, mais par une révolution parlementaire. Le Corps législatif le confisquait pour ainsi dire, en le plaçant sous sa tutelle.

M. Latour-du-Moulin s'abstenant de développer sa proposition, la Chambre incertaine et indécise se livre à des colloques animés. Le silence se rétablit lorsque le ministre de la guerre donne lecture d'un projet de loi appelant sous les drapeaux tous les militaires célibataires n'ayant pas atteint l'âge de trente ans. L'urgence est votée, la Chambre va passer dans ses bureaux. M. Jules Favre contrairement au règlement obtient du président l'autorisation de soumettre deux propositions à la Chambre, l'une ayant trait à l'armement immédiat de la garde nationale de Paris, l'autre à la formation d'un comité exécutif de quinze membres choisi dans le Corps législatif, et investi des pleins pouvoirs du gouvernement pour repousser l'invasion. La haine des bonapartistes contre Paris leur fait repousser la première proposition avec colère. M. Jules Favre l'étend à toutes les gardes nationales de France. Elle ne pouvait être rejetée sous cette forme. Quant à sa seconde proposition,

il l'appuie sur la nécessité de repousser l'invasion. « Elle ne
» peut pas l'être par les hommes qui siègent sur ces bancs
» (il montre les bancs des ministres), qui ont déjà perdu
» deux provinces et qui, grâce à leur ineptie, perdraient le
» reste ! L'heure des ménagements est passée, continue-t-il,
» avec la même âpreté patriotique, nos revers sont le ré-
» sultat des fautes du commandement, il faut qu'il change
» de mains. » La gauche applaudit, la droite proteste.
M. Pinard veut parler, M. Granier de Cassagnac l'interrompt
et s'empare de la parole. « La proposition de M. Jules Favre,
» s'écrie-t-il, est le signal d'une révolution, celui qui l'a
» proposée et ceux qui l'applaudissent mériteraient d'être
» traduits ce soir même devant un conseil de guerre. »

L'émotion sur les bancs de l'opposition est à son comble
à cette menace empruntée aux souvenirs du terrorisme de
Décembre. Vainement demande-t-elle le rappel à l'ordre
de M. Granier de Cassagnac, le président refuse de le
prononcer. M. le duc de Gramont qui se prélasse encore au
banc des ministres rit en regardant la gauche; MM. Estancelin, Jules Ferry et autres accourent vers lui : Pourquoi
riez-vous lui demandent-ils, votre rire semble une injure
pour nous. Les ministres se lèvent, quelques membres
de la droite se joignent à eux, les membres de la gauche
échangent des paroles irritées avec leurs collègues de la
majorité. Le président se couvre, le silence finit par se
rétablir.

M. Granier de Cassagnac en réalité conseillait au gouvernement de tenter un coup d'État contre l'Assemblée.
Le succès en était plus que douteux. L'Empire venait de
recevoir un coup terrible par la présentation seule de la
proposition de M. Jules Favre qui avait obtenu 53 voix au
scrutin, c'est-à-dire un chiffre de votes double de celui

que la gauche eût jamais réuni dans les circonstances les plus favorables. Les événements ont donc marché terriblement vite. Combien de temps s'est-il écoulé depuis le jour où cette majorité issue des candidatures officielles fermait la bouche aux orateurs de l'opposition, et déclarait la guerre sans phrase? Un mois à peine, et une des plus belles armées que la France ait jamais mises aux mains d'un homme est battue, l'étranger foule le sol de la patrie, et l'extrême droite par la bouche de M. Jérôme David avoue aujourd'hui que la principale cause de nos désastres est que la Prusse était prête et que la France ne l'était pas. Cet aveu n'est-il pas la condamnation la plus formelle du ministère et du gouvernement? L'adoption de la proposition de M. Jules Favre, dont personne ne pouvait méconnaître l'opportunité, aurait peut-être donné un autre cours aux événements, c'eût été le gouvernement de la défense nationale institué par la Chambre; la majorité ne fut pas assez sage pour s'y résoudre. Le comité exécutif réunit 53 voix en sa faveur contre 190. « Vous y viendrez ! » s'écria M. Gambetta, « et il sera trop tard, » reprend M. Jules Favre.

M. Thiers vota avec la gauche. « La proposition de
» M. Jules Favre n'était pas plus inconstitutionnelle que
» celle de M. Latour-du-Moulin; elle était plus révolution-
» naire. Le Corps législatif en adoptant le projet de M. La-
» tour-du-Moulin aurait mis l'Empereur en tutelle, en adop-
» tant celui de M. Jules Favre, il l'aurait suspendu jusqu'à
» la paix. De la suspension à la déchéance, il n'y avait qu'un
» pas (1). » M. Granier de Cassagnac ne s'y trompa point.

La Chambre, après cet incident, examine dans ses bureaux les propositions du ministre de la guerre. Le public

(1) *Souvenirs du 4 septembre*, par Jules Simon.

des tribunes descend dans l'avant-cour, des députés l'y joignent et annoncent, les uns que le général Trochu est chargé de composer un cabinet, les autres que cette mission est confiée au général de Palikao. A l'extérieur, la foule est tenue à distance par la troupe qui fait évacuer le pont de la Concorde. La séance est reprise à cinq heures et demie. Deux ordres du jour motivés sont en présence, l'un de M. Latour-du-Moulin, l'autre de M. Clément Duvernois. « La Chambre, décidée à soutenir un cabinet capable d'or-» ganiser la défense nationale, passe à l'ordre du jour. » On va aux voix, la droite et le centre se lèvent en masse pour cet ordre du jour que le ministre a déclaré ne pas accepter. Une dizaine de députés groupés autour de M. Napoléon Daru se lèvent seuls contre lui. Le cabinet du 2 janvier a vécu.

M. E. Ollivier demande que la séance soit suspendue pendant une demi-heure, et il se rend aux Tuileries. Bientôt de retour, il monte à la tribune pour annoncer que le général de Palikao est chargé de former un cabinet, auquel, ajoute-t-il, au milieu des sourires de la Chambre, « mon appui est assuré ». Ceci dit, il revient, la tête un peu basse, reprendre son ancienne place à son banc sur lequel il se laisse retomber; personne ne s'en approche pour lui serrer la main.

Jamais homme politique n'arriva sous de plus brillants auspices au pouvoir que M. E. Ollivier, n'eut plus de liberté pour l'exercer, et n'en fit un si mince usage. Fils d'un républicain conspirateur sous les Bourbons des deux branches, et proscrit après le coup d'État, nommé à vingt ns par Ledru-Rollin commissaire de la République dans un rand département, envoyé en 1857 au Corps législatif par es électeurs républicains de Paris, il semblait comme le fils 'adoption de la République.

Sa conversion au bonapartisme, opérée par M. de Morny, en parut d'autant plus coupable; son noviciat, les épreuves auxquelles on soumit sa ferveur en firent un homme d'État néophyte et apôtre.

Vingt ans s'étaient écoulés depuis le coup d'État, les uns l'avaient oublié, les autres cherchaient un prétexte pour l'oublier; M. E. Ollivier et l'Empire libéral le leur fournirent. Les salons de l'hôtel de la place Vendôme, les jours de réception officielle, voyaient défiler devant le jeune garde des sceaux les noms les plus illustres du régime parlementaire. M. Guizot et M. Odilon Barrot consentirent à figurer dans ces commissions d'apparat par lesquelles M. E. Ollivier déguisait pompeusement le vide de sa politique. Nommé d'enthousiasme à l'Académie, encensé par la presse officieuse, idole des chroniqueurs, M. E. Ollivier présidait à la direction du gouvernement comme Jupiter à celle de l'Olympe, mais comme un Jupiter de parade dont le sourcil ne faisait trembler personne.

Chargé d'opérer la transformation de l'Empire et de réformer le gouvernement, il parlait plus qu'il n'agissait, et ses actes démentaient sans cesse ses discours. Sa parole facile et élégante n'avait rien de la gravité ministérielle; il lui manquait de cette autorité que le caractère communique toujours au talent. Son asservissement à la cour était visible, et paraissait la condition et le prix de la position où il était élevé. Jouant le rôle de ministre principal sans l'être, gardant l'apparence et l'éclat du pouvoir sans en avoir la réalité, n'influant en rien sur la politique extérieure la plus importante en ce moment, il n'était que le ministre de l'illusion et de l'impuissance. Les affaires allemandes s'étaient traitées en dehors de lui, et il ne s'y était mêlé que pour consentir à une guerre contre laquelle il avait montré une si vive répugnance, et pour l'accepter d' « un cœur léger ». L'impression produite sur la Chambre elle-même, et bientôt sur le pays, par cette déclaration, est encore vivante dans la mémoire de tous. Bien d'autres expressions malheureuses ont été pardonnées par l'histoire ou effacées par le temps; celle-ci pèse et pèsera toujours sur celui qui l'a prononcée, parce qu'elle est vraie et de tout point justifiée par les faits. M. E. Ollivier adoptant dans la question de paix ou de guerre la solution qui lui semblait la plus propre à le consolider au pouvoir, et se jetant dans la guerre, sans l'approuver comme citoyen, sans s'être assuré, comme ministre, qu'on était prêt à la soutenir, faisait preuve d'une légèreté de cœur et d'esprit malheureusement trop conforme aux mots dont il s'était servi à la tribune.

Le général de Palikao, dont le nom avait été accueilli la veille par les applaudissements de la droite, fit connaître le lendemain, 10 août, les hommes auxquels il avait confié des portefeuilles : M. Chevreau à l'intérieur; M. Magne aux finances; M. le prince de la Tour-d'Auvergne aux affaires étrangères; M. Rigault de Genouilly à la marine; M. Jérôme David aux travaux publics; M. Clément Duvernois au commerce et à l'agriculture; M. Busson-Billault à la présidence du Conseil d'État; M. Grandperret à la justice; M. Jules Brame à l'instruction publique et aux beaux-arts. Le ministère spécial des beaux-arts était supprimé.

Le nouveau ministère qui s'intitulait : Ministère de la défense nationale, n'était en réalité qu'un ministère de dévouement personnel. Le général de Montauban, comte de Palikao, passait pour un émule de Saint-Arnaud, c'est-à-dire pour un soldat intelligent et sans scrupule. Commandant en chef de l'expédition de Pékin, le pillage du Palais d'hiver de l'empereur de la Chine lui avait fait refuser par la Chambre une dotation demandée par l'Empereur. M. Chevreau, préfet de la Seine, et M. Jérôme David tiraient, pour ainsi dire, tout leur être du gouvernement; M. Jérôme David touchait même une subvention mensuelle de mille écus sur la cassette impériale : M. Clément Duvernois, favori et agent personnel de Napoléon III, lui devait sa fortune rapide; M. Busson-Billault n'avait d'autre titre à la confiance du pays que celui d'être gendre de M. Billault, transfuge de l'opinion libérale, devenu l'un des premiers instruments du despotisme césarien. M. Magne, complice des procédés financiers de ce règne, avait occupé dans le conseil privé une place qui ne se donnait qu'au dévouement le plus absolu. Le vieil Empire renaissait donc des ruines mêmes de l'Empire.

La régente ayant fait sonner bien haut l'intention formelle de ne point quitter la capitale, les ministres des affaires étrangères et de la justice organisèrent à Tours une délégation du pouvoir central autour de laquelle ils groupèrent tous les services des ministères et des assemblées, et qui devait pourvoir à toutes les nécessités du gouvernement et de l'administration dans le cas où les communications seraient interceptées entre Paris et le reste de la France, mesure sans doute nécessaire, mais moins urgente aux yeux de la France que celle de l'armement des citoyens; en effet, on demande des fusils de tous les côtés. Le général Ducrot, commandant à Strasbourg, voyant toutes les places dégarnies, écrit au ministre de la guerre qu'il serait facile de trouver des ressources dans la garde nationale mobile et dans la garde nationale sédentaire, mais qu'il n'a pas d'armes à leur donner. Les préfets de la région s'adressent, pour avoir des fusils, au directeur du dépôt d'artillerie de La Fère qui sollicite vainement des instructions du gouvernement. Les volontaires et la garde nationale sédentaire à Lyon réclament des armes au commandant ; doit-il leur en donner? il le demande le 9 août à Paris. Des fusils! des fusils! on n'entend partout que ce cri. Le gouvernement fait la sourde oreille, et les préfets lui demandaient ce qu'ils doivent répondre, sachant d'avance que cette réponse sera un refus conseillé ou non par eux, mais toujours bien reçu. M. Raspail avait raison de dire en parlant du gouvernement : « Il a plus peur de la garde nationale que des Prussiens. »

M. Forcade de la Roquette, au début de la séance du 10, lit au milieu de la plus grande attention son rapport sur l'augmentation des forces militaires dont les conclusions sont adoptées à l'unanimité ; un député propose de voter la déclaration : « L'armée a bien mérité de la patrie! » Elle n'avait jamais en effet mieux mérité que par ses défaites, cette récompense si souvent accordée à ses victoires. La France a toujours aimé ses armées, mais aucune ne lui restera plus chère que cette armée de 1870 vaincue par l'impéritie de ses chefs plus que par l'ennemi.

M. Estancelin propose à la Chambre de se déclarer en permanence, la droite trouve la mesure trop révolutionnaire. M. Girault (du Cher) demande, dans un amendement au projet de loi sur lequel M. Forcade de la Roquette vient de lire son rapport, de soumettre les élèves des séminaires et les membres de tous les établissements religieux sans restriction aux lois militaires comme les autres citoyens, et dans les mêmes proportions. Il va sans dire qu'il n'est pas pris en considération.

La Chambre ayant, le 9 août, voté l'urgence pour la loi sur l'armement de la garde nationale, la gauche voudrait discuter à fond la question le 10. Rien ne presse, à en croire le ministère et l'extrême droite. Le ministère à peine né va même jusqu'à poser à ce sujet la question de confiance. Plus l'opposition met d'insistance à demander l'armement, plus la majorité et le gouvernement déploient de lenteur à l'exécuter. Paris, à la veille d'être investi, est là, inquiet, impatient, prêt à s'emparer des armes qu'on lui refuse ; rien de plus simple que d'engager la discussion, quand ce ne serait que pour lui faire prendre patience ; MM. Buffet et Arago déclarent que dans une heure la commission pourrait lire son rapport. Le ministère persiste à demander le renvoi ; il l'emporte, mais soixante voix se prononcent contre lui ; le chiffre des minorités augmente à chaque vote : la proposition de M. Estancelin relative à la permanence de la Chambre n'est repoussée qu'après deux tours de scrutin.

Comment M. de Kératry a-t-il pu s'imaginer que la droite pourra consentir à voter sa proposition d'instituer d'urgence une commission d'enquête parlementaire devant laquelle on ferait immédiatement comparaître le maréchal Le Bœuf ? La droite ne fut pas du reste la seule à la combattre, M. Thiers s'éleva contre elle, mais à cause de son inopportunité, « qu'on ne conclue pas pour cela, dit-il, » que nous soyons indulgents à l'aveuglement qui nous a » valu la guerre ! oui, la préparation a été insuffisante, et » la direction profondément incapable ! » La droite, si insolente à l'égard de M. Thiers quelques semaines auparavant, écouta silencieuse et le front courbé cet arrêt de l'histoire.

Les paroles de M. Thiers retombaient de tout leur poids sur l'Empereur qui, comprenant l'impossibilité de rompre la solidarité qui le liait au maréchal Le Bœuf, se refusait, malgré les pressantes instances de sa femme, à se séparer de son major-général. L'Impératrice dut faire appel au dévouement personnel de ce dernier pour obtenir sa démission. La Chambre ne connaissant pas encore ces négociations intimes, la proposition de M. de Kératry fut pour la gauche une occasion toute naturelle de s'informer si le maréchal Le Bœuf était toujours en fonction. M. Guyot-Montpayroux pose nettement la question au ministre de la guerre : Le maréchal Le Bœuf est-il toujours major-général ? L'Empereur commande-t-il l'armée ? Une voix s'écrie : « Cela ne vous regarde pas ! » La droite applaudit, la gauche, qui a cru reconnaître la voix du général de Palikao, menace de quitter la salle. C'était une erreur. Le ministre de la guerre n'avait pas ouvert la bouche ; cependant, pressé par M. Guyot-Montpayroux de répondre oui ou non à ses questions, il déclare que le maréchal Le Bœuf s'est démis de ses fonctions de major-général, que l'Empereur a renoncé à toute fonction militaire, et que le maréchal Bazaine seul commande en chef l'armée. Ce fut un soulagement pour tous que d'apprendre ces nouvelles.

La séance du lendemain 12 fut plus calme que celle de la veille. La commission chargée d'examiner la proposition de M. Jules Favre relative à la formation d'un comité de défense déposa son rapport qui concluait au rejet par 8 voix contre 7. Le ministre de la guerre vint, pour confirmer ses paroles de la veille, donner connaissance à la Chambre de cette dépêche : « J'ai accepté la démission du maréchal Le Bœuf comme major-général » ; une froideur voisine du dédain accueillit cette communication ; la Chambre voulait être certaine aussi d'autre chose, et son irritation le fit bien voir lorsque, d'une insertion parue le 13 au *Journal officiel* et portant que le maréchal Bazaine était mis à la tête des 2ᵉ, 3ᵉ et 4ᵉ corps, on put conclure qu'il existait un autre commandement, car ces trois corps n'étaient certainement point toute l'armée de l'Est. Le ministre de la guerre fut obligé de monter à la tribune pour calmer les esprits.

« *M. le ministre de la guerre* : Messieurs, plusieurs d'entre vous ont semblé émus d'une insertion qui a paru ce matin au *Journal officiel*.

» Des termes de cette insertion il a paru résulter pour plusieurs d'entre vous que M. le maréchal Le Bœuf était encore à la tête de l'armée, et que M. le maréchal Bazaine n'avait pas encore pris le commandement général.

» C'est là une erreur qui vient de ce qu'on n'a pas assez fait attention aux dates.

» Le décret de nomination du maréchal Bazaine comme commandant de plusieurs corps d'armée est datée du 9, tandis que la démission du maréchal Le Bœuf n'est que du 12.

» Eh bien, messieurs, c'est dans cet intervalle de trois jours que le maréchal Bazaine a été investi du commandement en chef, ce qui n'implique aucun commandement en dehors du sien.

» *M. Guyot-Montpayroux* : Aucun commandement supérieur ?

» *M. le ministre* : Aucun commandement, ni au-dessus ni à côté du sien.

» *A gauche* : De tous les corps d'armée?

» *M. le ministre* : De tous les corps d'armée.

» *M. Barthélemy Saint-Hilaire* : Cela rassurera le pays. »

Napoléon III, ainsi dégradé en face de la nation comme général, garderait-il son prestige comme empereur? Il était puéril de l'espérer ; l'Empereur, à dater de ce jour, était détrôné après cet incident, auquel succéda la discussion de la question du Comité de défense proposé par M. Jules Favre. La commission d'initiative concluait, on le sait, par 8 voix contre 7, à son rejet. M. Gambetta demande que, vu la gravité des circonstances, on passe par-dessus l'article du règlement en vertu duquel une première discussion sur les conclusions de la commission est indispensable, et que les bureaux soient immédiatement saisis de l'examen de la question. La droite est hostile à cette motion, le ministère, d'abord hésitant, finit par s'opposer au renvoi aux bureaux, au point d'en faire une

question de cabinet : M. Gambetta insiste. « Il s'agit de
» savoir, s'écrie-t-il, si nous avons fait notre choix entre
» le salut de la nation et le salut d'une dynastie. »

Le Corps législatif, comprenant la responsabilité qui pèse sur lui se résigne par une sorte de transaction à discuter la question en comité secret.

Les membres de la droite ne se montraient pas les moins ardents, dans ce temps-là, à exiger que l'Empereur qui s'était jeté, disaient-ils avec amertume, sans préparatifs, sans plan, dans une guerre terrible confiée par lui à la direction d'ineptes favoris, quittât le commandement de l'armée ; c'est sur les bancs de la majorité qu'on entendait les plus dures récriminations contre l'Empereur, « ce » fanfaron de stratégie et de tactique, ce cerveau vide, » ce général de hasard, etc. » Ceux qui avaient voulu la guerre sans s'informer si on était prêt à la faire, en rejetaient la responsabilité sur ceux qui l'avaient faite. Ils auraient pu s'adresser d'autres reproches à eux-mêmes ; leur conscience n'était pas sans doute muette, mais pour le moment ils se sentaient soulagés avec toute la France en songeant que l'Empereur ne ferait plus sentir son influence désastreuse sur les opérations militaires.

Le gouvernement, en attendant, ne communiquait aucune nouvelle. Ce silence pesait comme un cauchemar sur la Chambre. Des lettres, des journaux des départements ou de l'étranger soulevaient seuls de temps en temps le coin du voile. Ceux qui assistaient à la séance du 14 n'oublieront jamais la douleur qui les frappa au cœur lorsque M. Gambetta lut à la tribune ce fragment de l'*Espérance* de Nancy :
« Hier vendredi 12 août 1870, à trois heures de l'après-
» midi, date douloureuse pour nous et pour nos descen-
» dants, quatre soldats prussiens ont pris possession de la

» ville de Nancy, ancienne capitale de la Lorraine, chef-lieu
» du département de la Meurthe.» Tous les fronts se courbèrent et tous les cœurs bondirent : « Nous sommes gardés par des incapables », s'écria M. Gambetta. Le baron Buquet, maire de cette ville et l'un des membres les plus dévoués de la majorité, raconta, quelques jours après, l'abandon dans lequel la Lorraine, avait été laissée, le départ précipité dès le 8, de toutes les autorités militaires, de toutes les troupes, même des gendarmes : il ne restait à Nancy, pour le maintien de l'ordre, que quelques pompiers armés de fusils à silex. Le préfet, la veille encore, déclarait aux habitants que les passages des Vosges étaient défendus, et que Nancy n'avait rien à craindre.

Qui le croirait? dans cette crise suprême la Chambre refusa de siéger le 15 août.

Une dépêche arrivée dans la nuit du 15 au 16 annonçait que les deux armées étaient aux prises. L'émotion la plus poignante contractait le lendemain tous les cœurs à l'heure où s'ouvrit la séance. On s'attendait à recevoir des communications du ministre de la guerre, mais celui-ci ne venait pas tous les jours au Palais-Bourbon, et il y restait peu. La présence du ministre de l'intérieur y était également assez rare. Les autres ministres ne recevant pas de dépêches directes du théâtre de la guerre, ne pouvaient fournir aux députés aucun renseignement. Les dépêches d'abord transmises à l'Impératrice, avec le chiffre usité entre l'Empereur et elle, n'étaient communiquées au public qu'après avoir été examinées. Selon qu'une nouvelle lui paraissait utile ou dangereuse à son intérêt dynastique, elle la publiait ou la tenait cachée. Les mères françaises ne savaient du sort de leurs enfants que ce qu'il plaisait à cette étrangère de leur en apprendre.

L'ordre du jour de la séance du 16 étant épuisé, M. Schneider allait vers trois heures prononcer la clôture, lorsque M. Keller proposa à la Chambre de rester en permanence jusqu'à ce que le général de Palikao eût reçu des nouvelles de la bataille engagée depuis trois jours. Le ministre de la guerre se décida alors à monter à la tribune. Il avait, dit-il, communiqué à quelques députés les dépêches de la gendarmerie annonçant que les Prussiens n'avaient pu couper notre ligne de retraite de Metz à Verdun, ce qui, à ses yeux, constituait un échec pour l'ennemi. « Nous constituons, ajouta-t-il, une armée considérable qui » avant peu pourra donner la main à l'armée du Rhin, » placée sous le commandement du maréchal Bazaine, seul » et véritable commandant en chef. »

Le général de Palikao ne fuyait pas, on le voit, les occasions de renouveler des assurances agréables au pays, mais peu propres à augmenter la considération de l'Empereur.

Les nouvelles du théâtre de la guerre étaient donc aussi bonnes que possible : l'armée se frayait, disait-on, un passage sur la route de Metz à Verdun. Elle était déjà sortie victorieuse de divers combats. Si elle parvenait à atteindre Châlons et à se diriger en grande hâte sur Paris, le sort de la France pouvait se décider sous les murs de la capitale. La nomination du général Trochu, éloigné jusque-là des grands commandements, au poste de gouverneur de la capitale faisait supposer que Paris était désormais l'objectif de la campagne; la séance du 16 finit donc sous une bonne impression.

Jouer la suprême partie sous les murs de la capitale, on pouvait en effet le tenter dans de meilleures conditions qu'en 1814. Les députés de la gauche approuvaient ce plan;

mais les députés de la droite avaient des préoccupations d'un autre genre; ils se passaient les uns aux autres, dans la séance du lendemain 16, en la faisant suivre de commentaires animés, la proclamation adressée par le général Trochu aux Parisiens, au moment de prendre possession de son commandement; le gouverneur de Paris y parlait de l'utilité de la force morale et de sa ferme intention de ne recourir qu'à son emploi. Les bonapartistes qui ne voyaient dans un gouverneur de Paris qu'un fonctionnaire de confiance chargé de réprimer une émeute ou de frapper un coup d'État, ne comprenaient rien à ce langage et s'en montraient inquiets. Le président du conseil se crut dans l'obligation de leur donner quelques explications sur une nomination qui avait choqué tous les bonapartistes purs :
« Il s'est passé, dit-il, un fait qui a pu paraître grave,
» mais qui est tout simple dans les circonstances actuelles.
» C'est celui de la nomination d'un gouverneur de
» Paris. Certes, Paris ne peut pas être menacé du jour
» au lendemain, mais il fallait un homme capable et
» énergique à la tête des forces actuelles pour les coor-
» donner. »

La droite fit semblant d'être satisfaite. Le général de Palikao communiqua ensuite au Corps législatif des nouvelles satisfaisantes du théâtre de la guerre : « Le corps du
» général Steinmetz, dit-il, a éprouvé de telles pertes dans
» les derniers engagements, que les Prussiens ont été
» obligés de demander un armistice, en apparence pour
» enterrer leurs morts, mais en réalité pour gagner du
» temps. Ce corps est tellement abîmé qu'il lui est impos-
» sible de rejoindre le corps du prince royal de Prusse à
» Bar-le-Duc. Voici, ajouta-t-il, un fait que je vous donne
» comme certain : le corps de cuirassiers blancs, com-

» mandé par M. de Bismarck, a été anéanti. Il n'en reste
» pas un seul. »

M. de Palikao, après avoir débité ces nouvelles, demanda
la permission de rentrer à l'hôtel du ministère, où l'appelaient, dit-il, d'incessantes occupations, et il descendit de
la tribune aux applaudissements de toute la Chambre.

La séance, ouverte le 19 août à trois heures et demie, fut
fermée à quatre heures. Celle du lendemain ne dura pas
plus longtemps. Le ministre de la guerre vint démentir,
le 20, à la tribune, le bruit d'une victoire remportée le 18
par les Prussiens : « Je viens ici rétablir les faits. Je ne puis
entrer dans les détails, vous comprenez ma réserve. J'ai
fait voir à plusieurs membres de la Chambre les dépêches qui constatent qu'au lieu d'avoir obtenu un avantage
le 18, les trois corps d'armée qui s'étaient avancés contre
le maréchal Bazaine ont été, d'après divers renseignements qui paraissent dignes de foi, rejetés dans les carrières de Jaumont. Je ne parle pas de quelques succès
partiels remportés près Bar-le-Duc contre des éclaireurs
ennemis, mais cela n'a pas d'importance. »

La journée du samedi et celle du dimanche s'écoulèrent
la Chambre sans nouvelles. Le lundi, le ministre de la
guerre, pour calmer l'anxiété des députés, dit ces quelques
mots à la tribune : « Vous avez pu lire ce matin au *Journal
officiel* une note du gouvernement. Cette note est l'expression de la vérité. Comme nous avons déclaré que
nous dirions toute la vérité, nous avons voulu tenir notre
engagement, quelque émotion qui en résulte. Depuis,
j'ai reçu des nouvelles du maréchal Bazaine, elles sont
bonnes. Je ne puis pas vous les dire et vous comprendrez
pourquoi. Elles sont du 19.

» *M. de Kératry :* Elles sont du maréchal lui-même?

» *M. de Palikao :* Oui ; elles prouvent de la part du
» maréchal une confiance que je partage, connaissant sa
» valeur et son énergie.

» La défense de Paris marche avec activité. Bientôt nous
» serons prêts à recevoir quiconque se présentera devant
» nos murs. »

Ces assurances ne suffisaient plus. La Chambre avait le droit d'en savoir davantage. Les informations de M. de Palikao ne pouvaient inspirer grande confiance à ceux qui se rappelaient qu'au moment où les éclaireurs prussiens paraissaient dans l'Aube, M. le ministre de la guerre avait déclaré qu'il ne lui était parvenu aucune dépêche à ce sujet, au risque d'être forcé de convenir le lendemain qu'en effet les éclaireurs ennemis s'étaient montrés. La gauche était bien en droit de savoir à combien de journées de Paris se trouvaient les Prussiens ? — Une réponse à cette question eût été une indiscrétion si coupable, aux yeux de M. de Palikao, qu'il se déclara prêt à faire fusiller l'officier qui la commettrait. La droite approuvait ce langage : Ne répondez pas ! Ne répondez pas ! criait à chaque instant la majorité au ministre interrogé par la gauche dans la séance du 22. Celle-ci, résolue à sortir de ce silence et de ces ténèbres, chargea M. de Kératry de déposer cette proposition : « Neuf députés élus par le Corps législatif seront adjoints au Comité de défense de Paris. »

L'urgence est adoptée sans opposition, et la Chambre va se retirer dans ses bureaux pour examiner la proposition, lorsque le ministre de la guerre annonce au nom du cabinet qu'il la repousse : « Quelque confiance que nous
» ayons dans la Chambre, dit-il, nous avons la responsa-
» bilité, nous la voulons tout entière. » Poser la question de cabinet dans un pareil moment, pour un motif semblable,

'était aussi antipatriotique qu'imprudent. La Chambre semblait assez disposée à voter la proposition Kératry. La commission nommée par les bureaux qui lui est, au fond, favorable, croit la rendre acceptable par le ministère, en réduisant des deux tiers le nombre des membres adjoints au Comité. M. de Palikao demeure inflexible. La Chambre entre en séance vers six heures. M. Thiers, nommé rapporteur, demande le renvoi, attendu qu'au moment où tous les commissaires allaient se mettre d'accord sur la proposition de M. de Kératry, un nouveau projet leur a été soumis ; la commission désire l'examiner avec la plus patriotique attention, mais elle ne peut faire connaître sa décision que le lendemain.

Les députés attendent le lendemain avec la plus vive impatience le résultat des délibérations de la commission. MM. le général de Palikao, ministre de la guerre, et Henri Chevreau, ministre de l'intérieur, se sont rendus auprès d'elle. Des bruits divers circulent sur ses résolutions. Les uns prétendent qu'elle se prononce pour l'acceptation et que le gouvernement se range à son avis ; les autres affirment que le gouvernement ne consent à l'adjonction de trois députés au Comité de défense, qu'à la condition que ces députés seront choisis par lui. Les noms mis en avant sont ceux de MM. Thiers, Schneider, Daru, d'Albuféra et Dupuy de Lôme.

M. Jules Simon, pendant que la commission délibère, dépose une proposition ayant pour but de « débarrasser Paris de ses bouches inutiles » dans la prévision d'un siége. Cela met la droite de mauvaise humeur ; il ne faut pas lui parler de siége ; M. Gambetta se plaint de l'optimisme persévérant des communications officielles et, dans un langage enfiévré, il accuse le gouvernement de dissimuler la situation avec le dessein prémédité de laisser le pays rouler dans l'abîme; la droite proteste. L'orateur veut en vain s'expliquer et donner à ses paroles leur véritable sens, la majorité l'en empêche par ses interruptions. M. Thiers met fin à cette scène en montant à la tribune pour lire son rapport : « La commission, dit-il, repousse » la proposition de M. de Kératry parce que le ministère » la repousse et qu'une crise ministérielle serait déplo- » rable en un pareil moment. » On cherche cependant un compromis. M. Glais-Bizoin croit l'avoir trouvé dans cette formule : « Une commission de neuf membres est nommée » par le Corps législatif. Elle aura pour but de se mettre » en rapport avec le Comité de défense. » La commission réclame un ajournement pour l'examiner. Cette demande provoque une recrudescence d'agitation. M. Gambetta et M. de Kératry lancent des réclamations véhémentes à la droite; les interpellations les plus passionnées s'échangent. M. de Talhouët qui préside quitte le fauteuil sans qu'on sache au juste si, dans son trouble, il a levé oui ou non la séance et fixé l'ordre du jour. La gauche réclame, elle paraît même un moment vouloir continuer à siéger. Les tribunes ne se vident pas ; il faut que les questeurs les fassent évacuer de vive force. Le tumulte s'apaise alors et les députés se retirent à leur tour.

La proposition de M. de Kératry renfermait une idée juste et patriotique, celle d'associer la représentation nationale à la défense de la capitale. La gauche s'excluant elle-même du Comité, quel danger peut-il offrir? aucun. N'importe, le gouvernement le juge inutile, il se croit assez fort pour soutenir tout seul le poids d'une situation qui devient d'heure en heure plus périlleuse, et il repousse même l'adjonction des trois députés proposée par M. Glais-Bizoin.

A l'ouverture de la séance du 24 août on attend, il est inutile de dire avec quelle impatience, une communication de M. le ministre de la guerre. M. le ministre présidant le conseil d'État vient, à sa place, annoncer que le gouvernement a résolu d'appeler sous les drapeaux tous les hommes, mariés ou non, âgés de vingt-cinq à trente-cinq ans, tous les anciens officiers au-dessous de soixante ans, et tous les généraux en retraite au-dessous de soixante-dix ans, qui ont servi dans l'armée et dans la réserve. M. Thiers constate ensuite, dans un court rapport verbal, qu'après avoir repoussé la proposition de M. de Kératry, la commission avait cru trouver un moyen de conciliation dans la réduction du chiffre des membres du comité de neuf à trois, et que l'accord n'ayant pu se faire sur ce point, la commission rejetait toutes les propositions, pour ne pas amener de crise ministérielle.

La persistance jalouse avec laquelle le gouvernement retenait entre ses mains la direction exclusive des forces militaires, augmentait les défiances excitées par les menaces de M. Granier de Cassagnac. La crainte d'un coup d'État subsistait au fond de beaucoup d'esprits; était-elle justifiée? Oui et non. Que l'idée d'en finir par la violence avec les adversaires de l'Empire auxquels ses fautes palpables donnaient une si grande force ait souri aux chefs du parti bonapartiste, cela est certain, mais sur quoi s'appuyer pour frapper? Il n'y a pas d'autre appui pour un coup d'État que l'armée, et il n'y avait plus d'armée. Les allusions à un coup d'État se faisant cependant jour de temps en temps à la tribune, M. le ministre du commerce voulut bien déclarer, dans un langage encore assez ambigu, qu'il n'était nullement question de sortir de la légalité, et que la Chambre avait devant elle un cabinet parlementaire. L'en-

semble des mesures prises par le gouvernement n'en affectait pas moins de jour en jour un caractère dynastique plus marqué, et les efforts de la puissance nationale tendaient de plus en plus à la consolidation des institutions qui avaient causé la ruine du pays. L'Empire d'abord, semblait dire le gouvernement, la France après. M. E. Picard fit ressortir le danger de cette politique avec sa logique incisive. C'est la Constitution, dit-il, que le gouvernement invoque, pour s'opposer à l'adjonction des neuf et des trois, c'est la volonté de maintenir avant tout les institutions actuelles, qui règle l'attitude du cabinet. « Le gou-
» vernement ne fait pas de la politique, réplique le mi-
» nistre de la guerre, les ennemis intérieurs, ajoute-t-il,
» je ne les redoute pas; j'ai en main tous les pouvoirs
» nécessaires pour cela, et je réponds de la tranquillité de
» Paris. » Nous verrons dans quelques jours comment il tiendra son engagement.

M. Jules Favre fait remarquer au ministre de la guerre qu'il est difficile de s'isoler de la politique quand c'est à la politique qu'on attribue les périls de la situation, et que la France ne veut pas mourir pour des institutions qu'elle considère comme la cause de sa perte. « Il ne s'agit pas
» d'institutions, répond le président Schneider, mais de
» chasser l'étranger. » M. Busson-Billault, ministre présidant le Conseil d'État, jure qu'il est prêt à mourir pour son pays, et somme M. Jules Favre de venir se faire tuer avec lui. La scène tourne au burlesque. M. Buffet se lève pour s'associer, dit-il, à l'observation du président : « Il n'y a
» ici aucune question politique, inspirons-nous de l'exemple
» de notre armée. Les officiers, les soldats, peuvent avoir
» des opinions politiques différentes, demandent-ils devant
» l'ennemi qu'on leur explique pourquoi ils combattent? »

On est toujours certain, en parlant ainsi, d'être applaudi, surtout par ceux qui tiennent la conduite la plus opposée à un pareil langage et qui sont d'autant plus charmés d'entendre répéter : « Il n'y a ici aucune question politique, » qu'ils mettent de la politique partout. N'est-ce pas la politique qui a commandé le rejet des propositions qui auraient associé la Chambre à la défense commune, et qui a poussé le gouvernement à soulever la question constitutionnelle à propos d'une question de paix et de conciliation ? L'opposition n'est-elle pas en droit de dire au gouvernement : Si c'est pour défendre la constitution actuelle que vous demandez à la France son dernier homme et son dernier écu, dites-le franchement.

Deux politiques étaient en présence, l'une consistant avant tout à diriger l'action du gouvernement dans un sens favorable au maintien et à l'affermissement des institutions impériales, l'autre poussant le Corps législatif à prendre le pouvoir jusqu'à ce que, l'ennemi chassé, et la France ayant repris possession d'elle-même, le pays pût choisir les institutions les plus propres à assurer ses destinées; c'était précisément cette politique que combattait la droite, ouvrant ainsi la voie à la révolution.

La majorité des membres de la commission, tout en repoussant les propositions Kératry et Glais-Bizoin, désirait cependant trouver une forme acceptable pour donner à la Chambre une part plus directe à la défense nationale Vainement supplie-t-elle le ministère de se rendre et d'accepter la proposition Kératry amendée, il s'y refuse d'abord obstinément; il finit pourtant par consentir aux trois adjonctions, mais quand il s'agit de déterminer par qui les trois commissaires seront désignés, l'entente se rompt.

Les conclusions de la commission sont adoptées par

206 voix contre 41. Le ministère a réussi à faire repousser la question de la responsabilité, mais pour combien de temps? Il fallait pourtant donner une espèce de satisfaction aux réclamations au fond si justes de l'opposition; le gouvernement le comprit, et il adjoignit au comité de défense MM. Daru, Buffet, Dupuy de Lôme, représentant le Corps législatif; M. Béhic et le général Mellinet, le Sénat.

Le lendemain 25, en présence de 500 000 Allemands envahissant notre sol, la Chambre repoussa à une immense majorité la proposition faite par M. Jules Ferry d'abroger les lois du 24 mai 1834 et du 17 juillet 1860, prohibant la détention et la fabrication des armes de guerre. Ainsi, la loi de 1834, votée contre une insurrection, était maintenue devant l'ennemi.

Le gouvernement, à peine remis de l'alarme que lui ont causée MM. de Kératry et Glais-Bizoin, tremble de nouveau devant M. Keller. Ne serait-ce pas le comité de défense qui montre encore le bout de l'oreille dans la proposition de ce dernier, consistant à désigner un certain nombre de députés qui prêteraient leur concours au gouvernement dans l'exécution des mesures de défense? La majorité déclare que tous les députés feront leur devoir, qu'il ne saurait y avoir de différence entre eux. Les débats irritants vont recommencer, M. Thiers combat la proposition et son auteur la retire. La Chambre apprend ce jour-là que l'armée du prince royal de Prusse a repris sa marche sur Paris.

La séance du 27 s'ouvre par une explication de M. Thiers dont la nomination comme membre du conseil de défense a paru le matin même, à sa grande surprise, au *Journal officiel*. La question de l'adjonction des députés au comité de défense ayant été posée à la fois sur le terrain des prérogatives du gouvernement et des droits de la Chambre, c'est d'elle seule qu'il veut tenir sa délégation, et ce n'est qu'autorisé par elle qu'il peut consentir à entrer dans ce comité. De nombreux applaudissements lui prouvent que cette autorisation est accordée.

M. E. Picard demande que le gouverneur de Paris ait tous les pouvoirs pour armer la garde nationale de la capitale. Le ministre de la guerre déclare qu'il n'acceptera jamais qu'un inférieur puisse se passer de ses ordres. Le gouvernement ne veut pas même accepter l'inoffensive proposition de M. Latour-du-Moulin consistant à déléguer auprès de lui cinq députés chargés de recevoir ses communications et de les transmettre à la Chambre.

La Chambre refusa de siéger le dimanche ; la séance du lundi fut insignifiante, mais celle du lendemain eut plus d'importance. Dans le comité secret du 26, on s'était plaint des calomnies, des violences, dont les plus honorables citoyens étaient victimes dans certains départements, notamment dans celui de la Dordogne. Le ministre de l'intérieur lut le lendemain à la Chambre une circulaire destinée à les réprimer. M. Tachard demanda que la circulaire et le discours fussent affichés dans toutes les communes de France, ainsi que le discours dont il l'avait fait précéder. La droite murmura contre cette demande : « Vous nous devez bien cette réparation, » s'écria un membre de la gauche. Les bancs de la droite restèrent silencieux. A la jacquerie politique allumée dans plusieurs départements au cri de : Vive l'Empereur ! la guerre religieuse allait-elle se joindre. Les protestants se plaignaient des odieuses calomnies dont ils étaient victimes. Des ministres de l'Évangile avaient été injuriés, maltraités comme coupables de trahir l'Empereur et de livrer la patrie à l'étranger.

Tant que ces violences n'atteignent que des hommes suspects d'opposition à l'Empire, des députés opposants aux candidatures officielles comme M. d'Estourmel, la droite s'en émeut médiocrement, mais quand un membre de la majorité vient, à son tour, protester contre des actes de sauvagerie qui ne sont plus dirigés seulement contre les républicains et les libéraux, il faut bien prêter l'oreille à ses plaintes. M. André (du Gard) prend en main la cause des protestants dénoncés comme faisant des vœux en faveur de l'ennemi ; MM. Johnston et Charles Le Roux joignent leurs protestations aux siennes. Ces plaintes étaient légitimes, mais les faits qui les provoquaient n'étaient-ils pas la conséquence de faits antérieurs, sur lesquels la majorité avait trop complaisamment fermé les yeux? M. E. Picard le fit remarquer à la droite : « Vous avez » laissé calomnier l'opposition, maintenant les calomnies » retombent sur vous. » L'observation était juste.

M. le ministre de l'intérieur, rappelant sa déclaration touchant les crimes commis dans certaines localités, promit de nouveau de faire son devoir. M. E. Picard, en remerciant M. Chevreau de cette promesse, ajouta cependant que s'il ne doutait point du bon vouloir du ministre de l'intérieur, il craignait qu'il n'eût pas l'autorité nécessaire pour que ce bon vouloir ne restât pas stérile : « A côté du ministre, derrière lui, au-dessus de lui, dit » M. Picard, il y a un gouvernement occulte, un parti » qui n'a pas abdiqué et qui peut rendre vaines les meil- » leures intentions de quelques-uns des membres du » cabinet. »

Ces paroles excitèrent un vif tumulte. Elles touchaient, en effet, au vif de la situation politique. A cette heure, il devenait difficile de préciser où était la véritable auto-

rité, et de savoir entre les mains de qui se trouvaient les destinées de la patrie. Le pouvoir législatif, par un respect superstitieux des règles constitutionnelles, avait été écarté du soin de la défense. Le pouvoir exécutif demeurait donc maître de la situation, mais lui-même, à qui appartenait-il? Nominalement à l'Empereur, et en réalité à l'Impératrice et à ses conseillers publics et secrets. M. Rouher et un sénateur, son confident dévoué, étaient à Reims auprès de l'Empereur. Quels conseils lui apportaient-ils? M. Chevreau l'ignorait peut-être lui-même, et voilà pourquoi toutes les déclarations ministérielles paraissaient insuffisantes à l'opposition menacée dans Paris même. Des citoyens de Belleville faisant partie de la garde nationale et admis par le conseil de recensement, s'étant présentés pour demander des armes, le commandant du bataillon leur avait répondu qu'ils n'en auraient pas et que les malheurs de la France étaient dus exclusivement à l'opposition. M. Jules Favre signala cette calomnie à la tribune. « Si le fait est exact, ajouta-t-il, si une telle réponse a
» été faite, si un refus d'armes a été opposé à des citoyens
» légalement inscrits sur les contrôles de la garde nationale, le commandant qui a prononcé ces coupables paroles doit être destitué, à moins que M. le ministre ne
» veuille pas conformer ses actes à ses déclarations. Il ne
» suffit pas de flétrir du haut de la tribune ceux qui, en
» mettant à la charge de l'opposition les malheurs de la
» France, excitent les populations au meurtre ; il faut
» encore sévir contre les calomniateurs et les dépouiller du
» titre que donne à leurs paroles une autorité officielle. »
Une note insérée au *Journal officiel* le 31 août s'expliquait ainsi sur la situation de Strasbourg :

« Une personne sortie vendredi de Strasbourg dit qu'un quartier de la ville a beaucoup souffert, que les munitions et les vivres sont suffisants et que le désir de résistance est général. »

Cette note écourtée n'avait pas préparé la Chambre aux terribles révélations que M. Keller, député du Haut-Rhin, vint lui apporter dans la séance du même jour.

« Strasbourg, dit M. Keller, ne sera bientôt plus qu'un
» monceau de ruines ; les faubourgs sont détruits ; le quart
» de la ville est brûlé ; la bibliothèque, la cathédrale, le
» temple neuf, l'hôpital, sont à peu près réduits en cen-
» dres. Les femmes et les enfants se réfugient dans les
» égouts, seul abri contre les bombes, et pendant que la
» ville est incendiée, pendant que la rage de l'ennemi se
» tourne contre l'habitant, les remparts ne sont pas même
» attaqués.

» C'est par la terreur, par l'incendie, par la ruine, c'est
» en tuant les femmes et les enfants, c'est en détruisant les
» maisons et les monuments, que l'armée assiégeante veut
» forcer Strasbourg à capituler.

» Ce n'est pas tout : les paysans français se trouvent
» contraints, contre toutes les lois de la guerre, à construire
» les batteries et les tranchées ennemies, de sorte que les
» assiégés se trouvent dans l'obligation ou de laisser ces
» travaux s'accomplir tranquillement ou de diriger leurs
» balles contre des poitrines françaises.

» Pendant ce temps-là, les paysans badois, sans fusils
» ni uniformes, simplement armés d'un sabre, passent le
» Rhin et viennent mettre à contribution des villages qui,
» faute d'armes, ne peuvent se défendre. Ces armes, les
» paysans alsaciens les ont depuis longtemps demandées ;
» on les leur a toujours refusées. »

M. Keller proposait la nomination d'une commission qui, après avoir entendu le gouvernement sur la situation du département du Haut-Rhin, nommerait un commissaire extraordinaire chargé de se rendre en Alsace pour encourager le mouvement patriotique de la population. Tous les cœurs étaient oppressés à ce récit des maux accumulés sur ce pays ; il se trouva pourtant un député de la majorité, M. Pinard (du Nord), qui crut devoir reprocher à son collègue de n'avoir pas communiqué aux ministres les documents en sa possession, avant de s'adresser à la Chambre. Celle-ci déclara cependant par acclamations que l'héroïque population de Strasbourg avait bien mérité de la patrie, et que jamais cette noble et chère cité ne cesserait d'être française. Le Corps législatif entraîné par son émotion, aurait peut-être nommé immédiatement la commission proposée par M. Keller, mais les formalistes, plus pressés de sauver les prérogatives ministérielles que l'Alsace, s'opposèrent au vote en l'absence du ministre de la guerre ; ce vote d'ailleurs ne serait-il pas un empiétement sur les droits du pouvoir exécutif? La droite frémit à cette pensée, elle oublie Strasbourg en cendres, les villages réquisitionnés, les incursions des paysans badois, pour courir au secours de la constitution menacée : « Nous sommes ici pour » faire des lois, s'écrie M. Vendre ; nous n'avons que ce » pouvoir ; en prendre un autre serait une usurpation. » — « Les faits sont-ils bien prouvés ? » demande doucereusement M. Achille Jubinal. — « Il faut entendre » les ministres avant de prendre une décision, insinue » M. Pinard (du Nord) ; ajournons toute résolution à » demain. »

La Chambre décide, non sans peine à la vérité, que les ministres seront entendus dans la journée même ; la séance interrompue pendant deux heures est reprise à six heures. M. le ministre de la guerre est à son banc, il demande

communication de la proposition de M. Keller. Il la repousse, pose d'un ton tranchant la question de confiance, et répond aux murmures de l'opposition, en bravache :
« Vos interruptions ne m'effrayent pas.... J'ai résisté à bien
» d'autres attaques. Que la Chambre se prononce une fois
» pour toutes, car c'est la dernière fois que je me dérange
» pour de semblables questions. »

M. Keller répond à ces paroles dédaigneuses :
« Dans cette proposition il n'y a rien d'inconstitutionnel. »
« Si! si! » crie la majorité.

M. Keller : « Il y a une chose *qui me surprend :* c'est
» que toutes les fois que la Chambre a, sous une forme
» ou sous une autre, voulu prendre une part effective
» à la défense du pays, le ministère s'y est opposé. Quant
» à moi, je vous le déclare, je souffre du rôle qu'on fait
» jouer à la Chambre depuis quelques semaines. »

« Allons donc ! allons donc ! » reprend la majorité.

M. Keller : « Il serait temps de nous *mettre au-dessus*
» *de ces petites défiances* et de nous unir pour la défense
» du pays. Pourquoi, je vous le demande, le gouverne-
» ment se méfie-t-il de la Chambre?

» *Plusieurs voix :* Il ne s'en méfie pas ! C'est vous qui
» vous méfiez du gouvernement. »

La gravité de la responsabilité qui pesait en ce moment sur M. de Palikao ne saurait être méconnue, et l'on peut très-bien admettre qu'il se refusât à toute explication sur les choses de la guerre, s'il jugeait, dans sa conscience, son silence indispensable à la bonne direction des opérations militaires. Mais il ne s'agissait ici que de chercher les moyens de secourir promptement les départements envahis, et nullement d'une question stratégique. M. le ministre de la guerre enlevait donc leurs dernières illusions à ceux qui s'imaginaient qu'il finirait par consentir à associer l'action du pouvoir législatif à celle du pouvoir exécutif.

Voter les lois qu'on lui présenterait, écouter les communications qu'on voudrait bien lui faire; tel devait être aux yeux du gouvernement l'unique rôle du Corps législatif; au concours spécial des députés, le gouvernement préférait celui de ses conseillers d'État. La proposition de M. Keller, réduite aux proportions d'une commission chargée d'examiner la situation des départements envahis et d'y envoyer un commissaire nommé par la Chambre, aurait mérité d'être accueillie avec moins de dédain par le président du conseil. Le général de Palikao du reste ne se montrait nullement en peine de l'issue de de la guerre; il annonça ce jour-là même que les Allemands depuis leur entrée en France avaient perdu près de 200 000 hommes, et produisit des calculs d'où il résultait qu'ils ne pourraient plus guère longtemps supporter les frais de la guerre.

La gauche ne désespérait pas cependant de ramener la droite au sentiment de la réalité. « Le pouvoir personnel
» a succombé, disaient les membres de la gauche à leurs
» collègues des centres, c'est au pouvoir élu à le rempla-
» cer; la Chambre doit participer au gouvernement et ne
» pas s'en rapporter uniquement au général de Palikao,
» après s'en être rapporté exclusivement à M. E. Ollivier.
» Nous ne voulons ni faire partie du gouvernement, ni
» rétablir la République. C'est un gouvernement anonyme
» qu'il faut pour le moment à la France, formons-le avec
» le général de Palikao, le général Trochu, M. Schneider,
» et deux membres de la majorité dont les noms vous
» seront le plus agréables. »

La création d'un gouvernement anonyme et ne rompant point avec le passé sembla d'abord trouver quelque faveur dans la Chambre. Un moment, on put même croire qu'il allait se fonder. L'illusion ne fut pas de longue durée. Les membres de la droite étaient ces mêmes députés qui avaient voté le plébiscite sans discussion préalable, soutenu le ministère Gramont-Ollivier, et voté la guerre par acclamation. Rien n'avait pu les transformer, ni la crise que la France traversait, ni les manifestations du pays. La droite restait ce qu'elle était au lendemain de son avénement, et telle que le système des candidatures officielles l'avait faite (1).

La profonde antipathie de la régente et de son gouvernement pour le système parlementaire, leur répugnance à associer à un degré quelconque le Corps législatif au partage du pouvoir, croissaient avec les périls de la France. M. E. Picard ayant, dans une conversation particulière, pressé vivement M. Schneider de céder à la nécessité, et de faire entrer quelques députés dans le conseil de défense. — « A quoi bon? lui répondit tranquillement le » président de la Chambre, puisqu'il ne s'agit que de » questions militaires. »

La catastrophe de Sedan ne parvint même pas à diminuer l'imperturbable assurance des hauts dignitaires impériaux. M. E. Picard, rencontrant dans la soirée du 3 septembre M. Magne chez M. Schneider, essaya de l'amener à l'idée d'une participation du Corps législatif au gouvernement : « L'Empereur, lui dit-il, est prisonnier; le prince » impérial sur un territoire étranger; l'Impératrice-régente » n'est pas en situation de diriger la barque en ce moment.

---

(1) *Le 4 septembre*, par Jules Simon.

» Qu'elle se retire, et qu'elle laisse nommer une commission
» de gouvernement. Ce ne sera pas la République, elle
» peut y consentir. Conseillez-lui de s'y résigner. »
M. Magne se tut. Toute combinaison de ce genre semblait
aux bonapartistes une menace contre l'Empire, et c'est
l'Empire qu'ils voulaient sauver.

CHAPITRE XIII

1870

LA NUIT DU 3 AU 4 SEPTEMBRE

Sommaire. — L'Impératrice reçoit la nouvelle du désastre de Sedan. — Elle fait demander par M. Mérimée des conseils à M. Thiers. — Entrevue sans résultat entre M. Thiers et M. Mérimée. — Le prince de Metternich renouvelle sans plus de succès la démarche de ce dernier. — M. Thiers pense que le Corps législatif doit faire connaître au pays les difficultés de la situation. — La gauche est du même avis. — État moral des membres de la gauche. — MM. Jules Favre, Jules Simon, E. Picard, Eugène Pelletan. Jules Ferry, Crémieux, Glais-Bizoin, Garnier-Pagès. — Comment le ministre de la guerre annonce le désastre de Sedan au Corps législatif. — La séance de nuit est décidée. — M. Jules Favre propose de remettre le pouvoir au général Trochu. — Plan des orléanistes. — M. Gambetta harangue la foule qui entoure le Palais-Bourbon. — Réunion des ministres chez M. Schneider. — La dictature offerte au général de Palikao qui la refuse. — Le peuple sur la place de la Concorde. — Aspect de Paris pendant la nuit.

Le désastre de Sedan était surtout l'œuvre de l'Impératrice.

Lancer la dernière armée de la France dans les Ardennes après avoir donné le temps à l'ennemi d'envelopper l'armée de Metz et de placer entre elle et Paris un obstacle de 300 000 hommes n'était-ce pas s'exposer de gaieté de cœur à perdre les dernières forces organisées de la France? La défense de la capitale n'étant possible qu'avec une armée de secours campant et manœuvrant autour de ses murs, ne s'exposait-on pas à livrer d'avance Paris à l'ennemi en donnant à l'armée de Châlons une destination autre que celle de couvrir cette ville? Ces questions souvent agitées devant l'Impératrice dans le conseil de défense y amenaient des discussions violentes qui ne servaient d'ordinaire qu'à confirmer la régente dans la supériorité de son plan. On remarqua cependant qu'elle ne donnait pas ses signes d'impatience habituels pendant que M. Thiers, dans la séance du conseil qui devait être la dernière, reprenait avec sa vivacité ordinaire ses arguments en faveur du retour de l'armée à Paris. M. Jérôme David lui dit alors à voix basse : « N'in» sistez pas ; je vous parlerai tout à l'heure. » M. Thiers se tut. La séance finit tard ; M. Thiers en descendant la rue Saint-Dominique apprit de la bouche de M. Jérôme David que le maréchal de Mac-Mahon était blessé, et l'Empereur prisonnier (1). On n'en savait pas davantage.

L'Impératrice avait reçu ces nouvelles à la fin de la journée. Son mari prisonnier, son fils détrôné avant d'avoir régné, il y avait là de quoi troubler l'esprit d'une femme. L'Impératrice, incapable de prendre aucune résolution, demandait des conseils à tous ceux qui l'entouraient et qui n'étaient pas plus en état qu'elle d'avoir une idée dans un pareil moment. M. Mérimée cependant l'engagea à prendre les avis de M. Thiers. Elle accueillit cette proposition comme elle eût accueilli toutes celles qu'on lui aurait présentées. M. Mérimée fut autorisé à écrire en son nom à M. Thiers pour l'avertir de ce qu'elle attendait de lui.

La lettre de M. Mérimée écrite sur le bureau de l'Impératrice ne parvint à M. Thiers qu'à midi, au moment où il revenait de son inspection quotidienne des fortifications.

---

(1) M. Thiers a raconté lui-même, dans sa déposition devant la commission de l'enquête du 4 septembre, sa conversation avec M. Jérôme David dans ce moment de consternation profonde : « Nous nous promenâmes bien avant dans » la nuit sur le pont de Solferino, nous perdant en réflexions désolantes sur » l'avenir qui nous attendait tous. Je voyais mon pays perdu, je voyais l'Empire perdu, mais cette chute était loin de me consoler de la chute de la France. » — » Ne vous découragez pas, me dit M. Jérôme David, vous pouvez rendre encore » de grands services à la France, il faut les lui rendre. » — « Je ne puis plus rien, fut ma réponse. De tels désastres ne se réparent pas, et je ne sais où nous serons tous dans huit jours. »

M. Mérimée, ancien orléaniste rallié à l'Empire, voyait pourtant encore de loin en loin M. Thiers; il se rendit chez lui : « L'Empereur est prisonnier, lui dit-il ; il n'y a plus qu'une femme et un enfant ! quelle belle occasion de fonder à jamais le régime représentatif en France ! » M. Mérimée, esprit peu politique, se faisait d'étranges illusions sur les préoccupations qu'un homme d'État français et patriote, comme M. Thiers, pouvait avoir en un pareil moment : il s'agissait bien vraiment de la forme du gouvernement. Chasser l'ennemi, il n'y avait pas autre chose à faire. M. Mérimée comprit bientôt au langage de son interlocuteur qu'il faisait fausse route en lui offrant en quelque sorte la succession parlementaire de M. E. Ollivier, et il se borna à le supplier de se rendre au vœu de l'Impératrice. Quels conseils donner dans un moment où, des trois questions indispensables à résoudre : entrée en communication avec le maréchal Bazaine pour s'entendre sur les opérations ultérieures, changement de ministère, abdication de l'Empereur, la première était rendue impraticable par les Prussiens, et la seconde par l'impossibilité de trouver des remplaçants aux ministres actuels; quant à la troisième, la plus essentielle de toutes en ce moment, les amis de l'Empereur pouvaient seuls en fournir la solution.

Le prince de Metternich fit auprès de M. Thiers, au nom de l'Impératrice, une démarche semblable à celle de M. Mérimée, sans plus de succès.

L'opposition, pendant ce temps-là, cherchait un homme pour le placer à la tête d'un gouvernement nouveau, et elle songeait naturellement à M. Thiers. Ce dernier, entouré par ses collègues de la gauche à son arrivée au Palais-Bourbon, fut entraîné par eux dans un des bureaux de la Chambre. Il y avait là MM. Jules Favre, Jules Simon,

Jules Ferry, Ernest Picard, Gambetta (1). « La révolution
» est inévitable, lui dirent-ils, elle est proche; le pouvoir
» doit passer en vos mains, mettez-vous à notre tête, et sau-
» vons le pays! » M. Thiers refusa. C'était au Corps législatif,
selon lui, à dénouer les difficultés de la situation en déclarant d'abord le trône vacant, et en formant ensuite une
commission de gouvernement qui essayerait de signer un
armistice avec l'ennemi, et de convoquer une assemblée
d'où sortirait le remède aux malheurs du pays. La gauche
au fond ne demandait pas autre chose. Mais comment
arracher une semblable résolution au Corps législatif?

M. Thiers, toutes les fois qu'il parlait de la nécessité de
convoquer une nouvelle assemblée, évitait de prononcer le
mot de *Constituante*. Les membres de la gauche étaient
persuadés que de la future assemblée sortirait la République
et ne songeaient guère à s'informer de son titre. En
attendant, loin de vouloir supprimer le Corps législatif, ils
avaient non-seulement proposé, dès le 9 août, de donner le
pouvoir à une commission de cette assemblée, mais encore,
le 1ᵉʳ septembre, ils avaient renouvelé cette proposition et
dressé une liste des membres de la commission sur laquelle
figuraient MM. Thiers, Schneider, Trochu, Palikao, et pas
un seul d'entre eux. Le désastre de Sedan n'était pas de
nature à modifier leur conduite et à accroître leur impatience d'arriver au pouvoir. La responsabilité de ceux qui
désormais allaient être chargés du gouvernement était si
effrayante, qu'elle ne pouvait être acceptée que comme un
acte de dévouement. Quel besoin M. Jules Favre, parvenu
au plus haut point de la popularité, et l'on peut dire de la
gloire, pouvait-il avoir d'échanger l'espèce de pontificat

---

(1) M. Jules Simon est moins affirmatif sur ce dernier dans son livre sur le
4 septembre.

de l'éloquence qu'il exerçait, contre une place, fût-elle la première dans un gouvernement de défaite? M. Jules Simon était un esprit politique trop sagace pour ne pas être parfaitement instruit de la situation morale de la population de Paris qu'il avait si longtemps étudiée et représentée; qui mieux que lui pouvait se rendre compte d'avance des dangers qui attendaient ceux auxquels les circonstances imposeraient la tâche de gouverner dans la crise terrible où se trouvait la France? Trop sûr d'arriver au pouvoir, pour avoir la moindre envie de s'en emparer brusquement, la tête pleine d'idées utiles et fécondes sur l'instruction publique, ambitieux de les appliquer, il ne se méprenait pas sur la différence existant entre le portefeuille reçu d'une assemblée régulièrement élue, et celui qu'il tiendrait de la foule à la suite d'un mouvement populaire. M. Ernest Picard, redevable de sa popularité à un parlement, n'en était point à souhaiter de recevoir d'une émeute l'investiture ministérielle promise infailliblement à son influence dans la future Chambre. M. Jules Ferry, nouveau venu dans la carrière parlementaire, avait trop de sens et d'esprit pour ne pas savoir qu'un homme de talent sait attendre son heure. M. Eugène Pelletan n'était pas moins éloigné que ses collègues de la pensée de s'emparer du gouvernement par un coup de main. Il y a, pour les esprits élevés et contemplateurs, un moment de la vie où ils aiment mieux voir passer les événements que les diriger. M. Eugène Pelletan semblait en être venu là à ce moment. M. Crémieux avait déjà fait partie d'un gouvernement provisoire. M. Glais-Bizoin n'avait jamais goûté cet honneur, mais il n'était plus dans l'âge de l'ambition fougueuse et irréfléchie. M. Emmanuel Arago s'était fait toujours remarquer par son dévouement désintéressé à l'idée républicaine, et s'il poussait à la chute de l'Empire, c'était sans l'arrière-pensée qu'elle pût l'amener un jour à siéger à l'Hôtel de Ville en qualité de membre d'un gouvernement en détresse. M. Gambetta seul, par ses antécédents, par ses relations, par la fougue de sa nature, pouvait tromper les observateurs capables de prendre l'ardeur d'un patriotisme exalté par la défaite, pour l'explosion d'une ambition impossible à contenir ; sa patience, sa modération dans ces derniers jours de l'Empire, prouvèrent que nul mieux que lui ne se rendait compte de la gravité de la situation et de la responsabilité qu'elle faisait peser sur tous. Quant à M. Garnier-Pagès, il ne se rallia que le soir du 4 septembre à ses collègues, et pour ne pas avoir l'air de les abandonner.

Ce n'est pas un mince sujet d'étonnement pour l'historien, que la façon dont le ministre de la guerre n'a cessé de présenter les faits militaires à la Chambre et au pays, dans un moment où les communications entre Paris et le reste de la France étaient encore libres. On a quelque peine à croire que quinze jours après la bataille livrée le 18 août sous Metz, la Chambre n'eût reçu d'autre renseignement officiel que les vagues paroles du général de Palikao, au sujet de corps prussiens culbutés dans les carrières de Jaumont qui n'avaient été le théâtre d'aucun événement pendant la bataille. Rien de plus vrai cependant. Ce manque de renseignements augmentait la curiosité, et la rendait fébrile. Des bruits inquiétants circulaient déjà dans la matinée du 3 septembre. Les députés s'étaient rendus de bonne heure au Corps législatif, espérant que le ministre de la guerre se montrerait cette fois plus net que de coutume. La séance ne commença qu'à trois heures. Le général de Palikao l'ouvrit en annonçant que le maréchal Bazaine, après un vigoureux combat de huit ou neuf heures, avait été obligé de se retirer sous Metz.

« Voilà la première nouvelle que je vous donne, et elle
» n'est pas bonne. Il n'est pas dit que le maréchal Bazaine
» ne pourra pas tenter de nouveau une sortie, mais celle
» qui devait aboutir à une jonction avec le maréchal Mac-
» Mahon a échoué. »

Le ministre de la guerre résume dans ces quelques mots le récit de la bataille de Sedan : « Elle a été pour nous
» l'occasion de succès et de revers. Nous avons d'abord
» culbuté une partie de l'armée prussienne en la jetant
» dans la Meuse ; mais ensuite nous avons dû, accablés par
» le nombre, nous retirer, soit sous Mézières, soit dans
» Sedan, soit même, je dois vous le dire, sur le territoire
» belge, mais en petit nombre.

» Il en résulte que la position actuelle ne permet pas
» d'espérer d'ici à quelque temps une jonction entre les
» forces du maréchal de Mac-Mahon et celles du maréchal
» Bazaine.

» Néanmoins, il y a peut-être des nouvelles un peu plus
» graves, telles que celle de la blessure du maréchal de
» Mac-Mahon qu'on fait circuler, et d'autres encore, mais
» je déclare qu'aucune n'ayant un caractère officiel n'a
» été reçu par le gouvernement. »

Le ministre, sans que lui-même paraisse se rendre compte de ce que cela veut dire, annonce qu'il va « faire appel aux forces vives du pays », et la droite d'applaudir quoiqu'elle n'en sache pas plus que le général de Palikao sur ce qu'il faut entendre par là. « La Chambre a perdu la France ! » s'écrie un député du Cher, M. Girault.

« Plus de complaisance, reprend M. Jules Favre. Il est.
» temps de dire la vérité. L'armée a été héroïque en face

» de l'ennemi, les généraux aussi. La liberté du comman-
» dement seule leur a manqué. Où en sommes-nous avec
» le gouvernement? Où est l'Empereur? Donne-t-il des
» ordres à ses ministres?...

» Non ! » répond M. de Palikao.

« Cette réponse me suffit, ajoute M. Jules Favre. Le
» gouvernement ayant cessé d'exister... » La droite et le
centre couvrent ces mots si vrais par leurs murmures.
« En toute occasion, essaye de dire M. Schneider, je de-
» vrais protester contre de telles paroles...., » M. Jules
Favre interrompt le président :

« Protestez tant que vous voudrez, protestez contre la
» défaite, protestez contre la fortune, niez les événements,
» dites que nous sommes victorieux, à la bonne heure! Ce
» qu'il faut en ce moment, c'est que tous les partis s'effa-
» cent devant un nom militaire qui représente la France
» et Paris et qui vienne prendre en main la défense de la
» patrie. Ce nom est connu, il est cher au pays, il doit être
» substitué à tous les autres, devant lui doivent s'effacer
» tous les fantômes de gouvernement, voilà le remède.
» Voilà mon vœu ! je l'exprime en face de mon pays, que
» mon pays l'entende ! »

La vacance du gouvernement se trouvait donc, pour la
première fois, publiquement constatée par M. Jules Favre.
L'orateur de la gauche, en mettant en avant le général
Trochu, ne désignait point un dictateur à la France et à la
Chambre, il leur indiquait tout simplement un homme
qui devait être le bras d'une commission de défense dont
M. Thiers serait la tête (1). La gauche comptait encore que
la Chambre reviendrait à la proposition faite le 9 août par

---

(1) *Souvenirs du 4 septembre*, par Jules Simon.

M. Jules Favre, et elle y compta jusqu'au dernier moment.

Le ministre de la guerre n'avait pas fait connaître dans toute son étendue à la Chambre le désastre de la France, mais le soir ce n'était plus un mystère pour personne, et les nombreux députés réunis dans la salle des Pas-Perdus se demandaient si le pays ne s'étonnerait pas que la Chambre ne songeât pas à se réunir dans cette fatale circonstance? Cette idée ayant été exprimée par plusieurs d'entre eux à la fois, M. de Kératry se chargea d'aller, au nom de ses collègues, la communiquer à M. Schneider. Il trouva chez le président une quarantaine de membres de la Chambre qui cherchaient à le convertir à l'idée d'une séance de nuit, et il joignit ses instances à leurs instances. M. Schneider, qui était à table pendant que ces députés se présentaient chez lui et le faisaient appeler, avait tardé fort longtemps à se rendre à leur appel; en ce moment même, il semblait écouter avec mauvaise humeur, et sans les goûter beaucoup, leurs raisons en faveur d'une séance de nuit; mais, vivement pressé, il finit par consentir à envoyer des lettres de convocation aux députés.

Les ministres, prévenus individuellement de la séance de nuit, s'en montrèrent très-vivement contrariés. Le président du conseil déclara qu'il ne s'y rendrait pas; l'alarme la plus vive régnait aux Tuileries où l'on craignait que la Chambre ne prît quelque résolution funeste à la dynastie. M. Schneider se mit aussitôt en campagne pour amener les députés à renoncer à la séance de nuit, mais les invitations étaient lancées.

L'Empire n'existait plus. Laisser pendant douze heures en suspens la question de savoir ce qu'on mettrait à sa place, c'était une grave imprudence; la droite de la Chambre le sentait, mais beaucoup de ceux qui en faisaient

partie ne pouvaient se débarrasser de certains scrupules de forme, fort singuliers dans un pareil moment. M. Buffet et ses amis, par exemple, se demandaient si l'on ne pourrait pas obtenir de l'Impératrice l'envoi au Corps législatif d'un message conçu à peu près ainsi : « Je gouverne depuis
» le départ de l'Empereur en vertu de pouvoirs délégués et
» limités, tout à fait insuffisants pour faire face aux diffi-
» cultés de la situation. Je ne puis en demander le complé-
» ment ni à l'Empereur qui a cessé d'être libre, ni au pays
» auquel il est impossible de faire appel en ce moment.
» Je remets en conséquence au Corps législatif, qui est l'é-
» manation la plus directe du suffrage universel, l'exercice
» du pouvoir exécutif en l'invitant à constituer une com-
» mission de gouvernement. Le pays sera consulté dès que
» cela sera possible. »

M. Buffet et ses amis poussaient donc sans le vouloir, ce qui est bien difficile à croire, à une révolution : au lieu de renverser l'Empire par une émeute, ils le renversaient par un coup d'État parlementaire. Pour faire face aux nécessités du moment, sans usurper et sans trahir leur serment, pour employer leur langage, ils proposaient de constituer une commission de gouvernement, or, précisément, ni l'Impératrice ni le ministère ne voulaient à aucun prix s'y résoudre. Le tiers-parti parviendrait-il à décider la régente à céder ? cela semblait douteux. L'Impératrice, on l'a vu par ses premières paroles au général Trochu, se méfiait des orléanistes autant qu'elle redoutait les républicains. Les membres du tiers-parti, pour la plupart anciens orléanistes, ne pouvaient lui inspirer une grande confiance, ils crurent néanmoins devoir hasarder la démarche, mais comme il était trop tard pour se rendre aux Tuileries et pour soumettre à l'Impératrice ce plan approuvé par M. Schneider, suspect lui-même d'orléanisme, M. Buffet et ses amis se donnèrent rendez-vous, le lendemain matin à neuf heures, à la salle des conférences, pour de là se rendre au château.

Les députés, en sortant de chez le président Schneider après avoir obtenu de lui la séance de nuit, se rendirent dans la cour dont la grille s'ouvre du côté de la place de la Concorde, pour juger de l'attitude de la foule rassemblée autour de la Chambre. M. Gambetta haranguait cette foule cramponnée aux barreaux de la grille, grimpée sur les piédestaux des statues, et n'interrompant l'orateur que pour pousser le cri : *Vive la République* ! « Citoyens, dit
» en finissant M. Gambetta, le gouvernement dont vous
» venez de prononcer le nom est celui que j'appelle de
» tous mes vœux, mais il faut s'en montrer dignes ! il ne
» faut pas qu'il soit responsable ni qu'il hérite des mal-
» heurs qui viennent de fondre sur notre patrie ! Comptez
» sur moi, comptez sur nous, personne de nous ne faillira à
» son devoir ! Il faut s'unir et ne pas faire de révolution. »

Le plus ardent des membres de la gauche se contentait donc de répudier publiquement l'héritage des fautes de l'Empire ; il songeait si peu à chasser le Corps législatif, que ses collègues s'adressaient à lui pour écarter la foule du Palais-Bourbon, et qu'il n'hésitait pas à se rendre à leur vœu. Pendant qu'il s'acquittait de cette mission difficile, un de ses collègues de la droite, M. Dréolle, s'approcha de lui pour l'informer de la convocation de la Chambre, en le priant de faire part à la foule de cette nouvelle qui la calmerait certainement. Les cris : *Vive Gambetta* ! *Vive le Corps législatif* ! retentirent en effet avec frénésie après cette communication.

Les ministres, pendant ce temps-là, étaient réunis chez

le président Schneider où plusieurs députés de la droite les entouraient et les suppliaient de consentir immédiatement à la formation d'une commission de gouvernement composée de gens sûrs qui prendrait momentanément la place de la régence, et garderait le pouvoir en dépôt pour le remettre fidèlement à l'Empereur quand le moment serait venu.

La droite considérait cependant comme « impossible que
» l'hésitation pût gagner le ministère du 10 août composé
» d'hommes énergiques, comme elle avait gagné tous les
» ministères en fonction aux époques de crise (1) ». Deux de ses membres les plus ardents (2) se rendirent à la présidence où les ministres étaient réunis. Ils firent passer leurs noms au président du conseil par un huissier. L'huissier revint suivi du ministre. « Général, lui dit l'un des députés,
» il faut absolument prendre une résolution énergique. Il
» sera trop tard demain. Paris ne peut pas se réveiller sans
» apprendre que tout est prêt pour sauver le pays. Je suis
» de ceux qui ont provoqué la réunion de la Chambre
» pour cette nuit; l'heure est venue d'entrer en séance;
» prenez une décision avec vos collègues, et dégagez la
» situation ! »

Le ministre se plaignit que, brisé de fatigue, on l'eût arraché de son lit. « Je n'ai rien de plus à faire, ajouta-t-il,
» que ce que nous avons décidé ce soir en conseil. Je re-
» grette cette réunion improvisée de la Chambre. On peut
» attendre à demain.

— » Demain ne sera-ce pas trop tard? Vous oubliez
» ce que c'est que le peuple de Paris. Vous pouvez trouver
» le Corps législatif envahi...

(1) *La journée du 4 septembre*, par Ernest Dréolle.
(2) MM. Ernest Dréolle et Calvet-Rogniat.

» J'ai des troupes pour vous défendre. Il y a 40 000 hom-
» mes prêts à marcher... (1). »

Un officier d'état-major s'approcha du ministre et lui présenta un homme qui se chargeait de traverser la place de la Concorde et d'aller au palais de l'Industrie porter l'ordre de faire sortir la cavalerie qui y était postée.

« Monsieur le ministre, continua le premier interlocu-
» teur, tout en prenant de sages précautions, n'oubliez pas
» qu'il n'y a encore dans Paris que de la tristesse et de la
» douleur. Seulement la colère peut venir, et vous la pré-
» viendrez si vous annoncez demain matin quelque résolu-
» tion énergique. »

L'autre député expliqua au général de Palikao en quoi consistait la résolution énergique qu'on attendait de lui: « Acceptez une sorte de dictature militaire. L'opinion pu-
» blique a pleine confiance en vous, l'armée vous obéit... »

Le ministre de la guerre ne parut pas goûter cette proposition; il déclara qu'il ne s'emparerait pas du pouvoir sans le consentement de l'Impératrice. Vainement les deux députés lui démontrèrent-ils qu'il ne s'agissait pas d'un coup d'État contre la Régente, mais, au contraire, de se mettre d'accord avec elle pour prévenir des désordres imminents, il leur répondit négativement, en faisant à chaque mot un pas vers la porte du salon dans lequel se trouvaient ses collègues, et où il finit par rentrer (2).

Il était une heure du matin. Les huissiers de la Chambre parcouraient les couloirs en criant : *En séance !*

Le ministre de la guerre ne tarda pas à se convaincre qu'une remise de la séance était impossble. Le président Schneider prit place au fauteuil à une heure un quart du

---

(1) *La journée du 4 septembre*, par Ernest Dréolle.
(2) *Ibid.*

matin, et après avoir annoncé au milieu d'un morne silence que sur la demande de plusieurs députés, et vu la gravité des circonstances, il a cru devoir convoquer la Chambre, il donne la parole au président du conseil. M. de Palikao monte à la tribune, et après avoir annoncé en peu de mots que l'armée a capitulé et que l'Empereur est prisonnier, il demande à la Chambre de s'ajourner au lendemain à une heure de l'après-midi. La droite répond : *Oui ! oui !* On entend une voix : « Demain il sera trop tard. »

M. Jules Favre prend aussitôt la parole :

« Si la Chambre, dit-il, est d'avis que, dans la situation
» douloureuse où nous nous trouvons, il est sage de re-
» mettre la délibération à demain à midi, je n'ai aucun
» motif de m'y opposer, mais comme nous avons à pro-
» voquer de sa part une résolution très-importante, je
» dépose notre proposition sur son bureau, sans y joindre,
» pour le moment, aucune observation.

» Nous prions la Chambre de vouloir bien prendre en
» considération la motion suivante :

» Art. 1er. — Louis-Napoléon Bonaparte et sa dynastie
» sont déclarés déchus des pouvoirs que leur a conférés la
» Constitution.

» Art. 2. — Il sera nommé par le Corps législatif une
» commission composée de.... (vous fixerez, messieurs, le
» nombre de membres que vous jugerez convenable)...
» qui sera investie de tous les pouvoirs du gouvernement,
» et qui aura pour mission expresse de résister à outrance
» à l'invasion et de chasser l'ennemi du territoire.

» Art. 3. — M. le général Trochu est maintenu dans
» les fonctions de gouverneur général de la ville de Paris. »

La Chambre écoute cette proposition en silence, aucun ministre ne proteste. M. Pinard (du Nord) seul s'écrie :

« Nous ne pouvons prendre des mesures pareilles, nous ne
» pouvons décréter la déchéance. »

Ainsi donc la Constitution de 1852, sortie du crime du 2 décembre, devait être préférée au salut de la patrie. Voilà ce que signifiaient les paroles de M. Pinard. Cependant aucun de ses collègues ni aucun ministre n'eurent le courage de se joindre à lui, et de dégager ce qui était au fond de sa pensée.

La séance est levée ; elle a duré vingt minutes. Un des membres de la majorité résume ainsi l'impression qu'il éprouve en quittant la Chambre : « Demain plus d'Empire ou un coup d'État (1). » L'idée d'un coup de force n'a donc pas cessé de hanter les partisans de l'Empire. Ils l'ont cru possible jusqu'au dernier moment.

La séance de nuit aurait attiré une foule bien plus considérable sur la place de la Concorde si elle avait été connue. Les journalistes eux-mêmes, prévenus très-vaguement, n'y assistèrent qu'en petit nombre. Les curieux qui passaient leur vie autour du Palais-Bourbon, les restes des rassemblements du boulevard, couvraient la place ; des groupes de gens appartenant à toutes les classes de la société, causant entre eux, se communiquant ce qu'ils avaient entendu dire dans la journée, et discutant les mesures à prendre pour sauver le pays, se formaient et devenaient à chaque instant plus nombreux. La nécessité de l'abdication de l'Empereur était partout proclamée, ainsi que celle de la création d'un gouvernement nouveau. Lequel? Le mot *République*, accepté avec enthousiasme dans la plupart des groupes, était accueilli avec une certaine réserve dans d'autres. La nécessité de l'union entre tous

---

(1) Déposition de M. Dréolle. (Enquête sur le 4 septembre.)

les citoyens pour sauver la patrie, voilà ce qu'on invoquait surtout. Un citoyen ayant parlé dans un groupe d'ouvriers de certains faits qui, selon eux, devaient rendre le général de Palikao suspect d'un dévouement trop absolu à l'Empire, les ouvriers lui répondirent que le général de Palikao passait pour un bon militaire, et que ce n'était pas le moment de le rendre suspect. Le langage du plus pur patriotisme était du reste le seul qu'on entendît dans ces groupes presque entièrement composés de pauvres gens, dont quelques-uns essuyaient d'un revers de main ou d'un mouchoir déchiré les larmes qui coulaient sur leurs joues amaigries.

La cavalerie sortie du palais des Champs-Élysées jeta, en débouchant sur la place de la Concorde vers une heure du matin, l'alarme et le désordre parmi les groupes. Les députés revenaient de la séance. Les ouvriers ayant reconnu à la lueur du gaz MM. Thiers et Jules Favre qui traversaient la place en voiture coururent après elle, et parvinrent à l'atteindre et à l'arrêter : « Sauvez-nous ! » Sauvez-nous ! La déchéance ! » criaient les citoyens effarés qui ouvrirent la portière. M. Thiers leur répondit : « La » déchéance est certaine, il dépend de vous de la faire pro» noncer plus tôt par votre calme. » La voiture reprit sa course. Une heure après, le pont de la Concorde, dégagé par les sergents de ville, livrait un libre passage à la circulation. Quelques groupes persistaient encore sur la place, mais comme les nuits commencent à devenir fraîches en septembre, ils finirent par se dissiper. Les grilles des Tuileries, de la place du Carrousel et du Louvre étaient fermées. Dans les cours, un silence complet. Le reste de la nuit fut calme. Les boulevards, les faubourgs, ne donnèrent presque pas signe d'agitation. Les sergents de ville occupaient leurs postes ordinaires ; les patrouilles de gardes municipaux circulaient comme d'habitude, et rien n'indiquait la moindre défaillance dans leur attitude. Peu de gens cependant dormirent dans cette nuit terrible où le désastre de la journée pesait sur le cœur de tous comme un cauchemar.

En attendant le réveil de Paris, revenons de quelques semaines en arrière pour raconter ce qui s'est passé en dehors de la Chambre.

CHAPITRE XIV

1870

LES DERNIERS JOURS DE L'EMPIRE

Sommaire. — Tactique des bonapartistes au début de la crise. — Les émeutes contre les députés de l'opposition. — Excitation contre les légitimistes. — Meurtre de M. de Monéis. — Affaiblissement de l'Empire. — Le public craint un coup d'État. — Le gouvernement y songeait-il sérieusement ? — Il y songeait. — Preuves à ce sujet. — Arrivée du général Trochu à Paris. — Surprise et mécontentement que cause sa nomination à l'Impératrice et au ministère. — Le général Trochu aux Tuileries. — L'Impératrice propose de rappeler les princes d'Orléans. — Le général Trochu voudrait donner sa démission. — Il y renonce. — Il lit sa proclamation à l'Impératrice. — Elle fait effacer le nom de l'Empereur. — Effet de cette omission sur l'opinion.

Le bonapartisme, dès le début de la crise, fit l'essai de la tactique audacieuse à laquelle il a encore recours aujourd'hui, et qui consiste à rendre responsables de nos désastres les membres de l'opposition qui ont, disent-ils, forcé l'Empereur à faire la guerre en lui refusant en même temps les moyens de la soutenir ; déjà des faits graves démontraient que cette tactique n'était pas sans produire de l'effet sur les populations ignorantes de certains départements. Deux députés de la Somme appartenant au centre gauche, M. d'Estourmel et M. d'Hésecques, avaient été accueillis en se rendant chez eux après la session, par les huées de la foule qui bientôt menaça de brûler l'hôtel où M. d'Estourmel était descendu. Il essaya de retourner au chemin de fer ; la police, pendant le trajet, eut grand'peine à le protéger contre la foule qui se ruait sur son escorte aux cris : A mort ! A mort le renégat ! Réfugié enfin dans la gare, il en repartit avec un train de marchandises.

M. d'Hésecques, plus heureux, en fut quitte pour entendre le mot de traître retentir partout sur son passage.

Les bonapartistes, non contents de poursuivre de leurs calomnies les députés de l'opposition, signalaient à la haine des populations rurales les membres de certaines classes de la société qui ne s'étaient pas ralliés à l'Empire, et les accusaient de faire en secret des vœux pour les Prussiens. Les nobles devenaient, dans plusieurs départements, l'objet quotidien des menaces des paysans fanatisés. M. de Monéis se promenant sur le champ de foire de Haute-Faye, commune de la Dordogne, rencontre une troupe de paysans; un jeune homme qui marche en tête de la bande s'écrie en le désignant : « Voilà encore un de ces riches qui en- » voient les autres se battre à leur place, et qui restent chez » eux quand nous sommes obligés de partir. » M. de Monéis déclare qu'il ira se battre comme les autres. La bande répond qu'il ment, et veut le forcer à crier : Vive l'Empereur ! Sur son refus, vingt individus tombent sur lui; il se réfugie sur un toit, on l'y poursuit, on l'en arrache, et on l'assomme à coups de bâton, à coups de pied et à coups de poing. Il tombe, on le traîne à demi mort dans une mare presque tarie, on le couvre de fagots; ses assassins poussent la férocité jusqu'à y mettre le feu, et il est brûlé vif au cri de : Vive l'Empereur !

La chute de M. E. Ollivier n'avait surpris ni affligé personne; il n'emportait rien avec lui, pas même l'Empire libéral auquel on ne croyait plus. Si quelques personnes conservaient encore des doutes à cet égard, elles durent les perdre en voyant à quels hommes l'Empereur faisait appel dans ce moment de crise. On a vu comment le cabinet était composé. Aucun ministère n'avait présenté cette homogénéité : il se composait uniquement de créatures personnelles de l'Empereur : Le général comte de Palikao, président du conseil, ministre de la guerre, avait failli amener un conflit grave entre le Corps législatif et l'Empereur qui avait presque compromis, pour lui, sa prérogative (1). M. Chevreau, ministre de l'intérieur, se posait comme le serviteur particulier et comme le confident de l'Impératrice; M. Magne restait au ministère des finances ce qu'il était, l'ancien complice de l'Empire; M. Grandperret, signalé par l'ardeur de son impérialisme, en recevait la récompense avec le titre de ministre de la justice; M. Clément Duvernois, tiré du néant par l'Empereur, lui devait tout : son siége au parlement, son portefeuille de ministre, sans compter des largesses souvent renouvelées; M. Jérôme David était un des pensionnaires les plus généreusement traités de la liste civile. Quel autre motif que le dévouement le plus absolu pouvait pousser un manufacturier comme M. Brame, complétement étranger aux questions universitaires si complexes, si délicates, à se charger du ministère de l'instruction publique?

L'Empire n'en croulait pas moins pierre par pierre; sa chute était désormais certaine; on pouvait même déjà se demander s'il y avait encore un gouvernement impérial; n'avait-il pas été en quelque sorte déclaré déchu par M. Jules Favre le jour où il proposa la formation d'un comité de quinze membres nommés par le Corps législatif et investi des pleins pouvoirs pour repousser l'invasion étrangère? L'Empereur n'était-il pas atteint par la proposition de M. de Kératry, demandant la mise en accusation du maréchal Le Bœuf? Accuser son chef d'état-major n'était-ce pas

---

(1) En se voyant obligé de retirer un projet de loi pour accorder au général de Montauban une dotation de 30 000 francs par an. Ce dernier avait touché 500 000 francs sur l'indemnité de guerre payée par la Chine (voyez Trochu).

mettre en accusation l'Empereur lui-même? Déclarer, comme le général de Palikao l'avait fait à la Chambre, pour ainsi dire sur l'injonction générale, que l'Empereur n'exerçait aucune espèce de commandement à l'armée, n'était-ce pas le dépouiller d'une des plus importantes prérogatives que lui assurait la Constitution ?

L'affaiblissement progressif de l'Empire ne pouvait échapper à ses partisans. Quels remèdes y voyaient-ils? celui d'un coup d'État. M. Granier de Cassagnac avait menacé les trente-deux signataires de la proposition de M. Jules Favre de les envoyer le soir même devant un conseil de guerre. Cette menace raviva dans le public l'idée que l'Empire ne reculerait pas, pour se maintenir, devant l'emploi des moyens qui avaient servi à le fonder. Il est certain que le gouvernement, dès le lendemain du plébiscite, avait songé, dans la prévision de la guerre, à un coup d'État dont la première victoire sur les Allemands devait donner le signal. Des listes de proscription préparées par les préfets ont été retrouvées à Lyon le 4 septembre, à demi-consumées dans la cheminée du préfet (1), et à Dijon sur la table même que le préfet venait de quitter à l'approche des nouveaux représentants de l'autorité. Déjà, dans les premiers jours du mois d'août, le bruit d'un coup d'État s'était répandu dans les départements, notamment dans ceux de l'Ouest, et certains mouvements de police dans les grands centres lui donnaient beaucoup de vraisemblance (2).

(1.) *Ce que serait un nouvel empire*, par Carnot.
(2) MM. Jérôme David et Clément Duvernois, dans leur déposition devant la Commission d'enquête du 4 septembre, font allusion à ce bruit. L'un parle d'arrestations projetées, de mesures de force, avec une nuance très-marquée de regret qu'on n'y ait pas donné suite; l'autre, en se défendant d'avoir approuvé ces mesures, prouve qu'il en a été question au conseil.

Les autorités civiles, judiciaires et militaires s'y seraient-elles associées comme au 2 décembre? Cela est fort douteux; les hommes qui n'écoutent pas la voix de la conscience obéissent à celle de l'intérêt, et ne se compromettent pas pour un gouvernement à la veille de sa chute.

Si la population accueillit la nomination du général Trochu au poste de gouverneur de Paris avec satisfaction, il n'en fut pas de même de la cour, quoique l'Impératrice eût eu déjà la pensée, quelques jours auparavant, de l'appeler dans ses conseils. Le chef du précédent ministère, s'apercevant de l'insuffisance du ministre de la guerre, avait écrit à l'Empereur : « Dejean n'inspire confiance à
» personne dans le public; il est probable que si nous ne
» prenons pas l'initiative, la Chambre le renversa. Je
» demande à Votre Majesté de m'autoriser à signer en son
» nom le décret qui nomme Trochu. L'effet d'opinion sera
» infaillible. »

M. E. Ollivier, M. Schneider et l'amiral Jurien de la Gravière, au nom de l'Impératrice et de plusieurs députés, sans attendre la réponse de l'Empereur, avaient fait des démarches auprès du général Trochu, qui refusa d'accepter le ministère à moins d'être autorisé, pour dégager sa responsabilité dans l'avenir, à dire hautement son opinion sur les erreurs et les fautes du gouvernement dans le passé, et pour prouver, comme il le dit lui-même, que s'il se donnait, au moins il ne se vendait pas.

M. Schneider et M. E. Olivier rendirent compte du résultat de leurs démarches auprès du général Trochu, dans une séance du conseil, en ajoutant que la condition mise par lui à son entrée au ministère ne leur permettait pas de conseiller à l'Impératrice de recourir à ses services. Le nom du général Trochu cessa donc d'être prononcé comme ministre de la guerre. Il n'en fut plus question que pour le commandement d'un corps d'observation sur la frontière des Pyrénées, ensuite pour le commandement du corps d'expédition dans la Baltique, et enfin pour celui d'un corps en formation à Châlons. On a vu comment sa destination fut encore une fois changée à Châlons même, et cette fois pour toujours.

Le général Trochu, improvisé pour ainsi dire gouverneur de Paris, partit de Châlons le soir du 17 août avec le général Schmitz, son chef d'état-major. Retenu à Épernay par le passage d'un nombre infini de wagons chargés de gabions et de matériel pour le siége de Mayence, il eut l'idée de profiter de ce retard pour rédiger sa proclamation à la population de la capitale. Après l'avoir écrite sur ses genoux, il en donna lecture au général Schmitz; celui-ci sur les premiers mots : « Je suis nommé gouverneur de Paris, » lui fit remarquer que, venant d'être appelé par l'Empereur à ce poste, il était convenable qu'il fît figurer son nom dans sa proclamation. « C'est trop juste », reprit le général Trochu ; et il reprit son crayon pour ajouter ces mots : « *Nommé par l'Empereur* gouverneur de Paris ».

Le général Trochu, en arrivant à Paris vers onze heures du soir, se rendit immédiatement avec son chef d'état-major et ses aides de camp chez le ministre de l'intérieur. M. Chevreau travaillait dans son cabinet avec deux de ses directeurs, lorsqu'on lui annonça la visite de plusieurs officiers arrivant de Châlons. Il les reçut immédiatement. Le général Trochu lui apprit qu'il était nommé gouverneur de Paris et chargé du commandement de toutes les forces, garde nationale et armée, destinées à concourir à la défense de la capitale.

M. Chevreau, peu préparé à cette nouvelle, ne put s'empêcher d'en manifester son étonnement. Le général Trochu lui fit part alors de cette lettre de l'Empereur :

« Camp de Châlons, 17 août 1870.

» Mon cher général,

» Je vous nomme gouverneur de Paris et commandant en chef de toutes les forces chargées de pourvoir à la défense de la capitale. Dès mon arrivée à Paris, vous recevrez notification du décret qui vous investit de ces fonctions ; mais, d'ici là, prenez sans délai toutes les dispositions nécessaires pour accomplir votre mission.

» Recevez, mon cher général, l'assurance de mes sentiments d'amitié.

» Napoléon. »

« Je reconnais l'écriture de l'Empereur, dit le ministre
» visiblement contrarié, et comme le conseil des ministres
» se réunit tous les matins, je ferai part de cette nouvelle
» à mes collègues. »

Le général reprit : « Ma nomination doit paraître immé-
» diatement au *Journal officiel*. Je ne précède l'Empereur
» que de quelques heures. »

M. Chevreau, cette fois, témoigna plus que de la surprise. « Le décret de l'Empereur n'est pas contresigné
» par un ministre, dit-il, et cela regarde le ministre de la
» guerre ; mais la chose est assez grave pour que je prenne
» les ordres de l'Impératrice régente ; nous nous rendrons,
» si vous voulez, auprès d'elle. »

Ils montèrent en voiture et arrivèrent aux Tuileries à une heure et demie du matin. L'Impératrice, prévenue de leur présence, se leva, et, quelques minutes après, ils entrèrent dans son cabinet. Le général Schmitz et les deux aides de camp du général Trochu attendirent dans le salon en compagnie de MM. Piétri et Conneau.

Le mécontentement produit sur M. Chevreau par la nouvelle du retour de l'Empereur ne fut pas moins vif chez l'Impératrice. Son opinion, partagée par tous les serviteurs intimes de l'Empereur, était qu'il ne pouvait pas rentrer à Paris sans péril, non-seulement pour sa vie, mais encore pour son honneur. Ils éprouvaient « le plus vif désir » qu'il prît part à une grande bataille, sûrs qu'il saurait y » prendre sa place (1) ». L'Impératrice s'avançant vers le général Trochu, et lui donnant une poignée de main fiévreuse, commença l'entretien par ces paroles singulières : « Général, je vous demande un conseil, ne faut-il pas rap- » peler les princes de la maison d'Orléans? » Ironie ou piége, la demande était blessante; elle ajouta : « Les » hommes qui ont conseillé à l'Empereur de rentrer à » Paris sont ses ennemis. — Alors, Madame, le prince » Napoléon et moi et tous les conseillers dont l'Empereur » s'est entouré à Châlons, nous sommes les ennemis de » l'Empereur. » Un silence glacial fut la seule réponse de l'Impératrice. Le général Trochu comprenant tout ce que cet accueil lui présageait d'obstacles et de difficultés dans l'accomplissement de son difficile mandat, eut l'idée de remettre immédiatement sa démission à l'Impératrice. Il y renonça, car on était à un de ces moments où personne ne doit quitter son poste.

L'Impératrice avait envoyé chercher dans son appartement l'amiral Jurien de la Gravière, aide de camp de l'Empereur, qui connaissait le général Trochu et qui avait même, comme on l'a vu, été chargé de le sonder relativement au ministère. La conversation entre l'Impératrice, le général Trochu, M. Chevreau et l'amiral Jurien dura longtemps. Le général Trochu peignit la situation sous des couleurs sombres. L'Impératrice se taisait et paraissait distraite; il

---

(1) Déposition de l'amiral Jurien de la Gravière (procès du général Trochu au journal le *Figaro*).

semblait qu'avant d'autoriser M. Chevreau à porter le décret de l'Empereur chez le ministre de la guerre pour lui demander son contre-seing, elle hésitât, et qu'elle attendît non-seulement que le général Trochu lui eût donné des assurances de dévouement, mais encore que l'amiral Jurien de la Gravière lui eût certifié qu'elle pouvait s'y fier. M. Chevreau, après avoir plus d'une fois consulté l'Impératrice du regard, partit enfin pour se rendre chez le général de Palikao. La conversation entre l'Impératrice et le général Trochu reprit; on parla de la nécessité pour l'Empereur d'abandonner un camp de plaisance où il était exposé à être enlevé par un parti de cavalerie, et du bon effet que pouvait produire son retour à Paris. « Nous avons
» des nouvelles de la grande, de la mémorable bataille du
» 16 août, le maréchal Bazaine est victorieux à Rezonville !
» s'écria l'Impératrice qui venait de recevoir la dépêche,
» l'Empereur n'a plus besoin de revenir. » Le général Trochu, après avoir lu cette dépêche, reconnut en effet que le maréchal Bazaine était victorieux, mais que cependant il était arrêté, et que cela devait empêcher l'Empereur de revenir sur la détermination prise.

M. Chevreau et le général Schmitz qui s'étaient rendus chez le ministre de la guerre, le trouvèrent couché ; M. Chevreau le fit réveiller et lui remit le décret de l'Empereur. Il le froissa un moment entre ses doigts, mais il finit pourtant par le signer.

Il ne restait plus au général Trochu qu'à lire sa proclamation à l'Impératrice. Elle l'arrêta dès la première phrase. « Il faut, dit-elle, avoir de certains ménagements dans » les circonstances présentes ; je crois inutile que le nom de » l'Empereur figure là. » L'Impératrice prononçait elle-même la déchéance de son mari. Le gouvernement, depuis

Reichshoffen, ne prononçait déjà plus le nom de l'Empereur devant le Corps législatif (1). Le général Trochu supprima la phrase, et la proclamation parut le lendemain sans faire mention du nom de l'Empereur, ce qui frappa singulièrement les esprits.

Le général Trochu en annonçant le 18 août, dans cette proclamation à la population, sa nomination au poste de gouverneur de Paris, lui demandait son concours pour le maintien de l'ordre : « J'entends par là non-seulement le
» calme de la rue, mais le calme de vos foyers, le calme de
» vos esprits, la déférence pour les ordres de l'autorité res-
» ponsable, la résignation devant les épreuves inséparables
» de la situation, et enfin la sérénité grave et recueillie
» d'une grande nation militaire qui prend en main sa des-
» tinée avec une ferme résolution, dans une circonstance
» solennelle.

» Et je ne m'en référerai pas, pour assurer à la situation
» cet équilibre si désirable, aux pouvoirs que je tiens de
» l'état de siége et de la loi. Je le demanderai à votre
» patriotisme, je l'obtiendrai de votre confiance, en mon-
» trant moi-même à la population de Paris une confiance
» sans limites. »

Cette proclamation, d'un ton si généreux, contenait en outre ce passage : « Je fais appel au dévouement des
» hommes de tous les partis ; je leur demande de contenir
» par l'autorité morale les ardents qui ne sauraient pas se
» contenir eux-mêmes, et de *faire justice par leurs propres*
» *mains* de ces hommes qui ne sont d'aucun parti, et qui
» n'aperçoivent dans les malheurs publics que l'occasion
» de satisfaire des appétits détestables. » Les mots soulignés

---

(1) Le nom de Napoléon III fut définitivement rayé des actes officiels à partir du 3 septembre.

furent l'objet d'une demande d'explication de la part de plusieurs journaux. Le général Trochu leur répondit à tous par une lettre adressée au *Temps*, et dans laquelle, après avoir fait remarquer que le tort de tous les gouvernements avait été de négliger la force morale, il ajoutait : « L'idée de
» maintenir l'ordre par la baïonnette et par le sabre dans
» Paris livré aux plus légitimes angoisses et aux agitations
» qui en sont les suites, me remplit d'horreur et de dégoût ;
» mais il peut arriver que Paris aux prises avec les épreuves
» du siége soit livré à cette classe spéciale de gredins qui
» n'aperçoivent dans les malheurs publics que l'occasion de
» satisfaire des appétits détestables. Ceux-là, j'ai voulu re-
» commander aux honnêtes gens de leur mettre la main au
» collet en l'absence de la force publique qui sera aux
» remparts, et voilà tout. »

Ce langage d'un honnête homme rassura l'opinion publique, et parut le comble de l'hérésie aux Tuileries où les séances du conseil devenaient de plus en plus fréquentes et de plus en plus orageuses : il y en avait quatre ou cinq par jour. Les discussions entre le ministre de la guerre et le gouverneur de Paris, sur des conflits d'attribution, en remplissaient une partie. La cour affectait de considérer les gardes nationaux mobiles comme les soldats d'une sorte de garde prétorienne que le général Trochu formait à Paris pour s'emparer de la dictature ; à chaque instant elle réclamait leur éloignement, et montrait des craintes plus vives pour la sécurité de la régence. La proclamation du général Trochu, et surtout sa lettre au *Temps*, lui fournissaient une occasion trop belle de lui témoigner ses appréhensions, pour qu'elle la laissât échapper. Il est certain que le système consistant à substituer la force morale à la force matérielle, à remplacer la contrainte par le libre consentement, devait paraître incompréhensible aux auteurs du coup d'État du 2 décembre, plus que suspectés d'en rêver un autre, mais il n'avait pourtant rien d'extraordinaire. Les hommes ont toujours été gouvernés par deux principes : la force matérielle ou la persuasion. Là où la première manque, la seconde est seule capable de maintenir l'ordre dans la société. La force morale a sans doute quelquefois besoin de l'appui de la force matérielle, mais le plus souvent c'est dans les moments où la force matérielle lui est le plus nécessaire qu'il faut qu'elle apprenne à s'en passer. La France était dans un de ces moments. M. Rouher avait beau dire d'un ton pédant au général Trochu : « Il faut arriver à des considérations » pratiques; quelles mesures comptez-vous prendre pour » maintenir l'ordre? » On pouvait pour toute réponse lui demander, dans le cas où la population parisienne apprenant d'heure en heure une nouvelle défaite, irait de revers en revers jusqu'à la révolte, où étaient les canons et les soldats pour la mitrailler?

Le peuple, heureusement, restait calme, sourd aux suggestions des agitateurs. Cependant une bande de soixante à quatre-vingts individus armés de revolvers et de poignards s'était jetée, le dimanche 14 août, vers quatre heures de l'après-midi, sur le poste des pompiers du boulevard de la Villette, avait tué le factionnaire ainsi qu'un de ses camarades, et enlevé quatre fusils au poste. Les sergents de ville accourus reçurent une décharge qui blessa trois d'entre eux et tua une petite fille de cinq ans. Les gens de la bande n'attendirent pas, pour s'enfuir, l'arrivée d'un escadron et d'une compagnie de la garde de Paris. Une cinquantaine d'individus furent arrêtés sur le lieu même de l'échauffourée et dans les environs. La police prit, une heure après, sur le boulevard Saint-Michel deux étudiants, l'un d'eux, nommé Eudes (1), était armé d'un pistolet et d'un poignard. Parmi les spectateurs de ce drame, plus d'un y aurait peut-être pris part, s'il n'avait été témoin de la réprobation unanime excitée par les émeutiers. Commettre des actes de guerre civile dans un pareil moment, s'attaquer au corps le plus populaire et le plus respecté de la garnison de Paris, ne pouvait être que l'acte de fous ou de gens soudoyés par les Prussiens.

Le gouvernement, si confiant dans la force matérielle, renait des mesures bizarres pour s'en assurer l'usage; 'est ainsi que Paris se vit un beau matin inondé de pompiers « appelés de tous les départements pour tenir en échec les passions politiques qui s'agitaient dans certaines régions de la société. Comme les corps des pompiers sont formés de sujets laborieux, honnêtes, exercés au maniement des armes, nous pensions pouvoir nous en servir comme opposants aux agitations révolutionnaires (2) ».

Le fameux préfet Janvier de la Motte, qui s'intitulait lui-ême « le père des pompiers », présidait à l'installation e ces braves gens, et réglait leur menu. L'idée de confier 'Empire expirant à la garde des pompiers de France 'eut pas de suite; le général Trochu les fit rentrer dans urs foyers sur lesquels ils ne cessaient de porter des egards d'envie et de regret. On lui en fit un crime à la our, et l'on prétendit qu'il éloignait le corps dévoué des ompiers pour laisser la garde mobile maîtresse du terrain, t libre désormais de se jeter sur les Tuileries.

Le départ des pompiers n'exerça aucune influence fâ-euse sur la tranquillité publique, la population ne mon-

---

(1) Plus tard chef des fédérés ; pris et fusillé par les troupes de Versailles.
(2) Déposition de M. Jérôme David dans l'enquête sur le 4 septembre.

tra jusqu'au 3 septembre aucun symptôme sérieux d'agitation. Ce jour-là, le ministre de l'intérieur, M. Chevreau, en sortant de la Chambre vers cinq heures du soir, se rendit chez l'Impératrice pour lui faire part, comme d'habitude, de ce qui s'y était passé. Des dépêches de sous-préfets et de maires lui annonçaient que dans les arrondissements des environs de Sedan passaient à chaque instant des troupes sans chef et des soldats débandés; M. le ministre de l'intérieur avait le pressentiment d'une grande catastrophe dont l'Impératrice aurait peut-être reçu la nouvelle. Il rencontra en entrant dans le couloir qui précède les appartements particuliers, le directeur des lignes télégraphiques : celui-ci avait à la main une dépêche de l'Empereur à l'Impératrice, mais n'osait pas la faire passer par l'aide de camp de service. « Prenez-en connaissance, dit-il
» au ministre, et allez, selon que vous le jugerez conve-
» nable, prévenir Sa Majesté. » C'était la dépêche de Sedan.

L'Impératrice la lut, et ordonna à M. Chevreau de convoquer le conseil des ministres. La convocation fut faite immédiatement, et M. Chevreau demanda à l'Impératrice l'autorisation de porter lui-même, au nom du gouvernement, la dépêche de l'Empereur au général Trochu.

La nouvelle du désastre de Sedan ne tarda pas à se répandre d'une façon, il est vrai, encore assez vague. Les hommes qui poussaient au renversement immédiat de l'Empire ne pouvaient manquer d'essayer d'en profiter pour soulever les masses. C'est à grand'peine pourtant qu'ils parvinrent à former une bande de deux à trois cents individus, et à la jeter sur le poste de police situé vis-à-vis du théâtre du Gymnase. Les sergents de ville qui l'occupaient firent bonne contenance et, par une sortie hardie, dispersèrent les assaillants et leur firent de nombreux prisonniers. Une autre troupe qui n'était guère plus nombreuse, fut mise en fuite un peu plus tard sur le boulevard Montmartre. Quelques mobiles du camp de Saint-Maur en faisaient partie. L'un d'eux reçut une blessure ; la bande fort grossie en route par les curieux, s'en empara et le transporta au Louvre, en demandant vengeance. Les mobiles criaient plus fort que tous les autres. Le général Trochu descendit, les harangua, et les fit reconduire par un lieutenant au camp de Saint-Maur.

Le Louvre, où se trouvaient les appartements du gouverneur de Paris, était comme une sorte de forum vers lequel les députations ne cessaient d'affluer, tantôt pour demander les armes, tantôt pour s'informer des événements, tantôt pour se plaindre de tel ou tel fonctionnaire. La foule plus considérable encore que de coutume, qui, ce soir-là, se pressait à l'entrée du Louvre, cherchait à pénétrer dans la cour en criant : Trochu dictateur ! Le gouverneur de Paris détache un de ses aides de camp pour demander aux gens formant le rassemblement de désigner des délégués qui lui feront connaître ce qu'ils désirent. Quinze individus désignés par leurs camarades montent chez le général, les uns paraissent plongés dans une désolation et dans un désespoir profonds, les autres sont en proie à une espèce de fureur patriotique ; en entrant, ils demandent si la nouvelle du désastre de Sedan est vraie. Le général Trochu ne peut leur cacher la vérité.

« Eh bien ! lui disent-ils, prenez tous les pouvoirs concernant la défense nationale. » Le général Trochu leur répond : « J'ai été chargé d'organiser la défense de Paris, et j'ai la confiance qu'avec vous elle sera suprême. Je ne puis accepter d'autres pouvoirs que ceux qui m'ont été confiés, et je ne consentirai jamais à en devoir à la

» violence. Le peuple de Paris doit en ce moment se dis-
» tinguer par son calme et n'avoir d'autre devise que :
» Concorde et patriotisme. »

Les députations se succèdent sans interruption dans la soirée ; toutes demandent la déchéance de l'Empereur, et des armes.

Le gouvernement comptait trop peu sur la force morale, pour ne pas chercher à s'assurer la force matérielle. La crise approchant, la première chose à laquelle il songea fut d'annuler l'autorité du général Trochu. Le général Soumain, commandant la place de Paris, et comme tel soumis à l'autorité du gouverneur de Paris, reçut le 3 septembre, du ministre de la guerre, l'injonction de ne recevoir d'ordre que de lui, et de ne faire de rapports qu'à lui.

« Paris, le 3 août 1870.

» Mon cher général,

» Je sais d'une source certaine qu'une manifestation se prépare pour ce soir dans Paris.

» Cette affaire étant entièrement en dehors de la défense de Paris, veuillez me faire savoir directement les mesures que vous aurez prises pour assurer la tranquillité publique. Vous recevrez également mes ordres directement pour la répression des désordres, s'il s'en produit.

» Le général Mellinet sera également prévenu par vous, et il sera à votre disposition avec les dépôts de la garde.

» Agréez, mon cher général, la nouvelle assurance de mes sentiments affectueux et de haute considération.

» Palikao. »

Le général Soumain crut devoir communiquer au général Trochu cette lettre qui le destituait en quelque sorte, et le réduisait au rôle de commandant des forts. Le général Trochu paraissait bien décidé cette fois à ne pas subir cet amoindrissement, et à donner sa démission. Il y était fort poussé par ses amis et par les personnes qui l'entouraient. La réflexion le fit changer d'avis, et cette fois encore il crut devoir, par des motifs analogues à ceux qui l'avaient fait rester une première fois à son poste, éviter une rupture publique avec le gouvernement qui, dans les circonstances présentes, pouvait avoir de si terribles conséquences.

Qu'avait fait le conseil des ministres dans sa séance du soir? Rien. Quoique la nouvelle officielle de la défaite de l'armée et de la capture de l'Empereur à Sedan lui eût été communiquée, il ne se demanda pas un seul instant si la démission de l'Impératrice comme régente et la formation d'une commission de gouvernement n'étaient pas deux actes impérieusement commandés par la situation. Les ministres, avec l'assentiment de M. Schneider, décidèrent en revanche que la Chambre ne tiendrait pas de séance de nuit, « pour donner au ministère le temps de la réflexion », que toutes les troupes levées en province seraient dirigées sur Paris, et qu'on formerait une armée de 300.000 hommes derrière la Loire. Il fallait pourtant bien dire quelque chose à la France. Le ministère décida qu'il lui adresserait une proclamation. M. Clément Duvernois se chargea de consoler et de raffermir cette grande et malheureuse nation blessée au cœur.

On a vu au chapitre précédent comment s'écoula cette nuit du 3 au 4 septembre, il ne nous reste plus qu'à faire le récit de cette journée.

CHAPITRE XV

1870

LE 4 SEPTEMBRE

SOMMAIRE. — Matinée du 4 septembre. — État moral de la population. — Hésitation du parti de l'action. — La préfecture de police. — Les Tuileries. — Le Corps législatif. — La salle des Pas-Perdus. — Dispositions des partis. — L'extrême droite. — La droite. — Le centre gauche. — L'extrême gauche. — La Régence. — Aspect de la Chambre. — Les tribunes. — On perd un temps précieux. — M. Schneider en conférence chez lui avec les ministres. — On le presse d'ouvrir la séance. — Arrivée de M. Thiers. — Les députés de la droite l'engagent à prendre la direction des affaires. — M. Schneider se décide à monter au fauteuil. — Les trois propositions. — Elles sont renvoyées à l'examen des bureaux. — Interruption de la séance. — Lenteur de la délibération dans les bureaux. — La place de la Concorde. — Premier envahissement de la Chambre à l'intérieur. — Reprise de la séance. — Tumulte apaisé par M. Gambetta. — Les envahisseurs demandent la déchéance. — M. Gambetta, après avoir essayé de leur faire prendre patience, est obligé de la prononcer. — La foule commence à réclamer la proclamation de la République. — Ovation à M. Jules Favre et à M. Gambetta. — M. Jules Favre à la tribune. — Les cris en faveur de la République redoublent. — M. Jules Favre descend de la tribune. — M. Gambetta propose de se rendre à l'Hôtel de Ville pour proclamer la république. — La masse des envahisseurs se décide à l'y suivre.

Paris se leva morne et désolé après une nuit de la plus cruelle insomnie. Un désespoir mêlé de stupeur était le sentiment dominant de son immense population. Personne ne songeait au gouvernement, il semblait avoir disparu. L'idée d'engager une lutte peut-être sanglante pour hâter sa chute certaine comptait peu d'approbateurs même parmi les chefs du parti de l'action. Le parti républicain commençait à comprendre qu'on ne fonde rien sur la violence; il lui répugnait de commettre sur la représentation nationale, quelque viciée qu'elle fût dans son origine par la candidature officielle, un attentat semblable à celui qu'on reprochait depuis dix-huit ans au gouvernement près de succomber.

Les anciens proscrits, les anciens transportés, les clubistes, les membres des sociétés secrètes, les clients des
chefs de faction, qui aspiraient avant tout à prendre une
revanche du 2 décembre, n'étaient pas sans doute restés
inactifs, mais ils ne formaient pas une phalange assez
nombreuse et ayant assez d'autorité morale pour communiquer à une population accablée par le désastre
qu'elle avait appris vaguement la veille et dont elle recevait la confirmation, la force de faire une révolution. Qui
sait même si, montant à cheval et parcourant tous les quartiers d'une ville qui contenait près de cent mille plébiscitaires
et un peuple de femmes faciles à émouvoir, l'Impératrice,
en prenant la parole comme mère, n'eût pas réussi à rallier
une partie de la population autour de la souveraine?

Ce qu'il y a de sûr, en tout cas, c'est que si le Corps
législatif, ouvrant sa séance à huit heures du matin, avait
permis qu'à dix heures l'adoption de la proposition de
M. Thiers et la liste d'un gouvernement dont il aurait fait
partie fussent affichées dans Paris, la Chambre n'aurait
pas certainement été envahie; la population n'en demandait pas davantage, on était effrayé plutôt que désireux de
faire une révolution.

Le gouvernement, du reste, avait l'air décidé à ne pas
abandonner la partie; la préfecture de police, qui devait
être un des centres de résistance en cas d'attaque révolutionnaire, avait été occupée pendant la nuit par une
garnison de sergents de ville. M. Piétri, préfet de police,
convoqua dès le matin tous les chefs de service dans
son cabinet, et leur demanda si le gouvernement pouvait
compter sur eux (1). La réponse fut très-chaleureuse et

(1) Déposition de M. Bellanger, commissaire de police, dans l'enquête du
septembre.

très-affirmative. M. Piétri s'occupa ensuite de la protection du Corps législatif. Il fit placer le gros des forces de la préfecture de police autour du Palais-Bourbon et particulièrement sur le pont de la Concorde, dont la défense fut spécialement confiée aux sergents de ville. Le préfet de police envoya sur ce point quatre commissaires de police choisis parmi les meilleurs, des gardes de Paris à pied et à cheval, au nombre de 800, tous hommes d'élite, sans compter les officiers, les chefs de service civils et environ 200 inspecteurs (1). Ces forces prirent position, à dix heures du matin, à côté des troupes de ligne et de la gendarmerie départementale qui occupait la place de Bourgogne où se pressait déjà une certaine foule, et la place de la Concorde où quelques groupes se faisaient remarquer par une assez grande effervescence.

Le ministre de l'intérieur ne donna pas signe de vie de toute la journée, quoiqu'il eût reçu, à onze heures du matin, un télégramme annonçant que la garnison de Lyon fraternisait avec le peuple et que la seconde ville de France avait proclamé la République. Le ministre de la guerre ne paraissait nullement se douter des dangers qui pouvaient menacer, d'un moment à l'autre, le trône impérial, quoiqu'il eût jugé à propos de concentrer en ses mains tous les pouvoirs militaires. Quant au gouverneur de Paris, la lettre adressée la veille par le ministre de la guerre au général commandant la place de Paris ne lui laissait aucun rôle important à remplir.

La nuit avait été fort calme aux Tuileries, gardées par les soldats des dépôts des régiments de la garde. L'Impératrice entendit la messe en se levant et visita l'ambulance

(1) Précaution bien inutile. M. Piétri, leur chef, était à trois heures et demie sur la route de Belgique, et il ne restait plus personne à la préfecture de police.

établie au château. Le conseil des ministres, réuni sous sa présidence, à sept heures du matin, ne prit aucune décision importante, si ce n'est celle de maintenir la proposition dont il avait été question la veille dans la séance de nuit du Corps législatif.

Si des événements graves devaient avoir lieu, le Corps législatif ne pouvait manquer d'en être le principal théâtre. La nouvelle de la proclamation de la République à Lyon, connue à midi des officiers et des soldats de garde au Palais-Bourbon, avait augmenté l'impression produite sur eux par la capitulation de Sedan et les rendait moins capables d'enlever et d'entraîner leurs troupes qui n'étaient, du reste, qu'un « ramassis de jeunes soldats sachant à peine tenir une arme » (1). Les gardiens du Corps législatif savaient depuis plusieurs jours que ces recrues ne se battraient pas. Les questeurs de la Chambre en étaient également informés. Le général Lebreton, l'un d'eux, fit part de ses inquiétudes au ministre de la guerre; le général de Palikao lui répondit : « Vous pouvez être tranquille ; j'ai » là 25 000 hommes qui vous gardent. Vous n'avez rien à » craindre (2). » M. Hébert, l'autre questeur, se rendit auprès du général Soumain, commandant de la place, qui lui tint le même langage. Le ministre de la guerre et le général Soumain ignoraient-ils donc qu'au moment où ils donnaient ces assurances aux questeurs, les soldats, du haut des fenêtres de la caserne Napoléon, répondaient par le cri : Vive la République ! au même cri poussé sur la place par le peuple; que déjà dans tous les postes, les soldats se sauvaient, et que les officiers seuls attendaient qu'on vînt les relever? Le général la Motte-Rouge, commandant

---

(1) Déposition du général Lebreton dans l'enquête sur le 4 septembre.
(2) *Ibid.*

supérieur de la garde nationale, promit aux questeurs de leur envoyer un renfort de deux bataillons (1), mais c'était là un danger plutôt qu'un secours, car on ne pouvait déjà plus compter sur cette troupe (2).

Les troupes de ligne destinées à défendre l'entrée du Corps législatif formaient un total de 1200 ou 1500 hommes, placés sous les ordres du général Caussade. Que pouvaient-elles faire dans le cas d'une invasion du palais législatif? jeter sur le carreau quelques centaines d'individus, et succomber ensuite sur les marches du Palais-Bourbon sous les coups de la foule exaspérée, sans autre résultat que celui d'ajouter les horreurs de la guerre civile aux infortunes militaires du pays. C'est ce que comprirent les députés du centre gauche qui demandèrent vers midi le remplacement des troupes de ligne par la garde nationale.

Les députés de la gauche s'étaient tranquillement retirés chez eux après la séance de nuit, bien qu'un rapport de police, exhumé plus tard, affirme qu'ils se rendirent rue de la Sourdière, dans le lieu habituel de leurs séances, où les attendaient MM. Delescluze, Blanqui et plusieurs amis de ces derniers. Que M. Piétri ait cru à la possibilité d'une entente commune entre ces deux hommes et MM. Favre, Simon, Grévy, Pelletan, Garnier-Pagès, Picard, Ferry, etc., cela étonne, bien que dans l'exercice des fonctions de préfet de police, à force de vivre au milieu de gens chimériques et fertiles en inventions par position et par intérêt, on soit exposé à contracter un certain penchant à la crédulité. M. Piétri dépasse ici pourtant les limites de la crédulité

---

(1) Déposition de M. Hébert, questeur, dans l'enquête du 4 septembre.
(2) Déposition de M. Bellanger, commissaire de police, dans l'enquête du 4 septembre.

ermise à un préfet de police ; il est vrai que ce qu'on ne croit pas soi-même, on attache quelquefois une grande importance à le faire croire aux autres. La réunion de la rue de la Sourdière pouvait servir à prouver que le parti républicain tramait le renversement du gouvernement et la dispersion du Corps législatif, aussi n'a-t-on pas manqué d'invoquer plus tard ce mensonge d'un agent de police (1).

Les portes du Palais-Bourbon venaient à peine de s'ouvrir, et déjà les députés s'y trouvaient en grand nombre. Des bruits de tous genres circulaient dans les couloirs : celui de l'abdication de l'Impératrice y fut porté par un de ses chambellans, vers dix heures. C'eût été un acte de patriotisme. L'abandon de la régence, la captivité de l'Empereur, remettaient tous les pouvoirs au Corps législatif. Pas de meilleure issue de la crise ; la Chambre en masse l'aurait acceptée, sauf l'extrême droite qui était au pouvoir et qui dirigeait les événements. Aussi apprit-on bientôt que, sur les conseils de M. Jérôme David, l'Impératrice était revenue sur sa résolution, à la grande satisfaction de l'extrême droite, qui ne voyait de salut pour elle et pour l'Empire, que dans une dictature exercée par le général de Palikao sous le nom de l'Impératrice. Quelques-uns de ses membres les plus importants en firent même la proposition au ministre de la guerre (2).

MM. Buffet, Daru, de Talhouët, etc., arrivés à neuf heures précises dans la salle des conférences, y attendaient encore à onze heures un avis des Tuileries au sujet de

(1) Les collaborateurs de M. Piétri ne sont pas en effet d'accord avec lui sur ce point : « A vrai dire, dit l'un d'eux, on ne s'est pas décidé là, selon moi, à un mouvement sur la Chambre. On était plutôt effrayé que désireux de tenter une manifestation. » (Déposition de M. Bellanger, commissaire de police, devant la commission d'enquête du 4 septembre.)

(2) Déposition du général de Palikao dans l'enquête du 4 septembre.

l'audience qu'ils avaient demandée à l'Impératrice. Les députés, de plus en plus nombreux, s'informaient avec anxiété des résolutions qui devaient avoir été prises dans le conseil des ministres tenu le matin. Le général de Palikao, arrivé un peu avant midi, est aussitôt entouré de députés de la majorité qui le pressent de questions. « Le conseil, leur répond-il, a adopté un projet qui, sans être précisément celui que M. Buffet a suggéré, s'en rapproche sur certains points », et il leur en explique les dispositions principales qu'on retrouvera plus loin. L'impression de désappointement et de tristesse qu'elles causent est visible sur tous les visages ; plusieurs députés manifestent leurs sentiments avec une extrême vivacité, et somment en quelque sorte M. Buffet et ses amis (1) d'aller aux Tuileries présenter leur proposition à l'Impératrice ; il faut qu'elle l'accepte avant l'ouverture de la séance. MM. Buffet, Daru, de Talhouët, etc., sont rendus responsables par leurs collègues, s'ils ne font pas cette démarche, des malheurs qui peuvent en résulter. La proposition de M. Buffet joignait, comme on l'a vu, le pouvoir exécutif au pouvoir délibérant dont le Corps législatif était investi, et transformait celui-ci en une sorte de convention. Il était impossible qu'il ne s'aperçût pas de cette conséquence, mais il fallait bien l'accepter pour écarter la République, et pour remettre la succession de l'Empire au Corps législatif. Comment faire pourtant, si l'Impératrice ne consentait pas à se dépouiller de la puissance impériale dont elle était dépositaire? M. Buffet se chargea d'obtenir d'elle ce sacrifice, et, apercevant dans le groupe qui l'entourait, MM. de Pierres et d'Ayguevives qui avaient appartenu aux maisons de l'Em-

---

(1) Déposition de M. Buffet dans l'enquête du 4 septembre.

creur et de l'Impératrice, il déclara qu'il « était prêt à se rendre avec eux aux Tuileries. — Ces messieurs, ajoute-t-il, verront d'abord l'Impératrice, et si Sa Majesté désire nous entendre, nous nous empresserons de nous rendre à son appel. »

Le coup d'État parlementaire du centre gauche offra et avantage, aux yeux des gens habiles qui l'avaient préaré, qu'il s'opérait du consentement même du pouvoir u'il s'agissait de renverser, et que ses auteurs se trouvaient ar là dégagés par lui-même du serment qu'ils lui avaient rêté. Le centre gauche comptait parmi ses membres un rand nombre d'orléanistes ralliés à l'Empire sous bénéfice 'inventaire et parfaitement en mesure d'exercer une fluence considérable sur le gouvernement qui succédeait à la régence. Les princes d'Orléans avaient demandé autorisation de rentrer en France pour y servir dans l'arée ; le nouveau gouvernement se serait empressé de la ur accorder, un des princes n'aurait pas tardé à en faire artie, et à y préparer l'avénement du chef de la branche adette de la maison d'Orléans. Que fallait-il pour que ce lan réussît ? il fallait que l'Impératrice consentît à se retirer t que sa démission fût connue à la Chambre en temps pportun pour que la proposition du centre gauche vînt n délibération.

On verra bientôt comment l'Impératrice, après avoir efusé de donner sa démission, de peur, dit-elle, de paraître éserter son poste au moment du danger, et de changer le sa propre autorité des résolutions prises en conseil les ministres, finit cependant par autoriser M. Buffet à ire au général de Palikao et à ses collègues du ministère, u'elle s'en rapportait complétement à eux, qu'ils étaient ibres de prendre le parti qu'ils croiraient le plus favorable aux intérêts du pays, et qu'elle y adhérait d'avance. Malheureusement quand M. Buffet et ses amis revinrent au Corps législatif, la Chambre se retirait dans ses bureaux pour examiner les trois propositions. Il n'était plus temps de demander au chef du cabinet de retirer la proposition du gouvernement et d'en présenter une autre au nom de l'Impératrice.

Pendant que les députés du centre gauche se rendaient aux Tuileries, les députés de l'opposition accouraient chez le président Schneider pour l'engager à ouvrir la séance et pour avoir quelques renseignements sur le parti qu'allait prendre le gouvernement au sujet des propositions. M. Schneider leur répondit avec le plus grand sang-froid que le gouvernement en présenterait lui-même une qui, sans ressembler sensiblement à celle de l'opposition, commencerait cependant à s'en rapprocher. On saura tout à l'heure en quoi consistait ce rapprochement.

M. Thiers fait son entrée dans la salle. Un cercle nombreux l'environne bientôt. Les membres de la droite qui ont montré jusqu'ici à son égard le plus de réserve et même d'éloignement, ne sont pas ceux qui s'empressent le moins autour de lui : « Il faut en finir, disent-ils, nous » sommes décidés à rendre le trône vacant, mais nous ne » pouvons pas nous-mêmes prononcer la déchéance; va » pour la chose, mais qu'on nous épargne le mot. »

M. Thiers, supplié par les membres de la droite de trouver une rédaction conciliant ce qu'ils devaient, prétendaient-ils, à leur dignité et au salut du pays, se rend à leurs vœux, et entre dans le bureau où la gauche est réunie, pour faire part à ses collègues de la mission dont il est chargé; il leur propose de remplacer le considérant de sa proposition qui va être discutée : « Vu la vacance du pouvoir, » par celui-ci : « Vu les circonstances. » Les députés de la gauche tiennent à la chose et non au mot. Ce n'est pas de leur côté que naîtront les difficultés. Si la formule « Vu la vacance du pouvoir, la Chambre nomme une commission de gouvernement » leur paraît la meilleure, ils consentent néanmoins à se rallier à celle de M. Thiers, « Vu les circonstances », qui ne signifie rien, mais qui, par cela même, paraît devoir rallier un plus grand nombre de signatures.

Les ministres cependant sont arrivés, et l'on commence à connaître la proposition qui, selon M. Schneider, se rapproche de celle de l'opposition ; le président du conseil la lit, dans les couloirs, aux membres de la droite ; elle débute ainsi : « Un conseil de régence est formé.... » Le titre « régence » fait dresser l'oreille ; on demande au président du conseil de la changer en celui plus usité de « conseil de défense ». Le général de Palikao résiste. Plusieurs membres de la droite le menacent de signer la proposition de M. Thiers. M. Brame passe le premier de leur côté. M. Busson-Billault et M. J. David le suivent : le président du conseil cède. La régence est donc renversée par la droite et par le ministère. M. Duvernois court aux Tuileries informer l'Impératrice de la substitution des mots : « Conseil de défense » à celui de « Régence ». L'Impératrice l'approuve, et donne ainsi sa démission.

Pendant ce temps-là, que se passe-t-il aux alentours du Palais-Bourbon ?

Les boulevards, de huit heures du matin à onze heures, n'offrent pas, sauf un peu plus de monde autour des iosques des marchands de journaux, une animation lus grande que celle qu'on y remarque d'habitude le imanche. Il en est de même de la rue Royale à la place de la Concorde. Quelques groupes stationnent autour de la statue de Strasbourg. Ils deviennent plus nombreux à mesure qu'on s'approche du Pont-Royal barré par des détachements de gendarmes à cheval en tenue de campagne, et par des sergents de ville. Les curieux ne dépassent pas le chiffre de cinq ou six cents.

Ce nombre augmente à chaque instant. Un bataillon de la garde nationale prend position vers midi et demi devant le pont. La foule forme deux courants, en pénétrant sur la place. Le cri : la déchéance ! domine dans l'un; dans l'autre, c'est celui de : Vive la République ! Le cri : Vive Trochu ! s'y mêle de temps en temps. On se demande de tous côtés ce qui se passe dans la Chambre, mais la séance n'est pas commencée. La foule, pour tromper son impatience, s'amuse à composer des listes de gouvernement provisoire.

Le public s'attendait tellement à une séance matinale, que les tribunes étaient pleines dès neuf heures du matin, la tribune des journalistes surtout. Chaque journal recevait du syndic de la presse et de la questure deux cartes : l'une pour le rédacteur en chef, l'autre pour le rédacteur chargé du compte rendu de la séance. Beaucoup de journalistes, trompant la surveillance des syndics, très-difficile sinon impossible dans un pareil moment, étaient parvenus, après avoir pris leur place, à transmettre leur carte à un ami du dehors. La tribune des journalistes renfermait donc trois fois plus d'occupants qu'elle n'en pouvait contenir, et leur nombre augmentait sans cesse. Même affluence dans la tribune des anciens députés, pleine de représentants de 1848 et de proscrits du 2 décembre. Les personnages les plus connus par leur hostilité à l'Empire, orléanistes, légitimistes ou républicains, sont dans la salle ; il n'en est pas un seul qui n'ait trouvé à se caser dans une tribune quelconque.

M. Schneider monte enfin, à une heure un quart, au fauteuil : il est pâle et fatigué ; les députés se pressent sur leurs bancs, M. Glais-Bizoin et d'autres députés un peu trop méticuleux, vu les circonstances, réclament contre le procès-verbal. M. de Kératry se plaint que la garde de la Chambre, au lieu d'être confiée à des gardes nationaux, soit remise, contrairement aux ordres du général Trochu, à des sergents de ville et à des troupes de ligne, et il ajoute qu'en agissant ainsi le ministre de la guerre a manqué à son devoir. La vivacité de cette expression s'explique par la persistance de certains bruits dont nous avons parlé. On dit à gauche que la question du coup d'État a été de nouveau soumise la veille au conseil des ministres. L'observation de M. de Kératry est une réponse à cette menace. M. le ministre de la guerre répond qu'il y a une distinction à faire entre les pouvoirs du général Trochu et les siens, distinction admise par ce dernier qui a sous ses ordres tout ce qui concerne la défense de Paris, de l'enceinte, et les fortifications ; quant aux autres troupes, elles restent à la disposition du ministre de la guerre. D'ailleurs, de quoi vous plaignez-vous ? que je vous fais la mariée trop belle ? Quoi ! Je mets autour du Corps législatif un nombre de troupes suffisant pour assurer votre liberté, et vous vous plaignez : si je ne l'avais pas fait, vous vous plaindriez peut-être que je livre la Chambre à des pressions étrangères. »

Ce ton de plaisanterie et de bravade du ministre de la guerre aurait certainement excité plus que des murmures, si le général de Palikao n'avait tout de suite demandé la parole pour une communication du gouvernement.

« *M. le ministre de la guerre* : Je viens, au milieu des circonstances douloureuses dont je vous ai rendu compte

» hier, circonstances que l'avenir peut encore aggraver,
» bien que nous espérions le contraire, vous dire que le
» ministère a cru devoir apporter certaines modifications
» aux conditions actuelles du gouvernement, et qu'il
» m'a chargé de vous soumettre un projet de loi ainsi
» conçu :

« Art. 1er. — Un conseil de gouvernement et de défense
» nationale est institué. Ce conseil est composé de cinq
» membres. Chaque membre est nommé à la majorité
» absolue du Corps législatif.

» Art. 2. — Les ministres sont nommés sous le contre-
» seing des membres de ce conseil.

» *M. Jules Favre :* Par qui ?

» *M. le ministre de la guerre :* Par les membres du
» conseil.

» Art. 3. — Le général comte de Palikao est nommé
» lieutenant général de ce conseil. »

L'Empereur a disparu, l'Impératrice s'en va, le général de Palikao reste seul à la tête du pouvoir. Cette perspective est loin de rassurer tout le monde. Le ministre de la guerre est un moment décontenancé par les signes de mécontentement avec lesquels sa proposition est accueillie; ses conversations dans les couloirs avec les députés de la droite, avant l'ouverture de la séance, auraient dû l'empêcher cependant d'éprouver la moindre surprise à ce sujet; reprenant du reste bientôt son assurance habituelle, il descend de la tribune, et se rend à sa place, d'un air assez provoquant.

M. Jules Favre demande brièvement l'urgence pour la proposition de la gauche. M. Thiers en fait autant pour la sienne; il prononce ces quelques mots en la déposant:
« Mes préférences personnelles sont pour la proposition

» de mes honorables collègues de la gauche, parce qu'à
» mon avis, elle pose nettement la question dans un
» moment où le pays a besoin d'une grande clarté; mais
» comme je mets au-dessus de mon opinion personnelle le
» grand intérêt de l'union, j'ai formulé un projet signé par
» quarante-sept députés pris dans toutes les parties de la
Chambre, le voici :

« Vu les circonstances, la Chambre nomme une commis-
》 sion de gouvernement et de défense nationale.

» Une constituante sera nommée dès que les circon-
» stances le permettront. »

La plupart des députés de la droite, soit qu'ils fussent
revenus de leurs impressions sur le vote de la proposition
du ministère, soit qu'ils eussent d'avance la conviction de
l'inutilité de tout vote, ne prêtaient qu'une médiocre attention à ce qui se passait à la tribune. Courbés sur leurs
tiroirs, déchirant des papiers, mettant des lorgnettes dans
leur poche, ils faisaient en quelque sorte leurs préparatifs
de départ comme des gens qui vont quitter un endroit sans
voir quand ils y reviendront, et même s'ils y reviendront.
Le Corps législatif, mis pour la troisième fois en demeure
de prendre le pouvoir, ne montrait donc pas grand empressement à l'accepter, sous prétexte qu'il ne voulait pas
être accusé d'imiter la conduite du Corps législatif en 1815,
bien qu'il n'y eût pas le moindre rapport entre cette date
et celle de 1870. Le Corps législatif n'ignorait pas l'immense différence existant entre les deux époques et les
deux situations; mais connaissant son impopularité, averti
par un secret pressentiment des périls qui attendaient ceux
qui auraient le courage de se charger du gouvernement
en ce moment, il n'était pas fâché d'en laisser la responsabilité au parti républicain, quitte à l'accuser plus tard de

la lui avoir enlevée ou de n'avoir pas voulu la partager avec lui.

La Chambre, après avoir voté l'urgence des trois propositions, s'est retirée dans ses bureaux, pour nommer la commission qui se réunira sur l'heure pour les examiner sans désemparer.

Les bancs de la salle se vident, les sténographes écrivent à leurs petites tables, les huissiers vont et viennent dans l'hémicycle. Les dames qui ne s'attendaient pas à cet intermède, restent seules dans les tribunes et agitent leurs éventails d'un air ennuyé. La délibération paraît bien longue. Les gens qui connaissent le tempérament du Corps législatif craignent qu'il ne veuille laisser les choses aller jusqu'au point où l'on ne pourra manquer de lui faire une violence qu'il appelle de ses vœux secrets, tout en se promettant bien de protester en temps et lieu. La lenteur de sa délibération est un encouragement évidemment donné à l'envahissement de la Chambre. Plus les gens de la droite se sentent hésitants et divisés, plus ils se livrent à des fanfaronnades calculées. « Prenez garde, disait M. Glais-Bizoin au président de son bureau, vous allez vous faire envahir! » — « Est-ce une menace? » lui répondent fièrement les membres de la droite. M. de Kératry demande qu'on vote d'urgence l'abdication. M. Roulleaux-Dugage s'y oppose; plutôt que de céder, il se fera, dit-il, tuer sur son siége.

Pendant que les députés délibèrent dans leurs bureaux, les bandes débouchent toujours plus nombreuses sur la place de la Concorde, par la rue Royale, la rue de Rivoli et le quai des Tuileries; la foule chantant la *Marseillaise*, criant: la déchéance! Vive la *République!* grossit à chaque instant. De temps en temps des personnes, sorties de l'intérieur du

Palais-Bourbon, viennent voir ce qui se passe au dehors et donner à leurs amis des nouvelles de ce qui se passe au dedans. La proposition Palikao excite dans la foule une indignation universelle. S'il y avait, dans cette masse, plus d'un groupe décidé d'avance à envahir le Corps législatif, et qui n'était là que pour cela, l'indécision était encore grande dans d'autres groupes. Ainsi les membres du bureau de l'Internationale qui, depuis le matin, étaient sur la place de la Concorde attendant les événements, hésitaient à se prononcer. Une immense colonne d'hommes du peuple et de gardes nationaux mêlés, conduite par un homme très-lancé dans le mouvement révolutionnaire depuis 1848, débouchant par la rue Royale sur la place de la Concorde, s'était trouvée en présence d'un rassemblement non moins nombreux à la tête duquel marchait aussi un membre influent du parti républicain. Les deux meneurs se connaissaient de longue date. « Venez avec nous, dit le premier, marchons ensemble sur le Corps législatif. — Laissons-le à sa propre impuissance, répondit le second : je n'envahirai jamais une assemblée bien ou mal élue. »

La proposition Palikao, qui n'était qu'une régence déguisée avec des pouvoirs plus étendus, la persistance de l'Empire a vouloir se perpétuer dans la personne d'un de ses serviteurs les plus compromis, modifièrent singulièrement les dispositions des masses qui remplissaient la rue Royale et la moitié de la place de la Concorde; l'envahissement du Palais-Bourbon devenait inévitable. L'espace compris entre la moitié de la place dont nous venons de parler, et l'autre, était barré par des gendarmes à cheval. Des gardes municipaux et des sergents de ville gardaient la tête du pont du côté de la Chambre. Les gardes nationaux en uniforme eurent d'abord l'autorisation de passer;

c'était un moyen pour les gardes nationaux, non de service, de s'introduire dans le palais. Le questeur Lebreton ordonne qu'on refuse le passage aux gardes nationaux sans fusil. Les voisins leur en font passer, et les gardes nationaux, armés, affluent bientôt sur le quai au delà du pont.

Le mouvement d'abord assez lent de la foule vers le Palais-Bourbon est tout à coup accéléré par l'apparition, sur le grand escalier de la façade, de nombreux individus qui lui font signe d'avancer en agitant leurs mouchoirs et en criant : Vive la République ! Les gardes municipaux à cheval placés entre le quai Solférino et la garde nationale s'éloignent. Un bataillon de gardes nationaux qui semble attendre le moment d'avancer derrière les gardes municipaux à pied qui barrent le pont de la Concorde, s'ébranle, et le franchit silencieusement entre les deux haies de gardes municipaux qui viennent de s'ouvrir. Il est deux heures et demie. Une masse de 15 000 à 20 000 individus obéissant en quelque sorte à l'appel des citoyens qui du haut du péristyle l'invitent à en finir, se jette sur les grilles du Palais-Bourbon qu'elle franchit; les deux troupes se rencontrent sous la colonnade et se donnent la main, mais la fraternisation est loin d'être générale ; il y a là plus d'un envahisseur involontaire que la masse a saisi dans son élan et porté à l'entrée de l'enceinte législative. Là, des amis qui depuis vingt ans luttaient ensemble pour la République découvrent, à leur grande surprise, en se retrouvant, qu'ils n'accueillent pas son avénement avec les mêmes sentiments et qu'il ne leur fait pas éprouver la même joie.

La foule, d'un autre côté, s'avance sur la cour d'honneur occupée par des régiments de marche, offrant si peu de résistance, qu'on avait eu toutes les peines du monde à placer des sentinelles. Ces troupes fraternisaient depuis huit jours avec la garde nationale. Leur contenance ne laissait aucun doute sur leur conduite future. Ces soldats, agités des mêmes sentiments que la population, n'attendaient, pour mettre la crosse en l'air, que quelques pas de plus en avant faits par le peuple. Le général Caussade, mis à leur tête par le général de Palikao lui-même, était d'avance sûr de ne pas être obéi, s'il leur eût commandé de faire feu. Il aurait fallu, pour livrer bataille dans les rues de Paris, au lendemain de Sedan, non-seulement une armée, mais encore un général jouissant d'une assez grande réputation pour enlever les troupes. Le général de Palikao avait, affirmait-il la veille, plus de 60000 hommes à sa disposition. Que ne se mettait-il à leur tête, puisqu'il avait déclaré à la Chambre que la défense du Corps législatif lui appartenait et que les forces destinées à remplir cette mission étaient sous ses ordres ? Aurait-il peut-être obtenu des soldats ce que l'obscur général qui les commandait ne pouvait leur demander ? Serait-il parvenu à sauver le Corps législatif et la dynastie ? Cela n'est guère probable, mais, du moins, en l'essayant, eût-il rempli le devoir qu'on accuse le général Caussade d'avoir méconnu. Cela eût mieux valu, pour la réputation du général de Palikao, que d'errer dans les couloirs du Corps législatif, sans uniforme, de pérorer au milieu des groupes, et de se faire rudoyer par les envahisseurs.

Dans la salle des séances : le public ardent et passionné qui remplit les tribunes, journalistes, anciens représentants, hommes politiques, auquel il est bien difficile d'inspirer, en un pareil moment, le respect d'une consigne, impatienté par la longueur de la délibération, s'est répandu dans les couloirs, et a déjà pénétré dans la salle des conférences, dans le salon de la Paix, et de là sur le péristyle d'où il n'a cessé de faire signe à la foule d'avancer. Les spectateurs, restés à leur place, voient tout à coup un flot de spectateurs nouveaux se précipiter dans les tribunes qui fléchissent sous leur poids. Des gens se glissent le long des colonnes et sautent dans l'enceinte au risque de se casser le cou. La délibération des bureaux paraît terminée, car la voix lente des huissiers fait entendre dans les couloirs l'avertissement sacramentel : En séance, messieurs; en séance! Les députés se rendent mollement à l'appel. M. de Piré entre le premier et s'installe à sa place, le revolver au poing. Les députés de la gauche entrent après lui et paraissent assez surpris d'être accueillis au cri de : Vive la République !

L'invasion de la Chambre a commencé; les envahisseurs ne sont pas encore très-nombreux dans la salle. Peut-être pourrait-on obtenir d'eux qu'ils se considérassent comme de simples spectateurs n'ayant d'autre intention que celle d'assister à la séance. M. Gambetta essaye de leur faire accepter cette fiction. Les cris : *Vive la République! la déchéance!* l'empêchent d'abord de parler; il parvient enfin à recommander au public de se pénétrer de la gravité de la situation, de respecter le mandat dont les députés sont investis par le suffrage universel. « C'est aux hommes qui siégent sur ces bancs qu'il incombe de prononcer la déchéance d'un gouvernement qui a attiré tant de maux sur le pays. » Il annonce ensuite la reprise de la séance : « C'est au nom de la patrie et de la liberté,
» et comme représentant de la Révolution française, que je
» vous adjure d'assister avec calme au retour des députés
» sur leurs bancs. »

Un moment on peut espérer que la fiction va être acceptée, la foule se taît, mais les cris : *Vive la République!*

la déchéance ! recommencent de plus belle au moment où M. Schneider remonte au fauteuil présidentiel et où les ministres prennent place au banc du gouvernement. Ceux de la majorité sont presque entièrement dégarnis. Les huissiers impassibles crient : Silence, messieurs, silence! M. Crémieux essaye de leur venir en aide :

« Je suis, dit-il, le citoyen Crémieux ; je me suis engagé
» avec tous mes collègues de la gauche à faire respecter la
» liberté des délibérations de la Chambre. »

Les cris étouffent sa voix. M. Gambetta le remplace à la tribune : « Citoyens ! » Ce mot suffit pour rendre la foule attentive. « Une des premières conditions de l'émancipa-
» tion d'un peuple, c'est l'ordre et la régularité. Nous nous
» sommes engagés à les respecter, voulez-vous tenir le
» contrat? Voulez-vous que nous fassions des choses
» régulières ? »

Un cri d'assentiment lui répond. M. Gambetta reprend :
« Dans les circonstances actuelles, il faut que ce soit cha-
» cun de vous qui fasse l'ordre. Vous pouvez donner un
» grand spectacle et une grande leçon. Le voulez-vous ?
» (*Oui, oui! vive la République!*) Qu'il y ait alors, dans
» chaque tribune, un groupe qui assure l'ordre pendant
» nos délibérations. Le travail de la commission chargée
» de l'examen des propositions de déchéance et de consti-
» tution provisoire du gouvernement s'apprête, et la
» Chambre va délibérer. »

Les envahisseurs semblent s'apaiser. M. Schneider prend la parole, on l'écoute tant qu'il se borne à faire l'éloge de M. Gambetta, *un des plus grands patriotes* du pays ; mais toujours un peu verbeux, les phrases interminables dans lesquelles il s'engage sur l'ordre et sur la liberté finissent par exciter un tel vacarme, qu'il quitte le fauteuil et se couvre; il fait même un pas en arrière du bureau sans descendre cependant de l'estrade. Le public qui a pénétré dans la salle, peu au courant des usages parlementaires, redouble ses clameurs; M. Schneider, se rendant aux prières des membres du bureau et des députés de la gauche, remonte au fauteuil : nouveaux cris à sa vue. M. Girault, le meunier du Cher, comptant sur son titre et sur sa profession pour être écouté du peuple, recommande l'union et le calme. Le tumulte redouble. M. Gambetta et M. de Kératry se rencontrent sur l'escalier de la tribune. Ce dernier lui cède la place. M. Gambetta lance de nouveau son : « Citoyens ! » Le silence se rétablit. « Patience ! les » députés vont vous apporter le résultat de leurs délibéra- » tions, on est allé les chercher. Je vous prie de garder » un silence solennel jusqu'à ce qu'ils rentrent. Il va sans » dire que nous ne sortirons pas d'ici sans un résultat » affirmatif. »

L'invasion, malheureusement, reçoit à chaque instant des renforts; l'hémicycle est envahi, et la tribune entourée de gens qui vocifèrent : La déchéance ! la République ! Le président, à bout de forces, est chassé du bureau par la foule, quitte le fauteuil et sort de la salle. M. Schneider disait la veille à M. Magnin, l'un des secrétaires de la Chambre : « Le Corps législatif sera peut-être envahi. » — » C'est possible, monsieur le président, mais je suis votre » secrétaire et je ne vous quitterai pas. » M. Magnin, en effet, fidèle à sa promesse, accompagna M. Schneider chez lui, sans parvenir à le protéger entièrement contre des injures et des sévices dont il eut aussi sa part.

Les bancs de la Chambre, cependant, ne se garnissent pas; la foule, maîtresse de l'enceinte parlementaire, ouvre les pupitres, marche sur les banquettes, escalade la tribune cinq ou six orateurs prononcent à la fois des discours que personne n'entend ; d'autres font pleuvoir sur la tête des doyens qui remplissent l'hémicycle, les procès-verbaux, les listes d'inscription, tous les papiers des secrétaires. Deux jeunes gens luttent pour s'emparer du fauteuil abandonné par M. Schneider ; l'un d'eux en reste maître et s'y tient debout, l'autre, agite la sonnette du président. L'hémicycle est occupé par une cohue bruyante composée de gardes nationaux armés, de bourgeois et d'étudiants. Il n'y a personne à la buvette, c'est la seule partie du Corps législatif qui ne sera pas envahie. Des députés de la gauche gesticulent et parlent au milieu des groupes animés qui les entourent dans la salle Casimir Périer. M. Thiers prêche le calme et la modération aux nombreux individus qui se pressent autour de lui. On peut dire que dans cette journée les députés de l'opposition seuls ont lutté contre l'invasion ; s'ils n'ont pu l'empêcher, ils l'ont du moins retardée.

Il faut pourtant en finir. M. Gambetta monte de nouveau à la tribune, dont il a beaucoup de peine à dégager les abords. Sa présence, cette fois, ne met pas fin au tumulte. Il a la plus grande peine à se faire écouter, quoiqu'il ne soit monté à la tribune que pour se rendre au vœu de cette foule qui réclame à grands cris la déchéance. Il parvient cependant à prononcer ces mots :

« Citoyens, attendu que la patrie est en danger ;

» Attendu que tout le temps nécessaire a été donné à la représentation nationale pour prononcer la déchéance ;

» Attendu que nous sommes et que nous constituons le pouvoir régulier issu du suffrage universel libre ;

» Nous déclarons que Louis-Napoléon Bonaparte et sa

» dynastie ont à jamais cessé de régner sur la France (1). »

Un tonnerre d'applaudissements accueille cette déclaration. Mais la foule exige maintenant la proclamation de la République. Un tumulte indescriptible règne dans la salle et dans les tribunes, lorsque M. Jules Favre qui, en sortant de son bureau, a eu grand'peine à pénétrer jusqu'à la salle des conférences, finit par pénétrer dans

(1) L'Assemblée nationale réunie six mois après à Bordeaux confirma cette déchéance dans la séance où le traité de paix fut discuté. « Un seul homme, dit M. Bamberger, devrait signer ce traité, c'est Napoléon III. » Un immense cri d'approbation lui répondit. M. Conti, le secrétaire, l'ami de l'ex-empereur, essaya de protester. Le tumulte du Corps législatif envahi fut moins considérable que celui de la salle du théâtre de Bordeaux, lorsque M. Conti parla d' « années glorieuses ».
« Dites honteuses, s'écria M. Vitet. Honteuses ! honteuses ! oui, honteuses à jamais pour nous qui les avons subies ! » M. de Franclieu cria à M. Conti : « Descendez de la tribune, les bourreaux n'ont pas le droit d'offenser leurs victimes ! » De tous côtés, sur tous les bancs, sans exception, on criait : *La déchéance !* Le même cri retentit dans les tribunes. Le bruit de cette scène se répandit au dehors, et si le tumulte n'avait pas été si grand dans la salle, on aurait pu entendre des milliers de voix qui criaient aussi : *La déchéance ! la déchéance !* sur les places publiques et dans les rues avoisinant le théâtre. « Je vous ai proposé une
» politique de paix, dit M. Thiers ; mais lorsque le passé se dresse devant le pays,
» lorsqu'il semble se jouer de nos malheurs, dont il est l'unique cause, au moment
» même où nous courbons la tête sous ses fautes, sous ses crimes.... » A ces mots les malédictions recommencent et se prolongent. « Savez-vous, continua
» M. Thiers, en s'adressant directement à M. Conti, savez-vous ce que disent en
» Europe les princes que vous représentez ? Je l'ai entendu de la bouche des
» souverains. Ils disent que ce n'est pas eux qui sont coupables de la guerre, que
» c'est la France. Eh bien, je leur donne un démenti à la face de l'Europe
» (*applaudissements*). Non, la France n'a pas voulu de guerre. (*Non, non !*) C'est
» vous qui protestez, c'est vous qui l'avez voulue ! (*Oui, oui !*) »
Il fallut suspendre la séance. A la reprise, M. Target déposa sur le bureau une proposition signée par MM. Target, Paul Bethmont, Jules Buisson, René Brice, Charles Rolland, Tallon, le duc de Marmier, Pradier, Ricard, Girerd, Lambert de Sainte-Croix, Wilson, Charles Alexandre, Baragnon, Léon Say, Victor de Laprade, Farcy, Marcel Barthe, comte d'Osmoy, Wallon, Ch. Rivet, comte de Brettes-Thurin, Villain. On aurait pu avoir les signatures de toute la Chambre. Voici le texte de la proposition :
« L'Assemblée nationale clôt l'incident, et dans les circonstances douloureuses
» que traverse la patrie, en face de protestations et de réserves inattendues,
» confirme la déchéance de Napoléon III et de sa dynastie, déjà prononcée par le
» suffrage universel, et le déclare responsable de la ruine, de l'invasion et du
» démembrement de la France. »
Quelques voix demandent le scrutin. « Non, non ! pas de scrutin, l'unanimité ! »
La proposition est mise aux voix. Cinq membres se lèvent à la contre-épreuve.
« M. *Cochery* : Je constate que cinq membres seulement se sont levés à la
» contre-épreuve.
» M. *Daniel Wilson* : Il y en a six, pas un seul de plus. Je demande que cela
» soit constaté au *Moniteur*. »

nceinte législative. M. Gambetta vient au devant de
i, et tous deux, fendant la foule qui s'efface pour les
isser passer, montent à la tribune au milieu des accla-
ations, et des cris: Vive Jules Favre! Vive Gambetta!
n officier de la garde nationale ordonne de battre aux
amps. Le bruit cadencé du tambour se mêle aux accla-
ations prolongées qui accueillent les deux orateurs.
. Jules Favre profite d'une légère accalmie pour prendre
parole.

« *M. Jules Favre :* Voulez-vous ou ne voulez-vous pas
la guerre civile?

» *Voix nombreuses :* Non! non! pas de guerre civile!
Guerre aux Prussiens seulement!

» *M. Jules Favre :* Il faut que nous constituions immédiatement un gouvernement provisoire.

» *Quelques voix :* A l'Hôtel de Ville, alors!

» *M. Jules Favre .* Ce gouvernement prendra en main
les destinées de la France; il combattra résolûment l'é-
tranger; il sera avec vous, et d'avance chacun de ses
membres jure de se faire tuer jusqu'au dernier.

» *Cris nombreux :* Nous aussi; nous aussi! — Nous le
jurons tous! — Vive la République!

» *Un citoyen :* Oui, vive la République! Mais, vive la
France d'abord!

» *M. Jules Favre :* Je vous en conjure, pas de journée
sanglante. (*Non! non!*) Ne forcez pas de braves soldats
français, qui pourraient être égarés par leurs chefs, à
tourner leurs armes contre vous. Ils ne sont armés que
contre l'étranger. Soyons tous unis dans une même pensée de patriotisme et de démocratie. (*Vive la République!*)
La République, ce n'est pas ici que nous devons la proclamer.

» — Si, si ! Vive la République !

» *Un citoyen* : Et les Prussiens, qu'en faites-vous ? »

Un jeune homme s'élance à la tribune en criant : « La » République ! la République ici ! »

Quelques gardes nationaux veulent le faire descendre. Il se débat en criant toujours : « La République ! la République tout de suite !

» *Cris nombreux* : Vive la République !

» *M. Gambetta* : Oui, vive la République ! Citoyens, » allons la proclamer à l'Hôtel de Ville. »

C'était le seul moyen de débarrasser le Corps législatif, et de lui permettre de délibérer.

MM. Jules Favre et Gambetta descendent de la tribune en répétant : « A l'Hôtel de Ville ! à l'Hôtel de Ville ! »

» *Un citoyen* : A l'Hôtel de Ville ! et nos députés à notre » tête. (*Oui, oui !*)

» *Un autre citoyen* : Non, c'est ici qu'il faut proclamer » la République. Nous la proclamons.

» La République est proclamée.

» *Un garde national* : Non, non ! Il faut dire : la République est rétablie !

» *Cris confus* : A l'Hôtel de Ville ! A bas l'Empire ! Vive » la République ! Vive la France ! Vive la garde nationale ! » Vive la ligne ! »

M. Jules Favre était descendu de la tribune au milieu d'un tumulte qui ne permettait guère de savoir au juste ce qu'il avait dit. Un des sténographes du *Journal officiel* lui ayant demandé s'il avait proclamé la République, » il répondit : Non. M. Gambetta lui-même n'avait pas prononcé le mot, il hésitait, comme tous ses collègues de la gauche, à imposer à la République l'héritage des crimes et des fautes de l'Empire. On ne peut pas cependant laisser tomer la République aux mains des niais et des violents qui ont s'en emparer et la pousser tout de suite à l'abîme. L'hésitation n'est plus permise; il faut proclamer la République. C'est pour cela que M. Jules Favre vient d'inviter es citoyens à se rendre à l'Hôtel de Ville, mais cet appel ne paraît pas avoir été entendu de tous; il semble même qu'une partie des envahisseurs veuille rester par méfiance. M. Gambetta tente un nouvel effort et monte à la tribune, au milieu des cris : Vive la République ! — « Oui, vive la République ! s'écrie-t-il ; allons la proclamer à l'Hôtel de Ville ! » En descendant de la tribune, il se dirige vers la porte; un grand mouvement de sortie s'opère à sa suite, par le couloir de gauche. Le courant grossissant à chaque instant se dirige vers l'Hôtel de Ville ; la salle serait bien vite évacuée si des citoyens soupçonneux ne se disaient : Restons pour empêcher les députés de revenir et de rétablir l'Empire.

Des officiers de la garde nationale essayent d'établir une sorte de police dans la cohue qui s'installe dans l'enceinte législative. Mais on fume malgré eux, malgré les huissiers, et malgré le danger évident de mettre le feu au palais. Les occupants, au bout d'une heure, commencent cependant à s'ennuyer, le temps leur paraît long malgré la pipe, les conversations, et les plaisanteries des loustics. Un garde national trouve dans un tiroir de député une lettre datée du 3 septembre et commençant ainsi : « Mon cher ami, je n'ai » pas pu vous envoyer un billet pour la séance d'aujourd'hui, » mais je vous en envoie un pour la séance de demain. » Ce billet circule dans la salle et déride un instant les assistants. L'ennui revient d'autant plus vite que les ténèbres commencent à gagner la salle. Si les citoyens des tribunes donnaient l'exemple aux citoyens de l'hémicycle, ou si ceux

de l'hémicycle prenaient les devants sur les citoyens des tribunes, il est évident que la salle serait bientôt vide, mais personne ne veut avoir l'air de déserter son poste. Tout à coup, au milieu de l'obscurité, on distingue un monsieur osseux, chauve, qui monte à la tribune et qui, d'une voix lente et ferme, prononce ces paroles : « Un gouvernement
» dont je fais partie est installé à l'Hôtel de Ville. Ce gou-
» vernement a prononcé la dissolution du Corps législatif.
» Ne craignez rien, les députés ne rentreront pas. Voici des
» officiers de la garde nationale qui vont visiter le palais.
» On fermera les portes, on gardera toutes les issues ; vous
» pouvez vous retirer. »

L'orateur c'est M. Glais-Bizoin ; jamais discours de ce député n'eut un succès pareil à celui qu'il vient de prononcer. A peine a-t-il fini de parler que déjà la salle est vide. M. Glais-Bizoin appose les scellés sur les portes du palais législatif et en met les clés dans sa poche.

Le Corps législatif ne se croyait pas cependant dissout. Les membres de la majorité, pendant les scènes que nous venons de raconter, erraient dans les bureaux et dans les couloirs du palais législatif, au milieu de la foule qui ne les connaissait pas et qui, d'ailleurs, n'était point d'humeur à faire le moindre mal à qui que ce fût : « Jamais je n'ai
» vu une révolution accomplie si aisément et à moins de
» frais. L'Empire avait attiré de tels malheurs sur le pays,
» que personne n'avait pitié de sa chute et n'avait la pen-
» sée d'y résister. Ses amis eux-mêmes assistaient à ce
» singulier spectacle sans essayer d'y porter remède. Les
» partisans de l'Empire, accablés ce jour-là, réveillés au-
» jourd'hui, prétendent qu'en les frappant on a frappé la
» France. Pourquoi ne se défendaient-ils pas alors? Pour-
» quoi aucun effort de leur part pour résister à cette révo-

SÉANCE DANS LA SALLE A MANGER DU PRÉSIDENT.   507

lution opérée sans aucune difficulté? Par une bonne raison : c'est qu'ils n'auraient pas trouvé quelqu'un, eux compris, qui songeât à les sauver. De violence, il n'y en avait aucune. On se promenait mêlé à la foule pas trop mal vêtue, qui nous appelait de nos noms, et me répétait: Monsieur Thiers, tirez-nous de là ! A quoi je répondais que le moyen le plus sûr pour nous y aider, c'était de s'en aller, et de nous laisser pourvoir paisiblement aux destinées du pays (1). »

La foule ne paraissant guère, comme on l'a vu, disposée à suivre ces conseils, et le nombre des envahisseurs augmentant de minute en minute, l'idée de se réunir dans la salle à manger du président vint à quelques députés. Cette réunion ne pouvait avoir d'autre résultat que celui de permettre plus tard aux membres de la droite, de prouver qu'ils avaient fait autre chose que se promener pendant l'occupation du lieu de leurs séances. Deux cents membres environ du Corps législatif, de la droite, du centre droit et du centre gauche, et sept députés républicains, MM. Garnier-Pagès, Grévy, Girault (du Cher), Barthélemy Saint-Hilaire, Achard, Raspail, se trouvèrent donc rassemblés vers trois heures au lieu indiqué.

Il s'agissait de prendre un parti. Lequel? C'est le matin qu'il aurait fallu s'adresser cette question, et tâcher de conserver le pouvoir, en improvisant une loi électorale, en prononçant la dissolution du Corps législatif, et en convoquant une assemblée qui aurait décidé du sort du pays (2). Cela n'était plus possible au moment où M. Thiers fut invité à prendre la présidence de la séance, par les députés mêmes qui lui avaient, un mois auparavant, fermé la bouche

(1) Déposition de M. Thiers dans l'enquête du 4 septembre.
(2) Déposition de M. Thiers.

en l'accablant d'injures et d'outrages. Le président donna aussitôt la parole à M. Martel, choisi pendant l'envahissement, comme rapporteur de la commission chargée d'examiner les trois propositions soumises à la Chambre.

M. Garnier-Pagès, avant que la lecture du rapport commençât, demanda à poser une question préliminaire. Après avoir exposé tout ce que les membres de la gauche avaient fait, dans ces derniers temps, pour éviter les événements d'aujourd'hui, il demanda s'il ne conviendrait pas d'envoyer quelques-uns des membres de la réunion à l'Hôtel de Ville pour arriver à conclure avec les députés qui s'y étaient rendus une entente indispensable au salut public. « Ce serait traiter d'égal à égal avec les usurpateurs, » s'écria un député de la droite ; la Chambre ne peut pas se » suicider. »

M. Buffet prit ensuite la parole :

« Messieurs, chassés de l'enceinte qui vous est réservée, » je proteste avec énergie au nom du droit, de la morale » publique, et du pays dont vous êtes les seuls mandataires » légitimes, contre la violence qui vous est faite. (*Très-bien!* » *très-bien! Assentiment général.*) Vos pouvoirs émanent » de la nation et ne sauraient être ravis par la violence; » la force appelle l'abus de la force. C'est l'oubli constant » des principes d'éternelle équité qui cause tous nos malheurs publics. (*Très-bien! très-bien!*) Vous avez refusé » de délibérer sous une pression extérieure; vous avez résisté à des masses égarées par de criminelles passions, la » France dira que vous avez fait votre devoir. (*Assentiment* » *prolongé.*) La liberté de vos discussions vous étant » momentanément rendue, je vous propose d'entendre le » rapporteur de votre commission. »

La résistance du Corps législatif à des masses égarées

ur de criminelles passions n'existait que dans l'imagina-
on de M. Buffet; les passions auxquelles il faisait allusion
aient le produit naturel des circonstances ; il n'y avait de
iminel que la conduite de l'Empire. Quant à la préten-
n de transformer les députés en mandataires légitimes
pays, elle ne paraissait pas très-facile à justifier. Le
rps législatif ne tenait-il pas ses pouvoirs de la candi-
ture officielle encore plus que de la nation? Les réflexions
M. Buffet sur le danger de l'abus de la force auraient
ru plus justes si elles s'étaient adressées à une autre
semblée qu'au Corps législatif, défenseur obstiné d'un
uvernement né d'un coup d'État. La protestation de
. Buffet n'en fut pas moins accueillie avec faveur.
Estancelin, après s'y être associé chaleureusement,
uta : « Je viens de rencontrer le général Trochu se
dirigeant sur l'Hôtel de Ville. La situation n'est plus
ujourd'hui ce qu'elle était hier, ni même ce qu'elle était
l y a quelques heures. Nous devons tenir compte des
aits accomplis ; on vous a proposé de déclarer la vacance
lu trône ; le Corps législatif ne doit pas hésiter à la pro-
oncer. »

M. Martel prit alors la parole au nom de la commission.
e se prononçait pour la proposition de M. Thiers, en y
utant deux paragraphes relatifs, l'un au nombre des
mbres de la commission, l'autre, à la nomination des
nistres. Voici le texte du projet proposé par le rap-
rteur :

Vu les circonstances, la Chambre nomme une commission de gouvernent et de défense nationale. Cette commission est composée de cinq
mbres, elle nommera les ministres.
» Dès que les circonstances le permettront, la nation sera appelée à se
noncer par une Assemblée constituante sur la forme de son gouver
ent. »

Le Corps législatif, sans se dissoudre, confiait le pouvoir exécutif à cinq de ses membres, et restait, par ce projet, associé à son action, en gardant la plénitude du pouvoir législatif et en restant maître, en grande partie, de décider du moment où les circonstances permettraient de réunir la Constituante destinée à le remplacer, et à se prononcer sur la forme du gouvernement. Une telle combinaison n'était pas exempte de dangers pour l'avenir. M. Thiers l'accepta dans une intention de conciliation, mais à la condition de remplacer la formule : « Vu les circonstances, » par celle-ci : « Vu la vacance du trône, » plus sincère et plus conforme à la situation. La seconde formule fut votée à une immense majorité ; M. Pinard protesta contre ce vote.

Le Corps législatif, pendant que le peuple proclamait la déchéance dans la rue, la proclamait dans la salle à manger de son président. Seul, sans le concours du Sénat, il déchirait le pacte constitutionnel, proclamait la vacance du trône et s'emparait du pouvoir. On ne faisait pas autre chose à l'Hôtel de Ville.

Le député qui prit ensuite la parole, défenseur énergique des droits du Corps législatif, n'en engagea pas moins ses collègues à céder aux faits accomplis, et à se rallier à la proposition de M. Garnier-Pagès, concernant l'envoi d'une délégation à l'Hôtel de Ville, chargée de porter la résolution de la Chambre à leurs collègues et de se concerter avec eux. MM. Lefèvre-Pontalis, Martel, Grévy, de Guiraud, Cochery, Johnston et Barthélemy Saint-Hilaire, désignés pour remplir cette mission, sont autorisés à déclarer à leurs collègues de l'Hôtel de Ville qu'ils pouvaient considérer comme provisoire la fixation à cinq des membres de la commission de gouvernement et de défense votée par le Corps législatif. La réunion s'ajourne

huit heures pour entendre le rapport de ses délégués
qui se rendent à l'Hôtel de Ville accompagnés de M. Garnier-Pagès. M. Grévy, reçu à son arrivée dans une pièce
étroite où se tenaient les membres du gouvernement, prit
la parole au nom des délégués, en remettant à M. Jules
Favre le projet de loi voté par la réunion, pour expliquer
le sens de leur démarche. M. Jules Favre lui promit de
porter le soir même à ses anciens collègues la réponse des
membres du gouvernement de la défense nationale.

La séance, levée à cinq heures, est reprise au même
endroit à huit heures, toujours sous la présidence de
M. Thiers. MM. Jules Favre et Jules Simon se présentent
presque au moment où il ouvre la séance. M. Jules Favre,
après avoir remercié la Chambre de la démarche faite par
ses délégués, ajoute : « Un gouvernement issu de circonstances impossibles à prévoir existe; les hommes qui le
composent y sont enchaînés par un intérêt supérieur qui
a, je l'avoue, répondu au sentiment intime de leur âme.
Je n'ai pas aujourd'hui à m'expliquer sur les fautes de
l'Empire. Notre devoir est de défendre Paris et la France.
Lorsqu'il s'agit d'un but aussi cher à atteindre, il n'est
certes pas indifférent de se rencontrer dans les mêmes
sentiments que le Corps législatif, mais nous ne pouvons
rien changer à ce qui vient d'être fait. Si vous voulez
bien y donner votre ratification, nous en serons reconnaissants; si vous la refusez, nous respecterons les décisions de votre conscience, mais nous garderons entièrement la liberté de la nôtre. Voilà ce que je suis chargé
de vous dire par le gouvernement provisoire de la République dont la présidence a été offerte au général Trochu
qui l'a acceptée. »

« *M. Thiers :* L'histoire seule peut juger les événements

» actuels ; mes collègues ne m'ont pas donné mission de
» vous dire s'ils les ratifient : la tâche de défendre Paris est
» immense. Nous faisons des vœux pour votre succès parce
» qu'il serait celui de notre patrie. »

Un député ayant demandé les noms des membres du nouveau gouvernement, M. Jules Simon en lit la liste, en ajoutant : « Dans ce choix, il n'y a pas eu de préoccupa-
» tions individuelles, mais l'application d'un principe. S'il
» en était autrement, on verrait figurer sur cette liste
» d'autres noms que ceux des députés de Paris. Nous n'a-
» vons qu'une pensée, c'est de faire face à l'ennemi. »

« M. Peyrusse : Paris fait encore une fois la loi à la
» France. »

MM. Jules Favre et Jules Simon protestent contre cette assertion assurément bien hasardée. Ils vont se retirer lorsque M. Lehon leur adresse cette demande : « Quelle est la situation du Corps législatif vis-à-vis du gouvernement provisoire ? » — « Nous n'en avons pas encore délibéré, » répond M. Jules Favre. »

M. Thiers fait remarquer que s'il n'a pas adressé de question à ses collègues sur le sort du Corps législatif, c'est qu'il lui paraît convenable, dans le cas où les membres de la réunion jugeraient bon de s'en occuper, d'attendre le départ des deux membres du gouvernement provisoire.

M. Thiers reprend, après le départ de MM. Jules Favre et Jules Simon :

« Messieurs, nous n'avons plus que quelques minutes à
» passer ensemble. Mon motif, pour ne pas adresser de
» questions à M. Jules Favre et à M. Jules Simon a été que,
» si je le faisais, c'était reconnaître le gouvernement qui
» vient de naître des circonstances. Avant de le reconnaître,

il faudrait résoudre des questions de fait et de droit qu'il ne convient pas de traiter actuellement.

» Le combattre aujourd'hui serait une œuvre antipatriotique. Ces hommes doivent avoir le concours de tous les citoyens devant l'ennemi. Nous faisons des vœux pour eux, et nous ne pouvons les entraver par une lutte intestine. Dieu veuille les assister ! Ne nous jugeons pas les uns les autres. Le présent est rempli de trop amères douleurs. »

Noble et patriotique langage ! M. Thiers le corrobore n répondant à M. Roulleaux-Dugage, qui lui demande uel rôle les députés doivent jouer dans les départements.

« *M. Thiers :* Dans les départements, nous devons vivre en bons citoyens dévoués à la patrie. Aussi longtemps qu'on ne nous demandera rien de contraire à notre conscience et aux vrais principes sociaux, **notre conduite sera facile.**

» Nous ne nous dissolvons pas ; **mais en présence de la grandeur de nos malheurs, nous rentrons dignement chez nous,** car il ne nous convient ni de reconnaître ni de combattre ceux qui vont lutter ici contre l'ennemi.

» *Une voix :* Mais comment saura-t-on ce qui s'est dit ici ?

» *M. Thiers :* Veuillez vous en rapporter à moi, vous qui m'avez fait l'honneur de me donner une présidence de quelques minutes dans ces douloureuses circonstances. Je m'entendrai avec M. Martel pour la rédaction d'un procès-verbal.

» *M. Buffet :* Ne devons-nous pas rédiger une protestation ?

» *M. Thiers :* De grâce, n'entrons pas dans cette voie. Nous sommes devant l'ennemi, et, pour cela, nous faisons tous un sacrifice aux dangers que court la France : ils

» sont immenses. Il faut nous taire, faire des vœux et
» laisser à l'histoire le soin de juger.

» *M. Pinard* (du Nord) : Nous ne pouvons pas garder
» le silence devant la violence faite à la Chambre ; il faut
» la constater !

» *M. Thiers :* Ne sentez-vous pas que si vous opposez
» ce souvenir comme une protestation, il rappellera aussitôt
» celui de la violation d'une autre assemblée? Tous les faits
» de la journée ont-ils besoin d'une constatation ?

» *M. le comte Daru* : Les scellés ont été mis sur la porte
» de la Chambre.

» *M. Thiers :* Y a-t-il quelque chose de plus grave que
» les scellés sur les personnes? N'ai-je pas été à Mazas?
» vous ne m'entendez pas m'en plaindre. »

La réunion avait envoyé une délégation à l'Hôtel de Ville
et une autre au Louvre pour demander au général Trochu de
mettre immédiatement des forces militaires à sa disposition.
Les deux délégations revinrent presque en même temps.

M. Grévy prit la parole au nom de la première : « Le
» gouvernement provisoire, auprès duquel vous m'aviez
» fait l'honneur de me déléguer avec la mission de lui
» parler comme à des collègues, n'a pu nous donner tout
» de suite sa réponse définitive. Il nous avait promis d'en
» délibérer avant de nous la transmettre en nous indiquant
» neuf heures du soir pour venir la chercher. Je ne comptais
» pas que cette heure aurait été devancée ; c'est pourquoi
» je ne suis pas venu ici plus tôt.

» Nous sommes arrivés trop tard à l'Hôtel de Ville. Il y
» avait déjà un gouvernement provisoire qui s'y était
» installé. Nous y avons lu l'épreuve qu'on nous a montrée
» d'une proclamation qui nous a convaincus que notre
» mission était devenue sans objet. »

M. Alfred Le Roux dit ensuite : « Je n'ai pu aussi venir ici plus tôt, parce que, ayant été chargé par vous de voir M. le général Trochu, j'ai dû remplir cette mission. Je me suis rendu auprès de lui avec M. Estancelin. Là aussi nous avons reconnu qu'il était trop tard.

» Mon devoir est maintenant de vous dire que j'ai été en cette circonstance, autant qu'il était en moi, votre fidèle interprète. »

Plusieurs députés protestent contre « la violence dont la représentation nationale a été l'objet », mais on sent dans leurs paroles plus de mauvaise humeur que de conviction véritable.

« *M. Thiers :* De grâce, n'entrons pas dans la voie des récriminations; cela nous mènerait trop loin, et vous devriez bien ne pas oublier que vous parlez devant un prisonnier de Mazas. (*Mouvement.*)

» J'espérais que nous nous séparerions profondément affligés, mais unis. Je vous en supplie, ne nous laissons pas aller à des paroles irritantes ! Suivez mon exemple. Je réprouve l'acte qui s'est accompli aujourd'hui ; je ne peux approuver aucune violence, mais je songe que nous sommes en présence de l'ennemi, qui est près de Paris.

» *M. Girault :* Je partage l'opinion de M. Buffet quand il a protesté dans la séance de quatre heures. Nous ne devons pas faire de politique ni nous diviser. Amenons le gouvernement à s'entendre avec la Chambre. De cette façon, nous serons d'accord avec les départements. Soutenons-nous et soutenons la France. Je vais aller à l'Hôtel de Ville. Si l'on ne veut pas m'écouter, je protesterai.

» *M. Thiers :* Voulez-vous renouveler toutes les discus-

» sions des dernières années? Je ne crois pas que ce soit
» convenable.

» Je proteste contre la violence que nous avons subie
» aujourd'hui, et contre toutes les violences, de tous les
» temps, dirigées contre nos assemblées; mais ce n'est pas
» le moment de donner cours aux ressentiments. Est-il
» possible de nous mettre en hostilité avec le gouverne-
» ment provisoire en ce moment suprême ?

» En présence de l'ennemi qui sera bientôt sous Paris,
» je crois que nous n'avons qu'une chose à faire : nous re-
» tirer avec dignité. » (L'émotion profonde de M. Thiers se
communique à toute l'assemblée.)

Les membres de la réunion se séparèrent à dix heures ;
en traversant la cour d'honneur, ils purent apercevoir
M. Glais-Bizoin achevant d'apposer les scellés sur les portes
de la salle des séances gardée par la force armée.

Pendant que le Palais-Bourbon est le théâtre de ces
événements, que se passe-t-il au Luxembourg?

M. le sénateur Chabrier, à midi et demi, au moment où
la séance s'ouvre sous la présidence de M. Rouher, monte
à la tribune « pour envoyer à l'Empereur un dernier vœu
et un dernier hommage; » il termine par le cri : Vive
l'Empereur!

« *Le prince Poniatowski* : Vive l'Empereur!

» *M. de Ségur :* Vive l'Impératrice! Vive le Prince
» impérial! »

M. de Flamarens, s'imaginant que le Corps législatif a
déjà prononcé la déchéance de l'Empereur, proteste contre
cet acte qu'il proclame inconstitutionnel, en ajoutant :
Vive le Prince impérial! Vive la dynastie!

« *M. de Chabrier :* Cela va de soi!

» *Voix nombreuses :* Vive l'Empereur!

» *M. Nisard :* Vaincu et prisonnier, il est sacré ! (*Marques d'assentiment.*) »

Le Sénat tout entier crie : Vive l'Empereur ! Vive l'Impératrice ! Vive le Prince impérial ! Vive la dynastie ! C'est une scène des plus attendrissantes. M. Rouher se lève.

« *M. Rouher* (de sa voix la plus solennelle) : En pré-
» sence de la gravité des circonstances, nous saurons
» avoir le cœur ferme, la volonté haute et résolue.
» (*Applaudissements.*)

» *M. Quentin-Bauchard :* Et le sentiment de notre
» honneur !

» *M. Rouher :* Je propose au Sénat de se déclarer en
» permanence. (*Oui ! oui !*) La séance sera reprise dès que
» j'aurai reçu des nouvelles du Corps législatif. Je prie
» MM. les sénateurs de ne pas s'éloigner de l'enceinte de
» l'Assemblée. »

Les sénateurs prennent d'assaut l'estrade du président ; cent mains viennent presser la sienne, on l'entoure, on le félicite, on voudrait presque l'embrasser, tant il a bien rendu les sentiments héroïques dont le Sénat est animé. Ses membres se retirent avec une contenance pleine de fierté et de résolution. L'impatience de revenir se lit dans leurs regards. A deux heures et demie, cependant, les huissiers parcourent encore les couloirs en criant : En séance, Messieurs, en séance ! M. Rouher entre dans la salle et prend place au fauteuil. Les sénateurs arrivent lentement, dans une attitude qui contraste quelque peu avec celle qu'ils avaient tout à l'heure. Un certain air d'inquiétude et d'abattement a succédé sur leur visage à l'enthousiasme. Le président annonce d'une voix morne et pâteuse que pendant que les bureaux du Corps législatif délibéraient, la foule a envahi l'enceinte de l'Assemblée.

« Le Sénat veut-il rester en séance, quoiqu'il soit pro-
» bable qu'aucun projet de loi ne nous parvienne, car le
» Corps législatif ne peut délibérer ? »

Cette raison paraîtrait suffisante à plus d'un sénateur, pour lever la séance, mais MM. de Mentque et Ségur d'Aguesseau déclarent que le Sénat doit rester en permanence. M. Larabit se joint à eux « pour protester contre la force qui empêche le Corps législatif de délibérer avec maturité ». M. Ernest de Girardin s'écrie qu'il « est ici en vertu du plébiscite, il n'en sortira que par la force ».

Le Sénat se déclare donc en permanence : la séance est interrompue. Les sénateurs quittent leurs places et forment un cercle de curieux et de questionneurs autour du président qui leur répond à peine et d'un ton très-brusque. ceux qui sont restés à leur place fouillent dans leurs pupitres, et se livrent au triage de leurs papiers; on dirait des préparatifs de départ.

La séance est reprise à deux heures trois quarts. Les sénateurs attendent une communication du président. M. Rouher annonce que les nouveaux renseignements qu'il vient de recevoir portent que, pendant que les bureaux de la Chambre délibéraient sur trois propositions à elle soumises, la foule a pénétré dans l'enceinte législative et que la délibération se trouve au moins momentanément suspendue; M. Rouher renouvelle sa question : « Le Sénat veut-il rester en séance, ou suspendre la séance? »

Le Sénat ne demanderait probablement pas mieux que de la résoudre dans un sens favorable, mais M. de Mentque persiste à croire que les sénateurs doivent rester à leur place. Cette proposition, cette fois, est accueillie par ce qu'on appelle « des mouvements divers ». M. Rouher, se voyant soutenu, insiste sur la cessation de toute délibé-

ration au Corps législatif : « Je ne sais quelle résolution
» va prendre le Sénat, mais quelle qu'elle soit nous devons
» protester contre l'envahissement de la force venant para-
» lyser l'action d'un des grands pouvoirs publics. (*Oui! oui!
» Très-bien! très-bien!*) Maintenant je suis aux ordres du
» Sénat pour savoir s'il veut demeurer en permanence ou
» s'ajourner à heure fixe. C'est à lui qu'il appartient de
» prendre une décision et je la provoque. »

La protestation faite, le Sénat incline visiblement
à croire que rien ne lui défend de s'ajourner; M. de
Mentque seul s'écrie de nouveau : « Je persiste à penser
que le Sénat doit rester en séance ». Les « mouvements
divers » redoublent. M. le président reprend : « Il im-
» porte d'apprécier la situation. Si une force tumultueuse
» était à nos portes, ce serait un devoir impérieux de
» l'attendre délibérément, mais aucune force ne nous
» menace, nous pouvons attendre longtemps sans être saisis
» d'un projet de loi, et nous n'avons actuellement aucun
» sujet de délibération. Il y a là une question de dignité
» que je ne résous pas, mais que je signale. Je suis prêt
» d'ailleurs à faire exécuter les décisions du Sénat. »

M. Rouher avait raison; rien n'étant en délibération,
l'ordre du jour ne pouvait consister qu'à attendre les envahisseurs. Le Sénat n'aurait pas mieux demandé que d'être
envahi, mais personne ne se présentait pour lui rendre ce
service. M. Baroche vint au secours de M. Rouher et de la
prorogation : « Le Sénat, dit-il, doit d'abord s'associer
» par acclamation aux paroles du président, et protester
» avec la plus grande énergie contre la violence dont l'autre
» assemblée est victime » ; il ajoute : « Et maintenant, qu'a-
» vons-nous à faire? Si nous pouvions espérer qu'elles se
» dirigeraient sur nous, ces forces révolutionnaires qui ont

» pénétré dans l'enceinte du Corps législatif, je persisterais
» à penser que chacun de nous doit rester sur son fauteuil.
» Malheureusement (car c'est ici que je voudrais mourir!)
» nous ne pouvons pas avoir cet espoir. La révolution écla-
» tera dans Paris, mais ne viendra pas dans cette enceinte.
» Peut-être, au contraire, pourrions-nous mieux au dehors
» rendre service au pays et à la dynastie, car je veux parler
» bien haut de la dynastie. (*Oui! oui! Très-bien!*) En nous
» séparant, d'ailleurs, nous cédons à la force et non à
» l'intimidation, et notre but est de défendre par nos
» moyens personnels l'ordre et la dynastie impériale. »

L'idée de défendre l'ordre et la dynastie au dehors, chacun avec ses moyens personnels, sourit évidemment au Sénat. Mais il faut se hâter, si l'on veut qu'elle produise quelques fruits. M. de Mentque, auquel vient se joindre M. Larabit, demande qu'on attende, du moins, pour se séparer, jusqu'à cinq heures. M. de Salignac-Fénelon voudrait qu'on cherchât, pendant ce temps-là, les moyens de porter au plus vite un secours soit moral, soit matériel, au Corps législatif. M. Duruy propose une séance de nuit. « Elle pourrait n'être pas sans inconvénient », lui répond M. Rouher. MM. Gressier, Dupin, Haussmann, prennent part à un débat confus pendant lequel le président s'éclipse. Le vice-président Boudet surgit au fauteuil. Il clôt la séance par cette phrase : « Je propose au Sénat de se réunir demain, à son heure ordinaire, sans tenir compte des événements extérieurs. » Cette résolution héroïque est adoptée; le Sénat se sépare pour porter secours à la dynastie.

M. Baroche avait raison ; il aurait vainement attendu la mort dans cette enceinte. Aucune force tumultueuse ne se présenta de toute la journée pour envahir le Sénat; on l'avait complétement oublié.

Le soir, une dépêche non signée parvint au gouvernement. Elle portait, chose peu croyable, que le Sénat voulait tenir une séance de nuit pour protester contre les actes de la journée. M. Eugène Pelletan, seul membre présent du gouvernement, chargea M. Floquet, adjoint au maire de Paris, de mettre les scellés sur la porte de la salle du Luxembourg où il arriva vers dix heures. Le grand référendaire Ferdinand Barrot et le général de Montfort, gouverneur du palais, descendent dans la cour où sont rangés deux escadrons de gendarmerie. L'ordre du gouvernement est remis au grand référendaire qui, entouré de deux escadrons, déclare gravement à M. Floquet, seul avec deux amis : « Je cède à la force. » M. le gouverneur du palais inscrit sur son registre de service l'ordre dont M. Floquet est porteur; M. le grand référendaire, après avoir cédé à la force, demanda s'il pourra rester au palais, et si MM. les sénateurs seront autorisés à entrer dans leurs bureaux et à y prendre les objets à eux appartenant. Le grand référendaire se retira muni de cette autorisation, et M. Floquet put procéder tranquillement à l'opération qui mettait fin à l'existence du Sénat du second Empire.

L'invasion et la dispersion de l'Assemblée, la proclamation de la République, tout ce qui avait été fait ce jour-là, pouvait paraître regrettable à bien des gens, mais le refaire n'était plus possible. Le peuple parisien avait ce qu'il voulait, c'est-à-dire la République; s'il ne sait pas toujours la conserver, il la défend dans certains moments de telle façon qu'il n'y a personne d'assez fort pour porter la main sur elle. Les forces qui n'avaient pu défendre le Corps législatif étaient-elles capables de détruire la République? Les sergents de ville, dispersés, pouvaient-ils être réunis et lancés sur la multitude couvrant la place de l'Hôtel de Ville ? Non ; il était trop tard, le Corps législatif avait tout fait pour rendre sa déchéance inévitable. Il y a quelques heures à peine, ne résistait-il pas à la nécessité de constater la vacance du trône? L'adjonction de quelques députés de Paris à la liste des cinq membres de la commission de gouvernement, voilà l'unique concession qu'on pouvait attendre de lui. Quelle force, quelle considération aurait eue un gouvernement sans cesse tiraillé en sens contraire, sans force, sans considération? Le gouvernement du Corps législatif, encore possible peut-être le 4 au matin, ne l'était plus à midi. Ses membres, ceux-là mêmes qui s'élevaient avec le plus de force contre « l'attentat dont la représentation nationale était la victime », ne se faisaient aucune illusion à cet égard. On les eût fort embarrassés en leur cédant le pouvoir, et en les laissant en face de la nation ; mais il leur convenait de couvrir leur retraite sous une insistance de commande.

Le Corps législatif, pour prouver qu'il avait la volonté et la force de prendre le pouvoir, n'avait qu'une chose à faire, c'était de se réunir dans quelque localité connue pour son esprit bonapartiste, et, de là, en appeler de Paris à la nation. Il ne le fit pas, dit-on, pour éviter la guerre civile. Cette crainte ne l'arrêtait guère, s'il faut prendre au sérieux ses tentatives pour se réunir à Paris, après le décret du nouveau gouvernement prononçant sa dissolution. Le jour même où il parut, c'est-à-dire le 5 septembre, deux réunions du Corps législatif étaient annoncées, l'une pour l'après-midi, l'autre pour le soir. La seconde n'eut pas lieu. Une protestation fut rédigée dans la première « contre l'attentat dont le Corps législatif » venait d'être l'objet et contre le droit que s'arrogeait un » groupe de citoyens de disposer des destinées du pays ».

Cette pièce, revêtue des signatures des députés présents, fut remise à trois commissaires chargés éventuellement de convoquer le Corps législatif sur un point du territoire où il pourrait délibérer en liberté. Si la réunion n'adopta pas en ce moment la résolution de se transporter immédiatement dans les départements, c'est, s'il faut en croire un compte-rendu resté inédit, et rédigé par les membres de la commission, MM. de Talhouët, Daru, Buffet, Josseau, Martel, Johnston, Lefébure, qu'elle obéit à la préoccupation de ne point entraver les efforts de ceux qui avaient assumé sur eux l'immense responsabilité de faire face à la défense nationale ; si les députés, ajoutent-ils, ne peuvent renoncer aux droits qu'ils tiennent du suffrage universel et que seul il a le droit d'invalider, ils persistent tous à se dévouer à l'intérêt sacré de la défense nationale, et ils considèrent que c'est, en ce moment, le premier devoir d'un bon citoyen.

Ces sentiments ne méritent à coup sûr que des éloges ; on peut cependant répondre aux auteurs de ce compte rendu que la translation du Corps législatif hors Paris, où il ne disposait pas des forces suffisantes pour résister à une insurrection, pouvait s'opérer huit jours auparavant sans amener la guerre civile, et que l'Impératrice souhaitait cette mesure. Le Corps législatif se croyait assez fort pour affronter la tempête, mais les institutions de l'Empire ne résistèrent pas mieux que les hommes. Le Corps législatif, abandonné des autres et de lui-même, disparut comme le Sénat, mais en jouant une comédie de résistance qu'il poussa jusqu'à envoyer, encore le lendemain de sa dissolution, des délégués à l'Hôtel de Ville pour réclamer le partage du pouvoir. En le prenant la veille de la révolution, il eût fait acte de courage ; en se ravisant le lendemain quand il était sûr d'un refus, il recourait à un expédient pour faire croire qu'il avait vainement invoqué une responsabilité dont il ne voulait pas et qu'il comptait bien faire retomber un jour sur ceux à qui la force des choses l'avait imposée.

L'hallucination à laquelle la population, saturée des souvenirs de l'Empire et rêvant un second Iéna, avait été en proie dans la matinée du 5 août fut remplacée par celle de la République, faisant surgir du sol quatorze armées et chassant l'étranger ; Paris s'imagina que la même cause devait produire les mêmes effets. Ces cris de joie de la foule, ces bouquets au bout des fusils, ces drapeaux et ces guirlandes, ce contentement si singulier au milieu des malheurs de la France, c'était encore la vision décevante du passé qui troublait les cerveaux. La joie débordait, hélas! de tous les cœurs ; la foule, qui suivait les quais, montrait une satisfaction sans mélange. L'enthousiasme était moins vif sur les boulevards. Les marchands s'informaient si l'on avait proclamé le gouvernement provisoire et si M. Thiers en faisait partie, et sur la réponse négative ils se retiraient d'un air assez désappointé.

La nécessité de ne pas interrompre le récit des derniers moments du Corps législatif nous a fait retarder le récit de la chute de la régence. Réparons ce retard et passons du Palais-Bourbon aux Tuileries.

L'Impératrice, levée à six heures du matin, visita, comme on l'a vu, l'ambulance établie aux Tuileries, entendit la messe et présida le conseil composé des ministres et des membres du conseil privé. Aucune résolution autre que celle de présenter au Corps législatif la proposition investissant le général de Palikao de la lieutenance générale de la commission, c'est-à-dire de la lieutenance générale de l'Empire, n'y fut prise. L'Impératrice, personnellement, ne paraissait nullement s'être arrêtée à une de ces décisions héroïques et désespérées qui sauvent rarement les gouvernements, mais qui grandissent toujours les personnes. M. Rouher s'étant informé des précautions que l'on avait sans doute adoptées contre un mouvement populaire, l'Impératrice lui répondit qu'assez de sang avait coulé sur le champ de bataille et qu'elle ne voulait pas qu'on en épandît encore à Paris pour le salut de la dynastie. Les dépêches arrivaient de minute en minute aux Tuileries, du ministère de la guerre, du ministère de l'intérieur et de la préfecture de police, elles devenaient à chaque instant plus alarmantes : « ... La foule descend des faubourgs, la place de la Concorde est couverte d'ouvriers et de gardes nationaux, les mots de déchéance et de *République* sont prononcés...» L'Impératrice, en se rapprochant des fenêtres des Tuileries, put voir les troupes prendre position dans la cour du Carrousel et devant la façade qui regarde le jardin. Leur moral aurait eu besoin d'être relevé ; tant de désastres subis par l'armée n'étaient point faits pour leur faire oublier leur isolement au milieu de la population. L'Impératrice, en les passant en revue, en leur adressant quelques paroles chaleureuses, serait peut-être parvenue à leur rendre la confiance dont elles semblaient dépourvues ; rien ne l'empêchait d'ailleurs de faire, par une proclamation, un chaleureux appel à la population, de monter à cheval, et de parcourir tous les quartiers de Paris pour grouper la population autour d'elle ; on ne l'eût pas suivie, mais on l'eût respectée ; elle n'y songea pas et personne autour d'elle ne l'y fit songer : lire les dépêches de la préfecture de police, échanger quelques mots de conversation banale avec les personnes de son service, rentrer dans son salon et en sortir, faire appeler tantôt l'aide de camp de service, tantôt une de ses dames d'honneur, leur parler à voix basse et leur donner des ordres qu'elle révoque un moment après, écrire des billets aussitôt déchirés que finis, voilà ses occupations. Quelques visiteurs se présentaient de temps en temps qui, après s'être inclinés devant elle, se perdaient parmi les assistants auxquels ils communiquaient à voix basse des renseignements qui ne faisaient qu'accroître leur impatience. Le général Trochu se présenta chez elle vers onze heures : « Madame, lui dit-il, voilà l'heure des grands périls, nous ferons tous ce que nous pourrons. » L'Impératrice l'écouta d'un air distrait, et quand M. Chevreau, ministre de l'intérieur, lui demanda, quelques instants après, si elle avait vu le général Trochu, et si elle en était contente, l'Impératrice leva les yeux au ciel d'un air qui voulait dire : Il n'y a rien à attendre de lui (1); mais quelle sorte de désappointement pouvait-elle éprouver, elle qui déclarait tout à l'heure qu'il ne fallait pas songer à sa dynastie, ni surtout verser une goutte de sang à son profit?

La députation de membres du Corps législatif appartenant au tiers parti demanda, vers midi, à être reçue par l'Impératrice. Cette députation était composée de MM. Buffet, Daru, Dupuy de Lôme, Genton et Kolb-Bernard. Quelques minutes s'écoulèrent avant que les formalités de l'introduction fussent remplies, car on maintenait encore à ce moment suprême les règles de l'étiquette. Les députés entrèrent enfin ; l'Impératrice les accueillit avec un salut triste et froid et attendit que l'un d'eux prît la parole. M. Buffet se chargea de ce soin : l'abdication !

---

(1) Déposition de M. Chevreau dans l'enquête du 4 septembre.

Voilà ce qu'en réalité il lui demandait avec toutes sortes de précautions de langage. L'Impératrice répondit qu'elle ne pouvait prendre de décision sans l'avis de ses ministres, et que, s'ils jugeaient la mesure proposée par M. Buffet nécessaire, elle se conformerait immédiatement à leur opinion. M. Daru revint à la charge après M. Buffet, et fit valoir les considérations puissantes qui devaient pousser l'Impératrice à prendre une résolution immédiate. « Tout est-il donc perdu? réplique-t-elle; avec de la fermeté et de l'union ne pourrait-on surmonter les obstacles et inaugurer la résistance dans les départements en y transportant le Corps législatif? Les députés témoignèrent par leurs réponses, qu'ils étaient loin de partager ces illusions. La froideur de ses interlocuteurs agissant en sens inverse sur l'Impératrice, ses gestes devinrent plus vifs, sa voix s'anima et elle leur reprocha vivement leur découragement; mais n'était-elle pas elle-même profondément découragée? L'arrivée d'un préfet du palais accourant du Corps législatif, les clameurs de la multitude qui montaient jusqu'à la salle du conseil, donnaient d'ailleurs une terrible force aux arguments de MM. Buffet et Daru; ils n'avaient qu'à répondre à l'Impératrice : regardez par la fenêtre, et écoutez !

Si l'abdication de la Régente paraissait nécessaire au tiers-parti, pourquoi ne votait-il pas la déchéance? Toutes les considérations secondaires devaient céder devant le salut public. S'il croyait sauver l'amour-propre de l'Impératrice par une abdication volontaire, il se trompait étrangement. L'abdication, en un pareil moment, pouvait-elle paraître volontaire? Quant à la résistance de l'Impératrice, elle surprend d'autant plus qu'elle est en opposition formelle non-seulement avec sa déclaration qu'elle n'entendait pas qu'une seule goutte de sang fût versée dans l'intérêt de la dynastie, mais encore avec la démarche que M. Mérimée, à cette heure même, tentait en son nom, auprès de M. Thiers.

L'Impératrice s'en remettait à la décision du général de Palikao : tel fut le dernier mot de cette entrevue.

L'Impératrice supportait assez mal la contradiction et se laissait aller dans certains moments (1) à des mouvements de vivacité et même d'emportement. Après le départ des députés, appuyée au chambranle de la cheminée, elle répétait avec colère : « L'abdication ! ce serait affaiblir » la résistance ! l'autorité nominale, voilà ce que je voulais » pour empêcher la désorganisation ; qu'on fasse après » nous tout ce qu'on voudra, je ne demande qu'à visiter les » hôpitaux, qu'à aller aux avant-postes ! Ils ne veulent pas ! » Ah ! en France, il ne faut jamais être malheureux ! » Amère réflexion que bien des souverains avaient faite avant elle dans ce même palais !

Le moment de prendre une décision approche : « On abat les aigles ». Voilà le contenu de la dernière dépêche reçue de la préfecture de police. Les dames d'honneur, les dames de la cour, les maréchales Pélissier et Canrobert, réunies autour de l'Impératrice, balbutient quelques mots de consolation, lui conseillent de songer à elle, et s'en vont. La princesse Clotilde arrive ; l'Impératrice l'embrasse. Le chevalier Nigra, ministre d'Italie, et le prince de Metternich, ambassadeur d'Autriche, causent à voix basse. Quelques jeunes gens du service d'honneur, jouant aux gardes du corps de 89, tirent des revolvers de leur poche et parlent de mourir plutôt que de laisser un seul garde national péné-

---

(1) *Les moments de Chimène* écrit l'auteur d'une brochure intitulée : *Le 4 septembre aux Tuileries*, par D. Caillé, conseiller général ; Niort, 1871. Le *Figaro* a publié cette brochure qui rendrait l'Impératrice ridicule si elle avait pu l'être dans un pareil moment.

trer jusqu'à l'Impératrice. Il est deux heures : l'huissier de service annonce M. le ministre de l'intérieur.

M. Chevreau apporte la nouvelle de l'envahissement du Corps législatif; M. Jérôme David le suit. « Nous sommes trahis ! » s'écrie en entrant M. Piétri (1). Et à peine a-t-il dit quelques mots à l'Impératrice qu'il disparaît. Il avait fait, dès la veille, ses préparatifs de départ, et à trois heures il était sur la route de Belgique. L'Impératrice fait appeler le général Mellinet : « Général, pouvez-vous défendre le château sans faire usage des armes ? » « Madame, je ne crois pas, » répond le général à cette singulière question. « Dès lors, tout est fini, il ne faut pas ajouter à nos désastres l'horreur de la guerre civile (2). » Le général Mellinet approuve d'un signe de tête cette phrase banale que l'Impératrice répète à chaque instant comme une leçon, et, après s'être incliné, il va reprendre son poste ; mais, si pressé qu'il soit de rejoindre sa troupe, en traversant les salons, il ne croit pas pouvoir se dispenser de « s'arrêter de temps en temps pour baiser galamment la main de quelque dame de sa connaissance » (3).

Le chevalier Nigra et le prince de Metternich pressent cependant l'Impératrice de partir. Elle se lève. « Ce fut le signal des larmes. Les dames se serraient autour d'elle et couvraient ses mains de baisers (4). » Elle recula jusqu'au fond du salon en cherchant à s'arracher à ces marques de tendresse, et, accompagnée de Mme Lebreton, du prince de Metternich et du chevalier Nigra, elle disparut dans se

---

(1) C'est déjà le mot d'ordre des bonapartistes.
(2) *Le 4 septembre aux Tuileries.*
(3) *Ibid.*
(4) *Ibid.*

TAXILE DELORD.

appartements intimes en faisant à ses amis « son plus grand salut, celui des grandes circonstances (1) ».

M. de Cossé-Brissac, chambellan de l'Impératrice, entra un instant après dans le salon de service, et prononça ces mots d'une voix solennelle : « Sa Majesté vous remercie et vous invite à vous retirer. » « Notre devoir, s'écrient » les officiers de service, est de rester ici tant que l'Impéra- » trice y sera. Nous donnez-vous l'assurance que notre pré- » sence n'a plus d'objet? » M. de Cossé-Brissac répond : « Vous avez congé de Sa Majesté, et je puis vous dire que » tout va pour le mieux (2). »

Le jardin des Tuileries était resté désert jusqu'à près de trois heures. Le cri : Aux Tuileries! commence dès lors à retentir sur la place de la Concorde. Un rassemblement considérable se dirige vers la porte du jardin des Tuileries gardée par un poste de zouaves qui laisse passer la foule composée en grande partie de gardes nationaux. Les aigles qui surmontent la grille sont arrachées en un instant, et le rassemblement, parvenu devant le jardin réservé, se trouve en face d'un détachement de la garde, commandé par le général Mellinet, qui se met en ordre de bataille. Un bataillon armé de la garde nationale se présente. La foule court au devant de lui en criant : Vive la République ! Le bataillon répond : Vive la France ! Un conflit va-t-il éclater? Un citoyen se détache du rassemblement et exhorte le commandant du bataillon de la garde nationale à se ranger du côté du peuple. La troupe, lui dit-il, n'est pas en mesure de résister. Qu'arrivera-t-il si le peuple entre de vive force aux Tuileries? Le sang français doit-il être versé par des Français en présence de l'ennemi?

(1) *Le 4 septembre aux Tuileries.*
(2) *Ibid.*

Le commandant hésite ; que va-t-il se passer? Au milieu de ces pourparlers, une voix s'écrie tout à coup : Le drapeau du château vient d'être abaissé, l'Impératrice est partie ! Il n'y a plus aucune raison de s'opposer à la prise de possession du palais ; les gardes nationaux s'y installent en prenant toutes les précautions pour empêcher les masses d'y faire une irruption dangereuse.

L'Impératrice, pendant ce temps-là, suivait la galerie du bord de l'eau, pour pénétrer dans le Louvre et de là gagner une sortie par la grille du pont des Saints-Pères.

Arrêtée sur l'escalier que tant de souverains détrônés ont descendu depuis Louis XVI, elle écoute le bruit de la grille fortement ébranlée. On craint un moment que cette défense ne finisse par céder, lorsqu'on entend retentir les cris : Vive la France ! vive l'ordre ! C'est un piquet de garde nationale qui vient de se placer devant la grille pour en défendre l'accès. Le général Schmitz, chargé par le général Trochu de prévenir l'Impératrice de son départ pour le Corps législatif, arrivait presque en même temps devant la grille et trouvait le vice-amiral Jurien de la Gravière en train d'adresser ses remercîments et ses félicitations à la garde nationale. Le général Schmitz lui fait part de son message. M. Jurien de la Gravière, très-pressé de le communiquer à l'Impératrice, court la rejoindre au haut de l'escalier, elle n'y est plus.

L'Impératrice était sortie des Tuileries par la petite porte qui donne sur la place Saint-Germain-l'Auxerrois. Là, reconnue par un gamin, qui se met à crier : Voilà l'Impératrice, elle a à peine le temps de se jeter avec Mme Lebreton, sœur du général Bourbaki, sa lectrice, dans un fiacre qui lui est amené par le prince de Metternich et par le chevalier Nigra. Où va-t-elle? son intention est-elle de se réfugier chez des amis, ou de se rendre à une gare de chemin de fer ? A-t-elle l'argent nécessaire pour continuer son voyage. Ni M. de Metternich ni le chevalier Nigra ne s'en informent, elle-même n'y a pas songé, car elle donne une adresse en l'air au cocher avant de demander à Mme Lebreton si elle a de l'argent. Celle-ci ne possède que 3 francs. L'Impératrice la charge de les donner au cocher, et la voilà qui descend de voiture avec sa lectrice pour continuer son chemin à pied. Chose étrange, que cette souveraine quittant son palais sans argent, sans savoir où elle va, à qui aucun de ses amis et de ses serviteurs n'adresse de question à ce sujet, et qui, lorsque le moment vient pour elle de choisir un asile, oublie qu'elle a des parents, des amis auxquels elle peut demander l'hospitalité, pour se réfugier chez son dentiste.

Ce dentiste attendait précisément ce jour-là deux dames inconnues à ses domestiques. L'Impératrice et Mme Lebreton passèrent pour ces deux étrangères ; la garde-robe de la femme de leur hôte leur fournit le linge et les vêtements dont elles avaient besoin. Leur séjour dans cette maison ne pouvait cependant se prolonger, non que l'Impératrice courût le moindre danger à Paris, mais parce qu'elle avait hâte de rejoindre son mari et son fils. Le gouvernement de la Défense nationale, prévenu de sa présence, lui aurait très-promptement fourni les moyens de quitter la France en sûreté ; elle aima mieux recourir à des moyens romanesques et avoir l'air de s'échapper, en jouant le rôle d'une personne malade que l'on conduit dans une maison de santé. Le dentiste passait pour son médecin, et Mme Lebreton pour sa garde-malade. Le vrai but du voyage était Deauville. Le voyage de Paris à la côte de Normandie s'accomplit sans encombre en *chaise de poste* et de *relai* en *relai* (1). L'Impératrice, après un court séjour dans cette petite ville improvisée par une fantaisie de spéculation de M. de Morny, la quitta sur le yacht du fils du général sir John Burgoyne, ami de Napoléon III, qui, chose assez étonnante chez un Anglais, hésitait à la recevoir à son bord, de crainte d'amener quelque complication internationale. L'Impératrice débarquée à Brighton, après une traversée des plus pénibles, se réunit le soir même à son fils qui se trouvait à Hastings : le dentiste, son compagnon de voyage, s'occupa ensuite de chercher une résidence convenable pour elle et pour l'ex-prince impérial. Enfin on tomba d'accord sur Camden-House à Chislehurst. Ainsi depuis le moment où l'Impératrice monte en fiacre sur la place Saint-Germain-l'Auxerrois jusqu'au jour où elle arrive à Londres, nous ne voyons à ses côtés que sa lectrice et son dentiste ; c'est ce dernier qui s'occupe à lui fournir tout, depuis le linge et les robes dont elle a besoin, jusqu'à la résidence qu'elle occupe encore aujourd'hui.

Les Tuileries prises, si l'on peut se servir de cette expression, la foule qui remplissait le jardin et la place de la Concorde, avait, tout entière, reflué sur l'Hôtel de Ville où il est temps de rejoindre les députés de la gauche qui s'y sont rendus à des heures et par des chemins différents.

MM. Jules Favre et Jules Ferry rencontrèrent vers trois heures, sur le quai, à la hauteur du Louvre, le général Trochu qui, suivi de quelques officiers, se dirigeait à cheval vers le Corps législatif. « Général, lui dit M. Jules Favre, il » n'y a plus de Corps législatif, nous allons à l'Hôtel de Ville ;

---

(1) Ces mots qui représentent des choses qu'on pouvait croire ne plus exister en 1870 sont employés dans le récit de la fuite de l'Impératrice recueilli de la bouche même de son dentiste et publié dans un livre intitulé : *Bloqué dans Paris*, par un Américain, M. Wathers Sheppard (collection Tauchnitz). Ce récit, traduit par la *Revue politique et littéraire*, n'a été ni démenti ni rectifié.

» votre présence y sera nécessaire. Veuillez rentrer au
» Louvre, nous aurons l'honneur de vous faire prévenir. »

Les devoirs du général Trochu, en changeant de nature, avaient grandi : l'Empire n'existait plus, il se trouvait entre l'anarchie à contenir et l'invasion à combattre; se rendrait-il à l'invitation de M. Jules Favre et consentirait-il à jouer un rôle politique dans les événements qui se préparaient, ou demanderait-il un commandement qui l'éloignerait de Paris? Ce dernier parti l'eût soustrait au péril immédiat d'une immense responsabilité et aux reproches intéressés, aux accusations futures du parti bonapartiste à qui il convient aujourd'hui de le rendre responsable de la chute de l'Empire. La population parisienne presque tout entière était alors convaincue que la tâche de diriger la révolution dans un sens honnête et de tourner toutes les forces du pays contre l'étranger ne pouvait être remplie sans l'aide du général Trochu. Il le croyait aussi lui-même, il s'en est confessé, et il éprouvait quelque chose qui ressemblait à un remords, à la pensée de se dérober à un rôle que sa conscience lui montrait comme l'accomplissement d'un devoir; aussi était-il plus ému qu'hésitant lorsqu'un député, M. Steenackers, vint le prier de se rendre à l'Hôtel de Ville. « Adieu, dit-il au général Schmitz, qui sait si nous nous reverrons, je vais là-bas faire le Lamartine. »

Le général Trochu se trompait; il ne ressemblait pas à Lamartine, 1870 ne ressemblait pas à 1848 : sa popularité, improvisée et éphémère comme celle de Lamartine, était due à l'estime et à la réflexion plutôt qu'à l'enthousiasme; éloquent comme Lamartine, il n'avait pas ce genre d'éloquence qui plaît aux foules et qui les entraîne; une taille élevée, une tête noble portée avec élégance, étaient pour Lamartine des avantages naturels manquant au général Trochu. Ces deux hommess différaient par le moral autant que par le physique : Lamartine, insouciant de l'avenir, qu'il ne savait pas prévoir ou qu'il oubliait, se jetait dans la mêlée sans songer au lendemain, le général Trochu, plus clairvoyant et plus réfléchi, subissait dans le présent l'influence lointaine de l'avenir, il en portait le poids et il en était comme accablé d'avance. *Alea jacta est!* c'est leur commune devise, mais tandis que pour Lamartine elle est le cri de l'espérance, pour le général Trochu elle n'exprime que l'arrêt fatal du destin; ils n'ont qu'un trait commun, le désintéressement. Ce n'est certainement pas l'ambition qui poussait le général Trochu vers le pouvoir; doué en quelque sorte du sombre don de prophétie, un coin du voile de l'avenir s'est soulevé depuis longtemps pour lui, et son esprit, obsédé par cette vision, ne peut plus s'en délivrer, s'il la chasse un moment, elle revient plus poignante. Interrogé un jour pourquoi il défend Benedeck après sa défaite à Sadowa. « C'est, répond-il, que le temps n'est pas loin où les généraux français auront besoin d'être défendus à leur tour! » Lamartine, avant de se rendre le 24 février à la Chambre des députés pour aider à la proclamation de la République, ne songeait guère à écrire son testament : Le général Trochu rédige exprès le sien pour y consigner ses funestes prévisions sur l'issue de l'entreprise qu'il va tenter; le premier marche en vainqueur vers le but qu'il s'est marqué, le second s'achemine vers le poste que la fatalité lui assigne.

Les deux époques, dans lesquelles Lamartine et le général Trochu ont été appelés à jouer un rôle, se ressemblent encore moins que ces deux hommes. La société politique était seule attaquée en 1848, et elle avait les forces nécessaires pour se défendre, la nationalité même se trouvait menacée en 1870 et l'on en était à se demander si la capitale pouvait être défendue! Lamartine avait une certaine foi dans le succès de sa mission; la foi manquait au général Trochu dans le résultat final de ses efforts; ils ont échoué tous les deux, mais après avoir rendu des services que leur pays reconnaîtra peut-être un jour. La façon dont ils ont supporté leur chute sert à constater les différences de caractère qui les séparent. Lamartine tombé ne pardonna jamais son ingratitude à la France; le général Trochu ne s'en est pris qu'à lui-même de son insuccès, il en a senti la profonde amertume, et il s'en est puni par une espèce de déchéance prononcée sur lui-même par lui-même. Des gens dont l'insuffisance militaire a été pour le moins aussi fatale que la sienne à la France n'en ont pas rougi, et sont restés sans embarras sur la scène politique; le général Trochu s'en est banni volontairement; de grands honneurs lui avaient été offerts, notamment le maréchalat; il a eu le courage de tout refuser (1); le siége de Paris est une des opérations de la dernière guerre destiné le

---

(1) Voici la lettre qu'il adresse à ce sujet au ministre de la guerre :

« Versailles, 19 mai 1871.

» Cher général et ami,

» Vrai ou faux, le bruit est venu jusqu'à moi que vous vous proposiez de me faire, moi aussi, grand-croix de la Légion d'honneur.

» Permettez-moi de vous dire à l'avenir, parce qu'il est difficile, et que pour moi il serait prétentieux de le dire après, que je ne pourrais pas accepter cette distinction honorifique. En voici la raison :

» Au début du siége de Paris, j'ai fait le vœu, comme nous disons en Bretagne, de tenter gratuitement ce dernier effort, et d'arrêter là dans le sens de l'avancement et dans tous les sens l'élan de ma carrière.

» Voilà pourquoi j'ai refusé à cette époque le traitement qu'on voulait attacher à ma fonction de président du gouvernement, témoignant que le traitement de ma fonction militaire me suffirait.

» Voilà pourquoi encore j'ai prié M. Jules Favre, qui m'avait annoncé que M. Thiers, en vue d'honorer le siége de Paris, comptait m'élever au maréchalat, de dire au président du conseil que je déclinerais cette haute dignité.

» Gardez pour vous cette petite profession de foi officieuse, et croyez à tous mes sentiments dévoués. »

plus à grandir par l'effet même des années. Que fallait-il au général Trochu, maréchal de France, grand-croix de la Légion d'honneur, pour en recueillir l'honneur et pour devenir, lui aussi, « le glorieux vaincu » de Paris? laisser agir le temps et compter sur les jeux des partis et du hasard.

MM. Jules Favre et Jules Ferry, après avoir quitté le général Trochu, avaient continué leur route, suivis par une immense colonne criant : Vive la République ! Un premier rassemblement de deux ou trois cents personnes ayant à sa tête M. Mahias, rédacteur de l'*Avenir national*, parti de deux heures et demie à trois heures du pont de la Concorde, était arrivé sans encombre sur la place de l'Hôtel de Ville ; bientôt parvenu à s'introduire dans le palais municipal, il avait jeté ses premiers détachements dans le cabinet du préfet occupé par M. Alfred Blanche, secrétaire général chargé de l'intérim. L'un des envahisseurs s'approcha de la table devant laquelle ce fonctionnaire se tenait debout et lui donna, pour le rassurer, une poignée de main maçonnique (M. Blanche était grand-maître adjoint de l'ordre) en lui faisant remarquer qu'il était impossible désormais de s'opposer à l'envahissement de l'Hôtel de Ville. La foule en effet couvrait la place.

M. Gambetta, suivi de M. de Kératry et d'un de ses amis M. Spuller, était arrivé avant tous ses collègues, en fiacre, à l'Hôtel de Ville, devant la petite porte grillée. Après avoir sonné à deux reprises différentes, il réfléchit qu'il ne lui convient pas de pénétrer dans l'Hôtel de Ville par une porte dérobée, et il se dirige vers l'entrée principale devant laquelle un régiment est rangé : « A-t-on proclamé la République au Corps législatif? » lui demande l'officier qui le commande. « Non, répond M. Gambetta, on va venir la proclamer ici. » L'officier se jette dans ses bras. La foule qui suit à distance, rassurée par cette accolade, se précipite dans l'intérieur de l'Hôtel de Ville, entraînant tout sur son passage ; M. Gambetta se trouve tout à coup porté dans le cabinet du préfet de la Seine.

Les officiers commandant les compagnies de garde à l'intérieur de l'Hôtel de Ville firent retirer leurs soldats devant ce flot humain. L'idée que tout ce qui se passait ne pouvait être évité était si générale, que M. Gambetta, en entrant dans le cabinet du préfet de la Seine, est accueilli par ces mots du secrétaire général : « Je vous attendais ! »

La foule s'était vite grossie dans le cabinet du préfet, dans la pièce qui le précédait et dans la salle du trône. On s'apercevait déjà, au langage de certains individus, que les différentes nuances des partis extrêmes étaient représentées à l'Hôtel de Ville, sinon par leurs chefs, du moins par d'actifs agents. On pouvait craindre qu'une municipalité improvisée par eux ne tînt en échec le gouvernement qu'on supposait devoir être composé de députés. M. Gambetta pouvait seul, en ce moment, parer au danger en obtenant l'assentiment populaire à la formation d'une mairie qui put d'abord maintenir l'ordre à l'intérieur de l'Hôtel de Ville. On le pria d'y songer, et on lui désigna M. Etienne Arago qui se trouvait là comme le meilleur chef qu'on pût donner à cette municipalité de salut public. M. Gambetta comprit la nécessité d'agir promptement et de placer des hommes de modération et de dévouement à la tête des deux préfectures ; prenant la place que M. Alfred Blanche occupait tout à l'heure, il proposa M. Etienne Arago pour maire de Paris, titre qui ne répondait ni à l'organisation de Paris ni à celle du département, mais qui satisfaisait certains instincts du moment, et M. de

Kératry comme préfet de police. Ils furent acceptés par acclamations. Quelques voix cependant avaient opposé le nom de M. de Rochefort à celui de M. Étienne Arago; le premier usage que le maire de Paris fit de son autorité fut de signer un ordre de mise en liberté de M. de Rochefort, soin qui ne le concernait nullement, mais le moment n'était pas favorable aux scrupules de la légalité. Les amis de M. de Rochefort coururent à Sainte-Pélagie, mais déjà le prisonnier était délivré. Il entra tout à coup, porté en triomphe par la foule, et déjà orné de l'écharpe rouge des municipaux de 93. L'instant était critique, une compétition pour la mairie pouvait avoir les plus graves conséquences, et bien des gens contribuaient de toutes leurs forces à la faire naître. On ne pouvait savoir ce qui en serait résulté, lorsque M. de Rochefort, avec un bon sens et un désintéressement dont il donna plus d'une preuve dans ces premiers temps si difficiles, appuya la candidature de M. Étienne Arago et se déclara heureux de s'effacer devant un républicain aussi éprouvé. Le maire et le préfet de police étaient donc définitivement choisis. M. Étienne Arago et M. de Kératry donnèrent chacun le nom du secrétaire général choisi par eux, M. Jules Mahias pour la mairie, et M. Antonin Dubost pour la préfecture de police.

Le cabinet du préfet de la Seine était orné d'un immense portrait équestre de l'Empereur que la foule veut à toute force lacérer. M. Gambetta s'oppose à ce commencement de destruction et préserve le tableau en le faisant retourner; pendant ce temps-là MM. Ernest Picard, Emmanuel Arago et Jules Simon arrivent dans la grande salle. M. Jules Favre, monté sur un fauteuil, harangue la foule qui s'accroît de plus en plus; la partie où se sont groupés les députés n'est plus tenable. Ils se réfugient dans le petit cabinet dit du télégraphe, donnant sur un couloir, entre les bureaux du préfet et la salle du trône. Quelques personnes dévouées se placent devant la porte, pour éloigner les importuns. M. Lavertujon, rédacteur en chef de la *Gironde*, la main sur le bouton de la porte, en défend l'entrée aux clubistes, aux énergumènes qui espérant être bientôt eux-mêmes le gouvernement, parlent déjà de renverser celui que les députés sont en train de faire. M. Delescluze, rédacteur en chef du *Réveil*, se présente devant la porte du cabinet où les députés délibèrent. M. Lavertujon la lui ouvre ; il en ressort au bout d'un instant en s'écriant : « Il n'y a rien à faire avec ces gens-là. »

Il n'était pas aisé de pénétrer jusqu'à M. Gambetta : prévenu le dernier de la présence de ses collègues dans la salle du télégraphe, il les trouve occupés à traiter la question de la formation d'un gouvernement, question délicate, de nature à soulever les compétitions les plus dangereuses. M. Ledru-Rollin prévoyait ce danger ; invité à déjeuner quelques jours avant la chute de l'Empire chez M. Montégut (1) avec M. Gambetta, il lui avait suggéré, pour éviter toutes les rivalités, le moyen de ne mettre au gouvernement que des députés de Paris ou nommés par Paris, sans tenir compte de leur option pour une autre localité. M. Gambetta soumit cette idée à ses collègues qui l'adoptèrent avec empressement. La liste suivante fut aussitôt dressée et communiquée à la foule : Emmanuel Arago, Jules Favre, Garnier-Pagès, Léon Gambetta, Ernest Picard, Eugène Pelletan, Jules Simon.

M. Jules Favre entra, pour proclamer ces noms, dans la salle du trône où d'autres s'étaient mis à l'œuvre de leur

---

(1) Chef d'état-major de la garde nationale pendant le siége, mort dans un naufrage.

côté, et avaient formé une liste de gouvernement sur laquelle figuraient MM. Delescluze, Félix Pyat, Blanqui, etc. La bande des clubistes, du haut des fenêtres de l'Hôtel de Ville, jetait ces noms à la foule qui restait froide sur la place. L'apparition de M. Jules Favre sur le balcon fut accueillie par des acclamations prolongées qui redoublèrent après qu'il eut fini de lire la liste des membres du gouvernement, M. Jules Favre, alors entouré d'une de ces popularités qui ne durent jamais longtemps, mais qui sont irrésistibles tant qu'elles durent, fut l'objet d'une ovation qui s'étendit à tous ses collègues. Il fallait de nouveaux événements et de nouveaux malheurs pour permettre à MM. Blanqui, Félix Pyat et Delescluze d'engager la lutte contre les membres du gouvernement formé le 4 septembre.

Les sections cependant s'y préparaient déjà. L'*Association internationale des travailleurs* tint dans la soirée même du 4 septembre, une nombreuse réunion (1) où les orateurs s'élevèrent avec colère contre l'installation à l'Hôtel de Ville des « bourgeois assermentés du Corps législatif », et où l'on discuta sur les moyens de mettre obstacle aux progrès de la réaction. Le mot d'ordre fut donné aux démocrates purs, de veiller pendant la nuit, et de s'armer. La *chambre fédérale* des sociétés ouvrières de l'Association internationale des travailleurs envoya à l'Hôtel de Ville une délégation de sept membres (2) chargés de réclamer les mesures suivantes :

« Considérant que la proclamation de la République
» doit avoir pour effet de supprimer toute institution d'es-
» sence monarchique, le gouvernement provisoire est invité
» à décréter les mesures suivantes :

---

(1) Place de la Corderie du Temple.
(2) Trois d'entre eux ont été membres de la Commune.

» 1° Élections municipales du département de la Seine,
» immédiatement, au scrutin de liste et par arrondissement.

» 2° Restitution complète aux citoyens de Paris du soin
» de leur propre sécurité, par la suppression de la préfec-
» ture de police actuelle, de la garde municipale, etc., par
» l'organisation de la police municipale.

» 3° Suppression de toutes lois préventives, fiscales et
» répressives de la liberté de la presse, de l'imprimerie et
» de la librairie et des droits de réunion et d'association.

» 4° Annulation complète de tous jugements, arrêts et
» poursuites ayant un caractère politique (sont considérés
» comme telles les condamnations encourues à propos des
» troubles et prononcées par des tribunaux exceptionnels).

» 5° Armement immédiat de tous les Français sans
» exception et organisation de la levée en masse. »

Cette démarche et les exigences ne surprirent aucun des membres du nouveau gouvernement. Ils savaient tous quels obstacles ils allaient rencontrer sur leur route. Une bataille de cinq mois commençait entre le gouvernement de la Défense nationale et les partisans de la Commune de Paris. Les périls et les difficultés de tout genre auxquels ce gouvernement improvisé allait être exposé n'échappaient à personne, et personne alors ne lui ménageait sa reconnaissance de ce qu'il consentait à les affronter dans l'intérêt de tous.

L'Empire, qui se vantait avec tant d'arrogance d'échapper par son énergie au sort des gouvernements précédents, venait de tomber plus misérablement qu'aucun d'eux. L'Empereur n'avait pas su mourir à Sedan; l'Impératrice, qui devait monter à cheval et renouveler l'héroïsme de Marie-Thérèse, s'était réfugiée chez son dentiste; les membres de la famille impériale avaient fui à l'heure du péril. Le nom de Napoléon III, depuis nos désastres, ne figurait plus dans les actes publics; ses amis et ses créatures évitaient de le prononcer; les bonapartistes avaient commencé par renier l'Empereur avant d'abandonner l'Empire. Quelle preuve de dévouement ses ministres lui donnent-ils pendant la journée du 4 septembre? Le ministre de l'intérieur va et vient du Corps législatif aux Tuileries et des Tuileries au Corps législatif; le ministre de la guerre pérore dans les couloirs du Palais-Bourbon au lieu de se mettre à la tête des troupes. Il ne tarde pas lui-même à partir, après avoir recommandé sa famille au général Trochu. Le préfet de police se précipite dès trois heures de l'après-midi vers la frontière de Belgique; nulle part on ne voit le moindre effort pour arrêter la débâcle, on se laisse entraîner par elle avec le fatalisme résigné de gens qui voient le précipice et qui se sentent incapables de l'éviter. L'Empire finit dans l'abandon le plus complet, n'inspirant ni respect ni pitié à personne; la France se sentit soulagée de sa disparition, et sa chute lui apparut comme le commencement du salut. C'est l'arrêt le plus terrible qu'une nation puisse porter contre son gouvernement.

CONCLUSION

I

Le 2 décembre 1851, le prince Louis-Napoléon Bonaparte publia le décret suivant :

« Le Président de la République décrète :
» Art. 1ᵉʳ. — L'Assemblée nationale est dissoute.
» Art. 2. — Le suffrage universel est rétabli ; la loi du 31 mai est abrogée.
» Art. 3. — Le peuple français est convoqué dans ses comices à partir du 14 décembre jusqu'au 21 décembre suivant.
» Art. 4. — L'état de siége est décrété dans l'étendue de la 1ʳᵉ division militaire.
» Art. 5. — Le Conseil d'État est dissous.
» Art. 6. — Le ministre de l'intérieur est chargé de l'exécution du présent décret.
» Fait au palais de l'Élysée, le 2 décembre 1851.

» *Le ministre de l'intérieur,*
» A. DE MORNY. »

II

Un appel au peuple accompagnant ce décret soumettait aux suffrages du peuple français les bases fondamentales d'une constitution que les assemblées développeraient plus tard.

1° Un chef responsable nommé pour dix ans ;
2° Des ministres dépendant du pouvoir exécutif seul ;
3° Un Conseil d'État formé des hommes les plus dis-

tingués, préparant les lois et en soutenant la discussion devant le Corps législatif ;

4° Un Corps législatif discutant et votant les lois, élu par le suffrage universel, sans scrutin de liste qui fausse l'élection ;

5° Une seconde Assemblée formée de toutes les illustrations du pays, pouvoir pondérateur, gardien du pacte fondamental et des libertés publiques.

« Ce système, ajoutait l'auteur du coup d'État, créé par le premier consul au commencement du siècle, a déjà donné à la France le repos et la prospérité, il les lui garantirait encore.

» Telle est ma conviction profonde. Si vous la partagez, déclarez-le par vos suffrages. Si, au contraire, vous préférez un gouvernement sans force, monarchique ou républicain, emprunté à je ne sais quel passé ou à quel avenir chimérique, répondez négativement.

» Ainsi donc, pour la première fois depuis 1804, vous voterez en connaissance de cause, en sachant bien pour qui et pour quoi.

» Si je n'obtiens pas la majorité de vos suffrages, alors je provoquerai la réunion d'une nouvelle Assemblée, et je lui remettrai le mandat que j'ai reçu de vous.

» Mais si vous croyez que la cause dont mon nom est le symbole, c'est-à-dire la France régénérée par la Révolution de 89 et organisée par l'Empereur, est toujours la vôtre, proclamez-le en consacrant les pouvoirs que je vous demande.

» Alors la France et l'Europe seront préservées de l'anarchie, les obstacles s'aplaniront, les rivalités auront disparu, car tous respecteront dans l'arrêt du peuple, le décret de la Providence. »

III

7 481 231 voix sur 8 165 630 votants rétablirent le système qui avait donné à la France ces prétendues années de repos et de prospérité au bout desquelles Napoléon Ier, après avoir mis ses générations en coupe réglée et après l'avoir saignée aux quatre membres, la livra, épuisée, à l'invasion.

Son futur successeur publia, le 14 janvier 1852, la constitution rédigée par lui en vertu des pouvoirs que venait de lui confier le peuple français par un vote de contrainte transformé en décret de la Providence.

Elle ne devait entrer en vigueur qu'à dater du jour où les grands corps de l'État qu'elle organisait seraient constitués, ce qui eut lieu le 19 mars 1852.

IV

L'Empire a été proclamé en 1853, mais il existait en germe dans la Constitution de 1852. Son auteur disait, en la soumettant au peuple français :

« J'ai pris comme mobile les institutions qui, au lieu
» de disparaître au premier souffle des agitations populaires,
» n'ont été renversées que par l'Europe entière coalisée
» contre nous. En un mot, je me suis dit: Puisque la France
» ne marche plus depuis cinquante ans qu'en vertu de l'or-
» ganisation administrative, militaire, judiciaire, religieuse,
» financière du Consulat et de l'Empire, pourquoi n'adopte-
» rions-nous pas aussi les institutions de cette époque? Créées
» par la même pensée, elles doivent porter en elles le même
» caractère de nationalité et d'utilité pratique... On peut
» l'affirmer, la charpente de notre édifice social est l'œuvre

» de l'Empereur, et elle a résisté à sa chute et à trois révo-
» lutions. Pourquoi, avec la même origine, les institutions
» politiques n'auraient-elles pas les mêmes chances de durée?
» Ma conviction était formée depuis longtemps, et c'est pour
» cela que j'ai soumis à votre jugement les bases principales
» d'une constitution empruntée à celle de l'an VIII. »

V

La charpente de l'édifice social français est due non pas à un homme, mais à l'Assemblée constituante et à la Convention. Les institutions créées par elles, détournées par Napoléon Ier de leur signification véritable, mélangées, sophistiquées, frelatées, énervèrent la France qu'elles auraient fortifiée en gardant leur pureté, et, au moment du péril, elles ne furent pas défendues par un pays qu'elles avaient rendu incapable de se défendre lui-même. L'Empereur, à son retour de l'île d'Elbe, condamna hautement les institutions impériales. Il mentait, dit-on, et il n'attendait, pour les rétablir, que l'appui de la victoire. Soit, mais Napoléon Ier revenant vainqueur de Waterloo aurait eu de la peine à mettre son projet à exécution. Les institutions condamnées par celui qui les a fondées ne se relèvent pas de cet arrêt, lors même que ce dernier n'a été qu'une concession faite aux nécessités du moment. Les institutions impériales, bien loin d'avoir résisté à la chute de l'Empire et à trois révolutions, étaient mortes avant la chute de Napoléon Ier.

La Constitution de l'an VIII, tracée entre les lignes biffées de la constitution de Sieyès, ne fut qu'un trompe-l'œil, un expédient de procédure, un règlement administratif destiné à donner au gouvernement d'un despote l'air de fonctionner d'une façon constitutionnelle. La Constitution de 1852 n'était, comme celle de l'an VIII, que la préface du gouvernement despotique, quoique Louis-Napoléon Bonaparte, en préparant le rétablissement de l'Empire, protestât contre toute pensée de ce genre :

« En me voyant rétablir les institutions et les souvenirs
» de l'Empire, on a répété souvent que je désirais rétablir
» l'Empire même. Si telle était ma préoccupation constante,
» cette transformation serait accomplie depuis longtemps.
» Ni les moyens ni les occasions ne m'ont manqué.

» Ainsi, en 1848, lorsque six millions de suffrages me
» nommèrent, en dépit de la Constituante, je n'ignorais pas
» que le simple refus d'acquiescer à la Constitution pouvait
» me donner un trône. Mais une élévation qui devait né-
» cessairement entraîner de graves désordres ne me sé-
» duisit pas.

» Au 13 juin 1849, il m'était également facile de
» changer la forme du gouvernement, je ne le voulus pas.

» Enfin, au 2 décembre, si des considérations person-
» nelles l'eussent emporté sur les graves intérêts du pays,
» j'eusse d'abord demandé au peuple, qui ne me l'eût pas
» refusé, un titre pompeux. Je me suis contenté de celui
» que j'avais »

VI

Louis-Napoléon Bonaparte savait bien que, ni en 1848, ni en 1849, ni en 1851, il ne lui aurait été possible de se faire empereur. La République était encore trop forte en 1848 pour être renversée. Le général Changarnier, triomphateur du 13 juin, ne travaillait pas pour le rétablissement de l'Empire.

L'homme du coup d'État aurait peut-être pu ceindre son front de la couronne au lendemain du 2 décembre, parce que la terreur rendait alors tout possible, mais il aurait été obligé de la ramasser dans le sang du boulevard Bonne-Nouvelle. Il aima mieux attendre que ce sang fût séché. Un an après, le pavé n'en portait plus de trace ; un empereur était possible : Louis-Napoléon Bonaparte se fit empereur.

Un événement comme la seconde restauration de l'Empire ne s'accomplit qu'à l'aide de trois auxiliaires : l'état général des esprits, l'action personnelle de celui au profit duquel la restauration s'opère, enfin le concours heureux des circonstances.

VII

L'état des esprits se prêtait à ce changement.

La Révolution n'avait jamais nettement séparé sa cause de celle de l'Empire. Trahie, trompée, persécutée par Bonaparte, elle n'osait pas lui reprocher ouvertement ses trahisons, de peur de perdre une partie de la gloire militaire que ses guerres entreprises, disait-il, en son nom et à son profit, faisaient rejaillir sur elle. La Révolution, par son silence, consacrait un mensonge et commettait un acte de faiblesse. Les esprits et les cœurs généreux protestaient, à la vérité, contre l'Empire, mais les intérêts issus de la Révolution s'étaient entièrement ralliés à lui ; la crainte de la contre-révolution resserra ce lien sous la Restauration.

L'Empire avait été un spectacle si rapide, que les contemporains n'en aperçurent que les grandeurs. L'histoire secondée par la littérature en dissimula aux générations suivantes, dans un intérêt politique, le côté odieux et misérable. La poésie refit l'Empire en attendant qu'elle le défît. Les premières malédictions lancées contre lui sortirent du cœur indigné de deux poëtes, Lamartine et Auguste Barbier, mais le nombre de ceux qui déclamaient l'*Idole* en 1830 était bien inférieur à celui des chanteurs des chansons de Béranger. La Révolution, soit qu'elle consentît à suivre Armand Carrel au delà de l'Atlantique, pour y chercher des leçons de gouvernement, soit qu'elle persistât, avec Armand Marrast, à continuer les traditions de la politique dantonienne, soit qu'elle cherchât, avec Cabet, à reprendre la question où l'avait laissée Babœuf, la Révolution, qu'elle fût américaine, jacobine ou socialiste, restait napoléonienne au fond. Quelques adeptes de la vraie révolution, quelques initiés aux mystères de la liberté, se moquaient bien entre eux du vieux culte napoléonien et de ses sectateurs attardés, mais il restait la religion de la grande majorité des révolutionnaires. On le vit en 1848, comme on l'avait vu en 1830.

Le napoléonisme prétend être la propagande révolutionnaire par la guerre, la bataille appliquée à l'émancipation des peuples. La Révolution, au lendemain de 1830, n'eut pas d'autre politique extérieure que celle-là. Un vieux général de l'Empire et un avocat, Lamarque et Mauguin, la professaient à la tribune, et tous les écrivains révolutionnaires dans les journaux avancés. Elle avait aussi ses représentants dans le gouvernement.

VIII

Le premier ministre des affaires étrangères de Louis-Philippe ne fut-il pas celui que Napoléon Ier avait, dans son testament, désigné pour écrire l'histoire diplomatique de son règne? Dix ans plus tard, lorsque le fanatisme bonapartiste commençait à baisser, n'est-ce pas Louis-Philippe qui le ravive en allant chercher à Sainte-Hélène les cendres de l'Empereur qui auraient dû y rester comme la leçon des despotes? La popularité du Roi baissait, il crut la ranimer en partageant celle de l'Empereur. La tentative de Boulogne lui fit voir l'imprudence et l'inutilité de son calcul.

En 1848, c'est encore la propagande napoléonienne que la Révolution veut imposer comme point de départ au gouvernement. Lamartine vient à peine de protester, dans sa célèbre circulaire, contre toute idée d'immixtion armée dans les affaires des autres peuples, que déjà la Révolution cherche à renverser l'Assemblée constituante au nom du principe d'intervention méconnu dans la question polonaise. Qu'est-ce que la politique extérieure prêchée alors dans les clubs, sinon la politique extérieure de l'Empire ?

Le gouvernement de Février, d'abord méfiant du napoléonisme, fit un accueil assez froid à son représentant. Louis-Napoléon, accouru de Londres pour offrir ses services au Gouvernement provisoire, reçut l'ordre de retourner en Angleterre, mais bientôt les républicains les plus notoires, des membres mêmes du Gouvernement provisoire, l'aident à forcer les portes de l'Assemblée nationale; la Révolution sociale le proclame pour ainsi dire dans la rue, son nom sort des urnes rurales, et quand il est devenu maître du pouvoir, quand tous ses actes sont un pas vers l'usurpation, la Révolution démocratique garde jusqu'au dernier moment sur les bancs de l'Assemblée l'illusion qu'il va s'entendre avec elle pour combattre la coalition des vieux partis monarchiques. La Révolution socialiste, loin de le repousser, lui fait des avances, et l'on peut se convaincre par la lecture des ouvrages et de la correspondance d'un des plus hardis représentants de la pensée socialiste, que le napoléonisme n'avait rien qui lui répugnât et qu'elle était prête à s'associer à lui.

La Révolution cependant a fini par comprendre, après le coup d'État, qu'entre elle et le napoléonisme il n'y a aucune entente possible, qu'il représente un principe contraire au sien, et qu'il faut qu'elle périsse ou qu'elle triomphe du césarisme ; la Révolution n'a pas cessé, depuis le 2 décembre, de protester contre le césarisme, mais si elle n'a rien négligé pour le détruire, il faut reconnaître qu'elle a contribué à le fonder.

IX

La part qui revient à Napoléon III lui-même, dans son élévation, n'est pas bien considérable. On le représente comme en proie dès l'enfance à une sorte d'hallucination et d'idée fixe de grandeur impériale. Il y a beaucoup à rabattre de cette foi aveugle qu'on lui prête dans sa destinée. Il en douta plus d'une fois, et, sans les gens dévoués à sa future grandeur, sans les aventuriers qui n'avaient d'espoir qu'en elle, le futur empereur aurait très-probablement fini ses jours dans les plaisirs et la mollesse. Personne ne fut moins homme d'action que l'homme qui fit les tentatives de Strasbourg et de Boulogne ; le conspirateur le plus dangereux n'est pas toujours celui qui agit, mais celui qui donne son nom et son argent à la conspiration ; s'il paya de sa personne à Strasbourg et à Boulogne, c'est qu'il se sentait protégé par son nom et par son origine contre un danger sérieux pendant le combat, et contre un châtiment véritable après la défaite. Si la monarchie de Juillet avait duré, l'aurait-il attaquée de nouveau après sa fuite de Ham ? cela est fort douteux : il comprenait trop bien qu'il n'est pas de longanimité qui ne se lasse, et que celle de Louis-Philippe aurait, à la longue, fait place à une juste sévérité à l'égard de cet incorrigible perturbateur.

La République fit peur au prince Louis-Napoléon. Il n'osait même pas rentrer en France ; il fallut, comme on l'a vu, que Persigny allât le chercher à Londres et le ramenât à Paris où il craignait de n'être pas en sûreté. La fortune, à son débarquement, le prit par la main pour le conduire à l'Assemblée nationale et de là à l'Élysée.

X

La Constitution de 1848 avait mis en présence deux pouvoirs sortis du suffrage universel, un conflit était inévitable, mais le prince Louis-Napoléon était loin de l'appeler de tous ses vœux et d'y chercher l'occasion de réaliser son rêve d'Empire ; l'idée de l'ajourner ne lui déplaisait point, au contraire, il prêtait volontiers l'oreille aux conseils et aux propositions d'ajournement de la part des principaux chefs de la coalition parlementaire. Donner au président de la République dix ans de pouvoir de plus pendant lesquels on verrait venir, en attendant que le comte de Paris grandît, le duc de Broglie, M. Molé, M. de Tocqueville, etc., étaient fort d'avis de cette solution. M. Léon Faucher, ministre de l'intérieur, l'appuyait auprès du Président. Le prince Louis-Napoléon hésitait, et son entourage eut grand'peine à mettre fin à son hésitation.

Une présidence plus ou moins longue, c'était toujours le pouvoir suprême partagé avec une assemblée maîtresse du budget. Les amis de Louis-Napoléon avaient besoin d'autre chose. Le coup d'État fut décidé.

Les hommes qui l'organisèrent et qui l'exécutèrent, les

Morny, les Persigny, les Rouher, les Saint-Arnaud, les Fleury, ne lui laissèrent que le triste honneur d'en donner le signal. Retiré dans son palais pendant qu'il s'accomplissait, il n'avait qu'à en attendre le résultat. L'armée achetée, la population lasse et désarmée, ce résultat ne pouvait être douteux; le massacre du boulevard l'assura. Une minute de fusillade le fit maître de la France pour vingt ans !

XI

Louis-Napoléon Bonaparte était taciturne et indolent, il avait été heureux dans sa criminelle entreprise du 2 décembre, on le proclama habile, et il passa pour un esprit méditatif et profond. Les traces de cette habileté ne sont pas faciles à trouver dans son long règne. La seule entreprise dont il ait pris l'initiative et qu'il ait vraiment conduite, c'est la guerre de Crimée. Les événements le dirigent et le portent dans le reste de sa carrière. Tant qu'ils lui sont favorables, il peut faire illusion; les faveurs de la fortune masquent son incapacité, mais dès qu'il ne peut plus compter sur elle et qu'il lui faut remplacer le bonheur par le génie, cette incapacité éclate dans tout son jour.

XII

La situation de l'Europe ne favorisa pas moins son avénement que celle de la France.

La série d'humiliations que l'Autriche parvint à infliger à la Prusse, sous le ministère du prince Félix de Schwarzenberg, n'est oubliée sans doute d'aucun de nos lecteurs; un discours belliqueux de Frédéric-Guillaume IV, et une demande de crédits destinés à des armements, firent croire un moment à l'Europe que la Prusse était décidée à en appeler aux armes. Pendant que l'Assemblée nationale, en France, se prononçait pour la neutralité, dans le cas d'un conflit entre les deux grandes puissances germaniques, et que cette politique semblait être celle du ministre des affaires étrangères, le prince Louis-Napoléon, président de la République, envoyait à Berlin son confident intime, Persigny, pour pousser la Prusse à la guerre et pour lui proposer l'alliance du futur Empire français. Persigny exposa crûment la politique de son maître à M. de Radowitz: « Cinquante ans de révolution, dit-il au confident du roi » de Prusse, ont détruit en France tout enthousiasme, tout » respect du droit et de la loi ; la force matérielle seule » compte pour quelque chose. Il n'y a de fort que ce qui » est organisé : L'armée et le prolétariat sont seuls organisés » en France. Nous tenons l'armée, grâce au nom de Napo- » léon ; nous tiendrons le prolétariat par le travail et les » subsistances. La souveraineté ne peut nous échapper. Le » successeur futur de Napoléon Ier connaît trop bien les » fautes de son oncle pour les recommencer. Résolu à laisser » l'Allemagne parfaitement en repos, il portera uniquement » son action au Sud, c'est-à-dire en Italie où la domination » autrichienne n'est plus possible. La Prusse se trouvant en » Allemagne dans le même antagonisme avec l'Autriche que » la France avec la même puissance en Italie, rien n'est plus » naturel qu'une alliance entre deux pays ayant un intérêt » commun. »

Il n'était pas moins naturel qu'on lui demandât ce qui se passerait après que l'Autriche aurait été expulsée de l'Italie et de l'Allemagne. Persigny répondit: « Vous organiserez la » Prusse à votre guise et nous trouverons notre récompense » dans l'indépendance même de l'Italie ; si l'opinion publique » réclame par hasard quelque satisfaction d'un autre ordre, » l'Empereur se contentera de la Savoie et de Landau. »

Frédéric-Guillaume IV, souverain romantique, épris de la grandeur historique de l'Allemagne, nourrissait, même après Olmutz, pour la dynastie des Habsbourg qui représentait le vieil empire germanique, un respect presque religieux; il fallait une grande audace ou une grande ignorance pour lui faire la proposition précédente. Le roi de Prusse, après avoir refusé la couronne impériale des mains du président du Parlement de Francfort, parce qu'il aurait cru commettre un sacrilége, pouvait-il l'accepter de celles d'un Bonaparte? Persigny éconduit de Berlin se rendit à Vienne et offrit, avec la même désinvolture, à l'Autriche, l'alliance du second Empire contre la Prusse, sans être plus heureux dans cette seconde négociation que dans la première.

La diplomatie napoléonienne débutait par deux échecs lorsque le coup d'État eut lieu.

XIII

L'Europe redoutait, en 1852, le triomphe de la République qui aurait nécessairement eu son contre-coup dans tous les pays où les vaincus de 1848 avaient une revanche à prendre. Les souverains italiens, auxquels on demandait des constitutions, cherchaient un prétexte pour n'en pas donner; les princes allemands qui en avaient donné, cherchaient, avec l'approbation et les encouragements de l'Autriche et de la Prusse, une occasion de les retirer.

La Russie était, s'il est permis de le dire, antirépublicaine de naissance; toutes les grandes et petites cours furent charmées du coup d'État qui les débarrassait de la Révolution et du régime constitutionnel, excepté l'Angleterre qui, ne fût-ce que par décence, devait avoir l'air de regretter la chute d'un régime qui, sauf le nom, ressemblait tant au sien. S'il est inexact de dire que lord Palmerston se vit obligé de quitter le ministère pour avoir témoigné à M. Walewski son approbation de l'acte du 2 décembre (1), il est certain que les fonds publics subirent une baisse sensible à la Bourse de Londres, et que les journaux traitèrent l'usurpateur avec autant de violence que de mépris. La joie des autres puissances diminua singulièrement lorsque le rétablissement des aigles sur les drapeaux, la préoccupation de se rapprocher des institutions de l'Empire, qui éclatait dans tous les actes de Napoléon III, vinrent leur rappeler qu'elles avaient devant eux un successeur de Napoléon Ier; un document officiel (2) insinuant que la frontière du Rhin pourrait bien ne pas tarder à changer, et posant la question de guerre que Napoléon III devait chercher si fatalement à résoudre dix-huit ans plus tard, ne tarda pas à le leur rappeler encore mieux.

Tout se calma pourtant, et l'Angleterre elle-même ne tarda pas à se rassurer. Le discours de lord John Russell, prononcé le 4 février 1852 à la Chambre des communes, est l'approbation pleine et entière du coup d'État. L'Autriche avait, dès les premiers jours de décembre, proposé à la Russie et à la Prusse de s'unir à elle pour reconnaître le gouvernement de Louis-Napoléon. La Prusse repoussa la proposition, elle alla même jusqu'à se déclarer prête à empêcher par la guerre le rétablissement prochain de l'Empire, si l'Angleterre et la Russie s'unissaient à elle dans une triple alliance et s'engageaient à considérer toute attaque dirigée contre l'une d'elles comme une agression contre les trois à la fois, et si les deux autres puissances lui garantissaient son ter-

---

(1) Voyez, sur les causes du remplacement de lord Palmerston, *Dix ans de l'histoire d'Allemagne*, par M. Saint-René Taillandier, de l'Académie française. Paris, Didier.

(2) Rapport du général de Saint Arnaud sur l'organisation territoriale de l'armée, 25 décembre 1851.

ritoire. L'avénement d'un ministère tory fortifia les espérances de la Prusse. Lord Derby achevait la réorganisition de la milice, lorsque le sénatus-consulte rétablissant l'Empire fut adopté le 7 novembre à l'unanimité moins une voix, et sanctionné le 21 et le 22 par les comices plébiscitaires.

La Prusse espérait que les puissances protesteraient ou qu'elles exigeraient des garanties. L'Angleterre la désabusa bientôt en reconnaissant l'Empire le 6 décembre 1852, le jour même où la Prusse lui offrait 100 000 hommes comme son contingent dans l'armée de la quadruple alliance (1).

XIV

Napoléon III, reconnu par les puissances européennes, mais isolé au milieu d'elles, avait des égaux parmi les souverains et pas un allié. Des divisions qui surviendraient entre les gouvernements pouvaient seules lui permettre de s'en créer. L'Europe, malheureusement pour lui, était calme, on ne prévoyait aucune complication, lorsque tout à coup la Russie, en réveillant la question d'Orient, vint fournir à Napoléon III l'occasion souhaitée. Il la saisit avec empressement et il en profita avec décision.

XV

L'Angleterre, au moment où la querelle des lieux saints éclata, sentait vaguement planer sur elle le dédain du continent, de plus en plus convaincu de sa décadence. La Grande-Bretagne gagne de l'argent, disait-on ironiquement, mais elle ne lutte plus pour l'empire : le *Rule*

---

(1) *Dix ans de l'histoire d'Allemagne*, par M. Saint-René Taillandier.

Britannia cesse d'être vrai autre part que sur les marchés de l'univers. L'Angleterre écoutait avec un orgueil apparent un arrêt dont elle feignait d'être fière, mais auquel le vieil orgueil national était loin de souscrire. Napoléon III sut profiter habilement de cette disposition d'esprit dont le résultat fut la guerre de Crimée.

Le czar Nicolas, au début de la querelle dont les lieux saints furent le prétexte, comptait sur la reconnaissance de l'Autriche sauvée par ses armes à l'époque de l'insurrection de Hongrie, sur son alliance politique avec la Prusse corroborée par une alliance de famille, et sur l'impossibilité d'une alliance entre Napoléon III et Victoria Ire qu'il appelait un « inceste » d'après le mot du roi de Prusse. Nicolas Ier se trompa ; l'Autriche étonna le monde par son ingratitude, l'inceste fut consommé et le czar mourut dans le désespoir de ses défaites, pendant que Napoléon III, devenu l'hôte de la reine Victoria, cherchait quelle compensation il retirerait des victoires de son armée.

Le rétablissement de la Pologne lui eût souri, mais l'Angleterre refusa de s'y prêter. Restaient la Belgique et la rive gauche du Rhin qu'on pourrait annexer à l'Empire. Napoléon III s'en ouvrit un matin après déjeuner en fumant sa cigarette, au prince Albert qui recula tout effrayé. Napoléon III feignit l'étonnement. A qui cet arrangement pouvait-il déplaire? à l'Angleterre et à la Prusse ! n'apaiserait-il pas le cerbère anglais en lui donnant en guise de gâteau un magnifique traité de commerce, et la Prusse refuserait-elle d'échanger deux millions d'habitants contre dix ou douze millions qu'elle pouvait prendre en Allemagne? Le prince Albert fit la sourde oreille à ces nouvelles ouvertures, mais l'Angleterre ne les oublia pas. Nous avons pu nous en apercevoir à sa colère au moment de la publication du fameux traité écrit de la main de M. Benedetti, et à sa froideur à nous servir au moment de nos revers.

Cent cinquante mille Français morts dans l'expédition de Crimée, un milliard environ dépensé, les résultats de cette guerre inutile commençaient à apparaître dans leur triste réalité, lorsque Napoléon III se jeta dans une autre entreprise. L'abaissement de l'Autriche, déjà préconisé à Berlin par Persigny, tenait au cœur de Napoléon III; il fit renouveler au roi de Prusse en 1857 les propositions de 1854 sans plus de succès cette fois que la première. La Russie remplaça l'alliance qu'il lui offrait également par la proposition d'un congrès européen; l'Angleterre se déclara pour la paix et pour la neutralité. Il ne restait plus à Napoléon III qu'à se résigner au congrès. L'Autriche, heureusement pour lui, afin d'empêcher qu'on ne traitât dans ce congrès la question de sa domination en Italie et de ses traités avec les souverains de ce pays, était obligée à brusquer les choses, à devancer Napoléon III en Italie, et à marcher plus tard sur Paris pour rétablir Henri V sur le trône. L'Autriche se crut assez forte pour tenter l'entreprise.

XVI

S'il peut être utile de laisser à son ennemi la responsabilité d'une rupture, il ne faut pas du moins se laisser surprendre par lui. Napoléon III faillit pourtant ne pas arriver à temps pour sauver Turin. La fortune, après l'avoir menacé d'un abandon au commencement de la campagne, lui revint bientôt, et ne cessa pas depuis de lui être fidèle. Magenta, Solférino, présageaient la chute de Vérone et de Venise, le rétablissement du trône de Murat à Naples, l'élévation du prince Napoléon sur celui de

Toscane, lorsque la Prusse, intervenant comme médiatrice, offrit aux belligérants de prendre pour point de départ vers une entente commune le retour à l'état de choses établi en 1815, c'est-à-dire l'abrogation des traités nouveaux conclus entre l'Autriche et les souverains italiens. Mince résultat pour Napoléon III vainqueur dans deux batailles rangées. Mais qu'adviendrait-il si la Prusse, suivie de l'Allemagne, jetait 400 000 hommes sur le Rhin? la France aurait-elle pu leur opposer la moitié seulement de ce chiffre? Non. La fortune vint encore une fois au secours de Napoléon III. L'Autriche repoussa le programme de la Prusse. Voir les troupes de la Confédération marcher sous les ordres de sa rivale, rompre ses traités avec Parme, Modène et la Toscane, l'honneur ne me permet pas d'y consentir, disait François-Joseph, plutôt céder la Lombardie à Napoléon III. Il la céda en effet, mais il garda Venise et il obtint que les princes dépossédés seraient rétablis dans leurs droits.

La France avait perdu 60 000 hommes et 800 millions en Italie, pour donner la Lombardie au Piémont, en restaurant les grands-ducs et en laissant le champ libre à l'Autriche pour rétablir son influence sur le centre et le sud de l'Italie. La France a gagné, il est vrai, dans ce pays deux provinces qui lui sont chères, mais cette conquête a donné un funeste exemple, et a servi à justifier l'enlèvement de son Alsace et de sa Lorraine que possession de Nice et de la Savoie ne peut lui faire oublie

XVII

Un homme d'une grande imagination, M. Victor Cousin, avait dit un jour en parlant de Napoléon III : Enfin, j'ai vu un politique!

Le génie politique de Napoléon III ne se montre guère jusqu'ici. Le découvre-t-on mieux dans cette espèce de cote mal taillée qu'il impose au pape et à Victor-Emmanuel, l'un gardant Rome, et l'autre les provinces de l'État romain? quel but poursuit-il? aucun, ou plusieurs qui s'excluent l'un l'autre. La politique de Napoléon III n'est qu'incertitude et irrésolution, aujourd'hui favorable à l'Italie sous l'influence de M. Thouvenel ou de M. de la Valette, elle penche demain pour le pape sous l'influence de l'Impératrice et de M. Drouyn de Lhuys. Dans la question polonaise, en 1863, il donne une fort triste idée de sa clairvoyance et de sa perspicacité. Était-il permis de s'imaginer, parce que l'Autriche laissait la frontière de la Gallicie ouverte pour vexer la Russie, et parce que la presse et le parlement d'Angleterre montraient quelque sympathie pour la Pologne, que ces deux puissances allaient s'unir à lui pour ressusciter cette malheureuse nation? Rien de plus facile à prévoir que l'empressement de l'Autriche à cesser son jeu au moindre signe d'une alliance entre la Prusse et la Russie. Quant à l'Angleterre, avait-elle autre chose à donner que des paroles?

Napoléon III eut beau déclarer, le 5 novembre 1863, que les traité d 1815 étaient déchirés, et qu'il fallait régler toutes les questions pendantes dans un congrès européen, le congrès n'eut pas lieu et l'insuccès de cette proposition montra son isolement, constata son échec diplomatique et lui valut la leçon que lui infligea le prince Gortschakow dans sa fameuse note.

XVIII

La mort du roi de Danemark, en ranimant la question du Sleswig-Holstein, offrait à Napoléon III une occasion de prendre sa revanche et de donner enfin l'essor à son génie politique. Quels moyens employa-t-il pour retenir l'Autriche dans son alliance et l'empêcher de se joindre à la Prusse pour arracher les duchés au nouveau roi ?

L'Angleterre se trouvait alors dans une disposition d'esprit assez semblable à celle qui lui avait fait entreprendre la guerre de Crimée ; elle éprouvait comme une secrète honte devant l'Europe de paraître incapable de défendre un vieil et fidèle allié comme le Danemark ; elle voulait involontairement la guerre, s'il est permis de s'exprimer ainsi, et elle s'apprêtait à s'y lancer malgré elle ; mais Napoléon III, dissimulant sous un faux dépit une indécision aussi fatale à lui qu'aux Danois, se renferma dans une inaction calculée ; c'était pour se venger, disait-il, de la froideur avec laquelle l'Angleterre avait accueilli ses propositions d'intervention en faveur de la Pologne, comme si un homme politique devait être accessible à de pareils sentiments. Napoléon III se contenta de déclarer que le protocole de Londres n'existait plus, et qu'il fallait laisser aux habitants du Sleswig-Holstein la liberté de régler leurs affaires.

La Prusse n'y voyait pas d'inconvénient, du moment que l'Europe n'avait plus à se mêler de la guerre.

Napoléon III venait donc en aide à une puissance qui avait bien plus contrarié ses desseins en 1859 que l'Angleterre en 1863, mais cette puissance était en voie de rénovation ; si elle se lançait dans des entreprises difficiles et dangereuses, il lui faudrait un allié. Napoléon III songeait à lui offrir son appui et à s'en faire payer.

XIX

L'Allemagne fermentait, la vieille constitution fédérale tremblait sur sa base, les complications qui surgissaient à chaque instant de l'autre côté du Rhin, ouvraient à Napoléon III des perspectives trop favorables à ses intérêts pour qu'il ne se mît pas en mesure d'en profiter; il commença par conclure le traité de septembre avec l'Italie qui devait lui rendre sa liberté d'action et le rassurer de ce côté, au moment où, en Allemagne, l'Autriche et la Prusse allaient se disputer la possession des Duchés. Napoléon III n'avait qu'à se montrer bienveillant envers les deux puissances, tout en restant maître d'agir. Cette politique n'était pas sans exiger quelque duplicité, mais il n'était pas homme à reculer devant cette nécessité; seulement, pour réussir dans ce double jeu, il fallait ne pas se tromper sur la force des deux adversaires.

L'Empereur jugeant la Prusse plus faible que l'Autriche, la poussa à la guerre, espérant profiter de sa défaite; il laissa donc supposer à M. de Bismarck que sa neutralité lui serait favorable; il approuva même l'alliance prusso-italienne. La réponse d'Auxerre au dernier discours de M. Thiers, « ces traités de 1815 auxquels on veut nous renvoyer, je les déteste »; qu'était-ce sinon un encouragement à la Prusse? Napoléon III, au même moment, négociait secrètement avec l'Autriche, pour la cession de la Vénétie. Un traité secret fut signé le 9 juin à ce sujet. L'Autriche avait donc lieu de compter sur Napoléon III autant que la Prusse. Napoléon III était tellement sûr du résultat de la guerre prête à s'engager entre ces deux puissances, que, dans une lettre écrite le 11 juillet à son ministre, il fixait d'avance les conditions de la paix: abandon de la Vénétie à l'Italie, maintien de l'Autriche en Allemagne, rectification des frontières de la Prusse à l'est, perte pour elle de la Silésie et de la province rhénane compensée par les Duchés et le Hanovre ou la Hesse électorale, meilleure organisation des autres États allemands.

L'Autriche restant puissance allemande, c'était la rivalité en permanence avec la Prusse; l'organisation meilleure des États allemands signifiait une confédération du Rhin, moins la Prusse, qui permettrait à Napoléon III de s'emparer à son moment du Rhin et de la Belgique.

XX

Le canon de Sadowa vint déjouer tous ces calculs.

Il aurait fallu avoir alors une armée à jeter à la frontière, Napoléon III n'en avait pas; et la Prusse, libre de se livrer à toutes ses annexions, fit ce que Napoléon III lui avait conseillé en 1851, en 1859, en 1865.

XXI

Napoléon III, depuis lors aussi impuissant que remuant, ne cesse de réclamer des compensations pour la France; il demande tantôt Landau et Sarrelouis, tantôt le Palatinat et la Hesse rhénane; un jour il se rabat sur l'érection en État neutre des provinces allemandes de la rive gauche du Rhin, le lendemain, il redemande le Luxembourg, puis la Belgique, et il finit par se contenter de la neutralisation du Luxembourg.

Il y avait eu deux vaincus à Sadowa : Napoléon III et François-Joseph, les deux Empereurs se rendirent à Salzbourg où ils eurent une entrevue. Il en résulta, sinon un traité, du moins une entente qui servit à déguiser à Napoléon III et à François-Joseph leur commune impuissance. La question romaine restait toujours le grand embarras de Napoléon III et paralysait son action; la reine d'Espagne lui promettait d'envoyer des troupes à Rome, ce qui lui aurait permis d'en retirer la garnison française, expédient d'un succès bien douteux; l'Italie en effet, étranger pour étranger, aurait peut-être mieux aimé voir les Français que les Espagnols dans sa capitale. Victor-Emmanuel pouvait-il d'ailleurs tolérer la présence de ces derniers? La révolution d'Espagne coupa court à cette singulière combinaison. Napoléon III, obligé de maintenir ses troupes à Rome, devait finir par se brouiller avec le roi d'Italie, et ne pouvait compter que sur l'appui un peu platonique de l'Autriche.

L'Empereur, qui n'avait jamais été un grand politique, tomba encore au-dessous de lui-même au lendemain de Sadowa. C'était un homme usé, fini, n'ayant ni volonté ni esprit, tergiversant, hésitant, passant sans cesse d'un plan à un autre. L'Autriche, seule puissance sur laquelle il puisse compter un peu, lui conseille vainement de chercher autre part qu'en Allemagne une cause de rupture avec la Prusse, il s'acharne à mêler le roi Guillaume Ier à la candidature du prince de Hohenzollern au trône d'Espagne, et à choisir ce terrain pour lui imposer un acte de faiblesse. Un instinct secret lui fait redouter la guerre, l'intérêt dynastique l'y pousse. L'Impératrice la lui impose, il change en quelques heures de résolution, et tour à tour pacifique et belliqueux, il finit par engager la lutte la plus terrible du siècle, sans préparatifs, sans plan arrêté, comme il l'avait fait en attaquant l'Autriche en 1859. Voilà le grand politique de M. Cousin!

XXII

Nous venons de suivre la politique de Napoléon III à l'extérieur; examinons un peu sa politique intérieure.

La France, au moment de la fondation du second Empire,

récoltait les fruits de quarante ans de paix. L'industrie et le commerce avaient pris un grand essor, le pays s'était enrichi au point de permettre de porter sans exagération à plusieurs milliards le chiffre de l'épargne réalisée par ses habitants pendant cette longue période de calme et de tranquillité.

Napoléon Ier n'avait créé en quelque sorte que des routes stratégiques. L'État, associé aux départements, entreprit le réseau de nos grandes voies et de nos chemins vicinaux au lendemain de la première invasion; 3000 kilomètres de canaux furent creusés de 1822 à 1851. Le 10 juillet 1846, le premier convoi remorqué par une locomotive française franchit la frontière belge. Une grande révolution économique était à la veille de s'accomplir; il importait que la France y jouât un rôle digne d'elle et ne s'y laissât pas distancer par les autres nations.

La monarchie de Juillet et la République de 1848 eurent le sentiment de cette situation; la première permit trop à l'intérêt personnel d'en user à son profit; la seconde s'efforça d'employer les forces nouvelles que la science mettait au service du progrès national; mais, en proie à la guerre civile, absorbée par sa lutte avec les partis, si elle n'eut pas le temps de conduire à leur terme les projets élaborés par elle, sur les chemins de fer, sur les institutions de crédit foncier destinées à aider à la transformation de la dette hypothécaire, et sur bien d'autres matières non moins importantes, on ne peut lui refuser l'honneur d'en avoir préparé et facilité l'exécution par les travaux de ses deux Assemblées. La Constituante et la Législative de la seconde République ont légué au gouvernement qui leur a succédé un héritage d'études et de plans dont il n'a eu qu'à faire l'application.

L'année même qui suivit le coup d'État, on vit en effet se succéder les décrets constituant la compagnie du chemin de fer du Midi et le chemin de ceinture autour de Paris, organisant la fusion de la compagnie d'Orléans et des lignes du Centre, étendant le réseau des chemins de fer du Nord et de Lyon. Le travail, suspendu par les événements de 1848 et de 1851, reprit avec vigueur, mais déjà l'œuvre économique de l'Empire trahissait à son début le caractère de spéculation et de combinaison hasardeuse qu'elle devait garder jusqu'à la fin.

XXIII

Le système adopté jusqu'alors par l'État, en matière de chemins de fer, était bien simple : il se chargeait de construire les travaux d'art ; la voie et le matériel roulant étaient fournis par les compagnies. L'État, grâce à des concessions de courte durée, serait dans un avenir relativement prochain, redevenu maître des chemins. Ce système, fort bon pour un gouvernement régulier, ne pouvait convenir à l'Empire ; il lui fallait brusquer l'achèvement des chemins de fer, comme il brusquait la transformation de Paris, et comme il brusqua plus tard la révolution économique par le coup de théâtre du traité de commerce qui avait été lui-même précédé d'un autre coup de théâtre, de la prorogation jusqu'à quatre vingt-dix-neuf ans accordée aux concessions des compagnies de chemins de fer nouvelles et anciennes.

Prorogations, fusions, subventions échelonnées, garanties d'intérêt, faisaient de la question des chemins de fer un véritable dédale ; ce qu'on voyait de plus clair dans tout cela, c'était le partage de la France en quatre ou cinq grands apanages financiers tracés d'une façon aussi incohérente que les apanages féodaux, et comme eux exposés aux invasions et excursions de certains chefs de malandrins avec lesquels il fallait entrer en composition : c'est ainsi que M. de Morny, se décernant à lui-même un apanage fictif, força les grandes compagnies à lui racheter, au prix de près de 300 millions, un chemin de fer, dit Grand-Central, qui n'existait que sous la forme de concessions signées de l'Empereur.

Les monopoles ne vont pas sans la création de fonctions largement rétribuées, de riches sinécures toujours réservées aux créatures du gouvernement. Les places de directeurs et d'administrateurs de chemins de fer devinrent la consolation et la récompense des ministres usés ou incapables. Le dévouement à l'Empereur était le meilleur titre pour entrer dans l'immense personnel des chemins de fer dont l'Empire s'était fait une véritable armée ; cette armée était doublée de celle que l'agiotage scandaleux dont les titres de chemins de fer étaient l'objet rendait chaque jour plus nombreuse ; les spéculateurs de la Bourse avaient pour chefs les directeurs du Crédit mobilier nouvellement créé, qui s'étaient chargé de l'organiser et de le faire manœuvrer.

XXIV

L'Australie et la Californie versaient à Paris des flots d'or et alimentaient les innombrables entreprises qu'on voyait éclore tous les jours. Le réseau des chemins de fer appelait de nouvelles concessions ; de nouvelles compagnies se formaient, les anciennes étendaient leur exploitation ; les capitaux, naguère si timides, se jetaient hardiment dans les hasards de la spéculation et dans les aventures de l'industrie, l'agiotage n'effrayait plus personne. L'Empire s'applaudissait de ces dangereux succès. Que lui importait que la nation se démoralisât, pourvu qu'il pût donner du travail aux ouvriers et augmenter les salaires ?

Si grâce à d'aussi heureuses circonstances beaucoup de sociétés industrielles se formèrent, si des opérations longtemps différées furent mises à exécution, si le développement universel du travail amena un progrès voisin de la richesse, si l'accroissement de la fortune publique fit augmenter les revenus des communes et ceux de l'État, ces avantages se payèrent cher; le nouveau régime y trouva des ressources pour ses prodigalités, et la soif du gain fit oublier à la France toutes les questions qui, de près ou de loin, ne se rattachaient pas à la Bourse, à ce point que la mission du prince Mentchikoff à Constantinople et les premières complications qui en résultèrent passèrent à peu près inaperçues.

XXV

Demander l'augmentation des revenus fiscaux à des plus-values résultant de l'activité de la production et de la consommation, tel a été le grand principe de l'administration financière de l'Empire, principe juste, s'il est sagement appliqué, mais qui, s'il est mis en œuvre avec exagération, entraîne les gouvernements à surmener la nation, à susciter des entreprises inutiles, à imprimer à certains travaux une impulsion excessive, uniquement pour élever le rendement des impôts. L'accroissement des revenus du Trésor permit d'abord à l'Empire d'augmenter les dépenses sans trop de difficultés. Le dernier budget de la République s'était soldé par 1 milliard 461 millions de francs. Le premier budget de l'Empire, celui de 1852, atteignit 1 milliard 513 millions. C'était d'une année à l'autre une augmentation de 62 millions dans les dépenses, chiffre minime pourtant, si on le compare aux folies qui devaient éclater plus tard.

Cette première augmentation passa inaperçue, car le plus complet silence étouffait les débats, d'ailleurs bien insignifiants, du Corps législatif; la représentation nationale, réduite au rôle de chambre d'enregistrement, accordait ce qu'on lui demandait. On ne possède donc que des détails très-sommaires sur les budgets de 1852 à 1860; l'Empire avait d'ailleurs changé le mode de votation du budget; la loi de finance, au lieu d'être votée comme sous les gouvernements libres, dans les détails, avec *spécialisation* des crédits, c'est-à-dire avec destination précise donnée aux sommes mises à la disposition de l'administration, était établie par grandes divisions, et les ministres restaient libres d'opérer à leur gré des virements entre les chapitres du budget de leur département; s'il était alloué par exemple 400 millions au ministère de la guerre, rien n'empêchait le ministre de prélever 15 ou 20 millions sur l'entretien de l'effectif pour les appliquer à toute autre dépense. Le Corps législatif, dans ces conditions, se trouvait incapable d'exercer une action sérieuse sur les finances de l'État. Le gouvernement ne se gênait pas, en outre, pour ouvrir, en cours d'exercice, des crédits supplémentaires qui détruisaient complétement l'équilibre arrêté par la Chambre, à laquelle on demandait ensuite un vote d'approbation de ces crédits.

Ce système était appliqué non-seulement aux finances de l'État, mais encore à celles des grandes villes dirigées par des préfets omnipotents, assistés de commissions municipales qui, pour assurer l'exécution des grands travaux d'édilité et de voirie à Paris, à Lyon, à Marseille, usaient et abusaient des ressources du budget communal, et n'hésitaient pas, au besoin, à emprunter.

Les charges résultant des emprunts municipaux furent assez facilement couvertes par l'augmentation des revenus de l'octroi produite par un emploi plus considérable de matériaux, et par une plus grande consommation de denrées due aux ouvriers qu'attiraient dans les villes tant d'entreprises nouvelles. L'État profitait de cette situation par le surcroît de rendement des impôts perçus dans les agglomérations urbaines. « Tout alors était joie dans la gestion financière de la France, » selon l'expression de M. Thiers, mais l'heure des mécomptes ne pouvait tarder à sonner.

XXVI

Le gouvernement impérial n'avait, jusqu'alors, que peu touché à la dette consolidée dont une partie était convertie depuis 1852, au moyen d'une opération qui rendit nécessaire la création de quatre millions de rentes nouvelles. Mais on n'avait pas largement usé de l'emprunt. La guerre de Crimée ouvrit l'ère des grands appels au crédit.

Quinze cents millions furent demandés à l'épargne nationale pour soutenir cette stérile expédition. L'administration, rompant avec les usages passés, eut recours à la souscription publique et abaissa les coupures de rentes jusqu'à 10 francs, afin d'en favoriser le placement parmi les petits capitalistes, innovation portée aux nues à cette époque. L'expérience des années suivantes en rendit bientôt les inconvénients visibles. Il est universellement admis aujourd'hui que ce mode d'opérer ouvre la voie à des spéculations effrénées, et nuit plus qu'il ne sert au classement de la rente.

La guerre de Crimée ne tarda pas à être suivie de la guerre du Mexique. Les budgets de la guerre et de la marine avaient absorbé plus de dix milliards, de 1852 à 1856. Chacune des années suivantes ils absorbèrent près d'un milliard, alors que l'on ne trouvait pas quelques millions à appliquer à l'instruction publique.

Ces dépenses n'étaient encore que les dépenses des temps de paix. La guerre eut ses emprunts spéciaux : deux emprunts s'élevant ensemble à 1 milliard 250 millions sont émis en 1855. De nouveaux emprunts surgissent en 1859, quoique nos armées soient victorieuses.

Les emprunts ajoutent aux dépenses de l'État, mais les charges des arrérages de rentes créées compensent d'une façon assez fâcheuse les avantages passagers qu'ils procurent. Les emprunts de la guerre d'Orient rendirent indispensables, pour subvenir à de nouvelles exigences budgétaires, le rétablissement de la taxe sur les obligations et les quittances, l'imposition d'un droit de transmission sur les valeurs mobiliaires françaises et les alcools étrangers, l'élévation de la taxe de consommation sur les alcools, la mise d'un second décime sur les contributions indirectes et d'un décime sur les transports. On fit quelques réductions sur d'autres impôts, mais la somme des augmentations l'emporta de beaucoup sur celle des diminutions. Cela aurait dû rappeler l'administration impériale à la prudence. Il fallut pour cela que de nouveaux embarras vinssent lui démontrer d'une manière encore plus frappante les dangers des entreprises excessives et des travaux à outrance.

XXVII

Les compagnies de chemin de fer, sous l'impulsion du gouvernement, avaient donné de 1852 à 1857 à la construction de ces voies une extension prodigieuse : deux milliards et plus furent dépensés pendant ces sept années, pour l'agrandissement du réseau national. Les émissions réitérées d'obligations avaient épuisé le marché déjà chargé du poids des grands emprunts contractés pour la guerre de Crimée : malaise commercial, amoindrissement de la confiance et de l'empressement de l'épargne à rechercher les valeurs mobilières ; difficulté pour les compagnies de placer leurs obligations ; il était difficile de ne pas prévoir à tous ces signes l'approche d'une crise financière. Les compagnies allaient être obligées de suspendre leurs travaux si l'État ne leur venait en aide.

Les premières bases des conventions, développées et complétées en 1859 et en 1863, avaient été posées en 1857. Le Trésor les élargit ; il étendit les garanties d'intérêt accordées aux compagnies, et il associa plus complètement son crédit à leur crédit. Ces mesures conjurèrent sans doute de grandes catastrophes, mais en imposant à l'État des engagements qui auraient pu être moins lourds, s'il n'avait pas lui-même contribué à entraîner les compagnies à compromettre leur situation par la construction déréglée de nouvelles lignes.

La loi de 1856 sur les sociétés en commandite par actions se rattache aux faits économiques et administratifs de cette première période de l'Empire. Elle avait pour but d'introduire dans les associations de capitaux des règles reconnues indispensables pour empêcher les excès de l'agiotage et pour protéger les intérêts des actionnaires et des tiers; elle contenait des dispositions nouvelles relativement à la valeur et à la forme des actions, à la stipulation des apports, à la libération des titres, à la composition et au fonctionnement des conseils de surveillance. Cette loi parut bientôt trop restrictive, et, dans les années suivantes, l'organisation légale des associations de capitaux dut être modifiée.

Nous sommes en 1859, l'Empereur déclare la guerre à l'Autriche. Le grand-livre est de nouveau ouvert, et une somme de près de 26 millions de rentes est ajoutée aux charges permanentes du budget. L'Empire s'obérait de plus en plus; mais l'emprunt, voté et souscrit au milieu des émotions de la guerre, passa pour ainsi dire inaperçu du public. Ni la presse ni la tribune n'étaient d'ailleurs assez libres pour attirer l'attention du pays sur ses vrais intérêts.

XXVIII

La campagne d'Italie fut suivie d'une révolution économique.

Napoléon III méditait depuis longtemps d'introduire dans notre régime commercial quelques-unes des libertés préconisées par l'école de Manchester, et d'opérer dans nos tarifs de douane des changements qu'il comptait présenter au pays comme un premier pas vers le libre échange. Ce système, débattu avec passion dans les assemblées parlementaires de la monarchie de Juillet et de la République, n'avait jamais pu triompher de la prédominance des intérêts de la haute industrie. Napoléon III s'étant fait octroyer par sa Constitution le droit de conclure des traités de commerce, ne redoutait pas d'opposition de la part du Corps législatif. L'annexion de la Savoie et de Nice avait fort excité les susceptibilités de l'Angleterre; l'Empereur, songeant alors à relever la Pologne, avait besoin de les calmer. Il proposa donc à son ancienne alliée de Crimée de négocier en vue d'un abaissement commun des tarifs de douane. Les pourparlers, promptement engagés entre MM. Rouher, Michel Chevalier et Cobden, ne tardèrent pas à être suivis de la fixation des bases du traité. La France en eut connaissance par son insertion au *Moniteur*.

La libre concurrence n'est possible, pour le commerce international comme pour tout, que si les conditions de la lutte sont égales. Napoléon III, dans une de ces lettres emphatiques qu'il aimait à lancer de temps en temps, tantôt sous un prétexte, tantôt sous un autre, annonça pompeusement tout un ensemble de mesures destinées à dégrever la production et à faciliter les transports. Il prit l'engagement de pourvoir « au prompt achèvement des chemins de fer, des canaux, des voies de navigation, des routes et des ports (1) ». Tâche immense qui, accomplie suivant les prescriptions rigoureuses d'un tel programme, exigerait les efforts et les ressources de tout un siècle.

L'Empire est tombé, et il a laissé la France au cinquième rang par l'étendue de ses voies ferrées ; quant aux canaux, il n'a pas ajouté 200 kilomètres aux 3000 creusés sous les gouvernements précédents; complice des grandes compagnies, il n'a pas voulu que l'achèvement de notre réseau de canalisation leur créât une concurrence dans le transport des matières premières. Elles restent libres d'arrêter par des tarifs élevés le développement industriel, d'écraser le cabotage et la batellerie. Nos grands

(1) Lettre au ministre d'État (5 janvier 1860).

TAXILE DELORD.

fleuves sont presque entièrement abandonnés au milieu des plus riches contrées du monde. Combien de ports attendent encore les améliorations promises ! que de routes et de chemins de fer à construire !

La lettre théâtrale de l'Empereur n'empêcha pas nos industries, brusquement livrées à la concurrence étrangère, d'être obligées de soutenir cette épreuve avec un outillage incomplet et des moyens d'action insuffisants; sans doute plus d'une des branches du travail national a profité de l'ouverture du marché anglais, mais de nombreuses et importantes spécialités, telles que la filature, le tissage, la fabrication du fer au bois, la stéarinerie, etc., ont dû au traité de commerce de subir une crise dont les effets se sont fait sentir longtemps.

Le libre échange est certes un principe fécond, et le régime protecteur n'est défendable ni devant la science ni devant l'équité ; l'expérience le condamne, mais l'application des mesures les plus fécondes exige souvent les plus délicates précautions. Napoléon III, en procédant selon son habitude de coups de théâtre et d'improvisation, à la révolution commerciale, causa le plus grave préjudice à de grands intérêts. Rouen, Lille, Mulhouse, Roubaix, Amiens et beaucoup d'autres villes furent le théâtre de grandes catastrophes dues à la brusque mise en pratique du traité de commerce. Il a laissé dans ces centres manufacturiers des traces et des souvenirs qui ne s'effaceront pas de sitôt.

XXIX

Le réveil de la vie politique se manifesta en 1860 au Corps législatif, non-seulement par la discussion approfon die de l'Adresse en réponse au discours du trône, mais encore par celle des lois de finance ; le budget devint le champ de bataille de l'opposition. Ses premières et plus vives critiques portèrent sur le mode défectueux du vote du budget et sur l'abus des crédits supplémentaires. Le gouvernement lui-même ne devait pas tarder à justifier ces reproches.

La suppression de l'échelle mobile sur les blés vint, en attendant, compléter l'œuvre inaugurée par les traités de commerce. Cette mesure fondait enfin la liberté du commerce des grains. Il serait à souhaiter que l'Empire n'en eût jamais pris que de semblables.

La situation financière s'aggravait cependant de plus en plus ; les budgets se soldaient en déficit. M. Fould jeta en 1862 un cri d'alarme. Les découverts s'élevaient à un milliard, et l'on prévoyait la nécessité d'un emprunt prochain pour la guerre du Mexique. Le ministre des finances, convaincu de la nécessité d'augmenter les impôts, proposait de frapper une taxe sur les voitures, d'élever les droits de l'enregistrement et du timbre, de surtaxer le beurre et le sel, et en même temps de convertir les rentes 4 1/2 pour 100 en 3 pour 100, moyennant une soulte à payer par les rentiers, emprunt déguisé, qui devait, selon lui, procurer des ressources importantes. M. Fould profitait en même temp de l'occasion pour avouer que les finances de l'Empire avaient besoin d'être plus contrôlées, et il recommandait de dresser à l'avenir le budget d'après des divisions nouvelles, qui devaient, disait-il, en faciliter l'appréciation.

Remèdes bien légers pour une aussi grave maladie financière. « Depuis 1850, disait Berryer, les déficits ont à peu près égalé le chiffre de tous les déficits constatés pendant les cinquante premières années du siècle; » M. Thiers ajoutait que les dépenses étaient montées de 1500 millions, chiffre de 1852, à 2 milliards 300 millions, somme prévue pour 1864. Les recettes ne suivant pas la même marche, on était obligé de demander chaque année les différences au public, ou d'appliquer aux besoins courants des ressources qui devaient servir à l'amortissement de la dette.

L'Empire avait tout fait pour accroître la dette publique sans rien tenter de sérieux pour la réduire. L'amortissement ne fonctionnait plus depuis 1848; on lui créa en 1859 une dotation spéciale, mais cette dotation fut bientôt absorbée par d'autres exigences. On léguait ainsi des charges aux générations futures, en leur enlevant les moyens d'en alléger le fardeau.

XXX

Le désordre signalé dans les finances de l'État existait dans celles des grandes villes et même des communes de second ordre engagées dans des travaux énormes et obligées de recourir sans cesse au crédit pour les alimenter. Les paysans, attirés par l'élévation des salaires, désertaient les champs et affluaient à Paris, à Lyon, à Marseille, etc. Les démolitions d'immeubles, les spéculations sur les terrains, l'accroissement trop rapide de la population, créaient non-seulement la hausse des loyers, mais encore de toutes les choses nécessaires à la vie. Les embarras, les plaintes, étaient universels. Le pays ressentait les effets de l'entraînement excessif vers les spéculations de toute nature créé par l'Empire.

De nombreuses sociétés nées avec le règne, et longtemps soutenues par la faveur officielle, avaient attiré l'épargne nationale dans des entreprises étrangères; des milliards s'étaient ainsi engagés dans une foule de banques, de chemins de fer, d'emprunts d'État exotiques; la plupart de ces opérations, d'abord fructueuses, avaient abouti presque toujours à des mécomptes et souvent à des ruines. Le gouvernement lui-même n'avait-il pas donné l'exemple de ces excitations au profit de tant d'entreprises étrangères véreuses, en patronnant les scandaleux emprunts mexicains?

L'Empire effrayé chercha à donner aux affaires un courant plus régulier. La loi de 1865 sur l'établissement des chemins de fer d'intérêt local est certainement sortie de ces préoccupations, ainsi que la loi de 1867 sur les sociétés par action, loi qui adoucissait quelques-unes des rigueurs de la législation antérieure et affranchissait l'anonymat de l'autorisation administrative, mais ces efforts tardifs ne pouvaient rien contre le courant.

Les inquiétudes causées par l'augmentation continue de la dette croissaient en même temps qu'elle. Le gouvernement, pour les calmer, reconstitua en 1866 le service de l'amortissement qui fonctionna l'année suivante et jusqu'en 1870; mais à peine commence-t-on à amortir, qu'il faut emprunter de nouveau pour subvenir aux dépenses de réorganisation de l'armée et aux préparatifs militaires motivés par l'incident avorté du Luxembourg. L'Empereur s'imagine qu'il réparera cet échec par quelque nouvelle lettre à sensation, et, dans une épître datée du camp de Châlons, il ordonne à ses ministres de prendre des dispositions pour que les communes achèvent en dix ans leurs chemins vicinaux.

Le système financier de l'Empire paraît de jour en jour plus usé. Les débats du Corps législatif sur la gestion financière de la ville de Paris, la retraite forcée de M. Haussmann, qui s'avoue impuissant à poursuivre son œuvre, la crise amenée par le retentissement et la suspension des grands travaux de la capitale, les graves embarras financiers éprouvés par les villes de Lyon et de Marseille, annoncent aux moins clairvoyants l'approche de la catastrophe finale. Comment en douter quand on voit les emprunts accumulés du règne ajouter aux charges annuelles de la dette une somme de 168 millions de francs qui dépasse de 32 millions les charges d'emprunt laissées par le premier Empire, la Restauration et la Monarchie de 1830 ? La balance entre les augmentations et les diminutions d'impôt votées de 1850 à 1852 se résume par 36 millions d'augmentation. Le budget qui s'élevait en 1852 à 1513 millions est de 2 milliards 145 millions en 1869, dernier exercice normal de la période impériale.

La guerre n'eût-elle pas éclaté, il est certain que le bilan de l'Empire se serait réglé par une liquidation désastreuse

XXXI

On vient de voir comment Napoléon III géra la fortune de la France, examinons comment il administra celle de Paris.

50 millions à percevoir, autant à dépenser annuellement, constituent une somme d'assez grande importance pour que ceux qui la payent aient la faculté de donner leur avis sur la manière de l'employer. Mais on sait comment le législateur de 1852 avait réglé le sort de Paris. Un préfet nommé par l'Empereur, assisté d'un conseil de préfecture et d'un conseil communal également choisis par le même, fixait l'impôt, le répartissait et le dépensait à sa guise, délibérant, décrétant, agissant en secret et ne rendant de comptes à personne, si ce n'est à lui-même ou à celui qui l'avait choisi.

L Empire n'était pas encore installé et déjà les Parisiens, effrayés par les dépenses communales qui se multipliaient sous leurs yeux, se demandaient comment, au milieu de la nuit et du silence qui régnaient autour du trésor municipal, le fondé de pouvoir de l'Empereur gérait les finances de la capitale? A cela pas de réponse. Le temps était passé où le budget de leur commune, discuté, vérifié devant eux sur pièces bonnes, valables, authentiques, livrées à la publicité, était ensuite soumis à l'examen des hommes compétents et aux controverses des journaux de tous les partis.

« Le bâtiment va, donc tout va. » On avait appris à Louis-Napoléon ce dicton populaire, et il voulait faire « aller le bâtiment » afin de donner à croire que tout allait. Les maisons tombaient par centaines sous le feu des décrets de démolition, officiellement dits d'expropriation pour cause d'utilité publique; il fallait bien les reconstruire sans délai à grands renforts de millions, pour loger vingt-cinq ou trente mille familles chassées de leurs demeures.

L'Assemblée nationale ayant autorisé au mois d'août 1851 la ville de Paris à contracter un emprunt de 50 millions, la situation financière fut exposée au grand jour. Les emprunts contractés en 1815 et 1816 à cause de l'invasion, et en 1832 à cause du choléra, devaient être éteints au 1er janvier 1853.

La Ville n'avait plus dès lors à pourvoir qu'aux annuités suivantes :

1° L'intérêt et l'amortissement de l'emprunt de 25 millions contracté après la révolution de 1848, 5 009 132 fr.

2° Le prix d'acquisitions diverses payables en six années, 600 000 fr.

3° Les intérêts de la dette contractée envers les hospices et remboursable seulement en 1870, 610 626 fr.

4° La dette contractée envers l'État et payable en cinq ans, 460 000 fr.

5° Pour l'achat des anciens ponts à péage, 550 000 fr.

Le total des annuités à payer par la Ville, avant la réalisation de l'emprunt qu'elle demandait à contracter, était de 7 229 758 fr.

6 millions sur cette somme devaient être éteints en 1859 et remplacés par une annuité égale de 6 millions, destinée, d'après le système proposé et adopté par l'Assemblée, à l'amortissement du nouvel emprunt. La Ville, du 1er janvier 1852 au 1er janvier 1859, devait se borner à payer les intérêts de cet emprunt et les primes affectées au tirage des obligations, c'est-à-dire 3 millions par an. Ainsi donc, en ajoutant ces 3 millions aux 7 185 658 francs, montant des annuités énumérées ci-dessus, on voit que la Ville s'obligeait à consacrer annuellement au service de la dette consolidée 10 185 658 francs jusqu'au 1er janvier 1859, et que, passé cette date, cette dépense devait être réduite à 7 185 658 fr., si toutefois de nouvelles dettes n'étaient pas contractées par elle d'ici-là.

Les dépenses auxquelles la ville de Paris est obligée de pourvoir en tout temps sont les frais d'administration, les frais de l'instruction primaire, de la police, de la salubrité, la subvention aux hospices, l'entretien de la voie publique et des édifices municipaux; elles s'élèvent à la somme de 25 millions.

Il faut y ajouter :

1° Les frais de perception de l'octroi et des autres revenus municipaux, 3 500 000 francs.

2° Les prélèvements légaux au profit du Trésor et le payement de la moitié de la dépense de la gendarmerie de Paris, 5 500 000 francs.

3° Les fonds de dépenses imprévues, 1 million.

4° Le fonds des travaux d'une importance secondaire ne demandant pas une allocation spéciale, mais se faisant forcément chaque année, sur un point ou un autre de la capitale et s'élevant invariablement à 5 millions.

Le tout formait un total de 40 millions.

40 millions d'un côté, 10 millions de l'autre, en tout 50 millions, tel était donc le montant du budget annuel des dépenses obligatoires de la ville de Paris jusqu'au 1er janvier 1859.

XXXII

La ville de Paris n'a pas un centime de revenus extraordinaires. Ses revenus ordinaires sont : le produit de l'octroi et les revenus de toute nature, autres que le produit de l'octroi.

Ceux-ci peuvent être fixés *au maximum* à 11 millions.

L'octroi, en 1850 et 1851, avait rapporté moins de 39 millions; mais en 1852 ses recettes s'étaient un peu élevées; en admettant ce chiffre de 39 millions comme un produit assuré annuellement jusqu'au 1er janvier 1859, le montant des recettes de la Ville était de 50 millions, somme égale à celle des dépenses. Son budget se soldait donc en équilibre, mais en équilibre si précaire que, pour le maintenir, il fallait que, pendant les sept années qui allaient s'écouler jusqu'en 1859, il ne survînt ni crise politique, ni crise commerciale ou financière, ni épidémie cholérique ou autre, ni récolte assez mauvaise pour faire augmenter le prix du pain, ni aucune cause enfin de diminution de recettes et d'augmentation de dépenses. La situation financière de la ville de Paris était donc bien difficile.

Elle s'en était pourtant tirée jusque-là sans déficit. Le Conseil municipal élu, moins heureux que le Conseil nommé, était en plein déficit au lendemain même de l'Empire, et Paris avait une dette flottante dépassant 100 millions.

Le Conseil municipal élu avait affecté très-spécialement l'emprunt de 50 millions, autorisé, comme nous l'avons dit, par un décret de l'Assemblée nationale, à deux grandes entreprises, auxquelles il attachait le plus grand prix :
1° l'agrandissement et la construction des halles dont la dépense devait au *minimum* s'élever à 31 millions.

2° Le percement de la rue de Rivoli, depuis la rue des Poulies jusqu'à l'Hôtel de Ville et le raccordement de cette rue avec les quais et les halles, travaux évalués également au *maximum*, et compensation faite de la revente des terrains inutiles, à 27 millions.

Le tout formant un total de 58 millions.

Le montant de l'emprunt était donc d'avance absorbé par la construction des halles et le percement de la rue de Rivoli. Heureux si, contrairement à l'usage immémorial des faiseurs de projets, de plans et de devis, il ne fallait pas, en fin de compte, ajouter un quart ou un cinquième aux évaluations primitives.

L'administration municipale, avant le 2 décembre, était si bien convaincue de l'instabilité de l'équilibre de son budget, qu'elle hésita longtemps à le surcharger de l'emprunt dont nous venons de parler; et l'on peut assurer que cette détermination lui fut arrachée en quelque sorte par son ardent désir de créer des travaux pour la classe ouvrière, en vue de ce qu'on appelait alors les éventualités de 1852. La crainte de voir surgir le déficit au premier événement qui viendrait diminuer les recettes et augmenter les dépenses lui avait inspiré la ferme résolution de ne rien entreprendre de quelque importance, en fait de créations d'utilité publique ou d'embellissement, avant l'achèvement complet des halles et du percement de la rue de Rivoli, ou plus exactement, avant le 1er janvier 1859, époque à laquelle, nous l'avons déjà dit, le service annuel de l'intérêt et l'amortissement de la dette municipale, exigeant 3 millions de moins, laisserait pareille somme complétement disponible.

XXXIII

Napoléon III était plus pressé. Dictateur en 1851, son premier soin avait été de remplacer les membres élus du Conseil municipal de Paris par des bonapartistes choisis de sa main. Dès ce moment les scrupules de la prudence furent mis de côté; le prince Louis Bonaparte ordonna, M. Berger signifia ses ordres, le conseil les enregistra. Des entreprises énormes qui auraient exigé, à elles seules, de nouveaux emprunts furent votées sans examen sérieux et la plupart du temps sur plans informes, sur devis incomplets.

En voici le détail d'après les évaluations officielles :

1° Le boulevard Malesherbes qui va de la Madeleine à la barrière Monceaux, à travers les beaux hôtels de la rue d'Anjou en abattant la moitié de la rue Rumford, rue toute neuve; 2° l'agrandissement de la place de la barrière de l'Étoile aux dépens des propriétés bâties bordant la place actuelle et les avenues de Saint-Cloud et de Neuilly; 3° la rue des Écoles qui devait traverser tous les quartiers de la rive gauche, ce qui nécessitait l'élargissement de la rue Saint-Jacques et le nivellement d'un grand nombre de rues transversales; 4° les arcades de la rue de Rivoli depuis la place des Pyramides jusqu'à la rue des Poulies; la démolition des maisons anciennes vers le passage Delorme; la démolition des maisons toutes neuves entre la rue de Rohan et la place du Palais-Royal; la construction des arcades en retour sur cette place et des arcades vis-à-vis la façade du Louvre et jusqu'au quai de l'École; 5° les rivières factices et les joujoux dispendieux renouvelés du petit Trianon que l'on doit imiter sur grande échelle dans le bois de Boulogne; 6° la rue de Strasbourg à percer entre le débarcadère du chemin de fer de ce nom et le boulevard Saint-Denis; 7° le nivellement de la rue Saint-Martin et de toutes les rues adjacentes, dépense qui n'avait pas été prévue dans le devis du prolongement de la rue de Rivoli et de ses abords; 8° l'élargissement de la rue Bellechasse, de la place de la Croix-Rouge et l'achèvement du boulevard Mazas. Tel fut l'ensemble de travaux commencés après le 2 décembre.

L'exécution de ces travaux exigeait une dépense approximative de 86 millions, sans compter les travaux de moindre importance, comprenant la construction de bâtiments d'écoles, de salles d'asile, la continuation des égouts, la distribution des eaux, l'achèvement de l'église Sainte-Clotilde, de la rue Montmartre, le percement de la rue Coquillière, de la rue du Cardinal-Lemoine et diverses améliorations de la voie publique, le tout devant coûter 28 millions qui, joints aux 86 millions plus haut mentionnés, font en bonne arithmétique, 114 millions. 114 millions!

XXXIV

Voilà donc la somme très-probablement amoindrie, représentant la valeur des travaux extraordinaires décrétés, entrepris depuis le coup d'État par la ville de Paris sans qu'aucune ressource eût été créée pour y faire face. On ne pouvait rien demander au budget, cependant on avait pris des engagements, et, pour les tenir, on faisait travailler, mais il fallait payer le travail aux échéances fixées. Les 114 millions nécessaires au payement de ces travaux simultanément entrepris sur tous les points de Paris étaient donc bien réellement une dette flottante dans toute la force du terme : la dette flottante de l'État était à cette époque de 760 millions, c'est-à-dire qu'elle égalait le sixième de la dette consolidée; tous les hommes sérieux trouvaient que cela constituait une situation financière périlleuse, et la dette flottante de la ville de Paris surpassait de 14 millions sa dette consolidée!

Les mêmes causes produisent toujours les mêmes effets. La ville de Paris, dans les dix années comprises entre 1804 et 1814, s'était considérablement endettée sous l'administration prodigue du véritable préfet de la Seine qui, alors comme à l'époque actuelle, était l'Empereur; en 1814 elle succombait sous le poids de ses charges, elle touchait à la banqueroute. Cela est constaté à chaque page du registre des délibérations du Conseil communal de cette époque.

Les deux invasions amenées par l'ambition de Napoléon Ier ne firent qu'ajouter à l'épuisement du trésor municipal; pendant les quinze années de la Restauration, il est permis de dire qu'on fut incessamment occupé à réparer les désordres de la gestion impériale. Tous les excédants de recette produits naturellement par le retour de la paix, furent employés à payer les dettes qui surchargeaient les finances municipales; la trace des emprunts contractés sous le premier Empire n'a pu être effacée qu'en 1850, c'est-à-dire trente-cinq ans après la fin de ce déplorable régime.

En présence de ces entreprises énormes que nous venons

d'énumérer, de cette dette flottante hors de toute proportion avec la puissance financière de la ville de Paris, comment ne pas avoir peur de l'avenir? L'Empire a eu raison, cela est vrai, de tous les obstacles; il a terminé en quelques années une œuvre qui aurait exigé plus d'un demi-siècle, mais en causant dans la fortune, dans les habitudes, dans les mœurs de la population parisienne une perturbation dont la génération actuelle se ressent, et dont les générations suivantes se ressentiront encore longtemps.

Les dépenses de la ville de Paris étaient de 80 millions en 1852, elles atteignaient 329 millions en 1869, et les emprunts contractés sous l'Empire par elle (en 1855, 75 millions; en 1860, 143 millions; en 1865, 300 millions; en 1869, 300 millions; sans compter 313 millions empruntés au Crédit foncier en 1867) s'élevaient à 1131 millions.

XXXV

L'Académie des sciences morales et politiques, quelque temps avant le coup d'État, avait ordonné une enquête sur la condition des populations des campagnes; cette enquête, terminée en 1851, constatait que le bien-être de ces populations laissait beaucoup à désirer et que la séduction des salaires de l'industrie, de la vie plus douce des villes, entraînait dans les grands centres des bras enlevés aux travaux agricoles. Quel meilleur moyen que l'instruction pour dissiper ce mirage. La création de l'enseignement agricole fut donc une des pensées les plus heureuses de la République de 1848 qui, au milieu de l'ardeur des luttes civiles, ne perdit jamais de vue les grands intérêts de la production nationale. L'agriculture française, inférieure à l'agriculture anglaise, et même, sur certains points, à celle d'autres pays, avait besoin d'encouragement. La République fonda l'*In-*

stitut national agronomique de Versailles, pour être à la fois l'école polytechnique et l'école d'application de l'agriculture.

La suppression de cette institution fut un des premiers actes de Napoléon III. On prétend qu'elle eût gêné les chasses impériales par les grandes fermes qui lui étaient annexées. C'est possible. Cependant, comme rien n'était plus facile que de supprimer les inconvénients que pouvait avoir l'Institut agronomique au point de vue de la haute vénerie, soit en le déplaçant, soit en le modifiant, on est bien forcé de convenir que son origine républicaine et les opinions de son directeur et de ses professeurs sont les vraies causes de la destruction.

M. de Gasparin, ancien ministre de Louis-Philippe, resté très-fidèle à ses opinions orléanistes, dirigeait l'Institut agronomique ; M. Léonce de Lavergne y occupait la chaire d'économie politique ; ami intime de M. Guizot, il n'était pas plus sympathique aux idées napoléoniennes que les autres professeurs de l'établissement. Louis-Napoléon, du temps qu'il n'était encore que président de la République, crut devoir faire une visite à l'Institut agronomique. Le jour pris, l'heure fixée, le Président se fit attendre si longtemps que plusieurs fonctionnaires de l'Institut finirent par s'impatienter et par rentrer chez eux. Les gens attachés à la personne du prince s'en plaignirent. « La culture n'attend pas, » leur répondit-on. L'Empereur des Français n'oublia pas cette réponse faite au président de la République.

XXXVI

La suppression de l'Institut agronomique, fort peu justifiable en tout temps, parut encore plus regrettable lorsque les travaux de ses professeurs furent publiés. « Cet essai,

» dit M. Léonce de Lavergne, dans la préface de son *Essai*
» *sur l'économie rurale de l'Angleterre, de l'Écosse et de*
» *l'Irlande,* est un fragment du cours d'études que j'avais
» entrepris pour l'enseignement de l'économie rurale, à
» l'Institut national agronomique. Quand il ne m'a plus été
» possible d'en faire usage pour l'enseignement oral, j'ai
» pensé que ces notes pourraient être utiles sous une autre
» forme. » C'est également pour servir d'aliments à leurs
cours à l'Institut agronomique national que MM. Lecouteux,
Émile Doyère, Édouard Baudemont, etc., avaient réuni les
matériaux qui ont fourni à l'un les éléments de ses *Recher-*
ches sur les insectes nuisibles, et à l'autre ses *Principes de la*
culture améliorante; c'est aussi dans son enseignement à
l'Institut agronomique que le troisième avait créé en quelque sorte les éléments de la nouvelle doctrine zootechnique.

Napoléon III a certainement entravé le progrès de
l'agriculture en France en éteignant le grand foyer d'enseignement agricole allumé par la République de 1848,
mais s'il a coupé la parole aux professeurs de l'Institut
agronomique, il n'a pas pu leur arracher la plume des
mains ; leurs livres lus par les grands propriétaires ont été
la source de toutes les améliorations accomplies dans ces
derniers temps.

La destruction de l'Institut agronomique avait mérité à
l'Empire les reproches de la France et de l'étranger. La
création des concours régionaux fut sa réponse à ces reproches. La *Société royale d'agriculture* d'Angleterre lui en
fournit le modèle. Cette société, avec les seules ressources
des 5000 membres dont elle se compose, ouvre chaque année un grand concours de bestiaux et de machines aratoires.
Le gouvernement impérial se chargea d'importer ces solennités en France ; il en fit les frais d'abord, quitte à les parta-

ger avec les villes désireuses de devenir le siége de ces concours qui ont si bien servi la politique de l'Empire, et qui n'ont pas été tout à fait, il faut l'avouer, inutiles à l'agriculture. L'attrait de ces solennités a triomphé de l'inertie des populations rurales. Les paysans sont sortis de chez eux pour aller au chef-lieu. Ils ont vu de superbes animaux et des machines aussi ingénieuses qu'utiles dont l'emploi leur est devenu peu à peu familier. Ils ont comparé ce qu'ils voyaient au concours à ce qui existait chez eux, et ils se sont sentis humiliés de leur infériorité, ce qui est un premier pas vers le progrès; des relations se sont établies entre les visiteurs français et étrangers.

L'administration, de son côté, profitait de ces concours; elle en choisissait les organisateurs, les jurés, les commissaires-visiteurs pour les exploitations; elle en distribuait les récompenses, puissant moyen de tenir en haleine les grandes et petites influences locales par l'appât de la croix d'honneur, de payer sa dette à des amis politiques et d'attirer à elle des hommes importants qui ne demandaient pas mieux que de se laisser conquérir. Les primes des concours régionaux, à de rares exceptions près, n'allaient chercher que des hommes politiques considérables; la moyenne et la petite culture n'avaient rien à en attendre. Certaines primes d'honneur ont produit des orages et fait crier au scandale. Que de gens se sont ruinés pour obtenir cet honneur, et l'ont obtenu en effet, malgré l'évidence de leur ruine, quoiqu'il ne pût être décerné qu'à des exploitations en bénéfice et pouvant servir de modèle dans la contrée.

XXXVII

Le chiffre effrayant de 8 milliards représentant la dette hypothéquée sur les immeubles de France, la lourdeur de ce fardeau pour les petits cultivateurs, les difficultés du prêt, ses limites, avaient appelé l'attention du gouvernement de Juillet sur le Crédit foncier; l'Assemblée législative allait traiter cette question et le rapport était déposé, lorsque le coup d'État eut lieu. Un décret de 1852 la trancha. Le Crédit foncier fut créé, et reçut 10 millions sur la confiscation des biens des princes d'Orléans. A-t-il réalisé les heureuses prévisions en vue desquelles il a été établi, dégrèvement de la propriété, réalisation du progrès, secours à la petite culture? Aux faits à répondre.

Ce qu'il faut le plus reprocher à l'Empire, c'est de s'être attaché à faire baisser le niveau de l'instruction primaire dans les campagnes, et de n'avoir rien tenté pour l'enseignement agricole dans les provinces. Si l'on songe maintenant à la remise pure et simple de la direction des comices et des sociétés agricoles aux mains de ses créatures, à la dissolution des sociétés de secours mutuels et des sociétés coopératives fondées sous la République, aux tentatives pour organiser l'espionnage rural, pour embrigader les gardes champêtres et pour tenir les paysans dans sa main, on se demande ce qu'il pouvait faire de pire à l'agriculture, et nous ne parlons pas du rétablissement de l'impôt sur le sel.

XXXVIII

Après la politique, les finances, l'agriculture, passons à l'armée.

L'armée, depuis que l'exonération dispensait le fils de famille de prendre le fusil, n'était plus composée que de paysans, de réengagés et de remplaçants.

Les officiers sortant la même année de l'école de Saint-Cyr formaient deux classes : l'une composée de jeunes gens riches et bien apparentés, l'autre de jeunes gens sans fortune et sans famille influente. Les premiers servaient en amateurs dans les meilleures garnisons ou à Paris, les seconds étaient envoyés dans les mauvaises garnisons et dans les expéditions lointaines et obscures; ceux-ci, officiers supérieurs à trente ans, n'avaient qu'à se laisser vivre pour devenir généraux de brigade; ceux-là devaient s'estimer bien heureux de prendre leur retraite comme chefs de bataillon : les heureux d'un côté, les fruits secs de l'autre. L'inconvénient sautait aux yeux; cependant tous les dix ans on parlait de rajeunir l'armée; on ne voyait alors rien que des jeunes dans les promotions; de là un prompt encombrement dans les cadres, à tous les degrés, d'hommes du même âge; pour n'avoir voulu que des jeunes, on n'avait bientôt que des vieux.

XXXIX

L'état de la société influe beaucoup sur l'état de l'armée; de l'idéal que la société se fait du militaire, naît en quelque sorte la réalité des mœurs militaires; c'est dans la littérature, dans le roman, au théâtre, qu'il faut chercher cet idéal. Le théâtre de la Restauration mit en scène les généraux, les colonels, les officiers de l'empire, sortis du peuple, fils de leurs œuvres, braves et passionnément roturiers. C'est ainsi que l'on concevait encore l'officier du temps de Louis-Philippe; l'officier sous le second Empire, s'il faut en juger par les tableaux de mœurs publiés dans le journal qui a le mieux rendu les sentiments de la société de ce temps (1), est un jeune gentilhomme, presque toujours Breton, catholique comme un fils de saint Louis, et galant comme un fils d'Ernest Feydeau, amoureux d'une cousine et vivant avec des filles, fondant des cercles catholiques pour les ouvriers et jouant

---

(1) *La Vie parisienne.*

dans les clubs, un saint du tour du lac, brave soldat, du reste, aimant son métier à condition de le faire en amateur et de s'en moquer un peu, reste de l'officier amateur de l'ancien régime, impatient de revenir à la cour après chaque campagne.

XL

L'état-major, peuplé d'officiers de ce genre, était donc d'une qualité inférieure. Ce qui leur manquait surtout, c'était l'amour de leur métier qui n'existe que par l'émulation. La noblesse sert par tradition plutôt que par goût; l'officier gentilhomme ne prend guère son métier que par le côté extérieur, il ne travaille pas, persuadé que la bravoure sur le champ de bataille suffit à faire le bon officier.

Un nouvel élément était entré dans la composition du corps d'officiers. Beaucoup de familles faisaient élever leurs enfants par des prêtres. Les jésuites et les dominicains s'étaient empressés de se prêter à ce retour de faveur en faisant de leurs maisons des fabriques de saint-cyriens et de polytechniciens; on compta bientôt à Saint-Cyr 38 pour 100 d'élèves sortis des maisons religieuses et 7 pour 100 à l'École polytechnique.

Ces jeunes gens, sortis de l'École et devenus officiers, étaient facilement reconnaissables au corps où ils arrivaient les poches pleines de lettres de recommandation pour l'évêque et pour le président de la Société de Saint-Vincent de Paul, à leur attitude roide et gourmée. Aussi enclins que leurs camarades aux péchés de jeunesse, mais plus dissimulés, ils affectaient de ne pas aller avec eux au café, sans occuper leurs loisirs d'une façon plus édifiante. Le travail cependant leur eût été plus nécessaire qu'aux autres, car, comme instruction, ils étaient au-dessous de la moyenne des saint-cyriens ordinaires : on leur avait mâché leurs examens. Ces jeunes officiers cléricaux, tous plus ou moins ennemis du gouvernement étaient bien vus par lui, et ils profitaient de ses faveurs en attendant qu'il fît la culbute.

XLI

La supériorité militaire a tour à tour appartenu à des peuples différents. La France l'avait eue et elle était en train de la perdre ; la routine, flanquée des cent cinquante volumes du *Journal militaire*, asphyxiait l'armée sous une avalanche de lois, d'ordonnances, de règlements, de décrets, de décisions s'embrouillant, se contredisant mutuellement. « Le progrès indéfini du bouton de guêtre, » a dit le général Trochu, est une croyance nationale ; autant de perfectionnements, autant de règlements nouveaux. L'officier, obligé de choisir entre dix prescriptions différentes sur le même sujet, implore une décision du ministre de la guerre ; s'il l'obtient, il est sauvé, mais il perd l'habitude de décider sur quoi que ce soit, et n'osant plus statuer sur les affaires, il cesse de les étudier, elles arrivent toutes au cabinet du ministre, et « celui qui doit mener la voiture la tire » (1).

Une bureaucratie tyrannique, hostile au progrès, tracassière, jalouse, alourdit et abaisse une armée. L'obéissance qu'elle exige est loin d'avoir l'effet fortifiant de l'obéissance militaire commandée par la discipline. La centralisation excessive de Louvois a eu ses avantages de son temps, elle est désastreuse dans le nôtre. Les bureaux de la guerre, aussi gênants, aussi stériles aujourd'hui qu'à l'époque des Choiseul et des Boisgelin, représentent

(1) Paroles du maréchal Bugeaud, citées par le général Trochu dans *L'armée française en* 1867.

une vaste manufacture d'écritures ne chômant jamais, fonctionnant comme d'elle-même et ne laissant aucune place à la volonté personnelle du ministre. Pendant qu'on écrit dix lettres dans les autres ministères, on en écrit cent au ministère de la guerre.

XLII

Le chauvinisme enseigne que la bravoure est la vertu nationale par excellence, qu'il n'y a pas de soldat qui tienne devant le soldat français, et qu'à moins de trahison ou d'impéritie de ses chefs, une armée française est toujours sûre de battre une armée étrangère à quelque nation qu'elle appartienne : la vérité est que le soldat français a ses défauts et ses qualités comme les soldats des autres nations; il est plein de bravoure et d'élan, mais on le ramène quelquefois en désordre, surtout quand son chef s'imagine que le chef-d'œuvre de l'art du commandement est de le tromper sur la force de l'ennemi, et de lui persuader qu'il n'a qu'à se présenter pour l'enfoncer. Le soldat, il est vrai, devient de plus en plus difficile à tromper, il sait parfaitement à qui il va avoir affaire sur le champ de bataille ; la difficulté de créer le moral du soldat s'accroît avec la difficulté de le maintenir. C'est là l'œuvre de l'officier (1). La guerre ne s'apprend pas dans ces mimodrames qui sont censés représenter les batailles de Marengo, d'Austerlitz, d'Isly, de Magenta, de Solférino. Le vrai général connaît ses troupes, non point seulement en les faisant manœuvrer, mais en se mettant en communication avec elles ; le soldat en campagne, s'il voit que cette communication n'existe pas, ne compte que sur lui-même et méprise ses chefs (2). Le soldat français n'a

---

(1) *L'armée française en* 1867, par le général Trochu.
(2) *Ibù*

jamais, il est vrai, passé pour un modèle de discipline ; « il avale la règle en long, mais rarement en travers (1) ». Sous l'Empire, il ne l'avalait plus du tout. Si son général voulait le prendre par le sentiment, le toucher par l'éloquence, il lui faisait cette réponse passée dans la tradition : « Cause toujours, mon vieux, tu m'instruis (2). »

Ce cynique en capote grise avait, grâce au réengagement, des fonds placés sur l'État, c'était un capitaliste; libre dans quelques années de se retirer avec sa prime, sa pension et sa médaille, et de vivre largement de ce triple revenu en y ajoutant les appointements de la place que l'État lui assurait d'avance, cet homme n'était pas lâche : il avait vu le feu et il s'y conduisait convenablement, mais il ne se battait qu'à ses heures, il lui fallait ses aises ; c'était le grognard sans le fanatisme de l'aigle, et avec un défaut que le grognard n'avait pas : l'ivrognerie.

XLIII

L'administration de l'armée du second Empire avait donné des preuves d'insuffisance en Italie où nos divisions avaient souvent manqué de pain dans la contrée qui produit le plus de blé. Cette insuffisance s'explique quand on se rappelle que les examens théoriques pour entrer dans l'intendance et dans l'administration militaire tenaient lieu de la pratique des affaires ; on passait de l'armée active dans ce corps, et l'on voyait souvent de vieux généraux de brigade, très-bons comptables, mais incapables de distinguer un pois d'une fève, se transformer en intendants généraux à la fin de leur carrière.

Ces observations sont empruntées à *L'armée française*

---

(1) Paroles du maréchal Bugeaud dans *L'armée française en* 1867.
(2) *Ibid.*

en 1867. Le gouvernement affecta de dédaigner le livre du général Trochu si fertile en avertissements utiles et de le traiter comme l'œuvre sans importance d'un militaire mécontent et frondeur (1). Le public le lut à peine. La France est peut-être le pays le plus vain de ses soldats, et celui qui connaît le moins son armée. L'opinion publique parut un moment éprouver quelques inquiétudes sur les suites de la bataille de Sadowa, quelques plaisanteries sur le fusil à aiguille (2) la rassurèrent bien vite. L'exonération était maintenue dans la nouvelle organisation militaire adoptée par le Corps législatif en 1867; le fils de famille ne serait pas obligé de servir. C'était là l'essentiel pour la bourgeoisie qui s'en remit pour le reste à ce qu'il lui plaisait d'appeler la vieille supériorité de l'armée française.

XLIV

L'Empire trompa le pays en tout, mais là où il le trompa le plus cruellement ce fut sur l'état de l'armée. Le gouvernement vantait l'état brillant de ses forces militaires, tandis que l'enquête la plus sommaire aurait montré les arsenaux vides, les cadres uniquement sur le papier, le manque d'armes, de munitions, d'approvisionnements, de soldats et prouvé que l'Empire payait les frais de la guerre du Mexique avec le budget du ministère de la guerre. La moitié de l'effectif seulement figurait sous les drapeaux, et le crédit consacré à son entretien passait par un virement de fonds à un autre objet; toutes les précautions étaient prises pour qu'on ne s'en aperçût pas, le Corps législatif se serait

---

(1) Le général Trochu ayant été proposé en 1870 pour un commandement actif, l'Empereur demanda s'il s'agissait de « l'auteur d'une petite brochure sur l'armée ».

(2) Le modèle du fusil à aiguille a été connu en France presque en même temps qu'en Prusse. On l'expérimentait en 1850 à l'École du tir de Vincennes. La routine fit abandonner l'expérience.

d'ailleurs fait au besoin complice du mensonge, mais pouvait-on s'en douter quand le maréchal Niel déclarait le 23 décembre 1867 : « Nos arsenaux sont garnis, nos ma-
» gasins sont pleins... Nous sommes prêts pour l'armement et
» l'approvisionnement, nos places sont mises en état, nous
» avons des chevaux, nous sommes dans de bonnes con-
» ditions. » Comment ne pas s'en rapporter à la parole d'un maréchal de France ?

L'Empereur, deux ans après, le 18 janvier 1869, ne disait-il pas à son tour : « La loi militaire et les subsides accordés par
» votre patriotisme ont contribué à affermir la confiance du
» pays... Il a éprouvé une réelle satisfaction le jour où il a
» su qu'il était en mesure de faire face à toutes les éventua-
» lités... Les ressources militaires de la France sont désor-
» mais à la hauteur de ses destinées dans le monde. »
Huit mois plus tard ne lisait-on pas dans le *Journal officiel* du 18 août 1869 : « L'histoire dira avec quelle activité,
» quelle persévérance, quelle force de volonté, quelle mer-
» veilleuse facilité de ressources le maréchal Niel, entrant
» profondément dans la pensée de l'Empereur, est parvenu
» à résoudre ce problème jusqu'alors réputé impossible, de
» doubler les forces militaires de la France, non-seulement
» sans augmenter ses charges en temps de paix, mais en-
» core en les allégeant pour les familles et en diminuant
» les dépenses du Trésor.

» Rappelons ici ce qui a été fait, le tableau est assez
» grand pour se passer de commentaires :

» Une armée de ligne de 750 000 hommes disponible
» pour la guerre.

» Près de 600 000 hommes de garde mobile.

» L'instruction dans toutes les branches poussée à un
» degré inconnu jusqu'ici.

» Un million deux cent mille fusils fabriqués en moins
» de dix-huit mois.

» Les places mises en état et armées.

» Les arsenaux remplis.

» Un matériel immense prêt à suffire à toutes les éven-
» tualités.

» Et, en face d'une telle situation, la France confiante
» dans sa force.

» Tous ces grands résultats obtenus en deux années. »

La France, après de telles assurances, pouvait-elle ne pas avoir dans sa force une confiance dont elle ne fut que trop vite désabusée?

XLV

L'abaissement de la France, en 1870, est le résultat d'une décadence générale embrassant toutes les institutions qui font la vie d'un pays, et au premier rang desquelles il faut placer l'armée. Sa décadence vers la fin du second Empire n'échappait pas, on l'a vu par le livre du général Trochu, aux observateurs sagaces, mais on ne la croyait pas aussi profonde.

Dans toute guerre il y a un vainqueur et un vaincu, mais les écrasements sans précédents dans l'histoire, les capitulations de 100 000 et 170 000 hommes qui forment l'histoire de notre armée dans la triste campagne de 1870, font de sa défaite un cas particulier. Nous ne parlons ni de notre territoire envahi, ni de nos places fortes perdues, ni des armes, ni des drapeaux livrés.

Comment cette armée, dont le patriotisme et le courage étaient incontestables, dont les aptitudes si variées avaient pu se prêter aux grandes guerres de Crimée et d'Italie comme aux expéditions lointaines de la Chine, de la

Cochinchine, de Syrie, du Mexique, a-t-elle été si étrangement battue?

XLVI

Les causes de cette défaite sont d'abord l'infériorité de l'armée numérique provenant d'un mauvais système de recrutement et du défaut d'élasticité de ses cadres, ensuite le manque de ressort moral, l'absence de discipline.

L'armée de l'Empire n'était pas, à proprement parler, une armée nationale, mais une armée prétorienne dynastique; elle ne représentait pas le faisceau de toutes les forces du pays, elle n'en offrait pas, comme instruction et valeur morale, un échantillon de première qualité; son système de mobilisation était défectueux, parce que ses corps d'armée manquaient d'organisation permanente et que la centralisation excessive de tous les services supprimait l'initiative individuelle; ses chefs étaient peu expérimentés et au-dessous de leur mission, faute de s'être familiarisés en temps de paix avec les fonctions de leur grade; l'avancement s'obtenait par la faveur et l'intrigue, et non par l'instruction et la capacité; l'armée tout entière enfin était engourdie dans l'oisiveté et la paresse, au physique comme au moral.

Les bureaux de la guerre ne voulaient entendre parler d'aucune réforme. Toute étude, proposition ou simple observation exprimant le moindre doute sur la perfection de notre système militaire, présentée par la voie la plus hiérarchique et dans les termes les plus modestes et les plus respectueux, attirait sur son audacieux auteur le courroux de ses supérieurs et le dédain de ses égaux. Les « plumitifs », les « paperassiers », comme on appelait les officiers travailleurs, étaient mis de côté impitoyablement, et surtout éloignés de Paris.

XLVII

Le principe généralement admis, surtout pour les hauts grades, était que les campagnes seules, pour les officiers non protégés, donnaient des droits à l'avancement, principe plus spécieux que vrai en lui-même, car, pour beaucoup de gens, l'expérience n'est pas toujours en raison des années, elle dépend pour le moins autant de la nature de l'esprit, de sa facilité d'investigation et d'assimilation, que du temps. La guerre, d'ailleurs, ne demande pas seulement de l'expérience ou de l'habitude, elle exige des connaissances précises, étendues, et qu'on n'acquiert pas ordinairement au milieu du brouhaha de la vie d'Afrique, par exemple, ou dans des guerres de Chine et du Mexique. Lorsque l'expérience s'ajoute à la science, c'est l'idéal, mais le principe ne doit pas être sacrifié à l'accessoire. « La pratique sans réflexion et sans étude n'est jamais qu'une routine insuffisante. Un mulet qui a fait dix campagnes sous le prince Eugène n'est jamais qu'un mulet et n'en est pas meilleur tacticien pour cela. En effet, marcher quand on marche, s'arrêter quand on s'arrête, camper quand on campe, manger quand on mange, et se battre enfin quand on se bat, voilà ce qu'est la guerre pour la plupart des officiers qui la font (1). »

Les jeunes officiers non protégés (ne pas oublier ce point) cherchaient donc à faire campagne avant tout, puisqu'il n'y avait pas d'autre moyen de se défendre contre le favoritisme. L'Afrique s'offrait à eux, grande faveur déjà que d'obtenir d'y être employé. L'Afrique était une dange-

---

(1) Lettre de Frédéric II au général Fouquet.

reuse école pour l'armée, le rôle individuel du soldat y prenait trop d'importance et y faisait perdre aux troupes le coude à coude. La guerre d'Afrique avait d'autres inconvénients pour les officiers et pour les généraux. Ces derniers désapprenaient l'art de remuer les gros paquets ; ils oubliaient qu'on ne fait pas la guerre en Europe à coups d'hommes, mais à coups de bataillons. Habitués à commander des colonnes de 3000 ou 4000 hommes, ils n'ont plus su que faire quand 30 000 hommes se sont trouvés placés sous leurs ordres, et à plus forte raison 50 000 et 150 000.

XLVIII

La vie errante et au grand air de l'Afrique, les fatigues et les privations de la guerre, avaient fait perdre à beaucoup d'officiers le goût du travail ; la plupart arrivaient pour ainsi dire par la force des choses généraux de brigade et de division, ayant perdu peu à peu la vigueur et l'énergie de leurs jeunes années, sans avoir acquis par le travail les connaissances qui pouvaient leur faire défaut. Et cela peut se dire des meilleurs, de ceux qui, manquant de protection, ne pouvaient compter que sur leurs services de guerre. L'avancement par les campagnes d'Afrique était d'ailleurs une porte ouverte à la faveur, dont le gouvernement de l'Empereur ne manquait pas de se servir. Voulait-on faire arriver rapidement un favori, on l'envoyait faire une courte campagne en Afrique, on lui conférait un grade, il rentrait en France pour retourner en Afrique, et ainsi de suite jusqu'à ce que son ambition fût satisfaite.

L'avancement dans les états-majors était donné d'une façon plus déplorable encore : là, on n'était pas récompensé en raison de sa valeur ou de ses services personnels, mais bien d'après le degré d'influence du général près duquel on servait. Il fallait, pour trouver grâce devant le comité des maréchaux, être attaché à leur personne ou être connu d'eux; affaire d'intrigue, de relations, de position de famille, de fortune, d'accointances avec le clergé, quelquefois même de prestance physique, de tout, excepté d'instruction et de capacité.

Tous les efforts tendaient à isoler l'armée de la nation. Si l'Empire avait gagné non pas le dévouement, mais l'attachement égoïste de la masse des officiers sans ambition et sans avenir, c'est-à-dire sans instruction et sans désir d'en acquérir, en améliorant leur bien-être matériel et en rendant moins lourdes les exigences du service, ce n'est qu'aux dépens de ce sentiment du devoir, de cet esprit de nationalité qui sont la force nécessaire des armées. De quoi parlait-on sans cesse aux soldats? De dévouement à l'Empereur, jamais de dévouement à la patrie.

L'Empereur mort ou prisonnier, il n'y avait plus rien. Et c'est ainsi que 80 000 hommes mettaient bas les armes à Sedan !

XLIX

On expérimente dans ce moment dans nos régiments de cavalerie les manœuvres de la cavalerie autrichienne. Il y a dix ans, un des officiers les plus distingués (1) de l'armée, colonel du 6ᵉ régiment de cuirassiers, va trouver un de nos jeunes généraux de cavalerie et il le prie de venir vérifier les résultats de ces manœuvres qu'il expérimente dans son régiment. « Ah bah! lui répondit le général, restez
» donc tranquille; voyez-vous, quand on est arrivé, on ne se
» remet plus à l'école, vous arriverez certainement à votre
» tour, et vous verrez que je vous dis vrai et que vous ferez

---

(1) Le colonel Martin.

» comme moi. Certainement, vous avez raison, notre cava-
» lerie n'a pas fait dans ces deux dernières guerres ce qu'on
» devait attendre d'elle; mais voyez-vous, ce qu'il faut, c'est
» qu'à la prochaine guerre, depuis le général jusqu'au der-
» nier trompette, tout le monde y aille à plein collier. En
» avant! ce mot-là vaut mieux que toutes les manœuvres
» autrichiennes du monde, etc. » — En avant ! Nos géné-
» raux routiniers croyaient répondre à tout par ce mot-là.

L'infatuation, la paresse, l'horreur pour tout ce qui peut déranger l'homme de ses plaisirs et de ses habitudes, étaient aussi grandes dans la vie militaire que dans la vie civile. Quiconque, dans l'armée, voulait être consciencieux, avait à lutter contre une mauvaise volonté voisine de l'hostilité. Le rôle des chefs de corps voulant faire leur devoir était difficile. Demander purement et simplement l'exécution du règlement c'était se faire ranger dans la catégorie des hommes impossibles, exigeants, d'un caractère difficile. Si, de guerre lasse, on cédait, si on laissait détendre le ressort, desserrer les écrous de la machine, si l'on se résignait à l'indulgence, alors on passait dans la catégorie des *bons enfants*, des gens *qui vous laissaient tranquilles*, cette situation si enviée de l'officier et du soldat paresseux et sans consistance.

Parmi les chefs, les uns devenaient « bons enfants » par lassitude et par dégoût; les autres (notoirement au-dessous de leurs obligations de grade et de position, grâce à ces avancements prématurés, iniques, qui ont été la plaie de l'armée) étaient forcés de l'être tout d'abord, afin de se faire pardonner par leurs égaux et leurs inférieurs le scandale de leur carrière. C'est par les « bons enfants » que nos armées ont été perdues à Sedan et à Metz.

L

Napoléon III avait compris la terrible responsabilité que nos désastres font peser sur sa tête. Il a même essayé de répondre aux accusations si méritées dont il est l'objet dans une brochure intitulée : *Des causes qui ont amené la capitulation de Sedan*, publiée à Willemshohe, rédigée par le général Castelnau, son aide de camp, sous son inspiration.

« C'était, dit Napoléon III, l'illusion de tout le monde de
» croire que, sans méthode et sans ordre, on pouvait con-
» centrer, au moyen des chemins de fer, hommes, chevaux
» et matériels, avec la précision nécessaire, bien que tout
» n'eût pas été réglé longtemps à l'avance par une adminis-
» tration vigilante......... Les retards ont tenu en grande
» partie aux vices de notre organisation telle qu'elle existe
» depuis cinquante ans, tant il est malaisé d'avoir raison
» d'habitudes et de préjugés invétérés. D'ailleurs les Cham-
» bres refusaient le concours nécessaire pour subvenir aux
» réformes les plus importantes, etc., etc. »

Quoi ! Napoléon III avec un pouvoir sans limites, un budget sans contrôle où il pouvait puiser à son gré, une Chambre complaisante qui, quoiqu'il prétende le contraire, ne lui refusait rien, n'a rien su réformer après avoir eu pendant vingt ans, on peut le dire, tout à discrétion : l'argent, les consciences, les volontés ! et il a laissé subsister dans l'armée des abus, des causes de faiblesse qui dataient de cinquante ans ! Il s'en prend aux habitudes et aux préjugés invétérés, comme s'il n'avait pas su dans l'intérêt de son pouvoir et de sa dynastie avoir raison de résistances autrement grandes que celles dont il se plaint. Le tout-puissant empereur des Français ne pouvant venir à bout de quelques habitudes et de quelques préjugés militaires !

qui croira cela? C'est d'ailleurs moins sous l'effet des anciennes habitudes que l'armée est tombée en décadence, que sous la dissolvante influence des habitudes nouvelles.

Napoléon III n'avait pas l'instinct et encore moins le goût de ce qui est probe et honnête. Il n'estimait les hommes qu'au taux des services personnels qu'ils pouvaient lui rendre et au prix auquel ils voulaient les vendre. C'est ainsi qu'il a porté une si grave atteinte à la moralité de notre armée, jadis si honnête et si fière. L'argent prodigué par lui à tous les mendiants à épaulettes aurait presque suffi à payer toutes les améliorations, toutes les réformes militaires réclamées par les besoins du temps.

LI

« Aux causes matérielles d'insuccès, il faut joindre,
» d'après Napoléon III, le peu d'initiative des généraux com-
» mandant les départements et des intendants. Pour la plus
» petite chose il fallait un ordre ministériel. Impossible de
» donner ce qui était indispensable aux officiers, soit même
» les nécessaires d'armes aux soldats, sans un ordre venu
» de Paris... »

La cause de cette routine qui enlevait aux généraux l'activité et la prévoyance avec lesquelles on supplée quelquefois à un défaut d'organisation n'est-elle pas dans ce système d'aplatissement, d'absorption appliqué à l'armée comme au reste du pays? Oui, sans doute, les généraux ont manqué d'activité. Oui, sans doute, oublieux de ce symbole qu'ils portent sur leurs épaulettes, de ces étoiles, emblème de l'incessante direction qui est la première de leurs attributions, nous les avons vus inertes, effarés, sans ressort dès qu'ils ont été abandonnés à eux-mêmes, presque tous n'ayant eu qu'un mot à la bouche dans toutes les circonstances difficiles : « Nous n'avons pas d'ordres. » Comme si l'on était « général » seulement pour recevoir et exécuter des ordres en simple officier de troupe, et non pour suppléer aux ordres, pour en donner au besoin, sous sa responsabilité personnelle. Si les généraux, dans la dernière guerre, ont été si complétement inférieurs à leur tâche, c'est à la situation qui leur a été faite, comme à toute l'armée, qu'il faut surtout l'attribuer. Annihilés par le ministre et dégagés par ce fait de leur responsabilité naturelle, ils ont annihilé à leur tour les chefs de corps, ce rouage si important dans le fonctionnement régulier d'une armée. Les colonels avaient été dépouillés de leurs droits les plus essentiels, non-seulement quant à l'instruction, mais ce qui est encore bien plus grave, quant à la discipline de leurs régiments. On a pu juger, la guerre arrivée, des conséquences de ce système.

Ces généraux auxquels l'Empereur reproche leur manque d'initiative, qui les avait choisis? lui-même : à quoi attribuer l'erreur de ces choix? aux habitudes de favoritisme dont il donnait l'exemple, qu'il tolérait chez ses ministres et dans son entourage ; ministère, direction du personnel, présidence des comités d'armes, école polytechnique, commandements de corps d'armée, etc., etc., toutes les situations importantes, en un mot, étaient dévolues aux courtisans, aux aides de camp de l'Empereur. Cette position d'aide de camp était une sorte de stage nécessaire pour arriver aux grandes fonctions militaires. On l'obtenait non en prouvant sa capacité, mais son dévouement à l'Empereur ! N'en était-il pas ainsi d'ailleurs dans l'armée où, pour atteindre un grade, il fallait être le candidat de la cour, comme, pour être député, il fallait être candidat officiel de l'administration. Pas un officier supérieur ne pouvait se soustraire à cette nécessité, les favoris de l'Empereur, ses maréchaux, ses ministres de la guerre, vingt ans durant, ont pratiqué, chacun dans sa sphère, le système que l'Empereur appliquait en grand à toute l'armée. Chacun a eu à son tour ses clients, ses protégés, ses créatures. C'est ainsi que cette belle armée que le gouvernement de Juillet et la République avaient léguée à la France, s'est trouvée envahie par le népotisme, l'ignorance, le dégoût du devoir, et qu'elle est devenue l'armée que l'Empereur a livrée à Sedan et que Bazaine a livrée à Metz.

Napoléon III ne se vante pas de la création des grands commandements militaires organisés non au point de vue militaire, mais au point de vue politique et pour faire des positions de 160 000 francs aux favoris. Les chefs chargés de ces commandements ne voyaient et ne réunissaient jamais leurs troupes, ils n'apprenaient pas à les manier. Ces organisations n'étaient qu'une complication, un rouage et une occasion de plus de prodiguer les écritures. Les camps d'instruction sans la permanence des troupes et les grandes manœuvres dont les journaux parlaient avec tant d'emphase, n'étaient que des causes de dépense sans utilité.

LII

Napoléon III ajoute, en parlant de l'armée de 1870 : « On n'y sert plus avec cette régularité, cet amour du » devoir, cette abnégation de soi-même, qui sont les pre- » mières qualités de ceux qui commandent comme de ceux » qui obéissent. »

Comment en eût-il été autrement sous un régime pareil? Sans doute cette abnégation dont Napoléon III déplore l'absence eût été un devoir quand même, mais il n'appartient qu'aux âmes vraiment élevées, aux caractères d'une trempe supérieure, de préférer à la fortune l'austère satisfaction du devoir accompli pour lui-même ! Le commun des martyrs, expression triviale mais ici doublement juste, les officiers honnêtes, consciencieux et n'ayant que leur mérite pour les recommander, ne pouvaient que se dégoûter, à la longue, en présence des passe-droits continuels dont ils étaient victimes. Comment leur zèle ne se serait-il pas ralenti en voyant l'inutilité de leurs efforts et de leurs bons services lorsqu'ils n'étaient pas appuyés d'une protection ? Ceux qui manquaient de caractère se mettaient en quête de cette protection, obtenue le plus souvent, disons même toujours, aux dépens de leur dignité. Les autres se disaient : à quoi bon travailler et bien servir, à quoi bon étudier ! faisons de notre métier juste ce qu'il en faut pour ne pas perdre la position qui nous fait vivre et prenons-en à notre aise du reste. D'autres enfin, ceux qui se sentaient le courage et la force de se faire une nouvelle carrière dans la vie civile donnaient leur démission. C'étaient les meilleurs, et il y en avait peu parce que l'ignorance dans laquelle vivent les officiers les rend peu propres, au bout d'un certain temps de service, à aborder une carrière civile quelconque. La plupart ne savent que leur métier d'officier.

LIII

Nous avons vu le commandement à l'œuvre et les favoris à la besogne dans les hauts grades, pendant la dernière guerre; si une part bien large doit leur être faite dans notre chute, il est bien certain qu'on doit l'attribuer aussi à l'affaissement général des cadres à tous les degrés de la hiérarchie, au relâchement, au défaut de zèle et de conscience, du faîte à la base.

Napoléon III a-t-il cherché à arrêter cette démoralisation ? Non, il sentait bien que notre armée s'en allait, et comme, en somme, il en avait besoin, sinon pour défendre le pays au moins pour soutenir son trône, il cherchait à la satisfaire, mais il ne trouvait que l'argent, toujours l'argent ; au lieu de la justice qu'elle lui demandait, il lui donnait des augmentations de solde, des indemnités, des gratifications, etc.

Et pourtant il était bien averti : voici le témoignage d'un homme dont l'intérêt était trop lié au sien, pour qu'il lui soit possible de le récuser, celui de M. Rouher qui, dans un rapport confidentiel daté de Cercey le 15 octobre 1867 (1), s'exprime ainsi à propos de l'armée : «..... Je ne
» vois qu'un exemple de cette *action dissolvante* sur laquelle
» j'ai eu récemment l'occasion d'être renseigné. Il frappera
» l'Empereur par la gravité des inconvénients, je dirai
» presque des périls qui pourraient en être la conséquence.

» Il y a en réalité, à Paris, deux ministres de la guerre ;
» l'un rue Saint-Dominique (2), l'autre au Louvre (3), l'un
» qui agit et travaille, l'autre qui blâme et désorganise.

» Les officiers supérieurs cherchent incessamment entre
» ces deux influences laquelle est la plus puissante pour
» leur avancement. Tous les mécontentements aboutissent
» au Louvre, et là, la formule stéréotypée pour démolir
» une candidature de la rue Saint-Dominique est celle-ci :
« officier non dévoué, orléaniste, etc. ». Combien d'er-
» reurs, de dépits, d'irritations, d'indiscipline, doivent
» enfanter les indications de cette petite église dont le grand
prêtre (4) annonce incessamment son avénement ! »

(1) Papiers des Tuileries.
(2) Le maréchal Niel.
(3) Le général Fleury.
(4) Le général Fleury.

On ne s'explique l'aveuglement de Napoléon III que par l'horreur que son entourage et le monde militaire officiel éprouvaient de ce qui pouvait les déranger de leurs plaisirs et de leur paresse. Ils repoussaient la lumière. Le général Trochu les avertit. Le colonel Stoffel en fit autant sans plus de succès. Lorsque des voix compétentes, également autorisées par la valeur intellectuelle et par la situation militaire ne pouvaient se faire entendre, combien d'inconnus, même des mieux inspirés, ont dû échouer dans le rôle d'avertisseur?

Toutes les déviations des éléments de notre armée avaient été signalées longtemps avant la guerre; l'altération morale et constitutionnelle de notre puissance militaire au triple point de vue de la composition, de l'instruction et de la combinaison n'était un mystère pour aucun officier éclairé; les officiers étrangers s'étaient parfaitement rendu compte de nos imperfections militaires dans la guerre de Crimée et surtout dans celle d'Italie. Ils les avaient dénoncées dans une foule d'écrits, notamment dans le *Mémoire militaire* du prince Frédéric-Charles de Prusse dont le premier chapitre était consacré à l'étude des *moyens de combattre les Français*, dont nos journaux se sont tant moqués : Aucun avertissement n'a manqué à Napoléon III.

Le pays, faute de presse militaire, ignorait tout. Il ne savait pas que ses arsenaux étaient vides, que ses places étaient désarmées, que les effectifs étaient incomplets. Entièrement désintéressé de ses affaires militaires, de ses conditions de défense, il payait et tout était dit. Il croyait avoir une armée, il avait des numéros, des régiments, des remplaçants, etc., mais le soldat, cet être patriotique et dévoué qui doit représenter l'armée, n'existait plus, ou du moins était profondément atteint sans que le pays s'en doutât....

ou s'en souciât. Car une grande partie de la nation, et non pas la moins éclairée, considérait l'armée comme une institution utile pour débarrasser les familles de leurs membres inutiles et de leurs mauvais sujets.

LIV

L'armée de 1830 était à la hauteur des nécessités, des progrès de son époque. Ses lois et ses règlements émanaient de gens habiles et d'expérience; ils avaient un cachet d'équité, d'honnêteté, de juste pondération entre les intérêts privés et l'intérêt public. Cette armée s'était désaffectionnée de la royauté de Juillet, mais sans perdre sa discipline et ses qualités techniques et morales. La paix à tout prix, qui semblait le mot d'ordre de la politique sous Louis-Philippe, explique son mécontentement et son abstention à la révolution de Février.

L'Empire, avec cette armée, avait pu faire la guerre de Crimée avec succès; les bons éléments qu'elle renfermait étaient déjà amoindris par l'exonération, lors de la guerre d'Italie; mais il en restait encore quelque chose. Il n'y avait déjà plus de généraux, mais il restait des soldats, et ce furent les soldats qui livrèrent les batailles. A Sedan, il n'y avait plus ni généraux ni soldats; dix-huit ans d'Empire avaient achevé de désorganiser moralement l'armée, laissée techniquement en arrière de presque toutes les armées de l'Europe.

L'état moral de la société se reflète dans l'état moral de l'armée. Si l'amour de la patrie, la sollicitude de ses intérêts et de son honneur, règnent dans la société, ces sentiments règnent aussi dans l'armée. Là où le citoyen est indifférent à ces nobles préoccupations, le soldat les oublie. L'armée n'est pas, quoi qu'on en ait dit, un milieu plus propice que les autres au développement des vertus nationales. On prétend que, pendant les mauvais jours de la Révolution, la vertu s'était réfugiée dans les camps. Rien de plus faux ; les camps, à cette époque, étaient pleins des mêmes passions, des mêmes intérêts, des mêmes haines que les villes. L'armée du premier Empire fut l'expression exacte de la société de l'Empire. Que pouvait faire la France au sortir de la Révolution? La guerre ; tant que le sentiment guerrier domina chez elle, l'armée eut cet esprit au plus haut point ; les incessantes campagnes de Napoléon Ier, les sacrifices qu'elles imposaient au pays, les obstacles qu'elles mettaient à son développement intérieur, avaient produit un grand affaiblissement de l'esprit guerrier qui se fit sentir à la longue dans l'armée ; celle-ci, dans les dernières années de l'Empire, semblait aussi lasse de la guerre que le pays. L'armée de la Restauration et celle de la monarchie de Juillet représentent bien ces deux époques. Une nation, a-t-on dit, n'a que le gouvernement qu'elle mérite ; elle n'a aussi que l'armée dont elle est digne. La France de l'Empire n'avait pas droit à mieux que l'armée de l'Empire. Pourquoi le soldat et l'officier auraient-ils mieux valu que les autres citoyens?

LV

L'Université est à sa manière une armée ; si le dictateur de décembre 1851 ne la supprima pas d'un trait de plume, c'est aux scrupules d'un ou deux de ses complices qu'on le doit. De combien s'en fallut-il que le Collége de France cessât d'exister? Le décret du 9 mars rassura l'Université sur sa vie ; mais elle la conserva au prix de la perte des privilèges de ses membres, ils durent renoncer à l'espèce d'inamovibilité dont ils jouissaient ; le conseil supérieur et l'inspection générale furent réorganisés, de façon à assurer la prépondérance du ministre dans tous les détails de l'administration. Un mois plus tard, les études étaient bouleversées. Des méthodes d'instruction, uniquement destinées à détruire l'esprit d'opposition dans son germe, remplacèrent les méthodes anciennes, propres seulement, disait le futur empereur et les exécuteurs de sa volonté, à susciter la discussion. La liberté d'enseignement, proclamée par la République, tendait à former des idéologues; la France n'avait plus besoin que de gens pratiques. L'enseignement supérieur et l'enseignement secondaire perdirent toute leur importance. Deux agrégations, celles des sciences et des lettres, succédèrent aux agrégations spéciales de mathématiques, de physique, de philosophie, d'histoire, de littérature, détruites par le ministre ; la situation des maîtres d'étude fut, il est vrai, améliorée matériellement et relevée moralement : sage mesure, si elle n'eût pas été prise pour abaisser les professeurs.

Le gouvernement, peu désireux de répandre l'instruction, augmenta le prix de la pension et de l'externat dans les lycées. L'enseignement professionnel était un moyen plus sûr d'empêcher le nombre des idéologues de se multiplier. L'Empire voulut le fonder. Le ministre de l'instruction publique envoya en Allemagne, en Suisse, en Belgique, en Angleterre, en Écosse, des professeurs chargés d'étudier l'organisation de l'enseignement professionnel dans ces diverses contrées. Lois, décrets, arrêtés sur cette organisation se succèdent avec rapidité de 1863 à 1866. Le vieux monastère de Cluny est transformé en école normale pour les professeurs de l'enseignement secondaire. Les communes et les départements sont invités à y fonder des bourses. Le ministre de l'instruction publique institue une agrégation spéciale pour les maîtres.

On s'attendait à voir l'enseignement professionnel se développer brillamment sous l'influence officielle; il n'en fut rien. L'Empire voyait tout au point de vue de l'éclat intérieur de la réclame, pour employer le mot usuel. L'enseignement professionnel devint un prétexte pour faire dans les journaux officieux l'éloge de l'Empereur. La création de cet enseignement eût exigé 50 millions, et le ministre de l'instruction publique savait fort bien qu'un enseignement quelconque n'obtiendrait jamais au budget cette somme. Il fallut laisser l'enseignement professionnel cohabiter avec l'enseignement classique, recourir à ses administrateurs et à ses professeurs. Que devenait l'école tant célébrée de Cluny, maintenant qu'on puisait des maîtres ailleurs? Une solitude; et qui se soucierait désormais de son agrégation? Personne.

L'enseignement des filles, si vigoureusement attaqué par le clergé, aurait eu besoin d'être vigoureusement soutenu par le gouvernement; l'Impératrice s'y montrait hostile. Le ministre l'abandonna presque, et il ne put jamais prendre un développement réel. Quant à l'enseignement primaire, le gouvernement s'en occupa plus sérieusement. Des écoles furent fondées; le personnel des maîtres pouvait lui rendre des services; il s'efforça de se l'attacher par tous les moyens; il le traita avec une considération intéressée qui s'exprima par des faveurs d'apparat, telles que le voyage des maîtres d'école à Paris pendant l'Exposition de 1867, faveurs qu'il faisait payer à ces fonctionnaires par les services qu'il leur demandait à l'époque des élections, où il ne craignait pas de les transformer en agents de la candidature officielle.

LVI

La législation sur l'assistance publique était restée la même depuis le Directoire jusqu'à la dernière année du règne de Louis-Philippe, où M. de Salvandy présenta un projet de loi sur l'organisation médicale. Les institutions existantes n'en avaient pas moins produit de grandes améliorations dans le service de l'assistance publique, on leur dut l'extension des secours à domicile et la multiplication des hospices et des établissements charitables. La République de 1848 reconnut solennellement le droit à l'assistance dans le préambule de sa constitution, chose grave dans un moment où la crise financière et économique augmentait la misère. Les souffrances les plus urgentes furent soulagées par de larges crédits, une grande commission parlementaire fut instituée, à laquelle M. Dufaure soumit son projet de loi sur l'assistance publique. La commission voulut y mêler le droit au travail, le crédit aux classes laborieuses, les caisses d'épargne, toutes les questions du moment, et elle rompit le cadre de la loi. La loi du 7 août 1851 sur les hospices et celle du 22 janvier 1851 sur l'assistance judiciaire furent les deux seules épaves qu'on en put sauver.

L'Empire, qui seul avait l'initiative des lois, ne se préoccupa point d'organiser un système général d'assistance. L'administration fit des efforts pour améliorer certains services de bienfaisance, et notamment le service si important de la médecine des pauvres. Les préfets répandirent l'assistance médicale dans les campagnes, mais ces efforts éphémères se ralentirent, et à la fin de l'Empire ils avaient cessé.

L'administration intérieure de l'Empire fut ce qu'elle

pouvait être sous un gouvernement qui reposait sur la candidature officielle, c'est-à-dire un levier électoral. La justice elle-même n'échappa point à cette nécessité : on se rappelle le rôle des procureurs généraux à l'époque du plébiscite. Les services politiques rendus par ces magistrats exigeaient une récompense que le gouvernement leur donnait le plus souvent sous la forme d'un siége à la Cour de cassation. Ce mode de recrutement de la Cour suprême n'était pas favorable à sa considération. Les conseillers sortis du parquet n'y apportaient pas une autorité suffisante comme jurisconsultes. Le niveau, au point de vue de la science du droit, baissait tous les jours à la Cour de cassation ; il avait d'ailleurs baissé déjà dans les autres Cours par suite du décret de la limite d'âge ; l'application de ce décret avait permis à l'Empereur d'introduire ou de faire avancer dans la magistrature des hommes dont le seul titre était un dévouement auquel il pouvait tout demander, même d'intervenir dans ses affaires de galanterie et dans des querelles de ménage ; tristes négociations, dont ne se chargent ordinairement que ceux qui ne doivent compte de leur conduite ni à eux-mêmes ni aux autres !

LVII

La France moderne possède encore quelques restes de l'empire colonial créé par la vieille France. L'esclavage déshonorait ces colonies et arrêtait leur prospérité. La Révolution de Février les débarrassa de l'esclavage ; elle leur donna l'égalité sociale et la liberté politique. Napoléon III n'osa pas rétablir l'une, mais il supprima l'autre ; les colonies, privées de toute liberté politique, furent livrées à l'omnipotence d'un gouverneur investi d'un pouvoir égal sinon supérieur à celui que peut exercer le chef de l'État le plus despotique de l'Europe, puisqu'il est libre d'ordonner l'internement et même la déportation d'un citoyen, sans jugement.

Ce gouverneur nommait en outre à toutes les fonctions, même à celles de conseiller général et de conseiller municipal; la métropole n'entretenait de rapports avec ses colonies que par son intermédiaire et par celui d'un délégué nommé par les conseillers généraux désignés eux-mêmes par le gouverneur, et n'ayant qu'une voix consultative dans un comité consultatif près le ministère de la marine; une magistrature amovible et par conséquent dans la main du pouvoir, une presse encore moins libre qu'en France, complétaient le système auquel Napoléon III soumit nos anciennes colonies pendant près de vingt ans.

LVIII

L'Algérie, qui aurait pu dédommager la France de ses pertes d'outre-mer, fut soumise par Napoléon III à un régime pire que celui des colonies, si l'on peut donner ce nom à l'absence de tout régime.

Napoléon III avait recruté les principaux exécuteurs du coup d'État dans l'armée d'Afrique; il lui livra en quelque sorte ce pays pour la récompenser. Le commandement militaire remplaça l'administration. Le mot de « camp français » est appliqué à l'Algérie, dans les premiers documents officiels de l'Empereur. Le sabre, dès cette époque, fait peur à l'émigration, la colonisation s'arrête. Qui se soucierait de renoncer aux garanties qu'il trouve dans les lois de son pays et de passer la mer pour se soumettre aux fantaisies et aux caprices d'un tyran à épaulettes?

Les reproches adressés depuis longtemps aux bureaux arabes redoublèrent sous Napoléon III. Leurs chefs formaient entre eux une association puissante qui opposait un obstacle insurmontable au développement de l'élément européen. L'élément indigène n'eut pas moins à s'en plaindre, lorsqu'une union étroite, dont le lien commun semblait être l'exploitation de l'Européen et de l'Arabe et le partage en quelque sorte de la colonie, se fut établie entre les chefs de bureaux arabes et les chefs indigènes.

Le faste princier de ces chefs, alimenté par les exactions dont leurs malheureux compatriotes étaient les victimes, éblouit Napoléon III dans son voyage en Algérie. L'idée de fonder un royaume arabe lui fut suggérée et germa dans son esprit; il crut y voir une force future pour sa dynastie, un terrain brillant où son fils viendrait s'essayer au commandement civil et militaire; mais il fallait, pour préparer l'Empire arabe, subordonner les intérêts des colons à ceux des indigènes; rien de plus aisé aux yeux de Napoléon III. Qu'était-ce en effet que la fortune de quelques milliers d'individus chassés de France par le 2 décembre (on lui avait fait croire que la majeure partie des colons se composait d'anciens transportés) à côté de celle des trois millions de musulmans que contenait l'Algérie?

Le sénatus-consulte de 1866, qui fut le produit de ce rêve d'Empire arabe, consomma la ruine des colons. Toutes les terres devaient appartenir désormais aux indigènes, générosité bien peu de nature à être comprise par des gens qui, en vertu de leur législation, considèrent la terre comme appartenant à Dieu d'abord et ensuite, d'une moisson à l'autre, à celui qui la cultive. Il aurait fallu, pour rendre ce présent utile, faciliter les transactions entre les Arabes et les Français, au lieu d'y mettre des entraves systématiques qui condamnaient l'Arabe à rester propriétaire d'un bien que sa paresse l'empêchait de mettre en valeur ; c'est ainsi que la plus folle libéralité qu'un conquérant ait jamais faite à un peuple conquis, aboutit pour lui à la misère, à la ruine, à des famines, qui comme celle de 1867, firent plus de 500 000 victimes !

LIX

La guerre a tué l'Empire. La paix aurait-elle prolongé son existence ?

Les destinées de l'Empire libéral étaient déjà bien compromises au début de la guerre. La France regardait l'Empire libéral avec curiosité, comme on regarde un spectacle ; mais elle ne croyait nullement à sa durée. L'existence de l'Empire libéral n'était pas compatible avec celle d'un corps législatif, produit taré de la candidature officielle. Napoléon III, s'il eût voulu sérieusement devenir un souverain constitutionnel, aurait été obligé, après la guerre, de dissoudre la Chambre et de laisser l'électeur livré à lui-même. La liberté des élections aurait produit un Corps législatif composé d'hommes nouveaux, involontairement hostiles à un gouvernement qui les avait fait si longtemps soupirer à la porte de la vie politique. Comment ces nouveaux venus n'auraient-ils pas, dans leur longue attente, pris des engagements avec les partis ? républicains, orléanistes, légitimistes, ils ne pouvaient être que de très-douteux amis pour l'empire. Plus le régime constitutionnel leur paraissait le gage de la prospérité d'un pays et de la force de son gouvernement, moins ils devaient se sentir disposés à laisser le destructeur de ce régime recourir à son rétablissement comme à un expédient pour se raffermir. Justice, équité logique, tout démontrait que le rétablissement du régime parlementaire aurait pour contre-coup la chute de l'Empire.

Le régime parlementaire, et c'est là son honneur et sa difficulté, ne peut être appliqué que par des hommes d'une grande délicatesse de main et d'une grande souplesse d'intelligence. Comment de pareils hommes auraient-ils pu se former sous l'Empire? M. E. Ollivier, dépourvu de toute pratique des affaires, entouré de gens qui en manquaient autant que lui, sentait d'heure en heure le pouvoir lui échapper. Les anciens parlementaires, qui s'étaient décidés à entrer dans ses grandes commissions d'apparat, n'auraient pas consenti à faire partie d'un ministère avec lui et encore moins sous lui. La politique de M. E. Ollivier consistait simplement à adapter au régime parlementaire les ressorts du gouvernement dictatorial. Le cabinet du 2 janvier, usé aux yeux du pays, miné à la Chambre, attaqué à la cour, n'en avait pas pour longtemps à vivre au moment de la guerre et il était bien visible que sa fin serait la fin du régime parlementaire.

Le retour à l'ancien système était donc inévitable, aurait-il sauvé l'Empire? Non. Le bonapartisme se serait trouvé en face du parti libéral et du parti révolutionnaire. Ce dernier, dont les forces s'accroissaient tous les jours, s'apprêtait depuis longtemps à engager la bataille dans la rue. L'insurrection, depuis l'enterrement de Victor Noir était à l'état de préparation.

LX

Le gouvernement est presque toujours vainqueur au début de la guerre civile, mais comme la répression dans cette guerre est généralement impitoyable, la pitié qu'on éprouve involontairement pour le vaincu lui donne des forces, tandis que le vainqueur s'affaiblit par son propre succès. La bataille que l'on croit finie recommence sans cesse, les troubles périodiques, les proscriptions qui en sont la suite, inquiètent les consciences, le pays se demande si le maintien d'un gouvernement qui lui a promis la tranquillité et qui ne peut la lui donner, n'est pas trop payé au prix d'une permanente et cruelle répression. Les gouvernements croient tous avoir des généraux dévoués qui ne faibliront certainement pas devant l'insurrection, une armée solide et qui ne lèvera pas la crosse en l'air, la force matérielle en un mot, c'est sur elle qu'ils comptent, et un beau jour, au moment où ils s'y attendent le moins, généraux, officiers, soldats, s'évanouissent comme des ombres, devant l'insurrection, soutenue par le concours parfois inconscient, mais irrésistible, du pays.

L'Empire, aux yeux de bien des gens, en était là au moment de la guerre ; d'autres, et c'étaient, il faut le dire, les plus nombreux, sans considérer l'Empire comme entièrement fini en 1870, assignaient à sa chute la date même de la mort de l'Empereur que son état maladif pouvait rendre prochaine. Le gouvernement de Napoléon IV, dirigé par M. Rouher avec l'appui de la Bourse et du clergé, aurait été comme un nouveau partage de la France entre les faiseurs du bonapartisme, les danseurs de cotillon, les chambellans et les députés composant ce qu'on appelait le parti de l'Impératrice. Qui pouvait croire à la durée de ce gouvernement de Bourse, de boudoir et de sacristie, n'ayant d'autres moyens d'actions que la corruption, d'autres mobiles que le caprice d'un enfant et les fantaisies d'une femme agitée et frivole ?

L'Empire était condamné, la guerre n'a fait que devancer sa chute de quelques années.

LXI

Les lettres et la politique ont toujours fait bon ménage en France. Nous sommes habitués à voir les ministres sortir des chaires, des académies, des journaux, et y rentrer en quittant le pouvoir. L'Empire ne pouvait recruter son personnel d'hommes d'État dans cette classe des lettrés dans laquelle Louis-Philippe avait choisi presque tous ses ministres. L'Empire ne produisit pas d'hommes. Il en prit dans les rangs secondaires des membres des anciennes Chambres.

Le goût des lettres, qu'avaient presque tous les ministres constitutionnels, va rarement sans une certaine élévation d'esprit et de caractère, dont MM. Billault, Magne, Rouher, Fould, étaient complétement dépourvus ; celà seul trahissait leur naturel vulgaire. Le gouvernement ne s'effrayait pas de la vulgarité intellectuelle et morale de ses ministres. Quel autre que M. Rouher eût été capable de débiter tous les mensonges relatifs à l'expédition du Mexique? Qui, si ce n'est M. de Gramont, eût osé écrire le 11 juillet : « Tous les cabinets paraissent admettre la légitimité de nos griefs »? L'histoire, en fait d'inconsistance, nous montre-t-elle une inconsistance égale à celle de M. Émile Ollivier qui, après avoir protesté la veille que le gouvernement désire la paix avec passion, et supplié la nation de « croire qu'elle n'assiste pas aux préparatifs déguisés d'une action vers laquelle nous marchons par des sentiers couverts », se jette le lendemain dans la guerre « d'un cœur léger », parce qu'il sera renversé s'il ne la fait pas, il l'avoue lui-même ; la guerre est inévitable, elle est décidée ; « mon devoir est de la rendre populaire ». M. Émile Ollivier restant au pouvoir pour

populariser la guerre, quel comique profond et douloureux !
Que dire ensuite de ce ministre de la guerre qui déclare
qu'il a dix jours d'avance sur les Prussiens, qu'il est prêt,
archi-prêt, et dont la confiance insensée va nous livrer
comme une proie à l'ennemi !

LXII

MM. Rouher, Émile Ollivier, de Gramont, Le Bœuf,
expliquent l'Empire et s'expliquent par lui. La fatuité
aveugle des ministres de Napoléon III n'a de comparable
que l'insouciance des membres de la droite ; voilà huit députés, MM. d'Albuféra, de Kératry, Dréolle, de Lagrange,
Pinard (du Nord), Senéca, Chadenet, Millon, que la Chambre charge d'examiner les documents diplomatiques qui
motivent la déclaration de guerre. Le président de la commission interroge le ministre des affaires étrangères : « Le
roi de Prusse, leur dit M. de Gramont, a refusé de recevoir
M. Benedetti, et il y a là une insulte. » Ces messieurs
crient tout de suite à l'insulte, sans contrôler les assertions
du ministre par les rapports de l'ambassadeur impérial à
Berlin, sans avoir seulement l'idée de demander des renseignements à M. Benedetti arrivé le matin à Paris.

La commission s'inquiète cependant de savoir si les
prétentions du gouvernement français ont toujours été
les mêmes depuis le commencement de la négociation,
c'est-à-dire si la demande de garanties contre toute nouvelle candidature du prince de Hohenzollern a été faite
dès le début. La lecture par ordre de date des dépêches de
M. de Gramont l'aurait bien vite éclairée à ce sujet ; elle
laisse M. de Gramont les lui lire à sa guise, sans suite, sans
numéros d'ordre ; M. de Talhouët, son rapporteur, ne
prend pas même la peine de les compulser avant de ré-

diger son rapport. M. de Gramont, interrogé sur les alliances formées par le gouvernement impérial, se lève pour toute réponse, et demande la permission de se retirer, car... l'ambassadeur d'Autriche l'attend. Les alliances, M. de Gramont n'en manque pas; il le dit, et cela suffit à la commission qui se garde bien de lui demander à voir les traités.

Voilà pourtant ce que la France, dans un des moments les plus graves de son histoire, dans une question d'où son avenir dépend, obtient de l'attention et de la vigilance patriotique de ceux qui se sont chargés de la responsabilité de lui dicter une résolution. Dans quel temps, dans quel pays, fût-ce à Byzance, dans les plus tristes jours du Bas-Empire, les hommes sont-ils tombés dans cet état d'aplatissement, d'insouciance, d'abandon d'eux-mêmes et de leur pays?

LXIII

Les bonapartistes prétendent que l'Empire a sauvé la France de l'anarchie, et qu'il l'a enrichie. L'anarchie avait été vaincue dans les journées de juin 1848; la société avait la force en main, elle s'en est servie au 13 juin 1849; elle s'en serait servie encore au besoin. La société n'avait nul besoin du prince Louis-Napoléon pour se préserver de l'anarchie. La France a travaillé; elle s'est enrichie sous Napoléon III, comme sous tous les gouvernements depuis la Restauration; mais en faisant d'elle une des puissances les plus riches de l'Europe, il l'avait rendue en même temps une des plus pauvres, en lui enlevant les vertus nécessaires pour défendre sa richesse. La France a payé cinq milliards d'indemnité et trois milliards pour les frais de la guerre : nous en tirons parfois vanité, et nous y voyons le signe complet de notre régénération. Travailler et épargner ce n'est rien, si l'on n'est pas capable de défendre le fruit de son épargne. Puisse la France ne pas prouver une seconde fois que décadence n'est pas synonyme de misère, et qu'au milieu du luxe, de l'argent et de la prospérité matérielle, une nation peut tomber au second et au troisième rang en croyant être toujours au premier!

LXIV

L'Empire se refera-t-il? L'Empire tombé, la Commune abattue, il semblait que tous les partis réconciliés ne dussent plus songer qu'à la régénération de la France, et qu'à y faire régner la concorde et la paix. Que voit-on au lieu de tout cela? Les généraux qui n'ont pu sauver la France la gouvernent en proconsuls de l'état de siége, la France comparaît devant la commission d'enquête comme accusée d'avoir voulu résister à l'invasion, le patriotisme devient un crime, et la puissance parlementaire, mise au service des mensonges et des calomnies du bonapartisme, essaye de faire prendre le change à l'histoire. Qu'un gouvernement, fût-ce l'Empire, après avoir duré vingt ans, ne disparaisse pas sans laisser des individus qui regrettent les jouissances et les profits qu'ils lui devaient, cela est malheureusement conforme à la nature humaine ; mais que des gens honnêtes, en haine de la République, se prêtent à faire croire que l'Empire, trahi au 4 septembre, a été renversé par une conspiration ; voilà ce qu'on ne comprend pas aisément, même quand on connaît la haine de quelques hommes contre la République.

L'Empire, malgré tout, ne se refera pas.

LXV

Le bonapartisme était comme un corps étranger introduit dans la Révolution; elle l'a éliminé. Sedan et Metz lui ont fait prendre en haine un césarisme sans gloire; le bonapartisme ne peut plus désormais se vanter de porter a Révolution à l'étranger sur les ailes de la victoire; la haine du bonapartisme a suffi pour décider la Révolution à changer sa vieille politique, ce que n'avaient pu faire cinquante ans d'expérience et de mécomptes; c'est en voyant le bonapartisme rentrer en scène par la porte que lui ont ouverte les fauteurs du 24 mai, que la Révolution a enfin compris la nécessité de la prudence, de la modération, du sacrifice aux circonstances.

La rupture définitive de la Révolution avec l'Empire est une grande cause de faiblesse pour ce dernier; elle lui enlève les masses. Les préfets étaient sans doute pour beaucoup dans ces immenses majorités qui ont nommé le Corps législatif auquel nous devons la guerre; le sentiment napoléonien y était bien aussi pour quelque chose; les préfets restent, mais le sentiment napoléonien disparaît de plus en plus chaque jour.

L'Empire, il est vrai, semble gagner des partisans dans cette partie de la bourgeoisie qui, en 1852, avait refusé de fléchir devant le césarisme, et qui maintenant se rallie à lui. Mais le césarisme ne renaîtra pas de cette alliance de la peur et de la violence. Les conservateurs et les bonapartistes auront beau mettre leurs efforts en commun, ils ne détruiront pas la République née le 25 janvier de la haine de tous les gens honnêtes contre l'Empire.

LXVI

L'auteur de ce livre a essayé de juger l'Empire avec impartialité. Bien des gens trouveront qu'il n'a pas réussi C'est un défaut pour l'historien que d'être partial, il essayera plus tard de s'en corriger, ainsi que des autres défauts. Les difficultés pour écrire l'histoire contemporaine sont grandes. On parle de l'appui nouveau que le journal prête à l'historien. Il est très-vrai que les discussions sur les affaires publiques dans l'antiquité s'évaporaient à l'air du forum, tandis qu'aujourd'hui le journal garde les traces de ce qui s'est dit dans le moindre meeting, dans la plus petite réunion; il reflète les passions, les espérances, les entraînements, les vicissitudes, les polémiques de son temps; il contient les documents les plus importants relatifs aux affaires du jour. L'historien contemporain y ravive ses souvenirs, mais les journaux ne sauraient tenir lieu de mémoires; il est fort à craindre, il est vrai, que la crainte de ne pouvoir lutter d'informations avec le journal ne décourage les acteurs principaux, les personnages secondaires et même les simples spectateurs du drame politique, d'écrire des mémoires comme autrefois. Une autre cause rendra les mémoires moins nombreux : c'est l'absence de passion chez les hommes. Un nouveau Saint-Simon ne se retrouvera pas aisément, non-seulement parce qu'un talent comme le sien est rare, mais encore parce qu'une passion analogue à celle qui lui a dicté ses souvenirs n'existe plus chez nos contemporains. Un homme comme l'avocat Barbier, non moins entiché que Saint-Simon dans ses haines et dans ses préjugés de caste, et cherchant à les satisfaire en traçant les pages de son journal dans le silence et le recueillement d'une vie retirée, est lui-même impossible aujourd'hui.

Les grands auteurs de mémoires, Brantôme, Sully, Retz, Saint-Simon, qui marquent leur trace dans l'histoire littéraire, datent de l'ancien régime. Les hommes de la Révolution ont presque tous laissé des mémoires intéressants par certains côtés, mais qui donnent des inquiétudes ; ils laissent soupçonner que d'autres que l'auteur y ont mis la main ; ils sentent trop souvent la spéculation de librairie. Les hommes de l'Empire, à part deux ou trois, ont écrit sur leur temps des mémoires de bien peu d'intérêt. M. de Talleyrand a soustrait les siens à la curiosité des contemporains, afin que pas un membre ou presque pas un membre de sa génération ne subsistât quand ils verraient le jour. Grande imprudence, dit-on, car, d'ici à soixante ans, tant de livres auront paru sur l'Empire, que le sien ne produira plus aucun effet. Erreur ! plus les mémoires sont vieux, plus le public leur accorde d'importance. Les contemporains de Saint-Simon n'auraient pas pu tolérer la lecture de ses mémoires ; elle fait nos délices. Il semble qu'une voix sortant du tombeau dise mieux la vérité que la voix d'un vivant. Les mémoires que Chateaubriand devait nous envoyer *d'outre-tombe* ont perdu la moitié de leur valeur à paraître de son vivant ; ils doubleront de valeur dans cent ans.

XLVII

La Restauration compte moins d'auteurs de mémoires que l'Empire, la révolution de Juillet moins que la Restauration ; le second Empire en comptera moins encore que la révolution de Juillet. Les hommes d'aujourd'hui ont trop le sentiment de la rapidité des choses pour aimer à fixer sur le papier ce qu'ils ont fait ou ce qu'ils ont vu faire; soit que la fatigue d'avoir pris part aux événements leur ôte la force de les raconter, soit qu'une sorte d'insouciance générale se soit emparée des hommes politiques, on obtient difficilement d'eux des renseignements sur les événements dans lesquels ils ont joué un rôle. « Demandez-moi ce que j'ai fait à l'âge de quatre ans », disait à la fin de l'Empire un homme politique à l'auteur de ce livre, « je m'en souviens comme si j'y étais; mais s'il s'agit de ce que j'ai fait pendant ces dix dernières années, je l'ai complètement oublié. »

Il s'en souviendrait bien si, passant les dernières années de sa vie dans la retraite, il éprouvait le besoin de les abréger par quelque occupation; mais l'homme d'État d'aujourd'hui ne sent plus ce besoin de mettre un certain intervalle de repos et de recueillement entre la vie et la mort, qu'éprouvaient les hommes du xviie siècle. Il reste sur la scène jusqu'à la fin et, sans cesse occupé de ce qu'il fait, il oublie ce qu'il a fait, ou il n'en parle que si quelque raison de circonstance lui met la plume à la main, comme à MM. Jules Favre, Jules Simon, Eugène Pelletan.

Les longues paix qui suivaient autrefois les époques de troubles, laissaient à ceux qui y avaient pris part le temps de recueillir leurs souvenirs et les loisirs nécessaires pour les écrire; qui donc en aurait le temps entre les deux révolutions qui se succèdent en France tous les quinze ans? L'auteur a commencé cette histoire sous un règne auquel semblait permis encore une assez longue durée, et un an s'était à peine écoulé depuis la publication de son premier volume que ce règne était fini. Il avait entrepris son ouvrage pour ouvrir la voie, pour donner l'exemple, sous l'Empire même, à des hommes de plus de talent que lui, et avec la pensée d'y travailler lentement. La chute subite de l'Empire l'a condamné à le continuer avec plus de rapidité, au lendemain de Sedan et au milieu des douleurs du siége de Paris. La reddition de [Metz, l'envahissement de l'Hôtel de Ville au 31 octobre, l'assassinat des généraux Lecomte et Clément Thomas, la guerre civile engagée en présence de l'ennemi, tant de braves gens égarés par le plus pur patriotisme, se faisant les soutiens des plus obscurs scélérats, la fusillade de Chaudey et des ôtages, ont fait couler des larmes sur ces pages souvent interrompues.

Heureux celui que la passion égoïste de l'écrivain peut distraire au milieu des plus grands deuils de la patrie! L'auteur ne jouit pas de ce don. Ce livre ne l'a pas consolé; mais si plus d'une fois en l'écrivant il a désespéré de son pays, il le termine avec plus de foi dans son avenir!

FIN DU SIXIÈME VOLUME

TABLE DES MATIÈRES

CONTENUES DANS LE TOME SIXIÈME

L'EMPIRE

(SUITE)

CHAPITRE PREMIER (1853-1870). — Les lettres, les arts et les sciences sous le second Empire. 1

Les Lettres. — Le siècle de Napoléon III. — Les Mécènes du nouvel Auguste. — MM. le docteur Véron, Sainte-Beuve et Mérimée. — M. Sainte-Beuve et la démocratie des lettres. — Inutilité de ses efforts pour la rattacher à l'Empire. — Cause du divorce entre l'Empire et la littérature. — Les académies. — Leur lutte avec l'Empire. — Nullité de l'action des gouvernements sur le progrès littéraire. — Influence que l'Empire exerce indirectement sur certains genres de littérature. — La satire. — MM. Victor Hugo, Rogeard, Henri de Rochefort, Saint-Marc Girardin, Beulé. — Le roman. — Le théâtre. — L'histoire. — L'éloquence du barreau et de la chaire. — Les conférences. — Les Arts. — La peinture et la sculpture depuis 1848. — Tentative pour républicaniser l'art français. — La réaction de 1852 la fait échouer. — Infériorité de la peinture sous le second Empire. — La sculpture se maintient à un niveau plus élevé. — La musique : Décadence de l'art musical. — Les Sciences. — Abandon dans lequel l'Empire les laisse. — La Presse. — Sa situation. — La presse sous l'ancienne législation. — La législation de 1868. — La nouvelle presse.

CHAPITRE II (1870). — Le meurtre de Victor Noir. 44

Débuts de l'Empire libéral. — Meurtre de Victor Noir. — Son effet sur la population. — Enterrement de Victor Noir. — Journée du 12. — Demande en autorisation de poursuites contre M. de Rochefort. — Troubles à la suite de cette discussion. — Condamnation de M. de Rochefort. — Embarras du ministère. — Le vieux parti bonapartiste s'enhardit. — Mort du duc de Broglie. — Troubles du mois de février. — Tentative de barricades. — *Ligue de l'ordre.* — Arrestations. — Meurtre d'un agent de police par l'ouvrier Mégy. — Procès de Tours. — Scènes de désordre à l'École de médecine. — Fermeture des cours. — Banquet de la jeunesse française à M. Gambetta. — Grèves du Creuzot. — Les grèves. — Agitation socialiste. — Le complot Beaury.

CHAPITRE III (1870). — Commencement de la session. . . . 78

Déclaration de M. le garde des sceaux. — Question de M. Gambetta sur l'envoi en Afrique de militaires coupables d'avoir assisté aux réunions publiques.

— Question de M. Jules Simon sur le conseil privé et sur la réélection des ministres. — Deux propositions de M. Raspail. — Proposition de M. Guyot-Montpayroux relative aux Bonaparte. — Discussion sur la demande en autorisation de poursuites contre M. de Rochefort. — M. E. Picard s'oppose à l'autorisation. — Elle est accordée. — Interpellations commerciales. — M. Jules Simon, M. Thiers. — Question sur la grève du Creuzot par M. A. Esquiros. — Question de M. de Rochefort sur le refus d'accorder à deux soldats l'autorisation de s'exonérer du service militaire. — Affaires commerciales. — Interpellation de M. Jules Favre sur la politique intérieure. — Les candidatures officielles. — L'Algérie. — Le régime des colonies. — L'instruction gratuite et obligatoire. — Les conseils municipaux de Paris et de Lyon. — Le pouvoir constituant. — Le plébiscite. — La Chambre s'ajourne au 12 mai.

CHAPITRE IV (1870). — Le plébiscite. 95

Situation de l'Empire à l'intérieur. — Son affaiblissement. — Nécessité pour l'Empire de relever son prestige. — Il croit y parvenir au moyen du plébiscite. — Le plébiscite républicain et le plébiscite césarien. — Proclamation de l'Empereur aux Français. — Proclamation des ministres. — Les comités plébiscitaires et antiplébiscitaires. — Le comité des députés de la gauche et des délégués de la presse. — Difficultés de sa création. — Scission entre les membres de la gauche. — Proclamation du comité de la gauche et de la presse. — Proclamation de Garibaldi à l'armée française. — Les partis devant le plébiscite. — Les orléanistes. — Les légitimistes. — Manifestes individuels. — La presse. — La bourgeoisie et le plébiscite. — Pression administrative. — Triste rôle de la magistrature. — Vote du plébiscite.

CHAPITRE V (1870). — La question Hohenzollern. 122

Situation de l'Europe. — La paix paraît assurée. — M. de Bismarck et le plébiscite. — Candidature du prince de Hohenzollern au trône d'Espagne. — Son origine. — La France et la Prusse. — Nécessité pour la France de s'opposer à la candidature. — Moyen d'y arriver. — Faute commise par l'Empereur. — La France est-elle prête à la guerre? — Situation de l'Empire. — Les bonapartistes et l'Impératrice veulent la guerre. — Reprise de la session. — Recensement des votes du plébiscite. — Modifications dans les rapports entre les pouvoirs. — Lois sur la presse, sur les maires, sur les annonces. — Interpellation de M. Cochery sur la candidature du prince de Hohenzollern. — Ouverture des négociations au sujet de cette candidature. — Le gouvernement impérial laisse de côté l'Espagne pour s'adresser uniquement à la Prusse. — Le roi de Prusse cherche à dégager sa responsabilité personnelle. — Exigences croissantes du gouvernement impérial. — Interpellation de M. Clément Duvernois. — M. E. Ollivier se sent menacé par les bonapartistes purs. — Retrait de la candidature Hohenzollern annoncée par M. E. Ollivier. — C'est la paix. — Hausse à la Bourse. — L'Empereur fait part à deux diplomates étrangers de la conclusion du différend. — Brusque changement opéré par l'influence de l'Impératrice. — Nouvelles exigences de M. de Gramont. — Rupture entre la France et la Prusse.

CHAPITRE VI (1870). — La déclaration de guerre 168

Tentatives pour renverser le cabinet. — Interpellations de M. Clément Duvernois et de M. Jérôme David au Corps législatif et de M. Brenier au Sénat. — Dissidence dans la presse officieuse et dans le ministère. — Conseil des ministres à Saint-Cloud dans la soirée du 13 juillet. — M. Émile Ollivier revient à Paris se croyant sûr de la paix. — L'Empereur paraît décidé à la maintenir. — L'impératrice le force à changer d'opinion. — M. de Gramont adresse deux dépêches à M. Benedetti dans un sens opposé à la paix. — La dépêche de l'agence Havas et celle de la *Gazette de Cologne*. — Arrivée de M. Benedetti à Paris. Son étonnement en apprenant qu'il a reçu une insulte à Ems. — La guerre est décidée. — Déclaration du gouvernement au Sénat et au Corps législatif. — Enthousiasme belliqueux de ces deux assemblées. — La question de paix ou de guerre devant le Corps législatif. — Discours de M. Thiers. — Son héroïsme à la tribune. — Les ministres devant la commission des crédits. — Rapport de M. de Talhouët. — Il déclare avoir vu toutes les pièces qui justifient la guerre. — Décret sur la presse. — Fin de la session.

CHAPITRE VII (1870). — Départ de l'Empereur pour l'armée. 207

Retour en arrière indispensable pour expliquer la situation présente. — Les derniers jours de la période plébiscitaire. — La gauche ouverte et la gauche fermée. — Procès de l'Internationale. — Procès de Blois. — La candidature du prince de Hohenzollern éclate. — État des esprits. — Les groupes du boulevard. — La paix et la guerre. — L'article du *Constitutionnel*. — Tumulte et menaces devant la maison de M. Thiers. — La *Marseillaise*. — Manifestation à l'Opéra. — Le Sénat à Saint-Cloud. — On affiche le discours de M. Rouher et la réponse de l'Empereur au président du Sénat. — Départ des régiments. — Proclamation de l'Empereur au peuple français. — Lettre à la garde nationale de Paris. — Constitution de la régence. — Départ de l'Empereur pour Metz. — Il n'ose pas traverser Paris.

CHAPITRE VIII (1870). — Paris en état de siége. 224

Question belge. — Premières nouvelles du théâtre de la guerre. — Prétendue victoire de Sarrebruck. — La surprise de Wissembourg. — Émotion publique. — Attroupements. — Absence inquiétante de dépêches. — Anxiété croissante de la population. — Hallucination de Paris. — Fausse victoire remplacée par un désastre. — Proclamation du ministère. — Nouvelles de l'armée. — Dépêches de l'Empereur. — Les choses y sont présentées sous un jour faux et incomplet. — Nouvelle proclamation du ministère. — Convocation des Chambres. — Paris mis en état de siége. — Le maréchal Baraguey-d'Hilliers nommé gouverneur de Paris. — Autres dépêches de l'armée. — Proclamation de l'Impératrice. — Reproches qu'on adresse au gouvernement. — L'espion prussien. — Manifeste des députés et des journaux de la gauche. — Nouveaux attroupements.

CHAPITRE IX (1870). — Metz. 247

Organisation de l'armée. — Sa marche. — Sa concentration dans la vallée de la Moselle. — Ses premiers mouvements. — Insuffisance des garnisons des petites places. — Le quartier général. — Affaire de Sarrebruck. — Le baptême du sang. — Position des troupes. — Insuffisance des préparatifs. — L'armée croit qu'elle va prendre l'offensive. — Combat de Spickeren ou Forbach. — Formation de l'armée de Châlons sous le maréchal de Mac-Mahon et de l'armée du Rhin sous le maréchal Bazaine. — L'armée du Rhin doit-elle se retirer sur Châlons ou sur Metz. — Ordre de concentration de l'armée du Rhin autour de Metz ? — Combat de Borny le 14 août. — Bataille de Rezonville et départ de l'Empereur le 16. — Retraite sur Metz. — Impression qu'elle produit sur l'armée. — Tentative de trouée. — Exposé de la situation par le maréchal Bazaine à l'Empereur. — Bataille de Saint-Privat le 18 août. —

Immobilité de l'armée dans ses bivouacs jusqu'au 26 août. — Concentration de l'armée sur la rive droite de la Moselle. — Conseil de guerre de la ferme de Grimont. — Il y est décidé que l'opération commencée sera arrêtée à cause du mauvais temps. — Le maréchal Bazaine pose subsidiairement aux généraux la question du plan à suivre ultérieurement. — Le général Soleille affirme que l'armée n'a pas de munitions. — Les généraux déclarent qu'il est impossible de lutter. — Découverte subite de quatre millions de cartouches. — Dernière tentative pour percer le cordon d'investissement. — L'armée française est bloquée.

CHAPITRE X (1870). — REICHSHOFFEN 321

Le maréchal de Mac-Mahon prend le commandement de l'aile droite de l'armée. — Surprise et combat de Wissembourg. — Mort du général Abel Douay. — Marche du prince royal de Prusse. — Il rencontre l'armée française. — Bataille de Reichshoffen. — Défaite du maréchal de Mac-Mahon. — Il se retire, sans défendre les Vosges, sur Saverne, et de là sur Châlons. — Son itinéraire. — Ses hésitations. — Il arrive le 16 août à Châlons. — Constitution de l'armée de Châlons avec les 5e et 1er corps. — Le 7e corps. — Rôle qui lui est assigné au début des opérations. — Difficultés de sa formation. — Il se rend de Mulhouse à Belfort. — Désordre de cette marche et trouble jeté par elle dans le cœur des populations. — Il arrive à Dannemarie. — Fausse alerte. — Terreur et fuite des populations. — Arrivée du 7e corps à Belfort. — Importance de cette place. — Le 7e corps se rend à Châlons en passant par Paris. — Il met vingt-quatre heures dans son trajet de Reims au camp. — Perte de l'Alsace et de la Lorraine.

CHAPITRE XI (1870). — SEDAN. 351

Le maréchal de Mac-Mahon à Châlons. — Plan de campagne adopté par l'Impératrice et par le conseil des ministres. — Conseil militaire chez l'Empereur. — Opinion du général Trochu. — Son adoption. — Perplexités du maréchal de Mac-Mahon. — Il voudrait ramener l'armée vers Paris. — Évacuation, pillage et destruction du camp de Châlons. — L'armée prend position à Reims. — M. Rouher à Reims. — Dépêche du maréchal Bazaine en date du 17 août annonçant l'intention de marcher sur Châlons. — Nouvelle dépêche du maréchal Bazaine en date du 20. — Elle détermine le maréchal de Mac-Mahon à donner des ordres pour marcher le 22 vers Montmédy. — Dépêche du maréchal Bazaine du même jour annonçant qu'il ne se mettra en route que s'il le peut sans danger pour son armée et qu'il préviendra le maréchal de Mac-Mahon de son départ. — Le maréchal de Mac-Mahon ne reçoit pas cette dépêche que le colonel Stoffel affirme avoir remise à son aide de camp. — L'armée de Châlons campe le 23 sur la Suippe dans les positions qu'elle occupait le 20. — Trois jours sont ainsi perdus. — Nouvelle perte d'une journée à Attigny. — L'armée du prince royal de Prusse apprenant le changement de direction du maréchal de Mac-Mahon vers le Nord interrompt sa marche sur Paris et se dirige aussi vers le Nord. — Le quartier général du maréchal Mac-Mahon se transporte de Reims à Rethel, Tourteron et le Chêne-Populeux. — Le maréchal de Mac-Mahon veut se rapprocher le 27 de Mézières. — Dépêche du ministre de la guerre qui l'en empêche. — Nouvelle perte de temps. — L'armée reprend sa marche vers l'Est. — Elle ne peut plus franchir la Meuse qu'entre Mouzon et Sedan. — Encore un retard. — Le 30 août au soir, l'armée française est tout entière sur la rive droite de la Meuse. — Le maréchal de Mac-Mahon, au lieu de marcher sur Metz après avoir fait détruire les ponts sur la Meuse, s'enferme dans Sedan. — Marche sur cette ville. — Désarroi de l'armée. — Sa position. — Journée du 31. — Le maréchal de Mac-Mahon blessé remet le commandement au général Ducrot qui parle de se frayer un chemin par Mézières. — Le général de Wimpffen réclame le commandement. — Il veut sortir du côté de Carignan. — La bataille de midi à une heure. — Le général de Wimpffen propose à l'Empereur de se mettre à la tête des troupes. — Les chefs de corps quittent le champ de bataille et se rendent auprès de l'Empereur. — Napoléon III fait arborer le drapeau blanc. — Dernier effort tenté pour se frayer une route. — Le général de Wimpffen est invité par l'Empereur à négocier la capitulation. — Il s'y refuse. — Les instances de l'Empereur le décident à revenir sur son refus. — Il se rend au quartier général prussien avec le général Castelnau. — Signature de la capitulation. — Internement de l'armée dans la presqu'île de Glaire. — Départ des prisonniers.

CHAPITRE XII (1870). — Chute de M. Émile Ollivier. . . . 409

L'Impératrice et M. Émile Ollivier considèrent comme une imprudence la convocation des Chambres. — La majorité du ministère les contraint à prendre cette mesure. — Réunion des députés au Palais-Bourbon. — Visite des membres du centre gauche à l'Impératrice. — Ils lui demandent la nomination du général Trochu au ministère de la guerre, et du général de Palikao au commandement de l'armée destinée à couvrir Paris. — Refus de l'Impératrice de se rendre au premier de ces vœux. — Le maréchal Baraguey-d'Hilliers est nommé gouverneur de Paris. — Ouverture de la session. — Tentative peu sérieuse d'invasion du Corps législatif. — Déclaration du ministère. — M. E. Ollivier pose la question de confiance. — Il est renversé par l'adoption d'un amendement de M. Clément Duvernois. — Proposition de M. Latour-du-Moulin. — Propositions de M. Jules Favre concernant l'armement de la garde nationale et la formation d'un comité de défense. — Menace de M. Granier de Cassagnac à l'adresse des députés qui ont voté pour le comité de défense. — Le nouveau cabinet. — M. de Kératry propose la formation d'une commission devant laquelle comparaîtrait le maréchal Le Bœuf. — M. Thiers s'y oppose. — Le commandement est enlevé par la Chambre à l'Empereur. — Récriminations et injures secrètes de la droite contre lui. — Le gouvernement laisse la Chambre sans nouvelles du théâtre de la guerre. — Combat de Borny. — Bataille de Rezonville. — Informations favorables. — Démenti. — L'armée de Châlons et l'armée du Rhin restent séparées. — M. de Kératry propose d'adjoindre sept membres de la Chambre au comité de défense. — Le général de Palikao, ministre de la guerre, s'y oppose.

CHAPITRE XIII (1870). — La nuit du 3 au 4 septembre. . . 446

L'Impératrice reçoit la nouvelle du désastre de Sedan. — Elle fait demander par M. Mérimée des conseils à M. Thiers. — Entrevue sans résultat entre M. Thiers et M. Mérimée. — Le prince de Metternich renouvelle sans plus de succès la démarche de ce dernier. — M. Thiers pense que le Corps législatif doit faire connaître au pays les difficultés de la situation. — La gauche est du même avis. — État moral des membres de la gauche. — MM. Jules Favre, Jules Simon, E. Picard, Eugène Pelletan, Jules Ferry, Crémieux, Glais-Bizoin, Garnier-Pagès. — Comment le ministre de la guerre annonce le désastre de Sedan au Corps législatif. — La séance de nuit est décidée. — M. Jules Favre propose de remettre le pouvoir au général Trochu. — Plan des orléanistes. — M. Gambetta harangue la foule qui entoure le Palais-Bourbon. — Réunion des ministres chez M. Schneider. — La dictature offerte au général de Palikao qui la refuse. — Le peuple sur la place de la Concorde. — Aspect de Paris pendant la nuit.

CHAPITRE XIV (1870). — Les derniers jours de l'Empire. . 463

Tactique des bonapartistes au début de la crise. — Les émeutes contre les députés de l'opposition. — Excitation contre les légitimistes. — Meurtre de M. de Monéis. — Affaiblissement de l'Empire. — Le public craint un coup d'État. — Le gouvernement y songeait-il sérieusement? — Il y songeait. — Preuves à ce sujet. — Arrivée du général Trochu à Paris. — Surprise et mécontentement que cause sa nomination à l'Impératrice et au ministère. — Le général Trochu aux Tuileries. — L'Impératrice propose de rappeler les princes d'Orléans. — Le général Trochu voudrait donner sa démission. — Il y renonce. — Il lit sa proclamation à l'Impératrice. — Elle fait effacer le nom de l'Empereur. — Effet de cette omission sur l'opinion.

CHAPITRE XV (1870). — Le 4 septembre. 480

Matinée du 4 septembre. — État moral de la population. — Hésitation du parti de l'action. — La préfecture de police. — Les Tuileries. — Le Corps législatif. — La salle des Pas-Perdus. — Dispositions des partis. — L'extrême droite. — La droite. — Le centre gauche. — L'extrême gauche. — La Régence. — Aspect de la Chambre. — Les tribunes. — On perd un temps précieux. — M. Schneider en conférence chez lui avec les ministres. — On le presse d'ouvrir la séance. — Arrivée de M. Thiers. — Les députés de la droite l'engagent à prendre la direction des affaires. — M. Schneider se décide à monter au fauteuil. — Les trois propositions. — Elles sont renvoyées à l'examen des bureaux. — Interruption de la séance. — Lenteur de la délibération dans les bureaux. — La place de la Concorde. — Premier envahissement de la Chambre à l'intérieur. — Reprise de la séance. — Tumulte apaisé par M. Gambetta. — Les envahisseurs demandent la déchéance. — M. Gambetta, après avoir essayé de leur faire prendre patience, est obligé de la prononcer. — La foule commence à réclamer la proclamation de la République. — Ovation à M. Jules Favre et à M. Gambetta. — M. Jules Favre à la tribune. — Les cris en faveur de la République redoublent. — M. Jules Favre descend de la tribune. — M. Gambetta propose de se rendre à l'Hôtel de Ville pour proclamer la République. — La masse des envahisseurs se décide à l'y suivre.

CONCLUSION. 545

FIN DE LA TABLE DES MATIÈRES DU SIXIÈME VOLUME.

CATALOGUE

DE

LIVRES DE FONDS

OUVRAGES HISTORIQUES

ET PHILOSOPHIQUES

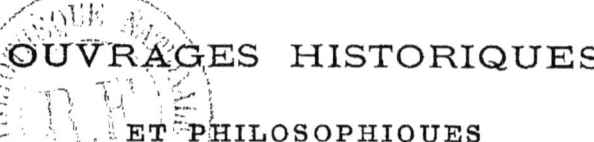

TABLE DES MATIÈRES			
	Pages.		Pages.
COLLECTION HISTORIQUE DES GRANDS PHILOSOPHES...............	2	OUVRAGES DIVERS NE SE TROUVANT PAS DANS LES BIBLIOTHÈQUES..	14
Philosophie ancienne.......	2	ENQUÊTE PARLEMENTAIRE SUR LES ACTES DU GOUVERNEMENT DE LA DÉFENSE NATIONALE.........	20
Philosophie moderne.......	2		
Philosophie écossaise.......	3		
Philosophie allemande......	3	ENQUÊTE PARLEMENTAIRE SUR L'INSURRECTION DU 18 MARS......	21
Philosophie allemande contemporaine............	4	ŒUVRES D'ÉDGAR QUINET.......	22
Philosophie anglaise contemporaine..............	5	BIBLIOTHÈQUE UTILE............	23
		REVUE POLITIQUE ET LITTÉRAIRE..	26
BIBLIOTHÈQUE DE PHILOSOPHIE CONTEMPORAINE................	6	REVUE SCIENTIFIQUE............	27
BIBLIOTHÈQUE D'HISTOIRE CONTEMPORAINE.................	10	REVUE PHILOSOPHIQUE..........	30
		REVUE HISTORIQUE.............	30
BIBLIOTHÈQUE SCIENTIFIQUE INTERNATIONALE...:...........	12	TABLE ALPHABÉTIQUE DES AUTEURS...................	31

PARIS

LIBRAIRIE GERMER BAILLIÈRE ET Cie

108, BOULEVARD SAINT-GERMAIN, 108

Au coin de la rue Hautefeuille.

—

SEPTEMBRE 1879

COLLECTION HISTORIQUE DES GRANDS PHILOSOPHES

PHILOSOPHIE ANCIENNE

ARISTOTE (Œuvres d'), traduction de M. BARTHÉLEMY SAINT-HILAIRE.
— **Psychologie** (Opuscules) trad. en français et accompagnée de notes. 1 vol. in-8.............. 10 fr.
— **Rhétorique** traduite en français et accompagnée de notes. 1870, 2 vol. in-8............. 16 fr.
— **Politique**, 1868, 1 v. in-8. 10 fr.
— **Traité du ciel**, 1866; traduit en français pour la première fois. 1 fort vol. grand in-8.......... 10 fr.
— **Météorologie**, avec le petit traité apocryphe : *Du Monde*, 1863. 1 fort vol. grand in-8.......... 10 fr.
— **La métaphysique d'Aristote**. 3 vol. in-8 1879......... 30 fr.
— **Poétique**, 1858. 1 vol. in-8. 5 fr.
— **Traité de la production et de la destruction des choses**, trad. en français et accomp. de notes perpétuelles, 1866. 1 v. gr. in-8. 10 fr.
— **De la logique d'Aristote**, par M. BARTHÉLEMY SAINT-HILAIRE. 2 volumes in-8.............. 10 fr.
— **Psychologie**, Traité de l'âme, 1 vol. in-8.......... (*Épuisé*.)
— **Physique**, ou leçons sur les principes généraux de la nature. 2 forts vol. in-8............ (*Épuisé*.)
— **Morale**, 1856. 3 vol. grand in-8. (*Épuisé*.)
— **La logique**, 4 vol. in-8. (*Épuisé*.)

SOCRATE. **La philosophie de Socrate**, par M. Alf. FOUILLÉE. 2 vol. in-8............... 16 fr.
PLATON. **La philosophie de Platon**, par M. Alfred FOUILLÉE. 2 volumes in-8............... 16 fr.
— **Études sur la Dialectique dans Platon et dans Hegel**, par M. Paul JANET. 1 vol. in-8... 6 fr.
PLATON et ARISTOTE. **Essai sur le commencement de la science politique**, par VAN DER REST. 1 vol. in-8............. 10 fr.
ÉPICURE. **La Morale d'Épicure et ses rapports avec les doctrines contemporaines**, par M. GUYAU 1 vol. in-8.......... 6 fr. 50
ÉCOLE D'ALEXANDRIE. **Histoire critique de l'École d'Alexandrie**, par M. VACHEROT. 3 vol. in-8. 24 fr.
— **L'École d'Alexandrie**, par M. BARTHÉLEMY SAINT-HILAIRE. 1 v. in-8. 6 fr.
MARC-AURÈLE. **Pensées de Marc-Aurèle**, traduites et annotées par M. BARTHÉLEMY SAINT-HILAIRE. 1 vol. in-18................ 4 fr. 50
RITTER. **Histoire de la philosophie ancienne**, trad. par TISSOT. 4 vol. in-8................. 30 fr.
FABRE (Joseph). **Histoire de la philosophie, antiquité et moyen âge**. 1 vol. in-18....... 3 50

PHILOSOPHIE MODERNE

LEIBNIZ. **Œuvres philosophiques**, avec introduction et notes par M. Paul JANET. 2 vol. in-8. 16 fr.
— **La métaphysique de Leibniz et la critique de Kant**, par D. NOLEN. 1 vol. in-8.... 6 fr.
— **Leibniz et Pierre le Grand**, par FOUCHER DE CAREIL. In-8. 2 fr.
— **Lettres et opuscules de Leibniz**, par FOUCHER DE CAREIL, 1 vol. in-8................ 3 fr. 50
— **Leibniz, Descartes et Spinoza**, par FOUCHER DE CAREIL. 1 v. in-8. 4 fr.
— **Leibniz et les deux Sophie**, par FOUCHER DE CAREIL. 1 v. in-8. 2 fr.
DESCARTES. **Descartes, la princesse Élisabeth et la reine Christine**, par FOUCHER DE CAREIL. 1 vol. in-8.......... 3 fr. 50
SPINOZA. **Dieu, l'homme et la béatitude**, trad., et précédé d'une introduction par M. P. JANET. 1 vol. in-18............... 2 fr. 50
LOCKE. **Sa vie et ses œuvres**, par M. MARION. 1 vol. in-18. 2 fr. 50
MALEBRANCHE. **La philosophie de Malebranche**, par M. OLLÉ LAPRUNE. 2 vol. in-8...... 16 fr.
VOLTAIRE. **La philosophie de Voltaire**, par M. Ern. BERSOT. 1 vol. in-18............... 3 fr. 50
VOLTAIRE. **Les sciences au XVIIIe siècle**. Voltaire physicien, par M. Em. SAIGEY. 1 vol. in-8.. 5 fr.
BOSSUET. **Essai sur la philosophie de Bossuet**, par Nourrisson, 1 vol. in-8............. 4 fr.
RITTER. **Histoire de la philosophie moderne**, traduite par P. Challemel-Lacour. 3 vol. in-8. 20 fr.

FRANCK (Ad.). **La philosophie mystique en France au XVIIIe siècle.** 1 vol. in-18.... 2 fr. 50

DAMIRON. **Mémoires pour servir à l'histoire de la philosophie au XVIIIe siècle.** 3 vol. in-8. 15 fr.

MAINE DE BIRAN. **Essai sur sa philosophie**, suivi de fragments inédits, par Jules Gérard. 1 fort vol. in-8. 1876............. 10 fr.

BERKELEY. **Sa vie et ses œuvres**, par Penjon. 1 v. in-8 (1878). 7 fr. 50

PHILOSOPHIE ÉCOSSAISE

DUGALD STEWART. **Éléments de la philosophie de l'esprit humain**, traduits de l'anglais par L. Peisse. 3 vol. in-12............ 9 fr.

W. HAMILTON. **Fragments de philosophie**, traduits de l'anglais par L. Peisse. 1 vol. in-8.. 7 fr. 50
— **La philosophie de Hamilton**, par J. Stuart Mill. 1 v. in-8. 10 fr.

PHILOSOPHIE ALLEMANDE

KANT. **Critique de la raison pure**, trad. par M. Tissot. 2 v. in-8. 16 fr.
— Même ouvrage, traduction par M. Jules Barni. 2 vol. in-8, avec une introduction du traducteur, contenant l'analyse de cet ouvrage.... 16 fr.
— **Éclaircissements sur la critique de la raison pure**, trad. par J. Tissot. 1 volume in-8... 6 fr.
— **Examen de la critique de la raison pratique**, traduit par M. J. Barni. 1 vol. in-8..... (*Epuisé*.)
— **Principes métaphysiques du droit**, suivis du *projet de paix perpétuelle*, traduction par M. Tissot. 1 vol. in-8.......... 8 fr.
— Même ouvrage, traduction par M. Jules Barni. 1 vol. in-8... 8 fr.
— **Principes métaphysiques de la morale**, augmentés des *fondements ae la métaphysique des mœurs*, traduct. par M. Tissot. 1 v. in-8. 8 fr.
— Même ouvrage, traduction par M. Jules Barni avec une introduction analytique. 1 vol. in-8...... 8 fr.
— **La logique**, traduction par M. Tissot. 1 vol. in-8..... 4 fr.
— **Mélanges de logique**, traduction par M. Tissot. 1 vol. in-8.. 6 fr.
— **Prolégomènes à toute métaphysique future** qui se présentera comme science, traduction de M. Tissot. 1 vol. in-8... 6 fr.

KANT. **Anthropologie**, suivie de divers fragments relatifs aux rapports du physique et du moral de l'homme, et du commerce des esprits d'un monde à l'autre, traduction par M. Tissot. 1 vol. in-8. ... 6 fr.

KANT. **La critique de Kant et la métaphysique de Leibniz.** Histoire et théorie de leurs rapports, par D. Nolen. 1 vol. in-8. 1875. 6 fr.

FICHTE. **Méthode pour arriver à la vie bienheureuse**, traduite par Francisque Bouillier. 1 vol. in-8................. 8 fr.
— **Destination du savant et de l'homme de lettres**, traduite par M. Nicolas. 1 vol. in-8.... 3 fr.
— **Doctrines de la science.** Principes fondamentaux de la science de la connaissance, traduits par Grimblot. 1 vol. in-8..... 9 fr.

SCHELLING. **Bruno ou du principe divin**, trad. par Cl. Husson. 1 vol. in-8................ 3 fr. 50
— **Écrits philosophiques** et morceaux propres à donner une idée de son système, trad. par Ch. Bénard. 1 vol. in-8........ 9 fr.

HEGEL. **Logique**, traduction par A. Véra. 2e édition. 2 volumes in-8................... 14 fr.

HEGEL. **Philosophie de la nature**, traduction par A. Véra. 3 volumes in-8................ 25 fr.
Prix du tome II..... 8 fr. 50
Prix du tome III..... 8 fr. 50
— **Philosophie de l'esprit**, traduction par A. Véra. 2 volumes in-8................ 18 fr.
— **Philosophie de la religion**, traduction par A. Véra 2 vol. 20 fr.
— **Introduction à la philosophie de Hegel**, par A. Véra. 1 volume in-8................ 6 fr. 50

HEGEL. **Essais de philosophie hegelienne**, par A. VÉRA. 1 vol. 2 fr. 50
— **L'Hegelianisme et la philosophie**, par M. VÉRA. 1 volume in-18.............. 3 fr. 50
— **Antécédents de l'Hegelianisme dans la philosophie française**, par BEAUSSIRE. 1 vol. in-18.............. 2 fr. 50
— **La dialectique dans Hegel et dans Platon**, par Paul JANET. 1 vol. in-8............. 6 fr.
— **La Poétique**, traduction par Ch. BÉNARD, précédée d'une préface et suivie d'un examen critique. Extraits de Schiller, Gœthe, Jean Paul, etc., et sur divers sujets relatifs à la poésie. 2 vol. in-8... 12 fr.
— **Esthétique**. 2 vol. in-8, traduite par M. BÉNARD............ 16 fr.

RICHTER (Jean-Paul). **Poétique ou Introduction à l'esthétique**, traduit de l'allemand par Alex. BUCHNER et Léon DUMONT. 2 vol. in-8. 15 fr.
HUMBOLDT (G. de). **Essai sur les limites de l'action de l'État**, traduit de l'allemand, et précédé d'une Étude sur la vie et les travaux de l'auteur, par M. CHRÉTIEN. 1 vol. in-18........... 3 fr. 50
— **La philosophie individualiste**, étude sur G. de HUMBOLDT, par CHALLEMEL-LACOUR. 1 vol. 2 fr. 50
STAHL. **Le Vitalisme et l'Animisme de Stahl**, par Albert LEMOINE. 1 vol. in-18.... 2 fr. 50
LESSING. **Le Christianisme moderne**. Étude sur Lessing, par FONTANÈS. 1 vol. in-18.. 2 fr. 50

PHILOSOPHIE ALLEMANDE CONTEMPORAINE

L. BUCHNER. **Science et nature**, traduction de l'allemand, par Aug. DELONDRE 2 vol. in-18.... 5 fr.
— **Le Matérialisme contemporain**, par M. P. JANET. 3ᵉ édit. 1 vol. in-18........ 2 fr. 50
HARTMANN (E. de). **La Religion de l'avenir**. 1 vol. in-18.. 2 fr. 50
— **La philosophie de l'inconscient**, traduit par M. D. NOLEN. 2 vol. in-8. 1876...... 20 fr.
— **Darwinisme**, ce qu'il y a de vrai et de faux dans cette doctrine, traduit par M. G. GUÉROULT. 1 vol. in-18, 2ᵉ édit......... 2 fr. 50
— **La philosophie allemande du XIXᵉ siècle dans ses représentants principaux**, traduit par M. D. NOLEN. 1 vol. in-8.
(*Sous presse.*)
— **La philosophie de M. de Hartmann**, par M. D. NOLEN. 1 vol. in-18.......... (*Sous presse.*)
HÆCKEL. **Hæckel et la théorie de l'évolution en Allemagne**, par Léon DUMONT. 1 vol. in-18. 2 fr. 50
— **Les preuves du transformisme**, trad. par M. SOURY. 1 vol. in-18................ 2 fr. 50
— **La psychologie cellulaire**, traduit par M. J. SOURY. 1 vol. in-12. 2 fr. 50

O. SCHMIDT. **Hartmann et les sciences naturelles**. 1 volume in-18............... 2 fr. 50
LANGE. **La philosophie de Lange**, par M. D. NOLEN. 1 vol. in-18. (*Sous presse.*)
LOTZE (H.). **Principes généraux de psychologie physiologique**, trad. par M. PENJON. 1 vol. in-18. 2 fr. 50
STRAUSS. **L'ancienne et la nouvelle foi de Strauss**, étude critique par VÉRA. 1 vol. in-8. 6 fr.
MOLESCHOTT. **La Circulation de la vie**, Lettres sur la physiologie, en réponse aux Lettres sur la chimie de Liebig, traduction de l'allemand par M. CAZELLES. 2 volumes in-18. Pap. vélin............ 10 fr.
SCHOPENHAUER. **Essai sur le libre arbitre**, traduit de l'allemand. 1 vol. in-18................ 2 fr. 50
— **Le fondement de la morale**, trad. de l'allemand par M. BOURDEAU, 1 vol. in-18.......... 2 fr. 50
— **Philosophie de Schopenhauer**, par Th. RIBOT. 1 vol. in-18. 2 fr. 50
RIBOT (Th.). **La psychologie allemande contemporaine** (HERBART, BENEKE, LOTZE, FECHNER, WUNDT, etc.). 1 vol. in-8. 7 fr. 50

PHILOSOPHIE ANGLAISE CONTEMPORAINE

STUART MILL. **La philosophie de Hamilton.** 1 fort vol. in-8, trad. de l'anglais par E. CAZELLES.. 10 fr.
— **Mes Mémoires.** Histoire de ma vie et de mes idées, traduits de l'anglais par E. CAZELLES. 1 volume in-8.............. 5 fr.
— **Système de logique** déductive et inductive. Exposé des principes de la preuve et des méthodes de recherche scientifique, traduit de l'anglais par M. Louis PEISSE. 2 vol. in-8............ 20 fr.
— **Essais sur la Religion**, traduits de l'anglais, par E. CAZELLES. 1 vol. in-8.............. 5 fr.
— **Le positivisme anglais**, étude sur Stuart Mill, par H. TAINE. 1 volume in-18............ 2 fr. 50

HERBERT SPENCER. **Les premiers Principes.** 1 fort vol. in-8, trad. de l'anglais par M. CAZELLES... 10 fr.
— **Principes de psychologie**, traduits de l'anglais par MM. Th. RIBOT et ESPINAS. 2 vol. in-8.... 20 fr.
— **Principes de biologie**, traduits par M. CAZELLES. 2 forts volumes in-8, t. 1. 10 fr.
— **Introduction à la Science sociale.** 1 v. in-8 cart. 3e éd. 6 fr.
— **Principes de sociologie.** 2 vol. in-8.................. 20 fr.
— **Classification des Sciences.** 1 vol. in-18.......... 2 fr. 50
— **De l'éducation.** 1 volume in-8 .... 5 fr.
— **Essais sur le progrès**, traduit par M. BURDEAU. 1 vol. in-8. 7 fr. 50
— **Essais de politique**, traduit par M. BURDEAU. 1 vol.... 7 fr. 50
— **Essais scientifiques**, traduit par M. BURDEAU. 1 vol. 7 fr. 50
— **Introduction à la morale.** In-8................... 6 fr.

BAIN. **Des Sens et de l'Intelligence.** 1 vol. in-8, traduit de l'anglais par M. CAZELLES 10 fr.
— **La logique inductive et déductive**, traduite de l'anglais par M. COMPAYRÉ. 2 vol. in-8.. 20 fr.

BAIN **L'esprit et le corps.** 1 vol. in-8, cartonné, 2e édition.. 6 fr.
— **La science de l'éducation.** In-8................. 6 fr.

DARWIN. **Ch. Darwin et ses précurseurs français**, par M. de QUATREFAGES. 1 vol. in-8.. 5 fr.
— **Descendance et Darwinisme**, par Oscar SCHMIDT. 1 volume in-8, cart............... 6 fr.
— **Le Darwinisme**, ce qu'il y a de vrai et de faux dans cette doctrine, par E. DE HARTMANN, trad. par G. GUÉROULT, 1 vol. in-18. 2 fr. 50
— **Le Darwinisme**, par ÉM. FERRIÈRE. 1 vol. in-18.... 4 fr. 50
— **Les récifs de corail**, leur structure et leur distribution. 1 volume in-8. .... 8 fr.

CARLYLE. **L'idéalisme anglais**, étude sur Carlyle, par H. TAINE. 1 vol. in-18............ 2 fr. 50

BAGEHOT. **Lois scientifiques du développement des nations** dans leurs rapports avec les principes de la sélection naturelle et de l'hérédité. 1 vol. in-8, 2e édit. 6 fr.

RUSKIN (JOHN). **L'esthétique anglaise**, étude sur J. Ruskin, par MILSAND. 1 vol. in-18 ... 2 fr. 50

MATTHEW ARNOLD. **La crise religieuse**, traduit de l'anglais. 1 vol. in-8. 1876.......... 7 fr. 50

FLINT. **La philosophie de l'histoire en France et en Allemagne**, traduit de l'anglais par M. L. CARRAU. 2 vol. in-8. 15 fr.

RIBOT (Th.). **La psychologie anglaise contemporaine** (James Mill, Stuart Mill, Herbert Spencer, A. Bain, G. Lewes, S. Bailey, J.-D. Morell, J. Murphy), 1875. 1 vol. in-8, 2e édition....... 7 fr. 50

LIARD. **Les logiciens anglais contemporains** (Herschell, Whewell, Stuart Mill, G. Bentham, Hamilton, de Morgan, Beele, Stanley Jevons) 1 vol. in-18.......... 2 fr. 50

GUYAU. **La morale anglaise contemporaine.** Morale de l'utilité e de l'évolution. 1 vol. in-8. 7 fr. 50

BIBLIOTHÈQUE
DE
PHILOSOPHIE CONTEMPORAINE

Volumes in-18 à 2 fr. 50 c.
Cartonnés : 3 fr. ; reliés : 4 fr.

H. Taine.
LE POSITIVISME ANGLAIS, étude sur Stuart Mill.
L'IDÉALISME ANGLAIS, étude sur Carlyle.
PHILOSOPHIE DE L'ART, 3ᵉ édit.
PHILOSOPHIE DE L'ART EN ITALIE, 2ᵉ édition.
DE L'IDÉAL DANS L'ART, 2ᵉ édit.
PHILOSOPHIE DE L'ART DANS LES PAYS-BAS.
PHILOSOPHIE DE L'ART EN GRÈCE.

Paul Janet.
LE MATÉRIALISME CONTEMPORAIN. 2ᵉ édit.
LA CRISE PHILOSOPHIQUE. Taine, Renan, Vacherot, Littré.
LE CERVEAU ET LA PENSÉE.
PHILOSOPHIE DE LA RÉVOLUTION FRANÇAISE.
SAINT-SIMON ET LE SAINT-SIMONISME.
DIEU, L'HOMME ET LA BÉATITUDE (*Œuvre inédite de Spinoza*).

Odysse-Barot.
PHILOSOPHIE DE L'HISTOIRE.

Alaux.
PHILOSOPHIE DE M. COUSIN.

Ad. Franck.
PHILOSOPHIE DU DROIT PÉNAL.
PHILOSOPHIE DU DROIT ECCLÉSIASTIQUE.
LA PHILOSOPHIE MYSTIQUE EN FRANCE AU XVIIIᵉ SIÈCLE.

Charles de Rémusat.
PHILOSOPHIE RELIGIEUSE.

Charles Lévêque.
LE SPIRITUALISME DANS L'ART.
LA SCIENCE DE L'INVISIBLE. Étude de psychologie et de théodicée.

Émile Saisset.
L'AME ET LA VIE, suivi d'une étude sur l'Esthétique française.

CRITIQUE ET HISTOIRE DE LA PHILOSOPHIE (frag. et disc.).

Auguste Laugel.
LES PROBLÈMES DE LA NATURE.
LES PROBLÈMES DE LA VIE.
LES PROBLÈMES DE L'AME.
LA VOIX, L'OREILLE ET LA MUSIQUE.
L'OPTIQUE ET LES ARTS.

Challemel-Lacour.
LA PHILOSOPHIE INDIVIDUALISTE.

L. Büchner.
SCIENCE ET NATURE, trad. de l'allem. par Aug. Delondre. 2 vol.

Albert Lemoine.
LE VITALISME ET L'ANIMISME DE STAHL.
DE LA PHYSIONOMIE ET DE LA PAROLE.
L'HABITUDE ET L'INSTINCT.

Milsand.
L'ESTHÉTIQUE ANGLAISE, étude sur John Ruskin.

A. Véra.
ESSAIS DE PHILOSOPHIE HEGÉLIENNE.

Beaussire.
ANTÉCÉDENTS DE L'HEGELIANISME DANS LA PHILOS. FRANÇAISE.

Bost.
LE PROTESTANTISME LIBÉRAL.

Francisque Bouillier.
DE LA CONSCIENCE.

Ed. Auber.
PHILOSOPHIE DE LA MÉDECINE.

Leblais.
MATÉRIALISME ET SPIRITUALISME, précédé d'une Préface par M. E. Littré.

Ad. Garnier.
DE LA MORALE DANS L'ANTIQUITÉ, précédé d'une Introduction par M. Prévost-Paradol.

Schœbel.
PHILOSOPHIE DE LA RAISON PURE.

Tissandier.
DES SCIENCES OCCULTES ET DU SPIRITISME.

Ath. Coquerel fils.
ORIGINES ET TRANSFORMATIONS DU CHRISTIANISME.
LA CONSCIENCE ET LA FOI.
HISTOIRE DU CREDO.

Jules Levallois.
DÉISME ET CHRISTIANISME.

Camille Selden.
LA MUSIQUE EN ALLEMAGNE. Étude sur Mendelssohn.

Fontanès.
LE CHRISTIANISME MODERNE. Étude sur Lessing.

Stuart Mill.
AUGUSTE COMTE ET LA PHILOSOPHIE POSITIVE. 2ᵉ édition.

Mariano.
LA PHILOSOPHIE CONTEMPORAINE EN ITALIE.

Saigey.
LA PHYSIQUE MODERNE, 2ᵉ tirage.

E. Faivre.
DE LA VARIABILITÉ DES ESPÈCES.

Ernest Bersot.
LIBRE PHILOSOPHIE.

A. Réville.
HISTOIRE DU DOGME DE LA DIVINITÉ DE JÉSUS-CHRIST. 2ᵉ édition.

W. de Fonvielle.
L'ASTRONOMIE MODERNE.

C. Coignet.
LA MORALE INDÉPENDANTE.

E. Boutmy.
PHILOSOPHIE DE L'ARCHITECTURE EN GRÈCE.

Et. Vacherot.
LA SCIENCE ET LA CONSCIENCE.

Ém. de Laveleye.
DES FORMES DE GOUVERNEMENT.

Herbert Spencer.
CLASSIFICATION DES SCIENCES.

Gauckler.
LE BEAU ET SON HISTOIRE.

Max Müller.
LA SCIENCE DE LA RELIGION.

Léon Dumont.
HAECKEL ET LA THÉORIE DE L'ÉVOLUTION EN ALLEMAGNE.

Bertauld.
L'ORDRE SOCIAL ET L'ORDRE MORAL.
DE LA PHILOSOPHIE SOCIALE.

Th. Ribot.
PHILOSOPHIE DE SCHOPENHAUER.

Al. Herzen.
PHYSIOLOGIE DE LA VOLONTÉ.

Bentham et Grote.
LA RELIGION NATURELLE.

Hartmann.
LA RELIGION DE L'AVENIR. 2ᵉ édit.
LE DARWINISME.

H. Lotze.
PSYCHOLOGIE PHYSIOLOGIQUE.

Schopenhauer.
LE LIBRE ARBITRE.
LE FONDEMENT DE LA MORALE.
PENSÉES ET APHORISMES.

Liard.
LES LOGICIENS ANGLAIS.

Marion.
J. LOCKE.

O. Schmidt.
LES SCIENCES NATURELLES ET LA PHILOSOPHIE DE L'INCONSCIENT.

Haeckel.
LES PREUVES DU TRANSFORMISME.
LA PSYCHOLOGIE CELLULAIRE.

Pi Y. Margall.
LES NATIONALITÉS.

Barthélemy Saint-Hilaire.
DE LA MÉTAPHYSIQUE.

A. Espinas.
LA PHILOSOPHIE EXPÉRIMENTALE EN ITALIE.

D. Nolen.
LA PHILOSOPHIE DE LANGE.
  (*Sous presse.*)
LA PHILOSOPHIE DE M. DE HARTMANN. (*Sous presse.*)

P. Siciliani.
LA PSYCHOGÉNIE MODERNE.
  (*Sous presse.*)

Les volumes suivants de la collection in-18 sont épuisés; il en reste quelques exemplaires sur papier vélin, cartonnés, tranche supérieure dorée :

LETOURNEAU. **Physiologie des passions.** 1 vol.   5 fr.
MOLESCHOTT. **La circulation de la vie.** 2 vol.   10 fr.
BEAUQUIER. **Philosophie de la Musique.** 1 vol.   5 fr.

BIBLIOTHÈQUE DE PHILOSOPHIE CONTEMPORAINE

FORMAT IN-8

Volumes à 5 fr., 7 fr. 50 et 10 fr. Cart., 1 fr. en plus par vol.; reliure, 2 fr.

JULES BARNI.

La morale dans la démocratie. 1 vol.   5 fr.

AGASSIZ.

De l'espèce et des classifications, traduit de l'anglais par M. Vogeli. 1 vol.   5 fr.

STUART MILL.

La philosophie de Hamilton, traduit de l'anglais par M. Cazelles. 1 fort vol.   10 fr.

Mes mémoires. Histoire de ma vie et de mes idées, traduit de l'anglais par M. E. Cazelles. 1 vol.   5 fr.

Système de logique déductive et inductive. Exposé des principes de la preuve et des méthodes de recherche scientifique, traduit de l'anglais par M. Louis Peisse. 2 vol.   20 fr.

Essais sur la Religion, traduits de l'anglais par M. E. Cazelles. 1 vol.   5 fr.

DE QUATREFAGES.

Ch. Darwin et ses précurseurs français. 1 vol.   5 fr.

HERBERT SPENCER.

Les premiers principes. 1 fort vol. traduit de l'anglais par M. Cazelles.   10 fr.

Principes de psychologie, traduit de l'anglais par MM. Th. Ribot et Espinas. 2 vol.   20 fr.

Principes de biologie, traduit par M. Cazelles. 2 vol. in-8. 1877-1878.   20 fr.

Principes de sociologie :
    Tome Ier, traduit par M. Cazelles 1 vol. in-8. 1878.   10 fr.
    Tome II, traduit par MM. Cazelles et Gerschel. 1 vol. in-8, 1879.   7 fr. 50

Essais sur le progrès, traduit de l'anglais par M. Burdeau. 1 vol. in-8. 1877.   7 fr. 50

Essais de politique. 1 vol. in-8, traduit par M. Burdeau. 1878.   7 fr. 50

Essais scientifiques. 1 vol. in-8, traduit par M. Burdeau. 1879.   7 fr. 50

De l'éducation physique, intellectuelle et morale. 1 volume in-8. 2e édition, 1879.   5 fr.

AUGUSTE LAUGEL.

Les problèmes (Problèmes de la nature, problèmes de la vie, problèmes de l'âme). 1 fort vol 1879.   7 fr. 50

ÉMILE SAIGEY.

Les sciences au XVIIIe siècle, la physique de Voltaire. 1 vol.   5 fr.

PAUL JANET.

Histoire de la science politique dans ses rapports avec la morale. 2e édition, 2 vol.   20 fr.

Les causes finales. 1 vol. in-8. 1876.   10 fr.

TH. RIBOT.

De l'hérédité. 1 vol.   10 fr.
La psychologie anglaise contemporaine (école expérimentale).
1 vol., 2ᵉ édition. 1875.   7 fr. 50
La psychologie allemande contemporaine (école expérimentale).
1 vol. in-8. 1879.   7 fr. 50

HENRI RITTER.

Histoire de la philosophie moderne, traduction française, précédée d'une introduction par M. P. Challemel-Lacour. 3 vol.   20 fr.

ALF. FOUILLÉE.

La liberté et le déterminisme. 1 vol.   7 fr. 50

DE LAVELEYE

De la propriété et de ses formes primitives. 1 vol., 2ᵉ édit. 1877.   7 fr. 50

BAIN.

La logique inductive et déductive, traduit de l'anglais par M. Compayré. 2 vol.   20 fr.
Les sens et l'intelligence. 1 vol. traduit de l'anglais par M. Cazelles.   10 fr.
Les émotions et la volonté. 1 fort vol.   (*Sous presse.*)

MATTHEW ARNOLD.

La crise religieuse. 1 vol. in-8. 1876.   7 fr. 50

BARDOUX.

Les légistes et leur influence sur la société française. 1 vol. in-8. 1877.   5 fr.

HARTMANN (E. DE).

La philosophie de l'inconscient, traduit de l'allemand par M. D. Nolen, avec une préface de l'auteur écrite pour l'édition française. 2 vol. in-8. 1877.   20 fr.
La philosophie allemande du XIXᵉ siècle, dans ses principaux représentants, traduit de l'allemand par M. D. Nolen. 1 vol. in-8.
    (*Sous presse.*)

ESPINAS (ALF.).

Des sociétés animales. 1 vol. in-8, 2ᵉ éd., précédée d'une Introduction sur l'*Histoire de la sociologie*, 1878.   7 fr. 50

FLINT.

La philosophie de l'histoire en France, traduit de l'anglais par M. Ludovic Carrau. 1 vol. in-8. 1878.   7 fr. 50
La philosophie de l'histoire en Allemagne, traduit de l'anglais par M. Ludovic Carrau. 1 vol. in-8. 1878.   7 fr. 50

LIARD.

La science positive et la métaphysique. 1 v. in-8.   7 fr. 50

GUYAU.

La morale anglaise contemporaine. 1 vol. in-8.   7 fr. 50

BIBLIOTHÈQUE

D'HISTOIRE CONTEMPORAINE

Vol. in-18 à 3 fr. 50.

Vol. in-8 à 5 et 7 fr. Cart. 1 fr. en plus par vol.; relure 2 fr.

EUROPE

HISTOIRE DE L'EUROPE PENDANT LA RÉVOLUTION FRANÇAISE, par *H. de Sybel*. Traduit de l'allemand par Mlle Dosquet. 3 vol. in-8. . . . 21 »
Chaque volume séparément . . . . 7 »

FRANCE

HISTOIRE DE LA RÉVOLUTION FRANÇAISE, par *Carlyle*. Traduit de l'anglais. 3 vol. in-18; chaque volume. 3 50
NAPOLÉON Ier ET SON HISTORIEN M. THIERS, par *Barni*. 1 vol. in-18. 3 50
HISTOIRE DE LA RESTAURATION, par *de Rochau*. 1 vol. in-18, traduit de l'allemand. 3 50
HISTOIRE DE DIX ANS, par *Louis Blanc*. 5 vol. in-8. . . . . 25 »
Chaque volume séparément . . . . 5 »
— 25 planches en taille-douce. Illustrations pour l'*Histoire de dix ans*. 6 »
HISTOIRE DE HUIT ANS (1840-1848), par *Elias Regnault*. 3 vol. in-8. . 15 »
Chaque volume séparément . . . . 5 »
— 14 planches en taille-douce. Illustrations pour l'*Histoire de huit ans*. 4 fr.
HISTOIRE DU SECOND EMPIRE (1848-1870), par *Taxile Delord*. 6 volumes in-8. . . . . 42 »
Chaque volume séparément . . . . 7 »
LA GUERRE DE 1870-1871, par *Boert*, d'après le colonel fédéral suisse Rustow. 1 vol. in-18. . . . . 3 50
LA FRANCE POLITIQUE ET SOCIALE, par *Aug. Laugel*. 1 volume in-8. 5 »
HISTOIRE DES COLONIES FRANÇAISES, par *P. Gaffarel*. 1 vol. in-8. . . 5 fr.

ANGLETERRE

HISTOIRE GOUVERNEMENTALE DE L'ANGLETERRE, DEPUIS 1770 JUSQU'A 1830, par sir *G. Cornewal Lewis*. 1 vol. in-8, traduit de l'anglais . . . . . 7 fr.
HISTOIRE DE L'ANGLETERRE depuis la reine Anne jusqu'à nos jours, par *H. Reynald*. 1 vol. in-18. . . . . 3 50
LES QUATRE GEORGES, par *Tackeray*, trad. de l'anglais par Lefoyer. 1 vol. in-18. . . . . 3 50
LA CONSTITUTION ANGLAISE, par *W. Bagehot*, traduit de l'anglais. 1 vol. in-18. . . . . 3 50
LOMBART-STREET, le marché financier en Angleterre, par *W. Bagehot*. 1 vol. in-18. . . . . 3 50
LORD PALMERSTON ET LORD RUSSEL, par *Aug. Laugel*. 1 volume in-18 (1876). 3 50

ALLEMAGNE

LA PRUSSE CONTEMPORAINE ET SES INSTITUTIONS, par *K. Hillebrand*. 1 vol. in-18. . . . . 3 50
HISTOIRE DE LA PRUSSE, depuis la mort de Frédéric II jusqu'à la bataille de Sadowa, par *Eug. Véron*. 1 vol. in-18 . . . . 3 50
HISTOIRE DE L'ALLEMAGNE, depuis la bataille de Sadowa jusqu'à nos jours, par *Eug. Véron*. 1 vol. in-18. . . . . 3 50
L'ALLEMAGNE CONTEMPORAINE, par *Ed. Bourloton*. 1 vol. in-18. . . . 3 50

AUTRICHE-HONGRIE

Histoire de l'Autriche, depuis la mort de Marie-Thérèse jusqu'à nos jours, par *L. Asseline*. 1 volume in-18. . . . . 3 50
Histoire des Hongrois et de leur littérature politique de 1790 à 1815, par *Ed. Sayous*. 1 vol. in-18. . . . . 3 50

ESPAGNE

L'Espagne contemporaine, journal d'un voyageur, par *Louis Teste*. 1 vol in-18. . . . . 3 50
Histoire de l'Espagne, depuis la mort de Charles III jusqu'à nos jours, par *H. Reynald*. 1 vol. in-18. . . . . 3 50

RUSSIE

La Russie contemporaine, par *Herbert Barry*, traduit de l'anglais. 1 vol. in-18. . . . . 3 50
Histoire contemporaine de la Russie, par M. *F. Brunetière*. 1 volume in-18. . . . . (*Sous presse.*) 3 50

SUISSE

La Suisse contemporaine, par *H. Dixon*. 1 vol. in-18, traduit de l'anglais. 3 50
Histoire du peuple suisse, par *Daendliker*, traduit de l'allemand par madame *Jules Favre*, et précédé d'une Introduction de M. *Jules Favre*. 1 vol. in-8 . . . . 5 fr.

ITALIE

Histoire de l'Italie, depuis 1815 jusqu'à nos jours, par *Elie Sorin*. 1 vol. in-8 . . . . (*Sous presse.*) 3 50

AMÉRIQUE

Histoire de l'Amérique du Sud, depuis sa conquête jusqu'à nos jours, par *Alf. Deberle*. 1 vol. in-18. . . . . 3 50
Histoire de l'Amérique du Nord (États-Unis, Canada, Mexique), par *Ad. Cohn*. 1 vol. in-18. . . . . (*Sous presse.*)
Les États-Unis pendant la guerre, 1861-1864. Souvenirs personnels, par *Aug. Laugel*. 1 vol. in-18. . . . . 3 50

Eug. Despois. Le Vandalisme révolutionnaire. Fondations littéraires, scientifiques et artistiques de la Convention. 1 vol. in-18. . . . . 3 50
Victor Meunier. Science et Démocratie. 2 vol. in-18, chacun séparément 3 50
Jules Barni. Histoire des idées morales et politiques en France au XVIII° siècle. 2 vol. in-18, chaque volume 3 50
— Napoléon Ier et son historien M. Thiers. 1 vol. in-18. . . . 3 50
— Les Moralistes français au XVIII° siècle. 1 vol. in-18. . . . 3 50
Émile Montégut. Les Pays-Bas. Impressions de voyage et d'art. 1 vol. in-18. . . . . 3 50
Émile Beaussire. La guerre étrangère et la guerre civile. 1 vol. in-18. . . . . 3 50
J. Clamageran. La France républicaine. 1 volume in-18. . . 3 50
E. Duvergier de Hauranne. La République conservatrice. 1 vol. in-18. . . . . 3 50

ÉDITIONS ÉTRANGÈRES

Éditions anglaises.

Auguste Laugel. The United States during the war. In-8. 7 shill. 6 p.
Albert Réville. History of the doctrine of the deity of Jesus-Christ. 3 sh. 6 p.
H. Taine. Italy (Naples et Rome). 7 sh. 6 p.
H. Taine. The Philosophy of art. 3 sh.

Paul Janet. The Materialism of present day. 1 vol. in-18, rel. . . 3 shill.

Éditions allemandes.

Jules Barni. Napoléon I. In-18. 3 m.
Paul Janet. Der Materialismus unsere Zeit. 1 vol. in-18. . . . 3 m.
H. Taine. Philosophie der Kunst. 1 vol in-18. . . . . 3 m.

BIBLIOTHÈQUE SCIENTIFIQUE
INTERNATIONALE

La *Bibliothèque scientifique internationale* n'est pas une entreprise de librairie ordinaire. C'est une œuvre dirigée par les auteurs mêmes, en vue des intérêts de la science, pour la populariser sous toutes ses formes, et faire connaître immédiatement dans le monde entier les idées originales, les directions nouvelles, les découvertes importantes qui se font chaque jour dans tous les pays. Chaque savant expose les idées qu'il a introduites dans la science et condense pour ainsi dire ses doctrines les plus originales.

On peut ainsi, sans quitter la France, assister et participer au mouvement des esprits en Angleterre, en Allemagne, en Amérique, en Italie, tout aussi bien que les savants mêmes de chacun de ces pays.

La *Bibliothèque scientifique internationale* ne comprend pas seulement des ouvrages consacrés aux sciences physiques et naturelles, elle aborde aussi les sciences morales, comme la philosophie, l'histoire, la politique et l'économie sociale, la haute législation, etc.; mais les livres traitant des sujets de ce genre se rattacheront encore aux sciences naturelles, en leur empruntant les méthodes d'observation et d'expérience qui les ont rendues si fécondes depuis deux siècles.

Cette collection paraît à la fois en français, en anglais, en allemand, en russe et en italien : à Paris, chez Germer Baillière et Cie ; à Londres, chez C. Kegan, Paul et Cie; à New-York, chez Appleton; à Leipzig, chez Brockhaus; à Saint-Pétersbourg, chez Koropchevski et Goldsmith, et à Milan, chez Dumolard frères.

EN VENTE :

VOLUMES IN-8, CARTONNÉS A L'ANGLAISE, A 6 FRANCS

Les mêmes, en demi-reliure, veau. — 10 francs.

1. J. TYNDALL. **Les glaciers et les transformations de l'eau**, avec figures. 1 vol. in-8. 2e édition. 6 fr.
2. MAREY. **La machine animale**, locomotion terrestre et aérienne, avec de nombreuses fig. 1 vol. in-8. 2e édition. 6 fr.
3. BAGEHOT. **Lois scientifiques du développement des nations** dans leurs rapports avec les principes de la sélection naturelle et de l'hérédité. 1 vol. in-8. 3e édition. 6 fr.
4. BAIN. **L'esprit et le corps**. 1 vol. in-8. 3e édition. 6 fr.
5. PETTIGREW. **La locomotion chez les animaux**, marche, natation. 1 vol. in-8, avec figures. 6 fr.
6. HERBERT SPENCER. **La science sociale**. 1 v. in-8. 4e éd. 6 fr.
7. O. SCHMIDT. **La descendance de l'homme et le darwinisme**. 1 vol. in-8, avec fig. 3e édition, 1878. 6 fr.

8. MAUDSLEY. **Le crime et la folie.** 1 vol. in-8. 3ᵉ édit. 6 fr.
9. VAN BENEDEN. **Les commensaux et les parasites dans le règne animal.** 1 vol. in-8, avec figures. 2ᵉ édit. 6 fr.
10. BALFOUR STEWART. **La conservation de l'énergie,** suivie d'une étude sur la nature de la force, par *M. P. de Saint-Robert*, avec figures. 1 vol. in-8. 3ᵉ édition. 6 fr.
11. DRAPER. **Les conflits de la science et de la religion.** 1 vol. in-8. 6ᵉ édition, 1878. 6 fr.
12. SCHUTZENBERGER. **Les fermentations.** 1 vol. in-8, avec fig. 3ᵉ édition, 1878. 6 fr.
13. L. DUMONT. **Théorie scientifique de la sensibilité.** 1 vol. in-8. 2ᵉ édition. 6 fr.
14. WHITNEY. **La vie du langage.** 1 vol. in-8. 2ᵉ édit. 6 fr.
15. COOKE ET BERKELEY. **Les champignons.** 1 vol. in-8, avec figures. 3ᵉ édition. 6 fr.
16. BERNSTEIN. **Les sens.** 1 vol. in-8, avec 91 fig. 2ᵉ édit. 6 fr.
17. BERTHELOT. **La synthèse chimique.** 1 vol. in-8. 3ᵉ édition. 1879. 6 fr.
18. VOGEL. **La photographie et la chimie de la lumière,** avec 95 figures. 1 vol. in-8. 2ᵉ édition. 6 fr.
19. LUYS. **Le cerveau et ses fonctions,** avec figures. 1 vol. in-8. 4ᵉ édition. 6 fr.
20. STANLEY JEVONS. **La monnaie et le mécanisme de l'échange.** 1 vol. in-8. 2ᵉ édition. 6 fr.
21. FUCHS. **Les volcans.** 1 vol. in-8, avec figures dans le texte et une carte en couleur. 2ᵉ édition. 6 fr.
22. GÉNÉRAL BRIALMONT. **Les camps retranchés et leur rôle dans la défense des États,** avec fig. dans le texte et 2 planches hors texte. 6 fr.
23. DE QUATREFAGES. **L'espèce humaine.** 1 vol. in-8. 4ᵉ édition, 1878. 6 fr.
24. BLASERNA ET HELMOLTZ. **Le son et la musique,** et *les Causes physiologiques de l'harmonie musicale.* 1 vol. in-8, avec figures, 2ᵉ édit. 1879. 6 fr.
25. ROSENTHAL. **Les nerfs et les muscles.** 1 vol. in-8, avec 75 figures. 2ᵉ édition, 1878. 6 fr.
26. BRUCKE ET HELMHOLTZ. **Principes scientifiques des beaux-arts,** suivis de **l'Optique et la peinture,** avec 39 figures dans le texte. 1878. 6 fr.
27. WURTZ. **La théorie atomique.** 1 vol. in-8. 2ᵉ éd., 1879. 6 fr.
28-29. SECCHI (le Père). **Les étoiles.** 2 vol. in-8, avec 63 figures dans le texte et 17 pl. en noir et en couleurs tirées hors texte. 1879. 12 fr.
30. JOLY. **L'homme avant les métaux** 1 vol. in-8, avec fig. 1879. 6 fr.
31. A. BAIN. **La science de l'éducation** 1 vol. in-8. 6 fr.
32-33. THURSTON. **Histoire des machines à vapeur.** 2 vol. in-8 avec de nombreuses figures dans le texte, et 16 planches hors texte. 12 fr.
34. HERBERT SPENCER. **Les données à la morale.** 1 vol. in-8. 6 fr.

OUVRAGES SUR LE POINT DE PARAITRE :

HARTMANN. **Les peuples de l'Afrique,** (avec figures),
E. CHANTRE. **L'âge de bronze** (avec figures).
HUXLEY. **L'écrevisse** (avec figures).

RÉCENTES PUBLICATIONS

HISTORIQUES ET PHILOSOPHIQUES
Qui ne se trouvent pas dans les Bibliothèques.

ALAUX. **La religion progressive.** 1869. 1 vol. in-18. 3 fr. 50
ARRÉAT. **Une éducation intellectuelle.** 1 vol. in-18. 2 fr. 50
AUDIFFRET-PASQUIER. **Discours devant les commissions de la réorganisation de l'armée et des marchés.** In-4. 2 fr. 50
BARNI. Voy. KANT, pages 3, 10, 11 et 22.
BARTHÉLEMY SAINT-HILAIRE. Voyez PHILOSOPHIE ANCIENNE, pages 2 et 7.
BAUTAIN. **La philosophie morale.** 2 vol. in-8. 12 fr.
BÉNARD (Ch.). **De la Philosophie dans l'éducation classique,** 1862. 1 fort vol. in-8. 6 fr.
BÉNARD (Ch.). Voyez SCHELLING, page 3 et HEGEL, pages 3 et 4.
BERTAULD (P.-A). **Introduction à la recherche des causes premières. — De la méthode.** Tome Ier. 1 vol. in-18. 3 fr. 50
BLANCHARD. **Les métamorphoses, les mœurs et les instincts des insectes,** par M. Émile BLANCHARD, de l'Institut, professeur au Muséum d'histoire naturelle. 1 magnifique volume in-8 jésus, avec 160 figures intercalées dans le texte et 40 grandes planches hors texte. 2e édition, 1877. Prix, broché. 25 fr.
    Relié en demi-maroquin. 30 fr.
BLANQUI. **L'éternité par les astres,** hypothèse astronomique. 1872, in-8. 2 fr.
BORÉLY (J.). **Nouveau système électoral, représentation proportionnelle de la majorité et des minorités.** 1870, 1 vol. in-18 de XVIII-194 pages. 2 fr. 50
BOUCHARDAT. **Le travail,** son influence sur la santé (conférences faites aux ouvriers). 1863. 1 vol. in-18. 2 fr. 50
BOURBON DEL MONTE (François). **L'homme et les animaux,** essai de psychologie positive. 1 vol. in-8, avec 3 pl. hors texte. 5 fr.
BOURDET (Eug.). **Principe d'éducation positive,** nouvelle édition, entièrement refondue, précédée d'une préface de M. CH. ROBIN. 1 vol. in-18 (1877). 3 fr. 50
BOURDET (Eug.). **Vocabulaire des principaux termes de la philosophie positive,** avec notices biographiques appartenant au calendrier positiviste. 1 vol. in-18 (1875). 3 fr. 50
BOUTROUX. **De la contingence des lois de la nature.** In-8, 1874. 4 fr.
BROCHARD (V.). **De l'Erreur.** 1 vol. in-8, 1879. 3 fr. 50
CADET. **Hygiène, inhumation, crémation** ou incinération des corps. 1 vol. in-18, avec figures dans le texte. 2 fr.
CARETTE (le colonel). **Études sur les temps antéhistoriques.** Première étude : *Le Langage.* 1 vol. in-8, 1878. 8 fr.
CHASLES (PHILARÈTE). **Questions du temps et problèmes d'autrefois.** Pensées sur l'histoire, la vie sociale, la littérature. 1 vol. in-18, édition de luxe. 3 fr.
CLAVEL. **La morale positive.** 1873, 1 vol. in-18. 3 fr.
CLAVEL. **Les principes au XIXe siècle.** 1 v. in-18, 1877. 1 fr.

CONTA. **Théorie du fatalisme.** 1 vol. in-18, 1877. 4 fr.
COQUEREL (Charles). **Lettres d'un marin à sa famille.** 1870, 1 vol. in-18. 3 fr. 50
COQUEREL fils (Athanase). **Libres études** (religion, critique, histoire, beaux-arts). 1867, 1 vol. in-8. 5 fr.
COQUEREL fils (Athanase). **Pourquoi la France n'est-elle pas protestante?** Discours prononcé à Neuilly le 1ᵉʳ novembre 1866. 2ᵉ édition, in-8. 1 fr.
COQUEREL fils (Athanase). **La charité sans peur**, sermon en faveur des victimes des inondations, prêché à Paris le 18 novembre 1866. In-8. 75 c.
COQUEREL fils (Athanase). **Évangile et liberté**, discours d'ouverture des prédications protestantes libérales, prononcé le 8 avril 1868. In-8. 50 c.
COQUEREL fils (Athanase). **De l'éducation des filles**, réponse a Mgr l'évêque d'Orléans, discours prononcé le 3 mai 1868. In-8.
1 fr.
CORBON. **Le secret du peuple de Paris.** 1 vol. in-8. 5 fr.
CORMENIN (DE)- TIMON. **Pamphlets anciens et nouveaux.** Gouvernement de Louis-Philippe, République, Second Empire. 1 beau vol. in-8 cavalier. 7 fr. 50
Conférences de la Porte-Saint-Martin pendant le siége de Paris. Discours de MM. *Desmarets* et *de Pressensé*. — Discours de M. *Coquerel*, sur les moyens de faire durer la République. — Discours de M. *Le Berquier*, sur la Commune. — Discours de M. *E. Bersier*, sur la Commune. — Discours de M. *H. Cernuschi*, sur la Légion d'honneur. In-8. 1 fr. 25
Sir G. CORNEWALL LEWIS. **Quelle est la meilleure forme de gouvernement?** Ouvrage traduit de l'anglais, précédé d'une Étude sur la vie et les travaux de l'auteur, par M. Mervoyer, docteur ès lettres. 1867, 1 vol. in-8. 3 fr. 50
CORTAMBERT (Louis). **La religion du progrès.** 1874, 1 vol. in-18. 3 fr. 50
DAURIAC (Lionel). **Des notions de force et de matière dans les sciences de la nature.** 1 vol. in-8, 1878, 5 fr.
DAVY. **Les conventionnels de l'Eure.** Buzot, Duroy, Lindet, à travers l'histoire. 2 forts vol. in-8 (1876). 18 fr.
DELAVILLE. **Cours pratique d'arboriculture fruitière** pour la région du nord de la France, avec 269 fig. In-8. 6 fr.
DELBOEUF. **La psychologie comme science naturelle.** 1 vol. in-8, 1876. 2 fr. 50
DELEUZE. **Instruction pratique sur le magnétisme animal**, précédée d'une Notice sur la vie de l'auteur. 1853. 1 vol. in-12. 3 fr. 50
DESJARDINS. **Les jésuites et l'université devant le parlement de Paris** au XVIᵉ siècle, 1 br. in-8 (1877). 1 fr. 25
DESTREM (J.). **Les déportations du Consulat.** 1 br. in-8. 1 fr. 50
DOLLFUS (Ch.). **De la nature humaine.** 1868, 1 v. in-8. 5 fr.
DOLLFUS (Ch.). **Lettres philosophiques.** 3ᵉ édition. 1869, 1 vol. in-18. 3 fr. 50
DOLLFUS (Ch.). **Considérations sur l'histoire.** Le monde antique. 1872, 1 vol. in-8. 7 fr. 50
DOLLFUS (Ch.). **L'âme dans les phénomènes de conscience.** 1 vol. in-18 (1876). 3 fr.

DUBOST (Antonin). **Des conditions de gouvernement en France**. 1 vol. in-8 (1875). 7 fr. 50
DUFAY. **Études sur la Destinée**. 1 vol. in-18, 1876. 3 fr.
DUMONT (Léon). **Le sentiment du gracieux**. 1 vol. in-8. 3 fr.
DUMONT (Léon). **Des causes du rire**. 1 vol. in-8. 2 fr.
DUMONT (Léon). Voyez pages 4, 7 et 12.
DU POTET. **Manuel de l'étudiant magnétiseur**. Nouvelle édition. 1868, 1 vol. in-18. 3 fr. 50
DU POTET. **Traité complet de magnétisme**, cours en douze leçons. 1879, 4ᵉ édition, 1 vol. in-8 de 634 pages. 8 fr.
DUPUY (Paul). **Études politiques**, 1874. 1 v. in-8. 3 fr. 50
DUVAL-JOUVE. **Traité de Logique**, 1855. 1 vol. in-8. 6 fr.
Éléments de science sociale. Religion physique, sexuelle et naturelle. 1 vol. in-18. 3ᵉ édit., 1877. 3 fr. 50
ÉLIPHAS LÉVI. **Dogme et rituel de la haute magie**. 1861, 2ᵉ édit., 2 vol. in-8, avec 24 fig. 18 fr.
ÉLIPHAS LÉVI. **Histoire de la magie**, 1860, 1 vol. in-8, avec 90 fig. 12 fr.
ÉLIPHAS LÉVI. **La science des esprits**, révélation du dogme secret des Kabbalistes, esprit occulte de l'Évangile, appréciation des doctrines et des phénomènes spirites. 1865, 1 v. in-8. 7 fr.
ÉLIPHAS LÉVI. **Clef des grands mystères**, suivant Hénoch, Abraham, Hermès Trismégiste et Salomon. 1861, 1 vol. in-8, avec 20 planches. 12 fr.
EVANS (John). **Les âges de la pierre**, 1 beau volume grand in-8, avec 467 fig. dans le texte, trad. par M. Ed. BARBIER. 1878. 15 fr. — En demi-reliure. 18 fr.
FABRE (Joseph). **Histoire de la philosophie**. Première partie: Antiquité et moyen âge. 1 v. in-12, 1877. 3 fr. 50
Deuxième partie : Renaissance et temps modernes. (*Sous presse.*)
FAU. **Anatomie des formes du corps humain**, à l'usage des peintres et des sculpteurs. 1866, 1 vol. in-8 et atlas de 25 planches. 2ᵉ édition. Prix, fig. noires. 20 fr.; fig. coloriées. 35 fr.
FAUCONNIER. **La question sociale**, in-18, 1878. 3 fr. 50
FAUCONNIER. **Protection et libre échange**, brochure in-8 (1879). 2 fr.
FOX (W.-J.). **Des idées religieuses**. In-12 1876. 3 fr.
FERBUS (N.). **La science positive du bonheur**. 1 v. in-18. 3 fr.
FERRIER (David). **Les fonctions du cerveau**. 1 vol. in-8, traduit de l'anglais. 1878, avec fig. 10 fr.
FERRON (de). **Théorie du progrès**, 2 vol. in-18. 7 fr.
FERRIÈRE (ÉM.). **Le darwinisme**. 1872, 1 v. in-18. 4 fr. 50
FONCIN. **Essai sur le ministère de Turgot**. 1 vol. grand in-8 (1876). 8 fr.
FOUCHER DU CAREIL. Voyez LEIBNIZ, p. 2.
FOUILLÉE. Voyez p. 2 et 9.
FOX (W.-J.). **Des idées religieuses**. In-8, 1876. 3 fr.
FRÉDÉRIQ. **Hygiène populaire**. 1 vol. in-12, 1875. 4 fr.
GASTINEAU. **Voltaire en exil**. 1 vol. in-18. 3 fr.
GÉRARD (Jules). **Maine de Biran, essai sur sa philosophie**. 1 fort vol. in-8, 1876. Ouvrage couronné par l'Académie des sciences morales et politiques. 10 fr.
GOUET (AMÉDÉE). **Histoire nationale de France**, d'après des documents nouveaux.

Tome I. Gaulois et Francks. — Tome II. Temps féodaux. — Tome III. Tiers état. — Tome IV. Guerre des princes. — Tome V. Renaissance. — Tome VI. Réforme. — Tome VII. Guerres de religion. (*Sous presse.*) Prix de chaque vol. in-8. 5 fr.

GUICHARD (Victor). **La liberté de penser**, fin du pouvoir spirituel. 1 vol. in-18, 2ᵉ édition, 1878. 3 fr. 50

GUILLAUME (de Moissey). **Nouveau traité des sensations.** 2 vol. in-8 (1876). 15 fr.

HERZEN. **Œuvres complètes.** Tome Iᵉʳ. *Récits et nouvelles.* 1874, 1 vol. in-18. 3 fr. 50

HERZEN. **De l'autre Rive.** 4ᵉ édition, traduit du russe par M. Herzen fils. 1 vol. in-18. 3 fr. 50

HERZEN. **Lettres de France et d'Italie.** 1871, in-18. 3 fr. 50

ISSAURAT. **Moments perdus de Pierre-Jean**, observations, pensées, 1868, 1 vol. in-18. 3 fr.

ISSAURAT. **Les alarmes d'un père de famille**, suscitées, expliquées, justifiées et confirmées par lesdits faits et gestes de Mgr Dupanloup et autres. 1868, in-8. 1 fr.

JANET (Paul). Voyez pages 2, 4, 6, 9 et 11.

JOZON (Paul). **Des principes de l'écriture phonétique** et des moyens d'arriver à une orthographe rationnelle et à une écriture universelle. 1 vol. in-18. 1877. 3 fr. 50

LABORDE. **Les hommes et les actes de l'insurrection de Paris** devant la psychologie morbide. 1 vol. in-18. 2 fr. 50

LACHELIER. **Le fondement de l'induction.** 1 vol. in-8. 3 fr. 50

LACOMBE. **Mes droits.** 1869, 1 vol. in-12. 2 fr. 50

LAMBERT. **Hygiène de l'Égypte.** 1873, 1 vol. in-18. 2 fr. 50

LANGLOIS. **L'homme et la Révolution.** Huit études dédiées à P.-J. Proudhon. 1867. 2 vol. in-18. 7 fr.

LAUSSEDAT. **La Suisse.** Études médicales et sociales. 2ᵉ édit., 1875. 1 vol. in-18. 3 fr. 50

LAVELEYE (Em. de). **De l'avenir des peuples catholiques.** 1 brochure in-8. 21ᵉ édit. 1876. 25 c.

LAVELEYE (Em. de). Voy. pages 7 et 9.

LAVERGNE (Bernard). **L'ultramontanisme et l'État.** 1 vol. in-8 (1875). 1 fr. 50

LE BERQUIER. **Le barreau moderne.** 1871, in-18. 3 fr. 50

LEDRU (Alphonse). **Organisation, attributions et responsabilité des conseils de surveillance des sociétés en commandite par actions.** Grand in-8 (1876). 3 fr. 50

LEDRU (Alphonse). **Des publicains et des Sociétés vectigaliennes.** 1 vol. grand in-8 (1876). 3 fr.

LEDRU-ROLLIN. **Discours politiques et écrits divers.** 2 vol. in-8 cavalier (1879). 12 fr.

LEMER (Julien). **Dossier des jésuites et des libertés de l'Église gallicane.** 1 vol. in-18 (1877). 3 fr. 50

LITTRÉ. **Conservation, révolution et positivisme.** 1 vol. in-12, 2ᵉ édition (1879). 5 fr.

LITTRÉ. **Fragments de philosophie.** 1 vol. in-8. 1876. 8 fr.

LITTRÉ. **Application de la philosophie positive au gouvernement des Sociétés.** In-8. 3 fr. 50

LITTRÉ. **Conservation, révolution et positivisme.** 1 vol. in-12. 2ᵉ édition. 1879. 5 fr.

LORAIN (P.). **L'assistance publique.** 1871, in-4 de 56 p. 1 fr.

LUBBOCK (sir John). **L'homme préhistorique**, étudié d'après les monuments et les costumes retrouvés dans les différents pays de l'Europe, suivi d'une Description comparée des mœurs des sauvages modernes, traduit de l'anglais par M. Ed. BARBIER, 526 figures intercalées dans le texte. 1876, 2ᵉ édition, considérablement augmentée, suivie d'une conférence de M. P. BROCA sur *les Troglodytes de la Vezère*. 1 beau vol. in-8, br. 15 fr.
Cart. riche, doré sur tranche. 18 fr.
LUBBOCK (sir John). **Les origines de la civilisation**. État primitif de l'homme et mœurs des sauvages modernes. 1877, 1 vol. grand in-8 avec figures et planches hors texte. Traduit de l'anglais par M. Ed. BARBIER. 2ᵉ édition. 1877. 15 fr.
Relié en demi-maroquin avec nerfs. 18 fr.
MAGY. **De la science et de la nature**, essai de philosophie première. 1 vol. in-8. 6 fr.
MARAIS (Aug.). **Garibaldi et l'armée des Vosges**. 1872, 1 vol. in-18. 1 fr. 50
MENIÈRE. **Cicéron médecin**, étude médico-littéraire. 1862, 1 vol. in-18. 4 fr. 50
MENIÈRE. **Les consultations de madame de Sévigné**, étude médico-littéraire. 1864, 1 vol. in-8. 3 fr.
MESMER. **Mémoires et aphorismes**, suivi des procédés de d'Eslon. Nouvelle édition, avec des notes, par J.-J.-A. RICARD. 1846, in-18. 2 fr. 50
MICHAUT (N.). **De l'imagination**. Études psychologiques. 1 vol. in-8 (1876). 5 fr.
MILSAND. **Les études classiques** et l'enseignement public. 1873, 1 vol. in-18. 3 fr. 50
MILSAND. **Le code et la liberté**. 1865, in-8. 2 fr.
MIRON. **De la séparation du temporel et du spirituel**. 1866, in-8. 3 fr. 50
MORIN. **Du magnétisme et des sciences occultes**. 1860, 1 vol. in-8. 6 fr.
MORIN (Frédéric). **Politique et philosophie**, précédé d'une introduction de M. JULES SIMON. 1 vol. in-18. 1876. 3 fr. 50
MUNARET. **Le médecin des villes et des campagnes**. 4ᵉ édition, 1862, 1 vol. grand in-18. 4 fr. 50
NOLEN (D.). **La critique de Kant et la métaphysique de Leibniz**, histoire et théorie de leurs rapports. 1 volume in-8 (1875). 6 fr.
NOURRISSON. **Essai sur la philosophie de Bossuet**. 1 vol. in-8. 4 fr.
OGER. **Les Bonaparte** et les frontières de la France. In-18. 50 c.
OGER. **La République**. 1871, brochure in-8. 50 c.
OLLÉ-LAPRUNE. **La philosophie de Malebranche**. 2 vol. in-8. 16 fr.
PARIS (comte de). **Les associations ouvrières en Angleterre** (trades-unions). 1869, 1 vol. gr. in-8. 2 fr. 50
Édition sur pap. de Chine : Broché, 12 fr. ; rel. de luxe. 20 fr.
PELLETAN (Eugène). **La naissance d'une ville** (Royan). 1 vol. in-18. 2 fr.
PELLETAN (Eugène). Voyez pages 22 et 24.
PENJON. **Berkeley**, sa vie et ses œuvres. In-8, 1878. 7 fr. 50
PEREZ (Bernard). **Les trois premières années de l'enfant**, étude de psychologie expérimentale. 1878, 1 vol. 3 fr. 50

PETROZ (P.). **L'art et la critique en France** depuis 1822
1 vol. in-18. 1875. 3 fr. 50
POEY (André). **Le positivisme.** 1 fort vol. in-12 (1876). 4 fr. 50
POULLET. **La campagne de l'Est** (1870-1871). 1 vol. in-8
avec 2 cartes, et pièces justificatives, 1879. 7 fr.
PUISSANT (Adolphe). **Erreurs et préjugés populaires.** 1873,
1 vol. in-18. 3 fr. 50
Recrutement des armées de terre et de mer, loi de 1872.
1 vol. in-4. 12 fr.
Réorganisation des armées active et territoriale, lois de
1873-1875. 1 vol. in-4. 18 fr.
REYMOND (William). **Histoire de l'art.** 1874, 1 vol. in-8. 5 fr.
RIBOT (Paul). **Matérialisme et spiritualisme.** 1873, in-8. 6 fr.
SALETTA. **Principes de logique positive.** In-8.. 3 fr. 50
SECRÉTAN. **Philosophie de la liberté**, l'histoire, l'idée.
3ᵉ édition, 1879, 2 vol. in-8. 10 fr.
SIEGFRIED (Jules). **La misère, son histoire, ses causes, ses
remèdes.** 1 vol. grand in-18. 3ᵉ édition (1879). 2 fr. 50
SIÉREBOIS. **Autopsie de l'âme.** Identité du matérialisme et du
vrai spiritualisme. 2ᵉ édit. 1873, 1 vol. in-18. 2 fr. 50
SIÉREBOIS. **La morale** fouillée dans ses fondements. Essai d'an-
thropodicée. 1867, 1 vol. in-8. 6 fr.
SIÉREBOIS. **Psychologie réaliste.** Étude sur les éléments réels
de l'âme et de la pensée. 1 vol. in-18 (1876). 2 fr. 50
SMEE (A.). **Mon jardin**, géologie, botanique, histoire naturelle.
1876, 1 magnifique vol. gr in-8, orné de 1300 fig. et 52 pl. hors
texte. Broché, 15 fr. Cartonn. riche, tranches dorées.. 20 fr.
SOREL (ALBERT). **Le traité de Paris du 20 novembre 1815.**
1873, 1 vol. in-8. 4 fr. 50
THULIÉ. **La folie et la loi.** 1867, 2ᵉ édit., 1 vol. in-8. 3 fr. 50
THULIÉ. **La manie raisonnante du docteur Campagne,**
1870, broch. in-8 de 132 pages. 2 fr.
TIBERGHIEN. **Les commandements de l'humanité.** 1872.
1 vol. in-18. 3 fr.
TIBERGHIEN. **Enseignement et philosophie.** In-18. 4 fr.
TIBERGHIEN. **La science de l'âme.** 1 v. in-12, 3ᵉ édit. 1879. 6 fr.
TIBERGHIEN. **Éléments de morale univ.** 1 v. in-12, 1879. 2 fr.
TISSANDIER. **Études de Théodicée.** 1869, in-8 de 270 p. 4 fr.
TISSOT. **Principes de morale.** In-8. 6 fr.
TISSOT. Voyez KANT, page 3.
VACHEROT. Voyez p. 2 et 7.
VAN DER REST. **Platon et Aristote.** In-8, 1876. 10 fr.
VÉRA. **Strauss et l'ancienne et la nouvelle foi.** In-8. 6 fr.
VÉRA. **Cavour et l'Église libre dans l'État libre.** 1874,
in-8. 3 fr. 50
VÉRA. **L'Hegélianisme et la philosophie.** In-18. 3 fr. 50
VÉRA. **Mélanges philosophiques.** 1 vol. in-8, 1862. 5 fr.
VÉRA. **Platonis, Aristotelis et Hegelii de medio termino
doctrina.** 1 vol. in-8. 1845. 1 fr. 50
VÉRA. **Introduction à la philosophie de Hegel.** 1 vol. in-8,
2ᵉ édition. 6 fr. 50
VILLIAUMÉ. **La politique moderne**, 1873, in-8. 6 fr.
VOITURON (P.). **Le libéralisme et les idées religieuses.**
1 vol. in-12. 4 fr.
WEBER. **Histoire de la philosop. europ.** In-8, 2ᵉ édit. 10 fr.
YUNG (EUGÈNE). **Henri IV, écrivain.** 1 vol. in-8. 1855. 5 fr.
ZIMMERMANN. **De la solitude.** In-8. 3 fr. 5

ENQUÊTE PARLEMENTAIRE SUR LES ACTES DU GOUVERNEMENT
DE LA DÉFENSE NATIONALE

DÉPOSITIONS DES TÉMOINS :

TOME PREMIER. Dépositions de MM. Thiers, maréchal Mac-Mahon, maréchal Le Bœuf, Benedetti, duc de Gramont, de Talhouët, amiral Rigault de Genouilly, baron Jérôme David, général de Palikao, Jules Brame, Dréolle, etc.

TOME II. Dépositions de MM. de Chandordy, Laurier, Cresson, Dréo, Ranc, Rampont, Steenackers, Fernique, Robert, Schneider, Buffet, Lebreton et Hébert, Bellangé, colonel Alavoine, Gervais, Bécherelle, Robin, Muller, Boutefoy, Meyer, Clément et Simonneau, Fontaine, Jacob, Lemaire, Petetin, Guyot-Montpayroux, général Soumain, de Legge, colonel Vabre, de Crisenoy, colonel Ibos, etc.

TOME III. Dépositions militaires de MM. de Freycinet, de Serres, le général Lefort, le général Ducrot, le général Vinoy, le lieutenant de vaisseau Farcy, le commandant Amet, l'amiral Pothuau, Jean Brunet, le général de Beaufort-d'Hautpoul, le général de Valdan, le général d'Aurelle de Paladines, le général Chanzy, le général Martin des Pallières, le général de Sonis, etc.

TOME IV. Dépositions de MM. le général Bordone, Mathieu, de Laborie, Luce-Villiard, Castillon, Debusschère, Darcy, Chenet, de La Taille, Baillehache, de Grancey, L'Hermite, Pradier, Middleton, Frédéric Morin, Thoyot, le maréchal Bazaine, le général Boyer, le maréchal Canrobert, etc. Annexe à la déposition de M. Testelin note de M. le colonel Denfert, note de la Commission, etc.

TOME V. Dépositions complémentaires et réclamations. — Rapports de la préfecture de police en 1870-1871. — Circulaires, proclamations et bulletins du Gouvernement de la Défense nationale. — Suspension du tribunal de la Rochelle ; rapport de M. de La Borderie ; dépositions.

ANNEXE AU TOME V. Deuxième déposition de M. Cresson. Événements de Nîmes, affaire d'Aïn Yagout. — Réclamations de MM. le général Bellot et Engelhart. — Note de la Commission d'enquête (1 fr.).

RAPPORTS :

TOME PREMIER. M. *Chaper*, les procès-verbaux des séances du Gouvernement de la Défense nationale. — M. *de Sugny*, les événements de Lyon sous le Gouv. de la Défense nat. — M. *de Rességuier*, les actes du Gouv. de la Défense nat. dans le sud-ouest de la France.

TOME II. M. *Saint-Marc Girardin*, la chute du second Empire. — M. *de Sugny*, les événements de Marseille sous le Gouv. de la Défense nat.

TOME III. M. *le comte Daru*, la politique du Gouvernement de la Défense nationale à Paris.

TOME IV. M. *Chaper*, de la Défense nat. au point de vue militaire à Paris.

TOME V. *Boreau-Lajanadie*, l'emprunt Morgan. — M. *de la Borderie*, le camp de Conlie et l'armée de Bretagne. — M. *de la Sicotière*, l'affaire de Dreux.

TOME VI. M. *de Rainneville*, les actes diplomatiques du Gouv. de la Défense nat. — M. *A. Lallié*, les postes et les télégraphes pendant la guerre. — M. *Delsol*, la ligne du Sud-Ouest. — M. *Perrot*, la défense en province. (1re partie.)

TOME VII. M. *Perrot*, les actes militaires du Gouv. la Défense nat. en province. (2° *partie* : Expédition de l'Est).

TOME VIII. M. *de la Sicotière*, sur l'Algérie.

TOME IX. Algérie, dépositions des témoins. Table générale et analytique des dépositions des témoins avec renvoi aux rapports (10 fr.).

TOME X. M. *Boreau-Lajanadie*, le Gouvernement de la Défense nationale à Tours et à Bordeaux. (5 fr.).

PIÈCES JUSTIFICATIVES :

TOME PREMIER. Dépêches télégraphiques officielles, première partie.

TOME DEUXIÈME. Dépêches télégraphiques officielles, deuxième partie. — Pièces justificatives du rapport de M. Saint-Marc Girardin.

PRIX DE CHAQUE VOLUME. . . . . **15 fr.**
PRIX DE L'ENQUÊTE COMPLÈTE EN 18 VOLUMES. . . **241 fr.**

Rapports sur les actes du Gouvernement de la Défense nationale, se vendant séparément :

DE RESSÉGUIER. — Toulouse sous le Gouv. de la Défense nat. In-4. 2 r. 50
SAINT-MARC GIRARDIN. — La chute du second Empire. In-4. 4 fr. 50
Pièces justificatives du rapport de M. Saint-Marc Girardin. 1 vol. in-4. 5 fr.
DE SUGNY. — Marseille sous le Gouv. de la Défense nat. In-4. 10 r.
DE SUGNY. — Lyon sous le Gouv. de la Défense nat. In-4. 7 r.
DARU. — La politique du Gouv. de la Défense nat. à Paris. In-4. 15 fr
CHAPER. — Le Gouv. de la Défense à Paris au point de vue militaire. In-4. 15 fr.
CHAPER. — Procès-verbaux des séances du Gouv. de la Défense nat. In-4. 5 fr.
BOREAU-LAJANADIE. — L'emprunt Morgan. In-4. 4 fr. 50
DE LA BORDERIE. — Le camp de Conlie et l'armée de Bretagne. In-4. 10 fr.
DE LA SICOTIÈRE. — L'affaire de Dreux. In-4. 2 fr. 50
DE LA SICOTIÈRE. — L'Algérie sous le Gouvernement de la Défense nationale. 2 vol. in-4. 22 fr.
DE RAINNEVILLE. Actes diplomatiques du Gouv. de la Défense nat. 1 vol. in-4. 3 fr. 50
LALLIÉ. Les postes et les télégraphes pendant la guerre. 1 vol. in-4. 1 fr. 50
DELSOL. La ligue du Sud-Ouest. 1 vol. in-4. 1 fr. 50
PERROT. Le Gouvernement de la Défense nationale en province. 2 vol. in-4. 25 fr.
BOREAU-LAJANADIE. Rapport sur les actes de la Délégation du Gouvernement de la Défense nationale à Tours et à Bordeaux. 1 vol. in 4. 5 fr.
Dépêches télégraphiques officielles. 2 vol. in-4. 25 fr.
Procès-verbaux de la Commune. 1 vol. in-4. 5 fr.
Table générale et analytique des dépositions des témoins. 1 vol. in-4. 3 fr. 50

LES ACTES DU GOUVERNEMENT

DE LA

DÉFENSE NATIONALE

(DU 4 SEPTEMBRE 1870 AU 8 FÉVRIER 1871)

ENQUÊTE PARLEMENTAIRE FAITE PAR L'ASSEMBLÉE NATIONALE
RAPPORTS DE LA COMMISSION ET DES SOUS-COMMISSIONS
TÉLÉGRAMMES
PIÈCES DIVERSES — DÉPOSITIONS DES TÉMOINS — PIÈCES JUSTIFICATIVES
TABLES ANALYTIQUE, GÉNÉRALE ET NOMINATIVE

7 forts volumes in-4. — Chaque volume séparément 16 fr.

L'ouvrage complet en 7 volumes : 112 fr.

Cette édition populaire réunit, en sept volumes avec une Table analytique par volume, tous les documents distribués à l'Assemblée nationale. — Une Table générale et nominative termine le 7ᵉ volume.

ENQUÊTE PARLEMENTAIRE

SUR

L'INSURRECTION DU 18 MARS

1° RAPPORTS. — 2° DÉPOSITIONS de MM. Thiers, maréchal Mac-Mahon, général Trochu, J. Favre, Ernest Picard, J. Ferry, général Le Flô, général Vinoy, colonel Lambert, colonel Gaillard, général Appert, Floquet, général Cremer, amiral Saisset, Schœlcher, amiral Pothuau, colonel Langlois, etc. — 3° PIÈCES JUSTIFICATIVES

1 vol. grand in-4°. — Prix : **16 fr.**

COLLECTION ELZÉVIRIENNE

MAZZINI. **Lettres de Joseph Mazzini** à Daniel Stern (1864-1872), avec une lettre autographiée. 3 fr. 50

MAX MULLER. **Amour allemand**, traduit de l'allemand. 1 vol. in-18. 3 fr. 50

CORLIEU (le D^r). **La mort des rois de France** depuis François Ier jusqu'à la Révolution française, études médicales et historiques. 1 vol. in-18. 3 fr. 50

CLAMAGERAN. **L'Algérie**, impressions de voyage. 1 vol. in-18. 3 fr. 50

STUART MILL (J.). **La République de 1848**, traduit de l'anglais, avec préface par M. Sadi Carnot, 1 vol. in-18 (1875). 3 fr. 50

RIBERT (Léonce). **Esprit de la Constitution** du 25 février 1875. 1 vol. in-18. 3 fr. 50

NOEL (E.). **Mémoires d'un imbécile**, précédé d'une préface de *M. Littré*. 1 vol. in-18, 3e édition (1879). 3 fr. 50

PELLETAN (Eug.). **Jarousseau, le Pasteur du désert**. 1 vol. in-18 (1877). Couronné par l'Académie française. 6e édit. 3 fr. 50

PELLETAN (Eug.). **Élisée, voyage d'un homme à la recherche de lui-même**, 1 vol. in-18 (1877). 3 fr. 50

PELLETAN (Eug.). **Un roi philosophe, Frédéric le Grand**. 1 vol. in-18 (1878). 3 fr. 50

E. DUVERGIER DE HAURANNE (Mme). **Histoire populaire de la Révolution française.** 1 v. in-18, 2e édit., 1879. 3 fr. 50

ŒUVRES
DE
EDGAR QUINET

Chaque volume se vend séparément.

Édition in-8 .... 6 fr. | Édition in-18..... 3 fr. 50

I. — Génie des Religions. — De l'origine des Dieux. (Nouvelle édition.)
I'. — Les Jésuites. — L'Ultramontanisme. — Introduction à la Philosophie de l'histoire de l'Humanité. (Nouvelle édition, avec préface inédite.)
II. — Le Christianisme et la Révolution française. Examen de la Vie de Jésus-Christ, par Strauss. — Philosophie de l'histoire de France. (Nouvelle édition.)
IV. — Les Révolutions d'Italie. (Nouvelle édition.)
V. — Marnix de Sainte-Aldegonde. — La Grèce moderne et ses rapports avec l'Antiquité.
VI. — Les Romains. — Allemagne e Italie. — Mélanges.
VII. — Ashavérus. — Les Tablettes du Juif errant.
VIII. — Prométhée. — Les Esclaves.
IX. — Mes Vacances en Espagne. — De l'Histoire de la Poésie. — Des Epopées françaises inédites du XIIe siècle.
X. — Histoire de mes idées.
XI. — L'Enseignement du peuple. — La Révolution religieuse au XIXe siècle. — La Croisade romaine. — Le Panthéon. — Plébiscite et Concile. — Aux Paysans.

Viennent de paraître :

Correspondance. Lettres à sa mère. 2 vol. in-18.... 7 »
Les mêmes. 2 vol. in-8...................... 12 »
La révolution. 3 vol. in-18.................... 10 50
La campagne de 1815. 1 vol. in-18.............. 3 50
Merlin, l'enchanteur, avec une préface nouvelle, notes et commentaires, 1 vol. in-18. 7 fr.
Ou 2 vol. in-8. 12 fr.

BIBLIOTHÈQUE UTILE

LISTE DES OUVRAGES PAR ORDRE D'APPARITION

Le vol. de 190 p., br. 60 cent. — Cart. à l'ang. 1 fr.

I. — **Morand**. Introd. à l'étude des Sciences physiques. 2ᵉ édit.
II. — **Cruveilher**. Hygiène générale. 6ᵉ édition.
III. — **Corbon**. De l'enseignement professionnel. 2ᵉ édition.
IV. — **L. Pichat**. L'Art et les Artistes en France. 3ᵉ édition.
V. — **Buchez**. Les Mérovingiens. 3ᵉ édition,
VI. — **Buchez**. Les Carlovingiens.
VII. — **F. Morin**. La France au moyen âge. 3ᵉ édition.
VIII. — **Bastide**. Luttes religieuses des premiers siècles. 4ᵉ éd.
IX. — **Bastide**. Les guerres de la Réforme. 4ᵉ édition.
X. — **E. Pelletan**. Décadence de la monarchie française. 4ᵉ éd.
XI. — **L. Brothier**. Histoire de la Terre. 4ᵉ édition.
XII. — **Sanson**. Principaux faits de la Chimie. 3ᵉ édition.
XIII. — **Turck**. Médecine populaire. 4ᵉ édition.
XIV. — **Morin**. Résumé populaire du Code civil. 2ᵉ édition.
XV. — **Zaborowski**. L'homme préhistorique. 2ᵉ édit.
XVI. — **A. Ott**. L'Inde et la Chine. 2ᵉ édit.
XVII. — **Catalan**. Notions d'Astronomie. 2ᵉ édition.
XVIII. — **Cristal**. Les Délassements du Travail.
XIX. — **Victor Meunier**. Philosophie zoologique.
XX. — **G. Jourdan**. La justice criminelle en France. 2ᵉ édition.
XXI. — **Ch. Rolland**. Histoire de la maison d'Autriche. 3ᵉ édit.
XXII. — **E. Despois**. Révolution d'Angleterre. 2ᵉ édition.
XXIII. — **B. Gastineau**. Génie de la Science et de l'Industrie.
XXIV. — **H. Leneveux**. Le Budget du foyer. Économie domestique.
XXV. — **L. Combes**. La Grèce ancienne.
XXVI. — **Fréd. Lock**. Histoire de la Restauration. 2ᵉ édition.
XXVII. — **L. Brothier**. Histoire populaire de la philosophie. 2ᵉ édition.
XXVIII. — **E. Margollé**. Les phénomènes de la Mer. 4ᵉ édition.
XXIX. — **L. Collas**. Histoire de l'Empire ottoman. 2ᵉ édition.
XXX. — **Zurcher**. Les Phénomènes de l'atmosphère. 3ᵉ édition.
XXXI. — **E. Raymond**. L'Espagne et le Portugal. 2ᵉ édition.
XXXII. — **Eugène Noël**. Voltaire et Rousseau. 2ᵉ édition
XXXIII. — **A. Ott**. L'Asie occidentale et l'Egypte.
XXXIV. — **Ch. Richard**. Origine et fin des Mondes. 3ᵉ édition.
XXXV. — **Enfantin**. La Vie éternelle. 2ᵉ édition.
XXXVI. — **L. Brothier**. Causeries sur la mécanique. 2ᵉ édition.
XXXVII. — **Alfred Doneaud**. Histoire de la Marine française.
XXXVIII. — **Fréd. Lock**. Jeanne d'Arc.
XXXIX. — **Carnot**. Révolution française. — Période de création (1789-1792).
XL. — **Carnot**. Révolution française. — Période de conservation (1792-1804).
XLI. — **Zurcher et Margollé**. Télescope et Microscope.
XLII. — **Blerzy**. Torrents, Fleuves et Canaux de la France.
XLIII. — **P. Secchi, Wolf, Briot et Delaunay**. Le Soleil, les Étoiles et les Comètes.
XLIV. — **Stanley Jevons**. L'Économie politique, trad. de l'anglais par H. Cravoz.
XLV. — **Em. Ferrière**. Le Darwinisme. 2ᵉ édit.
XLVI. — **H. Leneveux**. Paris municipal.
XLVII. — **Boillot**. Les Entretiens de Fontenelle sur la pluralité des mondes, mis au courant de la science.

XLVIII. — **E. Zevort**. Histoire de Louis-Philippe.
XLIX. — **Geikie**. Géographie physique, traduit de l'anglais par H. Gravez.
L. — **Zaborowski**. L'origine du langage.
LI. — **H. Blerzy**. Les colonies anglaises.
LII. — **Albert Lévy**. Histoire de l'air.

BIBLIOTHÈQUE UTILE
LISTE DES OUVRAGES PAR ORDRE DE MATIÈRES
Le vol. de 190 p., br. 60 cent. — Cart. à l'angl. 1 fr.

I. — HISTOIRE DE FRANCE

Buchez. Les Mérovingiens.
Buchez. Les Carlovingiens.
J. Bastide. Luttes religieuses des premiers siècles.
J. Bastide. Les Guerres de la Réforme.
F. Morin. La France au Moyen Âge.
Fréd. Lock. Jeanne d'Arc.
Eug. Pelletan. Décadence de la monarchie française.
Carnot. La Révolution française, 2 vol.
Fréd. Lock. Histoire de la Restauration.
Alf. Donneaud. Histoire de la marine française.
E. Zevort. Histoire de Louis-Philippe.

II. — PAYS ÉTRANGERS.

E. Raymond. L'Espagne et le Portugal.
L. Collas. Histoire de l'empire ottoman.
L. Combes. La Grèce ancienne.
A. Ott. L'Asie occidentale et l'Egypte.
A. Ott. L'Inde et la Chine.
Ch. Rolland. Histoire de la maison d'Autriche.
Eug. Despois. Les Révolutions d'Angleterre.
H. Blerzy. Les colonies anglaises.

III. — PHILOSOPHIE.

Enfantin. La Vie éternelle.
Eug. Noël. Voltaire et Rousseau.
Léon Brothier. Histoire populaire de la philosophie.
Victor Meunier. La Philosophie zoologique.
Zaborowski. L'origine du langage.

IV. — DROIT.

Morin. La Loi civile en France.
G. Jourdan. La Justice criminelle en France.

V. — SCIENCES.

Benj. Gastineau. Le Génie de la science.
Zurcher et Margollé. Télescope et Microscope.
Zurcher. Les Phénomènes de l'atmosphère.
Morand. Introduction à l'étude des sciences physiques.
Cruveilhier. Hygiène générale.
Brothier. Causeries sur la mécanique.
Brothier. Histoire de la terre.
Samson. Principaux faits de la chimie.
Turck. Médecine populaire.

Catalan. Notions d'astronomie (avec figures).
E. Margollé. Les Phénomènes de la mer.
Ch. Richard. Origines et Fins des mondes.
Zaborowski. L'Homme préhistorique.
H. Blerzy. Torrents, Fleuves et Canaux de la France.
P. Secchi, Wolf et **Briot.** Le Soleil, les Étoiles et les Comètes (avec figures).
Em. Ferrière. Le Darwinisme.
Boillot. Les Entretiens de Fontenelle sur la pluralité des mondes.
Geikie. Géographie physique (avec figures).
Albert Lévy. Histoire de l'air (avec figures).

VI. — ENSEIGNEMENT. — ÉCONOMIE POLITIQUE. — ARTS.

Corbon. L'Enseignement professionnel.
Cristal. Les Délassements du travail.
H. Leneveux. Le Budget du foyer.
H. Leneveux. Paris Municipal.
Laurent Pichat. L'Art et les Artistes en France.
Stanley Jevons. L'Économie politique.

BIBLIOTHÈQUE POPULAIRE

BARNI (Jules). **Napoléon Ier.** 1 vol. in-18.   1 fr.
BARNI (Jules). **Manuel républicain.** 1 vol. in-18.   1 fr.
MARAIS (Aug.). **Garibaldi et l'armée des Vosges.** 1 vol. in-18.   1 fr. 50
FRIBOURG (E.). **Le paupérisme parisien,** ses progrès depuis vingt-cinq ans.   1 fr. 25
LOURDAU (E.). **Le sénat et la magistrature** dans la démocratie. 1 vol. in-18 (1878).   3 fr. 50

ÉTUDES CONTEMPORAINES

BOUILLET (Ad.). **Les bourgeois gentilshommes. — L'armée d'Henri V.** 1 vol. in-18.   3 fr. 50
BOUILLET (Ad.). **Les bourgeois gentilshommes. — L'armée d'Henri V.** Types nouveaux et inédits. 1 vol. in-18.   2 fr. 50
BOUILLET (Ad.). **Les Bourgeois gentilshommes. — L'armée d'Henri V.** L'arrière-ban de l'ordre moral. 1 vol. in-18.   3 fr. 50
VALMONT (V.). **L'espion prussien,** roman anglais, traduit par M. J. Dubrisay. 1 vol. in-18.   3 fr. 50
BOURLOTON (Edg.) et ROBERT (Edmond). **La Commune et ses idées à travers l'histoire.** 1 vol. in-18.   3 fr. 50
CHASSERIAU (Jean). **Du principe autoritaire et du principe rationnel.** 1873. 1 vol. in-18.   3 fr. 50
NAQUET (Alfred). **La République radicale.** 1 vol. in-18.   3 fr. 50
ROBERT (Edmond). **Les domestiques** 1 vol. in-18 (1875).   2 fr. 50
LOURDAU. **Le sénat et la magistrature dans la démocratie française.** 1 vol. in-18 (1879).   3 fr. 50

REVUE	REVUE
Politique et Littéraire	Scientifique
(Revue des cours littéraires, 2ᵉ série.)	(Revue des cours scientifiques, 2ᵉ série.)

Directeurs : MM. Eug. YUNG et Ém. ALGLAVE

La septième année de la **Revue des Cours littéraires** et de la **Revue des Cours scientifiques**, terminée à la fin de juin 1871, clôt la première série de cette publication.

La deuxième série a commencé le 1ᵉʳ juillet 1871, et depuis cette époque chacune des années de la collection commence à cette date. Des modifications importantes ont été introduites dans ces deux publications.

REVUE POLITIQUE ET LITTÉRAIRE

La *Revue politique* continue à donner une place aussi large à la littérature, à l'histoire, à la philosophie, etc., mais elle a agrandi son cadre, afin de pouvoir aborder en même temps la politique et les questions sociales. En conséquence, elle a augmenté de moitié le nombre des colonnes de chaque numéro (48 colonnes au lieu de 32).

Chacun des numéros, paraissant le samedi, contient régulièrement :

Une *Semaine politique* et une *Causerie politique*, où sont appréciés, à un point de vue plus général que ne peuvent le faire les journaux quotidiens, les faits qui se produisent dans la politique intérieure de la France, discussions de l'Assemblée, etc.

Une *Causerie littéraire* où sont annoncés, analysés et jugés les ouvrages récemment parus : livres, brochures, pièces de théâtre importantes, etc.

Tous les mois la *Revue politique* publie un *Bulletin géographique* qui expose les découvertes les plus récentes et apprécie les ouvrages géographiques nouveaux de la France et de l'étranger. Nous n'avons pas besoin d'insister sur l'importance extrême qu'a prise la géographie depuis que les Allemands en ont fait un instrument de conquête et de domination.

De temps en temps une *Revue diplomatique* explique, au point de vue français, les événements importants survenus dans les autres pays.

On accusait avec raison les Français de ne pas observer avec assez d'attention ce qui se passe à l'étranger. La *Revue* remédie à ce défaut. Elle analyse et traduit les livres, articles, discours ou conférences qui ont pour auteurs les hommes les plus éminents des divers pays.

Comme au temps où ce recueil s'appelait *la Revue des cours littéraires* (1864-1870), il continue à publier les principales leçons du Collége de France, de la Sorbonne et des Facultés des départements.

Les ouvrages importants sont analysés, avec citations et extraits, dès le lendemain de leur apparition. En outre, la *Revue politique* publie des articles spéciaux sur toute question que recommandent à l'attention des lecteurs, soit un intérêt public, soit des recherches nouvelles.

Parmi les collaborateurs nous citerons :

Articles politiques. — MM. de Pressensé, Ch. Bigot, Anat. Dunoyer, Anatole Leroy-Beaulieu, Clamageran.

Diplomatie et pays étrangers. — MM. Van den Berg, Albert Sorel, Reynald, Léo Quesnel, Louis Leger, Jezierski.

Philosophie. — MM. Janet, Caro, Ch. Lévêque, Véra, Th. Ribot, E. Boutroux, Nolen, Huxley.

Morale. — MM. Ad. Franck, Laboulaye, Legouvé, Bluntschli.

Philologie et archéologie. — MM. Max Müller, Eugène Benoist, L. Havet, E. Ritter, Maspéro, George Smith.

Littérature ancienne. — MM. Egger, Havet, George Perrot, Gaston Boissier, Geffroy.

Littérature française. — MM. Ch. Nisard, Lenient, Édouard Fournier, Bersier, Gidel, Jules Claretie, Paul Albert.

Littérature étrangère. — MM. Mézières, Büchner, P. Stapfer.

Histoire. — MM. Alf. Maury, Littré, Alf. Rambaud, G. Monod.

Géographie, *Economie politique*. — MM. Levasseur, Himly, Vidal-Lablache, Gaidoz, Debidour, Alglave.

Instruction publique. — Madame C. Coignet, MM. Buisson, Em. Beaussire.

Beaux-arts. — MM. Gebhart, Justi, Schnaase, Vischer, Ch. Bigot.

Critique littéraire. — MM. Maxime Gaucher, Paul Albert.

Notes et impressions. — MM. Clément Caraguel et Louis Ulbach.

Ainsi la *Revue politique* embrasse tous les sujets. Elle consacre à chacun une place proportionnée à son importance. Elle est, pour ainsi dire, une image vivante, animée et fidèle de tout le mouvement contemporain.

REVUE SCIENTIFIQUE

Mettre la science à la portée de tous les gens éclairés sans l'abaisser ni la fausser, et, pour cela, exposer les grandes découvertes et les grandes théories scientifiques par leurs auteurs mêmes ;

Suivre le mouvement des idées philosophiques dans le monde savant de tous les pays ;

Tel est le double but que la *Revue scientifique* poursuit depuis dix ans avec un succès qui l'a placée au premier rang des publications scientifiques d'Europe et d'Amérique.

Pour réaliser ce programme, elle devait s'adresser d'abord aux Facultés françaises et aux Universités étrangères qui comptent dans leur sein presque tous les hommes de science éminents. Mais, depuis deux années déjà, elle a élargi son cadre afin d'y faire entrer de nouvelles matières.

En laissant toujours la première place à l'enseignement supérieur proprement dit, la *Revue scientifique* ne se restreint plus désormais aux leçons et aux conférences. Elle poursuit tous les développements de la science sur le terrain économique, industriel, militaire et politique.

Elle publie les principales leçons faites au Collège de France, au Muséum d'histoire naturelle de Paris, à la Sorbonne, à l'Institution royale de Londres, dans les Facultés de France, les universités d'Allemagne, d'Angleterre, d'Italie, de Suisse, d'Amérique, et les institutions libres de tous les pays.

Elle analyse les travaux des Sociétés savantes d'Europe et d'Amérique, des Académies des sciences de Paris, Vienne, Berlin, Munich, etc., des Sociétés royales de Londres et d'Édimbourg, des Sociétés d'anthropologie, de géographie, de chimie, de botanique, de géologie, d'astronomie, de médecine, etc.

Elle expose les travaux des grands congrès scientifiques, les Associations *française, britannique* et *américaine*, le Congrès des naturalistes allemands, la Société helvétique des sciences naturelles, les congrès internationaux d'anthropologie préhistorique, etc.

Enfin, elle publie des articles sur les grandes questions de philosophie naturelle, les rapports de la science avec la politique, l'industrie et l'économie sociale, l'organisation scientifique des divers pays, les sciences économiques et militaires, etc.

Parmi les collaborateurs nous citerons :

Astronomie, météorologie. — MM. Faye, Balfour-Stewart, Janssen, Normann Lockyer, Vogel, Laussedat, Thomson, Rayet, Briot, A. Herschel, etc.

Physique. — MM. Helmholtz, Tyndall, Desains, Mascart, Carpenter, Gladstone, Fernet, Bertin.

Chimie. — MM. Wurtz, Berthelot, H. Sainte-Claire Deville, Pasteur, Grimaux, Jungfleisch, Odling, Dumas, Troost, Peligot, Cahours, Friedel, Frankland.

Géologie. — MM. Hébert, Bleicher, Fouqué, Gaudry, Ramsay, Sterry-Hunt, Contejean, Zittel, Wallace, Lory, Lyell, Daubrée.

Zoologie. — MM. Agassiz, Darwin, Haeckel, Milne Edwards, Perrier, P. Bert, Van Beneden, Lacaze-Duthiers, Giard, A. Moreau, E. Blanchard.

Anthropologie. — MM. Broca, de Quatrefages, Darwin, de Mortillet, Virchow, Lubbock, K. Vogt.

Botanique. — MM. Baillon, Cornu, Faivre, Spring, Chatin, Van Tieghem, Duchartre.

Physiologie, anatomie. — MM. Chauveau, Charcot, Moleschott, Onimus, Ritter, Rosenthal, Wundt, Pouchet, Ch. Robin, Vulpian, Virchow, P. Bert, du Bois-Reymond, Helmholtz, Marey, Brücke.

Médecine. — MM. Chauffard, Chauveau, Cornil, Gubler, Le Fort, Verneuil, Broca, Liebreich, Lasègue, G. Sée, Bouley, Giraud-Teulon, Bouchardat, Lépine.

Sciences militaires. — MM. Laussedat, Le Fort, Abel, Jervois, Morin, Noble, Reed, Usquin, X***.

Philosophie scientifique. — MM. Alglave, Bagehot, Carpenter, Hartmann, Herbert Spencer, Lubbock, Tyndall, Gavarret, Ludwig, Ribot.

Prix d'abonnement :

Une seule Revue séparément			Les deux Revues ensemble		
	Six mois.	Un an.		Six mois.	Un an.
Paris	12^f	20^f	Paris	20^f	3
Départements.	15	25	Départements.	25	42
Étranger	18	30	Étranger	30	50

L'abonnement part du 1er juillet, du 1er octobre, du 1er janvier et du 1er avril de chaque année.

Chaque volume de la première série se vend : broché...... 15 fr.
relié........ 20 fr.
Chaque année de la 2e série, formant 2 vol., se vend : broché.. 20 fr.
relié.... 25 fr.

Port des volumes à la charge du destinataire.

Prix de la collection de la première série :

Prix de la collection complète de la *Revue des cours littéraires* ou de la *Revue des cours scientifiques* (1864-1870), 7 vol. in-4. 105 fr.

Prix de la collection complète des deux *Revues* prises en même temps, 14 vol. in-4.................................. 182 fr.

Prix de la collection complète des deux séries :

Revue des cours littéraires et *Revue politique et littéraire*, ou *Revue des cours scientifiques* et *Revue scientifique* (décembre 1863 — juillet 1879), 23 vol. in-4........................ 265 fr.

La *Revue des cours littéraires* et la *Revue politique et littéraire*, avec la *Revue des cours scientifiques* et la *Revue scientifique*, 46 volumes in-4.................................... 470 fr.

REVUE PHILOSOPHIQUE
DE LA FRANCE ET DE L'ETRANGER

Paraissant tous les mois

Dirigée par TH. RIBOT
Agrégé de philosophie, Docteur ès lettres

(4ᵉ année, 1879.)

La REVUE PHILOSOPHIQUE paraît tous les mois, depuis le 1ᵉʳ janvier 1876, par livraisons de 6 à 7 feuilles grand in-8, et forme ainsi à la fin de chaque année deux forts volumes d'environ 680 pages chacun.

CHAQUE NUMÉRO DE LA *REVUE* CONTIENT :

1° Plusieurs articles de fond; 2° des analyses et comptes rendus des nouveaux ouvrages philosophiques français et étrangers; 3° un compte rendu aussi complet que possible des *publications périodiques* de l'étranger pour tout ce qui concerne la philosophie; 4° des notes, documents, observations, pouvant servir de matériaux ou donner lieu à des vues nouvelles.

Prix d'abonnement :

Un an, pour Paris...............................	30 fr.
— pour les départements et l'étranger........	33 fr.
La livraison	3 fr.

REVUE HISTORIQUE

Paraissant tous les deux mois

Dirigée par MM. GABRIEL MONOD et GUSTAVE FAGNIEZ

(4ᵉ année, 1879.)

La REVUE HISTORIQUE paraît tous les deux mois, depuis le 1ᵉʳ janvier 1876, par livraisons grand in-8 de 15 à 16 feuilles, de manière à former à la fin de l'année trois beaux volumes de 500 pages chacun.

CHAQUE LIVRAISON CONTIENT :

I. Plusieurs *articles de fond*, comprenant chacun, s'il est possible, un travail complet. II. Des *Mélanges et Variétés*, composés de documents inédits d'une étendue restreinte et de courtes notices sur des points d'histoire curieux ou mal connus. III. Un *Bulletin historique* de la France et de l'étranger, fournissant des renseignements aussi complets que possible sur tout ce qui touche aux études historiques. IV. Une *analyse des publications périodiques* de la France et de l'étranger, au point de vue des études historiques. V. Des *Comptes rendus critiques* des livres d'histoire nouveaux.

Prix d'abonnement :

Un an, pour Paris...............................	30 fr.
— pour les départements et l'étranger........	33 fr.
La livraison	6 fr.

TABLE ALPHABÉTIQUE DES AUTEURS

Agassiz. 8	Cadet. 14	Dumont (L.). 4, 7, 13, 16
Alaux. 6, 14	Carett. 14	Du Potet. 16
Alglave (Em.). 26	Carlyle. 5, 10	Dupuy (Paul). 16
Aristote. 2	Carnot. 23, 24	Duval-Jouve. 16
Arnold (Matthew). 5, 9	Carnot (Sadi). 22	Duvergier de Hauranne
Arréat. 14	Carrau (L.). 5, 9	(E.). 11
Asseline (L.). 11	Catalan. 23, 25	Duvergier de Hauranne
Auber (Ed.). 6	Cazelles. 4, 5, 8, 9	(Mme E.). 22
Audiffret-Pasquier (d'). 14	Cernuschi. 15	Eliphas Lévi. 16
Bagehot. 5, 10, 12	Challemel-Lacour, 2,4,6,9	Enfantin. 23, 24
Bain. 5, 9, 12, 13	Chantre. 13	Epicure. 2
Balfour Stewart. 13	Chaper. 21	Espinas. 5, 8, 9
Barbier. 16, 19	Chasles (Phil.). 14	Evans (John). 16
Bardoux. 9	Chasseriau (Jean). 25	Fabre (Joseph). 2, 16
Barni (J.). 3,8,9,11,14,25	Chrétien. 4	Fagniez. 30
Barot (Odysse). 6	Clamageran (J.). 11, 22	Faivre (E.). 7
Barry (Herbert). 11	Clavel. 14	Fau. 16
Barth. St-Hilaire. 2, 7, 14	Cohn (Ad.). 11	Fauconnier. 16
Bastide. 23, 24	Coignet (C.). 7	Favre (Jules). 11
Bautain. 14	Collas (L.). 23, 24	Ferbus (N.). 16
Beaussire. 4, 6, 11	Combes (L.). 23, 24	Ferrier (David). 16
Bénard (Ch.). 3, 4, 14	Compayré. 5, 9	Ferrière (E.). 5, 16, 23, 25
Beneden (Van). 13	Comte (Aug.). 5	Ferron (de). 16
Bentham. 7	Conta. 15	Fichte. 3
Berkeley. 3	Cooke. 13	Flint. 5, 9
Bernstein. 13	Coquerel (Ch.). 15	Filias. 25
Bersier. 15	Coquerel fils (Ath.). 7, 15	Foncin. 16
Bersot. 2, 7	Corbon. 15, 23, 25	Fontanès. 4, 7
Bertauld. 7	Corlieu. 22	Fonvielle (W. de). 7
Bertauld (P. A.). 14	Cormenin (de). 15	Foucher (de Careil). 2, 16
Berthelot. 13	Cornewal Lewis. 10, 15	Fouillée. 2, 9, 16
Blanc (Louis). 10	Cortambert (Louis). 15	Fox (W.-J.). 16
Blanchard. 14	Cristal. 23, 25	Franck. 3, 6
Blanqui. 14	Cruveilher. 23, 24	Frédériq. 16
Blaserna. 13	Daendliker. 11	Fribourg. 10, 25
Blerzy. 23, 24, 25	Damiron. 3	Fuchs. 13
Boert. 10	Daru. 21	Gaffarel. 10
Boillot. 23, 25	Darwin. 5	Garnier (Ad.). 6
Boreau-Lajanadie. 21	Dauriac. 15	Gastineau. 16, 23, 24
Borély. 14	Davy. 15	Gauckler. 7
Bossuet. 2	Deberle (Alf.). 11	Geikie. 24, 25
Bost. 6	Delaville. 15	Gérard (Jules). 3, 16
Bouchardat. 14	Delaunay. 23, 25	Gerschel. 8
Bouillet (Ad.). 25	Delbœuf. 15	Gouet (Amédée). 16
Bouillier (Francisque) 3, 6	Deleuze. 15	Grimblot. 3
Bourbon del Monte. 14	Delondre (Aug.). 4	Grote. 7
Bourdet (Eug.). 14	Delord (Taxile). 10	Guéroult (G.). 4, 5
Bourloton (Ed.). 10, 25	Delsol. 21	Guichard (V.). 16
Boutmy (E.). 7	Desjardins. 15	Guillaume (de Moissey) 16
Boutroux. 14	Desmarest. 15	Guyau. 2, 5, 9
Brialmont (le général). 13	Despois (Eug.). 11, 23, 24	Haeckel. 4
Briot. 23, 25	Destrem (J.). 15	Hamilton (W.). 3
Brothier (L.). 23, 24	Dixon (H.). 11	Hartmann (E. de). 4,5,7,9
Broca. 18	Dollfus (Ch.). 15	Hartmann. 13
Brucke. 13	Doneaud (Alfred). 23, 24	Hegel. 2, 3, 4
Brunetière. 17	Dosquet (Mlle). 10	Helmholtz. 13
Buchez. 23, 24	Draper. 13	Herbert Spencer 5, 7, 8,
Buchner (Alex.). 4	Dubots (Antonin). 16	12, 13
Buchner (L.). 4, 6	Dufay. 7	Herzen (Al.). 7, 16
Burdeau. 5, 8	Dugald Stewart. 3	Hillebrand (K.). 10

Humbold (G. de).	4	Meunier (V.).	11, 23, 24	Saint-Simon.	6
Husson.	3	Michaut (N.).	18	Saisset (Em.).	6
Huxley.	13	Milsand.	5, 6, 18	Saletta.	19
Issaurat.	17	Miron.	18	Sanson.	23, 24
Janet(Paul).	2, 4, 6, 8, 11	Moleschott.	4, 7	Sayous (Ed.).	11
Joly.	13	Monod (Gabriel).	30	Schelling.	3
Jourdan (G.).	23, 24	Montégut.	11	Schmidt(Osc.).	4, 5, 7, 12
Jozon.	17	Morand.	23, 24	Schœbel.	7
Kant.	2, 3	Morin (Fr.).	18, 23, 24	Schopenhauer.	4, 7
Laborde.	17	Muller (Max).	7	Schutzenberger.	13
La Borderie (de).	21	Munaret.	18	Secchi (le P.).	12, 23, 25
Lachelier.	17	Naquet (Alfred).	25	Selden (Camille).	7
Lacombe.	17	Nicolas.	3	Siciliani.	7
Lallié.	21	Noël (E.).	22, 23, 24	Siegfried (Jules).	19
Lambert.	17	Nolen (D.).	2,3,4, 7,9,18	Sièrebois.	19
Lange.	4	Nourrisson.	2, 18	Smee (Alf.).	19
Langlois.	17	Oger.	18	Socrate.	2
La Sicotière (de).	21	Ollé Laprune.	2, 18	Sorel (Albert).	19
Laugel (Aug.).	6, 8, 11	Ott (A.).	23, 24	Sorin (Elie).	11
Laussedat.	17	Paris (comte de).	18	Soury (J.).	4
Laveleye (E. de).	7, 9, 17	Peisse (Louis).	3, 5, 8	Spinoza.	2, 6
Lavergne (Bernard).	17	Pelletan (Eug.).	18, 22,	Stahl.	4
Leblais.	6		23, 24	Stanley Jevons.	13, 23, 25
Le Berquier.	15, 17	Penjon.	18	Strauss.	4
Ledru.	17	Perez (Bernard).	18	Stuart Mill.	3,5,6,7,8,22
Leibniz.	2, 3	Perrot.	21	Sugny (de).	21
Lemer.	17	Petroz (P.).	19	Sybel (H. de).	10
Lemoine (A.).	4, 6	Pettigrew.	12	Tackeray.	10
Leneveux (H.).	23	Pichat (L.).	23, 25	Taine (H.).	5, 6, 11
Lessing.	4	Platon.	2	Teste (L.).	11
Létourneau.	7	Poey (André).	19	Thulié.	19
Levallois (J).	7	Poullet.	19	Thurston.	13
Lévêque (Ch.).	6	Pressensé (de).	15	Tiberghien.	19
Lévi (Eliphas).	15	Puissant (Ad.).	19	Timon.	15
Lévy (A.).	24, 25	Quatrefages (de).	5, 8, 13	Tissandier.	7, 19
Liard.	5, 7, 9	Quinet (Edgar).	22	Tissot.	2, 3, 19
Littré.	5, 17, 23	Rainneville (de).	21	Turck.	23, 24
Lock (Fréd.).	23, 24	Raymond (E.).	23, 24	Tyndall (J.).	12
Locke (J.).	2, 7	Regnault (Elias).	10	Vacherot.	2, 7, 19
Lorain.	17, 18	Rémusat (Ch. de).	6	Valmont (V.).	22
Lotze (H.).	4, 7	Rességuier (de).	21	Van der Rest.	2, 19
Lourdau.	25	Réville (A.).	7, 11	Véra.	3, 4, 6, 19
Lubbock (sir John).	18	Reymond (William).	19	Véron (Eug.).	10
Luys.	13	Reynald (H.).	10, 11	Villiaumé.	19
Magy.	18	Ribert (Léonce).	22	Vogel.	13
Maine de Biran.	3	Ribot (Th.)	4, 5, 7, 8,	Vogeli.	8
Malebranche.	2		9, 19, 30	Voituron.	19
Marais.	25	Richard (Ch.).	23, 25	Voltaire.	2
Marc-Aurèle.	2	Richter (J.-P.).	4	Weber.	19
Marey.	12	Ritter.	2, 9	Withney.	13
Margall (Piy.).	7	Robert (Edmond).	25	Wolf.	23, 25
Margollé.	23, 24, 25	Rochau (de).	10	Wurtz.	13
Mariano.	7	Rolland (Ch.).	23, 24	Wyrouboff.	5, 17
Marion.	2, 7	Rosenthal.	13	Yung.	19, 26
Maudsley.	13	Ruskin (John).	5	Zaborowski.	23, 24
Max Muller.	22	Rustow.	10	Zevort.	24
Mazzini.	22	Saigey (Em.).	2, 7, 8	Zimmermann.	19
Menière.	18	Saint-Marc Girardin.	21	Zurcher.	23, 24
Mervoyer.	14	Saint-Robert (de).	13		

www.ingramcontent.com/pod-product-compliance
Lightning Source LLC
Chambersburg PA
CBHW050101230426
43664CB00010B/1403